대원불교
학술총서

21

대원불교
학술총서

21

불교와 과학

Buddhism and Science

· · ·

불교의 지혜와
서양의 과학이 만나다

· · ·

앨런 월리스 편집
박재용 옮김

· · ·

운주사

프란시스코 J. 바렐라(1946~2001)를 추모하며

Dedicated to the memory of Francisco J. Varela
(1946–2001)

발간사

오늘날 인류 사회는 4차 산업혁명을 통해 완전히 새로운 세상을 맞이하고 있습니다. 전통적인 인간관과 세계관이 크게 흔들리면서, 종교계에도 새로운 변혁이 불가피하게 되었습니다. 이런 상황에서 대한불교진흥원은 다음과 같은 취지로 대원불교총서를 발간하려고 합니다.

첫째로, 현대 과학의 발전을 토대로 불교를 현대적으로 재해석할 필요가 있습니다. 불교는 어느 종교보다도 과학과 가장 잘 조화될 수 있는 종교입니다. 이런 평가에 걸맞게 불교를 현대적 용어로 새롭게 이해할 수 있도록 하려고 합니다.

둘째로, 현대 생활에 맞게 불교를 이해할 필요가 있습니다. 불교가 형성되던 시대 상황과 오늘날의 상황은 너무나 많이 변했습니다. 이런 변화된 상황에서 부처님의 가르침을 제대로 이해할 수 있도록 하려고 합니다.

셋째로, 불교의 발전과정을 종합적으로 이해할 필요가 있습니다. 북방불교, 남방불교, 티베트불교, 현대 서구불교 등은 같은 뿌리에서 다른 꽃들을 피웠습니다. 세계화 시대에 부응하여 이들 발전을 한데 묶어 불교에 대한 총체적 이해가 가능하도록 하려고 합니다.

대원불교총서는 대한불교진흥원의 장기 프로젝트의 하나로서 두 종류로 출간될 예정입니다. 하나는 대원불교학술총서이고 다른 하나는 대원불교문화총서입니다. 학술총서는 학술성과 대중성 양 측면을

6

모두 갖추려고 하며, 문화총서는 젊은 세대의 관심과 감각에 맞추려고
합니다.

본 총서 발간이 한국불교 중흥에 조금이나마 기여할 수 있기를
바랍니다.

불기 2568년(서기 2024년) 10월

(재)대한불교진흥원

서문

1987년부터 나는 마음과생명연구소(www.mindandlife.org)에서 주최하는 달라이 라마 성하와 서양과학자 간의 대담에 참여하고 있다. 이 책은 대담 직후 달라이 라마 성하께서 내게 제안한 내용에 영감을 받아 기획되었으며, 불교와 인지과학, 물리학 분야의 여러 연구 주제들을 담고 있다. 이 책의 집필자들은 불교와 자연과학의 접점이라는 주제 하에 동서양 연구의 결실을 검토할 뿐 아니라 이질적 세계관의 뿌리에 있는 근본적인 가정을 조명한다. 우리는 이러한 방식으로 불교와 과학 간의 생산적인 대화를 가로막는 일부 장벽을 허물려는 시도를 하고 있다. 각 분야에서 상대방의 가정과 방법론을 새롭게 이해함으로써 서로에게 통찰력 있는 도전이 되기를 기대한다.

나는 이 책 전체의 서론 부분에서 불교와 현대과학의 비교 연구가 갖는 몇 가지 문제점을 밝힐 것이다. 이 내용들은 본서에 실린 다른 집필자들의 견해와 반드시 일치하지는 않는다. 또한 나는 1~3부에 실린 각 글의 앞머리에 짧은 소개글을 썼다. 이 책의 1부에서는 불교와 현대과학의 만남을 역사적으로 다룬 내용에 대해 간략히 소개할 것이다. 2부에서는 불교와 인지과학의 접점에 초점을 맞추고자 한다. 특히 인지과학은 과학의 여러 분야 중에서 불교와 직접적으로 관련이 있는 분야이다. 불교에서는 마음뿐 아니라 마음과 세계의 관계를 이해하는 것을 가장 중요하게 생각한다.

불교와 인지과학은 많은 공통점이 있으며, 이는 1987년 이후 달라이 라마와 여러 과학자 그룹이 함께 수차례 진행해온 '마음과생명(Mind and Life) 컨퍼런스'의 공통 주제였다. 이 컨퍼런스는 아담 엥글과 프란시스코 바렐라가 처음 주도한 이후 현재까지 계속되고 있으며, 나는 한 번을 제외하고 모든 컨퍼런스에서 툽뗀 진빠와 함께 통역을 맡았다. 제9회 마음과생명 컨퍼런스가 끝난 직후인 2001년 5월, 프란시스코가 갑작스럽게 세상을 떠나면서 우리는 소중한 친구이자 존경하는 동료를 잃었다. 우리는 프란시스코를 그리워하고 기리기 위해 이 책을 헌정하고자 한다.

3부에서는 불교와 물리학에 초점을 맞춘다. 물리학은 자연과학 전체의 패러다임이므로, 불교와 과학에서 물리적 우주를 어떻게 탐구할 것인지 살펴볼 필요가 있다. 20세기 들어 물리학, 특히 양자역학은 전통과학의 가정을 뒤흔드는 심오한 인식론적, 존재론적 문제를 제기했다. 또한 주체와 객체의 관계에 대한 내용은 불교철학, 특히 중관中觀 철학과의 대화에 적합하기 때문에 본서에 실린 여러 글에서 관련 내용을 다루고 있다. 마지막으로 이 책은 물리학자 피에트 헛의 글로 마무리되는데, 그는 학제 간 연구 과정에서 일어나는 여러 의문점들을 일상생활의 맥락 속에서 해석한다.

나는 서양과학자, 불교학자, 종교학자뿐 아니라 동서양 간 대화 및 과학과 종교의 접점에 관심을 가진 다양한 독자들이 이 책에 흥미를 가질 것이라고 믿는다. 또한 불교와 과학이 함께 인간의 정체성, 마음, 그리고 우주의 본질을 탐구하는 여러 방법을 조명함으로써 인류의 행복 증진에 조금이나마 도움이 되기를 빌어본다.

문화 및 학제 간 대화와 협력에 지속적으로 영감을 주신 달라이 라마 성하, 이 프로젝트를 지원해 준 존 페처 재단과 리처드 기어 재단, 이 책에 글을 기고한 모든 학자, 수행자, 과학자들께 감사드린다. 또한 찾아보기를 만든 탈린 구르지안(Taline Goorjian), 프로젝트를 마무리할 수 있도록 도와준 콜롬비아 대학 출판부의 조나단 슬럿스키(Jonathan Slutsky), 홀리 호더(Holly Hodder), 로빈 스미스(Robin Smith), 알레산드로 안젤리니(Alessandro Angelini), 수잔 펜삭(Susan Pensak) 등에게도 감사의 말을 전한다.

제3부 불교와 물리학

서론: 불교와 과학-장벽 허물기

앨런 월리스

불교와 과학에 관한 책을 발간하는 것은 이 두 분야가 상호 비교 가능하며, 불교의 교리 및 실천과 과학의 이론 및 탐구 방식 간의 접점이 어떤 식으로든 유익할 수 있다는 전제를 바탕으로 한다. 그러나 이러한 전제에 대해 처음부터 진지한 반론이 제기될 수 있으므로 불교와 과학 간의 교류를 반대하는 주장을 소개한 후에 필자의 견해를 제시하고자 한다. 먼저 고려해야 할 것은 종교와 과학이 독립적이고 그 관심 영역이 다르므로 서로 대화할 내용이 거의 없다는 견해이다. 나는 불교가 현대 서양의 종교 개념에 의해 적절히 분류될 수 있는지를 살펴봄으로써 이 주장에 답할 것이며, 불교에서 과학적이라고 생각되는 부분을 설명하고자 한다. 이어서 경험과학과 종종 이와 혼동되는 과학적 유물론의 형이상학적 도그마(dogma)를 구별할 것이다. 다음으로, 불교와 과학은 문화적 특수성 때문에 근본적으로 비교할 수 없다고 하는 포스트모더니즘(postmodernism) 지지자들의 반론에 대해서도 다루겠다. 마지막으로 나는 불교와 과학 두 분야를 풍성하게

하고, 결과적으로 자연 세계의 주관적, 객관적 영역에 대한 우리의
이해를 넓힐 수 있는 방법으로 양자 간의 대화를 제안하고자 한다.

종교와 과학은 독립적인가?

대부분의 주류 종교사상가와 과학자들은 종교와 과학을 상충되는
영역이 아니라 독립적이고 독자적이라고 보면서, 두 분야가 각자의
방식으로 정의되는 고유 영역과 방법론을 갖는다는 견해를 공유한다.
이 주장을 강조하는 과학자 중 한 명이 저명한 고생물학자인 스티븐
제이 굴드(Stephen Jay Gould)이다. 그는 『오래된 반석: 충만한 삶의
과학과 종교(Rocks of Ages: Science and Religion in the Fullness of Life)』에
서 종교와 과학이 탐구 방식과 목표라는 측면에서 논리적으로 구별되
고 완전히 분리되어 있다고 주장한다. 그러면서도 그는 이 두 분야가
서로 무관하다고 보는 대신 삶의 풍부하고 충만한 관점을 구축하기
위해 양자의 통찰을 통합할 필요가 있다고 강조한다(Gould 1999:29).
굴드의 핵심 개념 중 하나는 종교와 과학의 영역을 '겹치지 않는
권위(magisteria)'로 표현한다는 점이다. 그의 견해에 따르면 과학의
권위는 경험의 영역을 포함하며, 우주가 무엇으로 구성되어 있고
어떻게 작동하는지를 묻는다. 반면 종교의 권위는 인간의 목적, 의미,
가치의 영역으로 이루어진다. 그는 종교와 과학 사이의 명백한 갈등을
해결하기 위해서는 양자가 서로 존중하고 간섭하지 않는 정신으로
공존해야 한다고 주장한다. 따라서 종교적 텍스트를 과학적 텍스트로
읽어서는 안 되고, 과학자들의 주장을 종교적 신념의 근거를 반증하는

데 사용해서도 안 된다(93).

비슷한 맥락에서 신학자 랭던 길키(Langdon Gilkey)의 주장에 따르면 종교는 삶의 의미와 목적, 인간의 궁극적 기원과 운명, 자신의 내적 삶의 경험에 관한 질문을 다룬다. 반대로 과학은 논리적으로 일관되고 실험적으로 적절한 이론을 가지고 테스트할 수 있는 정량적 예측을 제시하며, 반복 가능한 객관적 데이터를 설명할 방법을 찾으려는 것이다(Gilkey 1985:108-116).

그러나 모든 과학자(또는 종교 신도)들이 종교와 과학에 서로 겹치지 않는 고유 영역이 있다는 우호적 주장에 동의하지는 않는다. 예를 들어 동물학자 리처드 도킨스(Richard Dawkins)는 종교적 신념이 과학의 영역 밖에 있지 않으며, 따라서 종교와 과학 간에 타협할 수 없는 차이가 존재한다고 강력하게 주장한다. 또한 그는 종교가 존재의 본질을 말하긴 해도 의미와 가치의 문제에만 국한되어 있지 않기 때문에, 종교적 신념과 교리는 과학적 비판의 대상이 되어야 한다고 말한다(Dawkins 1999:62-64).

사회 생물학자 에드워드 윌슨은 종교와 과학의 관계에 대해 다소 모호한 입장을 취한다. 그는 먼저 과학을 '세계에 대한 지식을 모아서 그 지식을 검증가능한 법칙과 원리로 응축하는 조직적이고 체계적인 탐구'(Wilson 1998:58)라고 정의한다. 그리고 과학이 인류의 조직적이고 객관적인 지식의 축적이자, 모든 사람을 공통의 이해로 통합할 수 있도록 고안된 최초의 도구라고 주장한다. 종교에 대해서는 '한 민족의 기원과 운명 그리고 왜 그들이 의식儀式과 도덕적 규범을 따라야 하는지를 설명하는 신화적 이야기들의 앙상블'(247)이라고 정의한다.

언뜻 보기에 윌슨은 '겹치지 않는 권위'를 말하는 굴드의 전제를 따르는 것 같다. 그는 종교의 적절한 역할이 경험적 지식과 부합하는 인류 최고의 가치를 성문화成文化하고 영속적, 시詩적 형태로 표현하는 것이라고 주장한다. 그리고 과학의 책임은 인간 조건의 모든 가정을 끊임없이 시험하여 결국 도덕적, 종교적 의미의 기반을 밝혀내는 데 있다고 말한다. 이 주장은 우리가 과학과 종교를 나눌 때 익숙한 사실/가치의 분할을 긍정하는 것처럼 보인다. 예를 들어 그는 미국이 신성한 전통을 저버린다면 얼마나 비참한 일이 될 것인지 한탄하기도 한다. 또한 그는 가장 일반적인 미국인조차도 국가에 대한 맹세에서 '신(God)의 가호 아래'를 빼버리는 것을 바람직하게 생각하지 않을 것이라고 충고한다. 누구든지 성서 위에 손을 올려놓고 맹세해야 하고, 민간 의례를 진행할 때마다 축복을 내려달라고 사제, 목사, 랍비에게 기도를 청하고 반드시 머리를 숙여 사회적 존경심을 표해야 한다고 말한다.

도킨스와 마찬가지로 윌슨은 지식의 대통합 즉 통섭(consilience)을 주장하면서, 과학의 객관적 탐구 방법을 사용하여 모든 종교적 진리에 대해 실증적 테스트를 할 필요가 있다고 말한다. 따라서 신의 존재는 천체 물리학의 문제이며, 인간의 마음과 영혼의 본질은 신경세포, 신경전달물질, 호르몬의 증가, 순환 신경망 차원에서 생물학과 심리학에 의해 결정되어야 한다. 이 방법을 통해서만 인류가 세포 차원의 사건들이 어떻게 마음을 구성하는지 알 수 있다고 주장한다(241, 99-100). 이런 식으로라면 우주와 인류의 본질에 관한 종교적 서술은

'종교적 우주론을 합쳐놓은 것보다 더 많은 내용과 장엄함'(265)을 드러낸 과학 이론으로 대체될 것이다. 최종 분석에서 그는 신을 믿는 것과 생물학을 신뢰하는 것은 사실상 양립할 수 없다고 주장한다. "결과적으로 지적 진리와 종교적 진리를 동시에 열망하는 사람들은 결코 이 양자 모두를 얻을 수 없을 것이다."(262) 그의 견해는 사회에서 산타클로스나 부활절 토끼를 인정하는 것보다 더 많은 실재성을 신에게 부여하지 않지만, 허구의 신을 믿는 의식儀式은 유지해야 한다는 주장처럼 보인다.

　이상의 모든 견해는 불교를 단순히 종교의 범주로 간주할 수 있다고 가정할 때, 불교와 과학의 접점에 대해 중요한 의미를 갖는다. 이제 이 일반적인 분류가 정당성이 있는지 여부를 묻는 중요한 질문으로 돌아가겠다.

불교는 단순히 종교인가?

우리가 불교를 종교로 분류할지 여부는 종교라는 용어를 어떻게 정의하는지에 달려 있다. 종교학자 밴 하비(Van Harvey)에 의하면, 인간 존재의 보편적이고 본질적인 특징에 대해 관심을 깊이 표현하는 믿음 및 실천 체계는 인간 해방과 존재의 진실성을 추구하는 욕구와 관련이 있기 때문에 종교적이라고 간주한다(Harvey 1981: 8장). 이런 식으로 정의하면 불교는 종교라고 실질적으로 간주될 수 있다. 반면 에드워드 윌슨이 제시한 정의에 따르면 불교는 전체적으로 종교라는 기준에 정확하게 들어맞지는 않는다. 불교의 핵심은 고苦·집集·멸滅·도道의

사성제(四聖諦, Four Noble Truth)이다. 이 내용은 '어떤 민족의 기원과 운명 그리고 왜 그들이 의식儀式과 도덕적 규범을 따라야 하는지를 설명하는 신화적 이야기'와 거의 관련이 없다.

월슨은 『통섭』에서 종교를 둘러싼 여러 가정과 추측을 서술하는데, 전 세계의 다른 종교 전통의 구체적 특징은 무시한 채 유대-기독교 전통에 거의 전적으로 의거한다. 현재 유럽 언어로 전 세계의 모든 주요 종교 전통을 서술한 많은 정보가 있음을 고려할 때 이 자료들을 간과한 것은 정당화될 수 없을 것 같다. 그러나 이러한 형태의 민족 중심주의는 불행히도 현대의 종교학 연구에서도 매우 일반적이다. 종교학자 리처드 킹(Richard King)은 기독교가 가정하는 종교의 본질에 대한 논의를 불교에 무비판적으로 오랫동안 적용했던 서구 동양학 연구의 전통을 인용한다. 서구 불교학자들은 전통적으로 아시아 불교도를 '토착 정보원'으로 여기면서 그들과 관계를 맺어 왔다. 리처드 킹은 다음과 같이 쓰고 있다.

불교도들은 대개 고대의 불교 '경론經論'을 주의 깊게 읽으면서 통찰력을 얻는다. 이를 불교의 진정한 본질을 파악하는 가장 효과적인 방법이라고 여겼기 때문이다. 그 결과 이른바 '순수한' 또는 '진정한 불교'는 아시아의 현 불교도들의 경험, 삶, 행동에서가 아니라 유럽 대학 도서관과 기록 보관소, 특히 서구 동양학자들의 후원 하에 수행된 편집 원고와 번역에서 발견된다.(King 1999: 150)

불교를 그 자체로 이해하기 위해서는 서구에서 사용하는 종교, 철학, 과학이라는 용어의 문화적 특수성을 인식하고 처음부터 불교가 서구의 언어 범주나 이데올로기적 가정에 자연스럽게 부합하리라고 믿지 않는 것이 중요하다. 불교는 하비가 설명한 바와 같이 심오한 종교적 요소뿐 아니라 처음부터 강력한 철학적 주제와 추론을 포함한다. 이 책의 가장 중요한 주제는 불교가 처음부터 자연 세계를 구성하는 인격적, 비인격적 현상을 경험을 통해 탐구하는 엄밀한 방법을 확립했다는 점이다. 이 기법들은 대부분 명상(meditation)이라는 용어로 표현되며, 세심한 관찰과 이성적 분석이 뒤따르는 경우가 많다. 요컨대 불교 이론과 수행에는 과학적이라고 간주할 만한 요소들이 있지만, 불교를 단순하게 종교로 분류한다면 불교가 지닌 철학적이고 과학적인 특징 모두를 간과하게 되는 것이다.

이와 같은 이데올로기적 헤게모니는 오늘날까지 서구 불교학자들의 저술에 자주 등장한다. 예를 들어 불교학자 루이스 고메즈(Luis Gómez)는 불교의 교리를 단순히 '종교 이데올로기'로 규정하면서, 불교에 대한 이성적이고 공적인 담론에 반대한다고 주장한다(Gómez 1999:369). 지금까지 남아 있는 수많은 붓다 가르침의 기록 및 특히 인도와 티베트에서의 불교 변증법과 공적 논쟁의 역사에서 알 수 있듯이 불교의 여러 이론은 분명히 이성적이면서도 공적인 담론의 표현이다. 비종교인만이 이 담론을 독점한다는 견해는 근거가 없는 것이다. 더욱이 불교는 마음과 그 기능을 연구해 왔으며, 번뇌를 치유하고 건전한 행동을 개발하는 방법에 대해 이성적으로 설명해 온 오랜 전통을 가지고 있다. 그러나 고메즈는 불교심리학(Buddhist psychology)이라는 용어를 접했을 때 당혹감을 표현했는데, 그 이유는 이 단어가 기독교 화학(Christian chemistry)이란 말보다 더 정당화될 수 없기 때문이다. 고메즈는 불교심리학과 기독교 화학 간의 그럴싸한 유사점을 지적함으로써, 심리학자와 불교학자들이 쓴 불교심리학과 현대 심리학의 관계에 관한 에세이와 책이 급속히 증가하고 있는 사실을 무시한다. 반면 그 누구도 기독교 화학과 같은 것이 있다고 진지하게 말하지는 않는다. 여기서 그의 추론은, 불교도들에게는 현대 서양심리학의 도구와 방법이 부족하기 때문에 불교에서 마음을 연구하는 방법과 결론이 무엇이든 심리학적이라고 간주할 수 없다는 것이다. 이러한 논리는 유럽과 미국의 거의 모든 철학 교과목에서 불교철학을 배제할 때 사용했던 논리로서, 서양 철학자와 같은 방식으로 철학하지 않기 때문에 불교가 철학이 될 수 없다는 것이다. 그러나 우리가 이 터무니없는 추론을 따라야 한다면, '진정한' 종교인 기독교처럼 우주를 다스리고 죄인을 벌하고 신자들에게 보상하는 신성한 창조주의 존재를 긍정하지 않기 때문에 불교는 종교라고조차 간주될 수 없다. 불교는 그냥 아무것도 아닌 것이다.

불교가 종교·철학·과학과 같은 범주에 잘 들어맞지 않는 것은 사실인데, 그 이유는 불교가 이 개념들이 생성되고 발전한 서양에서 전개되지 않았다는 매우 단순한 사실 때문이다. 반면 불교는 서구 문명에 전례 없는 신선함을 주고 있는데, 그 주요 공헌은 직접적인 경험을 통해 마음을 탐구하고 변화시키는 다양한 기법에 있다. 그러나 불교학자를 포함한 다수의 종교학자들은 서양에는 아직 존재하지 않았던 앎(knowing)의 방법을 불교 전통에서 고안했다는 것을 상상하지 못하는 것 같다. 예를 들어 고메즈는 불교 명상에 대해 그 행위를 '반복함'으로써 자신과 타인을 유익한 방향으로 변화시킬 수 있다는 희망을 가지고 '연습하는 의례 행위'라고 말한다(368). 불교학자 로저 잭슨(Roger R. Jackson)도 마찬가지로 불교 명상을 일종의 의례 행위로 표현한다(Jackson 1999:231). 불교 명상을 이렇게 보는 것은 일부 유효한 측면도 있지만, 불교의 핵심인 지(止, śamatha)와 관(觀, vipaśyanā) 수행에 대해서는 큰 오해의 소지가 있다. 지止 수행은 주의력의 안정과 생생함을 기르는 수행법으로 심리학자 윌리엄 제임스(William James)의 주의注意 이론과 관련이 있다(Wallace 1998, 1999a). 주의집중을 기르는 사전 훈련을 거쳐 관(觀, 관조적 통찰)을 함양하는 다양한 불교 수행법들은 현대 임상심리학과 인지심리학 이론과도 큰 연관성이 있다.

많은 불교학자들은 불교가 서구적 범주에 맞지 않는다는 점을 검토하는 대신에, 불교를 '종교'나 '철학' 같은 친숙한 범주에 포함시키는 것처럼 보인다. 종교·철학·과학에 관한 어떤 선입견에 대해서도 이의제기하지 않고, 불교를 자신의 편의대로 분류하는 그들은 스스로를 전통불교의 위대한 신봉자이자 다른 사람의 책을 읽고 그 책에 대한 주석을 쓰는 데 시간을 보내는 학자라고 생각한다. 현대 불교학자들을 불교 전문가로 여기는 것이 타당하긴 해도, 스스로는 물론 다른 사람들도 이들을 전문적인 불교 수행자라고 보지는 않는다. 학문적 전문성과 대비하여 미흡한 수행 경험으로 인해 현대 불교학계에는 눈에 띄는 편향성이 나타나게 되었다(Wallace 1999b).

이에 대한 대표적인 사례가 종교학자 폴 그리피스(Paul Griffiths)의 저술에 나타난다. 그리피스는 불교 명상의 본질과 목표에 대한 방대한 저서에서, 불교 수행의 목표 중 하나인 멸진정(滅盡定, nirodhasa-māpatti) 상태에 들어갈 수 있다고 주장하는 불교 수행자가 실제로 존재하는지, 않는지조차 자신의 저술에서 다루지 못했음을 솔직하게 인정한다. 그는 수행의 성취를 다룬 이 비판적 텍스트 분석에 기초하여, 멸진정이 '일부 정신병 환자와 장기간 혼수상태 환자에게 나타나는 일종의 심오한 강직성 가수면 상태'와 유사하다고 결론짓는다(Griffiths 1986:11). 이 결론을 내린 후, 그는 단지 무겁고 둔탁한 도구로 머리를 빠르게 타격함으로써 쉽게 달성할 수 있는 경지를 얻기 위해 불교 수행자들이 왜 철학, 윤리적 훈련, 주의력 함양, 명상을 오랜 기간 동안 수행해야 하는지(Wallace 1980)를 더 이상 깊게 탐구하지 않는다. 이는 서양의 학문 분과가 시작된 이래 다수의 불교학자들이 취해 온 오리엔탈리즘적 접근 방식에서 비롯된 터무니없는 결론이다(Almond 1988; Wallace 1999c). 가장 이상한 것은 그 옹호자들이 이러한 접근 방식을 어떻게든 과학적인 것으로 간주한다는 점이다. 오히려 현대과학은 이와 같은 비경험적이고 독단적인 학문 탐구 방식에 부분적으로 반대하면서 등장했다.

서양 학계에서 불교를 비과학적으로 보는 일반적인 경향과 무관하게, 불교의 어떤 요소가 과학적인 것으로 간주될 수 있는지에 대해서는 의문이 남는다. 윌슨은 과학을 '세계에 대한 지식을 모아서 그 지식을 검증 가능한 법칙과 원리로 응축하는 조직적이고 체계적인 탐구'(58)라고 설명한다. 이 탐구는 지식의 인접 구조 전반에 걸쳐 원인과 결과의 네트워크에 집중적으로 관심을 가지는 것으로, 다수의 철학과 신학의 핵심에 있는 초월주의와 극명하게 대조되는 경험주의를 그 특징으로 한다.

불교 이론과 수행의 핵심 주제인 사성제四聖諦, 즉 고통의 본질(苦)과 그 인과적 기원(集), 해탈(滅)의 가능성과 그 해탈로 이끄는 원인(道)을 살펴보면, 우리는 불교 역시 인간 경험의 인과성에 중점을 두고 있음을 알 수 있다. 이런 의미에서 불교는 초월주의가 아니라 자연주의의 한 형태이다. 불교는 과학과 마찬가지로 자연 세계를 체계적 지식의 집합체로 제시하며 마음의 본성과 물리적 환경의 관계에 대해 다수의 검증 가능한 가설과 이론을 제시한다. 이 이론은 전승된 수행법을 통해 지난 2,500년간 무수히 검증되었고 경험을 통해 확인된 것이다(Wallace 2000:103-118). 이런 의미에서 불교는 초월주의라기보다는 경험주의의 한 형태로 특징지을 수 있다. 물론 이는 특정 명상이 가진 통찰의 본질과 중요성을 주장하는 불교도들 간의 다양한 견해를 부정하는 것이 아니다. 과학사에서도 과학의 이론과 발견은 시대에 따라 다양한 해석에 열려 있기 때문이다. 과학과 불교의 가장 큰 차이점은 과학자들이 자연 세계에서 주관적 경험을 배제하고 물리 현상에만 인과적 효능을 부여한다는 점이다. 이와는 대조적으로 불교는 주관적인 정신 현상을 객관적인 물리 현상만큼이나 중요하게 받아들이며, 이들 간에 폭넓은 상호 의존적 인과관계를 가정한다.

구체적인 예로, 불교는 고통과 행복의 필요충분한 원인을 찾는 정밀한 수단을 현대 심리학보다 더 폭넓게 제시한다. 불교는 이미 발생한 고통에 대처할 뿐만 아니라, 고통 발생의 원인을 파악하고 그 대응에 초점을 맞춘다. 모든 조건화된 현상은 여러 가지 원인으로부터 발생하는데, 특히 불교에서는 기쁨과 슬픔의 내적 원인을 외부의 물리적 원인보다 더 중요한 것으로 간주하기 때문에 불교에서 중심이 되는 주제는 그 내적 원인을 규명하려는 것이다. 이 내용들은 불교의 과학적 측면으로서, 현대과학이 크게 간과하고 있는 인간의 경험과 의식 영역 자체의 문제를 다룬다. 현대 심리학에서 흔히 가정하듯이, 단순히 '인간의 본성'으로 인해 우리가 불만족에 빠지기 쉽다는 주장은 확실하게 비과학적이다.

마음과 의식의 본성에 대한 불교의 통찰은 과학적으로 올바른 발견처럼 보인다. 사전 훈련을 충분히 받은 유능한 연구자라면 누구나 동일한 경험을 할 수 있다. 만약 사실이라면 이 발견을 가능케 하는 그 수단은 실제로 엄밀한 것인가? 확실히 이 발견은 정량적이지 않으며 수학 법칙처럼 공식으로 만들어지지도 않는다. 그러나 객관적 물리 과정을 탐구하는 데 적용되는 엄격한 기준은, 주관적 경험 및 환경의 관계 탐구와 같은 여타의 분야에서는 불필요하거나 적용되지 않을 수도 있다. 어떠한 방법이 엄격한지의 여부는 달성하고자 하는 목표에 따라 달라진다. 특정 상황에서는 정밀한 정량적 측정이 엄밀한 관찰에 매우 중요하지만, 다른 상황에서는 불가능하거나 무의미할 수도 있다. 이 경우 연구의 인식론적, 실용적인 목표와 연관시켜 엄격한 기준을 구체적으로 새로 마련할 필요가 있다.

과학과 명상 전통 간의 차이로는, 과학이 집단적 지식을 수반하는 한편 명상의 통찰은 항상 개인적이고 공유할 수 없다는 특징을 갖는다. 에드워드 윌슨이 지적했듯이 "과학 풍토 중 다소 부조리해 보이는 것 중 하나는 아무리 훌륭한 발견이더라도 무사히 심사를 통과하고 활자로 인쇄되어야만 비로소 의미를 지니게 된다는 점이다."(59) 물론 월슨이 의미하는 바는 어떤 발견이 출판되어 인정받기 전까지 과학계 내부에서 받아들여지지 않는다는 것이다. 이 주장은 진정한 발견이 실제로 출판 이전에 일어난다는 분명한 사실을 반박할 수는 없다. 일반적으로 과학적 발견은 발표된 후 특정 연구 분야에 있는 소수의 전문가들에 의해서만 검증받을 수 있다. 다른 과학자들과 일반 대중은 대부분 전문가를 신뢰하기 때문에 그 발견을 그대로 받아들인다. 이 상황은 불교 수행자들의 발견과도 크게 다르지 않다. 수행자들은 자신의 직접적인 경험을 토대로 어떤 발견을 한다. 그 다음 구두로 혹은 인쇄물 형태로 보고할 수 있으며, 보고된 발견에 대해 장단점을 논할 수 있는 동료 수행자들로부터 검토를 받을 수 있다. 전문 수행자가 아닌 사람의 비판은 비非과학자들이 과학 이론을 비평하는 것과 마찬가지로 심각하게 받아들이지 않는다.

불교에 과학적 요소가 포함되어 있다는 주장은 불교에 분명히 담겨 있는 다수의 종교적 요소를 간과하거나 무시하는 것이 아니다. 스티븐 제이 굴드가 종교에 대해 언급했듯이 불교는 인간의 목적, 의미, 가치에 관심이 많다. 그러나 과학과 마찬가지로 감각적, 정신적 경험의 영역을 이해하는 데도 관심이 있으며, 객관적, 주관적 현상 모두를 포함해서 우주가 무엇으로 구성되어 있고 어떻게 작동하는지와 같은 물음도 다루고 있다. 랭던 길키의 종교 묘사에 따르면, 불교는 삶의 의미와 목적, 우리의 궁극적 기원과 운명, 내면적 삶의 경험에 대한 질문을 던진다. 그러나 불교에 종교적 요소가 포함되어 있다는 단순한 사실만으로 불교를 종교로만 분류하기에는 충분치 않으며, 마찬가지로 불교를 과학이라고만 분류할 수도 없다. 불교학을 객관적으로 연구하기 위해서는 친숙한 개념적 범주에 집착하지 않고 우리의 가장 깊은 가정에 도전할 수 있도록, 근본적으로 친숙하지 않은 낯선 것에 대면할 준비가 필요하다. 이 과정에서 우리는 과학의 위상을 그 기초가 되는 형이상학적 공리와 연관시켜 검토할 수 있을 것이다.

경험과학과 과학적 유물론의 도그마

이 절에서 나는 과학 및 과학적 유물론의 중요한 특징에 대해서 다루고자 하며, 과학적 유물론과 과학주의를 분명하게 지지하는 저명 과학자 에드워드 윌슨의 글을 자주 언급할 것이다. 내가 이 글에서 윌슨에 대해 언급하는 내용을 살펴보면, 그가 불교에 대해 거의 할 말이 없다고 했던 자신의 주장과 다를 수도 있다. 그러나 윌슨이 제시하는 과학적 유물론은 다수의 과학자와 비과학자들에 의해 널리 받아들여지고 있으며, 사실 불교와 과학의 의미 있는 교류에서 주요 장애물이 바로 이러한 도그마이다. 윌슨은 다른 탐구 방식과 구별되는 과학적 기준을 다섯 가지로 열거한다(53). ①첫 번째는 현재 연구 중인 현상을 통제할 수 있는 실험적 특징인 반복 가능성이다. 그러나 이것은 과학혁명의 출발점이 된 천문학과 지질학과 같은 과학에서는 거의 불가능하므로 모든 자연과학에 해당되지는 않는다. ②두 번째 기준은 경제성으로, 가능한 한 가장 단순하고 미적으로 아름다운 형태로 지식을 추상화하는 것이다. 단순성은 객관적으로 측정할 수 있는 기준일 수도 있지만 아름다움은 그렇지 않다. 이 부분에서 윌슨은 과학 이론을 공식화하는 데는 주관적인 요소가 있다고 분명하게 지적한다. ③세 번째 기준은 과학은 수용할 수 있는 보편적인 척도를 사용하여 측정 가능한 사실들에 초점을 맞춘다는 점이다. 정량적 측정은 객관적인 물리적 현상에는 잘 들어맞지만 주관적인 정신 현상을 과학적으로 연구할 때는 적용하기 어렵다. 이로 인해 과학에는 두 가지 선택지가 있다. ⓐ주관적 경험을 과학의 영역에서 배제하거나, ⓑ마음을 연구할 때 엄격하게 적용하는 측정 개념에 대해 재평가해야 할 필요성을 인정하는 것이다. ④네 번째 기준은 발견 기법(heuristics)으로, 최고의 과학은 더 많은 후속 발견을 자극한다는 것을 의미한다. 물론 과학적 도그마가 더 이상의 발견을 방해한다면 과학적 사고에서 추방되어야 한다는 의미이다. ⑤윌슨이 주장하는 마지막 특징은 통섭이다. 이는 살아남을 수 있는 과학적 설명은 서로 연결되고 일관성이 입증 가능한 설명이라는 의미이다. 윌슨이 구상하듯이 통섭을 통해 자연 세계의 모든 국면을 통합하는 것이라면 객관적 현상뿐 아니라 주관적 경험을 다루는 체험적 연구도 포함시켜야 하지만, 그는 자연 세계의 이 두 요소를 통합하기 위한 전략을 제시하지는 않는다.

　여타의 과학적 유물론자처럼 윌슨도 경험과학과 과학적 유물론의 형이상학적 가정을 혼동하지만, 나는 특히 과학적 유물론이 오랜 기간 마음과 의식에 관한 발견을 방해해 온 실질적인 도그마라고 생각한다. 도그마라는 용어는 개인의 지적, 정서적 충성을 요구하는 신념과 태도의 집합으로 구성되고, 보편적으로 적용되는 일관된 세계관을 의미한다. 따라서 도그마는 단순한 사실 혹은 이와 관련된 이론보다 훨씬 더 큰 힘을 개인과 공동체에 발휘한다. 명백한 반대 증거에도 불구하고 실제로 도그마가 우세할 수 있으며, 도그마에 대한 믿음은 장애물에 부딪힐 때 더욱 열성적인 것으로 변할 수 있다. 이제 과학적 유물론이라는 도그마에 내포된 몇몇 근본 가정을 살펴보자.

　　객관주의 형이상학적 원리 중 과학적 객관주의는 개별적이고, 개인 적이고, 통제되지 않고, 독특하고, 변칙적인 것들에 대해 무시할 것을 요구한다. 이 사건들은 자연 세계에서 빈번하게 일어나지만, 실재를 묘사하는 과학적 그림에는 포함되지 않으므로 실재로 간주되 지는 않는다. 주관적 경험은 형이상학적 해석을 거치면서 자연으로부 터 추상화되어 부대附帶 현상이나 상상의 상태로 표현된다. 월슨의 말에 의하면, 과학적 객관주의에 대한 긍정은 다음과 같이 표현된다. "우리의 머리 바깥에는 독립적으로 존재하는 실재가 있다. … 우리의 머릿속에서는 입력된 감각과 그로 인한 개념 형성을 통해 실재에 대한 재구성이 일어난다."(60-61). 그는 과학자의 적절한 임무가 실재 에 대한 머릿속의 주관적 표상을 객관적인 외부 세계와 정확하게 일치시키는 것이라고 주장한다. 이 말의 의미는 객관 세계가 우리의 머릿속에만 존재하는 모든 감각적 증거를 포함하여 주관적인 현상 세계의 너머에 있다는 것이다. 월슨은 객관 세계와 우리의 주관적 표상 사이의 일치 정도를 나타내는 객관적 기준이 없다는 것을 분명하 게 인정한다(59). 따라서 월슨은 초월주의에 반대하여 경험주의를 고취하려 하지만, 객관 세계의 존재와 그 지식에 관한 한 사실상 초월주의자이다. 그가 이해하는 과학의 영역인 '실재 세계'는 모든 경험적 데이터를 초월하며, 우리의 머릿속 표상을 통해서만 간접적으로 알 수 있다. 윌슨은 현대과학에 객관적 진리 기준이 없다는 것을 인정하면서도 언젠가는 미래의 뇌과학이 발견하리라 믿고 있으며, 이를 통해 사고 과정의 물리적 기초가 밝혀짐으로써 마음의 본성이 드러날 것이라고 생각한다(Wilson 1998:60, 64).

환원주의 윌슨은 자연을 구성요소로 분해하는 환원주의를 최첨단 과학이라고 설명하면서 중요시하였다. 환원주의는 과학사에서 연구 전략으로서의 유용성을 무수히 입증해 왔다. 하지만 이 지침은 현명하게 잘 사용해야 한다. 예컨대 뇌 과학에서 개별적인 아원자입자·원자·분자·세포·뉴런의 신경절의 작동에만 주의를 기울이면 시야가 매우 좁아져서 뇌의 여러 영역에서 일어나는 종합적인 전체 과정을 통찰하는 데 방해받을 수 있다. 또한 환원주의는 두뇌의 객관적인 기능에만 초점을 맞추고 주관적인 정신 사건을 무시하기 때문에 마음-뇌라는 상관관계를 발견하기가 어렵다. 결국 우리가 아는 것은 뇌뿐이고, 뇌 자체만으로는 의식이나 주관적 경험이 존재한다는 객관적 증거가 제시되기 어렵다. 따라서 윌슨이 주장하듯이 마음이 뇌의 기능으로만 구성되어 있다고 가정하면 우리가 직접적으로 경험하는 마음은 미스터리로 남게 될 것이다. 그리고 환원주의가 객관 세계에 대한 모든 표상이 마음에만 존재한다고 주장하면 결국 객관 세계는 초월적인 신비로만 남게 될 것이다. 다시 말해 윌슨이 존재론적 환원주의를 고수하는 한, 그의 통섭이라는 이상은 훼손되리라 생각한다.

일원론 과학적 유물론자들은 우주 전체가 한 종류의 근본 물질로 구성되어 있다는 사실에 전적으로 동의하는 것처럼 보인다. 그들은 만약 이 견해가 부정되면 마음과 물질이라는 두 실체만 존재한다고 가정하는 데카르트적 이원론으로 되돌아갈 것이라고 주장한다. 하지만 왜 우리의 상상을 두 가지 선택으로만 제한해야 하는가? 중력 상수와 플랑크 상수 같은 실수實數뿐 아니라 허수와 복소수 등의 숫자를 포함하여 수학법칙·공간·시간·관념·감각 및 꿈 이미지·의식 등이 갖는 존재론적 위치를 생각해 보라. 왜 우리는 모든 현상이 한 가지 유형만으로 구성되어 있다고 믿어야만 하는가? 자연 세계가 다양한 물질적, 비물질적 현상으로 구성되어 있지 않을 이유는 무엇인가? 이와 같이 일원론이라는 독단적 원리는 다른 가능성을 고려할 수 없게 만든다.

물리주의 갈릴레오 시대 이후 과학 연구의 도구는 물리적 현상만을 측정하도록 설계되었다. 만약 다른 유형의 현상이 존재한다면 지금까지 발전해 온 과학적 영역 바깥에 있어야 한다. 그러나 물리주의에서 주장하는 형이상학적 원리를 옹호하는 사람들은 과학적 도구로 감지할 수 있는 현상만이 실재한다고 결론지었다. 그들은 우주가 물질 및 물질로부터 창발되는 특성으로만 구성된다고 믿고 있다. 이 원리를 이해하기 위해서는 문제가 되는 물질이 일상에서 우리가 접하는 친숙한 것이 아니라는 점을 알아야 한다. 예를 들어 손에 쥐고 있는 돌은 특정한 색깔, 질감, 무게로 경험된다. 그러나 윌슨에 의하면 이 모든 특성들은 객관 세계가 아니라 우리 머릿속의 표상으로만 존재하는 부차적인 것이다. 과학적 유물론에 따르면 객관적 우주의 근본 물질은 의식 주체와의 관계에서 발생하는 부차적 특성과 관계없는 독립적인 존재이다. 즉, 물질의 실제 특성은 검출 방식과 무관하게 독립적으로 존재하는 고유한 것이다.

오늘날 과학은 물질의 본질에 대해 무엇을 알고 있는가? 물리학자들은 물질이 원자로 구성되어 있고, 원자는 다시 전자, 양성자 같은 기본 입자로 구성되어 있다는 데 동의한다. 또한 기본 입자는 쿼크 (quark), 초끈(superstring) 등과 같은 기본 요소로 구성된다고 추정한다. 그러나 우주를 구성하는 기본 요소의 실제적 성질은 다소 신비에 싸여 있다. 일부 물리학자들은 원자가 공간이나 시공간에서 발생한 특성이라고 주장한다. 하지만 이들이 말하는 공간은 어떠한 공간을 의미하는가? 실제로 고유한 기하학적 구조를 갖는 무수한 공간이 존재하며, 각 공간은 동일하게 유효하고 일관성을 갖는다. 어떤 물리학자들은 원자를 사물이 아닌 관계의 집합으로 보는 것이 더 낫다고 주장하기도 한다(Wallace 1996:55).

객관적 우주에 물질이 독립적으로 존재한다고 가정해도, 상대성 이론에서 물질의 질량, 공간과 시간의 차원은 고정되거나 절대적인 것이 아니라 측정되는 관성 좌표계에 따라 달라진다. 그리고 양자역학의 관점에서는 물질의 기본 입자가 측정 시스템과 별개로 독립하는지 여부가 더욱 모호해진다. 양자역학의 전개 이후, 전문가들은 기본 입자가 별개의 실체로 독립적으로 존재한다는 주장에서부터 객관적 양자 영역이 전혀 존재하지 않는다는 견해에 이르기까지 다양한 견해를 표명해 왔다(Herbert 1985). 물리학이 계속 발전함에 따라 물질의 기본적인 지위가 점차 하락하고 있는 것으로 보인다. 물리학자 스티븐 와인버그(Steven Weinberg)가 주장하듯이, "물리학자가 설명하는 세계의 구성요소 목록에 더 이상 입자는 포함되어 있지 않다. 따라서 물질은 물리학에서 중심적인 역할을 못하게 되었다. 이제 대칭 원리만이 남아 있다."(Cole 1999)

물질의 본질이 무엇인지, 어떤 것이 우선적인지 합의하기 힘들 때 물리주의자는 우주의 기본 물질인 에너지와 에너지 보존 개념을 도피처로 삼을 수도 있다. 그러나 다시 실망할 수밖에 없는데, 물리학자 리처드 파인만(Richard Feynman)은 에너지 보존 법칙이 수학적 원리일 뿐 어떤 구체적인 것이나 메커니즘을 설명하지 않는다고 주장하기 때문이다. 그는 계속해서 "오늘날 물리학에서 에너지가 무엇인지 알지 못한다는 점을 우리가 깨닫는 것이 중요하다."(Feynman, Leighton, and Sands 1963:4-2)라고 인정한다.

에드워드 윌슨처럼 과학적 유물론자들은 물질이 (단순히 정신적 표상으로만 존재하는) 간접적인 것으로 드러난다 해도, 물질은 존재하며 그 무엇보다 우선한다고 주장한다. 우리가 감지하지 못한다 해도, 물질은 객관적 세계에 독립적인 존재이며 우리가 경험하는 모든 것의 근원이자 기초로 간주된다. 물질의 실제적 성격에 대해서는 항상 많은 견해가 대립되어 왔고, 그 가설의 수 또한 줄지 않고 있다. 생각해 보면 신神이 유신론자에게 전통적으로 해왔던 역할을 물질이 유물론자에게 대신하는 것 같기도 하다. 그럼에도 '유물론자(materialogian)'들의 사변적 이론은 주관적·객관적 현상이 일어나는 신비한 물질로 구성된 우주 전체를 존재론적으로 거의 설명하지 못한다.

폐쇄 원리 폐쇄(closure) 원리의 옹호자들은 비물질적인 현상이 존재하든 않든 물리적 우주에 아무 영향력도 행사할 수 없다고 주장한다. 즉, 우주는 비물리적인 인과관계로부터 폐쇄되어 있다는 것이다. 윌슨은 이 가정을 시사하며 다음과 같이 주장한다. "통섭이라는 세계관의 핵심은 별의 탄생에서부터 사회 조직의 작동에 이르기까지 모든 현상들이 아무리 복잡하더라도 궁극적으로는 물리법칙들로 환원 가능한 물질적 과정에 기반한다는 개념이다."(266) 물론 이 원리의 함축적 의미는 과학 지식의 한계와 인간 존재의 본질이라는 두 측면에서 매우 중요하다. 특히 이와 큰 관련이 있는 분야 중 하나가 진화에 대한 연구이다. 윌슨은 "생명체의 능력은 유기체가 차지한 서식지(niche)에서 자신들의 적응도를 극대화하는 선까지만 진화한다."(48)고 하면서, 진화는 비물질적인 영향 없이 오로지 물리법칙에 의해서만 일어난다고 주장한다. 그러나 그는 전자나 원자를 이해한다고 해서 세포의 형성을 점진적으로 이해할 수 없다는 점을 인정한다. 오히려 먼저 세포를 이해한 후 거꾸로 되짚어서 기본 요소의 관점에서 세포를 이해할 수 있다는 것이다. 여기에 지식의 비대칭성이 있다. 물리학적 설명은 생물학적 과정을 이해하는 데 필요하지만 충분치는 않은 것이다(Wilson 1998:68).

사실 모든 생물학적, 심리적 과정이 궁극적으로 물리법칙으로 환원 가능하다고 주장한다면, 우리가 가장 의미 있다고 생각하는 것을 포함하여 인간 존재의 많은 측면에 대해 설명할 수 없게 된다. 자연선택이 미래의 필요성을 예측하지 못함에도 문명의 탄생 이전에 인간의 마음은 어떻게 문명을 준비했을까? 또한 어떻게 인간의 마음이 문화적 진화를 급격히 촉발시키는 데 필요한 상징적 언어를 진화시켰는가? 윌슨의 주장처럼 뇌가 자신을 이해하기 위해서가 아니라 생존을 위해 조립된 기계에 불과하다면, 어떻게 인간은 그처럼 정교한 뇌를 발달시킬 능력을 갖게 되었는가? 마지막으로 리처드 도킨스가 주장하고 윌슨이 동의하듯이, 인간 두뇌와 감각 시스템이 인간의 유전자를 보존하고 증식시키는 생물학적 장치로 진화했다면(Wilson 1998:52) 어떻게 우리는 인류 전체의 복지를 위한 보편적 사랑과 관심을 실천할 능력을 갖게 되었는가? 도킨스가 인정하는 것처럼 이 사실은 "단순히 진화론적으로 말이 되지 않는다."(Dawkins 1978:2) 여기서 정확히 무엇이 말이 되지 않는가? 상징적 언어를 발전시킨 인간의 정신 능력, 종교·철학·과학을 통해 진리를 추구하는 인간의 열망과 능력, 무조건적 사랑과 연민을 베풀려는 인간의 능력을 말하는가? 이 내용들이 모두 말이 되지 않는다는 것인가? 아니면 이 주장이 진화론의 중심 원리에 위배되더라도, 폐쇄 원리에 따른 자연 선택에 의해 설명할 수 없는 방식으로 진화했다는 형이상학적 가정을 포기해야 하는가?

폐쇄 원리의 주장은 또한 자유의지 문제에도 큰 영향을 미친다. 자유의지와 같은 것이 있다면 그 자유를 행사하고 자유로운 결정을 내릴 무언가가 있어야 한다. 그러나 윌슨은 두뇌와 자아의 관계를 다루면서 이렇게 묻는다. "뇌 속에서 누가 혹은 무엇이 이 모든 활동들을 감시하는가? 누구도, 다른 어떤 것도 그렇게 하지 않는다. 뇌의 어느 영역도 그 시나리오를 볼 수 없다. 그것들은 그저 존재할 뿐이다."(119) 뇌 기능과 별개로 개인의 정체성이나 자아가 없다면 자유의지의 문제는 무의미해 보인다. 그러나 윌슨은 여기서 그치지 않는다.

윌슨은 정신 활동이라는 무대 뒤에서 보이지 않게 이뤄지는 이 대뇌의 준비성 덕분에 우리는 자유의지가 실제로 존재하는 양 착각하며, 인간은 생존을 위해 이 환상을 필요로 한다고 주장한다. 그는 자유의지가 환상이라는 사실은 뇌에 미치는 물질적 영향의 파악하기 어려운 복잡성으로 인해 보호된다고 독자들을 확신시킨다. 간단히 말해 과학적 유물론에 따르면 우리의 생존은 부분적으로 자유의지의 환상을 유지하는 데 달려 있다. 그러나 이것이 사실이고 과학적 유물론이 우리가 실제로 무언가를 선택할 수조차 없다는 것을 보여줬다면, 과학적 유물론의 확산은 종으로서 인류의 생존 가능성을 약화시킨다는 결론에 도달할 수 있다. 예를 들어 어린아이가 산타클로스는 실제로 존재하지 않는다는 말을 들었을 때처럼 일단 환상이 사라지면 그것이 우리 삶에 영향을 미치는 능력은 사라진다.

폐쇄 원리의 영향은 여기서 그치지 않는다. 인간은 생존과 번식뿐 아니라 의미와 행복을 추구하는 데도 관심이 있다. 그러나 윌슨은 의미란 '이미지가 확장되고 감정이 개입되며 확산되는 흥분을 통해 생성된 신경망들 간의 연결'(115)이라고 말한다. 그는 행복 추구와 관련하여 수백만 명이 '궁극적 의미가 없는 삶에서 방황하고 길을 잃은 것처럼' 느낀다는 사실을 인정하면서도, 결국 행복의 추구가 '뇌의 회로와 심층적 유전자의 역사'(260-261)로 설명될 수 있다고 추정한다(260-161). 그는 인간이 실제로 어떻게 행복을 경험할 수 있는지에 대해 어떤 실마리도 이야기하지 않는데, 이는 '진화론적으로 이해되지 않는' 인간 존재의 또 다른 측면이기 때문이다.

지금까지 과학적 유물론에서 제시하는 인간 존재의 본질에 대한 그림은 그저 암울하기만 하다. 유물론자들은 우리가 인간 유전자를 보존하고 증식하도록 생물학적으로 프로그램된 두뇌가 지배하는 유기체 로봇이라고 주장한다. 따라서 인간의 정체성은 자유의지와 마찬가지로 환상이며, 의미와 행복을 추구하고 경험하는 주체는 결국 비인격적인 물리법칙에 따라 작동하는 신경활동으로 귀결된다. 그러나 윌슨은 "과학자들이 인간 본성의 근본을 탐구하여 사람들이 본질적으로 가장 필요로 하는 것이 무엇이고 그 이유가 무엇인지 밝혀내기 시작했다. 우리는 개인에게 완전한 자율성을 부여하는 새로운 실존주의 시대로 들어서고 있다."(297)고 쓰고 있지만 현실에 대한 암울한 전망에 내재된 함축적 의미는 숨기고 있다. 내 생각에, 인간 존재에 대한 이런 견해의 가장 이상한 점은, 경험적 사실이나 합리적 논거가 뒷받침되지 않음에도 누군가는 이를 기꺼이 받아들이려고 한다는 것이다.

과학적 유물론의 종교적 지위

앞 절의 논의에서 과학적 유물론은 경험 과학의 영역을 뛰어넘는 도그마로서의 지위를 갖는다는 사실을 분명히 보여준다. 특히 20세기에 들어와 과학적 유물론은 종교적 지위를 갖게 되었다. 윌슨은 과학적 유물론을 설명하면서, 스티븐 제이 굴드가 종교의 유일한 영역이라고 주장한 인간의 목적·의미·가치의 영역에 대해 여러 차례 언급한 바 있다. 또한 윌슨은 삶의 의미와 목적, 우리의 궁극적 기원과 운명, 그리고 랭던 길키가 종교에 할애한 내면적 삶의 경험에 대해서도 길게 서술한다. 과학적 유물론에서는 과학과 종교의 경계가 사라지고 새로운 종교가 모든 전통적 종교의 대체물로 제시된다. 경외심·외경·헌신의 신성한 대상은 신이나 영적 깨달음이 아니라 '머리 밖에 초월적으로 존재하는 물질적 우주이다. 다시 말해 과학적 유물론은 문자 출현 이전에 인류사를 통해 무수한 선례를 남긴 자연적 종교의 현대적인 모습으로 보인다(Goodenough 1998; Wallace 2000:30-39).

   그러나 에드워드 윌슨은 정반대의 주장을 펼친다. 그는 모든 전통 종교가 사실상 유전적인 것으로, "유전자 속에 암호화된 정신 발달의 편향으로부터 탄생되었다."(257)고 주장한다. 윌슨의 저작을 보면 그의 과학적 유물론에 대한 신조가 유대-기독교 전통의 신학적 전제에 얼마만큼 뿌리를 두고 있는지를 스스로 거의 인식하지 못하는 것 같다(Wallace 2000:41-56). 윌슨의 견해에 따르면 인간의 마음은 신을 믿도록 진화했지만 생물학을 믿도록 진화하지는 않았다. 이 주장의 경험적 근거는 기록된 역사를 볼 때 인간이 신을 믿었다는 증거가 있지만, 생물학은 불과 지난 몇 세기 전에 등장했다는 것이다. 그러나 인간의 정신이 상징적 언어를 발달시키기 전에 인간이 신을 믿었다는 증거는 없으며, 또한 그 능력을 자연 선택의 원리로 설명할 수는 없다. 따라서 진화적 관점에서 상징적인 언어의 사용이 유전자에 암호화되어 있다고 설명할 수 없다면 종교 역시 마찬가지일 것이다. 윌슨은 이 사실을 간과하고, 경험주의를 옹호하면서 초월주의에 맞서지만 생물학적 기원에 대해서는 진화론과 같은 자연법칙으로는 설명할 수 없는 수수께끼라고 간주한다. 그는 종교를 진화론에 귀속시킴으로써 종교를 자연화하려는 부정확한 시도를 하는 한편, 생물학을 진화법칙 위에 올려놓음으로써 생물학을 초월적인 것으로 만든다. 그는 과학의 전문 분야를 신성시하려고 하면서, 이 분야야말로 우리 존재의 가장 심오한 질문에 대한 열쇠를 쥐고 있다고 거듭 주장한다.

윌슨은 과학적 유물론을 새로운 자연종교 지위로 격상시킨 것에 대해 의심의 여지가 없도록 이를 매우 분명하게 설명한다. 그는 다음과 같이 말한다. '만일 성스러운 이야기가 종교적 우주론의 형태를 띠지 못한다면',

> 그것은 우주와 인류의 물질의 역사로부터 가져오게 될 것이다. 이 추세는 결코 꺾이지 않는다. 진정한 진화론적 서사시는 그 어떤 종교적 서사시만큼이나 본질적으로 고상한 기품을 지닌다. 과학이 발견한 물질적 실재는 이미 모든 종교적 우주론을 합쳐 놓은 것보다 더 많은 내용과 장엄함을 드러낸다. (265)

그는 자신이 기독교 근본주의에서 과학주의로 일찍이 개종했던 것을 반영하여, 과학과 종교의 '겹치지 않는 권위'라는 개념을 채택하는 대신 확실하게 새로운 신조로 개종할 것을 주장한다. 그는 개종은 "순수 논리만으로는 알 수 있는 것이 아니다. 왜냐하면 현재로서는 오직 믿음의 도약만이 당신을 여기로부터 그곳으로 인도할 것이기 때문이다."(238)라고 인정한다. 그는 이러한 믿음의 도약에 대한 미래의 검증은 결국 생물학자들이 중심이 되어 수집한 객관적 증거의 축적을 통해 이루어질 것이라고 독자들에게 말한다. 결국 이 신조에 대한 궁극적인 검증은 인류를 무지와 망상으로부터 구원하기 위해

메시아의 역할을 맡게 될 미래 생물학자들의 권위에 달려 있다는
것이다.

월슨은 자신이 과학적 유물론뿐 아니라 자연종교의 근본주의적
분파인 과학주의(11)의 옹호자임을 인정한다. 전 세계의 다양한 종교
근본주의자들처럼, 월슨은 자신의 신념체계가 현실을 이해하는 유일
한 방법이고 인류의 모든 문제를 해결하는 열쇠라고 주장한다. 그는
다음과 같이 쓰고 있다. 자연과학의 도구와 축적된 지식이 없으면,

> 인간은 인지 감옥에 갇히고 만다. 인간은 그림자가 드리운 깊은
> 연못에서 태어난 지적인 물고기와 같다. … 인간은 자신을 가두고
> 있는 물과 그 위에 있는 태양과 하늘 그리고 별의 기원과 자신의
> 존재 의미에 대해 독창적인 사유와 신화를 만든다. 그러나 언제나
> 그것은 틀릴 수밖에 없다. 왜냐하면 단지 상상만으로 존재하는
> 세계와 일상적으로 경험하는 세계가 너무 다르기 때문이다.(45)

물리적 현상의 객관 세계를 밝혀낸 과학의 놀라운 업적을 어떤
식으로든 폄하하고 싶지 않지만, 과학이 정신 현상의 주관적 세계를
대부분 어둠 속에 남겨두었다는 점을 지적하지 않을 수 없다. 철학자
존 설(John Searle)은 다음과 같이 인정한다. "현대의 우리가 수많은
지식을 알고 있다면서 갖는 오만함에도 불구하고, 과학을 바라보는
확신과 그 보편성에도 불구하고, 마음과 관련해서 우리는 혼란스럽고
의견이 일치되지 않는 특징이 있다."(Searle 1994:247) 월슨은 이를
무시하면서 과학이 등장하기 전에는 '인간의 자아상(self-image)을

방해하는 모든 신화와 그릇된 우주론 같은 1,000년 묵은 잔해'만이 있었다고 선언한다.(61) 그러나 인류가 과학의 유일한 리더십을 따른다면 "우리는 언젠가 객관적 진리에 접근할 것이다. 이런 일이 일어나면 무지에 바탕을 둔 형이상학은 십자가 앞의 뱀파이어처럼 뒷걸음을 칠 것이다."(62)

요약하면 윌슨은 과학을 제외하고 "신화·계시·예술·무아지경, 또는 그 밖의 가능한 수단으로는 아무것도 얻을 수 없었던 게 사실이다. 또한 미지를 가장 강력하게 전前과학적 방식으로 탐구하는 신비주의는 그것이 주는 정서적 만족감에도 불구하고 어떠한 결과도 얻지 못했다."(46)고 주장한다. 현직 과학자로서 그의 뛰어난 경력을 감안할 때, 종교적 경험만큼이나 중요한 주제에 대해 그가 내리는 결론이 설득력 있는 경험적 증거에 근거하기를 희망한다. 안타깝게도 윌슨은 복음주의적 열정에 사로잡혀 이 주제를 객관적으로 엄격하게, 철저하게 연구하려는 시도를 모두 허공으로 날려버린다. 비교종교학을 다룬 엉터리 시도에서 그는 다음과 같이 주장한다. "위대한 종교 가운데 … 깨달음은 … 힌두교의 적정(samadhi), 불교의 깨달음(satori), 수피교의 신神과의 합일(fana), 도교의 무위(wu-wei), 오순절 기독교의 부활로 표현된다. 이와 유사한 깨달음은 환각에 빠진 문자 이전 시기의 샤먼(shaman)이 경험하기도 한다."(260) 이 피상적 결론은 윌슨이 자신의 책에서 비서구적인 종교 전통의 존재를 알고 있었음을 보여주는 유일한 언급이다. 그러나 무비판적 방법으로 종교를 모두 함께 묶어 문자 출현 이전 시대의 샤먼의 환각과 동일시하는 것으로 판단한다면, 종교학자들은 윌슨이 위의 종교 전통들을 완전히 무시했다고 생각할 수도 있다.

과학적 탐구는 세밀한 관찰과 엄격한 분석, 그리고 가정에 대해서도 의문을 제기할 수 있는 열린 마음을 중요한 특징으로 하지만, 윌슨의 과학적 유물론 옹호에는 분명히 이 모범적인 특징이 없는 것처럼 보인다. 비록 과학 전통에는 경험적인 과학의 요소와 자연종교에 나타나는 독단적인 과학적 유물론의 요소가 모두 포함되어 있지만, 과학 전체를 하나의 종교처럼 분류하는 것은 잘못된 일이다. 그러나 불교 역시 분명히 종교적인 요소뿐 아니라 엄밀한 경험적 탐구 및 이성적 분석이라는 요소도 포함하고 있다. 과학과 과학적 유물론을 혼동하면서 과학을 종교라고 분류하는 것에 문제가 있다면, 불교로부터 과학적이고 철학적인 요소를 제외한 후 불교를 종교라고만 분류하는 것에도 또한 오해의 소지가 있다. 불교 과학(Buddhist science)이 있을 수 있다고 인정한다 하더라도, 불교 과학은 현대과학을 대체할 수 없다. 불교는 뇌를 다루는 정교한 이론이나 탐구 방법이 없으며, 현대 물리학·화학·생물학에 필적할 만한 객관적인 지식체계를 고안하지도 못했다. 반면 현대과학은 의식의 본성과 잠재력, 주관적 경험과 객관 세계의 관계, 의미와 성취를 추구하는 삶 등등의 주제에 관해서는 인류를 어둠 속에 남겨두었다. 일단 과학이 과학적 유물론의 이데올로기적 족쇄에서 벗어나게 되면, 과학의 특징인 열린 탐구 방식은 불교 및 고대의 다른 명상 전통을 잘 보완할 수 있을 것이다.

포스트모더니즘의 도그마

과학적 유물론이 자연과학 분야의 사고방식에 많은 영향을 미치고
일반 대중의 상상력을 사로잡는 데 성공적이었듯이, 포스트모더니즘
도 사회과학과 인문학 분야에서 여전히 상당한 영향력을 행사하고
있다. 포스트모더니즘과 과학적 유물론 사이에 개념적 차이가 많음에
도 불구하고 대다수의 지식인들은 화강암 매트리스 위에 깃털 이불을
깔아 놓듯이 과학적 유물론의 원리 위에 포스트모더니즘의 교리를
얹어 두 관점 모두를 수용했다.

불교와 과학 간의 대화와 협력에 반대하는 포스트모더니즘의 기본
적 교리에는 문화적 특수주의 원칙이 있다. 이는 서로 다른 사회가
문화적으로 독특하고 비교할 수 없으므로 외부인은 근본적으로 알
수 없다고 하는 입장이다(Patton and Rav 2000:7). 포스트모더니즘에서
는 불교의 다양한 학파가 그들이 발전한 아시아 사회에서 문화적으로
독특하며, 따라서 그 이론과 탐구 방법을 과학과 비교할 수 없다는
관점을 갖고 있다. 서로 다른 사회가 문화적으로 독특하고, 한 사회를
바라보는 외부인의 지식이 결코 내부인의 지식과 같을 수 없다고
보는 것은 분명한 사실이지만 이 원칙을 절대화할 때 문화 간 또는
학제 간 상호 이해의 추구가 어렵게 될 것이다. 이 추론에 대해 논리적
으로 살펴보면, 각 개인은 독특하고 근본적으로 타인이 알 수 없으므로
우리 중 어느 누구도 다른 사람을 실제로 이해할 수 없고, 이해하려고
노력해서도 안 된다는 것이다. 즉, 이 원칙을 고수하면 공감과 대화가
불가능하게 되어 결국 인류 문명 자체의 쇠퇴로 이어질 수 있다.

포스트모더니스트들은 자신들의 주장이 갖는 함축적 의미에 구애받지 않은 채 여러 분야의 학문과 주장들을 비교할 때마다 유사성보다 차이점을 강조한다. 그들은 그 차이점이 '실제적'이고 '객관적'이라고 가정하는 한편 유사점은 '가상적'이라고 간주하면서 보는 사람의 주관적 마음에만 존재한다고 생각한다(Patton 2000:157). 이 견해는 일찍이 과학에서 널리 무시되고 비판당했지만 인문학에서는 여전히 유행하는 '현실의 사회적 구성'이라는 주제와 밀접한 관련이 있다. 어떤 유형의 종교적 경험이 현실의 측면을 드러낸다거나, 불교와 과학 간에 공통이 되는 통찰이 있을 수 있다는 주장이 제시되면 포스트모더니스트들은 보통 놀라움이나 조소로 반응한다. 이들의 형이상학적 가정은 그러한 통찰을 원칙적으로 인정하지 않기 때문이다.

많은 포스트모더니스트들은 '타자'의 세계관은 근본적으로 알 수 없다고 주장하면서, 종교 전통이 스스로에 대해 말하는 것은 그 전통의 실제적인 내용이 아니라고 하는 엘리트적 푸코(Foucault)주의의 전제를 채택한다. 특히 종교는 인간과 궁극적 실재 간의 관계를 묘사한다고 말한다. 그러나 반대로 푸코는 이것이 종교의 진정한 의미가 아니라고 주장한다. 푸코에 의하면 종교가 실제로 다루는 것은 권력 관계이다. 즉 누가 권력을 가지고 있고, 어떻게 획득하고 행사하는가이다. 물론 권력이 종교 교리를 만드는 데 중요한 역할을 한다고 하는 주장을 완전히 부정하는 것은 터무니없는 일이다. 그러나 이것이 종교의 전부라고 하는 환원주의적 주장은 외부인, 특히 포스트모더니스트가 자신보다 '타자'를 더 잘 알 수 있다는 것을 의미한다. 아시아 종교 연구에 적용할 때 나타나는 이러한 형태의 방법론적 오만함은 '오리엔

탈리즘'이라고 불리면서 이에 대한 비판이 무수히 제기되었지만 아직
도 계속되고 있다.

물론 포스트모더니즘은 종교 비판에만 국한되지 않는다. 포스트모
더니즘에서는 전통적이든 현대적이든 특정 세계관이나 비전의 '진리'
를 최종적으로 결정하는 것이 불가능하다고 폭넓게 주장한다. 이러한
결론은 한때 신성불가침한 것으로 여겼던 수많은 신학적, 과학적
주장이 한순간에 허구로 드러났음을 냉철하게 반성하는 데서 출발했
다고 볼 수 있다. 그러나 포스트모더니스트의 주장은 그 자체로 진리
주장이고, 그 옹호자 중 최종 결정된 진실성 여부에 대해 조금이라도
의심을 표하는 사람은 거의 없다. 포스트모더니즘을 제외한 여타의
세계관에 절대적 진리가 없다고 하는 주장은 이 도그마가 갖는 근본
믿음 중 하나로 보이며, 이로부터 과학주의 및 기타 근본주의와 매우
유사하다는 것을 알 수 있다. 요컨대 어느 누구도 어떤 진리의 타당성을
완전하고 확실하게 결정할 수 없다고 하는 주장에는, 이 주장을 하는
사람이 다른 사람의 지식의 한계에 대한 절대적인 지식을 가지고
있다는 전제가 포함된다. 포스트모더니즘의 장점이 무엇이든 간에
포스트모더니즘에 겸손이라는 말은 전혀 어울리지 않는다.

포스트모더니즘 문헌에 반복적으로 등장하는 또 다른 주제는 미학
의 우위성이다. 이들은 철학과 과학이 객관적인 지식을 엄밀히 추구한
다고 보지 않고 예술의 한 형태라고 간주한다. 이 가설은 말할 필요도
없이 과학계에 거의 설득력이 없는 것으로 드러났으며, 순수 예술이나
인문학보다 과학 연구에 더 많은 자금과 지원을 지속적으로 배당하는
언론, 일반 대중, 정부를 설득하지도 못했다.

이 주제는 종교에 대한 포스트모더니스트의 평가에도 널리 퍼져 있다. 세계적인 종교 교리와 여타의 세계관 간의 차이에 대해, 로저 잭슨(Roger Jackson)은 다음과 같이 쓰고 있다. "간단히 말해 선택은 미학적인데, 이것이 포스트모던 환경에서 열려 있는 유일한 종류의 선택일 수 있기 때문이다."(Jackson 1999:238) 포스트모더니즘의 형이 상학적 사유에 휘둘리지 않는 사람들은 다행히도 대안이 될 만한 세계관을 고를 때 다양한 선택지가 있다. 잭슨에 따르면 포스트모더니 스트에게는 선택의 여지가 없는 단 하나의 선택지만이 있다. 경쟁적인 이론과 가설을 선택할 때 이 동일한 규칙을 무조건 적용할 것인가? 다양한 과학 이론·철학 사상·윤리적 원칙·종교적 견해가 제시될 때, 우리는 미학적으로 만족스러운 것만을 선택해야 하는가? 다시 한번 포스트모더니즘은 지적, 경험적 엄밀함을 무시하는 처방을 제시 하는 것처럼 보인다. 종교인 킴벌리 패튼(Kimberley C. Patton)은 포스 트모더니즘의 지시를 따른다면 "우리는 결국 자기 자신과 편견에 대해서만 이야기하게 되고, 방법론적 정교함을 가장한 일종의 나르시 시즘적 서사시의 희생자가 되고 만다."(Patton 2000:166)라고 설득력 있는 결론을 내린다.

붓다의 가르침이 담긴 전통 문헌은 물론 수행, 철학, 윤리 등을 다룬 후대 불교 문헌에서도 주관적, 객관적 현상에 대한 진리 주장이 제기되었다는 사실은 분명하다. 앞서 언급했듯이 불교는 네 가지 진리가 서로 연결된 사성제四聖諦로부터 시작한다. 그러나 이 사실을 나타내는 확실한 증거에도 불구하고 포스트모더니스트들은 여전히 미학에 호소하면서 이를 감추려고 한다. 포스트모더니스트들은 불교도들의 전통적인 견해를 무시하고 반박하면서 자신들이 외부인임에도 불교를 잘 알고 있다고 가정한다. 수많은 불교 수행자들은 자신의 경험에 근거하여, 수행을 통해 마음을 훈련하면 죽음 이후부터 탁태托胎 이전까지를 경험하는 개인적 실체를 체험적으로 발견할 수 있다고 하는 놀라운 주장을 해왔다. 또한 이들은 존재의 근거를 이해하고 깨달음을 얻을 가능성을 포함하여, 인간 존재의 본질과 능력에 대한 진리를 주장한다. 그러나 포스트모더니스트들은 원칙적으로 이런 지식의 가능성을 부정한다. 마치 갈릴레오가 망원경을 통해 발견한 사실에 도전했던 성직자들처럼, 그들은 보조 감각(도구)을 통해 알 수 있는 것과 알 수 없는 것이 무엇인지 미리 알고 있다고 주장한다. 과학 연구는 기술을 이용하여 물리적 감각을 향상시키고 확장시켜왔다. 불교 및 여타의 명상 전통의 경우, 정신의 지각 능력은 특별한 집중상태와 통찰력을 기르는 기술을 통해 향상되고 확장된다. 그러나 대부분의 현대 불교학자들은 엄격한 명상 훈련에 수년을 바치기보다는 학문적인 숙고에 더 많은 시간을 보내는 경향이 있다. 포스트모더니즘은 현대 지식인에게 과학적, 철학적, 종교적 세계관이 갖는 다양성에 대처할 쉬운 방법을 제공한다. 정확한 지적 분석이나 엄격한 경험적 조사를 필요로 하지도 않는다. 포스트모더니즘에서는 불교의 진리 주장을 증명하거나 반박해야 할 명제로서가 아니라, 불교도가 살고 움직이고 존재감을 갖게 하는 상상력과 정서적 배경을 만드는 데 도움을 주는 은유나 이미지로 간주한다(Jackson 1999:231). 잭슨은 이 전략에 대해 불교를 '기본적인 교리적 뼈대'(236)로 축소시키는 것이라고 언급한다. 그러나 그는 사성제, 전생과 내생, 깨달음 성취

등의 타당성을 부정함으로써 불교, 과학적 유물론, 포스트모더니즘 간에 벌어지는 모든 논쟁에서 불교의 핵심을 제거한 파편만을 다룬다.

잭슨은 불교를 포스트모더니즘적으로 해석하지만 이상하게도 불교를 완전히 포기하지는 않는다. 오히려 자신이 불교에 대한 미학적 접근 방식을 채택한 후에도 깨달은 존재가 가질 수 있는 자질을 여전히 칭찬할 수 있었다고 주장하였다. 잭슨은 그의 글에서, 중생들이 경험하게 될지 확신할 수 없는 내생에서 중생을 해방시키겠다고 마음으로 서원하였다고 말하였다. 또한 그는 뇌의 부산물 이상으로 간주하지 않았던 순수한 마음을 원초적인 마음이라고 생각했다(237)고 주장하였다. 잭슨이 말하는 대부분의 내용이 자유의지를 믿고, 신에 대한 의례와 찬송을 계속하고, 목사와 랍비들이 시민이 참여하는 의식을 기도로 축복할 때 성경과 공동체에 존경을 표현하라고 권유하는 에드워드 윌슨의 주장과 놀랍도록 유사하지만, 나는 이것들이 실재에 근거하지 않는다고 확신한다. 윌슨의 과학적 유물론과 잭슨의 포스트모더니즘에 의하면, 우리가 거짓이라고 생각하는 환상을 믿는 척할 때 삶은 더 의미 있고 만족스럽게 될 것이다. 20세기 들어 공산주의자들이 수만 명의 종교 신자들을 조직적으로 학살하고, 수도원·사원·교회를 파괴하고, 종교 서적을 불태우고, 종교 행위를 암시하는 모든 행위를 강제로 금지했을 때, 과학적 유물론의 옹호자들과 그들의 가짜 종교가 이념 전쟁과 대량 학살의 희생자들에게 어떤 위안이나 도움을 주었는지는 상상할 수조차 없다. 종교에 대한 이런 형태의 인위적 접근 방식은 위험성이 거의 없거나 전혀 없을 때만 실행 가능하다. 이러한 가식의 풍선은 실존적 위기라는 날카로운 모서리에 부딪치면 펑 터져 버리게 된다.

불교적 관점에서 볼 때 과학적 유물론은 객관적인 절대적 실재에 대한 지식을 주장하는 형이상학적 실재론의 극단으로 치닫는다. 에드워드 윌슨이 인정했듯이, 객관 세계와 이에 대한 과학적 표현 간에는 그 일치 정도를 나타낼 객관적 기준이 없다. 모든 과학 지식은 특정한 관찰, 실험, 분석의 방식을 통해 매개된다. 그리고 이 모든 매개와 무관하게 존재한다고 주장하는 가상의 객관적인 세계는, 칸트가 이미 지적했듯이 우리의 인식범위를 영원히 초월한 것이다. 반면에 불교에서는 포스트모더니즘을 허무주의와 유아론唯我論의 양극단에 놓여 있다고 평가한다.

과학적 유물론의 교리는 과학 연구를 이끌어 왔고 다양한 기술 진보에 이론적 토대를 유용한 형태로 제공했다. 포스트모더니즘은 과학 이론과 종교 이론 모두에 문화적으로 내재된 본질이 있다는 것을 지적함으로써 인간의 이해를 풍부하게 한 측면이 있다. 포스트모더니즘 이후, 과학과 종교 저작물에는 문화적 맥락의 역할이 이전처럼 무시되거나 소외되지 않았다. 요컨대 과학적 유물론과 포스트모더니즘은 여러 방식으로 실용적인 유용성을 입증해 왔다. 하지만 도그마적 역할을 맡아 실재를 전체적으로 바라보는 현실적인 방법을 제시할 수 있다고 주장한다면 개인과 사회 전체에 재앙이 될 수 있다.

대화와 협력의 방식

세계의 여러 종교 간, 특히 과학과 불교의 견해 차이를 논할 때 사소하게 여길 만한 부분은 없다. 그러나 이 양자의 관계를 논할 때, 종교적 신념을 유전자 프로그래밍으로 환원한다거나 세계관의 차이를 문화적으로 환원한다고 해서 그 이해가 더 깊어지지는 않는다. 예를 들어 기독교의 삼위일체 교리나 불교의 삼신설三身說 교리의 기원을 유전자 프로그래밍이라는 관점에서 설명할 수 있다고 주장할 때 이를 뒷받침할 만한 과학적 증거는 없다. 마찬가지로 그 이론의 기원에 대해 2,000년 전 이스라엘이나 인도의 사회정치적 환경만으로 설명하려는 것도 터무니없는 주장이다. 기독교, 불교 및 기타 세계 종교는 전 세계적인 현상이며 과학과 마찬가지로 우리의 주변에서 쉽게 발견된다.

그렇다면 종교와 과학에서 진리를 주장할 때 그 차이를 어떻게 극복할 수 있는가? 한 가지 대안은 타인의 신념에 대해 문화적 상대주의의 입장을 취하는 것이다. 즉, 타인의 신념은 그것을 믿는 사람에게 타당하고 유용하다고 말하는 한편, 자기 신념에 대해서는 자신의 있는 그대로 현실이 반영된다는 점에서 유일무이하게 타당하다고 보는 절대주의적 입장을 갖는 것이다. 자신과 타인의 견해를 바라보는 비대칭적 관점의 장점 중 하나는 다른 문화와 개인의 취향 및 그들의 지적 능력에 따른 세계관의 다양성을 인정할 수 있다는 점이다. 사실, 우리는 다른 사람들의 종교적 신념을 마치 그들의 특정한 영적 필요성과 성향에 대한 적절한 해결책이라고 여긴다. 종교가 가진 주요 기능을, 사람들이 악덕을 극복하고 미덕을 함양하며 행복을 찾도록 돕는 것이라고 믿는다면 이는 이치에 맞는 일이다. 이 관점에서 우리는 여전히 특정 종교가 다른 종교보다 더 심오하다거나 진실하다고 주장할 수 있지만, 모든 사람에게 맞는 가장 좋은 약이 없듯이 모든 사람에게 좋은 하나의 종교만이 있다는 생각은 부정할 수 있다.

위의 관점은 사실상 자신의 종교에 대해서는 현실주의적 입장을 취하면서, 타인의 종교에 대해서는 도구주의적/공리주의적 입장을 취하는 것이다. 예를 들어 이 관점을 취하는 전통불교도들은 여전히 비非불교도들 역시 정신적 번뇌의 영향을 받고, 내생에서 자신의 행위로 인한 업의 결과에 의해 영향을 받는다고 생각할 수 있다. 그리고 불교도들은 과학적 유물론자들이 아무리 단호히 부인한다 해도 그들 역시 죽은 후에 의식의 연속성을 경험할 것으로 믿는다. 또한 불교도들은 몸과 마음 모두 무상하고 괴로움을 겪으며, 불변하는 단일한 독립적인 자아가 없다고 믿는다. 불교도들은 이를 보편적 진리로 여기지만, 불교 교리에 동의하지 않는 사람들은 이러한 주장이 틀렸다고 간주한다.

불교는 스스로를 종교나 과학으로 정의하지 않으며, 전통적으로 종교적 진리와 과학적 진리를 구분하지 않았다. 불교와 과학 간의 대화에서 주도적 역할을 해온 달라이 라마는, 불교의 어떤 주장이 설득력 있는 과학적 증거에 의해 반박된다면 불교도들은 신뢰할 수 없는 그 주장을 포기해야 한다고 거듭 주장하고 있다. 이 태도는 아마도 중생이 근본적인 무지와 망상으로 인해 괴로움을 겪으며, 자유에 이르는 길은 있는 그대로의 실재를 아는 것이라는 불교의 믿음에서 비롯된 것이다. 따라서 과학적 연구가 불교 교리의 오류를 밝혀낸다면 불교도들은 진리 추구에 과학이 도움을 준 사실에 대해 감사하게 생각해야 한다. 또한 달라이 라마는 불교와 과학의 교리를

'겹치지 않는 권위'로 보는 견해를 단호하게 거부한다. 마찬가지로 불교에서는 불교의 주장을 검증이나 논박의 대상으로 보는 대신 단순히 미학적으로 평가되어야 할 은유로만 이루어져 있다는 포스트모더니즘의 관점 역시 거부한다.

물론 다수의 종교 전통 중에서 불교만이 신도들에게 진리를 설파해 온 유일한 종교는 아니다. 따라서 과학적 주장이나 자신의 종교적 신념에 대해서는 현실주의적 입장을 취하지만, 타인의 종교적 신념과 주장에 대해서는 문화적 상대주의의 입장을 취할 때 잘못된 이분법이 계속될 수 있다. 더욱이 인간 존재의 본질, 특히 마음·의식·영혼의 본질에 관한 논의에서 종교와 과학 간에 '겹치지 않는 권위'가 있다는 주장은 결코 인정될 수 없다. 그러므로 나는 종교와 과학 분야의 진리 주장을 평가할 때, 다양한 조사 및 분석 과정이 결합된 존재론적 입장이 통합적으로 채택되어야 함을 제안하고자 한다.

나는 향후 우리가 나아가야 할 방향이 경험적 연구와 이론적 연구 모두에서 상호 존중하는 대화와 협력을 통해 제시되어야 한다고 말하고 싶다. 이는 학문과 문화 전반에 걸쳐 공통의 관심 분야에 대한 상호 이해를 증진시키는 것을 의미한다. 불교와 과학의 접점에서 우리는 단순히 불교 자체를 배우기 위한 수단으로만 연구하는 것이 아니라 불교로부터 세상을 배울 가능성을 열어두고, 불교 연구에 제기된 가정을 인식해야 한다. 이 학제 간 연구에서 가장 관심을 끌만한 불교 분야는 경험적, 분석적 탐구에 접근하는 방법이다. 또한 이 연구는 텍스트에만 초점을 맞추지 않고 현재 및 과거 불교 수행자들의 경험을 충분히 고려해서 진행해야 할 것이다. 이 방식으로 불교는

(철학처럼) 엄격한 논리적 분석과 (과학처럼) 경험적 조사를 통해, 가능한 가장 심오한 질문을 던지는 (종교처럼) '자연 철학'(초기 유럽과 학의 명칭)의 한 형태로 간주될 수 있을 것이다. 불교의 진리 주장을 다루는 이 방식은 불교 텍스트 내의 교리에 대한 객관적 평가뿐 아니라 경험적 통찰도 함께 추구한다. 그리고 후자를 객관적으로 평가하기 위해서는 과학적 이론을 직접 실험하여 검증하듯이 스스로 불교 수행에 직접 참여하여 이 주장을 검증해야 할 필요가 있다.

종교가 다이애나 L. 에크(Diana L. Eck)는 '대화와 방법: 종교 연구의 재구성(Dialogue and Method: Reconstructing the Study of Religion)'이라는 저술에서 오리엔탈리즘이 타자의 목소리에 귀 기울이는 대신 식민지화된 '타자'에 대한 지식을 축적하는 특징이 있다고 말한다. 그녀는 오리엔탈리즘을 넘기 위해서는, 우리 자신의 목소리와 우리가 연구하는 사람들의 목소리가 모두 이해 과정에 필수 요소가 될 수 있도록 대화의 방법론적 영역에서 작업해야 한다고 주장한다(Eck 2000:140). 불교에 대한 과학적 접근은 우리의 주관성, 언어, 종교, 과학, 철학과 같은 범주에 새로운 시각을 제시할 수 있다. 불교와 과학 간 대화의 참가자들은 양자가 가진 고유한 맥락을 인식함으로써 적어도 자신의 선입견으로부터 생겨난, 스스로에게 무의식적으로 특권적 지위를 부여하려는 경향에서 벗어날 수 있다. 확실히 이는 우리가 문화 간, 학제 간 이해를 추구해야 할 충분한 이유가 되리라 생각한다.

참고문헌

Almond, P. C. 1988. *The British Discovery of Buddhism*. Cambridge: Cambridge University Press.

Cole, K. C. 1999. "In Patterns, Not Particles, Physicists Trust." *Los Angeles Times*, March 4, 1999.

Dawkins, R. 1978. *The Selfish Gene*. New York: Oxford University Press.
_____ 1999. "You Can't Have It Both Ways: Irreconcilable Differences." *Skeptical Inquirer*, July/August.

Eck, D. L. 2000. "Dialogue and Method: Reconstructing the Study of Religion." In K. C. Patton and B. C. Rav, eds., *A Magic Still Dwells: Comparative Religion in the Postmodern Age*, pp.131-149. Berkeley: University of California Press.

Feynman, R., R. B. Leighton, and M. Sands. 1963. *The Feynman Lectures on Physics*. Reading,Mass.: Addison-Wesley.

Gilkey, L. 1985. *Creationism on Trial*. Minneapolis: Winston.

Gómez, L. 1999. "Measuring the Immeasurable: Reflections on Unreasonable Reasoning." In Roger R. Jackson and John Makransky, eds., *Buddhist Theology: Critical reflections by Contemporary Buddhist Scholars*, pp.367-385. Surrey: Curzon.

Goodenough, U. 1998. *The Sacred Depths of Nature*. New York: Oxford University Press.

Gould, S. J. 1999. *Rocks of Ages: Science and Religion in the Fullness of Life*. New York: Ballantine.

Griffiths, P. J. 1986. *On Being Mindless: Buddhist Meditation and the Mind-Body Problem*. La Salle: Open Court.

Harvey, V. 1981. *The Historian and the Believer*. Philadelphia: Westminster.

Herbert, N. 1985. *Quantum Reality: Beyond the New Physics.* Garden City, N.Y.: Anchor/Doubleday.

Jackson, R. R. 1999. "In Search of a Postmodern Middle." In Roger R. Jackson and John Makransky, eds., *Buddhist Theology: Critical Reflections by Contemporary Buddhist Scholars*, pp.215–246. Surrey: Curzon.

King, R. 1999. *Orientalism and Religion: Postcolonial Theory, India, and "The Mystic East."* London: Routledge.

Patton, K. C. 2000. "Juggling Torches:Why We Still Need Comparative Religion." In K. C. Patton and B. C. Rav, eds., *A Magic Still Dwells: Comparative Religion in the Postmodern Age*, pp.153–171. Berkeley: University of California Press.

Patton, K. C. and B. C. Rav. 2000. "Introduction." In K. C. Patton and B. C. Rav, eds., *A Magic Still Dwells: Comparative Religion in the Postmodern Age*, pp.1–19. Berkeley: University of California Press.

Searle, J. R. 1994. *The Rediscovery of the Mind.* Cambridge: MIT Press.

Wallace, B. A. 1980. *The Life and Teachings of Geshé Rabten.* London: George Allen and Unwin.

——————— 1996. *Choosing Reality: A Buddhist View of Physics and the Mind.* Ithaca: Snow Lion.

——————— 1998. *The Bridge of Quiescence: Experiencing Tibetan Buddhist Meditation.* Chicago: Open Court.

——————— 1999a. "The Buddhist Tradition of Samatha: Methods for Refining and Examining Consciousness." *Journal of Consciousness Studies* 6(2–3): 175–187.

——————— 1999b. "Three Dimensions of Buddhist Studies." In Roger R. Jackson and John Makransky, eds., *Buddhist Theology: Critical reflections by Contemporary Buddhist Scholars*, pp.61–77. Surrey: Curzon.

——————— 1999c. "The Dialectic Between Religious Belief and Contemplative Knowledge in Tibetan Buddhism." In Roger R. Jackson and John

Makransky, eds., *Buddhist Theology: Critical Reflections by Contemporary Buddhist Scholars*, pp.203-214. Surrey: Curzon.

_____ 2000. *The Taboo of Subjectivity: Toward a New Science of Consciousness*. New York: Oxford University Press.

Wilson, E. O. 1998. *Consilience: The Unity of Knowledge*. New York: Knopf.

제1부

· · ·

역사적 배경

　　불교학자 호세 이그나시오 카베존은 이 글에서 불교와 과학
간 역사적 교류의 개요를 밝힌 후 양자의 상호 관계 중 구조적,
유형적 측면을 강조한다. 먼저 그는 불교학과 불교도를 대상으로
한 과학적 연구에서 일어날 수 있는 중요한 윤리적 문제를 제기한다.
예를 들어 불교 수행자들은 이 연구에서 '정보를 제공받고 동의하는
피험자'로서 어떻게 존중과 배려를 받을 것인가? 그리고 불교에
대한 과학의 긍정적 발견이 의도치 않게 특정 불교 교단이나 종파를
정당화함으로써 불교 공동체 간의 긴장을 만들거나 심지어는 악화시
킬 수도 있지 않을까?

　　카베존은 과학사에서 불교가 탐구대상으로서 갖는 위상에
의문을 제기하면서 유럽에서 과학이 부상했던 반면 아시아에서 그렇
지 못했던 이유에 대한 상투적인 설명을 비판한다. 이어서 그는
불교와 과학의 관계를 갈등/양면성, 양립성/동일성, 상호 보완성이
라는 세 가지 유형으로 분석한다. 카베존은 이 가운데 세 번째 모델에
주목하면서, 이 모델이 불교와 과학의 공통 주제를 더 완전하게
아는 데 인식론적으로 기여할 수 있다고 지적한다. 그는 불교와
과학의 차이가 내용, 방법, 목표라는 측면에서 확인된다 해도, 각각이
갖는 한계를 조화롭게 극복할 수 있다고 생각한다. 그러나 계속해서
그는 불교와 과학에 은유적 표현을 사용하면, 양립 불가능한 문제를
다룰 때 그들의 목소리와 통찰을 침묵시킬 우려가 있다고 하면서

은유의 실체화가 가져올 위험성에 대해 지적한다. 결론적으로 카베존
은 미래에는 불교와 과학 간에 더 깊고 풍부한 대화와 협력이 가능할
것이라고 전망한다.

1. 불교와 과학: 대화의 본질

호세 이그나시오 카베존

머리말

이 글에서 나는 불교와 과학이 그동안 관계 맺어온 방식에 대해 고찰하고자 한다. 먼저 불교와 과학의 역사적 상호작용을 살펴본 후 결론부에서 향후 관계 개선을 위한 방향을 제시하고자 한다. 그러나 주의해야 할 몇 가지 고려 사항이 있다. 이 글에서 나는 불교와 과학이라는 용어를 사용하겠지만 이 말이 일반적 의미로 쓰일 때의 문제점 또한 알고 있다. 불교와 과학은 각각 세밀하게 분화된 자체적인 범주를 갖는다. 생물학적 진화론이나 인도불교의 물질관을 논의할 때는 이들이 보다 세밀한 범주임을 밝히겠지만, 대부분은 보다 넓은 범주에서 설명할 것이다.

우선 이 글의 첫 번째 목표는 과학자들과 불교학자들이 양 분야의 상호작용을 묘사해 온 방식에 대해 고찰하는 것이다. 이들은 초기에는 주로 불교와 과학 간의 관계에 대해 언급하였다. 따라서 양자의 교류가 갖는 역사적 특징에 대해 설명하고자 할 때, 교류 당사자들이 직접 정의한 범주에 의존하는 것이 적합하다. 둘째로, 진화론이나 티베트 불교는 매우 뚜렷한 범주이기 때문에 그 자체로도 일반적이라고 볼 수 있다. 즉 이런 범주는 일반성에서 벗어날 수 없다는 말이다. 세밀한 붓질에 비해 넓은 붓질은 항상 그 폭이 넓은 편이다. 좀 더 실용적으로 표현하자면, 일반성을 논할 때 세부사항이 희생된다는 사실을 염두에 둔다면 일반성을 위한 자리는 항상 있다.

여러 시대에 걸친 불교와 과학의 교류에 대해 다루겠지만, 이 글이 그 상호작용의 역사적 개요에 완전하게 근접하다고 볼 수는 없다. 오히려 나는 양자의 상호작용을 역사적 측면보다는 구조적, 유형적 차원에서 특징짓는 데 더 관심이 있다. 두 영역의 역사적 관계가 복잡하게 얽혀 있기 때문에, 독자들은 내가 이러한 분류 형태를 피하려는 이유를 알 수 있을 것이다. 그렇지만 이 글이 나처럼 불교와 과학의 복잡한 상호작용을 이해하고, 미래의 상호 관계에 대한 기준을 모색하려는 사람들에게 도움이 되기를 바란다.

과학의 대상으로서의 불교

불교와 과학의 교류 초기에, 불교는 과학의 대화 파트너가 아닌 과학적 탐구의 대상이 되었다. 자연과학을 모방하여 인문학을 모델링하려는 계몽주의적 경향이 이른바 '종교의 과학'을 등장시키게 되었다. 불교가 이 새로운 '과학' 영역에 들어오면서 한편으로 불교 문헌 연구에 체계적인 과학 원리를 적용한 불교 문헌학이 등장했고, 다른 한편으로는 불교문화에 대한 사회과학적 연구가 부상했다. 이런 식으로 불교 텍스트와 불교 공동체는 막스 뮐러(Max Mueller)와 막스 베버(Max Weber) 같은 인물들의 '과학적 탐구'를 위한 사료가 되었다. 오늘날 우리가 종교학(Religionwissenschaft)을, 당시 이 분야의 창시자들보다 훨씬 덜 중립적이고 순수한 사실에 대해 사심 없는 객관적 분석을 훨씬 적게 하고 월등히 더 많은 이론과 신학에 치우친 운동이라고 생각하는 이유는, 19세기 후반의 학자들이 불교를 과학의 대상으로서만 접근했다는 사실과도 크게 다르지 않다.

더 중요한 것은 불교를 과학적 탐구의 주제로 삼았던 이 초기의 접근법이 오늘날까지도 불교와 과학의 교류에 중요한 분위기를 만들었다는 점이다. 이 상호작용 방식은 현재 불교문화와 공동체와 연관되어 진행되는 다수의 사회학 및 인류학 연구에서 당연한 것으로 여긴다. 물론 불교 명상과 관련된 심리학과 신경과학 연구에서도 지배적인 모델이기도 하다.

주제에서 벗어날 위험이 있지만 나는 이런 형태의 교류, 즉 과학연구 프로그램의 일부로서 과학에 의한 불교의 대상화, 특히 불교도에 대한 대상화는 몇 가지 추가적 언급을 요할 만큼 매우 중요하다고 생각한다. 물론 실험 환경에서 피험자를 과학적으로 객관화하는 것에는 위험성이 내재되어 있다. 이러한 위험은 실험 대상자가 단순 사물로 간주되어 비인간화가 될 가능성 때문이다. 피험자와 연구자가 직업상의 거리뿐 아니라 문화적 차이로 인해 분리될 때 이 문제는 더욱 심각해진다. 과학적 실험의 대상화로 인한 부정적인 영향을 줄이는 한 가지 방법(나 역시 티베트 승려 집단을 대상으로 명상 효과를 연구하는 그룹에서 택한 방법[1])은 실험의 실제 계획과 실행에 피험자를 최대한 참여시키는 것으로서, 곧 피험자를 지적 동등체로 인정하고 동료로서 도 발언권을 주는 것이다. 그러나 이 경우에도 집단적·개인적 행동이 나 신체를 실험 대상으로 삼는 것은 윤리적으로 위험성이 높은 작업이 다. 내가 이 이야기를 꺼내는 이유는 이런 형태의 교류를 하지 말자는 것이 아니라 사전 숙고가 많이 필요함을 말하기 위해서이다.

나는 위에서 말한 연구팀의 일원으로 작업하면서, 티베트 수행자를 인지과학적으로 실험할 때 통상적인 인간 피험자 연구 중 하나로 다루어지는 것 이상의 윤리적 문제가 있음을 확실히 알게 되었다.[2] 이 문제 중 일부는 불교(특히 티베트 불교) 환경에 고유한 문화적/종교적 여건 때문이다. 예를 들어 정신적인 스승의 말을 신성시하는 전통에서 피험자가 자신의 스승이나 멘토가 실험 프로그램에 찬성한다는 사실

---

1 페처(Fetzer) 연구소의 지원을 받은 이 연구는 장기 집중명상의 결과 측정 가능한 인지변화가 어떻게 일어나는지를 근본적으로 규명하고 탐색하기 위한 첫 프로젝 트였다. 주요 연구대상은 인도 다람살라 인근 수행처에서 장기수행 중인 티베트 승려 그룹이었다. 리처드 데이비슨(Richard Davidson), 클리포드 새론(Clifford Saron), 그레고리 심슨(Gregory Simpson), 프란시스코 바렐라(Francisco Varela), 앨런 월리스(Alan Wallace)가 이 연구팀의 멤버였다.

2 이는 일반적인 인간 대상 연구지침에 부록을 추가하는 것이 적절할 뿐만 아니라 실제 필요하다는 것을 시사한다. 현재 논의 중인 사안의 경우에도, 이 문제를 다룰 구체적인 지침을 만드는 것이 시급하다고 생각한다.

을 알고 있거나 그렇게 믿는다면 그에게 얼마나 많은 선택의 자유가
있을까? 또 다른 문제는 시험의 절차와 효과에 관한 것이다. 그 실험에
참여하는 것만으로도 수행자의 명상 생활에 부정적인 영향을 미칠
수도 있지 않을까? 연구자는 실험 결과를 피험자와 공유해야 할
책임이 있는가? 실험 결과가 긍정적이든 부정적이든 피험자는 어떻게
그 결과를 해석해야 하며, 그 해석이 향후 그 자신의 개인 수행에
어떤 영향을 미치게 될까? 수행자의 안거 수행을 방해하는 것은
별개의 문제라고 해도, 실제 실험과 관련하여 수행자와의 대화에서
나온 우려 중 하나는, 고도의 명상 상태에 든 수행자가 의지하고
조작하는 미묘한 생리적 기능에 EEG(Electroencephalography, 뇌파검
사)와 같은 비침습적 절차가 부정적 영향을 미치지 않으리라 어떻게
확신할 수 있는가? 그리고 이를 확신한다고 가정해도, 물론 나는
이런 확신이 오만하다고 생각하지만, 그 실험이 부정적 결과를 초래할
수 있다는 단순한 믿음으로 인해 수행자의 이후 수행에 부정적 영향을
미칠 가능성은 없을까? 실험을 통해 얻은 지식의 가치와 그 실험이
대상자에게 미칠 부정적 영향을 어떻게 비교할 수 있는가?

또한 개인뿐 아니라 사회 전반에 파급되는 연구 결과의 영향과
관련된 윤리적 문제도 있을 수 있다. 특정 종교 전통 또는 그 전통
내의 특정 종파(예: 특정 불교학파의 승려)의 표본을 대상으로 연구를
수행하는 경우, '긍정적' 결과가 나타나면 해당 학파의 명상기법이나
전문성이 다른 학파보다 우월하다고 해석되지는 않을까? 이는 이미
만연된 종교 간 경쟁이나 종교 내 종파주의를 더욱 악화시키지는
않을까? 과학이 강력한 정당성을 부여할 힘이 있다는 점을 감안할

때, 이 연구가 과학적으로 승인됨으로써 문화 간 혹은 공동체 내에 이미 존재하는 사회적 긴장은 물론 심지어 새롭게 야기될 긴장을 피할 방법은 무엇인가? 익명성과 기밀성이 이를 방지할 수 있는가? 이런 일이 발생하지 않도록 하기 위해서는 어느 정도의 익명성이 보장되어야 하는가?

또 다른 문제는 서양과학과 불교의 세계관이 서로 다르다는 전제에서 비롯된다. 마음과 뇌가 동일하다는 주장을 엄격히 고수하는 인지과학자들의 지배적인 견해와, 마음은 비물질적이라고 믿는 이원론자인 불교도 간에 지적 화해는 어떻게 이루어질 수 있는가? 한편으로 과학자는 유물론적 환원주의를 피하고, 불교 역시 마음 상태에 물리적인, 측정 가능한 상관관계가 있다고 인정하는 것과 같이 각자의 입장이 차이 나는 상황에서 지적 화해가 가능하다는 상상도 할 수 있다. 그러나 대화와 의견 조정은 실제로 실험 이전에는 거의 이루어지지 않으며, 이로 인해 다시 윤리적 문제가 제기된다. 실험 설계의 본질과 그 전제를 잘 모르는 피험자의 상태가 두려움으로 이어진다면, 연구를 진행하기 위해 얼마나 많은 사전 동의가 전제조건으로 필요한가? 과학 연구자는 실험 전에 이런 합의를 이끌기 위해 어떤 책임을 져야 하는가?

다시 말하지만, 나는 과학이 불교를 대상화하는 것에 반대하는 것이 아니라 이 대상화가 두 영역 간에 지배적인 상호작용 방식이 될 때 나타날 수 있는 윤리적 문제, 즉 대화 방식을 취할 때보다 더 중대한 윤리적 문제가 발생될 수 있다는 점을 지적하고자 한다.[3]

과학사에서 탐구대상인 불교

과학사가科學史家들은 당연히도 오랫동안 원인론原因論적인 물음에 관심을 가져왔다. 특히 그들은 과학이 부상하게 된 요인으로, 유럽 문화에는 존재했지만 다른 지역에 부족했던 것이 무엇인지 파악하려고 노력해 왔다. 이런 점에서 아시아 문화는 과학사가들에게 일종의 대조 표준이라는 역할을 하였다. 유럽 기독교 사회에서 과학이 출현하게 된 역사적 상황을 규명하기 위해 아시아를 포함한 나머지 세계를 과학이 출현하지 못한 척박한 불모지나 불임不姙으로 묘사하는 것은 자연스러운 일이 되었다.[4] 이런 종류의 역사학은 타자를 수사학적으로 구성하고 인종·성별·권력·제국과 그 소멸의 문제와의 관계를 엮어내므로 문학비평적 분석 대상이 되어야 함은 말할 필요도 없지만, 여기서 자세히 다루기는 어렵다.[5] 과학과 기독교 간의 적대적 관계에

---

3 물론 대화조차도 윤리적으로 중립적이지 않다는 사실, 즉 대화가 윤리적 결과를 초래하는 경제적, 정치적 힘의 차이를 수반한다는 사실은 인류학자들이 가장 강력하게 주장하는 관찰 결과이다. Rabinow 1996, Clifford와 Marcus 1986 참조. 그러나 긴급성의 관점에서 볼 때, 불교를 과학의 일방적인 대상으로 삼는 경우에 일어날 윤리적 문제를 다루는 것이 분명히 더 시급한 것 같다.

4 불임의 은유는 명백하게 출산을 함의하는 것으로 이는 나만의 주장은 아니다. 예를 들어 자키(Jaki)는 비유럽 사회에서 과학의 '사산死産'에 대해 이야기한다. Jaki(1985:132) 참조.

5 역사 문헌에서(그리고 다른 학문에서) '과학'을 단순히 서구에서 발전했다고 가정하는 것은, 과학을 문화적 위치로 간주하는 것만이 아니라 서구 이외의 다른 지역에 있을 가능성에 대해서도 부정하는 것이다. 이는 무엇보다도 과학을 다문화적인 현상으로 간주할 가능성을 부정하는 것이고, 따라서 불교 사회와

도 불구하고 과학이 부상하게 된 인과적 필수조건이 무엇인지를 물을
때, 정확하게 기독교적 세계관이라고 답할 수 있다. 따라서 자키(Jaki
1974, 1985)는 과학의 출현을 가능하게 만든 기독교적 세계관 내의
요인을 파악함으로써 독특하게 과학이 부상한 역사적 장소가 서유럽
이라는 것을 설명할 수 있다고 믿는다. 자키는 그 주요 요인을 범신론
과 반대되는 자연의 비신격화적 관점, 신의 의지가 물리법칙과 양립할
수 있고 확인 가능하다는 관념, 성육신 사건으로 대표되는 비순환적
시간관이라고 보았다. 예를 들어 자키는 세계주기 혹은 유가(yuga)
교리에서 구체화된 인도의 순환적 시간 개념과, '사건의 유일성'에
초점을 맞춘 서양의 선형적 시간 개념을 대조하였다. 여기서 서양의
선형적 시간 개념은 과학 출현에 필요한 일종의 경험적 관찰의 토대
역할을 하였다.

자키의 연구는 그가 검토한 다양한 종교관에 대한 정보가 부족했거
나 뉘앙스가 부족하지도 않았다. 그러나 결과적으로 세부적인 오류
때문이 아니라 여러 가지 다른 이유로 설명의 설득력이 떨어진다.
우선 인도와 중국에서는, 다른 문화권에서의 이해를 고려하여 단어의
의미 범위를 바꾸지 않고 서양 용어를 통해서도 과학이라고 인정될

같은 특정 형태의 전통적인 성찰과 수행이 과학의 한 형태일 수 있다는 가능성도
부정한다. 나는 이 글에서 유럽에서 등장한 특정한 형태의 과학을 지칭하기
위해 과학이라는 용어를 사용하겠지만, 이는 남성 중심주의를 강화하기 위해
man이란 용어를 보통의 인간 행위를 지칭할 때 사용하는 것과 마찬가지로
과학의 본질에 대한 불건전한 유럽 중심주의를 강화하는 경향이 있다는 사실을
잘 알고 있다. 이와 관련된 문제를 탁월하게 다룬 논의로는 Harding(1998)을
참조하라.

수 있는, 경험적으로 파생된 과학의 형태가 발생했다는 점을 지적할 수 있다.[6] 더구나 이후 과학이 동쪽으로 이동하면서, 다양한 문화에서 과학을 수용할 때 순환론·범신론·다신론 등이 방해 요인으로 작용하지 않았던 것으로 보이며, 이는 자키의 글이 사실이라면 예상할 수 있는 것이다.[7] 오히려 다양한 문화권에서는, 대부분 순진하고 잘못된 것이긴 하지만, 과학이 각자의 종교 전통과 완전히 양립할 수 있고 때로는 과학적 발견이 미리 예견되어 있음을 시사하는 문헌이 계속 발견되고 있다. 물론 내가 말하려는 것은 이 문헌이 사실이라는 것이 아니라, 자키의 글을 고려하자면 그러한 문헌의 존재를 설명하기 어렵다는 것이다.

그러나 내가 자키 및 비슷한 부류의 연구를 반대하는 주된 이유는 이 연구들이 우연성의 영역이어서가 아니라 그 역사서술 형식의 논리 자체에 있다. 우선 특정 문화에서 과학의 부상을 가져오거나 방해하는 요인으로 이데올로기를 지나치게 강조한다. 그러면서도 최소한 설명의 도구만큼 중요한 물질적, 사회학적, 정치적 힘에 그다지 관심을 기울이지 않는다. 이데올로기의 중요성을 인정한다고 하더라도 자키의 범주에는 아직 의문이 남는다. 순환적 시간과, 심지어 다신교

---

6 예를 들어 Singhal(1972:153-188)과 Needham(1981)을 참조하라. Needham(1981)은 *Science and Civilization in China* 전집의 개요이다. Needham은 Jaki처럼 인도 및 불교의 시간관(순환적, 이상적, 주관적)에 대해 잘못된 일반화를 하고 있지만, 그의 연구는 고대 중국에도 과학과 유사한 학문이 의심할 여지없이 있었다는 것을 보여준다.

7 과학은 아시아의 다양한 문화권으로 전파되는 과정에서 여러 반대에 부딪혔지만, 이는 주로 이데올로기적 이유보다는 정치사회적 이유 때문이었다고 생각한다.

같은 개념은 대체로 모호하며 전통에 따라 여러 형태로 읽거나 읽힐 수 있다.[8] 그러나 자키 부류의 연구는 모호한 범주를 사용하고 또 추측에 불과하기 때문에 결국 실패한다. 왜냐하면 설득력이 있으려면 통제가 필요한데 역사의 비가역성으로 인해 통제가 불가능하기 때문이다. 궁극적으로 서구에서 과학이 부상한 이유에 대해 우리가 말할 수 있는 것은 일반화하기 어려운 매우 다양하고 독특한 원인들이 복합적으로 작용한 결과라는 점이다.[9] 그중에서도 베이컨, 데카르트, 갈릴레오, 뉴턴과 같은 개인들의 천재성이 중요한 요소임에도 자키는 이를 거의 주목하지 않는 것처럼 보인다.

서구에서 과학의 부상을 설명할 때 불교와 아시아의 종교 이데올로기를 대조 수단으로 삼는 역사 문헌 외에도 불교와 과학 간의 보다

---

8 예언된 재림과, 재림이 예언된 교리는 얼마나 덜 순환적이며, 천사와 성인의 판테온을 다스리는 삼위일체의 신은 얼마나 덜 다신론적인가? 인도와 불교의 시간 개념은 다른 문화와 종교에서 발견되는 시간 개념 이상으로 다양하고 복잡하기 때문에 일반화하기 어렵다는 점을 지적할 수 있다. 우주의 반복적 생성과 파괴를 내용으로 하는 우주론 교리에도 불구하고, 많은 불교 문헌에서 과거·현재·미래를 명확하게 구분하고 있으며(Poussin 1988:593) 순간적이고 돌이킬 수 없는 변화라는 개념(Poussin 1988:474)에도 '선형적 시간'이 의미가 있는 것으로 발견된다. 세친(Vasubandhu)의 『아비달마구사론(Abhidharmako-śa)』(Poussin 1989:808-816)에 묘사된 불교의 시간 본질에 대한 다양한 논쟁을 참조하라.

9 나는 아시아에서 상대적으로 과학이 출현하지 않은 이유를 쉽게 확인할 수 있다고 하는 주장에도 동일한 문제가 있다고 본다. 예를 들어 인도에서 과학이 출현하지 않은 것이 의식적 선택이라는 서먼(Thurman)의 주장은 근거가 없다고 생각한다. Goleman과 Thurman(1991:57) 참조. 과연 누구의 선택이란 말인가?

직접적인 교류를 보여주는 문헌도 있다. 이안 바버(Ian Barbour 1990: 3-30)는 기포드(Gifford) 강의에서 종교와 과학의 상호작용을 갈등·독립·대화·통합이라는 네 가지 유형으로 분류하여 설명하였다. 특히 과학과 기독교의 상호작용에 대한 그의 설명 방식에 주목하면서, 여기서 나는 과학과 불교의 상호작용을 특징짓는 데 좀 더 유용하다고 생각하는 도식을 약간 수정하여 갈등/양면성, 동일성/유사성, 상호보완성으로 정리하기로 한다.

갈등/양면성

나는 먼저 갈등을 참여의 또 다른 방식이라고 생각하는데, 이는 상대적으로 적게 발견되는 흔치 않은 방식이기 때문이다. 불교와 과학 간에 갈등이 존재해 왔다는 것은 부정할 수 없는 사실이다. 그러나 갈등이 존재했던 곳에서는 그 갈등이 종종 약화되기도 한다. 노골적 적대감보다 더 흔한 것은 상호 무시이거나, 두 영역이 상호작용했을 때 나타나는 일종의 양면성이다.

　물론 불교 입장에서 불교와 과학 간에 갈등이 있었는지 여부를 결론내리기 위해서는 철저한 역사적 조사가 필요할 뿐 아니라 세계의 여러 불교 지역을 개별적으로 살펴볼 필요도 있다. 갈등이 있었던 아시아는, 유럽 식민주의에 대한 아시아 불교의 반대에 의심할 여지없이 휘말렸으나(내 견해로 단정할 수는 없지만), 식민주의는 적어도 초기 단계부터 대부분의 아시아 문화에 과학이 도입되는 수단이었다.

　과학에 관한 아시아 불교의 견해가 양면성을 띠는 이유는 티베트의 사례에서 일화적으로 알 수 있으리라 생각한다. 1959년 중국군이 티베트를 점령하기 직전, 강력한 정치적 힘을 가진 불교 승려 엘리트들 사이에는 서구의 영향력을 회의적으로 보는 분위기가 널리 퍼져 있었다. 과학기술이 불교와 공존할 것으로 생각지 않은, 다수의 보수적인 사원의 관리들은 과학기술을 국가의 불교적 세계관을 약화시키려고 위협하는 서구 이데올로기의 필수 요소로 인식했다.[10] 그럼에도 13대 달라이 라마와 섭정이었던 딱닥(sTag brag) 린포체와 같은 인물들은 결국 실패하긴 했어도 응용과학과 수학을 티베트 젊은이들에게 교육함으로써 티베트를 현대화하려는 시도를 하기도 했다. 한편 서구 문화를 접하면서 과학에 개인적 관심을 갖게 된 저명한 지식인도 있었는데, 그중 가장 유명한 인물은 현 14대 달라이 라마(H. H. the Dalai Lama)와 20세기 전반기 생존했던 논란이 많은 승려이자 학자이며 여행가인 겐뒨 최펠(Gendün Chöphel)이다.[11]

최근 명상 상태의 신경과학적 연구와 명상 수행의 장기적 효과에 대한 폭발적 관심이 증가했지만 명상 수행자들 사이에는 널리 퍼진 회의론이 있다. 위에서 언급한 바와 같이 그 회의론은 이론적이면서도 실용적이다. 이론적 의심은 ⓐ자비심이나 집중과 같이 마음의 비물리적 상태를 물리적 수단을 사용하여 측정할 수 있는 것인지, ⓑ만약

---

10 1920년대와 1940년대 티베트에 과학을 포함하여 서구적 교육 시스템을 도입하려 했을 때 티베트인들이 방해했던 사건은 Goldstein(1989:121, 421~426)을 참조하라.

11 겐뒨 최펠(Gendün Chöphel)의 생애와 작품에 대해서는 Stoddard(1985)와 Lopez(1996)를 참조하라.

가능하다고 해도 이것이 가치 있는 일인지에 대한 근본적인 의구심에서 비롯된다. 회의론은 이러한 실험이 건강과 수행에 해로운 영향을 미칠 수 있다는 승려들의 의심에서도 실제로 잘 드러난다.[12]

티베트인들은 티베트가 산업화된 서구와 처음 접촉했을 때부터 서구 과학에 대해 양면적 감정을 가지고 있었으며, 일부는 불교를 위협하는 것으로, 또 다른 사람들은 국가 현대화 프로그램의 필수적이고 긍정적인 부분으로 생각했음을 알 수 있다. 그러나 내가 아는 한, 과학과 기술의 진보를 부정적으로 보는 사람들조차도 서구 지적 전통의 다른 측면은 배제한 채 과학에만 초점을 맞춰 지속적으로 비판하지는 않았다. 물론 어떤 아시아 불교문화도 아시아 불교 전체의 패러다임으로 받아들일 수는 없지만, 1959년 이전 티베트에서 발견되는 과학에 대한 양면성의 관점이 다른 많은 아시아 국가에서 반복되지 않는다면 오히려 이는 놀라운 일일 것이다.

과학을 바라보는 불교의 태도가 양면성을 가진 반면, 적어도 지난 수십 년 동안 과학자들은 불교에 관심이 전혀 없었다고 볼 수 있다. 일부 불교학자들은 1950년대 후반부터 현재까지 역사적으로 불교와 과학 사이에 갈등이 상대적으로 적었다는 사실을 이 두 영역 간에 근본적인 조화가 있었음을 나타내는 지표로 보기도 한다. 그러나

---

12 불교에서 마음 상태가 신체와 상관관계가 있다는 개념에 문제가 없다고 할 때, 이를 좀 더 자세히 고찰해 보면 이론적 회의주의가 근거 없는 것으로 밝혀질 수 있다. 마음 수행 연구 그룹의 장기 수행자 인터뷰에 기록된 체험보고서에 의하면 이러한 내 주장은 약화되지 않는다. 주1) 참조. 1990년 롭상 텐징(Lobsang Tenzing)의 수행자 보고서를 참조하라.

서구 과학자와 철학자들이 불교를 공격 대상으로 삼지 않았고, 불교와
과학의 교류가 기독교와 과학 사이의 상호작용만큼 논쟁적이고 적대
적이지 않았던 것은, 아마도 17세기에서 20세기 초까지 서구의 지적
헤게모니를 차지하기 위한 전쟁에서 불교가 경쟁자로서 눈에 띄지
않았기 때문일 가능성이 크다. 당시 불교가 공격 대상이 되지 않았었던
이유는 모든 의도와 목적상 진지한 지적 선택지가 아니었기 때문이지,
일부 이전 학자들이 암시했듯이 불교가 내용이나 방법에서 과학과
더 잘 들어맞기 때문이 아니다. 식민주의적 우월 논리 속에서 불교는
호기심의 대상이긴 했어도, 불교가 발길질을 당하고 비명을 지르면서
근대성을 통과해야 하는 고통을 피할 수 있었던 것은, 아주 최근까지도
과학과 대화 파트너로 삼을 만큼 지적으로 동등하다고 보지 않았기
때문이고, 더 정확히는 서구 역사에 있어 문화적 타자를 대하는 식민주
의적 평가절하 때문이었다.

  과학자의 입장에서 반불교적 정서로 간주될 수 있는 내용이 과학
문헌에서 분명히 발견되지만, 이것은 일반적으로 불교를 특별히 겨냥
한 것이 아니라 순진한 기계론적 유물론에 기초한 보다 일반적인
반反종교적 정서의 일부이다.[13] 마찬가지로 과학이 가져온 일부 기술
적인 성과에 대해 불교 측에서도 회의론이 많았지만 과학을 완전히
거부하는 데까지는 미치지 못했다.[14] 대부분의 현대 불교도와 과학자

---

13 예를 들어 Weber(1986:210)에서 스티븐 호킹(Stephan Hawking)이 '동양의 신비
   주의'를 반反계몽주의로 일축한 내용을 참조하라.
14 예를 들어 1996년 Hayes가 Cybersangha 홈페이지에 게재한 인터넷을 비판한
   글과 함께 실린 승려 Hsuan hua의 더 신랄한 비판인 '전자두뇌와 다른 위협들

들은 여전히 서로를 무시하지만, 지난 수십 년 동안 양자 간에 진정한 대화가 나타나기 시작했으며, 이는 갈등이나 양면성의 측면에서가 아니라 아래에서 논의할 상호작용 방식의 측면에서 가장 잘 특징지어 진다.

양립성/동일성

토마스 트위드(Thomas Tweed 1992)는 미국 내의 불교 전파를 다룬 연구에서 북미에 불교가 전파된 초기 단계(1844~1857)의 특징이 불교의 독특성을 강조하는 대신 불교와 기독교, 특히 천주교와의 유사성을 강조했던 점이라고 주장하였다. 트위드는 불교가 더 자세히 알려지면서 불교의 타자성, 특히 기독교 대비 불교의 타자성이 강조되는 시기가 이어졌다고 말한다. 여기서 트위드의 연구가 내 관심을 끌었는데, 매우 다른 두 문화나 전통이 만날 때의 첫 번째 반응이 문화적으로 친숙한 관점에서 다른 전통을 대한다는 점을 시사했기 때문이다. 나는 이것이 불교와 과학이 처음 접촉할 때 일어날 수 있었던 일이라고 말하고 싶다.

　물론 모호한 양립성에서 자기 동일성에 이르기까지 유사성에 있어 정도의 차이가 있다. 내가 상호 보완성이라고 부르는 방식은 상호작용

(Electric Brains and Other Menaces)'을 참조하라. 공개적인 갈등이나 논쟁이 벌이지지는 않았지만, 불교를 진정한 혁신이라고 말하면서 과학은 불교를 따라잡아야 한다는 식으로 묘사하는 표현도 현대 아시아 불교저술에서 발견된다. 예를 들어 Zoysa(1998) 및 Yin Tak(1998)을 참조하라.

의 하나로서, 불교와 과학이 공통의 관심사를 공유하고, 비슷한 결론
에 도달하며, 유사한 목표나 방법을 활용한다는 점에서 비슷하다는
관점이다. 다른 하나는 불교가 곧 과학이라는 좀 더 강력한 주장으로,
불교와 과학의 연구대상·결과·목표·방법 등이 동일하다는 것이다.
그러나 불교학자나 과학자들마다 견해가 다르긴 하지만, 이 경우의
논의 형태는 차이보다는 유사성을 강조한다. 완벽한 조사는 아니지만
두 영역 간의 상호작용 방식에 대한 몇 가지 예를 인용해 보겠다.

1880년대 말 혹은 1890년대 초 출판된 헨리 스틸 올콧(Henry Steele
Olcott)의 불교 교리문답은 불교와 과학의 관계를 탐구한 최초기 자료
중 하나이다.[15] 올콧은 불교가 '과학과 조화롭고', '불교와 과학 사이에
는 근본개념에 대한 합의'가 있다고 말한다(1889:30, 33). 그 이유는
기본적으로 두 가지이다. 올콧은 불교와 과학 모두 진화론을 가르치
며, '인간은 불완전한 하위 상태에서 더 높고 완전한 상태로 발전하는
법칙의 결과'라고 믿는다(30). 또한 "불교와 과학에서는 모든 존재가
보편적인 법칙의 지배를 받는다고 가르친다."(33) 그는 업(karma)의
'법칙'과 우주를 존재하게 만드는 '운동 법칙'(51, 57)을 서로 연관시킨
다. 따라서 올콧은 불교와 과학 모두 인간과 세계의 발전을 지배하는
자연법칙이 있다는 견해에 동의하기 때문에 양자가 일치한다고 주장
한다. 그러나 올콧은 과학에 대해서도 양면적인 태도를 취한다. 그는

---

15 내가 열람한 판본(Olcott 1889)은 신지학출판협회(Theosophical Publication So-
ciety) 판본을 재인쇄한 것으로, 날짜는 없지만 도서관 분류 번호는 145.72
O43b 1889로 되어 있다. 서문의 '인증서'는 1881년이고, 올콧(Olcott)의 서문은
1886년으로 되어 있지만 초판이 언제 인쇄되었는지는 확실치 않다.

불교가 과학의 가르침을 뒷받침한다고 하면서도(55), 불과 두 페이지 뒤에서 불교가 (과학과 달리) '사물의 근원을 추측하는 데 시간을 낭비하는 것이 무익한 일'이라고 믿기 때문에(57-58), 불교는 '과학식 도표(chart)'가 아니라 오히려 '주로 순수한 도덕 철학'이라고 독자들에게 말한다.

1888년 독일 재가불교도인 수바드라 비구(Subhadra Bhikshu)가 독일어로 저술한 후대의 불교 교리문답(Subhadra 1970)에는 조심스럽기는 하지만 올콧의 뒤를 이어 "우주에서는 법이 엄격하게 준수된다."(34, 48)는 불교의 믿음을 원인과 결과의 법칙(40, 77)과 관련지어 설명하고 있다. 그러나 수바드라는 불교와 과학의 관계를 묘사하는 데 있어 올콧보다 좀 더 분명하게 표현하는데, 아마 올콧에 비해 더 강력한 '분리주의자'이자 승리주의자이었기 때문이라고 볼 수 있다.

불교는 자연과학을 가르치려는 의도가 없다. 사물의 외적 조건이 아닌 내적 존재에 관심을 두기 때문에 과학과 적대적 혹은 종속적 관계에 있지 않다. 교육을 받은 불교도는 자연과학에 대해 편견 없는 입장을 취한다. 그는 자연과학의 결과를 검토하고 종교적 회의감에 영향을 받지 않고 자신이 옳다고 생각하는 가르침을 받아들인다. … 불교도는 과학이 지상의 모든 것처럼 변화할 수 있고 지속적인 발전이 가능하며, 붓다 당시에는 알려지지 않은 여러 유용하고 위대한 지식들을 오늘날 가르칠 수 있다는 것을 알고 있다. 그러나 한편으로는 과학 연구가 아무리 발전해도 붓다의 설법과 모순되는 내용은 아무것도 발견할 수 없음을 알고 있다. 과학은 우리에게 물질세계에서 … 길을 찾으라고 가르친다. … 그러나 붓다가 선포한 영원한 진리는 완성과 해탈로 인도한다. 사성제를 완전히 이해하고 철저하게 파악한 사람은 과학 없이도 살아갈 수 있다. 가장 뛰어난 과학 지식도 해탈로 이어지지 않기 때문에 최고 지혜의 관점에서 볼 때는 여전히 무지(avijjā)에 속한 다.(93-94)

수바드라는 불교와 과학의 관계에 대해 진정한 양면성을 보여준다. 한편으로는 둘 사이는 양립 가능한 것처럼 보인다(불교도들은 과학적 발견을 자유롭게 받아들일 수 있다). 이것은 불교가 사물을 다루는 물리학 보다는 형이상학('내적 존재')에 관심이 있기 때문이고, 과학의 발견에 대해 중립적이기 때문이다. 따라서 수바드라로부터 아마도 처음으로 불교와 과학이 상호 보완적이라는 견해가 시작된다는 것을 알 수 있다. 그러나 불교와 과학의 주제(즉 탐구대상의 측면–불교/내면세계, 과학/외면세계)가 상호 보완적이라고 할지라도 불교 교리가 과학 지식 보다 우선한다. 궁극적으로 알아야 할 가치 있는 것이 불교이기 때문에 불교의 최종 목표에 도달한 사람에게 더 이상 과학은 필요하지 않다. 실제로 수바드라는 과학은 인간을 고통에서 구할 수 없기 때문에 실제로는 무지의 한 형태라고 말한다. 따라서 결국 수바드라의 견해는 갈등/양면성, 양립성, 상호 보완성의 요소를 포함하고 있기 때문에 여기서 논의되는 세 가지 유형을 아우르는 혼합적인 견해이다.

과학과 불교의 유사성을 강조하면서, 과학에 관한 불교의 견해를 다룬 다른 초기 기록은 1893년 컬럼비아 박람회의 일환으로 시카고에서 열린 세계종교회의 회의록이다. 이 회의에서 스리랑카 불교지도자 아나가리카 다르마팔라(Anagarika Dharmapala)는 "19세기 불교개혁가들이 가장 좋아하는 주제로서, 과학과 종교 사이의 단절을 치유할 수 있는 것은 기독교가 아니라 불교라는 주장을 펼쳤다."(Fields 1981:126)[16] 불교가 창조주의 개념을 거부한다는 사실을 강조하면서 다르마팔라는 불교에서는 과학 이상의 설명이 필요하지 않고 기적이나 믿음도 필요하지 않다고 주장했다.[17] 같은 회의에서 일본의 위대한 선승 소옌 샤쿠(Soyen Shaku)도 업과 과학 법칙 간의 암묵적인 유사성을 설명했다. 미국의 영향력 있는 편집자이자 출판인이자 일원론적 합리주의자인 폴 카루스(Paul Carus)는 이미 불교가 세계종교 중에서 과학과 조화로운 독특한 위치에 있다는 견해를 강력하게 지지한 바 있다. 그는 세계회의에서 특히 불교 대표자들로부터 큰 영향을 받았는데, 이는 후에 그가 미국에서 불교를 위해 기울인 노력과 불교 관련 저술을 통해서 입증되었다. 스즈키(D. T. Suzuki)는 카루스의 저술 안에 대중적으로 널리 읽히는 불교경전이 포함되어 있고, 카루

---

16 흥미롭게도 달라이 라마는 최근 이 주장에 대한 수정 버전으로서, 불교가 급진적 유물론과 유신론적 종교의 '어느 진영에도 속하지 않기' 때문에 과학과 (다른) 종교 간의 가교 역할을 할 수 있다고 제안한 바 있다. Golemen and Thurman (1991:13) 참조.

17 Dharmapala는 미국 강연 투어(1902~1904) 당시 여러 전문기술학교를 방문한 결과, 아시아에 과학 지식이 더욱 필요하다는 것을 깨닫고 인도 사르나트 (Sarnath)에 관련 학교를 설립하는 데 중요한 역할을 했다. Fields(1981:134) 참조.

스가 "과학과 철학의 정신을 결합했다."고 말했다.[18] 트위드(1992:23)
는 특히 불교에서 신과 영혼을 거부함으로써 서구 과학과 양립 가능하
다고 보는 경향은 19세기 후반 미국의 불교 지지자들에게 널리 퍼진
견해였다고 지적한다.

여기 언급된 인물들과 동시대의 다른 인물들, 예를 들어 토마스
윌슨(Thomas B. Wilson)이나 다이어 대니얼 럼(Dyer Daniel Lum)의
견해를 종합하면 빅토리아 시대의 중·후반 불교와 과학의 양립성을
언급한 내용의 일반적인 기조를 알 수 있다. 계몽주의 시대에 만연한
합리주의·경험주의·자유주의적 사고방식에 영향을 받은 사람들은
불교에서 교조주의가 결여되어 있다고 생각했는데, 그들이 믿던 기독
교의 전통 교리와는 현저한 대조가 되었다. 따라서 불교는 기독교와는
달리, 기독교와 과학 간의 화해를 불가능하게 만드는 교리가 없기
때문에 과학과 같거나 일치한다고 생각했다. 불교에서 '개인의 권위'
와 이에 대한 비판 정신을 강조하는 것은 과학의 방법과 유사하다고
여겼고, 많은 사람들은 업과 과보라는 '보편적 법칙'이 과학의 원인
탐구, 특히 신의 의지와 무관한 비인격적인 인과법칙과 조화를 이룬다
고 인식하게 되었다. 특히 칸트 이후 윤리를 종교의 핵심으로 여겼다는
점을 감안할 때, 사상가 중 다수가 개인의 도덕적 완성을 위한 과학적
방법, 즉 체계적이고 경험적으로 검증 가능한 방법을 불교가 제공한다

---

18 카루스(Carus)에 대해서는 Fields(1981:128, 141-143), Tweed(1992:65-67, 103-
105)를 참조하라. 표면상 주요 불교경전 모음집이지만 실제 이 책에 수집된
텍스트는 불교를 이성적이고 과학에 적합한 종교로 묘사하려는 카루스의 의도가
반영된 것이다.

고 보았다는 점에도 주목할 필요가 있다.

19세기 말 일부 북미 불교도들은 단순히 과학과 불교의 유사점을 지적하는 것에 만족했던 것 같다. 그들은 불교가 (당시) '새로운 과학'(특히 진화론과 심리학)의 발견에 대처하는 능력이 좀 더 다양하다고 믿었다. 일부 사람들은 불교와 과학을 별개의 영역으로 간주하면서도 둘 사이에 불특정하지만 '긴밀한 지적 유대'가 있다고 보았다. 일부는 과학이 기독교를 종식시켰을 때 불교가 유일한 대안적인 종교관으로 남게 될 것이라고 믿었다. 어떤 사람들은 한발 더 나아갔다. 예를 들어 폴 카루스(Paul Carus)는 불교가 '과학의 종교', 즉 '과학적 진리 자체를 … 인류의 종교적 개념에 대한 마지막 지침'으로 만들 종교라고 믿게 되었다.[19] 이 여러 견해들 간에는 막연한 유사성에서 완전한 동일성에 이르기까지, 두 번째 상호작용 방식에 대한 다양한 의견이 모두 반영된 것을 알 수 있다. 초기의 이런 견해들은 이후 여러 측면에서 양립성을 언급하는 분위기로 이끌기 때문에 고려할 만한 가치가 있다.

1950년대 후반, 영국에서 교육을 받은 스리랑카 학자 K. N. 자야틸레케(Jayatilleke)는 불교와 과학의 관계를 다룬 가장 영향력 있는 글 한 편을 저술했다.[20] 『불교와 과학혁명(Buddhism and the Scientific Revolution)』에서 그는 19세기 등장한 양립성과 관련된 여러 주제를

---

19 Tweed(1992:103)에서 인용.

20 이 글의 중요성은 스리랑카의 영어 저널 *Wheel* 3호에 처음 출판된 후 적어도 두 번 이상 인쇄되었다는 사실로 입증된다. 1971년 Nyanaponika와 1984년 Kirtisinghe에 의해 한 번씩 인쇄되었다.

반복적이지만 좀 더 세밀하게 다루고 있다. 자야틸레케의 기본 논지는 과학혁명이 '초기 불교의 맥락에서 일어났다면' 종교와 과학 간의 균열이 일어나지 않았으리라는 것이다. 이는 불교가 '과학의 발견과 일치할'(내용과 결론의 유사성) 뿐 아니라, '불교의 특정 교리가 검증가능'(방법의 유사성)한 점에서 '과학적 관점의 중요성을 강조하기' 때문이다. 그의 다른 저술 중 특히 『초기불교 지식론(Early Buddhist Theory of Knowledge)』에서 잘 알 수 있듯이, 당시 영국 철학의 지배적 사조에 크게 영향을 받은 자야틸레케는 초기 빠알리 텍스트 상의 불교를 '경험주의와 결합된 분석적 접근'(1980:276)으로 묘사하고자 했다. 이 글에서 자야틸레케는 우주에 대한 불교 개념과 과학 개념 사이, 불교와 심리학 사이의 유사점을 지적한다. 그는 불교에서 생물학적 진화론을 제시하지 않았다고 인정하면서도 불교가 진화론과 양립할 수 있다고 보았는데, 이 견해에 대해서는 로빈 쿠퍼(Robin Cooper)가 최근 더 자세하게 제시했다.[21] 그러나 자야틸레케는 내용이나 결론의 유사성보다는 불교와 과학의 방법론상의 유사점을 보여주는 것에 더 큰 관심이 있다. 그는 과학과 불교가 '개인적 경험'을 통해 검증할 수 있는 보편적 법칙의 존재를 비판적으로(독단적으로가 아니라) 확립하는 데 전념한다고 주장한다. 예를 들어 윤회와 업이 현대인들에게 비과학적으로 보일 수 있다는 점을 인정하면서도, 초기 불교도들이

---

21 쿠퍼(Cooper)는 불교와 진화의 양립 가능성을 주장하면서도 불교적 통찰의 영향 하에 진화론이 확장될 수 있는 방법을 제시하고 있으므로 그의 견해는 부분적으로는 상호 보완성의 방식에 속한다고 볼 수 있다. 쿠퍼의 연구에 대한 균형 있는 검토는 Jones(1997)를 참조하라.

이 '법칙'을 독단적으로 받아들이지 않고 개인이 검증한 후에야 받아들였다고 강조한다. 법칙을 탐구하는 기저에는 모든 것이 '목적론적 설명이나 신의 개입 없이도'[22] 설명될 수 있다는 보편적 인과관계에 대한 일반적 믿음이 깔려 있다.

자야틸레케는 불교와 과학이 유사하다고 하면서도 동일하다는 견해를 강력하게 밀어붙이지는 않는다. 그는 "불교가 현대과학을 가르친다."는 것을 보여주려는 의도가 없다고 하면서 이 점에 대해 분명히 밝힌다. 그렇다고 해서 이 견해가 의미 없다는 뜻은 아니다. 빅토리아 시대 이후 한 세기가 지났고, 자야틸레케 이후 20년이 지난 지금에도 여전히 남아 있는 동일성에 대한 언급을 발견하게 되는데, 이에 대해서는 제럴드 뒤 프레(Gerald Du Pre)의 저서(1984)보다 더 분명한 설명은 없을 것이다. 뒤 프레에게 있어서 중관철학은 탁월한 불교철학이면서 동시에 과학철학이기도 하다(105). 그는 과학심리학이 19세기 독일에서 분트(Wundt)가 창시한 것이 아니라 "2,500년 전 인도에서 싯다르타 왕자가 창시하였다."(110)라고 말한다. 뒤 프레는 불교(주로 빠알리) 문헌에서 현대과학의 발견이 예시된 '놀라운' 사례를 많이 찾아내었다. 마지막으로 그는 명상을 '과학적 검토 그 자체'라고 말한다(1984:141).

이 견해가 오늘날 많은 사람들에게 순진하고 소박하게 보일 수

---

22 현대의 유사한 주장에 대해서는 페너(Fenner, 1995:10)를 참조하라. "이것(의식에서 습관 형성 작용을 설명하는 불교의 업 이론)은 본질적으로 설명되지 않는 은총이라는 영향에 의해 불확실성이 도입되는 유신론적 종교 및 그 변형된 형태와 구별된다."

있겠지만, 지금도 불교는 과학이고 붓다는 전형적인 과학자라는 과장된 주장을 하는 학자들이 있기 때문에 결코 과거의 유산만은 아니다. 겐터(Guenther 1984)는, 예를 들어 티베트 불교의 족첸(rDzogs chen)을 서양 청중에게 더 쉽게 설명하기 위해서,[23] 과학 개념과 용어를 은유적, 경험적 형태로 사용한다고 주장한다(4, 56). 한편 그는 때때로 불교와 과학의 실제적이고 실질적인 양립성에 대한 자신의 근본적인 믿음에 반대되는 주장을 하기도 하는데(98-99), 예컨대 소립자의 크기와 우주의 크기를 비교하는 것이 그런 경우이다. 한편 불교와 과학이 동일하다는 측면에서 널리 사용하는 표현은 불교가 고유한 유형의 과학이라는 것, 즉 내면의 과학이자 마음의 과학이라는 견해이다. 이것은 불교와 과학의 새로운 연결 방식인 상호 보완성이라고 부르는 새로운 방식으로 우리를 인도한다.

상호 보완성

불교와 과학의 상호 관계 방식 중 갈등/양면성 관점에서는 두 분야 간에는 화해할 수 없는 근본적인 차이점이 있다고 가정한다. 유사한 방식으로 상호 보완성은 불교와 과학의 근본적인 유사성(극단적으로는 불교와 과학의 동일성)을 전제로 한다. 상호 보완성에서는 앞의 두 방식, 즉 유사성과 차이점 모두를 다루고 있다.

---

23 페너(Fenner)는 자신이 시스템-사이버네틱스를 통해 불교 중관철학의 사상을 읽은 것이 동기가 되어 더 많은 청중들이 불교 자료를 이용할 수 있도록 하였다. Fenner(1995) 참조.

불교와 과학 간의 갈등/양면성 관점은 그 차이 또는 유사함의 종류와 정도에 따라 다른 유형인 것처럼 보이듯이, 상호 보완성도 마찬가지이다. 불교를 내면의 과학 또는 마음의 과학이라고 표현하는 경우는 방법적으로 유사하고, 연구대상에 차이가 있을 때이다. 여기서 불교는 경험적이고 검증 가능한 기술이지만 정신적 기술로 여겨지며, 외부 세계의 물질을 연구대상으로 삼는 과학을 보완하는 것으로 묘사된다. 이때 분석 대상은 다르지만 분석 방법은 유사하다고 한다.[24] 따라서 해결 과제는 공통된 방법론(유사한 방법)을 기반으로 각 영역(다른 대상)의 범위를 확장하는 것으로 간주된다. 예를 들어 이 모델에서 과학은 마음이나 의식을 비기계적으로 고찰하거나, 일반적으로 과학적 조사 범위 내에 있지 않은 특별한 내적 마음 상태를 살펴봄으로써 이점을 얻을 수 있다.[25] 불교도는 물질세계(신체와 우주)에 관한 새로운 사실, 즉 기술적 한계로 인해 전통불교에서는 알 수 없었던 사실에 접근하게 됨으로써 이점을 얻을 수 있다. 어쨌든 이것은 불교와 과학의 상호 보완적 성격을 나타내는 표현이다.

상호 보완성의 또 다른 형태는 방법상의 차이와 내용 간의 유사성을

---

24 따라서 다이애나 에크(Diana Eck)(Goleman and Thurman 1991:106)는 "불교 전통의 마음 과학 및 의학 연구자들의 탐구는 모두 실험적 전통에 기반을 두고 있다는 점에서 공통된 의제와 방법이 있다."고 말한다. (불교는) 실험적 수행이다. 단순히 '이것을 믿어라'고만 말하는 종교가 아니다. 불교는 우주가 어떻게 존재하는지 실험적으로 검증한 분석을 내놓는다.

25 예를 들어 프란시스코 바렐라(Francisco Varela)가 말한 '경험과학에 의거한다고 주장하는 사람이라면 누구나 관심을 기울일 만한 가치가 있는' 미묘한 마음 상태라고 표현을 생각해 보라. Varela(1997:216).

강조한다. 여기서 불교와 과학은 동일한 대상(물질이든 의식이든 둘다이든)을 다루지만, 서로 다른 분석 방식에 의거한다. 과학은 이성적·개념적·분석적 방식을 사용한다. 불교는 명상 수행의 결과 나타나는 직관적이고 비개념적인 이해 방식을 사용하여 대상을 경험적으로 파악한다고 주장한다. 과학은 실용적이고 일상적인 작업에 유용한 사실적인 지식을 제공하는 한편, 불교는 개인과 사회에 긍정적인 변화를 가져오는 지식을 전달한다. 상호 보완성을 예시하는 연구에서, 불교도와 과학자는 각자의 전통에서 지식을 얻는 고유한 방식을 계속 사용하더라도 인간이 가진 인식론적 가능성의 범위 안에서 현실에 접근하는 방법을 배울 수 있고, 배워야 한다고 주장한다. 따라서 불교와 과학의 상호 보완성은 공통의 대상을 아는 보다 완전한 방법에 인식론적으로 기여하는 각 분야의 능력에 달려 있다.

물론 앞의 설명은 이상적이고 전형적인 상호 보완성의 형태이다. 현실세계에서 이 형태는 좀 더 복잡하고 종종 서로 얽혀 있다. 그러나 유사성의 형태와 정도가 얼마만큼 강조되든지 간에 상호 보완성을 언급하는 경우에는 공통적으로 불교와 과학의 차이로부터 지식 영역이나 방식을 이분화할 근거를 찾으려는 경향이 있으며, 두 분야가 합쳐질 때 더 크고 가치 있는 전체를 만들어낼 수 있다고 생각한다. 상호 보완성을 단순한 양립성과 구분하는 것은 바로 이 전체론(holism)적 견해이다. 물론 불교 지식과 과학 지식 두 부분에 담긴 본질적 가치는 부정할 수 없지만, 각 부분만으로는 전체의 일부에 불과해서 잠재력을 충분히 살리지 못하기 때문에 부족한 면이 있다. 즉, 각각이 고립되어서는 전체에 대한 완전한 기여가 이루어지지 못한다.[26]

불교와 과학의 차이점을 인식하여 양자를 더 큰 전체의 두 부분으로 나누는 구조주의적 논리에 따르면, 둘 간의 상호 보완성이 효과가 있을 수 있다. 과학은 외부 세계에 관심이 있고 불교는 내부 세계에 관심이 있다. 과학은 물질을 다루고 불교는 마음을 다룬다.[27] 과학은 하드웨어이고 불교는 소프트웨어이다.[28] 과학은 합리주의이고 불교는 경험주의이다.[29] 과학은 양적이고 불교는 질적이다.[30] 과학은 관습적이고 불교는 관조적이다.[31] 과학은 우리를 물질적으로 발전시키고 불교는 영적으로 발전시킨다.[32] 그러나 그 차이가 주로 내용·방법·목표의 측면에서 확인되든 않든 간에, 두 요소 중 하나를 지나치게 강조할 때 제기되는 문제들은[33] 두 부분이 조화롭게 결합되고 균형을

---

26 월리스(Wallace)의 말을 인용하면 다음과 같다. "따라서 과학적 지식과 명상적 지식의 의미는 상호 보완적이다. 둘 중 하나가 없으면 세상은 가난해진다." Wallace(1996:205).

27 Goleman and Thurman(1991), 4장 서면(Thurman)을 참조하라.

28 이 내용은 Goleman and Thurman(1991:53-73)에서 서면(Thurman)이 사용한 지배적 은유이다.

29 deCharms(1998) 참조.

30 Wallace(1996:147) 참조.

31 Wilber, Engler, Brown(1986) 참조.

32 이 말은 달라이 라마의 여러 저작에서 발견되는 주제이다.

33 Capra(1984:xvi): "우리 문화에서는 양陽이나 남성적 가치를, 음陰이나 여성적 가치보다 일관되게 선호해 왔다. 우리는 통합보다 자기주장, 종합보다 분석, 직관적 지혜보다 이성적 지식, 종교보다 과학, 협력보다 경쟁, 보존보다 팽창 등을 선호해 왔다. 이 일방적인 발전은 이제 매우 우려스러운 단계에 도달했고, 사회적·생태적·도덕적·영적 차원 모두에서 위기에 직면하게 되었다."

이룰 때 극복된다. 상호 보완성의 논리는 갈등/양면성의 방식과 달리 두 영역 중 하나가 다른 영역에 비해 우월함이 드러나는 승리주의를 피한다. 동일성/양립성과는 달리, 상호 보완성은 양립할 수 없는 차이라는 개념을 확실히 고수함으로써 불교나 과학 중 어느 한쪽이 다른 쪽으로 환원되는 것을 피한다.

또한 여기에 설명된 상호 보완성의 논리는 외적/이성적/물질적 발전과 내적/경험적/정신적 발전의 균형과 같은 특정 가치를 전제하고 촉진한다는 점에서 궁극적으로 공리주의적이다. 요컨대 불교와 과학은 서로 다르고 개별적으로 가치가 있지만, 각각은 상호 보완적 형태로 더 큰 가치가 있는 전체를 만드는 데 기여한다.

상호 보완성을 나타낸 가장 명확한 사례 중 하나는 불교와 과학의 대화를 자세히 다루지는 않았지만 이후의 대화에 큰 영향을 끼친 저술에서 찾을 수 있다. 프리초프 카프라(Fritjof Capra)의 『현대 물리학과 동양사상(The Tao of Physics)』(1984〔1976〕)이 바로 그것이다. 비록 카프라의 연구가 '동양' 전통을 통합함으로써 동양의 근본 교리에서 주장하는 내용이 모두 비슷한 것으로 보이게끔 하는 등의 한계가 있지만 그의 연구는 오늘날에도 의미가 있다고 생각한다. 책 표지에 있는 음양 기호에서 알 수 있듯이 『현대 물리학과 동양사상』은 물리학과 '동양의 신비주의'의 상호 보완성을 다룬다. 카프라 저술은 현대 물리학의 결론과 '신비주의'(특히 힌두교, 불교, 도교) 전통의 유사성, 심지어 '완전한 조화'를 강조하기 때문에 때때로 과학과 불교의 양립성/동일성을 주장하는 것처럼 보이기도 한다. 하지만 카프라는 『현대 물리학과 동양사상』의 에필로그에서 자신의 관점이 상호 보완성의 하나임을 분명히 밝히고 있다.

나는 과학과 신비주의를 인간 정신의 두 가지 상호 보완적 표현이
라고 생각한다. 즉 이성적인 능력과 직관적인 능력의 표현으로
본다. … 두 접근 방식은 완전히 다르고 물리세계에 대한 특정
관점보다 더 많은 것을 포함한다. 그러나 우리가 물리학에서 배우
듯이 두 접근법은 상호 보완적이다. 어느 쪽도 다른 쪽에서 이해될
수 없으며, 어느 쪽도 다른 쪽으로 환원될 수 없지만, 세계를
더욱 온전히 이해하기 위해서는 서로를 보완하는 이 둘 모두가
필요하다. 과학은 신비주의를 필요로 하지 않고 신비주의는 과학
을 필요로 하지 않지만 남성과 여성은 서로를 필요로 한다. 사물의
가장 깊은 본질을 이해하려면 신비로운 경험이 필요하며, 과학은
현대 생활에 필수적이다. 그러므로 우리가 필요로 하는 것은 종합
이 아니라 신비로운 직관과 과학적 분석 사이의 역동적인 상호작용
이다. (297)

불교와 과학의 대화는 카프라의 연구 이후에도 먼 길을 걸어 왔지만,
상호 보완성의 기본 논리는 오늘날에도 여전히 많은 연구에서 찾을
수 있다. 불교에 오랫동안 관심을 가져온 물리학자 빅 맨스필드(Vic
Mansfield)는 다음과 같이 주장한다.

나는 현대 물리학의 시간관을 조금만 알아도 심오한 불교사상을
더 깊이 이해하는 데 도움이 된다는 것을 보여주고 싶다. 또한

중관철학을 이해할 때 물리학 발전에도 도움이 될 수 있다고 제안하고자 한다. 따라서 매우 다른 두 분야의 적지 않은 시너지 효과를 통해, 우리는 더 폭넓게 이해하게 되고 더욱 자비로운 행동이 가능해진다.

불교와 과학의 상호작용을 돕는 맨스필드의 시너지 모델은 오늘날 널리 알려져 있는 상호 보완성의 한 형태이다. 불교와 과학이 유사한 방법을 사용하거나 동일한 결론에 도달하는 것이 아니라, 각각이 서로에게 의미를 가지고 있으며, 그 함의를 진지하게 고려할 때 두 영역에서 더 큰 통찰력을 얻을 수 있다는 뜻이다.

불교와 물리학의 대화는 결코 초기 단계가 아니지만,[34] 불교와 정신과학 간의 대화의 진전에 비교할 수는 없다. 이 분야의 최근 연구를 논의함으로써 상호 보완성 모델이 어떻게 작동하는지 살펴보자. 로버트 서먼(Robert Thurman)은 자신의 저서(Goleman and Thurman 1991:7-8, 59, 73)에서 서구에서 주로 물질적 우주를 탐구하는 데 관심이 있는 한편 불교는 정교한 '내면의 과학'을 발전시키는 데 관심을 가져왔고, 서양과학이 뇌의 하드웨어에 관심이 있는 한편 티베트 불교의 마음 과학은 마음을 이해하고 수정하는 소프트웨어를 제공한다고 주장한다. 그러나 서먼의 주장이 상호 보완성의 한 형태인지 아니면 일종의 승리주의인지는 분명하지 않은데, 앞서 언급했던 책과 최근의 저술(Thurman 1998:275 외)에서 서먼에게 불교와 과학이 모두

---

34 예를 들어 베버(Weber) 1986을 참조하라. 달라이 라마와 함께한 '마음과생명' 컨퍼런스에서도 입자 물리학과 우주론을 논의하였다(아래 참조).

기여하는 '전체(whole)'는 다름 아닌 불교의 전지성全知性이며, 그는 불교의 길을 통해서만 거기에 접근할 수 있다고 믿고 있기 때문이다. (위의 Subhadra의 논의 참조).

다니엘 골먼(Daniel Goleman and Thurman 1991)은 서구심리학과 불교심리학 간에 내용상의 유사점이 있음을 인정하지만 '표면적인' 유사점이라고 생각하며, 대신 방법상의 상호 보완성을 가장 유익한 핵심 사항이라고 본다.

> 뚜렷한 차이점은 방법상의 차이로 각 시스템에 존재하는 정신 건강의 수단에 있다…. 대체로 심리치료는 의식의 내용에 초점을 맞춘다. 의식의 과정에 초점을 맞추는 티베트 불교의 접근 방식만큼 급진적인 변화를 시도하지 않는다. … 두 심리학을 종합하면 인간 발달의 보다 완전한 스펙트럼을 얻을 수 있다.(100-101)

이 '전체 스펙트럼' 모델은 윌버(Wilber), 엥글러(Engler), 브라운(Brown)(1986)이 가장 분명하고 강력하게 제시하는 견해이다. 이 세 명과 기타 저자가 공동 저술한 『의식의 변용(Transformations of Consciousness)』[35]은 대부분 자아초월심리학 저널(Journal of Trans-personal Psychology)로부터 전재한 것으로, 스펙트럼 모델이 다양한 종교 전통의 (명상) 발달 단계 구조와 기본적으로 유사성이 있다는 견해를 제시한다.[36] 이 책의 분석에서 불교는 중요한 역할을 한다.

---

35 (역자주) 한글 번역본: 조효남 역(2017), 『의식의 변용-의식의 발달에 관한 전통적·명상적 시각』, 학지사.

과학(특히 심리학)은 인간 발달의 '전통적' 단계의 지도를 제공한다. 불교는 전통적 영역을 넘어 인간 발달의 구조를 추가적으로 제공함으로써 이 단계를 확장한다. 전통 모형(template)과 명상 모형을 함께 (그리고 그 순서대로) 취해야만 인간 발달의 전체 그림(전체 스펙트럼 관점)을 얻을 수 있다. 이 저자들(특히 브라운)은 목표상의 항존주의 (perennialism)가 아닌 방법상의 항존주의(220)라는 관점을 가지고 문화와 종교 전통을 가로지르는 명상의 길(path)이 갖는 공통 구조를 찾기 위해 매우 상세한 시도를 하고 있지만, 나는 이 저자들이 작업에 참조한 인간 발달의 여러 '전통적' 심리학적 체계가 여러 서양 이론가들에게 수용될 만큼 통일되고 일관된 모형이라고 확신을 못하는 것처럼, 그 공통 구조에 대해서도 여전히 확신할 수 없다. 이들의 연구에서도 마찬가지로 문제가 되는 것은 명상 전통에서 마음의 작용과 자아의 본성에 관한 주제화가 부족하다는 점이다. 그럼에도 『의식의 변용』에서는 상호 보완성 논리의 사례를 가장 분명하게 보여준다. 그들은 다음과 같이 얘기한다.

기존의 학교가 (특히 더 높은 발전 가능성에 대해) 명상학교로부터 배울 점이 많은 것이 사실이라면, 명상학교 역시 고립과 자급자족을 포기하고 현대 심리학 및 정신의학의 생생하고 중요한 내용에 똑같이 스스로를 개방할 필요가 있으며 우리는 그것이 시급하다고

36 이와 유사하지만 동일하지는 않은 프로젝트로서 Ornstein의 저서인 『의식심리학(The Psychology of Consciousness)』(1972)이 있는데, 이 책에서는 수 페이지에 걸쳐 다양한 형태의 선禪 명상을 다루고 있다.

믿는다.(8)

　따라서 과학과 불교는 마음의 변용에 있어서 인간 발달의 전통 단계와 명상 단계에 대한 모델을 각각 제공함으로써 서로를 보완하며, 이를 종합하면 완전한 인간이 된다는 것이 무엇을 의미하는지 전체적인 그림을 볼 수 있다. 개별적으로 과학과 불교는 인간 발달의 부분적인 그림만 제공한다.

　또 다른 형태의 상호 보완성은 크리스토퍼 드참스(Christopher de -Charms)의 *Two Views of the Mind: Abhidharma and Brain Science* (1998)에서도 발견할 수 있다. 이 책에서는 불교의 아비달마와 신경과학이 제공하는 마음의 상호 보완적 관점을 탐구한다. 그는 두 관점이 매우 다르다고 주장하는데, "마음의 티베트 접근 방식에서는 주로 설명적이고 비유와 은유를 통해 설명하는 한편, 서양 과학은 주로 기계론적이고 작은 구성요소에 작용되는 단순한 물질적 힘의 관점에서 설명한다."(50)[37]고 하면서 두 영역이 서로에게 기여할 수 있지만 각자의 결론을 정당화하지는 못한다고 믿는다. 불교와 과학의 상호 보완성을 강조하는 많은 연구에서는 전자가 후자에 기여할 수 있는 방식에 초점을 맞춘다. 드참스의 연구는 비록 한계가 있지만 적어도

---

[37] 이 구분이 드참스(deCharms)의 주장만큼 분명한지는 확실치 않은데, 왜냐하면 '티베트식 접근법'에는 마음에 대한 유물론적 설명이 분명히 있으며, 이안 바버 (Ian Barbour)와 다른 사람들이 지적하듯이 과학은 비유와 은유의 사용에 알레르기 반응을 보이지 않기 때문이다. 그러나 문제가 되는 것은 티베트 시스템이 모순이 내재된 역설적 논리를 따른다는 드참스의 견해이다(1998:26, 49). 이에 대한 문제 제기는 Cabezón(1994)을 참조하라.

다른 쪽에도 동일한 시간을 할애한다. 그는 과학이 검증 가능성을
통해 합의를 도출할 수 있는 방법을 사용하기 때문에 불교에 기여할
수 있다고 믿는다. 드참스는 불교(일반적으로 명상 종교 전통) 내에서
마음의 세부 내용과 관련하여 이견이 있다고 묘사한다. "일반적으로
검증 가능한 관찰에 기반하는 과학적 방법을 사용함으로써 불교 내에
서나 심지어 전통 내에서 논란의 여지가 있는 부분에 대해 유사한
형태의 합의를 찾을 수 있다."(48) 따라서 드참스는 일관성의 전형을
보여주는 과학이 불교 내부 및 종교 간 교리 분쟁의 판결자 또는
더 정확히는 심판의 모델 역할을 할 수 있다고 주장한다. 이 견해에
대해 어떻게 생각하든 간에(그리고 쿤(Kuhn)과 페예라벤드(Feyerabend)
의 연구만으로도 그 가능성을 판정하는 데 충분할 수 있다), 적어도 드참스는
불교가 과학과의 교류를 통해 어떤 이득을 얻을 수 있을지 구체적으로
제안하는 미덕을 보여준다. 그러나 불교가 이득을 얻을 수 있다면
과학도 당연히 이득을 얻을 수 있다. 불교는 "현재 〔서구〕 마음 과학의
체계적 형태가 불교의 관찰 방법에 크게 못 미친다."는 점에서 신경과
학에 기여할 수 있다. 서구의 사고와 비교할 때 불교가 갖는 주요
장점은 현재 서구의 관찰 시스템이 아직 도달하지 못한 세부 수준까지
주관적이고 체계적이라는 점이다.(1998:46)

비슷한 견해는 1991년 바렐라(Varela), 톰슨(Thompson), 로쉬(Ro-
sch)의『몸의 인지과학(The Embodied Mind)』[38]에서도 찾아볼 수 있는
데, 이 책에서는 불교를 인지과학의 대화 파트너로 보고 있으며,

---

38 (역자주) 한글 번역본: 석봉래 역(2013),『몸의 인지과학』, 김영사.

현재 인지과학에 부족한 관점인 '경험을 직접적이고 실제적이며 실용적으로 접근하는 방식'을 제시하는 내용을 담고 있다. 이 연구의 저자들에게 내용상의 유사성(예를 들어 불교와 인지과학은 모두 자아가 '단편화·분열·비통합적'이라고 주장)과 방법상의 유사성(불교와 과학 모두 현상 세계와 인간 경험을 다루는 실용적이고 체계적이며 훈련된 기술)은 모두 중요하다. 불교의 정교한 경험의 현상학은 과학과 동등한 조건에서 맞설 수 있게 해주고 궁극적으로 지금까지 '인간 경험의 자발적이고 보다 반성적인 차원에 대해 … 피상적인 사실 처리에 지나지 않았던' 과학을 교정하는 역할을 할 수 있도록 한다(1991:xviii). 따라서 불교는 과학이 잃어버린 경험의 신체화된 감각(sense of the embodiment)을 되찾는 수단을 제공함으로써 과학을 보완한다. 그러나 이 외에도 불교, 특히 중관철학(Madhyamaka)으로 알려진 불교의 철학적 관점은 인지과학과 사회 전반에서 보통은 근거 없는 것과 특히 통일된 자아에 대한 믿음이 무너지는 것에 대한 자연스러운 반응인 '허무주의'를 교정하는 역할을 한다. 맨스필드와 마찬가지로 바렐라, 톰슨, 로쉬는 불교가 과학에 지적知的으로 유용한 그 이상의 역할을 한다고 믿는다. 불교는 오늘날 우리가 직면하고 있는 문제, 즉 대부분 과학이 야기하거나 악화시킨 문제의 윤리적 해결책이기도 하다.

불교가 지적, 윤리적 차원에서 2중으로 보완하는 개념은 앨런 월리스(Alan Wallace) 초기 저술인 『과학과 불교의 실재인식(Choosing Reality)』(1996)[39]의 핵심 주제이기도 하다. 이 책의 첫 부분은 불교와

---

39 (역자주) 한글 번역본: 홍동선 역(1991), 『과학과 불교의 실재 인식』, 범양사.

과학이 아니라 불교와 과학철학을 주제로 삼는다는 점에서 독특하다. 월리스는 우선 과학(주로 물리학에 초점을 맞춤)이 형이상학적으로 중립적이라는 순진한 견해를 입증하는 데 관심이 있다. 다음으로 그는 '실재론'과 '도구주의'라는 두 형이상학적 견해가 어떻게 과학의 철학적 토대 역할을 해왔는지 제시하고 그 점에 있어 두 견해는 실패했다고 주장한다. 다음으로 월리스는 중관철학이 더 적합한 대안이 될 수 있다고 제안한다.[40] 월리스에 따르면 방금 설명했듯이, 불교는 지적 보완책일 뿐 아니라 윤리적 책임 정신인 '타인에게 봉사하고자 하는 열망'으로 과학에 활기를 불어넣음으로써 과학의 윤리적 보완책이 될 수 있는데, 이는 과학이 종교, 철학으로부터 분리되면서 너무 쉽게 잃어버린 정신이다.

마지막으로, 2중 보완책이라고 하는 상호 보완성 논의를 마무리하면서 이를 최초로 제기한 학자 중 한 명인 제레미 헤이워드(Jeremy Hayward 1984, 1987)의 연구를 간략히 언급하겠다. 바렐라, 톰슨, 로쉬, 월리스의 연구에 제시된 불교와 과학의 상호 보완성의 많은 내용들이 헤이워드의 연구에서도 나타난다. 헤이워드의 연구가 그들과 다른 점은 현대과학이 개인적, 사회적 소외를 초래한 역할을 보다 상세하게 다루면서 역사적인 주제화를 시켰다는 점이다. 그에게 있어 불교란 자연과 관찰자 사이, 물질과 몸·마음 사이에 이분법적 분열을

---

40 맨스필드(Mansfield, 2002)는 이와 비슷한 지적을 하면서 데카르트의 이원론이 과학 발전을 방해했으며 중관철학이 과학의 보다 효과적인 철학적 근거가 될 수 있다고 주장한다. 맨스필드는 그의 다른 저술(1995~1996)에서도 유사한 논거를 사용하여 같은 주장을 반복한다.

일으키는 근대 과학의 이러한 경향에 대응하고 이를 교정함으로써 과학을 보완하는 역할을 한다. 이런 방식으로 불교는 세상을 다시 매혹시키는 힘으로 작용한다.

지금까지 나는 불교와 과학의 상호작용을 개략적으로 살펴보았는데, 특별히 달라이 라마가 현재 진행 중인 불교와 과학의 대화에서 수행해 온 역할을 별도로 언급할 필요가 있다. 달라이 라마가 불교와 과학의 대화에 관심을 가졌다는 사실은, 물리학자 데이비드 봄(David Bohm)과의 대화(Weber 1986:231-242)에서 시작하여 마음의 과학(Hayward와 Varela 1992), 감정과 건강(Goleman 1997), 수면·꿈·죽음(Varela 1997), 자비와 이타주의, 물리학, 파괴적 감정 등등의 주제를 다룬 수차례의 '마음과생명 컨퍼런스'에 지속적으로 참여함으로써 입증되었다. 마음과생명 컨퍼런스는 주제와 참가자를 신중하게 선택하기 위해 의식적으로 노력함으로써 불교와 과학 간의 대화의 수준을 정교화하였고 대중적인 노출 측면에서도 한 차원 높게 끌어올렸다. 동시에 마음과생명 컨퍼런스는 서양 과학자들과 거의 유일한 불교계 대담자로 달라이 라마가 참여하는 장이다. 이 대화 내용은 대담집 출판을 통해 서구의 청중들도 접할 수 있게 되었지만, 티베트에는 거의 전적으로 달라이 라마 자신의 노력을 통해 알려졌다. 달라이 라마같이 비범한 인물도 불교와 과학의 관계에 있어 불교를 대표하는 유일한 인물이 될 수는 없으며, 전체 문화권에서 그 대화의 유일한 대표자가 되어야 한다는 부담을 짊어질 수도 없다. 불교와 과학의 대화가 활발하기 위해서는 아시아와 서양을 막론하고 불교계의 더 많은 참여와 헌신이 필요할 것이다.

대화의 미래

불교와 과학의 상호작용을 다룬 이 간략하고 인상적인 설명에서 그 변화와 진전을 느끼지 못하기는 어려울 것이다. '불교', '과학', '보편 법칙' 등과 같은 폭넓은 관용구에서 시작된 대화는 두 분야의 복잡한 내부 사정을 점점 더 잘 알게 되면서 더 많은 정보를 얻는 보다 구체적인 대화로 바뀌고 있다. 오늘날 대화의 파트너는 단순히 불교도와 과학자 가 아니라, 일본 임제종臨濟宗 선불교도와 인지 신경과학자, 티베트 겔룩(dGe lugs pa) 불교도와 소립자 물리학자이다. 오늘날 우리는 대화의 파트너들이 단순히 '우주론'뿐 아니라 초기 우주의 구조에 대한 불교와 서양의 우주론적 이해를 논의하고, 일상적인 '마음'뿐 아니라 죽어가는 수행자의 PET(Positron emission tomography, 양전자 단층 촬영술) 스캔 연구 결과에 대해 논의하는 것을 더 자주 볼 수 있다. 이처럼 보다 전문적이고 정교한 대화는 다양한 분야의 발전이 가져온 결과이다. 우리는 수십 년 전보다 생리학, 인간의 행동, 뇌의 작용, 물질의 구조, 우주의 진화에 대해 더 많이 알고 있다. 이와 함께 서양의 불교학 연구는 탁상공론식 고찰에서 원문 텍스트에 대한 진지한 연구로, 그리고 다양한 아시아 환경 속에서 텍스트와 문화의 접점을 탐구하는 것으로 발전했다. 과학과 불교학 모두에서 전문성은 분명히 단점이지만 장점도 있다. 이 전문성이 없었다면 불교와 과학의 대화가 오늘날과 같은 정교한 수준에 도달할 수 있었을지는 상상하기 어렵다.

그러나 전문성만으로 불교와 과학의 상호작용에서 일어난 변화를 설명하기에는 충분하지 않다. 이 두 전통이 가진 정보에 대한 접근성이 높아진 것도 마찬가지로 중요했다. 과학자들은 이제 한 세대 전에는 접근할 수 없었던 텍스트와 인적 자료 같은 불교 연구에 필요한 자료들을 이용할 수 있게 되었으며, 그 반대의 경우도 마찬가지이다. 서구 과학의 지적 기풍의 변화도 대화에 긍정적 영향을 미쳤다. 특히 우리는 최근 몇 년 동안 의학과 신경과학, 심지어 물리학에서도 마음이 중요한 역할을 할 수 있다고 하는 생각을 비판하는 추세가 점점 줄고 있음을 목격하고 있다(Hayward 1987). 마지막으로 불교와 과학 사이의 대화의 성격이 변화하는 데 기여한 사회학적 요인이 있는데, 그중 가장 중요한 것은 불교가 서양으로 전파되었다는 점이다. 때때로 밝히지 않는 경우도 있지만 오늘날 대화에 참여하는 과학자 중 다수가 불교 신자이다. 달라이 라마처럼 지도력이 뛰어난 불교 지도자의 과학을 향한 소중한 관심이 보다 세련된 대화를 이끌었던 한 요인이라는 점은 과소평가될 수 없다.

오늘날 불교와 과학이 좀 더 미묘하고 성숙한 대화를 나누고 있기 때문에, 보다 긴밀한 상호 연대를 순진하게 상상하는 경우도 있다. 불교도이든 과학자이든 또는 둘 다이든, 양자의 동일성이나 갈등 모델을 부정하기 어렵다고 생각하는 사람들이 여전히 존재한다. 분명치는 않지만 일부 상호 보완 모델조차도 성숙한 대화를 가로막는 데 장애가 될 수 있다. 엄격한 상호 보완의 이분법적 논리를 문자 그대로 받아들여 너무 강력하게 적용하면, 이분법적 대립 논리로 인해 은유적으로 생각하는 대신 실재한다고 믿게 되어 대화에 방해가 될 수 있다. 불교를 마음의 내적 과학으로, 과학을 물질의 탐구로 생각하는 용례를 검토해 보자. 상호 보완적 방식은 보다 유연한 은유적 방식으로 작용하므로 분명히 그 필요성이 있다. 불교와 과학의 상호작용을 잘 조명하고 보다 잘 이해할 수 있다. 그러나 이 모델을 너무 문자 그대로 받아들이면 불교는 영적 영역에만 관심이 있고, 따라서 물질 분석에는 관심이 없음을 암시하는 것처럼 보일 수 있다. 물론 이는 진실이라고 보기 어렵다. 불교에서는 물질에 대한 복잡한 이론을 정교하게 발전시켜 왔다. 불교도들은 경쟁 이론이 가진 상대적인 장점에 대해 토론하고 물질과 다른 현상의 관계를 광범위하게 추정해 왔다. 불교를 내면의 과학이라고만 은유적으로 표현하면 물질의 본질을 다루려는 불교와 과학의 대화를 막고, 질병의 물리적 원인을 밝히려는 티베트 의학과 서양 의학 간의 진지한 교류를 막는다. 요컨대, 불교가 물질세계에 관한 어떤 문제를 다루고자 할 때 불교를 침묵시키는 역할을 한다. 마찬가지로, 반대로 적용하면 불교에만 마음의 삶에 대한 독점권을 부여함으로써 정신분석이나 인지과학이 정신적 과정의 본질에 가치 있게 기여할 가능성을 임시방편으로 배제한다.

물론 불교도와 과학자 모두 두 영역을 엄격하게 분리하고 유지함으로써 얻을 수 있는 것이 있다. 웨인 프라우드풋(Wayne Proudfoot 1985)이 서로 다른 맥락에 대해 설명할 때 보여주었듯이, 이 전술은 일종의 보호주의 전략으로 평화를 위해 왕국을 두 파벌로 나누는 역할을 한다. 그렇게 함으로써 양측은 자신의 영향권을 완전히 통제할 수 있다. 불교는 경험적 영역에 관한 한 과학의 도전을 두려워할 필요가 없으며, 과학은 외부의 물질세계에 관한 한 불교가 위협이 되지 않는다는 사실을 알고 안심할 수 있다. 평화가 보상인 것처럼 보이지만,

진리가 아닌 편의에 근거한 거짓 평화이다. 사실 불교와 과학 모두 그들을 나누려는 문자주의적이며 엄격한 구조주의적 시도를 거부하는 고도로 복잡한 총체적인 세계관이기 때문이다.

방금 언급한 유형의 보호주의 전략은 의식적이든 무의식적이든 불교도와 과학자 간의 실제 대화에 많이 작용하고 있는 것 같다. 어떤 방식으로 나타나는가? 이 경향은 단지 유익한 정보 이상 넘어서기를 꺼리고, 차이를 너무 쉽게 받아들이는 지적 게으름으로 나타나며, 의식적으로는 상호 보완적이라는 이름하에 그 묵인을 정당화하거나 혹은 상대방을 낭만적 이상화라는 이름하에 정당화한다. 불교도는 "그들이 어떻게 물질에 대해 잘못 알 수 있겠는가. … 그들은 장비를 이용하고 있다." 또한 과학자는 "그들이 그 상태에 도달할 수 있다는 사실에 누가 이의를 제기할 수 있겠는가? … 그들은 수 세대에 걸쳐 이 작업을 해왔다." 물론 여기에는 "마음에 대해 이의를 제기하지 않으면 뇌에 대해서도 이의를 제기하지 않겠다." 또는 "물질의 구조에 대해 이의를 제기하지 않으면 명상에 대해서도 이의를 제기하지 않겠다."라는 숨은 의미도 포함되어 있다. 이런 식으로 대화가 진행되면 비판적 기능이 정지된 상태가 된 채 보여주기식 설명으로 변질된다. 물론 정보를 제공하는 단계가 대화의 전제조건이라는 것이 여기서는 문제되지 않는다. 요점은 대화가 단지 보여주기식 설명이 아니라 그 이상으로 향해야 한다는 것이다.

앞서 말했듯이, 대부분 대화가 실패하는 이유는 상호 보완성 모델에서 구성된 이분법을 단지 문자주의적으로 바라보는 경향이 있기 때문이라고 생각한다. 그러나 결국에는 이 이분법도 은유적으로 보아야 할 것이며, 그렇지 않으면 불교도와 과학자들은 진정으로 논쟁적인 문제, 즉 양쪽 모두에 속하기 때문에 불교나 과학 어느 쪽에도 '속하지' 않는 문제에 직면하게 될 것이다. 즉 뇌와 분리된 마음은 존재하는가? 인간의 성격은 의식적으로 변할 수 있는가? 그렇다면 어느 정도까지인가? 구성요소가 없는 근본이 되는 기본 입자가 있는가? 물질과 분리된 생명은 가능한가?

물론 이런 문제를 전혀 논의하지 않았다는 것이 아니라, 단지 충분치 않았다는 뜻이다. 이것은 확실히 이해할 만하다. 한편으로는 지적인 반목을 피할 수 없기 때문에 이 문제에 직면하는 것은 의심할 여지없이 불편함의 원인이 될 것이다. 다른 한편으로는 엄격하지만 문자 그대로 상호 보완성을 주장하는 논리는 매혹적이다. 과학자는 물질의 주인이고 불교도는 마음의 주인이다. 각기 내적, 외적 진보의 길을 함께 걸어가 보자. 또는 과학자는 하드웨어를, 불교도는 소프트웨어를 제공해서 함께 위대한 컴퓨터를 만들자. 물론 문제는 이 분리라는 은유적 표현이 다른 은유와 마찬가지로 인위적이라는 점이다. 과학의 주장은 불교의 주장에 영향을 미치고 때로는 부정적인 영향을 미치며, 그 반대의 경우도 마찬가지이기 때문에 인위적이다.

한 가지 예를 들어 설명해 보겠다. 불교와 과학의 상호 보완성을 옹호하는 모델에서 중관철학의 공空 이론이 얼마나 많이 인용되고 있는지 알아채지 못했을 것이다. 이 맥락에서 중관철학은 종종 물리세계에 대한 결론에 영향을 주지도 않고 받지도 않는 철학적 및/또는 종교적 체계로 특징지어지는데, 이는 종교–마음–경험 대 과학–물질–사실이라는 엄격한 상호 보완성의 이분법을 보여주는 좋은 예이다.

물론 문제는 이것이 거의 알려지지 않았지만 중요한 사실을 무시한다
는 점이다. 중관철학의 공空 이론[41]은 외부 세계의 존재를 인정하지만
구성요소가 없다는 의미에서 기본 입자가 존재할 수 없다는 것을
암시한다.[42] 그 이유가 무엇인지, 공 이론의 세부 내용을 여기서 다룰
생각은 없다. 대승불교에서 가장 중요하고 독특한 교리 중 하나인
공 이론은 물리적 우주에 내포된 진실에 달려 있다는 점만 유의하면
충분하다. 더 이상 나눌 수 없고 더 이상 기본 요소로 구성되지 않는
입자가 존재한다고 증명되면 인도와 티베트의 고전 문헌에 공식화된
공 이론은 거짓이 될 것이고, 따라서 우리가 알고 있는 대승불교도
거짓이 될 것이다. 물론 요점은 물리학과 형이상학의 영역은 그렇게
쉽게 분리될 수 없고, 불교는 단순히 '철학적 관점'이나 '마음의 과학'이
아니며, 불교 교리에서 진리는 물질세계와 관련된 진실을 함축하고
이에 의존한다는 것이다.

불교와 과학 간 대화의 미래에서 이 모든 것은 무엇을 의미하는가?
우선 불교와 과학의 상호작용을 상상하는 데 도움을 주는 모델이
가진 은유적 성격을 알아야 한다는 것을 의미한다. 이러한 깨달음은
불교와 과학(및 그 하위 분야)을 이분법에 저항하는 완전한 시스템,

---

41 더 정확하게는 중관학파 귀류논증파(Prāsaṅgika)의 공空 이론에 대한 해석이다.
42 외부 세계의 존재는 세속적 관습을 따른다고 하는 귀류논증파의 주장에 의해
　　필연적으로 요청된다. 부분이 없는 입자가 존재하지 않는다는 것은 공 이론이
　　모든 현상이 어떤 근거(gzhi)를 필요로 하는 표식으로서 단지 전가하는 사실을
　　암시한다는 것과 상통한다. 물질 입자의 경우의 근거는 다름 아닌 그 입자의
　　부분일 수 있다. Cabezón(1992:144, 149, 324-345) 참조.

즉 다양한 차원에서 서로를 지원하고 도전할 수 있는 시스템, 즉 독점도 제약도 없는 시스템으로 이해해야 한다는 것을 의미한다. 불교와 과학 간 대화의 미래에 도움이 되는 매우 구체적 방안을 제시하면서 결론을 내리겠다. 이 제안은 내가 방금 말한 함정을 피하는 데 도움이 될 수 있으리라 믿는다.

불교와 과학의 상호작용을 기록하려는 시도의 일환으로 내가 인용한 여러 연구 결과들 중 가장 정교하고 흥미로운 연구라고 생각했던 지난 15년간의 대부분 연구를 과학자들이 작성했다는 사실은 놀라운 일이다. 여기에 빠져 있는 것은 동양과 서양을 막론하고 불교학자의 목소리이다.[43] 물론 이 분야에서 논문을 발표한 많은 과학자 또는 전직 과학자들은 불교에 대한 상당한 배경 지식을 가지고 있으며, 또한 다수의 사람들이 오랫동안 불교 수행에 전념해 왔지만 이들 중 누구도 불교학자로 훈련받지 않았고 불교경전의 언어를 마스터한 사람도 없다. 앞서 제안했듯이, 상호 보완성에 대한 문자주의적 모델의 엄격한 이분법화와 보호주의적 경향이 극복되어야 할 주요 장애물이라면, 그리고 이를 극복하기 위해 과학과, 그리고 특히 불교를 더 넓고 깊이 이해하고자 한다면, 아마도 이 시점에서 가장 절실한 것은 대화에 참여하는 불교학자의 목소리일 것이다.[44] 그러나 이 책의

---

43 물론 아시아에서 달라이 라마의 경우는 예외이다. 서양에서 가장 눈에 띈 예외의 사례로는 앨런 월리스가 있고, 피터 페너(Peter Fenner)와 허버트 귄터(Herbert Guenther)도 이에 포함된다.

44 다양한 과학 자체의 전문 지식은 이미 대화에 잘 표현되고 있지만, 과학사·사회학·과학철학에 예시된 바와 같이 과학 분야 중 빠진 부분은 과학의 개요에

장점 중 하나가 바로 훈련된 불교학자들을 공식 논의에 참여시켰다는
점이기 때문에, 이 책이 출간될 시점에서 내 제안은 이미 논쟁할
필요가 없을 수도 있다.

대한 관점을 들 수 있다. 따라서 불교에 대한 제안과 유사하게 과학과 관련해서
제안하고자 하는 것은, 과학을 대표하는 사람들이 보다 일관된 자의식(self-
conscious)을 가지고 논의에 참여할 필요가 있다는 점이다.

참고문헌

Austin, J. H. 1998. *Zen and the Brain: Toward an Understanding of Meditation and Consciousness*. Cambridge: MIT Press.

Barbour, I. 1990. *Religion in an Age of Science*. Gifford Lectures, vol. 1. San Francisco: Harper San Francisco.

Cabezón, J. I. 1992. *A Dose of Emptiness: An Annotated Translation of the sTong thun chen mo of Mkhas grub dGe legs dpal bzang*. Albany: State University of New York Press.

_____ 1994. *Buddhism and Language: A Study of Indo-Tibetan Scholasticism*. Albany: State University of New York Press.

Capra, F. 1984 [1976]. *The Tao of Physics: An Exploration of the Parallels Between Modern Physics and Eastern Mysticism*. 2d rev. ed. Toronto: Bantam, 1984.

Clifford, J. and G. Marcus. 1986. *Writing Culture: The Poetics and Politics of Ethnography*. Berkeley: University of California Press.

Cooper, R. 1996. *The Evolving Mind: Buddhism, Biology, and Consciousness*. Birmingham: Windhorse.

DeCharms, C. 1998. *Two Views of the Mind: Abhidharma and Brain Science*. Ithaca: Snow Lion.

Du Pre, G. 1984. "The Buddhist Philosophy of Science." In B. P. Kirtisinghe, ed., *Buddhism and Science*, pp.103–110. Delhi: Motilal Banarsidass.

_____ 1984. "Buddhism and Psychology." In B. P. Kirtisinghe, ed., *Buddhism and Science*, pp.111–118. Delhi: Motilal Banarsidass.

_____ 1984. "Buddhism and Psychotherapy." In B. P. Kirtisinghe, ed., *Buddhism and Science*, pp.97–102. Delhi: Motilal Banarsidass.

_____ 1984. "Buddhism and Science." In B. P. Kirtisinghe, ed., *Buddhism and Science*, pp.92-96. Delhi: Motilal Banarsidass.

_____ 1984. "Science and the Skandhas." In B. P. Kirtisinghe, ed., *Buddhism and Science*, pp.119-127. Delhi: Motilal Banarsidass.

_____ 1984. "Science and the Way to Nirvān a." In B. P. Kirtisinghe, ed., *Buddhism and Science*, pp.137-145. Delhi: Motilal Banarsidass.

_____ 1984. "Science and the Wheel of Life." In B. P. Kirtisinghe, ed., *Buddhism and Science*, pp.128-136. Delhi: Motilal Banarsidass.

_____ 1984. "Scientific Buddhism." In B. P. Kirtisinghe, ed., *Buddhism and Science*, pp.146-154. Delhi: Motilal Banarsidass.

Fenner, P. 1995. *Reasoning Into Reality: A System-Cybernetic Model and Therapeutic Interpretation of Buddhist Middle Path Analysis*. Boston: Wisdom.

Fields, R. 1981. *How the Swans Came to the Lake: A Narrative History of Buddhism in America*. Boston: Shambhala.

Goldstein, M. C. 1989. *A History of Modern Tibet: 1913-1951*. Berkeley: University of California Press.

Goleman, D. 1997. *Healing Emotions: Conversations with the Dalai Lama on Mindfulness, Emotions, and Health*. Boston: Shambhala.

Goleman, D. and R. A. F. Thurman. 1991. *Mind Science: An East-West Dialogue*. Boston: Wisdom.

Guenther, H. V. 1984. *Matrix of Mystery: Scientific and Humanistic Aspects of rDzogs-chen Thought*. Boston: Shambhala.

Harding, S. 1998. *Is Science Multi-Cultural: Postcolonialisms, Feminisms, and Epistemologies*. Bloomington: Indiana University Press.

Hayes, R. P. 1996. "The Perception of 'Karma-Free' Cyberzones." *Cybersangha*. www.hooked.net/csangha/hayessu95.htm.

Hayward, J. W. 1984. *Perceiving Ordinary Magic: Science and Intuitive Wisdom*. Boston: Shambhala.

_____ 1987. *Shifting Worlds, Changing Minds: Where the Sciences and Buddhism Meet.* Boston: Shambhala.

Hayward, J. and F. Varela. 1992. *Gentle Bridges: Conversations with the Dalai Lama on the Sciences of Mind.* Boston: Shambhala.

Hsuan Hua, Ven. "Electric Brains and Other Menaces." *Cybersangha.* www. hooked.net/csangha/huasu95.htm.

Jaki, S. 1974. *Science and Creation: From Eternal Cycles to an Oscillating Universe.* Dordrecht: Kluwer.

_____ 1985. "Science and Religion." In M. Eliade, ed., *The Encyclopedia of Religion* 13:121-133. New York: Macmillan.

Jayatilleke, K. N. 1971. "Buddhism and the Scientific Revolution." In Nyanaponika Mahathera, ed., *Pathways of Buddhist Thought: Essays from the Wheel.* London: George Allen and Unwin. pp.92-100;

_____ 1980 [1963]. *Early Buddhist Theory of Knowledge.* Delhi: Motilal Banarsidass.

Jones, C. B. 1997. "Review of Robin Cooper, The Evolving Mind." *Journal of Buddhist Ethics*, vol. 4. jbe.la.psu.edu.

Kirtisinghe, B. P., ed. 1984. *Buddhism and Science.* Delhi: Motilal Banarsidass.

Lobsang Tenzing. 1990. "Biography of a Contemporary Yogi." *Cho Yang* 3: 102-111.

Lopez, D. S. Jr. 1996. "Polemical Literature (dGag lan)." In José I. Cabezón and Roger R. Jackson, eds., *Tibetan Literature: Studies in Genre.* Ithaca: Snow Lion.

Mansfield, V. 1995-1996. "Time in Madhyamika Buddhism and Modern Physics." *Pacific World: Journal of the Institute of Buddhist Studies*, vols. 11-12.

_____ 2002. "Time and Impermanence in Middle Way Buddhism and Modern Physics." This volume.

Needham, J. 1981. *Science in Traditional China: A Comparative Perspective.* Cambridge: Harvard University Press.

Nyanaponika Mahathera, ed. 1971. *Pathways of Buddhist Thought: Essays from the Wheel.* London: George Allen and Unwin.

Olcott, H. S. 1889. *A Buddhist Catechism According to the Sinhalese Canon.* London: Allen, Scott.

Ornstein, R. E. 1972. *The Psychology of Consciousness.* San Francisco: Freeman.

Poussin, L. de la Vallée. 1988, 1989. *Abhidharmakośabhāṣyam: A Work of Vasubandhu.* Vols. 2-3. Trans. Leo M. Pruden. Berkeley: Asian Humanities.

Proudfoot, W. 1985. *Religious Experience.* Berkeley: University of California Press.

Rabinow, P. 1996. *Essays on the Anthropology of Reason.* Princeton: Princeton University Press.

Rolston, H. 1987. *Science and Religion: A Critical Survey.* New York: Random House.

Singhal, D. P. 1972. *India and World Civilizations.* Vol. 1. London: Sidgwick and Jackson.

Stoddard, H. 1985. *Le Mendicant d'Amdo.* Recherches sur la Haute Asie 9. Paris: Societé d'Ethnographie.

Subhadra, B. 1970 [1890]. *A Buddhist Catechism: An Introduction to the Teachings of the Buddha Gotama.* Trans. C. T. Strauss. Kandy: Buddhist Publication Society.

Thurman, R. A. F. 1998. *Inner Revolution: Life, Liberty, and the Pursuit of Real Happiness.* New York: Riverhead.

Tweed, T. A. 1992. *The American Encounter with Buddhism, 1844-1912: Victorian Culture and the Limits of Dissent.* Bloomington: Indiana University Press.

Varela, F. J. 1997. *Sleeping, Dreaming, and Dying: An Exploration of Consciousness with the Dalai Lama.* Boston: Wisdom.

Varela, F. J., E. Thompson and E. Rosch. 1991. *The Embodied Mind: Cognitive Science and Human Experience.* Cambridge: MIT Press.

Wallace, B. A. 1996. *Choosing Reality: A Buddhist View of Physics and the Mind*. Ithaca: Snow Lion.

Weber, R. 1986. *Dialogues with Scientists and Sages: The Search for Unity*. London and New York: Routledge and Kegan Paul.

Wilber, K., J. Engler, and D. P. Brown. 1986. *Transformations of Consciousness: Conventional and Contemplative Perspectives on Development*. Boston: Shambhala.

Yin Tak, Ven. 1998. "Buddhism and Science." tunglinkok.ca/9702/sources/sci.htm.

Zoysa, A. P. K. 1998. "Buddhism and Science: A Conversation." www.lanka.com/dhamma/science 1.htm.

　　불교학자 툽뗀 진빠는 이 글에서 주로 티베트 자료에 기반하여 티베트 불교와 현대과학이 접촉했던 최근의 역사를 추적한다. 티베트는 아시아 불교 문명 중 유일하게 20세기 중반까지 서구로부터 고립된 채 남아 있었다. 따라서 티베트인들이 처음 현대과학을 접했을 때는 매우 낯설어 했으며, 이 글에서 묘사하고 있듯이 당시 그들이 보였던 다양한 반응은 매우 흥미롭다. 툽뗀 진빠는 티베트 불교학자인 겐뒨 최펠이 1930~1940년대 초에 저술한 내용을 중심으로 불교적 사유에 왜 과학이 중요한지를 논의하면서 글을 시작한다. 겐뒨 최펠은 역사적, 규범적 관점에서 불교와 과학의 관계를 설명한 후 과학적 탐구 방식에 건설적으로 참여하는 것이 중요하다고 국민들에게 조언한다.

　　이어 툽뗀 진빠는 현 14대 달라이 라마가 추진해 온 과학기술에 대한 관심, 과학자들과의 적극적 대화, 티베트인들을 위한 과학교육 증진 등을 차례로 살펴본다. 다음으로 최근 티베트 불교학자들이 갖는 과학에 대한 개념을 세 가지로 설명한다. 첫 번째 그룹의 티베트 전통 학자들은 현대과학사상이 전통불교사상과 충돌할 때, 이를 논리적 근거에 의거해서 반박되어야 할 경쟁 철학으로 본다. 이 견해는 앞 장에서 카베존이 제시한 세 모델 중 첫 번째인 갈등/양면성 모델과 대부분 일치한다. 두 번째 티베트 그룹은 과학을 불교의 동맹으로 간주하면서도, 불교가 과학보다 우월하므로 과학이 불교의 교리를 검증해주기를 희망한다. 이 관점은 카베존이 제시하는 두 번째 모델인 호환성/동일성 모델에 해당한다. 달라이 라마로 대표되는 세 번째 티베트 불교학자 그룹은 과학을 불교의 동등한 파트너로 생각한다. 카베존이 주장하는 상호 보완 모델에 해당하는 이 견해의 옹호자들은 불교와 과학이 비판적으로 함께 참여할 때 인류의 공통 지식에 대한 지평을 넓혀 인간과 세계를 보다 포괄적으로 이해할 수 있을 것이라고 가정한다. 이 접근법의 중요한 특징 중 하나는 불교와 과학이 각자의 완결성을 깊이 존중하면서 어느 한쪽을 다른 쪽으로 환원하려고 하지 않는 것이다.

진빠는 자신이 생각하는 과학과 고전 불교사상 간의 가장 바람직한 결합을 피력하면서 이 통찰력 있는 글을 마무리한다. 그는 세계의 모든 종교 중 오직 불교만이 과학과의 비판적 대화에 가장 적합하다고 주장한다. 진빠는 그 이유로서 불교가 절대 개념을 의심하고, 이해에 근거한 믿음을 말하고, 경험주의적 철학을 지향하고, 마음의 본성과 그 다양한 양상을 세밀하게 분석하고, 개인적 경험을 통해 얻은 지식을 특히 강조한다는 점을 차례로 열거하고 있다.

2. 과학은 불교와 협력 관계인가
아니면 경쟁 철학인가?

티베트 불교사상가와 현대과학의 만남

툽뗀 진빠

첫 번째 만남: 겐뒨 최펠(Gendün Chöphel, 1903~1951)[1]

티베트 철학자이자 역사가인 겐뒨 최펠은 중앙아시아, 인도, 스리랑카를 12년에 걸쳐 여행한 후 동료 티베트 사상가들에게 현대과학과 적극적으로 교류하길 희망한다고 하는 열정적인 글을 썼다. 그의

---

1 이 연대는 *Writings of Gendün Cöphel* 3권(Tib.; Xinhua: Tibet's Old Texts Publishing House, 1990)을 편집한 Horkhang Sonam Pelbar에 의거한다. 그러나 Heather Stoddard는 1905~1951년으로 연대를 제시한다. 그녀의 *L'Mediant de L'Amdo*(Paris: Sociéte D'Ethnologie, 1986)를 참조하라. 티베트어로 된 모든 출판물에는 약어 Tib.가 표시된다. 별도로 명시되지 않는 한 모든 티베트어는 내가 직접 번역한 것이다.

글은 다음과 같이 시작된다. "나는 이제 같은 영적 공동체에 속한 동료들이자, 객관적이고 원대한 안목을 가진 동료들에게 진심으로 제안하고자 한다."[2] 그가 여행했던 시기는 1930년대 또는 1940년대 초로 거슬러 올라간다. 아래에서는 티베트 사상가들이 이와 관련해서 50여 년 동안 대응해 온 내용을 간략하게 살펴보고자 한다.

겐뒨 최펠의 저술은 실제로 그 자신이 다양한 국가, 민족, 문화를 여행하며 축적한 관찰, 통찰, 경험을 바탕으로 작성한 16부작의 결론에 해당된다. 글의 내용을 보면 저자는 자신의 여행 경험이 티베트 지성계에 잠재적 변화를 가져올 수 있다는 사실을 일찍부터 깨달았음을 알 수 있다. 이유가 무엇이든 간에 당시 티베트가 외부 세계로부터 고립된 채 있기를 선택했다는 사실이 겐뒨 최펠의 마음을 무겁게 짓눌렀던 것으로 보인다.[3] 그러나 또한 그는 조만간 티베트가 현대 세계와 마주치게 될 것이라는 사실을 일찍이 깨달았다. 이러한 맥락에서 저자는 자신의 글을 예비조사, 즉 자신이 목격한 것을 동료들에게 개인적 관찰과 평가 형태로 보고하는 작업이라고 생각했다. 그는 자신의 인상적인 학문 배경으로 인해 이 작업의 이상적인 후보자가 될 수 있었다. 다른 많은 티베트 동료들과 마찬가지로 그는 주로 고전 불교사상, 특히 인식론·현상학·형이상학에 대한 철학적 훈련을 교육받았다. 또한 시·언어학·문법·고전 티베트문학 연구 등의 기초 지식을 잘 알고 있었다.

---

2 *Writings of Gendün Cöphel* (2:166).

3 현 시점에서 당시 티베트인들이 세계로부터 스스로를 고립시키게 된 복잡한 역사적, 사회적, 정치적, 문화적 조건을 완전하게 이해하기는 어렵다.

겐뒨 최펠의 글은 과학이 현대 세계에 미친 영향력을 기본적인 사실로 인정하는 것으로 시작한다. 그는 학식이 있건 없건 간에 세계의 여러 나라에서 현대과학을 비판하는 사람들이 과학적 세계관에 반대할 만한 타당한 논거가 부족했기 때문에 침묵을 지켰다고 말한다. 저자는 "심지어 자기 목숨보다 경전에 쓰인 문자가 가진 진리를 더 소중히 여기는 인도의 브라만조차도 결국 [현대과학을] 받아들이지 않을 수 없었다."[4]고 말한다. 저자는 이어 기독교가 현대과학을 처음 접했던 때를 연관 짓는다. 그는 교회가 군주제 같은 지배 권력과 강력한 동맹을 맺고 과학자들을 파문하고, 투옥하고, 때로는 산 채로 화형에 처하는 등 지속적으로 박해했음에도 불구하고 결국 과학의 타당성을 받아들일 수밖에 없었다고 적고 있다. 실제로 저자는 "기독인들은 '새로운 지식'의 틀 안에서 자신들의 종교적 신념을 분명히 나타낼 필요성을 느꼈고, 그 사상이 [종종] 양립할 수 없는 경우에도 마찬가지였다."고 쓰고 있다.[5] 겐뒨 최펠은 이성을 반대하는 것이 가장 불행한 일이라는 말로 이 부분을 마무리한다. 그는 동료들에게 이 점을 강조하기 위해 티베트에서 크나큰 존경을 받고 있는 7세기 인도 철학자이자 불교 인식론자인 다르마키르티(Dharmakīrti)의 글을 인용한다.

사물의 본성은 부정할 수 없다.
거짓 수단을 통해 시도했더라도 그러하니

---

4 앞의 책.
5 앞의 책, 167쪽.

마음은 [결국] 그 [진리]를 받아들일 것이다.[6]

다음으로 저자는 티베트와 가까운 문화를 가진, 몽골에서 티베트의
불교문화를 경험한 것을 이야기한다. 겐뒨 최펠에게 몽골의 사례는
매우 충격적이었는데, 자신의 전통을 맹목적으로 믿는 것이 오히려
그 전통을 멸망시키는 씨앗이 될 수 있다는 견해를 그곳에서 확인했기
때문이다. 따라서 그는 한편으로 과학을 부정적으로 보고 반대하거나
다른 한편으로 종교를 완전히 거부하는 것은 모두 새로운 학문에
대한 극단적인 반응이라고 제안하였다. 이와 대조해서 겐뒨 최펠은
스리랑카 불교와 현대과학의 만남에 더 큰 가능성이 있다고 보았다.
그는 서구인으로서 불교로 개종한 유명한 승려가 있다는 사실에 중요
한 의미를 두었다. 특히 냐나틸로까(Nyanatiloka)(겐뒨 최펠은 이름을
산스크리트어 Trilokjñāna로 표기)로 알려진 독일인 승려의 사례에 주목
하였다.[7] 그는 이 승려가 '이성의 종교'와 '신앙의 종교'를 구분하였고,
불교가 전자에 속한다고 주장했다고 하였다.[8] 겐뒨 최펠의 발언을

---

6 『쁘라마나바르띠까(Pramāṇavārttika)』 1:213. 조판본으로 재인쇄(Tib.; Mundgod:
　Drepung Loseling Library Society, 1987).

7 냐나틸로까(Nyanatiloka)는 Dodanduwa 섬(스리랑카 남부) 출신 승려로서 1938
　년에 출판된 *Guide Through Abhidhamma-pitaka*의 저자이다. 또한 그는 잘
　알려진 상좌부 텍스트 『청정도론(Visuddhimagga)』을 독일어로 번역하였다. B.
　V. Bapat이 편집한 'Buddhist Studies in Recent Times', *2,500 Years of Bud-
　dhism* (New Delhi: Ministry of Information and Broadcasting, Government of
　India, 1956), 373쪽을 참조하라.

8 *Writings of Gendün Cöphel*(2:168).

살펴보면 그가 오늘날 역사가들이 불교 모더니즘으로 묘사한 스리랑카의 불교 르네상스에 깊은 감명을 받았다는 것을 알 수 있다.

겐뒨 최펠은 불교와 현대과학의 융합 가능성에 대해 네 가지 영역을 명시하였다. 전반적으로 그는 스리랑카 근대 불교도들이 지녔던 기본적인 정서를 공유하는 것 같다. 그들은 강력한 도구 개발과 적용 능력을 가진 현대과학을 통해 불교의 핵심 통찰을 확인할 수 있다고 보았다. ① 겐뒨 최펠은 아인슈타인의 $E=mc^2$ 방정식처럼 물질을 동적인 에너지로 보는 현대과학을 접한 후에, 과학은 사물이 끊임없이 변화하고 무상한 본질을 갖는다고 하는 불교의 근본 통찰을 경험적으로 확인한다고 생각했다. 그는 10여 년 전 발명된 X-레이, 인도에서 멀리 떨어진 중국 소재의 사람과의 대화를 가능하게 하는 전화, 움직임을 기록하는 영화 촬영기술 등에 경탄하였다. 겐뒨 최펠은 이런 기술들을 물질-에너지 방정식 원리의 궁극적 증명이라고 주장하였다. 그에 의하면 이 과학적 원리는 우리가 '연속체'와 '복합체'로 간주하는 것이 실제로 어떤 본질적인 객관적 실재성을 갖고 있지 않다는 다르마키르티의 주장과 일치한다. 그것들은 오히려 우리 마음이 구성한 것이다.

② 겐뒨 최펠이 매우 유사하게 생각한 또 다른 영역은 상대적 개념이다. 그는 흰색이라는 색 스펙트럼이 그것이 대조될 때를 빼고 별도로 존재하지 않는다는 사실을 이해한 지 불과 50년밖에 되지 않았다는 사실에 놀라움을 표했다. 겐뒨 최펠은 이 상대적 개념에 수반되는 절대적 개념에 대한 부정이 나가르주나(Nāgārjuna, 기원전 150~250년경) 중도철학의 핵심이라고 주장하였다.[9] ③ 저자가 언급하는 또 다른 주제는 외부 세계에 대한 우리의 지각이 지극히 주관적이고 우연적이

라는 현대과학의 통찰이다. 즉, 우리가 지각하는 내용의 대부분은 감각 능력과 그 능력이 만들어내는 표상에 의해 결정된다. 아무런 매개 없이 대상 자체를 보는 것은 있을 수 없다. 겐된 최펠은 이 개념이 티베트인들에게 매우 친숙하다고 지적하였다. ④ 마지막으로 그는 현대과학 중 신경과학에서 경험적 관찰에 의거하여 인간의 신경계를 이해하는 것이 금강승(Vajrayāna) 문헌 중 최상의 요가 단계에서 설명하는 인체 생리학과 매우 유사하다는 점을 짧게 언급한다.[10]

겐된 최펠은 불교사상과 현대과학 간에는 융합할 만한 많은 영역이 있다고 생각하면서도, 고전 불교 텍스트에서 발견되는 어떤 내용도 훼손되어서는 안 된다는 잘못된 가정에 근거한 독단적 접근을 경계하였다. 그는 이 태도가 영웅적으로 보일지는 모르지만 불교를 한 단계 더 높은 차원으로 진전시키지 못할 것이라고 주장하였다. 흥미롭게도 그는 티베트 불교사상에 도전한 사례로 나무가 중생인지 아닌지에 대한 논쟁을 인용한다. 이것은 고대 인도에서 불교 인식론자와 비非불교 인식론자 간에 있었던 오래된 논쟁이다.[11] 겐된 최펠은 일부 과학 실험에서 나무에 지각이 실제로 있다고 하는 비불교도의 주장에 더 힘을 실어주는 것을 볼 수 있다고 하였다. 겐된 최펠에게 현대과학의 가장 큰 강점은 아마도 물리세계에 대한 지식을 얻는 수단이었을 것이다. 물론 나는 현대과학이 경험적 증거를 이해의 근거로 매우 강조하고 있다는 점을 언급하고자 한다. 그는 이 내용을 다음과 같이

9 앞의 책, 170쪽.
10 앞의 책, 171쪽.
11 앞의 책, 172쪽.

정리하였다.

이 '새로운 학문'(과학)의 관점은 단순히 누군가의 견해를 다른
사람의 견해로 반박하는 것만으로는 공식화되지 않는다. 신기술
을 통해 개발된 망원경을 사용하면 손바닥 위에 있는 것처럼
최대 1000팩(paktse)[12]까지 〔물체〕를 볼 수 있다. 마찬가지로 작은
입자를 산의 크기만큼 볼 수 있는 확대경이 있어 다양한 특성을
관찰할 수 있다. 이것들은 누구에게나 명백한 경험적 사실이며,
눈을 감지 않는 한 〔그 결과를 받아들이는 것 말고는〕 다른 방법이
없다.[13]

겐뒨 최펠은 자신의 경험담을 강력하게 호소하면서 글을 마무리고
있다. 그는 티베트 동료들에게 자신을 쉽게 속아 넘어가는 사람으로
오해하지 말 것을 요청하였다. 그는 자신의 지성이 예리할 뿐만 아니라
불교 전승에 관심이 많은 것 역시 동료들에 못지않다고 독자들에게
확신시키고자 하였다.[14] 따라서 그는 동료들에게 자신의 견해를 반박

---

12 티베트의 거리 측정 단위로서 산스크리트어 요자나(yojana)와 같은 뜻이다.

13 *Writings of Gendün Cöphel*(2:167).

14 겐뒨 최펠이 불교에 대한 충성을 분명하게 밝힌 이유는 사원에서 과학 연구를
장려할 때 일어날 수 있는 부정적 반응을 미리 예방하려는 시도일 수 있다.
그는 역사학자로서 13대 달라이 라마가 티베트 근대화를 시도할 때 일어났던
부정적 반응을 잘 알고 있었을 것이다. 이 실패한 계획에 대한 자세한 설명은
Melvin Golstein, *A History of Modern Tibet*, 1913~1951(Berkeley: University
of California, 1989), 5장과 12장을 참조하라.

하는 방법을 고민하는 데 시간을 낭비하지 말라고 호소하였다. 오히려 그는 붓다 가르침의 나무와 그 뿌리인 '내면의 과학'(즉, 불교철학적 사유)이 훼손되는 것을 경험하고 싶지 않으면 훨씬 더 넓은 시각을 가져야 한다고 경고하였다. 따라서 무엇이 일차적이고 무엇이 이차적 인지 인식하는 능력을 키우고 자신감과 신뢰의 관점을 채택할 수 있도록 노력해야 한다고 말하였다. 이런 식으로 티베트 사상가들이 과학이라는 새로운 학문 방법과 더불어 붓다의 가르침을 지속시킬 수 있게끔 노력해야 한다고 제안하였다.

겐된 최펠의 저술이 티베트 동료들에게 어떤 영향을 미쳤는지 파악하는 것은 현 단계의 역사적 지식으로는 매우 어렵다. 우선 그의 저술이 생전에 출판되었는지 여부가 불분명하다. 사실 현재 이 저술의 티베트어판 편집자인 호르캉(Horkhang)의 말이 정확하다면, 전체 16부작으로 구성된 시리즈는 저자가 사망할 때까지 출판되지 않은 것 같다.[15] 그러나 우리는 겐된 최펠의 사고가 다소 급진적이라는 평판을 받았다는 것을 알고 있다. 일부는 그를 강경한 회의론자라고 비난하기까지 했다. 우리는 또한 겐된 최펠이 귀국 후에 공산당 가입 혐의로 투옥되는 등 티베트 정치의 기득권에 의해 박해받았다는 사실 도 알고 있다. 이런 상황은 그의 알코올 남용과 성적 추문 혐의 등 악명 높은 사생활로 인해 더욱 복잡해졌다. 이런 문제들은 티베트 동료들을 새로운 세계관으로 '각성시키려는' 그의 임무에 분명 도움이 되지 않았다. 사실 자신의 기념비적 여행에서 돌아온 직후 저자는

---

15 *Writings of Gendün Chöphel* 서문에서 호르캉(Horkhang)이 언급한 내용을 참조하라.

현대과학에 관심을 기울일 필요성에 대해 동료들에게 열렬히 호소하는 것을 잊은 것 같았다. 전반적으로 겐뒨 최펠은 정치체제의 현대화에 더 많은 시간을 보냈던 것으로 보인다.[16] 어떤 경우이든 간에, 그의 언급이 실질적인 효과를 드러내기도 전에 티베트 민족, 문화의 생존을 위협한 정치적 격변에 휘말리게 된 것은 비극이었다.

두 번째 만남: 14대 달라이 라마

티베트 불교와 현대과학의 만남에서 중요한 역할을 수행한, 두 번째 티베트인은 현 14대 달라이 라마이다. 달라이 라마의 자서전을 보면 일찍부터 그가 과학과 기술에 깊은 관심을 가져왔다는 것을 알 수 있다. 두 편의 할리우드 영화 덕분에 달라이 라마가 젊은 시절에 낡은 영화 영사기를 고쳤고, 망원경을 좋아했으며, 시계 수리에 관심이 많았다는 것을 대중들이 알게 되었다.[17] 흥미롭게도 달라이 라마가 현대과학에 가진 관심은 겐뒨 최펠의 저술과는 무관한 것으로 보인다. 달라이 라마는 이 겐뒨 최펠의 저술을 인도에서 인쇄된 지 40여 년이 지난 후에야 읽었다고 한다.[18] 현대과학 기술에 대한 달라이 라마의 태도가 변한 것은 아마도 1955년 중국과 1956~1957년 인도를 공식 방문한 이후였을 것이다. 발전된 산업기술, 현대적 통신, 교통수

---

16 예를 들어 Golstein, *A History of Modern Tibet*, 452-463쪽 참조.

17 1998년 개봉한 영화 '티베트에서의 7년'과 '쿤둔(Kundun)'이 있다.

18 개인적인 대화에서 언급한 내용이다. 이 저널의 일부는 1970년대 인도 사르나트에 있는 Higher Institute of Tibetan Studies에서 처음 출판된 것으로 보인다.

단 등이 젊은 달라이 라마에게 미쳤을 영향은 과소평가될 수 없다. 어쨌든 1959년 인도로 망명하고 티베트 난민 공동체가 두 번째 고향인 인도에서 어느 정도 정착한 후, 달라이 라마는 다시 현대과학에 관심을 기울일 수 있게 되었다. 이후 당대 최고의 과학자를 포함하여 현직 과학자들과 교류할 수 있었다. 특히 달라이 라마는 물리학자 데이비드 봄(David Bohm)과 양자역학에 관해 비공식 토론을 시작했다. 그리고 1987년 이후 2년에 한 번씩 달라이 라마 관저에서 열린 '마음과생명' 컨퍼런스는 달라이 라마로 하여금 다양한 과학 분야의 최신 동향을 파악할 수 있게 한 이상적인 포럼이 되었다.[19]

달라이 라마는 티베트 사회에 현대교육이 도입되고, 교육부에 연구 및 번역 부서가 설립됨에 따라 현대과학을 다룬 티베트어 출판물이 나오기를 희망했다. 그는 이를 통해 티베트 고전 학자들과 현대과학 간에 비판적 교류의 길이 열릴 것이라고 생각했다. 불행히도 그의 기대는 이루어지지 못했다. 그래서 달라이 라마는 80년대 초 이후 주요 불교사원 소속 대학의 교육과정에 현대과학 및 서양철학 연구를 도입할 필요성이 있다고 공개적으로 언급하기 시작했다. 이로써 그는 고전 불교철학과 현대과학이 포함된 현대사상 간의 상호 대화가 풍부하게 잘 이루어질 수 있을 것이라고 제안했다. 흥미롭게도 달라이 라마는 고전 교육과정에 현대과학을 도입하는 것을 급진적이라고 보지 않았다. 오히려 교과과정에 대한 갱신 문제로 보았다. 그는 학생들이 물리학 연구를 통해 물리적 우주의 본질을, 우주론을 통해

---

19 달라이 라마와 과학자들 간의 대화는 2년마다 열리며, 캘리포니아 볼더 크릭 (Boulder Creek)에 위치한 마음과생명연구소에서 주최한다.

고전 불교의 우주론을, 생물학을 통해 생명과 의식을, 심리학을 통해 고전 아비달마(abhidharma) 심리학 및 현상학적 연구를 새롭게 이해하게 될 것이라고 주장하였다.[20]

달라이 라마는 겐뒨 최펠과 마찬가지로 현대과학의 강점이 경험적 증거에 대한 압도적인 의존에 있다고 보았다. 불교사상가로서 그는 경험적 사실에 근거하고 실험적으로 입증할 수 있는 증거라면 어떤 것도 무시할 수 없다고 생각하였다. 따라서 달라이 라마는 관찰·이성·실험으로 구성되는 과학적 방법과, 관찰·비판적 분석을 통해 이성의 발전을 강조하는 불교적 탐구 방법 사이에는 근본적인 융합이 가능하다고 보았다. 달라이 라마는 핵심이 되는 방법론의 융합에 주목함으로써, 특히 과학적 발견이 고전불교의 세계관에 제기하는 도전에 대해서 개방적으로 생각할 필요가 있다고 티베트 사상가들에게 요청했다. 특히 달라이 라마는 아비달마 우주론의 많은 내용, 특히 태양이나 달 같은 천체의 크기 혹은 지구와의 거리 같은 내용들이 폐기될 필요가 있다고 지적했다. 그는 고전 아비달마 이론에 반대되는 경험적 증거, 실험, 강력한 과학적 도구에서 도출된 증거가 갖는 중요성에 주목하였다.[21] 달라이 라마는 경험적 증거의 특성을 강조함으로써 티베트 불교 사상가들이 매우 중요하게 여기는 원칙을 환기하고자 하였다.[22]

---

20 달라이 라마의 미공개 발언이다.

21 Dalai Lama, *A Policy of Kindness*, ed. Sydney Piburn(Ithaca: Snow Lion, 1990), 68쪽을 보라.

22 간뎬(Ganden) 승가대학의 유명한 승려학자인 Zemey 린포체(1926~1996)는 1970 년대에 지구를 구형球形으로 보는 현대 우주론을 받아들일 필요성이 있다는

달라이 라마는 다음과 같이 말한다.

과학적 조사를 통해 어떤 것이 확실히 증명되었거나, 어떤 가설이
검증되었거나, 어떤 사실이 밝혀졌다고 가정해 보자. 그리고 더
나아가 그 사실이 불교 이론과 양립할 수 없다고 가정해 보자.
우리가 과학적 연구의 결과를 받아들여야 한다는 것에는 의심의
여지가 없다.[23]

그러나 이 경우에도 달라이 라마는 특별한 주의를 기울일 것을
당부한다. 그는 과학적 방법의 범위와 적용을 이해하는 것이 중요하다
고 주장한다. 달라이 라마는 쫑카파(Tsongkhapa, 1357~1419)가 발전
시킨 방법론적 원칙을 중요시하면서, 과학적 방법을 통해 부정되는
것과 그 방법을 통해 관찰되지 않는 것 간을 구분할 필요가 있다고
강조한다. 다시 말해 그는 우리가 무언가를 발견하지 못하는 것과
존재하지 않다고 확신하는 것, 이 둘을 혼동하지 말아야 한다고 주장
한다.[24] 예를 들어 현재까지의 과학적 분석을 통해 환생의 증거를
찾지 못했지만, 이로 인해 과학이 환생을 부정해서는 안 된다고 하는
주장이다.

취지로 짧은 글을 썼다. Geshe Thupten Jinpa, ed., *Selected Writings of Kya-
bje Zemey Rinpoche*(Tib.; Mundgod: Tashi Gephel House, 1997), 205-207쪽을
참조하라. 다시 말하지만, 달라이 라마와 마찬가지로 Zemey 린포체는 현대
우주론적 설명의 경험적 성격에 큰 비중을 두고 있다.

23 Dalai Lama, *A Policy of Kindness*, 67쪽.
24 같은 책, 69쪽.

과학적 이해라는 변수를 받아들여야 한다고 하는 이 개념은 불교에서 지식의 대상을 명백한 현상, 약간 불명백한 현상, 극히 불명백한 현상이라는 세 범주로 구분하는 것과 관련이 있다. 첫 번째 범주에서 사물과 사건의 지식은 주로 직접적인 지각과 경험을 통해 얻어진다. 이와 대조적으로 두 번째 범주에서 현상에 대한 지식은 경험적으로 관찰된 사실에 근거한 추론을 통해 도출된다. 사물의 본질은 끊임없이 변화하고 무상하다고 하는 불교 통찰의 대부분이 이 범주의 현상에 속한다. 그러나 세 번째 범주는 사실상 제3자의 증언을 통해서만 마음에 접근 가능하다고 생각하는 경우이다. 우리는 세 번째 범주의 현상에 관련 있는 지식에는 직접적으로 접근할 방법이 없다. 하지만 이 세 번째 범주에서 극히 불명백한 대상이나 그 상태는 사물 자체의 고유한 특성이 아니라 단순히 관계적인 것일 수 있다. 예를 들어 고대 문명의 특정 관습에 대한 지식은 한때 우리가 완전히 접근할 수 없는 상태에 있었다. 그러나 고고학적 연구의 결과 점차 그 지식에 대한 접근성이 더 높아질 수 있다. 그럼에도 여전히 그 문명에 대한 지식은 우리의 추론에 기초한 것이다. 이와 대조적으로 그 문명의 구성원들에게는 자신들의 관습이 갖는 특징임이 분명했다.

달라이 라마가 현재의 과학 지식의 범위를 설명할 때, ① 환생과 같이 과학적 지식 밖에 있는 현상들이 그 존재의 본질에 의해 그렇게 된다고 믿는 것인지, 또는 ② 현재 과학적 패러다임이 변화함에 따라 과학적 분석의 범위가 확대되어 그 현상들이 과학적인 조사라고 부르는 범주 안에 포함될 수 있다고 믿는 것인지는 불분명하다.

달라이 라마는 고전 티베트 불교사상과 현대사상, 특히 현대과학

간의 만남을 통해 두 가지 이점을 기대한다. 먼저 달라이 라마는
불교와 과학적 사고의 역동적 만남을 통해 불교에서 객관적 실재와
마음의 본성을 분석하고, 관련 연구를 활성화하는 데 도움이 될 수
있다고 믿는다. 역사적으로 불교철학은 고대 인도의 다른 사상 체계와
오랫동안 교류하면서 엄청난 통찰력을 얻은 바 있다. 달라이 라마는
과학자들 역시 불교철학을 접하면서 자신들의 학문에 새로운 관점을
제공받을 수 있으리라 믿는다. 예를 들어 달라이 라마는 명상 상태에서
일어나는 화학적, 신경생리학적 변화를 과학적으로 연구하면 상호
보완 가능한 잠재력을 발견할 수 있다고 생각한다. 그는 몸과 마음의
본성과 관계를 보다 포괄적으로 이해하게 될 것이라고 믿는다.[25] 마찬
가지로 그는 현상의 본질적 실재가 없음에도 불구하고 연기(상호
의존, dependent origination)에 의해 도출되는 중관철학의 정체성 개념
이, 양자 물리학에서 실재와 관련되어 제기되는 여러 개념적인 도전에
대처하는 데 도움을 줄 수 있다고 생각한다.[26] 따라서 달라이 라마는
불교와 현대과학의 교류와 관련되어, 현대과학의 4대 핵심 분야인
물리학(특히 입자 물리학)·우주론·신경생물학·심리학 간의 융합과
분화를 탐구할 때 불교가 도움이 될 만한 큰 잠재력이 있다고 생각한다.

---

25 Dalai Lama, Herbert Benson, Robert A. F. Thurman, Howard E. Gardner, and Daniel Goleman, *Mind Science: An East-West Dialogue*(Boston: Wisdom, 1991), 18쪽. (역자주: 허버트 벤슨 등 저, 조원희 역(2003), 『더 오래된 과학, 마음-달라이 라마와 하버드 교수들의 대화』, 여시아문)
26 달라이 라마의 *The Four Noble Truths*(London: Thorsons, 1997), 102쪽. (역자주: 주민황 역(2017), 『달라이 라마, 사성제』, 하루헌)

'마음과생명' 컨퍼런스를 기록한 지금까지의 회의록은 불교사상과 이 4대 과학 분야 간의 활발한 대화에 내포된 잠재력을 보여주는 증거라고 할 수 있다.[27]

안타깝게도 지금까지 달라이 라마가 불교사상과 과학 간의 잠재적인 관련 분야에 대해 자신의 견해를 명확히 표명한 티베트어 저술은 출판되지 않았다. 겐뒨 최펠이 과학적 사고의 기초를 다룬 티베트어 문헌을 저술하려고 시도하지 않았던 것도 안타까운 일이다. 그는 두 가지 이유로 주저했던 것으로 보인다. 먼저 겐뒨 최펠은 이 작업이 매우 까다롭다고 생각했을 것이다. 또한 해당 저술이 등장하기에 시기적으로 적절치 않다고 느꼈을 수도 있다.[28] 한편으로 최근 달라이 라마의 거듭된 격려 덕분에 티베트 사원의 젊은 학자들 사이에서는 기초 과학 지식을 추구하는 지적 분위기가 강하게 조성되고 있다.

과학의 여러 개념

겐뒨 최펠과 달라이 라마의 요청을 받아들인 티베트 사상가들은 과학과의 대화에 서로 다른 접근 방식을 가진 세 가지 개념을 제시한다. 먼저 현대과학 사상을 주로 경쟁 철학으로 보는 사람들이 있다. 이들의

---

27 JW Hayward 및 FJ Varela, eds., *Gentle Bridges* (Boston: Shambhala, 1992), Mind and Life 1 참조; Daniel Goleman, ed., *Healing Emotions* (Boston: Shambhala, 1997), Mind and Life 3; FJ Varela, ed., *Sleeping, Dreaming, and Dying* (Boston: Wisdom, 1997), Mind and Life 4; Z. Houshmand, R. Livinston, B. A. Wallace, eds., *Consciousness at the Crossroads* (Ithaca: Snow Lion, 1999).

28 *Writings of Gendün Chöphel* (2:172).

관점에 의하면 불교사상가들은 현대과학을 고대 인도의 경쟁 철학
체계와 동일한 방식으로 다루어야 한다. 다시 말해 불교철학자들은
과학과 논쟁을 벌이고, 거짓이라고 입증 가능한 것은 무엇이든 부정해
야 한다. 말할 필요도 없이, 여기서 논리학 및 인식론적 원리에 의거한
논증은 검증이나 부정의 주요 수단이 된다. 흥미롭게도 이들이 과학적
사고를 비판하기 위해 선택하는 선호 이슈 중 하나가 현대과학의
유물론적 마음 이론이다. 사실 이들의 주장은 천 년 전의 불교 인식론자
들이 짜르바까(Cārvāka)의 유물론적 마음 이론을 논박하기 위해 사용
했던 바로 그 주장을 재현한 것이다.[29] 전반적으로 이 그룹의 구성원들
은 현대 유럽어를 잘 모르고 현대과학의 기초를 잘 이해하지 못하는
학자들이다.[30] 그들은 또한 특정 과학 그룹이 지지하는 과학 이론과
형이상학적 가정을 혼동하는 경향이 있으며, 실제로 비판의 대부분은
과학적 개념보다는 형이상학적 개념에 대한 것이다. 또한 현대과학의
탐구 방법에서 중요한 경험적 차원을 다루기에는 이들의 인식이 여전
히 불충분하다. 이러한 단점은 주로 과학 문헌에 접근하기 어렵기
때문에 일어나는 것으로 볼 수 있다.

　　다음으로, 두 번째 티베트 학자 그룹은 현대과학을 동맹으로 보는

---

29 Geshe Lharampa Gashar Könchok Tsering, *A Mirror Reflecting the Nature
　of Mind*(Tib.; Mundgod: Drepung Loseling Library Press, 1983), 67, 150쪽 참조.
　Geshe Yeshe Wangchuk, *Philosophical Tenets Attracting the Hearts of the
　Learned* (Tib.; Bylakuppe Sermey Monastery: Sermey, 1986), 15-17쪽 참조.
30 이들을 그룹으로 지칭한 것은 현대과학에 참여하는 티베트 사상가들 사이에
　일종의 유대감이 있다는 것을 암시하려는 의도는 아니다.

경향이 있다. 앞서 살펴봤듯이 티베트에서 근대적 불교 운동이 일어나
길 소망했던 겐뒨 최펠이 그 대표적인 인물이다. 이 그룹에는 중국
공산당 통치하에서 성장한 일부 티베트 학자들도 포함된다. 특별히
추께 쌤뗸(Chukye Samten)에 대해 언급할 필요가 있다. 그는 자신의
고전 티베트 논리학 서문에서 겐뒨 최펠 저술의 여러 부분을 명시적으
로 인용하면서 겐뒨 최펠이 느꼈던 감정에 크게 공감한다.[31] 일부
스리랑카 불교학자들처럼, 저명한 과학자들이 불교를 지지하는 것처
럼 보이는 내용을 인용한다는 점에서 추께 쌤뗸의 자기만족적인 부분
도 있을 것이다. 겐뒨 최펠 역시 불교가 현대과학과 보조를 맞출
수 있을 뿐만 아니라 실제로 능가할 것이라는 스리랑카 승려의 주장을
인용하기도 하였다.[32] 추께 쌤뗸이 과학과 관련하여 수행한 가장 흥미
로운 부분은 아마도 티베트 고전 학문인 뒤라(Düra, '수집된 주제')의
핵심 요소가 갖는 과학적 특성을 입증하려는 시도일 것이다. 그는
먼저 과학을 물질세계 및 중생에 대한 지식과 관련하여 발전된 이성의
학문이자, 관찰·경험·추론을 통해 도출된 지식이라고 정의하면서
시작한다.[33] 과학을 바라보는 겐뒨 최펠의 태도와 추께 쌤뗸 같은
후대 학자들의 태도 간의 주된 차이는 기본적인 방향성에 있다. 겐뒨
최펠은 현대과학의 영향에 맞설 수 있도록 티베트 동료들을 계몽하는
데 주로 관심이 있는 반면, 추께 쌤뗸은 호교론자의 입장에서 접근한

---

31 Chukye Samten, *An Easy Road for the Intelligent on the Path of Reasoning*
   (Tib.; Xining: Qingai Minorities Press, 1996) 참조.

32 *Writings of Gendün Chöphel* (2:169)에서 인용.

33 Samten, *An Easy Road for the Intelligent*, 24쪽.

다. 두 저자가 집필하던 당시 문화적, 정치적 상황이 근본적으로 다르다는 점을 감안하면 이해할 수 있는 부분이다.

마지막으로 과학을 동등한 파트너로 생각하는 세 번째 티베트 사상가 그룹이 있다. 이들은 현대과학과 불교가 많은 접점을 공유할 수 있더라도, 불교의 특정 주제는 과학적 분석 범위에 속하지 않을 수 있다는 점을 분명하게 인식한다. 이들은 두 분야 간의 비판적 참여가 인류의 공통 지식에 대한 지평을 넓혀 우리 자신과 우리가 살고 있는 세계를 보다 포괄적으로 이해하게 할 수 있다고 가정한다. 이 접근 방식의 중요한 특징 중 하나는 양 분야의 무결성을 깊이 존중하여, 어느 하나가 다른 하나를 환원하려는 충동을 없애려는 것이다. 이 때문에 마지막 그룹은 두 학문을 비교하는 작업보다는 티베트어로 된 과학 문헌 등장에 더 큰 관심을 보인다.[34] 이 그룹에 속한 사람들은 고전 불교사상과 현대과학 사상 간에 일종의 비판적 참여를 구상한다. 현 달라이 라마가 대표적인 예에 해당된다.[35] 겔룩 (Gelu)의 주요 대학인 세라(Sera), 데풍(Drepung), 간덴(Ganden) 사원에는 젊은 세대 중 비록 소수이긴 하지만 현대과학과 서양철학에 진지한 관심을 가진 학생들이 있다. 지금까지 과학에 참여하는 고전

---

34 달라이 라마는 서양 유물론 철학자의 관점에서 마음의 본성을 충실하게 설명하는 티베트어 책을 저술하자는 제안을 한 바 있다.

35 Drepung Loseling 소속의 학자 Geshe Wangchen은 *A Conversation on the Luminous and Knowing Mind*(Tib.; Mundgod: Drepung Loseling Library, 1991) 라는 제목으로 생명과 지각의 본질을 불교적·과학적으로 이해시키는 책을 저술하였다.

티베트 학자들은 겔룩 사원에 국한되어 있는 것 같다. 이는 역사적으로 겔룩 승가대학의 학자들이 인식론과 형이상학 문제에 더 깊은 관심을 공유하는 경향이 있어 왔기 때문일 수 있다. 필자 역시 인도 남부의 간덴 사원에 소속된 그런 학생 중 한 명이었다. 당연히 이 관점을 공유하는 티베트 사상가들은 영어에 능통한 경우가 많기 때문에 티베트어 이외의 자료에도 쉽게 접근할 수 있다.

티베트 망명 공동체가 외부 세계에 노출됨에 따라, 고전 티베트 사상가들은 전 세계의 현대문화에 과학이 미치는 영향력을 더 잘 알게 되었다. 그들은 현대사회의 많은 사람들이 종교적 믿음보다는 과학을 통해 세계를 이해한다는 사실을 잘 느끼고 있다. 또한 그들은 현대사회에서 개인의 삶에 영향을 미치고, 그 삶을 형성하는 사회적·문화적·경제적 조건이 자연스럽게 세속화 과정을 촉진한다는 사실 또한 잘 알고 있을 것이다. 역사는 과학 지식의 발전이 한 사회의 현대화 및 세속화와 함께 진행되었음을 보여준다. 이것은 티베트인들에게도 마찬가지이다. 오늘날 티베트에는 역사상 처음으로 고전 승가 교육 대신 현대적 고등교육만을 받은 세대가 있다. 정치 영역에서 달라이 라마 자신도 티베트 사회의 민주화에 앞장서고 있으며 따라서 티베트 정부 체제도 세속화되고 있다. 점차적으로 이 모든 변화의 영향이 드러나게 될 것이다.

티베트 망명 40여 년이 지난 지금 티베트인들에게 과학 지식을 소개하는 것은 더 이상 문제가 되지 않는다. 이미 현대과학 연구를 포함해서 전통적이고 세속적인 교육 배경을 가진 젊은 티베트인들이 많다. 심지어 전문 과학연구 분야에 정통한 티베트인들도 있다. 그러나 이런 상황이 현대과학과 고전 티베트 사상의 비판적 교류를 촉진하는 데는 실제로 기여하지 못했다. 또한 티베트어로 된 중요한 과학 문헌의 등장으로 이어지지도 않았다. 따라서 수세기 동안 논리적·사변적·철학적 연구 전통이 확립되어 있는 불교 학술사원의 커리큘럼에 과학 연구를 도입하는 것이 과제이다. 그때까지 현대과학은 고전 티베트 불교의 세계관에 직접적이고 중대한 영향을 끼치지 못할 것이다. 오늘날 많은 문화권에서 그렇듯이, 두 분야의 세계관은 기껏해야 우리의 실재 세계와 자연 세계에 대한 두 가지 평행하고 어쩌면 대립되는 설명에 머물러 있을 것이다.

그러나 전통 티베트 승가 교육과정에 과학의 연구를 성공적으로 도입하기 위한 열쇠는 티베트어로 된 과학 문헌의 등장일 것이다. 티베트어로 된 과학 및 현대 서양철학 교과서가 있어야 할 뿐만 아니라, 더 중요한 것은 불교의 근본 사상을 비판적 관점에서 새롭게 제시하는 저술이 나와야 한다. 티베트 사상가들이 과학적 사고를 향한 진지한 관심을 가지기 위해서는 후자와 같은 문헌이 중요하다. 예를 들어 양자역학의 기본 개념, 특히 비국소성 개념의 설명은 불교철학의 인과 개념에 도전하는 방식으로 제시될 수 있을 것이다. 마찬가지로 신경생물학 같은 현대 인지과학의 핵심 분야의 내용은, 지각과 인식을 다루는 고전 불교인식론에 대한 도전적인 내용이라고도 볼 수 있다. 또한 고전 티베트의 철학 언어로 쓰인 유물론적 마음 이론의 전제에 대해 상세하게 해석할 때 사원 내의 학자 공동체가 얼마나 흥분할 것인지 상상하기가 어렵지 않다. 티베트어로 된 과학 및 철학 문헌의 등장은 의심할 여지없이 티베트 불교사상 내에서 철학적 담론을 활성화하고 풍부하게 할 것이다. 그래야만 현대과학에 대한 티베트 불교사상가들의 의미 있는 참여를 기대할 수 있다.

어쩌면 모든 종교 중에서 불교가 과학과 비판적 대화를 가장 쉽게 할 수 있는 종교일지도 모른다. 불교의 주요 특징인 절대적 개념에 대한 모든 의심, 이해에 기반한 믿음의 주장, 경험주의적 철학 지향, 마음의 본성과 그 다양한 양상의 세밀한 분석, 개인적 경험을 통해 얻은 지식의 강조 등등, 이 내용들은 불교로 하여금 경험적 증거를 지식 습득의 핵심 수단으로 강조하는 과학적 사고체계와도 쉽게 대화할 수 있도록 할 것이다.

제2부

• • •

불교와 인지과학

불교와 과학 간에 유용한 접점이 될 만한 영역을 살펴보면, 그중에서 마음의 본성과 그 긍정적인 변화의 가능성을 다룬 분야가 가장 중요하다고 볼 수 있다. 달라이 라마는 항상 불교와 인지과학자 간의 대화와 협력이 지닌 잠재력과 상호 이익에 대해 강조해 왔다. 이 글의 주제는 마음과 관련된 내용이다. 달라이 라마는 불교 교리의 근간을 이루는 사성제四聖諦의 각 요소를 마음과 연관시키면서 이 글을 시작한다. 마음은 불교에서 실재의 본질을 탐구하는 가장 중요한 요소임에 틀림없지만, 불교 전통에서는 의식의 주관적 상태에만 국한하지 않고 객관적 현상의 본질 및 의식과의 관계에 대해서도 많은 관심을 기울인다. 달라이 라마가 지적하듯이 존재하는 것과 존재하지 않는 것을 판단하는 기준은 올바른 인식이며, 사물의 존재 방식에 대한 올바른 이해는 건전한 마음 상태를 함양하는 데 있어 매우 중요하다.

서양에서 불교는 보통 종교로 분류되는데, 달라이 라마는 이 글에서 종교적 믿음에만 의존하지 말고 신중한 관찰과 합리적 분석에 관심을 기울여야 한다고 강조한다. 또한 불교와 과학은 모두 자연 세계를 탐구할 때 주관적 편견으로부터 자유로워야 한다고 생각하므로 객관성을 매우 중요시한다. 불교에서의 지식 추구는 근본적으로 실용적이다. 마음을 변화시키고 자신과 타인의 고통을 알고 그 고통의 근원에서 벗어나 자유를 얻기 위해 지식을 추구한다.

달라이 라마에 의하면, 이 변화는 외부의 개입이 아니라 마음을 통해서만 가능하다. 또한 달라이 라마는 긍정적인 정신적 변화의 가능성 자체가 마음의 무상한 본성에서 비롯되고, 건전하고 불건전한 마음 상태가 이전의 원인과 조건에서 비롯된다는 사실 때문이라고 주장한다. 따라서 불교의 마음 이해와 마음의 변화 가능성은 근본적으로 자연주의적이다. 마음 자체는 자연의 필수 요소이며 마음의 변화는 인식 가능한 이전의 원인으로 인해 일어난다.

1. 마음을 이해하고 변화시키기

제14대 달라이 라마

마음을 이해하기[1]

1 이 글의 앞부분인 '마음을 이해하기'는 1997년 6월 2일 산타바바라 캘리포니아 대학에서 열린 '티베트 불교와 문화 연구를 위한 제14대 달라이 라마 기금'의 개회 강연에서 발표되었다. 달라이 라마의 개인 사무실을 대표하는 텐진 게쉐 (Tenzin Geyche)와 산타바바라 캘리포니아 대학 종교학과를 대표하는 리처드 헷트(Richard Hecht) 교수의 허락을 받아 여기에 게재한다. 이 글의 두 번째 부분인 '마음을 변화시키기'는 2000년 6월 25일 캘리포니아주 로스앤젤레스에서 달라이 라마가 'Lamp for the Path and Lines of Experience'의 제목 하에 법문한 내용으로, 툽뗀 다르게 링(Thubten Dhargye Ling)을 대표하는 게셰 출팀 겔첸 (Geshe Tsultim Gyeltsen)과 달라이 라마의 개인 사무소를 대표하는 락도르 (Lhakdor) 스님의 허락을 받아 여기에 게재한다. 이 두 강연은 원래 게쉐 툽뗀 진빠(Geshe Thupten Jinpa)가 통역하였고, 앨런 월리스(B. Alan Wallace)가 이

이 글의 주제는 마음에 대한 것이다. 마음의 본질적 특성은 광명과 인식이다. 사실 나는 불교도와, 두뇌의 본질과 기능을 연구하는 신경생물학자 간의 대화와 협력이 큰 가치가 있다고 생각한다. 이들의 공동 연구 및 토론 주제에는 몸과 마음의 관계와 기억의 작동 방식 등이 포함될 수 있다. 또 다른 주제로는 마음의 습관적 성향이 경험에 나타나는 방식에 관한 것이다. 지금까지 나는 수차례 여러 인지과학자 그룹과의 대화에 참여했는데 그때마다 이해의 폭이 넓어짐을 느낀 바 있다. 신경과학자와 불교도들 역시 협력을 통해 이익을 얻을 수 있을 것이다. 나는 이들과의 대화가 무척 유익했으며, 신경과학자들도 마찬가지로 새로운 관점과 아이디어를 얻었다고 생각한다.

이제 티베트 불교에서 이해하고 있는 마음의 본성과 관련된 문제에 대해 다루고자 한다. 잘 알려진 바와 같이 불교 교리의 토대는 사성제四聖諦이다. 사성제 중 첫 번째 진리인 고성제苦聖諦는 고통의 본질에 관한 진리이다. 고통의 본질을 다루는 이유는 우리가 고통을 싫어하기 때문이며 이를 감정의 관점에서 새롭게 보고자 하는 것이다. 고통에는 세 가지 유형이 있다. 이 중 첫 번째는 고고苦苦로서 고통 그 자체에 대한 느낌이다. 둘째는 변화로 인한 괴로움으로 괴고壞苦라고 하며 부정적인 욕구의 느낌이다. 세 번째는 어디에나 편재되어 있는 조건화된 괴로움으로 행고行苦라고 한다. 행고는 즐거움도 고통도 아닌 무심한 느낌과 관련이 있다. 이 세 유형의 고통은 의식과 직접적인 관련이 있으므로 모두 느낌과 연관되어 있다. 따라서 첫 번째 성스러운

책에 게재하기 위해 티베트어에서 영어로 재차 번역하였다.

진리인 고성제는 의식의 본성과 깊은 관련이 있다.

두 번째 성스러운 진리인 집성제集聖諦는 고통의 원인에 대한 진리로서 마음의 번뇌와 업(業, karma), 즉 마음의 번뇌로 인해 유발된 행위와 관련이 있다. 불교 학파 중 일부는 의도를 가지고 행한 업에는 물질적 성격을 띠는 것(무표업無表業)도 있다고 주장한다. 그러나 대체로 불교 교학에서는 업의 본성을 의지(行)와 관련된 마음 요소라고 주장한다. 그러므로 업은 의지의 본성인 동시에 의식의 본성이다. 그리고 마음의 번뇌도 역시 분명한 의식의 표현이다.

세 번째 성스러운 진리인 멸성제滅聖諦는 소멸에 대한 진리로서, 소멸은 의식 자체가 아닌 의식의 특성이다. 네 번째 성스러운 진리인 도성제道聖諦는 소멸로 이끄는 길에 대한 진리로서, 해탈로 이끄는 마음 또는 의식의 특성과 관련되어 있다. 존재의 순환인 윤회(saṃsāra)와 해탈인 열반(nirvāṇa)에 대해 말할 때, 마음이 조복調伏되지 않으면 윤회에서 벗어나지 못하지만 마음이 조복되면 열반에 들 수 있다고 한다.

마음의 중요성과 연관지어, 불교 내 일부 학파(유식唯識학파)에서는 모든 현상이 마음에 속해 있다고 주장한다. 그들은 마음과는 완전히 독립적인 현상인 외부 대상이 존재하지 않는다고 말한다. 그러나 티베트 불교의 주요 학파[2]에서는 이 입장을 취하지 않는다. 오히려 마음과 본질적으로 다른 물리적인 외부 실체가 존재한다고 말한다. 요컨대 티베트 불교도 중에서도 마음의 본성에 속하지 않은 영속적인

---

[2] 중관학파(Madhyamaka) 중 귀류논증파(Prāsaṅgika)를 말한다.

실체가 있지 않다고 하는 사람들도 있지만, 대부분 티베트 불교학자들은 외부 실체가 존재한다고 주장한다. 이 점에 대해서는 많은 논쟁이 있다.

불교에서는 실재를 5온蘊·12처處·18계界로 분류하며, 마음은 12처와 18계에 포함된다.[3] 5온 중에서 수온受蘊·상온想蘊·식온識蘊이 마음에 속한다. 이처럼 5온에는 정신적 현상과 비정신적 현상이 모두 포함된다. 5온 중 대부분이 의식의 본성이다. 따라서 5온 각각이 다수결 투표를 할 수 있다면 마음의 본성에 속하는 온이 압승을 거둘 것이다. 다섯 번째 온으로 색온色蘊이 있다. 따라서 5온五蘊은 색色·수受·상想·행行·식識이다. 5온 중 하나(色蘊)만 정신적 요소가 아니고, 수受·상想·식識은 마음의 본성에 속하며, 행行은 의식의 본성에 속하는 것(心相應行)과 의식의 본성에 속하지 않는 것(心不相應行)으로 나눌 수 있다.

붓다는 마음을 수행하면 기쁨이 있지만, 수행하지 않으면 괴로움이 있다고 설하였다. 이처럼 붓다는 마음의 중요성을 크게 강조하였다. 따라서 정화시켜야 할 근본은 마음이다. 마음을 닦으면 열반 즉 해탈이 있고, 닦지 않으면 윤회 즉 존재의 순환이 지속된다. 먼저 정화되어야 할 것은 마음의 오염이며 이 또한 정신적인 것이다. 마음을 정화한다는 것은 마음을 훌륭한 자질 또는 상태로 변화시키는 것이다. 그 결과

---

3 5온五蘊은 색色, 수受, 상想, 행行, 식識이다. 12처處는 안眼, 이耳, 비鼻, 설舌, 신身, 의意의 감각기관과 색色, 성聲, 향香, 미味, 촉觸, 법法의 감각대상을 합친 것이다. 18계界는 12처에 안식眼識, 이식耳識, 비식鼻識, 설식舌識, 신식身識, 의식意識을 더한 것이다.

마음은 뛰어난 자질 또는 상태가 된다.

어떤 것이 존재하는지 아닌지를 판단하는 근본적인 기준은 그것이 의식에 의해 타당하게 파악되는지의 여부에 달려 있다. 그것이 단순히 인식되거나 마음에 나타나는 것만으로는 충분하지 않다. 오히려 마음이 무언가를 이해할 때 그 인식은 반박될 수 없어야 한다. 즉, 어떤 대상이 마음에 의해 파악될 때 또 다른 명료한 인식에 의해 무효화되어서는 안 된다. 따라서 존재 자체의 기준은 마음, 특히 타당한 인식과 관련이 있다. 따라서 불교에 관심 있는 일부 서구인들은 사실상 불교가 종교가 아니라 마음의 과학이라고 주장하기도 한다. 이 주장은 근거가 있다고 생각한다.

마음의 본성은 무엇인가? 첫째, 의식을 뜻하는 티베트어 she-pa(shes pa)는 "누군가가 안다." 또는 "나는 안다."와 같은 표현에 사용되는 동사로서 주로 활동을 나타낸다. 따라서 우리는 아는 능력에 입각하여 의식에 대해 말한다. 의식을 내적으로 분류하면 두 가지 범주로 나눌 수 있다. 첫 번째는 감각적 의식으로 물리적인 것이 주된 조건이다. 둘째로 정신적 의식으로 물리적이지 않은 것이 주된 조건이다. 또 다른 분류에서는 마음(心)과 마음 작용(心所)을 구별한다. 마음은 대상의 순수한 존재, 즉 본질을 이해하는 한편 마음 작용은 파악된 대상의 특성을 이해한다.

불교학파 중 비바사(毘婆娑, Vaibhāṣika)는 의식이 대상을 어떠한 매개 없이 있는 그대로 파악한다고 주장하면서 '이미지가 없는(無相)' 의식의 존재를 암시한다. 대조적으로 경량부(Sautrāntika) 및 다른 후대 학파(유식학파(Yogācāra)와 중관학파(Madhyamaka))에서는 의식이 이미지를 통해(有相) 대상을 파악한다고 주장한다. 따라서 그들은 의식이 이미지와 함께 발생한다고 말한다.

또 다른 분류 방식은 의식을 개념적(분별分別) 인식과 비개념적(무분별無分別) 인식으로 나누는 것이다. 개념적 인식은 개념 일반을 통해 대상을 파악하는 한편 지각과 같이 비개념적 인식은 대상을 개념이 아닌 경험을 통해 직접 파악한다.

먼저 의식이 대상을 파악하는 방식 중에서 대상을 단순히 잘못 파악하는 그릇된 인식이 있다. 이것은 완전히 잘못된 착각이다. 두 번째는 두 선택지 사이에서 동요되는 의심이나 불확실성이 있다. 그리고 믿음이 있는데 이는 이성적 또는 경험적 근거가 없는 단순한 견해에 해당된다. 그 다음에는 결정적인 이유나 증거에 기반한 추론이 있다. 마지막으로 대상을 경험적으로 파악하는 지각이 있다. 이처럼 우리에게는 여러 유형의 인식이 있다. 잘못된 인식과 타당한 인식을 구별하는 것은 매우 중요하다.

대부분 괴로움을 일으키는 인식은 실재와 일치하지 않는 잘못된 인식이다. 괴로움을 일으키는 여러 의식 상태는 실재와 일치하지 않으며 잘못된 것이다. 이런 의식 상태를 치유하는 방법은 실재와 일치하는 타당한 인식을 갖는 것이다. 따라서 잘못된 인식과 타당한 인식을 구분하는 것이 매우 중요하다. 어떻게 하는 것이 좋은가? 잘못된 인식과 타당한 인식은 존재하고, 발생하고, 경험된다는 점에서 유사하다. 이제 과제는 잘못된 인식과 그렇지 않은 인식을 조사하는 것이다. 이것은 실재 즉 마음에 의해 파악되는 실재 현상과 관련하여 수행될 필요가 있다.

사물이 나타나는 방식과 존재하는 방식 간에는 불일치가 있을 수 있기 때문에 실재하는 것과 보이는 것 간의 관계가 무엇인가 하는 의문이 계속해서 일어난다. 이를 면밀하게 검토해야 한다. 단순히 보이는 모습에 의존하는 대신 실재의 본질을 탐구하는 것이 중요하다는 점에서, 또 붓다의 가르침 중 맥락상 어떤 가르침을 문자 그대로 받아들여야 하는지 여부를 합리적으로 조사하는 것 역시 중요하다.

물론 이 조사는 단순히 기술적 도구가 아니라 마음을 사용해서 이루어진다. 완전히 잘못된 인식에 대응하려 할 때 타당한 추론을 하거나 혹은 결정 삼단논법(conclusive syllogism)을 이용해서 논리적 결과를 이끌어 낼 수 있다. 삼단논법은 논증을 수반하는데, 주어진 실체의 존재 또는 주어진 명제의 타당성을 확인하는 데 사용하기도 하고, 때로는 그 존재를 반박하거나 그 명제의 오류를 보여주기 위해 사용하기도 한다.

때로는 주어진 실체의 존재나 부재를 추론할 수 있다. 삼단논법은 이 2중적 구분을 감안하면, 어떤 것의 부재를 증명할 때는 부정적이고 주어진 대상의 존재를 인정할 때는 긍정적이다. 따라서 분석은 논리적 추론의 핵심이다. 불교철학에서 논리적 분석과 탐구가 중심이 되기 때문에 불교철학과 서양철학 간에 대화와 협력의 가능성이 크다고 생각한다.

나는 몇몇 서양철학자들과 대화를 나눈 적이 있는데, 그들은 나에게 보편과 특수의 구분이 거부되기 때문에 보편성의 존재 자체가 반박된다고 주장하는 일부 학파를 언급하였다. 또한 배중률排中律을 부정하는 사람들도 있다고 하였다. 불교에서는 긍정적 실체의 반대를 정확하게 이해한다면 이는 그 실체의 존재를 반박하는 것이라고 주장한다. 대조해서 볼 때 일부 철학 체계에서는 배중률을 수용하지 않는 것 같다. 이는 확실히 더 많은 논의가 필요한 공동의 연구 주제이다. 이 점에서 불교와 서양 철학자들 간에 의견 차이가 있다면, 우리는 단지 서로 다를 뿐이라고 결론내리고 싶지 않다. 오히려 철학자들이 왜 그런 입장을 취하는지 그 이유를 조사할 필요가 있다. 따라서 더 많은 조사가 필요하다. 면밀한 조사 결과, 배중률을 부정해야 할 강력한 이유가 있다고 밝혀지면 불교철학의 여러 핵심적인 추론에 의문이 제기될 것이다. 이 경우 다수의 불교적 신념이 재평가되어야 할 것이다.

불교적 관점에서 볼 때 이 탐구에 참여하는 이유는 세상을 단지 더 많이 알기 위해서가 아니다. 오히려 우리의 목표는 마음에 변화를 가져오기 위한 것이다. 이는 단순히 기도를 통해서나 혹은 마음이 변화하기를 바라는 것만으로 이루어지지 않는다. 마음은 이것들만으로 변화되는 것이 아니라 실재의 다양한 측면을 확인함으로써 변화한다. 예를 들어 실재에 대한 어떤 가정이 있을 때, 그 가정을 조사한 결과 무효화할 만한 증거를 찾았다면 그 증거에 집중할수록 이전 가정의 힘은 줄어들고 새로운 통찰의 힘은 커질 것이다. 따라서 마음의 좋은 특성은 대부분 실재와 일치하며 합리적이다. 이것들은 확실한 증거에 근거를 두고 있다. 이전의 오해나 잘못된 가정을 무효화시킬 수 있을 만큼 실재의 본질을 새롭게 확인한 후에는 통찰력을 가지고 철저하게 파악해야 하며 이때 비로소 마음은 변화된다.

예컨대 불교에서는 믿음이나 확신의 여러 형태에 대해 말한다.

권위 있는 사람에게서 들었거나 경전에 적혀 있기 때문에 믿음이 생겼다면, 그 믿음은 그다지 안정적이거나 신뢰할 수 없다. 대조적으로 신중하고 지속적인 조사를 통해 일어나는 또 다른 유형의 믿음이 있다. 이 믿음은 지식에 기초하고 있다. 영적인 길을 추구할 때 길러져야 할 믿음 및 연민과 같은 자질은 추론과 지식을 바탕으로 계발되어야 한다. 이것들 자체가 지혜는 아니지만 실제로 지혜에 의해 뒷받침된다. 이와 같은 조사를 통해 잘못된 인식은 감소하고 타당한 인식은 증가한다. 반면에 학식을 높이기 위해 순수하게 학문적으로 불교 연구에 접근하는 경우도 역시 정당하다.

불교 탄트라 또는 금강승(Vajrayāna)에서는 의식을 미세한 정도에 따라 여러 형태로 분류한다. 예를 들자면 의식을 깨어 있는 의식, 꿈꾸는 의식, 꿈꾸지 않는 수면 의식의 셋으로 구분한다. 이 모든 것은 철저하게 조사된다. 기절했을 때의 의식 상태는 다른 의식보다 미세하다. 마지막으로 가장 미세한 형태의 의식은 죽어가는 과정에서 일어난다. 나는 미세한 의식의 다양한 정도와 관련하여 마음과 뇌의 관계를 조사하는 것이 매우 유익하다고 생각한다.

미세한 마음 상태는 잠재의식의 형태 중 하나라고 표현하는 것이 더 적절할 수 있다. 미세한 마음 상태는 명확하게 파악하는 대상이 있다거나, 어떤 대상이 나타날 때 이를 식별하는 의식을 가리키지는 않는다. 오감과 의식 같은 거친 형태의 식識이 나타날 때 미세한 마음은 잠재적 상태에 있다. 그러나 적절한 조건이나 매개로 인해 미세한 마음 상태가 드러나서 의식적인 형태로 올라올 수 있다.

금강승에서는 가장 미세한 의식 상태를 청명한 빛이라고 한다.

의식의 범주에 따라 영속적 흐름, 즉 끝이 없는 연속적인 형태의 의식이 있고 연속적이지 않은 의식이 있다. 끝없는 연속체인 의식이나 유한한 의식 모두 찰나적인 성질을 갖는다. 즉 이들은 매 순간 발생하고 끊임없이 변화하는 상태에 있다. 따라서 첫 번째 종류의 영속성은 그 연속성이라는 측면으로서 존재한다. 가장 미세한 의식은 그 영속적인 연속체로 구성되는 반면, 거친 의식 상태는 그 흐름에 끝이 있다.

불교철학에는 논쟁 중인 또 다른 쟁점이 있다. 이를테면, 의식의 흐름에 있어 한 순간의 의식이 바로 이전 순간의 의식을 파악할 수 있다고 주장하는 학파가 있다. 그러나 불교철학자들은 한 순간의 의식이 스스로를 파악하는 것이 가능한지에 대해 갖가지 의문점을 제기한다. 이에 대해서는 다양한 논의와 연구가 진행 중에 있다.

이상이 마음의 본성에 관한 불교 이론의 일반적인 개요이다. 마음의 본성에 대해 2,000년 이상을 불교에서 탐구했지만 여전히 해결되지 않은 문제들이 있기 때문에, 현대적 연구 방법을 적용해도 여전히 해결되지 않는 문제들이 있을 것으로 생각한다. 그러나 결국 이 문제들의 해결 여부와 관계없이 우리는 좀 더 열린 마음, 따뜻한 마음을 가져야 한다고 생각한다. 나는 이러한 자세가 보다 실용적이고 유익하다고 생각한다.

마음을 변화시키기

나는 세계의 주요 종교 중에서 특히 불교가 마음을 훈련하고, 마음의 불안·불행·두려움·좌절 등을 일으키는 부정적 감정의 힘을 극복하기 위한 도구 및 방법이라고 생각한다. 부정적인 마음 상태는 더 많은 문제와 고통을 가져오는 다양한 부정적 활동을 초래한다. 다르마 (Dharma)는 장기적인 문제를 극복하기 위한 접근법을 뜻하므로 원치 않는 것들로부터 자신을 보호하거나 구한다는 의미를 담고 있다. 따라서 불법(佛法, Buddhadharma)은 내면의 평온을 가져오기 위해 마음을 변화시키고 훈련시키는 체계이다.

정신적 변화는 마음 자체를 이용하여 이루어지는데, 그 변화를 일으키는 데 사용할 마땅한 다른 도구가 없기 때문이다. 우리에게 불행을 가져오는 대부분의 정신 상태는 현실과 일치하지 않아서 일어 난다. 모든 잘못된 견해와 괴로운 감정은 실재를 오해할 때, 즉 자기 존재에 대한 집착을 일으키는 근원적 무지에서 비롯된다. 이 무지에 대한 해독제는 실재를 있는 그대로 보는 방법을 개발하는 것이다. 고통을 일으키는 마음 상태가 비실재성에 근거하고 있음을 인식함으 로써 이 무지를 치료할 수 있다. 요컨대 잘못된 견해는 올바른 견해에 의해 제거된다.

그러기 위해서는 먼저 어떠한 마음 상태가 잘못인지 혹은 올바른지 를 파악한 후 전자를 피하고 후자를 계발해야 한다. 그렇지 않으면 우리는 자신의 해로운 생각이나 감정을 극복하고 이에 대응하기 위해 해독제를 쓰고자 하는 의욕조차 생기지 않을 것이다. 중요한 것은 우리가 원할 때만 이 방법을 사용하여 마음을 변화시킬 수 있으며, 아무도 강요할 수 없다는 점이다.

우리 자신의 경험을 바탕으로 긍정적 혹은 부정적인 마음 상태와 그 근원을 구별하는 방법을 배우는 것이 매우 중요하다. 관련된 주제를 읽고 지적인 견해를 갖는 것만으로는 충분치 않다. 단지 지적인 견해만을 갖는 것은 너무 쉽다. 이러한 유형의 탐구는 자신의 감정을 관찰하는 경험에 의거해야 한다. 두 접근법에는 매우 큰 차이가 있다. 일부 예외적인 경우를 제외하고 무언가를 단순히 머리로 이해하는 것은 그다지 어렵지 않지만 경험적으로 아는 것은 어렵다. 경험적 인식은 지속적이고 부지런한 노력을 통해서만 얻을 수 있으며, 그 결과 어떤 '느낌'을 체험하게 된다. 이와 관련된 경험은 부정적 혹은 긍정적인 강력한 감정과 함께 나타난다.

인간에게 감정이 전혀 없다면 생존을 위한 기반이 사라지기 때문에 감정은 인간 존재에게 매우 중요한 요소이다. 게다가 감정은 일생에 걸쳐 매우 강력한 영향을 미친다. 어떤 감정은 마음에 고통을 가져올 뿐 아니라 신체 건강에도 해롭다. 또 다른 감정은 즉시 내면의 힘, 즉 정신적 강인함을 불러일으키고 이로 인해 신체 건강도 좋아진다. 따라서 특정 종교가 가진 감정에 대한 견해를 생각하지 않더라도 건전한 감정은 분명히 삶에 유익하다. 마찬가지로 건전하지 않거나 파괴적인 감정을 누그러뜨릴 수 있다면 이 또한 삶에 실용적인 유익함을 가져온다.

따라서 마음을 변화시키는 수행은 고통스러운 생각과 감정을 약화시키고 유익한 생각과 감정에 익숙해지게 만든다. 마음의 변화 또는 변형은 티베트어로 죄(chö)라고 하는데 이는 다르마를 뜻한다. 수행은 마음의 질적 향상과 밀접한 관련이 있으며, 자신에게 유익한 마음에 힘을 실어주고 해로운 마음을 무력화시킨다.

무슨 근거로 우리 마음에 이러한 변화가 일어날 수 있다고 주장하는가? 그 가능성에는 두 가지 기본 원리가 있다. 첫 번째는 원인과 조건으로 인해 변화가 일어난다는 원칙이다. 마음의 긍정적 변화를 포함하여 모든 변화는 원인과 조건에 의해 일어난다. 이 과정을 주의 깊게 살펴보면 매 순간순간 변화가 일어나는 것을 알 수 있다. 마음속에 고정된 것은 아무것도 없으며, 모든 것은 끊임없이 변화하는 상태에 있다. 고성능 현미경으로 원자를 관찰하면 미세한 입자가 순간적으로 이동하는 것을 볼 수 있다. 보통 우리는 어제 만난 사람을 오늘과 동일한 사람인 것처럼 이야기할 수 있고, 수천 년 전 일어난 사건이나 백만 년 전에 있었던 장소에 대해서도 말할 수 있다. 하지만 시간이 흐르면서 존재하는 사물의 연속성이 결국에는 사라진다는 점에서 경험적 차원에서 일어나는 무상함에 대해서도 역시 알고 있다. 예를 들어 우리 모두는 지구가 결국 종말을 맞을 것이라는 사실을 알고 있다. 그러나 사물과 사건이 순간순간 변하지 않는다면, 시간이 지남에 따라 어떻게 변할 수 있는지, 결국 어떻게 파괴될 수 있는지를 설명할 방법은 없다. 시간을 면밀하게 살펴보면 매 순간 사물이 변화하고 있음을 알 수 있다. 변화와 발전의 가능성을 제공하는 것이 바로 이 무상의 원리이다. 따라서 첫 번째 원리는 사물의 본질이 원인과 조건으로 인해 변화한다는 것이다.

붓다는 순간순간 현상의 변화가, 외부에서 작용하는 원인과 조건이 새롭게 만들어져 일어나는 것이 아니라고 설하였다. 오히려 한 순간에서 그 다음 순간 사물이 발생하고 변화하는 것은 사물의 본질 자체에 있다. 무상이란 단순히 어떤 사물의 처음 순간이 다음 순간으로 연속적으로 이어지지 않는다는 것이 아니다. 처음 순간은 그 시간 동안에도 변하지 않는 채 그대로 있는 것이 아니다. 따라서 어떤 것을 존재하게 하는 바로 그 원인이 무상이라는 성질에 의해 일어난 것이기 때문에, 그 효과가 발생하자마자 이미 소멸 과정이 시작된다. 즉, 어떤 현상의 처음 순간이 외부 영향에 의해 파괴되는 것이 아니라, 사물은 그 자체의 본질에 의한 결과로서 존재하는 동시에 소멸의 과정에 놓여 있다는 것을 의미한다.

사물이나 사건의 연속성 측면에서 무상에 대해 대략 살펴보면 다음과 같은 순서가 있음을 알 수 있다. 먼저 어떤 것이 발생하고 존재하게 되는 것은 도움이 되는 원인과 조건이 맞아서이고, 이후에 도움이 되는 원인과 조건이 영속되고 도움이 되지 않는 영향력이 없기 때문에 연속성은 지속되며, 마지막으로 도움이 되는 조건이 중단되고 소멸을 일으키는 조건이 일어나서 그 연속성이 멈추게 된다. 그러나 순간적인 무상의 관점에서 볼 때, 생성의 본질은 모순적으로 보일만큼 파괴적 본질을 갖는다. 이는 사물이 먼저 발생한 후에, 존재하고, 분해되고, 마침내 존재하지 않게 된다는 주장과는 양립할 수 없다. 미세한 수준에서 이 과정은 동시에 발생한다. 이것이 마음을 변화시키고 발전시키는 첫 번째 원리이다.

두 번째 원리는 외부와 내부 현상 중에 서로 양립할 수 없는 현상이 있다는 것이다. 두 현상이 양립할 수 없을 때는 더 강한 것에 의해 변화가 일어난다. 더위와 추위, 어둠과 빛 같은 외부 사례를 들 수 있다. 상반되는 두 힘이 만나면 둘 중 하나가 점차 줄어들거나 즉시 사라지는 것 같은 변화가 일어난다. 마찬가지로 감정을 포함해서 내면의 정신 현상 중에는 서로 양립할 수 없는 사건들이 많이 있다.

따라서 어떤 유형의 생각이나 감정이 생기면 자연스럽게 이와는 양립할 수 없는 생각이나 감정에 변화가 일어난다. 그래서 어떤 현상이 양립할 수 없는 현상과 만나면 변화가 일어난다는 것이 마음을 변화시키는 두 번째 원리이다.

따라서 이 두 원리에 의해 마음이 변화될 수 있다. 이 변화와 관련된 또 다른 문제는 진실과 거짓의 문제이다. 어떤 정신 상태가 그 정신 상태에 의해 파악한 내용과 일치하면 그 정신 상태는 타당한 인식에 의해 뒷받침된다. 특정한 인식 방식에 의해 파악된 내용과 일치하지 않으면 그 인식은 거짓으로 간주된다. 따라서 이 두 가지 인식 방식은 서로 양립할 수 없으며, 보통 둘 가운데 실재에 기반한 인식이 비실재에 기반한 인식보다 더 강력하다. 단기적으로 잘못된 인식이 아무리 강력해 보여도 이를 뒷받침할 만큼 타당한 인식이 아니기 때문에, 장기적으로는 현실적인 방법에 의해 파악된 실재보다 취약한 것으로 밝혀진다. 이는 매우 중요시해야 할 점이다.

양립할 수 없는 두 감정이 있을 때 그중 하나가 일시적으로 유익하고 만족스러운 것처럼 보이지만 시간이 흘러 본질적으로 해로운 감정으로 밝혀진다고 생각해 보자. 이러한 감정은 단기적이나 장기적으로 유익한 감정과 해로운 감정을 구별할 분별력 있는 지혜의 도움을 받을 수 없다. 반대로 어떤 감정이 처음에는 약간 불편하게 느껴지더라도 시간이 흘러 본질적으로 도움이 되는 감정으로 밝혀지면, 지혜의 힘이 계발될수록 이런 감정은 더 많은 지원을 받게 될 것이다. 따라서 비슷해 보이는 두 감정 중 하나는 지혜에 의해 뒷받침될 수 있지만 다른 하나는 그렇지 않다. 따라서 지능과 지혜의 도움을 받는 감정은 지속적으로 강화될 수 있기 때문에 이 감정이 더 강력하다고 볼 수 있다.

이 원리에 입각하여 우리는 감정이 어떻게 변화하는지를 이해할 수 있다. 이는 마음의 본성을 통찰하는 능력을 갖는 것이 중요하다는 점을 시사한다. 구체적으로 어떤 정신적 과정, 특히 어떤 감정이 서로 양립할 수 없는지를 아는 것이 중요하다. 더구나 어떤 감정이 장기적으로 유익하고, 해로운지를 분별력 있는 지성을 통해 조사하는 것이 중요하다. 이와 함께 어떤 감정이 현실에 적합한지, 어떤 감정이 오해를 불러일으키는지를 연구해야 한다. 따라서 마음이 파악하는 대상을 정확하게 이해할 필요가 있다. 이를 통해 마음에 나타나는 대상이 외견상 보이는 대로 실재하는지 여부를 조사하게 된다.

좋든 좋지 않든 우리에게 영향을 미치는 것에는 직접적인 경험에서 발생하는 현상만 있는 것이 아니다. 마음속에는 원인과 조건에 의해 만들어지지도, 변하지도 않는 보다 추상적으로 일어나는 현상이 있다. 따라서 마음에 나타나는 모든 형태의 복합적이거나 비복합적인 현상을 탐구하고 이해할 필요가 있다. 그렇기 때문에 불교경론에서는 18계界와 12처處를 포함하여 모든 형태의 복합적, 비복합적 현상을 자세히 설명한다. 우리에게 행복과 고통을 가져오는 측면에서 도움이 되거나 혹은 해를 끼치는 대부분의 현상은 복합적인 현상에 포함된다. 이것이 불교에서 5온蘊을 논하는 이유이다. 명상의 목적이 단순히 보다 깊은 믿음과 신념을 기르는 데에만 있다면, 18계·12처·5온과 같은 설명은 필요치 않을 것이다. 우리는 지식에 대한 추구와 마음을 변화시키려는 시도를 함께 결합하여 객관적 실재의 본질을 탐구하고

분석해야 한다. 이것이 바로 여러 불교경론에서 모든 형태의 영속적인
현상과 무상한 현상을 구체적으로 분류하여 제시하는 이유이다.

불교는 이 관점에서 객관적 실재에 대한 본질을 탐구하고 그 결과물
을 제시한다. 또한 탐구 과정에서 우리가 공정하고 객관적인 태도를
가져야 한다는 점을 매우 강조한다. 과학적 탐구와 연구 과정에서는
자신의 신념이나 선호에 따라 편견이 개입되지 않도록 객관적이어야
한다. 과학적 연구는 경험적 발견에 따라 진행되어야 한다. 불교에서
도 마찬가지이다. 불교도는 객관적이어야 하고, 자신의 선입견이
어느 정도인지를 파악하고 그것이 어떤 식으로 방해가 될 수 있는지를
인식해야 한다. 실재의 본질을 발견하고자 할 때 항상 이를 염두에
두고 연구를 수행하는 것이 중요하다. 이 점에서 과학과 불교는 매우
유사하다.

반면 단순히 추측에 불과한 가설이나 혹은 실재에 근거하지 않은
상상을 통해 어떤 이론을 고안하고자 한다면, 아무리 그 이론에 익숙하
다 해도 무한정 이를 주장할 수는 없을 것이다. 이러한 방식으로
우리는 마음을 변화시키는 작업에 참여하게 된다.

불교적 방법으로 실재의 어떤 측면을 지속적이고 주의 깊게 탐구한
후에는 결국 특정한 지식의 관점에 도달하게 된다. 이때 분명한 발견이
이루어진다. 불교 전통에서는 지혜와 숙달된 수단 모두를 언급한다.
둘 중 지식 추구에 직접적으로 관여하는 마음의 능력을 '지혜'라고
하고, 정신적 강인함과 지혜의 추구를 용이하게 돕는 또 다른 정신적
능력을 '숙달된 수단(方便)'이라고 부른다.

자아의 본성에 대한 탐구는 불교 이론과 수행의 중심 주제이자, 서양의 철학자와 인지과학자들도 관심이 많은 주제이다. 이 글에서 데이빗 갈린은 자아를 불교와 인지 신경심리학의 관점에서 다루고 있다.

갈린은 자아에 대한 서구의 혼란스러운 설명, 신경심리학과 정신의학에서 미해결된 문제, 그리고 불교의 관점에서 볼 때 적절치 않은 몇몇 측면을 간략히 검토한다. 다음으로 그는 '자연스러운' 일상 언어의 기초가 되는 인지구조에 기반한 새로운 연구를 요약한 후, 추상적 사고가 감각-지각과 신체 움직임이라는 기본 경험에서 도출된 은유적 표현에 바탕을 두고 있음을 보여준다. 다양한 은유의 체계는 일관성이 없기 때문에 비의식적 사고와 의식적 사고, 비언어적 사고와 언어적 사고 모두에서 역설이 발생한다. 특히 은유는 자아(self), 나(I), 인격(person) 개념과 관련하여 매우 이상한 개념과 사고思考로 이어지게 된다.

다음으로 갈린은 자아(self)와 관련된 문제를 재구성하여 자아에 대한 새로운 정의와 설명을 제시하는데, 이 내용은 신경심리학 및 은유적 데이터와 일치한다. 한편 불교의 귀류논증 중관학파(Prā-saṅgika Madhyamaka)는 '자연스러운' 또는 일상적인 언어 사용을 강조한다.

갈린이 인격과 자아를 전통적 서구의 관점보다 훨씬 더 변화무쌍하고 경계가 분명하지 않다고 보고 있기 때문에 그의 설명은 오히려 불교 전통에 가깝다. 그러나 그는 '인격'이 '자아' 이상의 의미를 포함하고 '자아'가 '나' 이상의 의미를 포함하므로 인격·자아·나라는 용어는 동의어가 아니라고 주장한다는 점에서 불교 전통과 다른 점도 있다. 산스크리트 불교 문헌과 구어체 티베트어에서 인격(pudgala, gangzag)·자아(ātman, bdag)·나(aham, nga)에 해당하는 용어는 보통 자유롭게 호환하여 사용되는데, 이는 일반적이고 전문적인 영어 용법에서도 마찬가지이다. 그러나 갈린이 제안하는 인격·자아·나에 대한 정의는 그의 주장처럼 일반 대중이 아닌 전문가를 위한 것이다.

갈린은 귀류논증 중관학파에서 인격 및 다른 현상의 정체성과 관련하여 중요시했던 개념화라는 측면을 분명하게 다루지 않는다. 개념화는 개념적(또는 언어적) 지칭의 근거와 그 근거에 의해 지칭되는 대상 간의 구분이다. 예를 들어 우리는 존(John)이라는 사람의 키나 지적 능력의 정도에 따라 존을 키가 크다거나 똑똑하다고 말할 수 있다. 이때 존에 귀속시키는 것은 존의 키와 지적 능력이지, 인격이나 자아가 아니다. 일반적으로 지칭되는 대상(인격·자아·나 포함)을 비판적으로 분석할 때마다 그 대상과 동일하지 않은 기준에 의해 귀속시킨다는 사실을 알게 된다. 요컨대 인격·자아·나 또는 다른 현상에 대응되는, 본질적으로 존재하는 객관적인 지시 대상은 없다. 그러나 실재론을 주장하는 불교학파에 의하면 자아가 관습적으로 (conventionally) 존재하기 위해서는 분석을 통해 인식될 수 있어야 한다.

인도-티베트 불교의 관점에서 인격·자아·나에 대한 오해는 가장 조잡한 것부터 가장 미묘한 것까지 다양하다. 우리는 자신을 ①독립적이고 변하지 않는 단일 실체, ②인과의 상호 관계의 연결망 안에서 활동하면서 몸과 마음을 소유하고 통제하는, 시시각각 변하는 반#자율적 행위자, ③개념적 및 언어적 명칭과 무관하게 그 자체로 존재하는 인격 동일체로 간주한다. 이 글은 자아에 대한 오해 중 첫 번째 유형을 다룬다. 갈린은 인격(person)을 경계가 있는 지속적 실체로서가 아니라 열린 관계망에서 외견상 실체만 있는 역동적 시스템으로, 자아(self)를 모든 하위 인격 시스템의 현재 조직으로, 그리고 나(I)를 그 자아의 지각 및 행동의 레퍼토리로 간주할 것을 제안한다.

귀류논증 중관학파 견해에 따르면 일반인들은 항상 자신을 오인하지는 않는다. 오히려 언어적, 개념적 지칭과 관계없이 스스로 존재하는 것으로 실재화하여 생각할 때 망상에 빠지게 되며, 이것이 집착과 적대감 같은 모든 정신적 번뇌의 근거가 되는 것이다. 한편 갈린은 인격·자아·실재화(reification) 등에 대한 일반인의 관점이 반드시 필요한 진화적 적응에 기반하여 복잡하고 다면적이므로 단순히 무지하다거나 틀렸다거나 미혹하다는 식으로 비난해서는 안 된다고 강조한다. 따라서 갈린은 자신이 제시한 자아 개념과 불교 전통에서 제기된 개념 간의 차이점뿐 아니라 일치점도 제시하고 있다.

2. 서양심리학과 불교의
'자아', '인격', '나'의 개념

데이빗 갈린

---

1) 이 책의 목표는 불교와 서양과학의 주요 관심사가 교차하는 영역에 초점을 맞춤으로써 서로 다른 두 사고체계 간의 대화를 촉진하려는 것이다.[1] 자아(self) 개념은 수천 년 동안 일상생활은 물론 관련 저술에서 널리 논해져 온 중심 개념임에 틀림없다. 불교와 과학 모두에서 자아는 여러 문제점을 내포하고 있다. 일반인은 물론 자아에 대한

---

1 '불교'와 '서양심리학'은 동질적인 것이 아니며, 이 두 포괄적이고 종합적인 용어에는 중요하지만 모순되는 내적 차이가 숨어 있다는 점에 유의해야 한다. 그럼에도 몇 가지 일반화를 적용할 수 있는데 그 내용이 이 글의 주요 관심사이다. 또한 나는 많은 사람들이 자아/대상, 자아/타자와 같은 개념 너머에 존재한다고 믿는 것을 다루려는 노력의 한계를 인정한다. 이 글은 그 한계 내에서 가능한 모든 것을 탐구하려는 사람들을 위한 것이다.

전문가인 학자와 연구자들도 자아가 정확히 무엇을 의미하는지 혼란스러워 한다. 이런 면에서 자아는 탐구할 만한 가치가 있는 불교와 과학의 교차 영역이다.

2) 이 글의 목적은 서양심리학의 자아 개념과 불교의 '무아(anā-tman)'설의 관계와 차이점을 보여주고자 하는 것이다. '무아'설은 대부분의 서양인들에게는 직관적이지 않다. 불교 전통에서는 고통의 근본 원인이 자아를 변치 않는 본질로 생각하는 사람들의 잘못된 견해로 인한 것으로, 그 오류는 선천적이고 선先이론적이며 비이성적이기 때문에 불가피하다고 주장한다(예를 들어 Garfield 1995:88). 이 글에서는 자아에 대한 이 '잘못된' 견해에 초점을 맞추고자 한다.

3) 인격(person)·자아(self)·나(I)는 동의어가 아니다. 나는 여기서 인격이 자아보다 더 많은 것을 포함하고, 자아는 나(I)보다 더 많은 것을 포함한다는 개념을 소개하고자 한다. 기존의 개념이 부적절하다는 것을 보여주기 위해 현재의 혼란과 논란을 제시할 것이다. 다음으로 인격과 자아에 대한 자연스러운 관점 배후에 있는 두 가지 인지 메커니즘에 대해 논의할 것이다. 첫 번째는 추상적 사고로, 특히 인격·자아·나에 대한 우리의 사고에서 은유의 역할에 관한 것이다. 두 번째 메커니즘은, 인간은 무의식적인 방식으로 복잡한 것들을 근사화(近似化, approximate)하여 단순화된 패턴을 찾거나 혹은 투사하는 경향이 있다는 것이다. 이를 위해 (일부 차이를 무시하는) 묶기(lumping)와 (일부 관계를 무시하는) 쪼개기(splitting)를 사용한다. 묶기와 쪼개기

는 모두 감각-운동 수준과 추상적 수준에서 조작하고 예측하고 제어할 때 유용한 별개의 실체를 만든다. 안타깝게도 인간은 실제로 상호 연결된 시스템에 임의로 경계를 설정한 후 그 부분에 자율적 존재성을 부여할 수 있다. 이런 일이 우리 자신의 '내면적 삶'의 경험과 '인격'이라는 구조적 개념에서 일어나기 때문에 우리는 자아를 역동적 관계의 열린 네트워크가 아니라 경계가 있는 지속적 실체로 보게 된다. 자아를 실체 혹은 본질로 보는 이 관점은 기본적인 무의식적 인지 근사화에 뿌리를 두고 있기 때문에 매우 강력하게 유지된다. 그러나 사물 간의 관련성을 더 많이 찾고 단순화하여 (통합) 패턴을 만드는 묶기는 고립된 실체를 만들어내는 잘못된 경향을 교정할 수도 있다. 이 두 번째 유형의 근사화는 모든 것을 상호 의존적으로 바라보는 불교의 '올바른' 견해의 씨앗이 될 수도 있을 것이다. 인지 신경심리학과 적응적 진화에 대한 서구의 관점은 생득적 자아관과 더불어 왜 이를 변화시키기 어려운지, 그리고 어떻게 '올바른' 견해를 얻게 되는지에 대한 불교적 이해를 보완할 수 있다.

1. 불교의 무아(anātman) 개념

4) 나는 불교에 문외한인 사람들을 위해, 내가 일반적으로 이해하는 불교관을 콜린스(Collins, 1982), 가필드(Garfield, 1995), 홉킨스(Hopkins, 1983, 1987), 월리스(Wallace, 1989, 1998) 등을 참고하여 간략히 설명하겠다. 불교의 '올바른 견해(正見)'에서 자아는 실체·본체·본질이 아니라 동적 과정으로서 지각·관념·욕망 같은 인간의

덧없는 측면 중 변화하는 관계망으로 간주된다. 자아는 왜곡된 관점으로 인해 고정된 실체라고 잘못 인식될 뿐이다. 궁극적으로 이 역동적 과정과 보편적인 기준 틀 또는 존재의 근거 사이에는 어떠한 분리도 없으며, 모든 것은 상호 의존적이고 변화한다. 그러므로 이런 의미에서 무아와 무관한 자아는 없다. 서양에서 불교의 무아 설명이 오해받는 이유는, 실체나 본질 이외에 다른 존재 양태를 전혀 상상하지 못하는 사람들이 "자아는 실체나 본질이 아니다."라는 뜻의 무아(anātman)를 "자아는 전혀 존재하지 않는다."는 의미로 받아들이기 때문이다.[2]

5) 불교 전통에서는 자아를 영속적 실체로 보는 일반인의 선천적인 잘못된 견해가 고통의 원인이라고 주장한다. 왜냐하면 이들은 끊임없이 흘러가고 변화하는 맥락 속에서 존재하지 않는 것을 붙잡으려 하기 때문이다. 따라서 자아를 새롭게 교정하려는 경험이 필요하다. 불교에서는 자아를 추상적 개념으로서가 아니라 이를 어떻게 경험하

2 서구 민속심리학 및 철학에서 본질 개념에 대한 유용한 설명은 레이코프와 존슨(1999)의 색인을 참조하라. 어떤 것의 본질이란 그 특성을 부여하는 그 사물을 시간적으로 초월해서 완전히 본질적인 면을 가진 것으로 가정된다. 본질이란 말이 인과적 설명으로 사용될 때 그것은 단지 동어반복일 뿐 아무것도 덧붙이지 않은 것이다. 예를 들어 "아편은 잠을 자게 하는 본질을 가지고 있기 때문에 사람을 졸리게 한다."와 같은 내용이다. 본질 개념은 그리스 사상의 핵심이며 현재까지도 그 유산이 이어지고 있다. 반대로 본질은 불교에서는 매우 부정적인데 불교가 태동된 베다(Veda)와 드라비다(Dravida) 환경에서도 거부되고 배척된 개념으로, 수행자 자신이 극복해야 할 개념이기도 하다. 가필드(Garfield, 1995:89) 및 다른 색인을 참조하라. 좀 더 자세하고 만족스러운 분석은 로쉬(Rosch, 1994)를 참조하라.

는지에 큰 관심을 기울이는데, 불교 수행이 새로운 (올바른) 경험으로
이끌도록 설계되었기 때문이다. 자아를 지속적이고 변화하지 않는
것으로 경험하는 자연스러운 상태를 교정하거나 혹은 극복하려면
힘든 수행이 필요하다. 변화된 자아를 경험하도록 이끄는 세 종류의
이론과 실천을 다룬 뛰어난 문헌들이 있다. 한 가지는 명상 수행(주의·
알아차림·각성과 같은 마음 과정 또는 마음 통제의 변화)을 통하는 길이다.
두 번째는 이론적 논증(개념의 구조나 마음 내용의 변화)을 통한 길이다.
세 번째 길은 사회적 행동으로서, 적극적인 봉사의 삶이다(Deikman
1996, 1997, 2000). 명상 수행, 학문적 연구, 승가 또는 사회 공동체에서
의 봉사라는 이 세 종류의 길은 실천적으로도 상호 연결되어 있다.

6) 무아의 교리는 불교 교리의 또 다른 핵심 요소인 업(karma)과
윤회에 대한 이론을 포함하고 있다. 일시적 자아조차 없다면 현생에서
인격이 연속되고 일관되게 나타나는 것을 어떻게 이해할 수 있을까?
영속적 자아가 없다면 다음 생에 다시 태어나는 것은 무엇인가?
자아가 없다면 업의 윤리적 책임은 누구에게 또는 무엇에 속하며,
다음 생에서는 누구에게 또는 무엇에게 전가되는가? 이러한 문제는
이 글의 범위를 벗어난다.(Garfield 1995, Collins 1982 참조) 그러나
무아는 이론 혹은 교리보다 실용적인 또 다른 문제를 제기한다. 잘못
된 견해가 선천적이고 선先이론적이며, 특히 합리적 담론이나 학문
적, 철학적 논쟁에 부정적으로 작용하는데, 수행자는 어떻게 자아와
인격에 대한 '올바른 견해'를 개발할 수 있는가? 불교학파들 간에는
마음을 고요히 하고 관찰하기, 강렬하고 지속적인 주의력의 계발,

[선문답 같은] 비합리적 대화와 상호작용, 합리적 분석과 개념적인 틀을 통해 성찰 유도하기 등이 갖는 효과에 대해 서로 다른 믿음을 가지고 있다.(예: 일본의 조동종과 임제종, 인도-티베트 비바사사毘婆沙師, 귀류논증파 등)

2. 서구심리학: 자아의 여러 개념

7) 불교 문화권과 마찬가지로 서구 문화권의 일반인에게도 "자아란 무엇인가?"는 시시한 질문일 수 있다. 사람들은 자신이 자아를 가지고 있거나 자아 자체이며, 행동하거나 경험하는 것이 자아라고 자연스럽게 믿는다. '정상적인' 사람들은 자신이 무아가 아니고, 사물이나 다른 사람의 자아와 구별되며, 가장 중요하게는 하나의 단일체라는 생생한 감각을 가지고 있다. 인간 두뇌의 두 반구(hemisphere) 분리를 잘 알고 있는 신경외과의사이자 학자인 조셉 보겐(Joseph Bogen)은 정상인의 인식되지 않는 분열에 관한 논문(Bogen 1986, 1990)에서 이 일상적 일체감에 대한 진술을 (반박하기 위해) 다음과 같이 인용한다.

8) Sherrington(1947): "자아는 하나의 통일체이다. … 자아는 자신을 하나라고 간주하고 다른 사람들도 하나로 취급한다. 자아는 자신이 응답하는 이름에 의해 하나로 언급된다. 법과 국가는 자아를 하나라고 정한다. 법과 국가는 통합적으로 자아에 속한 것으로 간주되는 신체와 자아를 동일시한다. 간단히 말해, 자아를

하나로 가정하는 것에 이의를 제기하지 않으며 이는 논쟁의 여지가
없이 확실하다. 문법 논리에서는 단수 대명사가 이를 뒷받침한다.
모든 다양성은 하나로 합쳐진다."

9) Descartes(Bogen 1986에서 인용): "몸은 본질적으로 항상 나눌
수 있고 마음은 전적으로 나눌 수 없다는 점에서 마음과 몸 사이에
는 큰 차이가 있다. 실제로 내가 그것을 관조할 때, 즉 내가 내
자신을 관조할 때, 나 자신을 생각하는 존재로 간주할 때, 나는
나 자신 안에서 어떤 것도 발견할 수 없지만, 절대적으로 하나이고
완전한 존재라는 것은 분명하게 알고 있다."

10) 소유격으로서의 나와 나의 것을 생각해 보자. '나'는 자아를
가리키고, '나의 것'은 내 차, 내 머리카락, 내 손, 내 생각, 내 의도,
내 마음 등을 가리키는 것 같다. 그러나 그 경계는 명확하지 않다.
'내 차', '내 머리', '내 손'은 구문 상 '내 것'으로 동등하게 취급되지만,
사람들은 대부분 자기 머리카락이 차보다 더 '나'의 실체적 부분이라고
느끼고, 머리카락보다는 손이나 마음을 더 그렇다고 느낀다. 더구나
손을 잃더라도 자아는 그대로 남을 것이며, 실체로서의 본질적 특성은
훼손되지 않을 것으로 믿는다. 윌리엄 제임스(William James)는 이것을
'모든 자아들의 자아(the self of all selves)'라고 언급했다(James 1950
[1890]:297).

11) 따라서 "자아에도 급級이 있는가?"라는 의문이 생긴다. 우리가
자기 계발을 말할 때 이전에는 자아가 적게 있었지만 지금은 더 많게

되었다는 것을 의미하는가? 아니면 질적인 변화가 생겼는가? 자아의 양이나 질이 달라진다면 그 차원을 어떻게 측정할 것인가? 과연 우리가 자아의 감소를 경험하거나 혹은 다른 사람들이 그것을 알기 위해서는 어떤 종류의 손실을 감수해야 하는가? 그리고 "오늘은 내가 아닌 것 같아."라는 말은 무엇을 의미하는가? 평소의 기분과 오늘의 기분이 다르다면, 이는 자아에 질적인 차이가 있다는 것인가? 그 차이는 실질적인 것인가, 아니면 외투나 머리 모양처럼 자아의 사소한 부속물의 차이인가? 정신과 환자가 "내가 아닌 것 같아."라고 말하거나 자신의 생각을 마치 외부 목소리인 듯 인식하는 것은 질적으로 다른 것인가? 분명히 이 개념들은 명확하지 않다. 자아 개념이 이해하기 어렵기 때문에 일반인들은 자아를 쉽게 표현할 수 없다는 사실에 놀란다. 그러나 자아를 실체라고 보는 그들의 개념은 평생 동안 변하지 않고 실제로 흔들리지 않는다.

12) 심리학과 관련 학문(인지과학, 심리철학, 정신의학, 행동신경학)의 전문가들은 자아를 설명할 때 일반인보다 더 일관성이 없다. 심리학자 친구들에게 자아의 정의에 대해 물어보면 많은 사람들이 혹시 속임수 질문임을 의심하는 듯 눈을 가늘게 뜬다. 때때로 전문가들은 자아라는 용어를 자아-개념(self-concept), 자아-인식(self-awareness), 의식 자체, 의지와 동의어로 사용한다. 혹은 자아를 성격이나 사회적 역할이라는 의미로 사용하기도 한다. 이와 관련된 문헌은 방대하다. 서로 다른 학문 분야에서 자아의 여러 측면에 초점을 맞추고 있고, 같은 학문 분야의 분파 내에서도 자아 모델 간에 공통점이 거의 없다.

예를 들어 정신의학 분야에 자네(Janet), 프로이트(Freud), 융(Jung), 사회심리학과 성격심리학에서는 미드(G. H. Mead), 르윈(K. Lewin), 마르쿠스(H. Markus) 등이 있다. 철학에서도 의견 일치는 훨씬 적다. 자아에 관해 저널에 기조 논문을 쓴 어떤 철학자는 동일 내용에 대한 네 가지 특별한 토론과 반박을 요약했다. "그 결과 오해의 잔치가 벌어졌다. … 방법론과 용어 습관의 큰 차이로 인해 논평자들이 실제로 주제를 변경했음에도 내 의견에 동의하지 않는다고 생각하는 경우가 많았다."(Strawson 1997, 1999).

13) 신경학·인지심리학·신경심리학 문헌들에서는, 일부 학문 분야와 달리 자아 또는 인격 정체성에 대한 관심이 산발적으로만 나타난다. 몇 가지 예외가 눈에 띄는데, 윌리엄 제임스(Wm. James)(1950〔1890〕), 골드스타인(K. Goldstein, 1939), 힐가드(E. Hilgard, 1977), 올리버 색스(O. Sacks, 1984), 킬스트롬(J. Kihlstrom, 1993, 1997) 등의 연구자가 있다. 아마도 가장 인상적이고 과학적으로 중요한 연구는 뇌전증(epilepsy) 치료를 위해 대뇌 반구를 수술로 분리한 '분리 뇌' 환자를 다룬 스페리(Sperry)·보겐(Bogen)·자이델(Zaidel) 및 그 동료들(1969, 1979)의 사례일 것이다. 수술 후 각 반구는 개별적으로 의식이 있고, 다른 쪽 반구가 무엇을 경험하고 있는지 알지 못하지만 지각·학습·기억을 할 수 있다. '분리 뇌'임에도 환자와 환자의 가족 모두 예전의 '자신'인 것 같다고 보고한다(Sperry 1968; Sperry, Gazzaniga, and Bogen 1969; Sperry, Zaidel, and Zaidel 1979). '분리 뇌' 연구는 신경학적 수준의 상호 연결이 심리적 수준의 전체성에 어떻게 기여하

는지를 보여준다. 이 관찰이 어떻게 이루어졌는지 이해하려면 각 반구가 신체의 반대쪽의 느낌과 움직임을 조절하고 시각 공간의 반대쪽 절반만을 본다는 점을 기억해야 한다. 좌측 뇌만 말할 수 있다. 어떤 드라마틱한 영화에서는 한 환자가 색칠된 블록 세트와 디자인을 맞추려고 시도하는 것을 보여준다. 영상은 작업을 빠르게 수행하는 왼손을 보여준다. 이때 왼손은 공간 관계에 능숙한 우측 뇌에 의해 제어된다. 그런 다음 실험자가 블록을 흐트러뜨린 후 환자의 오른손 (왼쪽 뇌, 공간 관계가 취약)에게 동일한 작업을 하게 한다. 천천히 아주 망설이면서 조각을 배열한다. 한 모서리를 맞추려고 할 때 오른손이 블록 중 하나를 고친 후 다시 이동한다. 바르게 맞췄다는 것을 깨닫지 못한 것처럼 보인다. 시청자들은 갑자기 왼손이 불쑥 블록을 잡고 바른 위치로 복원시키는 것을 볼 수 있다. 그 다음 실험자의 팔이 카메라에 들어온 왼손을 잡아당기기 위해 손을 뻗는 것이 보인다. 환자의 왼손이 계속해서 끼어들려고 하므로, 실험자는 환자의 오른손이 블록을 계속 배열하는 동안 왼손을 움직일 수 없도록 하기 위해 엉덩이 아래에 놓게 한다.

14) 또 다른 실험에서는 한쪽 반구에 그림을 보여주고 환자에게 앞에 놓인 물체 중 동일한 것을 가리키도록 요청하였다. 두 반구 모두가 물체를 볼 수 있지만 한쪽 반구에만 그림이 표시되었다. 우측 반구에 그림을 보여준 경우 예상대로 왼손이 물체를 올바르게 가리켰지만 환자는 "내가 한 것이 아니란 걸 알아요."라고 말했다. 아마도 왼쪽(언어) 반구를 통해 말했을 것이다.

15) 이 사건에서 관련된 '사람'은 누구인가? 수술 전 통합된 것으로 보이던 자아는 어떻게 되었는가? 이제 둘이 된 것인가, 아니면 항상 둘이었지만 이제 그 이중성이 분명해진 것인가? 지금까지 서양심리학의 언어로는 이러한 질문을 명확하게 공식화하기가 너무 모호했고, '내'가 하지 않았고 또 누가 했는지 아는 '나(I)'를 설명할 모델에 대한 합의가 없었다. 더 나아가 자아에 대한 경험이 변하지 않았다는 환자들의 증언도 설명해야 한다. 우리는 또한 '정상적인' 사람들에게서 발생하는 유사 현상에 대해서도 설명할 필요가 있다(Bogen 1986, 1990; Galin 1974; Galin 등 1979). 현재 우리의 자아 이론은 그 현상을 다루지 않는다. 이제 자아와 인격을 다룰 때 서구식 사고에 만연한 혼란과 역설의 파노라마가 펼쳐지는 다른 부분으로 넘어가 보자.

3. 은유의 인지언어학 이론과 인격·자아·나(I)에 대한 민속(Fork) 모델

16) 지난 20년 동안 인지심리학자와 언어학자들은 심리학에 매우 중요한 영향을 미친 혁신적인 연구를 수행해 왔다. 이 연구들에서는 은유가 거의 모든 추상적 사고의 기본임을 보여준다. 관련 연구와 이론을 요약한 두 권의 영향력 있는 책인 『인지 의미론—언어에서 본 인간의 마음(Fire, Women, and Dangerous Things)』(Lakoff 1987)[3]과 『몸의 철학(Philosophy in the Flesh)』(Lakoff and Johnson 1999)[4]에서,

---

3 (역자주) 한글 번역본: 이지우 역(1994), 『인지 의미론—언어에서 본 인간의 마음』, 한국문화사.

4 (역자주) 한글 번역본: 임지룡, 노양진 역(2002), 『몸의 철학』, 박이정.

대표 학자들의 인용문을 찾아볼 수 있다. 여기서 우리가 관심 갖는
내용은 은유가 어떻게 보통 사람들의 인격·자아·나에 대한 개념을
결정하는지를 관찰하는 것이다. 은유가 사고에서 어떻게 작동하는지
를 이해하면, 인격과 자아에 대한 일상적이고 전문적인 대화와 사고에
서 일관성 없어 보이는 많은 부분이 설명된다. 레이코프(Lakoff)와
존슨(Johnson)은 일반 언어 분석에서 12가지 은유로 구성된 무의식적
인 복합 체계를 밝혀내었다. 이 중 다수는 다른 은유와 양립할 수
없으며, 의식적으로 자아를 영혼처럼 단일하고 불변하고 본질적인
것으로 간주하는 개념과는 상당히 다르다. 이 절에서는 대부분 『몸의
철학』의 내용을 인용하거나 조금 다르게 표현하였다. 지면 관계상
요약된 개요만을 소개하기로 한다.

3A. 은유(METAPHOR)의 작동 방식

17) 우리는 우리의 사고가 심지어 과학 분야에서조차(예: 숫자, 시간,
힘, 범주 등의 개념) 얼마나 은유에 기초하고 있는지 잘 알지 못한다.
은유는 유추에 의한 추론과 관련이 있다. 은유는 구체적인 영역의
복잡한 관계 지식을 추상적 영역으로 확장하여 추론할 수 있기 때문에
우리의 사고에 엄청난 도움을 준다(예: 연애 관계를 여행으로 생각하기,
숫자를 선線 위의 위치로 생각하기). 예를 들어 길을 따라 이동하는 일상적
인 경험에 대해 생각해 보자. 우리는 모든 형태의 길에 적용되는
'논리적 함의'를 배울 수 있는데, 예를 들어 처음부터 끝까지 이동하는
것은 경로의 모든 지점을 통과함을 의미한다. 따라서 사랑이 여행이라
면 목적지로 가는 길 중 일련의 단계를 통과해야 한다. 그러나 비유는

부분적으로만 들어맞는다. 사랑은 여행과 같을 뿐 아니라 장미와 같으며 무적의 정복자와도 같다. 숫자는 선 위의 위치와 같을 뿐 아니라 물건 꾸러미와 같고 이들을 담는 그릇과도 같다. 따라서 은유는 원래의 맥락에서 너무 멀리 가면 적절치 않으므로 바뀐 맥락에 더 적합한 새로운 은유로 (보통 무의식적으로) 대체될 필요가 있다. 우리는 자신의 사고가 얼마나 은유에 기반하고 있는지 알지 못하기 때문에 은유를 문자 그대로 받아들이는 이상한 경향이 있다. 은유를 문자 그대로 받아들이는 것은, 우리가 이야기나 우화를 역사적 사실로 받아들일 때처럼 매우 심각한 영향을 미칠 수도 있다.

3B. 레이코프와 존슨이 말하는 인격·자아·나(I)

18) 우리의 '내면의 삶'에는 종종 말로 다음과 같이 언급하려는 경험이 포함된다.

- 우리의 의식적 가치와 행동 간의 갈등
- 내면의 대화 및 관찰
- 우리 자신에 대해 알고 있는 것과 다른 사람들이 우리에 대해 믿는 것 간의 불일치
- 우리 몸을 통제하고 '통제를 잃는' 방법
- 외부의 관점을 취하거나 다른 사람을 모방하기

19) '내면의 삶'이라는 전체 영역이 통일된 개념 구조에 의해 다뤄질 것이라고 기대할 수 있다. 우리가 가진 것이 공간, 소유, 힘, 사회적

관계와 같이 서로 매우 다른 경험 영역에서 도출된 일관성 없는 은유적 개념 체계라는 사실은 정말 충격적이다. 게다가 우리가 '내면의 삶'을 갖는 자기와 동의어라고 생각했던 몇몇 용어(자아(self), 나(I), 나를(me), 나 자신(myself))는 전혀 동의어가 아니다. 그럼에도 사람들은 이 은유 체계를 직관적으로 이해하고 전환하는 데 어려움이 없는 것처럼 보이지만, 자신이 무엇을 하고 있는지는 알지 못한다.

3C. '분열된 인격'의 일반적 은유

20) 레이코프와 존슨은 우리 내면의 삶에 대한 모든 은유가 분열된 자신에 대한 일반 도식의 특수한 경우라는 증거를 설득력 있게 제시한다(269).[5] 이 무의식적 도식에 따르면 인격(person)은 나(I)와 하나 이상의 자아(self)로 나뉜다. 나(I)는 (주체로서) 경험하는 의식의 인격적 측면으로 그 특성상 현재에만 존재한다. 나(I)는 항상 인간과 같은 존재로 개념화되며 보통 이성과 가치의 근원이지만 항상 그렇지만은 않으며, 자아들(selves) 중 하나가 행위를 수행해야 하고 이때 나(I)는 (행위자(agent)로서) 의지를 행사하는 중심이다.

21) 자아(Self)는 신체, 사회적 역할, 과거와 미래의 상태, 세상에서의 행동 등 나(I)가 선택하지 않는 인격(person)의 부분을 포함한다. 하나 이상의 자아(Self)가 있을 수 있다. 나(I)와 달리 각각의 자아

---

5 분열된 자아 경험은 심리학, 종교, 예술의 여러 분야에서 잘 알려져 있다. 최근 연구로는 언어를 사용할 때 분열이 어떻게 나타나는지에 초점을 맞춘 인지심리학적 분석이 있다.

(Self)는 은유적으로 인간과 같은 존재만이 아니라 사물이나 장소로도 개념화될 수 있다.

22) 따라서 일반 도식에는 인간과 같은 존재(의식적인 나(I)), 하나 이상의 실체(하나 이상의 자아(self)), 그리고 누가 누구를 통제하고 누가 누구를 판단하는지에 대한 구체적인 내용이 포함된다. 일반 은유에는 ①사물 조작, ②공간에서의 위치, ③사회적 관계 맺기, ④다른 관점 취하기, ⑤본질에 대한 민속 이론(Folk Theory of Essence)과 같은 용례가 있다. 즉, 각 인격은 '나(I)'에게 자질을 부여하는 '본질'을 가진 것으로 간주된다. 한 인격은 내적 자아와 외적 자아를 포함하여 둘 이상의 자아를 가질 수 있지만 그중 하나만이 본질과 양립할 수 있다. 이것을 '진짜' 또는 '진정한' 자아라고 한다. 이 변형을 통해 우리의 '내면의 삶'을 표현하는 풍부한 은유적 개념이 나타난다. 나타나는 은유적 유형의 일부를 예로 들어보겠다. 이 문장들은 분명히 겉으로 보기에는 모호하지만 일반 대화에서는 모두 즉시 이해된다는 점에 유의할 필요가 있다.

23) 나(I), 나를(me), 나 자신(myself)은 항상 동의어가 아니다. 다음 두 문장의 의미 차이에 주목하라.

a) 내가 너라면 나를(me) 미워할 것이다. (If I were you I'd hate me.)
b) 내가 너라면 자신을(myself) 미워할 것이다. (If I were you

I'd hate myself.)

a)에서 '나를(me)'은 화자인 주어(I)를 가리키고, b)에서 '자신(myself)'은 화자가 말하는 사람인 '너(you)'의 자아를 가리킨다.

24) 판단의 중심이 나(I)일 때도 있고 나 자신일 때도 있다.

a) 나는 나 자신에게 실망했다. (I was disappointed in myself.)
b) 나는 나 자신을 실망시켰다. (I disappointed myself.)

25) 물체를 움직이고 소유하는 것으로 표현되는 자아 통제

강제적 움직임으로 표현되는 통제:

나는 참았다. (I held myself back.)
나는 목소리를 낮추었다. (I dropped my voice.)
너 자신을 너무 몰아붙이고 있다. (You're pushing yourself too hard.)
나는 이 프로젝트를 진행해야 한다. (I've got to get myself moving on this project.)

소유권으로 표현되는 통제:

나는 정신을 바짝 차렸다. (I got a grip on myself.)

나는 그것에서 벗어나지 못했다. (I didn't let myself wiggle out of that.)

나는 자신을 내려놓고, 춤 속으로 빠져들었다. (I let myself go, and lost myself in dancing.)

나는 불안에 사로잡혔다. (I was seized by anxiety.)

나는 두려움에 사로잡혔다. (I was carried away by fear.)

나는 데몬 럼주에 홀렸다. (I was possessed by Demon Rum.)

26) 자아 통제와 위치

자아를 공간상의 한 위치로 볼 때, 자아 통제는 나(I)와 자아가 몸, 집, 지구와 같은 일상적 장소나 제한된 공간에서 함께 있는 것으로 표현될 수 있다.

■ 나는 흥분하지 않았다. 나는 중심을 유지했다. 나는 안정감을 느낀다. (I did not get high; I kept centered; I feel well-grounded.)

■ 나는 제정신이 아니었다. 황홀경에 빠졌다. 머릿속이 텅 비었다. 점심 먹으러 나갔다. 붕 뜬 느낌이다. (I was beside myself; ecstasy; out of my head; out to lunch; off in space.)

■ 나는 산만했다. 나는 정신을 차려야 한다. 그는 두서가 없다. (I was scattered; I must get myself together; He is all over the place.)

3D. 본질적 자아

27) 본질적 자아는 지각-운동 경험보다는 '본질에 대한 민속 이론(Folk Theory of Essence)'에 기반한 또 다른 중요한 은유이다. 이 보편적 신념 체계에 따르면 모든 사물에는 자신을 그 자체로 만드는 본질을 가지고 있으며, 이것이 자연적 행동의 인과적 근원이다. 다른 사람이 아니라 바로 자신처럼 행동하게 하는 것이 본질이다.(플라톤 및 여타의 사람들에 의해 공식화된 것이 바로 이 민속 이론이었다). 한 인격의 본질은 주체(I)의 일부이며, 이상적으로는 본질이 자신의 행동을 결정해야 하지만 종종 실제로 하는 행동과 양립할 수 없다. 이 비양립성은 두 개의 자아를 갖는 것으로 개념화된다. 하나의 자아('진짜' 또는 '진정한' 자아)는 자신의 본질과 양립할 수 있으며 항상 한 인격으로 개념화된다. 또 다른 자아('거짓' 자아)는 자신의 본질과 양립할 수 없으며 진정한 자아가 숨어 있는 인격이나 용기容器로 개념화된다.

28) 내면의 자아

그는 낯선 사람에게 자신을 드러내지 않을 것이다. (He won't reveal himself to strangers.)

그녀는 자신의 진짜 모습을 거의 보여주지 않는다. (She rarely shows her real self.)

누군가 그에게 도전할 때마다 자신을 보호하기 위해 껍질 속으로 숨어버린다. (Whenever anyone challenges him, he retreats into his shell to protect himself.)

그녀의 세련미는 겉모습뿐이다. (Her sophistication is a facade.)

외유내강(벨벳 장갑 속의 강철 손). (The iron hand in the velvet glove.)

그의 옹졸한 자아가 드러났다. (His petty self came out.)

29) 진짜 나

오늘은 나 자신이 아니다. (I'm not myself today.)

어제는 진짜 내가 아니었다. (That wasn't the real me yesterday.)

그것은 진짜 내 자신의 이야기가 아니었다. (That wasn't my real self talking.)

30) 다른 언어와 문화권에서 자아 개념을 구조화하는 은유의 역할에 대한 연구가 거의 이루어지지 않았다. 영어권이나 서구의 관찰을 뛰어넘어 이를 일반화하기 위해서는 아직 많은 작업이 남아 있다. 영어와 비슷하게 보이고 유사한 방식으로 이해되는 일본어 사례가 있다(Lakoff and Johnson 1999:284-287 참조). 일본의 개념은 미국의 개념과 놀랍도록 유사하다. 일본 문화가 미국과 근본적으로 다른 점은 자아와 타인 사이의 사회적 예의 관계뿐이다.

31) 일상 언어에서 드러나는 자아에 대한 은밀한 은유 개념 분석을 통해 우리의 내면의 삶이 어떻게 '실제로' 구조화되어 있는지를 알 수 있는가? 나는 이것이 말 그대로 신경학적 또는 미시적(micro) 인지 수준에서는 나와 하나 이상의 자아 또는 본질로 나뉘어져 있다는 것을 의미하지는 않는다고 강조하고 싶다. 그러나 이런 은유는 내적

삶의 질적인 느낌 대부분을 포착하는 것 같다. "누구와 결혼할지 고민 중이야(I'm struggling with myself over whom to marry)", "춤에 빠졌어(I lost myself in dancing)", "어제는 내가 아니었어(I wasn't myself yesterday)."라고 말할 때, 이런 은유들은 우리 내면적 삶의 현상학적 구조에 상당히 부합하고, 우리의 논리와 추론방식을 포착하기 때문에 적절해 보인다.

32) 그러나 분열된 인격 은유와 앞 절에서 고찰한 자아의 정신적·신경학적·사회학적·철학적 모델 사이에 일치하는 부분은 없다. 따라서 이제 더 많은 질문을 던져야 한다. 왜 우리는 이런 이상한 개념 체계로 진화해 왔는가? 이것이 일상적인 상황에서 어떻게 이토록 분명하게 효과적일 수 있는가? 왜 일반인은 그 작동원리와 역설을 알지 못하는가?

4. 몇 가지 설명: 인격·자아·나, 자아 모니터링, 자아 인식, 자아 개념

33) 내가 서구의 자아 개념에 대한 혼란과 논쟁을 검토한 이유는 전문가들이 이 문제에 대해 말하고 생각하는 방식에 근본적인 변화가 필요하다는 나의 주장을 정당화하기 위해서이다. 일반인이 일상적으로 사용하는 말을 바꾸길 기대하기는 어리석은 일이지만, 전문가들에게는 용어가 단지 학문적 말장난이 아니라 도구인 것이다. 비교적 쉬운 첫 단계는 은유와 직관이 구축되는 구조와 기능에 대한 통찰력을 보존하면서 용어를 분명하게 하는 것이다. 여기서 내 목적은 광범위한

'과학적' 기준 프레임과 인지과학이나 현대 심리철학에 일치하는 일련의 용어 사용에 이르고자 하는 것이다. 이 필요성은 나의 도박을 가치 있게 만든다. 나는 독자들이 "네, 하지만…"이라는 반사적 반응을 자제하길 요청하며, 곧 자신이 이의한 바가 다루어지리라는 것을 알게 될 것이다.

4A. 인격과 자아의 정의

34) 인격 개념은 자아 개념과 구별될 수 있고, 자아는 종종 하이픈(-)으로 연결되는 혼동되는 파생어(자아-모니터링, 자아-개념, 자아-인식)와 구분될 수 있다. 나(I) 개념은 자아 및 인격과 구별된다.

인격은 하위 체계로 이루어진 복잡한 시스템이다. 인격은 항상 전체 자기-조직화,[6] 다단계, 인과적 얽힘[7]과 신체적·정신적·사회적 측면, 과거 및 미래 조직(자아)의 표상을 포함한다. 이 리스트에 제한은 없으며 필요에 따라 다른 차원이 추가될 수 있다. 물론 인격은 더 크고 복잡한 환경(우주) 내에 포함된다.

내가 새로 내린 정의는 화자의 관습과 목적에 따라 인격의 포함

6 자기 조직화 시스템은 초기 단계의 요소보다 훨씬 더 복잡해질 수 있다. 창발적 특성의 전개에 적용되는 원칙에 대해서는 홀란드(Holland, 1998)를 참조하라.
7 덤불은 명확한 수준으로 정돈할 수 없을 정도로 많은 피드백 루프를 가진 조직 중 하나이다. 이 용어는 계층 구조라는 보다 친숙한 개념과 대조하기 위해 윔셋(Wimsatt)이 도입하였다. 윔셋(Wimsatt, 1976a: 254; 251-256; 237)을 참조하라.

여부가 매번 달라지는 일반 용법과 대조된다. 일반 정의에서 인격은 때로는 신체('그의 몸을 만졌다(touched his person)')를, 때로는 사적 느낌('종교는 매우 개인적인 것(religion is too personal)')을, 때로는 사회적 관계('개인과 직업 생활의 분리(separate personal and professional life)')를 가리킨다. 일상 담화에서 이들이 명시적으로 드러나지 않기 때문에 혼란이 야기된다.

35) 우리는 일상적으로 사용할 때 때때로 인격과 자아를 구별하지만, 위에 제시된 레이코프와 존슨의 관찰에서 볼 수 있듯이 맥락에 따라 여러 의미로 구분된다. 나는 다음과 같이 분명하게 정할 것을 제안한다.

인격은 시간이 지남에 따라 확장되지만, 자아는 그 인격의 현재 조직이다. 자아는 지금 이 순간 인격의 모든 하위 시스템이 서로 연관되어 있는 방식이다.

나는 자아가 일부 심리학 모델에서 말하는 것처럼 또 다른 하위 시스템이나 구성요소가 아니라 인격의 전체적 특성임을 강조하고자 한다. 우리가 인격이라고 부르는 복합체를 논의할 때의 예시(신체화)와는 대조적으로 그 조직(자아)을 언급할 수 있다는 것은 매우 유용하다. 조직은 단순히 시스템 구성요소 간의 모든 관계의 집합이다. 여기에는 멤버십, 연결, 제어 및 기타 여러 관계가 포함될 수 있다.

36) 복잡한 시스템과 마찬가지로 인격도 몇 가지 다른 조직 패턴(자아)을 분명하게 가질 수 있다. 예를 들면 긴밀하게 통합된 하위 시스템이나 반+자율적인 하위 시스템 같은 것들이 있다. 자아를 조직 패턴으로 정의하는 것은 자아가 청소년기의 성숙에서처럼 수년에 걸쳐, 혹은 다중인격 장애와 같이 몇 분에 걸쳐, 시간에 따라 변화한다는 점을 강조하는 것이다. 자아를 또 다른 하위 시스템이 아닌 하위 시스템의 조직으로 정의함으로써 우리는 '보다 통합된 자아', '자아의 발달' 또는 '자아의 상실'과 같은 일반 문구에 대한 명확한 참조가 가능하다. 조직으로서의 자아 개념은 그 정도와 질이 역동적으로 변화하며, 신경학적 수준뿐 아니라 심리적 수준 등 여러 수준의 설명에서도 적용 가능하다.

4B. 하이픈(-)으로 연결되는 자아의 파생어

37) 자아는 종종 자아-모니터링, 자아-개념, 자아-인식과 같이 하이픈으로 연결된 파생어와 혼동되기도 한다. 나는 각 차이점에 대해 다른 글에서 자세히 설명한 적이 있다(Galin 1992, 1994). 여기서는 간략하게만 언급하고자 한다.

38) 자아-모니터링: 환경에 적응하는 자아-조절(regulating) 시스템에는 자신의 상태와 적응도를 추적하는 하위 시스템이 있을 수 있다. 우리는 졸리거나 깨어 있거나 취한 상태, 상상하거나 기억하기, 수동적이거나 능동적인 상태 등, 우리의 현재 '모드(mode)'에 대해 많은 것을 알고 있기 때문에 자아-모니터링이 있다고 유추할 수

있다. 의사가 무릎을 두드려 무릎반사를 유도할 때 "내가 그렇게 한 것이 아니다."라고 말할 수 있다. 자아-모니터링에 문제가 생기는 것은 특정 뇌의 손상에 의한 것으로(Galin 1992), 이는 최면, 환각, 좌우 대뇌 반구가 서로 어떻게 연관되어 있는지를 이해하는 데 중요하다. 그러나 자아-모니터링은 자아-인식, 자아-개념, 또는 자아와는 다르다.

39) 자아-인식: 자아는 종종 자아-인식과 동의어로 취급된다. 논리적으로 자아-인식이란 단순히 자아-모니터링이나 자아-개념을 통해 자아에 대한 정보를 인식하는 것을 의미할 뿐, 실제로 인식에 들어오는 정보는 극히 일부에 불과하다. 수많은 실험을 통해, 매우 복잡한 정보 처리도 우리가 알지 못하는 사이에 진행되고(Kihlstrom 1987), 그 최종 결과물만 의식에 나타난다는 사실이 입증되었다.

40) 자아-개념: 자아-개념은 세계의 실체로서 '자신이 누구인지 또는 무엇인지'에 대한 지식·신념·태도 등의 집합체라고 생각할 수 있다. 자아-개념은 자아를 지칭하지만 하위 시스템에 불과하다. 자아-개념은 다른 대상에 대한 개념과 형태가 비슷하며, 보통 무의식적이며 종종 불완전하거나 부정확하다. 일부는 자아-모니터링에서 나온 것이지만 대부분은 이른바 친척의 의견처럼 다른 출처에서 나온 것이다. 우리는 많은, 심지어 모순되는 자아-개념을 가질 수 있다. 다른 개념과 마찬가지로 때때로 의식에 떠오를 수 있지만, 자아나 자아-인식 및 위에 정의한 현재 상태의 자아-모니터링과는 명확하게 구분할

수 있다.

4C. 나(I): 실체, 지식, 관점

41) 1인칭 관점은 놀랍도록 미묘한 개념이다(Galin 1999). 여기서 새로운 문제는 "나는 어떤 존재인가?"이다. 먼저 일반적이면서도 어려운 용어인 실체, 지식, 관점에 대해 정의하겠다. 그 다음에 '나(I)'가 일종의 시점 또는 관점이라고 제안할 것이다.

42) 실체(entity): 이것은 거의 대부분 직관적으로 명백한 것이라고 잘못 생각되는 중심 개념이다. 일반적으로 실체(단일체, 전체)는 뚜렷한 경계를 가지고 있지 않다. 암묵적 또는 가상적인 경계는 어떤 의미에서 '서로에게 속한' 요소 간의 관계 패턴에 의해 만들어진다. 사이몬(Simon, 1969:209ff.)과 윔셋(Wimsatt, 1974와 1976a:242, 261)의 분석에 따르면, 부분들 간에 상호 관련성이 충분한 경우 우리는 부분의 집합을 실체라고 부른다.[8] '충분한'이란 우리가 목적을 위해 선택한 어떤 기준에 의해 결정된다. 직무상 관계, 공간적·시간적 관계, 사회적 관계는 우리가 일반적으로 어떤 구분이 실체인지 아닌지를 결정하는 측면의 사례이다. 예를 들어 사람들이 충분히 친밀한 관계를 맺고 있다면 이 집단은 우리가 '가족'이라고 부르는 실체이다. 가족에 부모와 친자녀만 포함시킬지 아니면 6촌, 입양인, 의붓자식, 애완동물까지

---

8 실체와 집합체 간의 차이점에 대한 심층 분석은 윔셋(Wimsatt, 1974)을 참조하라. 부분과 전체, 분석 수준, 구성요소 및 맥락에 대한 설명은 윔셋(Wimsatt, 1976: 237ff)과 사이먼(Simon, 1969)을 참조하라.

포함시킬지는 목적에 따라 달라진다. 따라서 실체성(entiticity)은 정도의 문제일 뿐 아니라 관습적인 문제이기도 하다. 나는 이것이 서양과 불교의 형이상학과 심리학에서 많은 논쟁거리가 되어 온 자아/대상이라는 경계를 크게 완화시키기는 해도 완전히 없애지는 못한다고 생각한다.

43) 내가 실체의 다소 놀랄 만한 조건성을 강조하는 이유는 관점이나 지식, 의식과 같은 특성이 특정한 실체에 속하기 때문이며, 그 특성을 이해하기 위해서는 우리가 생각하기에 그 특성을 지닌 실체를 구성하는 것이 무엇인지가 명확해야 하기 때문이다. 문제는 우리가 실체라고 취급하는 것이, 현재 목적을 위한 합의(예: 결혼, 회사, 콩고 공화국)를 통해 제한된 기간 동안만 유효하다는 사실을 잊을 때 발생한다. 여기서 '인격'과 '자아'를 혼동하는 일이 많이 발생한다. 인간은 자주 동사와 형용사를 명사로 바꾸고, 과정과 관계를 사물로 바꾸는 등 실체화하려는 경향이 강하다.

44) 지식(knowledge)·앎(to Know): 이 개념(또는 개념의 집합)을 정의하려는 시도는 철학의 오랜 역사 동안 행해졌다. 지식은 여러 의미로 사용된다. 예를 들어 직접[9] 지각하다, 할 수 있다, 기억에

---

9 나는 이 용법에서 '직접(direct)'이란 말이 무엇을 수반하거나 배제하는지 이해하지 못했다. 아마 중재 없이(im-mediate) 즉각적(mediation)이라는 의미처럼 보인다. 갈린(Galin, 1999)에서 논의했듯이, 알 수 없는 형식을 이해하는 데는 문제가 있다.

저장시키다, 잘 알고 있거나 친숙하다, 구별할 수 있다(Webster's Unabridged Universal Dictionary, 2d ed.) 등이 있다. 이 용법 중 어느 것도 의식을 명시하지 않으므로, 이 용어들이 의식적 앎뿐 아니라 무의식적인 앎의 경우에도 의미가 있다는 점에 유의해야 한다. 여기서 우리와 관련된 현상을 잘 파악하는 용례는 가장 일반적인 의미 중 하나이다. 안다는 것은 구별할 수 있다는 것이다.

45) 안다는 것은 아는 실체와 알려진 것을 의미한다. 어떤 실체가 XYZ임을 안다는 것(XYZ하는 법을 아는 것 또는 XYZ를 아는 것)은 XYZ를 적어도 XYZ 아닌 것과 구분하고, XYZ에 대해 구별되게 행동하는 것이다. 여기에는 어떤 의식도 포함되어 있지 않다. 최소한의 구별은 감지로서, 어떤 일이 일어났는지 아닌지를 또 어떤 것이 있는지 없는지를 감지하는 것이다. 지식은 구별할 수 있는 능력, 즉 정보[10]를 이용할 수 있는 잠재적 능력이다. 이는 기능적인 특성이며, 시간 별로 저장된 출처 표시가 있는 기억이나 불연속적 표현과 같은 특정의 기본적인 메커니즘을 의미하지는 않는다.

46) 관점(Point of view) : 관점 혹은 견해라는 용어는 시각 및 공간 지각 영역에서 가져온 은유이며 보다 일반적인 앎의 영역에 적용된다. 이 은유는 사람들의 직관이 개념의 레퍼토리로 구성된 기준 틀 또는

---

10 하나의 형태는 해당 기준 프레임 안에서 다른 부분과 차이가 있는 고유한 정보를 포함한다. 특정 사례에서 정보가 어떻게 구체화되고 표현되고 인코딩되는지는 여기서 관련이 없다. 휠러(Wheeler, 1991) 참조.

좌표계(공간 좌표계와 유사)에서 작동한다는 것을 나타낸다. 개념의 레퍼토리의 대부분은 매우 추상적이며 시각 공간이나 감각-지각이 전혀 아니다. 예를 들어 우리는 특정한 정치적·윤리적·실용적 관점을 갖는다고 말할 수 있다. 따라서 관점은 가치를 따지는 영역뿐 아니라 공간 지각과 행동 영역에도 적용된다. 내 관점에서 볼 때 사물이 위나 아래, 오른쪽이나 왼쪽에 있는 것처럼 어떤 사건이나 사물은 내 관점에서 좋거나 아름답거나 도덕적이다. 앞에 언급한 개념과 마찬가지로 관점에는 인식이 필요치 않다(Galin 1999).

47) 지식(knowledge)과 마찬가지로 관점도 특정한 실체에 속한다. 관점이란 실체가 현 상태에서 또는 목적을 위해 정해진 일정기간 동안 만들어낼 수 있는 구별의 총 집합이다. 관점은 '사용 가능한 구별의 집합'을 결정한다. 예를 들어 창문이 없는 방에 있으면 벽은 보이지만 밖의 거리는 볼 수 없고, 눈을 감고 있으면 소리는 들리지만 볼 수 없는 것과 마찬가지이다. 현재 작동 중인 기준 틀, 변수의 집합, 차원의 집합으로 생각할 수 있다. 실체가 변경되면 일부 지식은 한시적으로 사용할 수 없게 된다. 예를 들어 효소 분자에서 중요한 수용체 영역이 안쪽으로 접히게 되면 상호작용할 수 없게 될 수 있다. 마찬가지로 길거리에서 깡패가 앞에 있을 때와 개인 학습을 할 때 사용할 수 있는 능력이 다를 것이다. 따라서 실체의 특성은 시간, 장소, 맥락에 따라 영향을 받기 때문에 관점이 달라진다.

4D. 나(I), 주체(subject), 행위자(agent)의 정의

48) 이러한 정의를 바탕으로 다음과 같이 제안한다.

나(I)는 일종의 관점이다. 나(I)는 인격의 현재 조직(자아)에 의해 주어진 실체로서의 인격의 관점이다. 따라서 나(I)는 자아(self)와 동일하지 않다. 나(I)는 주체와 행위자 모두를 포함한다. 주체는 입력의 관점으로, 지각이 선택되는 현재 사용 가능한 구별의 집합 이다. 행위자는 출력의 관점으로, 행위가 선택되는 현재 사용 가능한 구별의 집합이다.

우리가 현재라고 부르는 심리 구조는 '실제 시간' 또는 '시계 시간'(모 든 실체에 대해 일정한 속도로 한 방향으로 변화하는 시간)의 기준점이다. 자아의 지각과 행동 기계(몸)는 지각하거나 행동하는 실체와 동일한 동기화 기준점을 사용해야 하기 때문에 자아의 나(I)는 현재에 존재해 야 한다. 예를 들어 이어폰을 통해 자신의 목소리를 조금이라도 지연되 게 들으면 말할 때 심각한 방해를 받는다. 나는 실시간 관점을 채택하는 과정이 우리가 주체와 행위자라고 부르는 것의 기초가 된다고 가정한 다. 주체와 행위자는 둘 다 실시간 관점을 공유하기 때문에 '나(I)'라는 단일한 실체로 묶일 수 있다.

49) 현재의 자아 이외의 자아들은 (자아의 가능한 상태를 표현하는) 참조 모델이다. 이 자아들은 (과거 또는 미래의 나(I)의 상태처럼) 현재에 존재하지 않거나 (내가 되어야 하지만 그렇지 못한) 이상적

자아, (내가 되지 말아야 하지만 그렇지 않은) 그림자 자아, (욕망하고) 갈망하는 자아, (나 또는 타자에게 숨겨진) 내면의 자아, (다양한 맥락적 의미에서) 실재하는 또는 진정한 자아처럼 실시간으로는 절대 존재하지 않는다. 이 자아들은 시계의 시간과 행위에 고정된 나(I)로는 표현할 수 없는 신체적·정신적·사회적 삶의 풍요로움과 모순성을 나타내기 위해 명명된 다중적인 자아 개념이라고 생각하는 것이 좋다.

50) 자아 개념의 다양성은 아리스토텔레스 같은 합리주의자들을 혼란스럽게 할 수 있지만, 일반인은 일상생활에서 어떠한 어려움도 느끼지 않는다. 레이코프와 존슨이 보여주듯이, 일반 언어에서의 다중성은 위의 3C절에서처럼 분열된 인격 은유를 통해 무의식적으로 처리된다. 내가 분석을 통해 도달한 정의는 전문가적인 분석 목적을 위한 것으로 레이코프와 존슨이 일상생활의 자연스러운 대화에서 경험적으로 발견한 무의식적인 기법과는 다르다는 점에 유의해야 한다. 분열된 인격 은유에서 '나(I)'라고 명명한 것은 내가 말했던 주체-행위자 관점보다 더 많은 것을 포함하며, 그것을 '다른 자아'라고 명명한 것은 내가 자아-개념이라고 파악한 것이다(위의 3c, 4b절 비교). 지금부터는 일관성을 위해 내가 고안한 용어를 사용할 것이다.

51) 나(I)라는 관점은 전체적인 실체와 무관하게 자율적으로 행위하는 부분으로서가 아니라 실체 자체에 의해 만들어진 구별만을 포함한다는 점에 유의하라. 예를 들어 의사가 무릎 관절을 편하게 놓은 후 무릎 힘줄을 두드려 반사 반응을 유도하는 경우를 생각해 보자.

우리는 보통 다리 움직임에 대한 행위자 느낌이 없기 때문에 "내가 그랬다."고 느끼지 않고 '다리'가 그랬다고 주장한다. 이 자세에서 다리는 (관여되지 않은) 인격의 나머지 부분과 관련이 적으므로 독립적으로 행동하는 실체로 해석될 수도 있다. 반대로 서 있을 때 다리는 상위 실체에 통합되어 자율적으로 행동할 수 없으며, 이 자세에서는 반사를 유도하기가 훨씬 더 어렵다. 따라서 내가 주장하는 행위자 느낌이 상위 실체인 인격과 연관되어 있음을 알 수 있다.

52) 나(I)-인식: 지금까지의 정의는 감춰져 있던 이전의 혼동을 드러낸다. 나(I) 자체는 인식이 아니라 관점이며, 내용이 아니다. 나(I)라는 관점은 인격이 상호작용할 때 영향을 미치는 구별의 총합이며, 그 구별은 현재 실제로 작동하고 있을 뿐 아니라 확실히 그 순간에 인식할 수 있다. 인식할 수 있는 채널의 용량이 제한되어 있기 때문에 우리는 어느 순간에 인격의 전체 관점을 모두 인식할 수는 없다. 인식되는 부분은 나(I)의 경험 혹은 나(I)-인식의 경험이라고 부를 수 있다. 자아(self)-인식이라는 용어는 단순한 나(I)-인식 이상을 포함해야 하며, 깨어 있거나 졸린 느낌, 외롭거나 사랑에 빠진 느낌, 건강하거나 아픈 느낌과 같이 주체 및 행위자로서의 관점 자체가 없는 자아와 관련된 모든 경험을 포함해야 한다는 점에 유의할 필요가 있다. 자아는 인격의 모든 하위 시스템 조직으로 정의되며, 인격 관점보다 훨씬 더 많은 것을 포함한다.

53) (인격 관점의) 나(I)는 환경에 대응하여 전체 조직(자아)이

변함에 따라 (예를 들어 백미러에 경찰차가 보이는 경우) 조금 또는 많이 바뀔 수 있다. 따라서 나(I)는 시시각각 변할 수도 있지만 때로는 대체로 '동일하게' 유지될 수 있다. 아마도 이것은 불교의 사마타 수행에서 추구하는 '마음의 고요함'의 한 측면일 것이다(Wallace 1998, 1999).

4E. 관련된 실체의 오인誤認

54) 이제 특정 실체의 관점에서 나(I)·주체(subject)·행위자(agent) 개념을 명확히 했으므로 인식이나 행동이 '누구에게' 속하는지 말할 때처럼 관련 실체를 오인하여 발생하는 혼란을 해소할 수 있다. 복잡한 실체에는 서로 다른 관점을 가지거나 혹은 전체와 다른 관점을 가진 상대적으로 자율적인 하위 실체가 포함될 수 있다. 상위 실체는 이 충돌을 조정해야 하며, 상위 실체의 관점은 단순히 각 부분의 실체적 관점의 합, 결합, 교집합이 아니다. 무언가가 '어디에' 속하는지를 설명할 때, 공간적 관점조차 사람들이 생각하는 것만큼이나 간단치 않다고 생각해야 한다. 우리가 바로 앞에 있다고 생각하는 것은 때로는 몸의 정중선, 때로는 시선 방향(고개를 돌리는 방향), 때로는 머리와 목이 돌아가는 방향(목 근육의 긴장도) 또는 전정 기관(우리가 똑바로 서 있는지 아니면 누워 있는지)에 의해 결정된다(자세한 내용은 Vallar 등 1993 참조). 눈·머리·몸통의 정중선은 각각 다른 전면을 가질 수 있다. 즉, 우리는 3D 공간에 여러 기준 틀이 있어 서로 상충되는 관점을 가질 수 있다. 멀미 혹은 두정엽 손상으로 인한 편측 무시처럼 이 둘을 조정할 수 없을 때 문제가 발생한다(Bisiach 1991; Galin 1992).

마찬가지로 우리는 가치를 평가하는 여러 기준 프레임을 가지고 있기 때문에 이를 조화시킬 수 없을 때 어려움을 겪는다(예: 비즈니스와 가정에서 서로 다른 윤리적인 기준).

55) 상위 실체(예: 인격)는 부분(예: 두 눈과 같은 하위 기관)의 여러 관점을 유용하게 결합할 수 있다. 토끼처럼 눈이 머리 옆쪽에 있으면 두 개의 시점이 더해져 시야가 넓어질 수 있다. 인간처럼 두 눈 모두 정면을 향하고 두 시점이 겹치면 그 차이를 깊이에 대한 정보로 사용할 수 있다. 그러나 상충되는 것이 너무 많으면 하나를 빼고 다른 쪽을 억제할 수 있다(예: 약시나 심한 '사시'인 경우 한쪽 눈의 시력 상실). 문제 해결을 위한 또 다른 전략은 여러 관점을 번갈아서 해보는 것이다(예: 다중 인격 장애 또는 상황 윤리).

56) 우리는 보통 여러 관점 중에서 현재 어느 관점이 지배적인지 추적하는 데 능숙하다. 아이들은 18개월이 되면 새로운 관점('모방')이 일반적 관점('진짜')에 포함된다는 사실을 놓치지 않고 상상력 놀이에서 다른 관점을 취할 수 있으며, 이 능력은 우리 종에게 매우 중요하다(Leslie 1987). 그러나 성인들도 영화에 '열중하여' 사실처럼 반응하거나 최면상태에서 최면술사의 관점을 자신의 자아-모니터링보다 우선적으로 받아들이는 것처럼 중첩되는 관점의 계층구조를 놓치는 경우도 있다.

57) 유사한 분석을 통해 '분할 뇌' 환자에게서 보이는 주체와 행위자

에 관한 혼란과 역설을 풀 수 있다(14~15항 참조). 실체성은 정도의 문제라는 것을 기억해야 한다. 수술 후 뇌가 이전보다 덜 연결되어 있어도, 우리가 여전히 '환자'라고 칭하는 하나의 상위 실체가 존재한다. 두 반구는 수술 후에도 동일 뇌간·신체·입, 친척, 역사 및 기타 많은 통합 요소들을 공유한다(Sperry 1968). 변화된 것은 뇌의 한쪽 반구(및 마음)가 다른 반구 및 상위 실체(인격)와 관련된 정도이다. 상위 실체인 환자가 "내가 한 게 아니야."라고 말할 때, 상위 실체가 공유된 정중선 발성 기관을 통해 좌측(언어) 반구의 관점을 채택하고 명료화한 것이다. 누가 올바른 대상을 선택하는가? 이 경우는 우측 반구의 관점에서 구별을 하는 상위 실체인 인격에 의한 것이다. 이 경우 내 용어를 사용하면 각 구성요소를 명확히 지칭할 수 있으며, 따라서 스페리(Sperry)와 푸게티(Puccetti, 1981)의 사례와 같은 철학자들 간의 논쟁을 해결할 수 있다.

5. 일반인이 갖는 인격·자아·나(I) 관점의 근거 고찰

58) 나는 필요한 전문 용어를 고안하기 위해 긴 우회를 거쳤고, 이제 자아에 대한 선천적이고 선先이론적 개념으로부터 시작하고자 한다. 레이코프와 존슨의 언어 연구에서는 일반인이 지닌 인격 및 '내면의 삶'이라는 관점에 숨은 구조가 있는 이유와, 이 숨은 구조가 의식적으로 보고되는 내용과 다른 이유를 매우 사변적으로 설명한다. 또한 불교의 '올바른' 견해의 근거를 인지심리학에서 흔히 무시하는 일상적 인식 구조에서 어떻게 찾을 것인지 제안하고자 한다.[11]

59) 핵심 아이디어는 엄청나게 복잡한 세상을 처리하기 위해 마음/뇌가 일상적으로 또 무의식적으로 임시방편의 근사치를 사용한다는 점이다. 우리는 복잡한 분야를 만날 때 지각·행동·추상적 사고를 더 쉽게 하기 위해 이를 소수의 개별적 실체로 단순화한다. 의식의 내용조차 정보를 제한하고(Galin 1994; Mangan 1991; James 1950 [1890]) 행동을 쉽게 할 필요성(Deikman 1971)에 의해 구조화된다. 그 결과 세계는 마치 별개의 독립적인 사물로 구성된 것처럼 보인다. 이를테면 우리는 보통 근사치를 정리하거나 반올림으로 인한 오차를 수정하지 않으며, 그것들이 문제없이 잘 작동하면 되돌아보거나 조정하려고 시도하지 않는다. 우리는 문제가 있을 때만 불일치를 합리화하려고 한다.

5A. 객관 세계의 기초

60) 개별적 사물로 가득 차 있는 세계에 대한 우리의 경험은 '저 밖에 그냥 존재하는 사물'과 단순히 일치하지 않는다. 이는 정보를 찾는 작업과 정보를 필터링·축소·압축하는 작업이 상호 보완적으로 작용한 결과이다. 예를 들어 망막은 불연속 위치에 있는 몇몇 불연속적인 색상을 가진 빛의 점을 뇌로 보고하도록 되어 있다. 자극 장이

11 나는 이 글의 많은 부분을 아서 J. 데이크만(Arthur J. Deikman)의 독창적 공헌으로 인정하고 싶다. 이 분야에 대한 나의 견해는 아서와 30년에 걸친 대화를 통해 발전했다. 데이크만은 명상의 경험적 심리학 연구를 개척했고, 상호 보완적 목적을 가진 두 가지 '의식 모드'를 구분했으며, 인간 조직에서 행동의 중심적 역할과 영적 수행으로서 봉사의 중요성에 주목했다. 데이크만(Deikman) 1963, 1971, 1996, 1997, 2000 참조.

연속적이라고 해도 불연속적인 방식으로 접하게 된다. 그 다음에 비트 배열은 영역으로 분할되며 각 영역에서 비트는 단일 실체(사물·형태·패턴)를 구성하는 것으로 간주된다. 인간의 시각에서 정보는 모양·위치·색상·움직임으로 세분화되고 각각의 특성은 대뇌 피질의 별도 영역에 저장되며, 다시 한번 특정 위치에서 특정 방향으로 움직이는 특정 모양의 여러 색을 가진 사물이라는 통합된 인식으로 압축된다.

61) 다양체(manifold)[12]를 분할하는 방법은 여러 요인에 따라 달라진다. 예를 들어 우리는 실체의 가장자리 혹은 표면과 상호작용하기 때문에 특히 경계나 윤곽선에 민감하며, 이를 통해 대상을 파악할 수 있다. 또한 우리의 동작 시스템은 너무 크거나 작지 않은 일정 규모의 실체와 함께 작동하도록 조정되어 있으므로 다양체를 관리 가능한 크기의 영역(실체)으로 나누는 경향이 있다. 대, 중, 소 각각은 둘레를 걸어서 돌 수 있는 것, 붙잡고 움직일 수 있는 것, 물고 삼킬 수 있는 것이라는 관점에서 생각할 수 있다.

62) 실체에 포함되는 항목은 '충분한 관련성'('가족': 자매 vs 사촌)에 대해 얼마나 엄격한 기준을 선택하느냐에 따라 달라진다는 것을 기억해야 한다. 기준을 바꾸는 것은 영역을 적절한 크기의 실체로 나누기

---

12 (역자주) 여기서는 manifold를 다양체라는 번역어로 옮겼다. 필자는 이 글에서 다양체(manifold)라는 용어를 써서 실체(entity)의 반대 개념으로 사용한다. 실체가 본질적이고 고정된 것임에 반해 다양체는 원인과 조건에 따라 무엇으로든 바뀔 가능성을 가진 편의적 개념이다.

위한 두 가지 인지 전략의 기초가 된다. 첫 번째는 분석(analysis)·쪼개기(splitting)·분해(decomposition)라고 한다. 이 전략은 영역의 요소 간에 명시적으로 표시된 관계가 '사소하므로' 적어도 현재의 목적을 위해 무시할 수 있다고 간주하여 더 작은 실체를 만든다. 두 번째 전략은 통합(synthesis)·묶기(lumping)·구성하기(constructing)라고 한다. 이는 어떤 관계가 보여진 것보다 더 중요하다고 가정하여 더 큰 단위를 만드는 것이다. 따라서 이 전략들은 우리 관점에 제시된 복잡한 다양체에 관계를 추가하거나 삭제한다는 점에서만 다르다. 이 두 능력은 상호 보완적일 수 있는데, 우리는 그것이 발견 기법이라는 사실과 이 기법에 의해 만들어진 실체가 절대치가 아닌 근사치라는 사실을 잊을 때마다 역설에 빠질 수 있다. 묶기나 쪼개기를 과하게 적용하면 심각한 오류가 발생할 수 있다.

63) 불교 전통에서는 실체화(entification) 자체가 '관습적인 세계'에서 유용하거나 필수불가결한 것이지만, 우리가 실체를 실재화(그것을 '실재'로 취급)하기 때문에 애착·이기적 갈망·공격성이 발생하여 모든 고통을 일으킨다는 점을 강조한다. 무언가를 실재화(reification)한다는 것은 그것에 본질적 또는 독립적 존재를 부여하는 것이다(각주 1 참조). 따라서 실재화는 모든 것이 상호 의존적이라는 불교의 기본 원칙에 위배된다. 마찬가지로 실재화는 모든 실체가 조건부적인 근사치이고, 다양체의 체험적 분할일 뿐이므로 본질에 속하는 무조건적인 성질을 가질 수 없다고 한 나의 분석과도 상반된다. 불행하게도 나는 실재화(본질에 대한 믿음)가 우리의 또 다른 근본적 단순화, 즉 가능한

한 불변성을 가정하는 것에서 비롯된다고 믿는다. 대부분의 경우 환경이 시시각각 빠르게 변하지 않는다고 가정하고 행동하는 것이 편리하다(일반적으로는 옳다). 실제 우리는 이런 가정을 적극적으로 하지 않는다. 오히려 관심 있는 주제를 제외하고는, 배경을 무시하거나 큰 변화만 살피면서 다른 것들의 새로운 측면을 파악하려 애쓰지 않는다. 반성이 필요한 경우에도, 우리는 본질적 측면에서 "가만히 두면 이들은 그대로 유지된다."고 하는 허위적인 설명을 내놓을 수 있다. 이것은 과거의 가치가 여전히 잘 작동한다는 것을 반복하는 것에 불과하다. 본질 개념은 원인과 설명이라는 개념과 깊은 관련이 있다. 원인과 설명에 대해서는 로쉬(Rosch, 1994), 실재와 환원적 설명에 대해서는 윔셋(Wimsatt, 1976a, 1976b), 나가르주나(Nāgārjuna)와 다른 불교도들의 세속과 승의에 대한 설명은 가필드(Garfield, 1995)를 참조하라.

64) 우리가 내면의 복잡성을 다루기 위해, 묶기와 쪼개기를 통해 실체화하는 전략은 당연하다. 그러므로 인격(person), 현재의 자아(self), 나(I), 그리고 모든 자아-개념, 나 아닌 타인의 관점(다른 사람의 나(I))은 일상 목적에 따라 계산하기 편리한 경계가 그어진 독립된 실체로 나타난다. 이후 개념의 세분화가 가능하면 그 차이를 무시한다. 우리는 보통 임시방편의 근사치를 정리하지 않고, 충분히 잘 작동한다면 다시 따져보지 않으며, 애매한 경우에도 하나의 일관된 기준 틀로 조정하려고 시도하지 않는다. 이는 일반인이 일상생활을 다루는 방식에 대한 설명과 마찬가지로 과학의 실재 작동 방식 또한

설명한다. 우리는 두 종류의 상황에 처할 때만 차이를 합리화하려고 노력한다. 첫째, 우리는 무의식적으로 설정한 근사치에 심각한 오류가 있을 때 과거에 다른 어떠한 선택이 성공했는지 살펴본다. 둘째, 누군가 우리가 하는 일을 설명하라고 할 때 우리는 사회적으로 받아들여지고 언어 형태로 이해할 수 있는 공식을 만들어내려고 노력한다. 두 경우 모두 현재 중심적인 행동 지향에서 벗어나 내부 데이터에 입각한 추상적 태도 즉 성찰 모드로 전환한다. 추상적 태도는 (철학자의 배우자가 증언하듯이) '시계의 시간'에 제약을 받지 않으므로 과거의 '나' 또는 가상 상황의 '나'처럼 현재가 아닌 관점에 접근할 수 있다. 그럼에도 과거의 임시방편적인 근사치를 조정하려는 시도는 종종 실패한다. 갤러거(Gallagher)와 마르셀(Marcel, 1999)은 뇌 손상 재활 연구의 증거에 기반하여, 심리실험실에서 행해지는 자아 경험에 대한 실험이 철학적 성찰과 마찬가지로 피험자를 추상적인 태도 및 분리된 입장으로 제한하며, 피험자가 실용적이고 사회적으로 맥락화된 상황에 놓이지 않는 한 자아에 대한 보고가 불완전하거나 왜곡되거나 잘못될 수밖에 없다고 설득력 있게 주장한다.

(65) 복잡한 영역을 분리된 실체로 분해하는 것은 매우 유용하지만, 때로는 기능적으로 중요한 관계나 차이를 무시하는 결과를 일으키기도 한다. 이러한 지나친 단순화는 종종 단일 원인 추론(single-cause reasoning) 및 그로 인한 실패와 관련이 있으며, 일부 사람들은 현대 생활의 고립과 소외로 이어진다고 말할 것이다. 때때로 우리는 세계(그리고 우리 자신)를 조밀하게 상호 연결된 다양체로서만 경험한다.

세계를 (상호 의존적으로 발생하는) 관계의 패턴으로 보는 것에 대한 이러한 편견은 부분적으로 언어 및 인식 자체의 진화에 대한 우리의 행동 방향의 제약 때문일 수 있다.

5B. 인식의 구조

66) 관습적 견해와 달리 인식은 단일한 것이 아니라 여러 부분을 포함한다. 그 내용은 근사치에 대한 오랜 필요성에 의해 결정된다. 윌리엄 제임스(William James)는 『심리학의 원리』에서 인식이 질적으로 다른 두 종류의 정보에 기초한다고 설명했다(James 1950 〔1890〕: chapter 9). 100년 후 맨건(Mangan)은 제임스의 모델을 인지 용어로 재구성하여(Mangan 1991) 제임스가 설명한 것이 의식의 제한된 채널 용량으로 인해 필요한 두 가지 유형의 생략이라고 주장했다. 이러한 맥락에서 나는 맨건의 논문(1991)에 기초하여 논의를 시작한 바 있다. 나는 이전 논문(1994, 2000)에서 의식 구조에 대한 제임스와 맨건의 견해를 비판, 수정, 확장하여 자세하기 논의했다. 여기서 나는 용어와 작동 가설에 대한 개요만을 제시하기로 한다.

67) 인식에서 생략의 첫 번째 유형은, 현재의 목표와 가장 관련성이 높은 사물이나 사건의 특징, 즉 항목이나 선택지를 최대한 구별할 수 있는 특징만을 표시한다. 나는 이를 특징적 인식(feature awareness)이라고 부른다(제임스는 '핵(the Nucleus)'이라고 불렀다). 예를 들어 쇼핑할 때 색상이 선택을 결정하는 가장 큰 특징일 수 있으며, 다른 특징들은 무의식적으로 인식되고 처리되지만 그 순간에는 전혀 인식되지

않을 수도 있다. 이것은 일반적인 주의의 선택성만이 아니며, 의식적
혹은 무의식적 과정 모두에 적용된다는 점에 유의해야 한다. 특징적
인식은 이러한 유형의 콘텐츠가 인식에 나타나는 형태이다.

(68) 두 번째 유형의 생략은, 기본적인 특징을 설명하는 보다 큰
인식 그룹이다. 여기서는 특징적 인식에서 제거된 맥락 및 관련 정보를
전달한다. 나는 이를 설명적 인식(explicating awareness)이라고 부른다
(제임스는 이를 '주변(Fringe)'이라고 했고 예전에 나는 비특징적(nonfeature)
인식이라고 불렀다). 한 유형은 특징들 사이의 관계에 대한 (보다 큰,
한 쌍의, 운율이 맞는다고 하는) 느낌을 나타낸다. 또 다른 유형은
가치 판단을 나타낸다. 세 번째 유형은 맨건(1991, 1993)이 처음 분명하
게 설명했는데, 선택된 기본 기능과 관련된 무의식적 지식을 암묵적으
로 압축하거나 요약하지만 제한된 용량에 확실하게 맞추기에는 너무
광범위한 느낌을 나타낸다(단어의 의미가 갖는 느낌은 단어의 기본 음소와
관련되어 확장된 의미의 망을 압축하거나 요약하는 것과 같다). 이 '설명적'
인식은 의식이 느낀 내용으로서, 감각된 내용만큼이나 구체적이고
생생하므로 감각질(qualia)이라고도 불릴 수 있다. 이 인식들은 주의의
중심에 있을 수도 있고 그렇지 않을 수도 있다. 이 그룹에는 여러
경험이 포함되어 있다. 예를 들어 '만약(if)'과 '하지만(but)'의 느낌,
친숙한 느낌, 올바른 길을 가고 있다는 느낌, 알고 있다는 느낌,
특정 움직임을 의도하는 느낌, 모르는 것을 기다리는 특정 의미로서의
느낌, 그리고 (내가 덧붙이려는) 정서의 느낌 요소 등이 그것이다.
나는 특징적 인식과 설명적 인식이 보통 동시에 존재하고, 짧거나

지속적일 수 있으며, 둘 중 하나가 주의의 주요 대상이 될 수 있다는 점을 강조한다. 자세한 설명은 나의 인식 분류(Galin 1994)를 참조하라.

69) 자기 성찰에 익숙하지 않은 사람들은 자신의 설명적 인식을 분명하게 보고하는 경우가 거의 없다. 언어는 (명사, 동사, 특성을 통해) 특징을 전달하는 데 더 적합하며, 언어적 재능이 없으면 설명적 인식을 전달할 때 문법적인 모드·방식·관점을 덜 사용한다. 또한 우리는 '하기(doing)'에 몰두하기 때문에 특징적 인식에 끌리고, 그 특징들은 우리가 의도한 행동에 의해 차별적으로 선택된다. 나는 명상·헌신·봉사와 같은 영적 훈련 모두 상호 관련성의 설명적 인식을 촉진하고 발전시킨다고 믿는다(Deikman 1997, 2000). 설명적 인식은 일반인의 주관적 경험의 지속적이고 필수적인 부분이지만, 관련 사항을 깊고 넓게 인식하는 경우는 드물고 일시적이며 불완전하다. 그럼에도 이것은 불교의 '올바른' 견해의 씨앗이 될 수 있는데, 불교에서는 인간과 자아를 포함한 모든 것의 조건성과 상호 의존성을 강조한다. 명상 훈련은 특징적 인식의 사용을 요구하는 신체 활동의 흐름에서 벗어나게 한다. 선禪 전통에서는 깨달은 사람은 더 이상 할 일이 없는 평범한 사람이라는 표현이 있다. 향정신성 약물,[13] 의례와 의식儀式, 뇌의 일부 손상(예: 데자뷰)과 측두엽 간질로 인한 초종교성에 의해서도 설명적 인식이 두드러지게 (때로는 부적절하게) 나타날 수 있다(Bear and Fedio 1977).

---

13 예를 들어 보고서를 보면 마리화나 흡연자의 전형적인 모습이 묘사된다. "마리화나를 피우면 사물이 무작위로 배치된 공간에서 시詩를 본다."(Tart 1972).

6. 현재의 이론을 불교의 수행과 교리에 연결하기

70) 지금까지의 요약

이 글 서두에서 나는 자아 개념이 불교와 서양심리학의 핵심이며,
이 개념이 두 영역 모두에서 여러 면으로 문제가 있다고 제안했다.
불교 전통에서는 깨달음을 얻지 못한 사람들이 자아를 지속적 실체나
본질로 보는 선천적으로 잘못된 관점 때문에 고통스러워한다고 주장
한다. 나는 이 선천적인 오류에 초점을 맞춤으로써 자아를 바라보는
불교와 서양의 심리학적 설명의 관계 및 차이를 보여줄 수 있다고
제안했다. 그 배경으로 2절에서는 자아를 바라보는 과학적 사고의
혼란을 일부 검토했다. 3절에서는 사람들이 무의식적인 분할인격
은유(Divided Person metaphor)에 기반하여 이 다양하고 일관성 없는
시스템을 실제로 어떻게 사용하는지를 인지언어학적 관찰과 이론으
로 소개하였고, 이를 통해 의도적인 행위를 하는 지각 주체로서 자신들
의 자아와 인격을 어떻게 생각하는지에 대해 알아보았다.

71) 4절에서는 실체, 지식, 관점이라는 기본 개념을 명확히 하였고,
인격(person)·자아(self)·나(I)가 전혀 다른 유형의 존재라고 설명하
였다. 나는 전문가들이 이 문제에 대해 말하고 생각하는 방식에서
분파적 형식화를 넘어서서 사용 의도와 일치하는 가장 적절한 용어,
즉 인지과학과 현대 심리철학의 학제 간 기준에 부합하는 용어(바람직
하게는 내 용어)를 채택할 것을 촉구했다. 나는 앞에서 '나(I)'와, 자아
및 여러 '자아들'(자아-개념)을 근본적으로 분리하는 '분할 인격' 은유

를 설명했다. 이 경우 역설을 해결하기 위해 내가 제안한 용어와
도식이 어떻게 적용될 수 있는지에 대한 사례가 신경심리학, 특히
분할 뇌(split-brain) 환자를 관찰하는 과정에서 확인되었다.

72) 5절에서는 자아의 '선천적', 선先이론적 개념을 다시 살펴보았
다. 나는 평범한 인간 삶의 중심 주제는 행동 지향성과 그에 의한
실체에 대한 초점이라고 제안한 바 있다. 행동을 위한 인간의 진화적
적응은 무의식적인 마음을 만들었고, 의식 자체의 구조를 특징적
인식과 설명적 인식의 조합으로 설명하며, 이는 결국 언어가 적합한
의사소통의 제한된 형태라는 것을 설명하였다. 정보의 과부하를 줄이
기 위해 우리는 엄청난 복잡성을 관리 가능한 실체로 축약하고, 근사치
가 충분히 잘 작동하는 경우에는 이를 따져보지 않는다. 우리는 내면의
복잡성에도 동일한 체험 기법을 적용하며, 그 결과 사물로 가득 찬
세계 속에서 자아를 하나의 사물로 바라보게 된다.

73) 여기에서는 서양 인지과학의 틀 안에서 전개된 이 설명이
불교의 견해 및 수행과 어떻게 관련되어 있는지를 세 가지 영역에서
고찰해 보겠다. 첫째는 일반인의 관점에서 필요한 다양성 및 그 오류
대신 실용적 유용성, 둘째는 불교도의 '올바른 견해'에서 절대주의의
문제, 셋째는 인간의 삶 전반과 불교 수행에 대한 행동지향적 중심성
이다.

74) 첫째, 일반인은 제한된 정보처리 능력으로 인해 복잡한 신체적·

정신적·사회적 삶을 단일한 관점에서 충분히 포괄적으로 다룰 수 없기 때문에 자아와 인격을 여러 방식으로 구성한다. 따라서 상황에 따라 변화하는 부분적이고 대략적인 관점이 필요하다. 이 관점은 부분적으로 겹치거나 모순되는 자아-개념이라는 동물원을 만들어내기는 해도 훌륭한 실용적 해결책이다. 이 자아-개념에는 주체와 행위자, 의식과 무의식, 실제적인 나, 외면과 내면, 이상(ideal), 예상되는 미래의 나, 가능성, 과거의 많은 자아, 아니마(anima)와 아니무스(animus), 그림자 등이 있다.

75) 일반인의 견해가 선천적이고 유용하다는 것을 인정할 수 있지만 불교의 일부 담론에서는 아우구스티누스가 기독교의 피할 수 없는 원죄(Original Sin)를 반대하는 것만큼 심각하지는 않더라도 여전히 이 '오류'에 대한 집착을 도덕적으로 비난하는 것 같다. 중관학파 같은 불교 전통에서는 '관습적(conventional) 세계'에서 실체화가 체험적이고 심지어 개념이 필수 불가결이라고까지 주장하지만, 이에 대한 비난은 지속되고 있다. 어쩌면 선천적으로 타고난 여러 가지 관점을 오류라고 보기보다는 유용한 근사치라고 더 강조할 수 있을 것이다. 고통이 발생하는 것은 이 체험적 방법이 잘못되었기 때문이다. 불교 교리는 이 방향으로 나아가면서, 위험성이 실체화 자체에 있는 것이 아니라 실체를 '실재화(reification)'하는 것에 있다고 선언한다. 우리가 자아를 실재화하는 이상 애착·이기적 갈망·공격성이 발생하기 때문에 고통이 일어난다. 불행히도 나는 실재화 자체가 우리의 타고난 근원적 단순화, 즉 가능한 한 불변성을 가정하는 것에서 비롯되었다고

믿는다(위의 65항 참조). 따라서 실재화는 단지 무지나 비뚤어짐 때문만은 아니다. 그럼에도 일부 불교학파에 의하면 불성佛性을 성취한 사람은 단순화·실체화·개념 명명·실재화로 인한 환상 없이 진정한 세계를 경험할 수 있다고 한다. 성취도가 낮은 사람의 경우 자신의 경험을 환상이라고 인식할 수도 있다. 그러나 사막에 익숙한 사람은 신기루를 보고 환상을 여전히 경험하지만 그 정체를 알기 때문에 쫓지 않는다.

76) 근사치를 중요시할 때 가장 큰 문제는 특징과 실체를 지나치게 강조함으로써 맥락과 관계에 대한 설명이 도외시되는 것이다. 이는 확실히 서양의 '과학' 문화에서 가장 흔한 유형이다. 그러나 이 체험적 방법이 잘못되면 괴로움이 일어날 수 있다. 비록 설명적 인식이 우리 자신과 세계를 상호 의존된 사건의 망으로 바라보는 불교의 '올바른' 인식으로도 발전할 수 있지만 이마저도 지나치게 강조될 수 있다. 따라서 불교 전통은 '숲의 고요함'에 갇히거나 혹은 바다와 연결된 '행복감'에 빠져 실체를 무시하는 것을 경고한다.

77) 둘째, 서양 과학자와 철학자들이 자주 범하는 또 다른 치명적 오류는 우리의 모든 견해가 절대적인 것이 아니라 필히 체험적이라는 점을 간과하는 것이다. 인지과학이 합리주의와 소박한 실재론을 반박할 수 있는 이유는 바로 이 오류 때문이다(예: Lakoff and Johnson 1999:74ff., 94ff. 참조). 이 오류는 너무 만연하여 일부 불교학파와 그 텍스트에서조차 상호 의존적 발생을 존재론적 절대자로 간주하는

것처럼 보인다. 텍스트에는 '관습적 실재'와 '궁극적 실재'의 구분이 빈번하게 등장한다. 궁극적이란 때때로 '최종적'이라는 의미뿐 아니라 '더 나은'이라는 의미로도 사용되는 것으로 보이며, 궁극적인 것은 '더 실재적이고', 관습적인 것보다 더 많은 권위와 가치를 지니고 있다. 가필드(Garfield)는 고대와 현대 주석서에서 이 해석상의 논쟁을 언급한다(299). 콜린스(Collins)에 의하면, 이 논쟁의 배경은 무아 교리가 '실재에 대한 설명과 해탈의 도구'라는 두 가지 다른 용도로 쓰였기 때문이다. 즉, 불교 이론의 개념적 내용을 보존하고 명확히 하는 데 관심이 있는 전문가들은 무아 교리를 체험적인 방법으로 이해하지만, 반대로 열반을 성취하기 위해 명상적 성찰에 진지하게 몰두하는 초심자 승려들은 절대적인 것으로 생각한다고 주장한다. 콜린스는 또한 "무아에 대한 '잘못된 견해(邪見)'에 반대하는 '바른 견해(正見)'와 나가르주나의 '견해 없음(no-view)'이라는 접근법, 즉 옳고 그름 자체가 조건부 범주라는 개념화 활동 자체에 대한 도덕적·인식론적 태도" 사이의 미묘한 차이에 주목한다(Garfield 1995:299, 304-305 참조). 콜린스는 경전에서 '답이 없는 질문'에 대해 붓다가 답변을 거부한 것(無記)과 동일한 형태로 문제 해결이 가능하다고 제안한다(Collins 1982:131-138). 거부란 "그 분석이 불가능하거나 불교 전체가 모든 추측을 거부한다는 의미가 아니다. … 거부되는 것은 잘못된 전제에 근거한 해로운 추측이다. … 이는 '경험주의'나 실질적인 반反형이상학적 불가지론을 향한 보편적 권고가 아니라 열정적이지만 오도된 숭배자를 향한 충고이다." 이 내용은 부족한 나의 식견을 넘어서는 또 다른 논쟁이지만, 초보자들은 이것이 필요한 이유를 알아야 한다.

78) 셋째, 나는 인간이 가진 행동 지향의 중요성과 더불어 불교 수행에서 이 문제를 어떻게, 왜 다루고 있는지를 강조하고 싶다. 특히 학계에서는 행동이 인간의 본성에 얼마나 깊이 내재되어 있는지, 그리고 행동이 우리의 정신생활을 결정하는 데 얼마나 중추적 역할을 하는지 거의 인식하지 못하는 것 같다. 독자들은 단순히 우리가 이동성이 뛰어나다는 이유만으로도 인간과 나무(木)의 도전적 삶이 얼마나 다른지 생각해 볼 필요가 있다. 진화적 발달은 단순한 신체적 이동성에서 환경 내 적응으로 재배치되고, 환경을 조작하는 세밀한 차별화 능력으로 진행되며, 이는 다시 가능한 행동을 기반으로 미래 상태를 모델링하고 그중 선택된 능력을 발전시킬 기회를 갖는다고 가정하는 것이 타당해 보인다. 각각은 이후의 전개에서 이전 것을 대체하는 대신 통합한다. 나는 우리가 행동에 가장 적합한 실체가 되기 위해 다양체를 어떻게 분할하는지, 그리고 추상적인 개념적 사고가 행동 신경생리학에서 비롯된 행동 은유에 어떻게 기반하고 있는지를 논의하였다. 분할 인격 은유에서 파생되는 나(I)와 자아-개념 간의 역설과 불일치는 부분적으로 행동-지각-행동 루프를 위해 현재 시점에 존재해야 하는 나/행위자의 필요성을 통해 설명된다. 우리는 변화하는 세상의 명령에 따라 행동해야 한다는 의무에 사로잡혀 행동에 깊이 몰두하고 있다.

79) 따라서 불교는 세계와 그 세계 속에서 살아가는 자신에 대한

일반인의 관점을 해체하고 올바른 경험을 제공하고자 하는 것이기 때문에 불교의 여러 수행이 구도자의 행동 방향을 바꾸는 역할을 한다고 보는 것이 합리적이다. 여러 면에서 행동하지 않는 것이 장려된다. 이것은 여러 명상 수행에서 발견되는 미묘한 개념으로서, 단순히 움직이지 않는다는 의미가 아니다. 붓다는 특히 삼림 수행자(Aranyaka)들에 반대하여 설교했다(혜능慧能의 무심론無心論에 관해서는 Suzuki 1949, 행동하지 않기(無爲) 때문에 고요함으로 빠져드는 도교道敎의 문제점에 관해서는 Smith 1992 참조). 행동하지 않는 것은 단지 움직임의 문제라기보다는 의지·의도·행위자와 더 밀접한 관련이 있다. 행동과 의지·자발성·주체성·의도·동기·욕망 등이 얽혀 있는 영역은 서양철학이나 과학에서 아직 해결하지 못한 가시덤불과도 같다. 현재 신경학과 인지 신경과학에서 우리의 의지와 행위자에 대한 관심이 점점 커지면서 생산적인 연구가 진행되고 있다(Frith and Done 1989; Goldberg 1985; Jeannerod 1994; Lhermitte 1983; Libet 1985). 불교뿐 아니라 베다사상에도 깊이 뿌리내린 복잡한 카르마(業) 개념은 단순한 육체적인 활동이 아니라 이와 같은 행위의 측면과 관련이 있다는 점에 주목해야 한다. 물리학자 존 휠러(John Wheeler, 1991)는 양자 이론의 틀(framework)에서 미래에 일어날 사건과 현재의 선택 사이에 놀라운 연결성이 있다는 것을 발견했다.

80) 불교 수행의 핵심인 좌선은 특히 육체적 활동을 멈추고 정신적 활동을 점차적으로 제한한다. 행동-관찰-행동 루프가 중단될 때 특징적 인식보다 설명적 인식이 더 두드러지게 나타난다. 행동을

멈출 때 설명적 인식이 보고할 수 있는 것은 시스템 자체의 상태뿐이며, 자아 자체에 대한 이러한 재분석은 새롭고 더욱 통합된 구조가 형성될 기회를 만든다. 이것이 자아를 '변화시키는' 경험의 핵심일 수 있다.

81) 산만한 생각이나 잠에 빠지지 않은 채 행동 루프에서 벗어나는 것은 결코 사소한 성취가 아니다. 이것은 사마타의 주의집중 훈련에서 추구하는 마음의 안정화·집중·강화의 한 측면이다. 그러나 사마타에서는 경험의 '변화'를 허용하지만 만들어내지는 않으므로 다른 수행법이 권장되기도 한다. 명상 전통에 따라 수동적 관찰을 강조하는 정도가 다르다. 예수회에서 자신의 교리를 철학적으로 적극 탐구할 것을 장려하는 것처럼, 일부 전통에서는 정신적 고요함을 달성한 후 텍스트에 설명된 상태를 적극적으로 탐구하고 시험하는 것이 훈련에 포함될 수 있다. 철학적인 성찰에서는 일반적인 범주의 틀 안에서 성찰하는 반면, 선禪의 공안公案 같은 수행에서는 훈련을 통해 범주 나누기를 포기하도록 한다. 중관철학에서는 시스템의 많은 부분을 설명적 인식으로 해석하기 위해 특정 범주에 대한 탐색을 더 많이 사용할 수 있다.

82) 전통 수행은 또한 행동의 방향성을 변화시키는 데 도움을 준다. 수행 공동체에 가입하거나 한시적 은거를 하면 변화하는 세상에 대한 의무감이 다소 감소한다. 공동체나 스승에게 복종하게 되면 수행자가 갖는 부담이 어느 정도 그들에게 전가된다(최면 암시에서 가장 극적으로 나타난다). 타인에게 자비로운 봉사를 수행하면 타인의

관점을 수용할 수 있도록 자기 자신의 변화가 촉진된다(Deikman 1996, 2000). 반복적인 단체 기도는 행동의 통제권을 단체와 기도 자체로 옮기고, 반복적 행동은 현재 흘러가는 시간과의 연결을 느슨하게 만든다. 장기간의 선禪 수행 시 '자아가 사라지는' 경험에 대해서는 데이크만(Deikman)의 개인적인 보고를 참조하라(1997). 이 모든 수행은 행동지향적인 자아의 경험을 약화시켜 새로운 경험과 통합 구조가 나타나도록 하는 것 같다. 그러나 진정한 목표는 설명적 인식이 우세한 명상 상태에 머무르는 대신 새로운 관점을 얻은 후 세상으로 돌아가 행동하도록 하는 것이다.

결론

83) 인간은 역동적인 다양한 세계에 참여하는 준準실체이며, 이러한 상황이 우리의 행동 방향을 결정한다는 것이 새롭게 부상하는 중심 주제이다. 우리는 체험적 근사치를 통해 끊임없는 변화와 과잉 정보에 적응하는데, 이는 맥락적인 지식이 설명적 인식에 제시되어 지나치게 단순화된 것을 실체화하고 동시에 완화함으로써 가능하다. 아마도 인간 종種의 이름을 호모 프래그머티쿠스(pragmaticus, 실용적 인간종)의 하위 아종亞種인 호모 어프록시마투스(Homo approximatus, 근사적 인간종)로 바꿔야 할지도 모른다. 물론 근사치를 적용하는 경향은 우리의 복잡한 '내면생활'에도 똑같이 적용되어 인격·자아·나(I)라는 생각과 말에 혼란이나 내적 모순, 역설을 초래한다. 이 글의 두 번째 주제는 인격과 자아에 대해 선천적으로 잘못된 견해를 가진 일반인을

위한 나의 변호이다. 그것은 잘못됐다기보다는 진화에 필요한 적응으로, 단순히 무지하다기보다는 더 복잡하고 다면적인 측면으로 보는 것이 낫다. 오용의 여지가 있긴 해도, 그 해결책은 대체가 아닌 재조정이다.

84) 내가 제안하는 인격·자아·나(I)의 재-개념은 불교의 주요 내용과 양립할 수 있으며 불교와 현대 심리학 사이의 몇 가지 접점을 가리키기도 한다. 일부에게는 개념적으로 어려울 수 있지만 일반적 정의보다 더 명확한 정의를 제안하고자 한다.

인격은 역동적으로 변화하고, 자기 조직화되고, 다층적이며, 뚜렷한 경계가 없고, 인과관계의 덤불 속에 있는 준(quasi) 실체이다. 자아는 인격의 현재 조직이다. 나는 자아의 관점, 즉 현재 구별할 능력을 가진 집합체이다.

자아를 역동적 조직으로 보는 내 설명은 불교의 소용돌이치는 온蘊의 집합체와 유사하지만 더 많은 구조를 갖는다. 나는 일시적인 것과 영원한 것, 무상한 것과 시간을 초월한 것이라는 극명한 이분법보다는 다양한 정도의 안정성에 더 초점을 맞춘다. 나는 실체를 항상 조건적이고, 목적에 따라 달라지며, 맥락에 의해 제약을 받는 것으로 정의하는데 이는 현상 세계를 바라보는 불교의 관점과도 완전하게 일치한다. 그러나 나는 불변성이나 안정성이 일어나는 정도에 대해서도 주목한다. 1시간 정도 지속되는 상태는 1초나 또는 10년 동안 지속되는 상태와 다르며, 그 차이는 언급할 만한 가치가 있다.

85) 내가 제시하는 도식과 불교 전통에서는 인격을 어떤 식으로든 고유한 존재(예를 들어 영혼이나 특별한 본성을 가진 존재)로 간주하기보다는 자연 세계 속에 위치한 존재라고 생각한다. 불교의 핵심 개념인 무아(anātman)설에서 자아는 본질·본체가 아니고 불변도 아니며 독립적으로 발생하지도 않는다. 나가르주나(Garfield 1995)가 표현했듯이 독립된 존재는 없으며 오직 관계와 그들 간의 역동성만이 있을 뿐이다. 내 자아 도식의 핵심 개념은 조직(organization)으로, 이 또한 역동적인 관계에 불과하다. 따라서 두 체계는 모두 변화와 재조직의 가능성을 포함한다.

86) 불교에서는 자아와 자아가 내재된 다양체를 바르게 경험하는 방법으로 명상을 강조한다. 나는 앞에서 명상이 행동 지향성을 깨뜨리고 특징적 인식 대신 설명적 인식에 집중하는 능력을 훈련시킨다는 내용을 소개했다. 이 글은 깨달음을 향한 훈련 과정에서 일어나는 경험과 인지의 근본적 변화를 서양심리학 용어를 통해 가교를 놓으려는 것이다. 이러한 준비과정을 통해 사마타, 봉사와 자비, 밤샘 집단 군무, 약물 등과 같은 변형된 실천이 인지심리학과 두뇌의 하위 시스템 측면에서 어떻게 작동할 수 있는지 가설을 세울 수 있다. 나는 여기서 가능한 한 변화의 추구 과정과 경험에 대한 내용으로 논의를 제한하였고, 갑작스러운 통찰로 인해 뒤늦게 일어나는 재구성이나, 또는 다른 수단을 통해 일어나는 변화 자체에 대한 경험은 언급하지 않았다.

나는 이 구상이 개인적인 수행 지식에 관심이 있는 사람들에게 도움이 되길 바란다. 수행 자체와 관련된 경험을 이차적인 정서적·신체적 반응과 구별하고, 나아가 재구성 이후 일상적 맥락에서 일어나는 경험을 특징짓는 것은 그들 각자의 몫이다.

87) 무아(無我, anātman)의 교리는 불교가 주장하는 비관주의와 허무주의의 또 다른 형태로 종종 오해를 받는다. 불교에서 소외와 아노미(anomie) 같은 현대적 고통을 해결할 방법은 단순히 자아가 없다고 하는 대신 자아를 철저하게 맥락화하는 방법을 취하는 것이다. 이 경우 심리학을 뛰어넘는 서구의 전체론(holism) 경향과도 상당히 일치하는 것으로 보인다. 맥락 중심으로 바라보고자 하는 서구의 새로운 인식은 생태학, 자연환경을 위한 지속 가능한 실천, 나아가 환경으로 대표되는 사회에 대한 관심 증가로 나타난다. 전통적으로 심리적 또는 영적 작업이라고 생각되는 노력을 통해 전체와 부분의 관계를 보다 깊게 이해할 필요가 있다. 이 글에서 다루고자 한 인격과 자아에 대한 탐구는 바로 이 목적에 조금이나마 기여하기 위한 것이다.

이메일: dgalin@itsa.ucsf.edu.
우편주소: 5 Mount Hood Court, San Rafael, CA 94903-1018.

참고문헌

Bear, D. M. and P. Fedio. 1977. "Quantitative Analysis of Interictal Behavior in Temporal Lobe Epilepsy." *Archives of Neurology* 34:454-467.

Bisiach, E. 1991. "Understanding Consciousness: Clues from Unilateral Neglect and Related Disorders." In A. D. Milner and M. D. Rugg, eds., *The Neuropsychology of Consciousness*, pp.113-137. London: Academic.

Bogen, J. E. 1986. "Mental Duality in the Intact Brain." *Bulletin of Clinical Neurosciences* 51:3-29.

_____ 1990. "Partial Hemispheric Independence with the Neocommissures Intact." In C. Trevarthen, ed., *Brain Circuits and Functions of the Mind: Essays in Honor of Roger W. Sperry.* Cambridge: Cambridge University Press.

Collins, S. 1982. *Selfless Persons.* Cambridge: Cambridge University Press.

Deikman, A. J. 1963. "Experimental Meditation." *Journal of Nervous and Mental Disease* 136(4): 329-343.

_____ 1971. "Bimodal Consciousness." *Archives of General Psychiatry* 45:481-489.

_____ 1996. "Intention, Self, and Spiritual Experience." In S. Hameroff, A. Kaszniak, and A. Scott, eds., *Toward a Science of Consciousness: The First Tucson Discussions and Debates*, pp.30-35. Cambridge: MIT Press.

_____ 1997. "The Spiritual Heart of Service." *Noetic Sciences Review* (Winter), pp.30-35.

_____ 2000. "Service As a Way of Knowing." In E. Hart, ed., *Noetic Sciences Review.* Albany: State University of New York Press.

Frith, C. D. and D. J. Done. 1989. "Experiences of Alien Control in Schizophrenia

Reflect a Disorder in the Central Monitoring of Action." *Psychological Medicine* 19(2): 359–363.

Galin, D. 1974. "Implications for Psychiatry of Left and Right Cerebral Specialization: A Neurophysiological Context for Unconscious Processes." *Archives of General Psychiatry* 31(4): 572–583.

_____ 1992. "Theoretical Reflections on Awareness, Monitoring, and Self in Relation to Anosognosia." *Consciousness and Cognition* 1(2): 152–162.

_____ 1994. "The Structure of Awareness: Contemporary Applications of William James's Forgotten Concept of 'the Fringe.'" *Journal of Mind and Behavior* 15(4): 375–400.

_____ 1999. "Separating First-Personness from the Other Problems of Consciousness." *Journal of Consciousness Studies* 6:222–229.

_____ 2000. "Comments on Epstein's Neurocognitive Interpretation of William James's Model of Consciousness." *Consciousness and Cognition* 9:576–583.

Galin, D., J. Johnstone, L. Nakell, and J. Herron. 1979. "Development of the Capacity for Tactile Information Transfer Between Hemispheres in Normal Children." *Science* 204(4399): 1330–1332.

Gallagher, S., and A. J. Marcel. 1999. "The Self in Contextualized Action." In S. Gallagher and J. Shear, eds., *Models of the Self*, pp.273–299. Thorverton: Imprint Academic.

Garfield, J. L. 1995. *The Fundamental Wisdom of the Middle Way: Nāgārjuna's Mūlamadhyamakakārikā*. New York: Oxford University Press.

Goldberg, G. 1985. "Supplementary Motor Area Structure and Function: Review and Hypotheses." *Behavioral and Brain Sciences* 8:567–616.

Goldstein, K. 1939. *The Organism, a Holistic Approach to Biology Derived from Pathological Data in Man*. New York: American Book.

Hilgard, E. R. 1977. *Divided Consciousness: Multiple Controls in Human Thought and Action*. New York: Wiley.

Holland, J. H. 1998. *Emergence.* Reading, Mass.: Addison-Wesley.

Hopkins, J. 1983. *Meditation on Emptiness.* London: Wisdom.

_____ 1987. *Emptiness Yoga:* The Tibetan Middle Way. Ithaca: Snow Lion.

James, W. 1950 [1890]. *The Principles of Psychology.* New York: Dover.

Jeannerod, M. 1994. "The Representing Brain: Neural Correlates of Motor Intention and Imagery." *Behavioral and Brain Sciences* 17(2): 187-245.

Kihlstrom, J. F. 1987. "The Cognitive Unconscious." *Science* 237:1445-1452.

_____ 1993. "The Psychological Unconscious and the Self." *Ciba Foundation Symposium* 174:147-156.

Lakoff, G. 1987. *Women, Fire, and Dangerous Things: What Categories Reveal About the Mind.* Chicago: University of Chicago Press.

Lakoff, G. and M. Johnson. 1999. *Philosophy in the Flesh: The Embodied Mind and Its Challenge to Western Thought.* New York: Basic.

Leslie, A. M. 1987. "Pretense and Representation: The Origins of 'Theory of Mind.'" *Psychology Review* 94:412-426.

Lhermitte, F. 1983. "'Utilization Behaviour' and Its Relation to Lesions of the Frontal Lobes." *Brain* (part 2) 106(2): 237-255.

Libet, B. 1985. "Unconscious Cerebral Initiative and the Role of Conscious Will in Voluntary Action." *Behavioral and Brain Sciences* 8:529-526.

Mangan, B. 1991. *Meaning and the Structure of Consciousness: Essay in Psycho-aesthetics.* Ph.D. diss., University of California, Berkeley. University Microfilms no. 92033636.

_____ 1993. "Taking Phenomenology Seriously: The "Fringe" and Its Implications for Cognitive Research." *Consciousness and Cognition* 2(2): 142-154.

Puccetti, R. 1981. "The Case for Mental Duality: Evidence from Split-Brain Data." *Behavior and Brain Sciences* 4:93-123.

Rosch, E. 1978. "Principles of Categorization." In E. Rosch and B. B. Lloyd, eds., *Cognition and Categorization*. Hillsdale, N.J.: Lawrence Erlbaum.

_____ 1994. "Is Causality Circular? Event Structure in Folk Psychology, Cognitive Science, and Buddhist Logic." *Journal of Consciousness Studies* 1:50-65.

Sacks, O. W. 1984. *A Leg to Stand On*. New York: Summit.

Sherrington, C. S. 1947. *The Integrative Action of the Nervous System*. Cambridge: Cambridge University Press.

Simon, H. 1969. "The Architecture of Complexity." *The Sciences of the Artificial*, pp.193-229. Cambridge: MIT Press.

Smith, H. 1992. *Tao Now: Essays in World Religion*, pp.71-92. New York: Paragon House.

Sperry, R. W. 1968. "Hemisphere Deconnection and Unity in Conscious Awareness." *American Psychologist* 23(10): 723-733.

Sperry, R. W., M. S. Gazzaniga, and J. E. Bogen. 1969. "Interhemispheric Relationships: The Neocortical Commissures, Syndromes of Disconnection." In J. J. Vinken and G. W. Bruyn, eds., *Handbook of Clinical Neurology* 4:273-290. Amsterdam: Elsevier.

Sperry, R. W., E. Zaidel, and D. Zaidel. 1979. "Self Recognition and Social Awareness in the Deconnected Minor Hemisphere." *Neuropsychologia* 17(2): 153-166.

Strawson, G. 1997. "The Self." *Journal of Consciousness Studies* 4:405-428.

_____ 1999. "The Self and the SESMET." *Journal of Consciousness Studies* 6:99-135.

Suzuki, D. T. 1949. *Zen Doctrine of No-Mind*. London: Ryder.

Tart, C. T. 1972. "States of Consciousness and State-Specific Science." *Science* 176:1203-1210.

Vallar, G., G. Bottini, M. L. Rusconi, and R. Sterzi. 1993. "Exploring Somatosensory Hemineglect by Vestibular Stimulation." *Brain* 116:71-86.

Wallace, B. A. 1989. *Choosing Reality: A Buddhist View of Physics and the Mind*. Ithaca: Snow Lion.

_____ 1998. *The Bridge of Quiescence: Experiencing Tibetan Buddhist Meditation.* Chicago: Open Court.

_____ 1999. "The Buddhist Tradition of Samatha: Methods for Refining and Examining Consciousness." *Journal of Consciousness Studies* 6: 8-16.

Wheeler, J. A. 1991. "Information, Physics, Quantum: The Search for Links." In W. H. Zurek, ed., *Complexity, Entropy, and the Physics of Information*, pp.1-28. Redwood City, Cal.: Addison Wesley.

Wimsatt, W. C. 1974. "Complexity and Organization." In K. F. Schaffner and R. S. Cohen, eds., *Boston Studies in the Philosophy of Science* 20: 67-86. Dordrecht: Reidel.

_____ 1976a. "Reductionism, Levels of Organization, and the Mind-Body Problem." In G. Globus, G. Maxwell, and I. Savodnik, eds., *Consciousness and the Brain*, pp.205-266. New York: Plenum.

_____ 1976b. "Reductive Explanation: A Functional Account." In C. A. Hooker, G. Pearse, A. C. Michealos, and J. W. v. Evra, eds., *Proceedings of the Meetings of the Philosophy of Science Association, 1974.* Dordrecht: Reidel.

불교에서는 자아의 본성에 대한 혼란이 악惡의 기원 및 인간이 초래한 고통과 깊이 관련되어 있다고 본다. 윌리엄 월드론은 이 글에서 불교와 인지과학, 생물학, 사회과학의 관점에서 자아에 대한 비교 연구를 설득력 있게 제시한다. 월드론이 채택한 방법은 인간 정체성(identity)에 관한 논의를 철학으로부터, 인간을 독립적인 불변의 실체로 실재화하려는(reify) 경향이 인간 삶에 미치는 막대한 영향에 대한 조사로 옮기려는 것이다. 불교에서는 상호 의존적 현실에서 '정체성'을 유지하려는 잘못된 시도가 인간 행동으로 인한 고통의 증가, 즉 '악'으로 이끈다고 주장한다. 데이비드 갈린과 마찬가지로 월드론은 불교와 현대과학의 주요 관점에서 볼 때, 우리가 포함된 모든 현상이 개인의 발달사, 내적 차별화 과정, 주변의 지원 조건과는 무관하게 독립적으로 존재하는 통일된 실체가 아니라 상호 연결된 관계의 패턴으로 인식된다면, 우리 자신과 세계를 더 깊고 완전하게 이해할 수 있을 것이라고 주장한다.

월드론은 불교와 진화생물학 사이의 접점을 고찰하면서, 우리의 과거 선조들이 성공적으로 수행했던 행동과 현대 세계에서 우리가 처한 상황의 필요, 조건 간의 혼란스러운 불일치를 지적한다. 갈린과 동일하게 월드론도 독립적인 나(I) 또는 자아에 대한 감각이 불교에서 주장하는 것처럼 단순히 잘못된 실수가 아니라, 관습적으로 중요한 목적을 달성하는 매우 실용적인 구조일 수 있으므로 진화적인

이점을 가져왔음에 틀림없다고 주장한다. 즉 독립적인 나(I)라는 감각이 유발한 행위(karma)로 인해 번식에는 성공적이었지만, 정신적 번뇌를 불러일으킨 동시에 우리의 자아감각을 강화시키는 결과를 가져왔다는 것이다. 그리고 자신을 포함하여 모든 현상이 구성되어 있고 환영적인 본질을 가졌다는 것을 경험적으로 깨달아야만 정신적 번뇌의 원인 및 이로 인한 악과 괴로움에서 해방될 수 있다. 바로 여기에 불교학자, 진화생물학자, 발달심리학자 간의 대화와 공동 연구를 위한 중요한 지점이 있다.

월드론은 첫째 모든 현상의 의존적 특성, 둘째 '자아정체성'의 구성적 특성, 셋째 인간의 악과 불행이 '타인'을 희생시키면서 '자신'을 보호하고자 하기 때문에 발생한다고 하는 불교의 세 가지 기본 원리에 맞춰 악의 사회 이론에 대한 학제 간 연구의 기초를 제시한다. 월드론은 불교와 과학사상 간에는 인간 정체성의 특성 및 악의 기원에 관한 견해에 중요한 차이점이 있음에도, 두 분야가 서로 교류함으로써 한층 심화될 수 있는 수많은 융합 영역이 있다고 주장한다.

3. 공통 근거와 공통 원인: 불교와 과학에서 바라본 정체성 번뇌

윌리엄 월드론

행위로부터 다양한 세계가 만들어진다('Karmajaṃlokavaicitrayam').
— 세친(世親, Vasubandhu)

길은 걸어감으로써 비로소 만들어진다('道行之而成').
— 장자莊子

모든 중생은 미혹하다('Sabbe sattā ummattakā').
— 고타마 붓다

이 작은 행성에서 우리 인간이 스스로 개척해 온 광활하고 다양한 세계를 이해하는 것은 결코 쉬운 일이 아니다. 어디부터 시작할지, 무엇을 탐구할지, 무엇을 목적으로 할지 어떻게 알 수 있는가? 그러나 사건은 스스로를 드러내는 방식이 있다. 냉전이 무너지고 민족 간, 종교 간 갈등이 격렬하게 전 세계를 뜨겁게 달구고 있는 지금,[1] 끝없는 죽음과 폭력의 이미지가 전 세계로 매일 전송되는 가운데 인간의 악과 고통의 다면적인 얼굴은 우리가 두려워하는 피할 수 없는 비인간적인 현실을 암시하면서 우리 자신을 변함없이 응시하고 있다. 우리의 임무, 다시 말해 도덕적 의무는 거의 50년 전 알베르 카뮈(Albert Camus, 1971:11)가 수백만 명이 살해된 사건을 다음과 같이 표현했듯이 오늘날에도 시급한 과제이다. 카뮈는 "50년 동안 7,000만 명의 인간을 내쫓고, 노예로 삼고, 살해했던 시대는 비난받아야 마땅하다

---

1 조직적인 폭력의 규모는 다음 통계에서 분명하게 나타난다. "1973년 전 세계에 걸쳐 소수 분쟁이 확산되었다. 1980년에 30여 건이 발생했고 현재는 40여 건이 넘는다. 대부분의 통계에서는 매일 평균 1,000명의 군인이 전 세계에서 사망한다. 이는 현재 진행 중인 여러 전쟁에서는 통계를 수집할 수 없기 때문에 실제보다 적은 수치이다. 하루에 발생하는 1,000여 명의 사상자는 제1차 세계대전 당시 매일 사망한 프랑스 군인의 평균 수치와 거의 같지만 그 전쟁은 불과 5년 동안만 계속된 것이다. 현재의 폭력 수준은 10년 이상 지속되고 있다. 또한 매일 대략 5,000명의 민간인이 전쟁의 직간접적인 영향으로 사망한다. 지난 10년 간 350만 명의 군인과 2천만 명의 민간인이 사망하였다." John Ralston Saul(1992:180f), *Toronto Globe and Mail* 1980년 12월 31일자, *Canadian Defense Quarterly* 편집자 John Gellner의 말 인용.
Lentz Peace Research Institute의 William Eckhardt는 1945년부터 1989년 사이 1,330만 명의 민간인과 680만 명의 군인이 사망했다고 추산하고 있으며, National Security Archives(*Toronto Globe and Mail*, 1991년 9월 30일자)의 Nicole Ball은 1945년 이후 125번의 전쟁과 분쟁에서 4천만 명이 사망한 것으로 추산한다. 사울(1992:599)을 참조하라. 소련 붕괴, 유고슬라비아 전쟁, 중앙아프리카에서 일어난 대량학살 이전에 표집된 수치이지만 감소할 기미가 보이지 않는다.

고 생각할 수도 있다. 그러나 그 죄책감 또한 이해되어야 한다."고 말한 바 있다. 나의 글은 카뮈의 이 말을 진지하게 받아들여 인간이 인간에게 가하는 고통, 전통적인 표현으로 '인간에 대한 인간의 비인간성', 즉 한마디로 악의 끔찍한 역학 관계를 이해하려는 시도이다. 인간은 다른 종種이 하지 않고, 할 수 없고, 하지도 않는 방식으로 전쟁을 일으키고 서로를 죽인다. 우리는 어떻게든 이 모든 것을 이해해야 한다. 또 우리는 여러 곳에서 너무 자주 수없이 반복되는 행위의 이면에 있는 어떤 패턴, 공통된 역학 관계를 파악할 수 있어야 한다. 카뮈가 말했듯이 이에 대한 이해는 세부적인 내용이 아무리 혐오스럽고, 결론이 아무리 불쾌해도 그 예방을 시작하기 위해서라도 필요한 것이다.

그러나 그 이해는 우리에게 필요한 것일 뿐만 아니라 우리가 심문해야 하는 것이기도 하다. 왜냐하면 이 불경스런 인간악의 역학 관계 배후에 악의적으로 깊게 자리잡고 있는 것은 바로 이해 그 자체라는 것을, 즉 우리 인간의 조건에 대한 불완전하고 잘못된 이해 때문임을 알게 될 것이다. 우리가 해결해야 할 문제는 개인으로서, 사회 집단의 구성원으로서, 우연적이고 역사적인 종으로서의 자신을 잘못 이해하는 경우이다. 우리는 인간을 악으로 이끄는 갈망뿐 아니라 그 악을 가능케 하는 인간 조건의 혼란 역시 이해해야 한다.[2] 거의 모든 종교 전통에서는 '타락한 상태'로서의 인간 조건이 가진 완강하고 만연된

---

2 이 둘은 전통불교에서 해탈을 가로막는 두 장애, 즉 번뇌의 장애(煩惱障, kleśa
-avāraṇa)와 올바른 지식 혹은 이해의 장애(所知障, jñeya-avāraṇa)와 거의 일치
한다.

비극적 압박감을 인식하고 이를 다루어 왔다. 인간 삶의 어두운 면을
이해하기 위해, 우리는 생물학과 사회과학의 유사한 탐구 분야 및
종교 전통 중 인도불교의 핵심 개념을 이용할 것이다.[3] 다른 대화와
마찬가지로, 우리는 외부의 권위나 상급 권한에 호소하지 않는다.
중요한 것은 그 출처가 무엇이든지 간에 주장의 일관성과 설득력이다.

　이러한 대화가 가능해진 이유는 최근 서구사상과 과학에서 인간악
의 근본적인 조건 및 인간 조건을 바라보는 관점에 대해 전통불교로부
터 공통된 부분을 찾고자 했기 때문이다. 사물을 그 자체의 발달사,
내부적 분화 과정, 이 조건들과 무관하게 존재하는 실재화된 실체로
생각하기보다는 상호 연결된 관계적인 패턴이라는 관점에서 고찰하
면 우리 자신과 세계를 더 깊고 온전하게 이해할 수 있으리라는 공감대
가 점점 커지고 있다. 즉, 변하지 않는 본질·실체·정체성(identity)의
관점에서 인간의 조건을 바라보는 것은 심각하게 잘못된 해석이며,
이런 오해로 인해 인간의 악과 고통이 경감되기보다는 오히려 악화된
다는 인식이 점점 더 커지고 있다.

　분야에 따라 다르게 표현되지만 인간 조건에 대한 오해와 악과
고통의 인과적 영향 간의 관계는, 나의 글에 개념적 틀을 제공하는
전통불교사상의 교리에서 매우 명확하고 직접적이고 포괄적으로
표현된다. ① 모든 '조건화된 현상(saṃskṛta-dharma)'은 근본적으로
의존적이며(pratītyasamutpāda), 따라서 고정되거나 불변하는 '본질

─────────

3 여기서 나는 '인도불교'의 관점만을 말하는 것이 아니다. 불교 전통 간에는 여러
　사안에 걸쳐 다양한 차이가 있다. 이 글의 범위를 인도불교에서 널리 받아들여지
　면서, 현대과학 분야와 생산적인 대화 가능성이 있는 측면으로 제한하고자 한다.

(svabhāva)'이 없다. ② 오히려 우리는 우연적인 의존 관계를 통해 어렵게 취해진(upādāna) 역동적이면서도 전적으로 조건화된 '구성물(saṃskāra)'의 집합체이다. ③ 우리는 집합된 구성물을 실질적인 '자아' 또는 고정된 정체성(ātman)으로 해석하는 경향이 있다. ④ '정체성'을 만들고 확보하기 위한 노력으로 우리는 그것의 우연적이고 구성된 본성을 무시하고, 반박하려는 시도를 한다. 마지막으로, ⑤ 이 노력은 실제로 인간의 행위(karma)를 사실상 더 많은 악과 고통을 가져오는 반복된 행동 패턴으로 전환한다. 요컨대 이 행위는 우리의 의존성을 부정하고, 무상함에 대항하며, 이 추정된 실질적인 '자아'에 대한 지속적인 안전을 확보하려는 잘못되고 헛된 노력을 시도하는데, 이는 불교도들이 말하는 '실재를 전도하려는' 시도이다.[4]

---

4 이 마지막 구절은 네 가지 전도(顚倒, viparyāsa)가 가진 문자 그대로의 의미에 가깝다. 네 가지 전도란 무상한 것을 영속적인 것으로, 불만족스러운 것을 만족스러운 것으로, 순수하지 않은 것을 순수한 것으로, 자아가 아닌 것을 자아로 간주하는 잘못된 생각이다. 불교의 관점에서는 오직 열반만이 지속적인 만족을 보장하므로, 네 가지 전도는 영속성·만족감·지속적 자아(존재의 세 유형, tri-lakṣaṇa)가 없는 세상에서 찾을 수 없는 것을 찾고, 확보할 수 없는 것을 확보하고, 얻을 수 없는 것을 얻으려는 우리의 헛된 시도를 설명한다. 이 글은 전도가 갖는 의미를 확장하여 고찰한 것이다. 특히 찾을 수 없는 곳에서 영속성·만족감·자아를 찾는다는 전도된 인식·생각·개념(sañña-, citta-, diṭṭhi-vipallāsa)에 대한 전통적인 분류 측면에서도 그러하다. Nyanatiloka(1977:196). 빠알리어 텍스트의 영어 번역본 페이지 번호 외에도 표준 약어를 사용하기로 한다. A=Aṅguttara Nikāya; M=Majjhima Nikāya; S=Saṃyutta Nikāya. 다음으로 PTS 판의 권과 페이지 번호를 적었다. 여러 문헌에서 이러한 표기를 볼 수 있을 것이다. A IV 49 ("Anicce niccan ti, dukhhe sukhan ti, anattani attā ti, asubhe subhan

본질 없음, 우연성, 정체성 구성과 같은 기본 개념은 비교적 단순하므로, 인간 삶이 갖는 심오한 함의를 이해하려면 좀 더 충분하고 세부적인 사고가 필요하다. 따라서 우리는 이 기본 개념이 가진 관점을 뒷받침하고 구체화하기 위해 서구 과학을 활용하고자 하며, 이 과정에서 불교 및 과학이 아직 독자적으로 설명하지 못한 인간악의 역학 관계를 잘 이해하게 될 것으로 기대한다.

정체성 번뇌: 불교의 기본 관점

전통불교의 관점에서 볼 때 인간의 삶에 고유한 고통은 궁극적으로 자신이 역동적으로 변화하고 우연적인 주변 세계와 무관하게 고립된, 단일한 자율적 실체라고 잘못 생각하는 우리의 영속적 정체성 (permanent identity) 감각 및 이에 대한 뿌리 깊은 애착에서 비롯된다. 붓다의 설법에는 이러한 자아에 대한 잘못된 인식이 간결하게 정의되고 있다. "말하고 느끼는 것은 나의 자아이며, 선한 행동과 불선한 행동의 결과를 여기저기서 경험한다. 그러나 이 자아는 영속적이고,

---

ti"); Abhidharmakośabhāṣya(이하 AKBh) V ad 9; Poussin 21; Shastri 888 ("Anitye nityam iti, duḥkhe sukham iti, aśucau śuci iti, anātmani ātma iti"). 여기서 전도의 핵심은 다음 구절과 같이 간결하게 표현된다. "네 가지 전도된 견해로 인해 그들의 마음(citta)이 동요되는 한, 존재는 이 비실재적 탄생과 죽음의 순환 (saṃsāra)에서 결코 벗어날 수 없을 것이다." ("Caturbhir viparyāsair viparya-sta cittāhsattvā imam abhūtamsaṃsāraṃ nātikrāmanti"). *Prasannapadā*, xxiii, Conze(1973:40, 276, n. 31)로부터 인용. 존재의 세 '유형'과 전도된 견해에 대한 자세한 설명은 34-46쪽을 참조하라.

영원하고, 변하지 않으며, 영원토록 지속될 것이다."(Ñāṇamoli 1995:
92, M I 8)[5]

모든 유기적 과정이 동화·상호 침투·분해[6]와 같은 자연 기능에
따라 항상 변화·성장·소멸하는 것처럼, 불교의 관점에서 우리 모두는
항상 열려 있는 자기 조직화 패턴에 의해 끊임없이 변화하는 과정에
놓인 집합체(蘊, skandha)이다.[7] 이 관점에서 보면 우리가 흔히 본질적
이라거나 고정된 '정체성' 또는 '본성'이라고 생각하는 것은 실제로는
오해 및 감정적 애착에 의해 만들어지고 끝없는 자기중심적 행위에

---

5 *Sabbāsava-sutta*, Ñāṇamoli(1995:92f). 심리학자 Ernest Wolf(1991:169)는 "나는
내 부모의 자식으로 특정 장소에서 특정 시간에 태어난 사람이며 어제의 '나'를
어제의 '나'로, 바라건대 내일의 '나'로 식별할 수 있는 개인사가 있는 사람이다."라
는 보편적이고 동일한 확신에 대해 설명한다. Mitchell(1993:109)에서 인용.
6 불교의 연기법과 자기 조직화 이론, 이와 유사한 일반 시스템 이론, 카오스
이론 간에는 밀접한 관련이 있다. 특히 진화론에 적용되는 자기 조직화 이론의
최근 경향에 대해서는 Capra(1997)을 참조하라. 일반시스템 이론과 불교사상의
비교는 Macy(1991)를 참조하라. Varela, Thompson, Rosch(1991)는 인지과학과
서구 현상학을 연결하기 위해 불교 개념을 잘 활용하고 있다.
7 불교는 의식이 단지 신경 상태의 부수적 현상일 뿐이라는 유물론적 세계관을
부정한다. 보통 불교 전통에서는 마음(vijñāna, 識)의 흐름이 한 생에서 다음
생으로 지속되고, 이 식識이 신체로 '들어오고' 신체로부터 '벗어나는' 과정이
한 생애를 의미한다고 주장한다. 나는 여기서 비교의 초점으로 진화론과 불교사상
을, 생명체들의 활동을 종種의 연기법이라는 인과론으로서 비교하는 것이 의미가
없지는 않다고 생각한다. 물론 어떤 활동의 영향이 어떻게 한 세대에서 다음
세대로 전달될 수 있는지를 설명하는 데는 불교와 생물학 간에 큰 차이가 있다.
여타의 문제들에 관한 한 불교의 관점은 현재의 과학적 가정과 대체로 일치하지
않는 것으로 보인다.

의해 보호되는 복잡한 구성물이다. 정체성은 불교에서 무지·집착·분노의 '3독三毒'이라고 하는 근본번뇌에 의해 구성된다.[8] 그러나 역동적이고 우연한 환경 속에서 구성되고, 해석되는 정체성은 필연적으로 불안정하고 보호받지 못하기 때문에 지속적인 강화와 보호를 필요로 한다. 불교의 관점에서 볼 때 무지·집착·분노에 이끌린 활동을 통해 이 취약하고 조작된 자아의 정체성을 영구적으로 확보하려는 것은 궁극적으로 헛된 노력이며, 아이러니하게도 이는 불안·불만·좌절을 낳고 그 결과 더 많은 집착과 분노 등이 일어나 자아를 강화하려는 또 다른 노력으로 이어지는 경향이 있다.[9] 요컨대 불교에서 삼사라

---

8 '3독'('탐욕, 증오, 망상'의 통칭)은 인간의 감정과 행동을 광범위한 의미에서 대표하며 다음과 같이 구체적으로 나눌 수 있다.

　─탐욕(greed): 좋아함(liking), 소망(wishing), 갈망(longing), 좋아함(fondness), 애정(affection), 집착(attachment), 정욕(lust), 탐욕(cupidity), 갈망(craving), 열망(passion), 방종(self-indulgence), 소유욕(possessiveness), 탐욕(avarice); 다섯 가지 감각 대상에 대한 욕망(desire for the five sense objects); 부富·자손·명성 등에 대한 욕망(desire for wealth, offspring, fame, etc.).

　─증오(hatred): 싫어함(dislike), 혐오(disgust), 혐오감(revulsion), 분개(resentment), 원한(grudge), 불쾌감(ill-humour), 성가심(vexation), 과민(irritability), 적개심(antagonism), 혐오(aversion), 화(anger), 분노(wrath), 복수심(vengefulness)

　─망상(delusion): 어리석음(stupidity), 어리석음(dullness), 혼란(confusion), 본성에 대한 무지(ignorance of essentials)(예: 사성제), 편견(prejudice), 이데올로기적 독단주의(ideological dogmatism), 광신(fanaticism), 그릇된 견해(wrong views), 자만(conceit) (Nyanaponika 1986:99).

9 붓다는 다음과 같이 관찰했다.

　우리는 느낌을 자아로 … 지각을 자아로 … 의지의 형성을 자아로 … 의식을 자아로, 의식을 소유하는 자아로, 의식을 자아로, 의식 속의 자아로 간주한다.

(saṃsāra)의 악순환이라고 하는, 반복적이고 강박적인 행동 패턴의 끝없는 순환에 빠지게 된다.

불교의 관점에서 보면 변화무쌍하고 우발적인 현실 속에서 정체성을 유지하려는 잘못된 시도가 인간의 행위로 인한 고통의 발생, 즉 '악'으로 이끄는 것을 반복한다. 즉, 악과 고통이 나타나는 것은 관계와 과정을 불변하는 것으로 실재화하고, 특성과 자질을 고정된 본질로 추상화하며, 무엇보다도 자신을 둘러싼 환경과 구분하면서, 자기의 정체성을 단일하고 실체적인 자아로 유지하려는 경향이 가져온 의도치 않은, 피할 수 없는 결과물이다. 따라서 정체성은 무지에서 비롯된 자아(self)와 비-자아(not-self) 간의 이분법에 기초한 구성물일 뿐만 아니라 거의 필연적으로 '우리'와 '우리 것'에 집착하고 '그들'과 '그들의 것'을 공격하며, 극단적으로는 여기서 우리가 이해하려는 끔찍한 비인간성으로 이끄는 바로 그 과정으로 이어진다.

나는 먼저 무지·집착·분노의 3독이 일반적인 생명의 진화, 특히 인간의 진화에 미치는 다원적 영향을 불교 용어로 설명함으로써 이러한 인간악의 역학 관계를 설명할 것이다. 정체성과 그로 인한 번뇌가 진화적 발달의 장기적 조건화 과정과 분리될 수 없으며, 이를 통해 가장 잘 설명될 수 있으리라 생각한다. 다음으로 번뇌의 영향을 생물학 및 사회과학의 용어와 관심사로 가정하여, '정체성 번뇌에 대한 자연사

의식은 변화하고 바뀐다. 의식의 변화로 인해 마음은 의식의 변화에 몰두하게 된다. 의식의 변화에 집착하면서 비롯된 불안과 일련의 마음 상태가 마음을 계속 사로잡고 있다. 마음이 사로잡혀 있기 때문에 우리는 두려워하고 괴로워하고 불안해하며, 집착으로 인해 동요하게 된다.(Bodhi 2000, S III 16f).

自然史'의 서론 부분에 해당하는 내용을 살펴보고자 한다.[10]

공통점: 불교와 생물학에서 보는 진화, 신체화, 행위화

행위로부터 다양한 세계가 만들어진다('Karmajaṃlokavaicitrayam').
– Abhidharmakośabhāṣya(구사론) IV 1

3독과 그 구체적 내용인 번뇌(kleśa)[11]는 정신생리학적 과정의 기원,

---

10 이 글에서는 그 역학 관계 중 불교의 사성제四聖諦 중 처음 두 가지(苦諦와
集諦)인, 인간이 처한 고통과 불만족의 보편성과 그 근본 원인, 즉 구성되었음에도
궁극적으로 지속될 수 없는 영속적인 자아정체성에 대한 집착만을 다루고자
한다. 사성제 뒷부분의 두 가지(滅諦와 道諦)는 독립적이고 자율적이고 고정된
자아에 대한 믿음과 이 믿음이 유발하는 행동을 없앰으로써 고통으로부터
완전한 자유를 얻을 근본적 가능성과 그 자유로 향하는 길을 선언한다. 질병이
확산되는 조건을 이해하기 위해 역학자疫學者들의 연구 결과를 사용하는 것이
자신들의 병적 사고방식을 보여주는 것이 아닌 것처럼, 특정 문제를 조사하기
위해 불교사상을 이용하는 것은 불교가 '비관적'이라는 고정관념을 입증하는
것이 아니다. 결과물은 제기된 질문에 따라 상대적이며, 역학자들의 연구 결과는
개선효과를 가져오므로 가치가 있다. 불교도들은 전통적으로 사성제를 의학
용어와 비슷하게 이해한다. 특히 대승불교의 관점에서 자비와 협력이 진화,
역사, 사회·문화·정치 활동에 미치는 유익한 영향에 대해서 이 글과 유사한
형태의 글을 쓸 수도 있다. 하지만 이는 우리가 여기서 추구하려는 것은 아니다.
11 집착·분노·무지의 3'독'은 각각 수탉·뱀·돼지로 대표되며, 전통적으로 죽음과
재생의 순환을 나타내는 생명의 수레바퀴의 중심부에 자리잡고 있다. 번뇌
(kleśa)는 기본적으로 3독을 세부적으로 구체화한 내용이므로 이 글의 목적상
같은 의미로 취급하고자 한다.
붓다가 직접 설한 내용이 담긴 초기불교 문헌에는 번뇌가 정리된 형태로 열거되

발달, 기능을 불교적으로 설명할 때 핵심적인 개념으로, 각각은 대략

지는 않지만, 후기 아비달마 전통에는 상세하게 설명된다. 상좌부 아비담마 (*Dhamma-sangani, Visuddhimagga* 등)에서 10가지 번뇌는 1. 탐욕(lobha), 2. 증오(dosa), 3. 망상(moha) (1~3은 3독에 해당), 4. 자만(māna), 5. 사변적 견해 (diṭṭhi), 6. 회의적 의심(vicikicchā), 7. 정신적 혼침(thīna), 8. 들뜸(uddhacca), 9. 무참(無慚, ahirika), 10. 무괴無愧, 비양심(anotappa)이다. Nyanatiloka(1977: 77)를 참조하라.

Abhidharmakośa(V 1c-d)에서는 상좌부(집착·분노·무지·자만·잘못된 견해· 의심)와 마찬가지로 6가지를 열거하고 '잘못된 견해(dṛṣṭi)'를 다시 5가지로 나누어 10가지(V3)를 열거한다. 1. 살가야견(薩迦耶見, satkayadṛṣṭi), 2. 극단적 견해(antagrāhadṛṣṭi, 영원주의와 허무주의), 3. 잘못된 생각에 근거한 그릇된 견해(dṛṣṭiparāmarśa) 4. 법과 의식儀式에 대한 그릇된 견해(śilavrataparāmarśa), 5. 인과에 대한 잘못된 견해(mithyādṛṣṭi). 이에 대해서는 Guenther와 Kawa- mura(1975:64-81)를 참조하라. 이어지는 논의의 중심이 되는 '살가야견(satkā- yadṛṣṭi)'은 여기서 제시하는 것보다 불교사상에서 더 근본적인 역할을 한다. 어원과 관련해서 논란이 있지만, 살가야견은 인간의 육체적·정신적 구성물인 5온(skandha)에 대한 잘못된 견해의 범위와 영속적인 '자아'의 특성을 일관되게 지칭한다.

kleśa를 어떤 용어로 적절하게 번역할지에 대해서도 논란이 있다. Snellgrove (1987:109)는 이 문제를 다음과 같이 간결하게 설명한다.

영어로 적절한 용어를 정하는 데 어려움이 있다. ⋯ kleśa는 글자 그대로 '괴로움 (anguish)' 또는 '고통(distress)'을 뜻하지만 불교에서는 도덕적으로 괴로운 모든 것을 포함하므로 사실상 '죄스러운(sinful) 감정'을 의미한다. 비록 죄스럽다는 말이 이 어려운 용어의 실제적 의미에 충분히 가깝다고 확신함에도, 나는 기독교 에 특화된 용어를 불교 문헌에 도입하는 것에 부정적인 서구화된 신세대 불교도 들을 존중하여 '죄(sin)'라는 번역을 피하려고 노력했다. '번뇌(affliction)'는 마음 의 평정심을 깨뜨리는 모든 것을 지칭할 수 있다는 점에서 가능한 번역어로 볼 수 있지만, 이 경우에도 도덕적 측면의 동요라는 의미는 놓치고 있다.

적으로 계통발생, 개체발생, 심리학에 해당된다. 진화적 인과론과 유사하게 불교에서는 인간 종을 탄생시킨 장기적 과정, 현재 인간의 신체화(embodiment)에 맞는 특정 행동 패턴, 그리고 이 두 가지에 의해 활성화되고 영향 받는 지속적인 활동에서의 특정한 행위화(enaction) 간의 밀접한 상호 의존성을 주장한다. 분석과 설명을 위해 우리는 각각 진화, 신체화, 행위화의 셋을 논의하겠지만 이들이 서로 밀접하게 연관되어 있다는 것을 염두에 두어야 한다. 궁극적으로 불교와 생물학적 관점 모두에서 장기적으로 진화적 변화가 일어나는 것은 환경과 분리될 수 없는 생명체의 행동 때문이다. 먼저 불교 세계관에서 3독이 미치는 영향을 설명한 후 진화생물학에서 인과관계에 대한 유사한 모델을 살펴볼 것이다.

우주 생성론의 관점: 악순환(saṃsāra)의 연속

불교에서는 3독과 기타 번뇌에서 비롯된 행동이 우리가 살고 있는 중생 세계의 구조와 조건을 만들 때 중요한 역할을 한다고 주장한다.[12] 언뜻 보기에 '심리적' 과정이 어떻게 지구상에 생명체를 만들어낼 수 있는지 상상하기 어려울 수 있다. 그러나 이 개념은 고전 불교 우주론의 핵심일 뿐만 아니라 진화생물학의 관점과도 어느 정도까지는 일치한다.

---

12 남아시아의 우주론에서는 물질적 우주의 형성이 대부분 카르마에서 기인한다고 하지만, 여기서는 번뇌의 영향을 효과적으로 비교하기 위해 중생의 발달 개념만으로 논의를 한정한다.

적절한 우주 창조신화는 아니지만,[13] 불교 초기 경전인 '시초의 지식에 대하여'에서는 세계 주기의 중간기에 살던 천상의 존재가 점차 우리가 알고 있는 세계에 사는 인간으로 되어가는 과정을 설명한다(Walshe 1987, Aggañña Sutta(세기경世紀經), D iii 81f.; 필자가 관련된 내용을 의역하였다).

처음에 천상의 존재들은 "마음으로 만들어졌고, 기쁨을 먹고, 스스로 빛을 발하며, 공중을 이동하고, 장엄했다." 당시 만물은 해도 달도 별도, 낮도 밤도, 달도 년도 계절도 없는, 분화되지 않은 물과 어둠의 덩어리였다. 천상의 존재들은 뚜렷한 성적 특징을 지니고 있지 않았다.

물 위에 달콤한 땅이 펼쳐졌고 욕심 많은 천상 존재 중 한 명이 한 조각을 떼어 먹었다. 그것을 좋아하자 갈망이 생겨났고 다른 존재들도 곧 그 뒤를 따랐다. 그들의 자체 발광發光은 점차 줄어들고 해와 달이 나타나고, 낮과 밤이 나타나고, 달과 해와 계절이 생겼다. 세상은 서서히 다시 진화했다.

음식을 먹으면서 그들의 몸은 거칠어졌고 신체적 차이가 나타났다. 잘생긴 사람은 못생긴 사람을 폄하했고, 외모에 대해 오만하고 자만하게 되자 달콤한 땅은 서서히 사라져 갔다. 그 후 거친 음식을 계속 먹음에 따라 그들 간에 신체적 차이가 더 커지고 오만과 자만심도 커졌다.

---

13 이것은 본래부터 불교에서의 설명이 아니라 전통적인 베다 우주론의 아이러니를 패러디했을 가능성이 높다. Collins(1993) 및 Carrithers(1992:117-145) 참조.

점차 껍질 없는 쌀이 나타나 저절로 자라서 매 번 반복적으로 수확할 수 있게 되었다. 존재들은 이 거친 음식을 먹으면서 성적으로 나뉘었고 서로에게 완전히 몰두하였다. "욕정이 일어났고 그들의 몸은 정욕으로 불타올랐다." 그렇게 탐닉하는 이들은 공동체에서 추방당해 다른 사람들과 강제로 떨어져 살게 했지만 결국 모두 같은 습관을 갖게 되었다.

어떤 이들은 게으름을 피워 한 끼가 아닌 두 끼의 쌀을 더 모으기로 결심했고, 다른 이들도 그 뒤를 따랐다. 결국 쌀알에 껍질이 생기기 시작했고 쌀은 더 이상 자연적으로 채워지지 않았다. 이제 노동력이 필요했다. 벼가 더 이상 아무데서나 자라지 않게 되자 결국 논을 만들어 경작하는 사람들에게 배당하였다. 소유권이 제도화되면서 시기심과 도둑질이 등장했고, 처벌과 거짓말과 거짓 고발이 이어졌다. 결국 사회 규칙 및 이를 시행하는 체제와 그 밑에 놓인 구분들이 발전하여 현재 우리가 살고 있는 복잡하고 계층화된 사회가 탄생했다.

초기 불교경전의 시초에 대한 비유가 루소의 '은총으로부터의 타락'과 유사하다고 생각되면서도, 경전의 중심주제인 오만·탐욕·열정·시기 때문에 우리와 우리가 사는 세상이 생겨났음을 이해할 수 있다.[14]

---

14 "땅의 한 구획을 울타리로 막고 처음으로 이것이 내 것이라고 말하고, 사람들이 이를 믿을 만큼 단순하다는 것을 알게 된 최초의 사람이 시민사회의 진정한 창시자였다." J-J. Rousseau, *The First and Second Discourses* (New York: St. Martin's 1964), 141쪽, Becker(1975:40)에서 인용.

불교에서, 우리의 특별한 세계는 특정한 번뇌(kleśa)에 의해 일어난 중생의 특별한 행위(karma)의 결과로 인해 발전했다. 5세기 인도 불교학자인 바수반두(Vasubandhu, 世親)는 이 인과 원리를 다음과 같이 간결하게 표현하였다(AKBh V 1a; Shastri 759; Poussin 106).

> 다양한 세계는 행위에서 발생한다. 행위는 잠재적 번뇌(anuśaya)
> 의 힘에 의해 축적된다. 잠재적 번뇌가 없으면 [그들은] 새로운
> 존재가 될 수 없기 때문이다. 결과적으로 잠재적 번뇌는 존재의
> 근원이다.[15]

다시 말해 불교 관점에서 보면, 신체화된 존재의 구조와 능력을 포함하여 중생 세계 전체는 번뇌와 잠재적 번뇌(무지, 감각적 쾌락에 대한 욕망, 존재에 대한 갈망, 존재에 대한 집착 등)에 의해 만들어진 이전 행위(karma)의 누적 결과물이다. 간단히 말해 붓다는 우리 몸은 그 능력과 함께 '구성되고(abhisaṅkhatam) 의도되었으며 이제 경험하게 될 이전 행위(karma)'의 결과로 간주해야 한다고 선언했다(S II 65).[16]

---

15 AKBh ad V 1a. Poussin1; Shastri 759. ("Karmajaṃ lokavaicitrayam' ityuktam / tāni ca karmāṇi anuśyavaśād upacayaṃ gacchanti, antareṇa cānuśayān bhavābhi-nirvartane na samarthāni bhavanti / ato veditavyāḥ mūlaṃ bhavasyā nuśayāḥ"); 티베트어: ("las las 'jig rten sna tshogs skyes zhes bshad pa / las te dag kyang phra rgyas gyi gbang gyis bsags par 'gyur gyi / phra rgyas med par ni srid pa mngon par 'grub par mi nus pa de'i phyir / srid pa'i rtsa ba phra rgyas yin par rig bar bya ste").

16 "Nāyam ⋯ kāyo tumhākaṃ na 'pi aññsaṃ. purāṇam idaṃ bhikkhave kammaṃ

이 진술이 가진 함의를 알아보기 위해, 우리는 그러한 행동 패턴이 어떻게 마음과 신체 구조에 구축되고 내장되었는지를 진화생물학의 관점에서 살펴볼 것이다.

진화와 경험의 상호 의존성

자기 보호는 생명의 시작과 함께 시작되며, 자아와 비자아의 구별에 따라 암암리에 일어나는 끌림과 혐오의 과정에서 나타난다. 기본 생명체인 단세포 생물은 주변 환경에서 자신에게 위협적인 것과 유익한 것을 구분하여 공격하여 물리치거나 집어삼켜 흡수한다. 반투과성 막을 통해 이를 구별했던 것은 생명의 기본 전제조건이었다. 이 기능이 없었다면 단세포 생명체는 결코 살아남지 못했을 것이고, 현재의 인류인 호모 사피엔스 종과 같은 복잡한 다세포 생물로 진화하지 못했을 것이다.

우리 모두는 진화의 오랜 과정에서 연속적인 변화를 통해 생물 유기체를 성공적으로 번식시킨 생명체의 후손이다. 이는 여러 세대에 걸쳐 더 많이 번식하는 생물체가 덜 번식하는 생물체보다 더 많은 유전적[17] 특성을 물려주는 차등 번식 과정을 통해 이루어졌다. 따라서

---

abhisaṅ khataṃ abhisañcetayitaṃ vedaniyaṃ daṭṭhabbaṃ." 별도로 명시하지 않는 한, 빠알리어 텍스트는 PTS(빠알리 텍스트 협회)의 번역본에서 인용한다. 일관성을 위해 일부 전문 용어를 변경하였다.

17 아래에서 살펴보겠지만 일반적으로 유전적 특성은 생명체와 그 생명체의 행동 패턴을 발생시키는 복잡한 요인 중 하나이다. 행동 자체는 물론 자연, 사회 환경의 지속성과 인과적 영향은 진화의 순환적 피드백 과정에서 필수 불가결한

진화론은 더 성공적인 번식으로 이끄는 특정한 행동 패턴이 장기간에 걸쳐 꾸준히 강화되는 긍정적인 피드백 루프를 보여준다. 따라서 생물학적 유기체인 우리 모두에게는 선조가 자연, 사회 환경과 상호작용하며 번식 성공률을 높인 행동의 누적 결과가 신체화(embodiment)되어 있다. 즉, 오늘날 우리에게 신체화되어 있는 특성은 대부분 과거에 성공적으로 번식을 촉진한 행동이 반영된 것이다.

이 행동 패턴 중 가장 중요한 것은 음식과 주거지를 확보할 수 있는 신체적·정신적 능력과, 자손을 번식하고 양육하는 데 필요한 인지적·정서적 능력이다. 즉, 자신의 존재를 보존하려는 의지, 생식 활동으로 이어지는 욕구, 목표를 달성하는 데 필요한 사람이나 사물에 애착하는 것은 인간의 생명을 만들고 보존하고 재생산하는 데 있어 필수 요소이다. 생존 욕구와 생명에 대한 갈망이 지금 여기 신체화되어 존재의 형태를 구성한다는 것은 진화론의 단순하면서도 심오한 핵심적 가정, 즉 과거에 더 (재)생산적이었던 것이 현재 더 풍부하다는 가정에 의한 것이다. 여기에는 우리의 예민한 사회적 감수성은 물론 생각하고 느끼고 공감하고, 궁금해 하고 걱정하고, 사랑하고 미워하고, 경쟁하고 협력하는 능력이 포함된다.[18] 이 중에서 진화 이론으로

조건이다.

18 이 글에서는 초점을 더 좁혀서 모든 행동과 능력을 충분히 고려하는 인간 심리에 대한 포괄적인 설명은 배제하고자 한다. 현재의 생물학적 사고는 19세기 사회다윈주의와는 정반대의 극에 있다. "삶은 생존을 위한 경쟁적인 투쟁이라기보다는 협력과 창의성의 승리이다. 사실 최초의 핵 세포가 생성된 이래로 진화는 더 복잡한 협력과 공진화를 통해 진행되어 왔다."(Capra 1997:243).

알려진 상호 의존적이면서도 자기 강화적인 과정의 범위를 완전히 벗어난 것은 없다.

우리 조상들의 과거 행동과 경험이, 현재 우리 종의 특성에 미친 함축된 의미를 간과하기 쉽다. 여기에는 과거 진화 과정에 독특한 인간의 능력, 특별한 지식, 감정, 사고방식이 근본적으로 포함되어 있기 때문이다. 진화생물학자 데이비드 바라시(David Barash)는 다음과 같이 설명한다.

자연 선택에 의한 진화가 우리 마음의 선험적 구조의 근원이라면, 어떤 의미에서 이 구조는 경험에서 비롯된 것이다. 즉, 발달하는 단일 유기체의 즉각적이고 단기적 경험이 아닌 진화하는 개체군의 장기적 경험에서 비롯된 것이다. … 진화는 거의 상상할 수 없을 정도의 긴 시간 동안 축적되어 온 무수한 경험의 결과이다. 선험적으로 인간의 마음은 외견상 사전 프로그래밍되어 있고 적어도 개인적 경험과 어느 정도 무관한 것처럼 보이지만 실제로는 경험 자체의 신체화에 지나지 않는다.(1979:203)

따라서 불교도와 생물학자들은 인간 삶의 형태와 구조가 무수한 세대에 걸쳐 축적된 무수한 존재들의 행동 결과라는 것에 대체로 동의한다.[19] 다른 모든 종과 마찬가지로 우리도 엄청나게 길고 복잡한

---

19 우리는 이것들이 모든 면에서 비교 가능하다는 것이 아니라 장기적 인과관계 또는 조건화된 영향이라는 면에서 공통점이 있다고 제안하는 것이다. 진화생 물학은 보통 이 질문을 특정 유전자 풀과 모집단의 발달이라는 관점에서 고려

일련의 변화를 통해 형성되고 조건화되어 왔다. 이 점에서 우리는 불변의 '종의 본질'이나 고정된 '인간의 본성'[20]이 전혀 없는 우연적이고 역사적인 존재이다. 오히려 우리는 과거의 행동과 경험을 통해 만들어진 역동적이고, 전적으로 조건화된 구조(samskāra)의 집합체이다. 포크너(Faulkner)의 유명한 격언인 "과거는 결코 죽은 것이 아니고 지나가지도 않았다."라는 말은 좀 더 시詩적일 수 있지만 현대의 생물학적 관점과 놀랍도록 유사하다. 왜냐하면 "유기체의 구조는 이전의 구조적 변화와 그에 따른 이전의 상호작용을 기록한 것이기 때문이다. 살아있는 구조는 항상 이전의 발달 기록이다."(Capra 1997: 220). 그러나 이전의 상호작용이 현재에 미치는 지속적인 영향을 좀 더 충분히 이해하려면 인간의 신체화를 구성하는 역사적으로 조건화된 구조, 즉 '구성되고 의도되었으며 이제 경험하게 될' 바로 그 구조에 대해 조사해야 한다(S II 64).

하는 반면 불교는 여러 생에 걸쳐 전개되는 마음의 흐름이라는 관점에서 주로 설명한다.

20 "다윈주의는 … 종의 구성원이 불변의 유형으로 고정되어 있다는 개념인 본질주의를 추방하였다."(Richards 1987:4).

본질주의적 사고에서 개체군 사고로 전환한 것이 자연 선택을 통한 진화론을 가능하게 하였다. … 유기체는 … 역사적으로 획득한 정보를 저장하는 메커니즘을 가지고 있다. … 유전자형(유전자 프로그램)은 생명의 기원으로 거슬러 올라가는 역사적 산물이며, 따라서 모든 조상들의 '경험'을 통합한다. … 이것이 유기체를 역사적 현상으로 만든다.(Mayr 1988: 15f.).

신체화, 행위화 및 윤회(saṃsāra)의 강화

길은 걸어감으로써 비로소 만들어진다('道行之而成').
―『장자莊子』 2장

우리는 진화생물학과 인도불교에서 종으로 존재하게 된 인과적 역학
관계의 몇 가지 공통점을 살펴보았다. 이제 개인적, 사회적, 문화적
영역에서 일어나는 정체성 형성 중 문제가 되는 과정에 특히 주의를
기울이면서 실제로 우리에게 부여된 몇 가지 능력을 검토해야 한다.
여기서도 정체성 형성의 상호 의존적 연결고리에 대한 주제와 이를
무시했을 때 발생하는 해로운 결과에 대한 주제가 반복해서 등장한다
는 것을 알게 될 것이다.

상호 의존성은 우리의 성향과 행동, 이로 인한 장기적 결과 사이의
피드백 순환으로 표현된다. 과거에 더 (재)생산적이었던 것이 현재에
더 풍부하다는 가정을 신체화로 표현하면, 3독과 기타 번뇌가 특정
행동을 하려는 성향이나 기질의 형태로 발현되고, 이를 뒷받침하는
생리 구조를 출생 시에 가지고 태어나거나 중요 발달 기간 내에 성숙시
킨다는 것이다. 이후에 이 행동 구조는 삶의 다양한 활동을 촉진하고,
그 결과는 장기적으로나 전체적으로 생식 능력이 강화되고 발전되는
진화 과정의 필수불가결한 요소이다. 따라서 행동은 긍정적 피드백
순환에서 필수적인 연결고리를 구성한다. 이전 행동의 결과로 발생하
는 유전 능력은 현재 활동의 범위를 가능하게 하고 영향을 미치며,
이후 미래의 진화 발달의 조건이 된다.[21] 우리는 먼저 이 중요한 피드백

순환을 불교 용어로 검토한 후 생물학 및 사회과학적 담론에 대해
살펴볼 것이다.

인도불교의 관점에서 인간은 태어날 때부터 욕망·탐욕·공격성·무
지에 의해 동기부여된 행동을 하는 근본 성향 혹은 기질을 갖는다.
이 성향은 애초부터 우리의 신체 구조를 만드는 데 중요한 역할을
했던 바로 그 번뇌 행위이다. 붓다는 잘 알려진 설법에서, 풀밭에
누워 있는 순진한 어린아이가 자아정체성(self-identity) 관점이나 감각
적 쾌락 욕구나 타인에 대한 공격성이 발달하지 않았음에도 이 아이는
'자아정체성 관점', '감각적 쾌락 욕구', '타인에 대한 공격성' 등의
성향을 지니고 있다고 설한다. 이 모든 성향은 그의 내부에 잠재되어
있어 성장함에 따라 완전히 성숙하게 된다.[22] 잠재된 성향은 성숙하면

---

21 행동 연구는 이제 현대의 진화 분석에서 핵심 이슈의 하나로 부상했다. 생각해
   보면 왜 그래야 하는지 쉽게 알 수 있다. 결국 자연 선택과 유전적 변화는,
   현재 우리가 다윈을 해석하는 것처럼, 동물의 행동 방식에 따라 달라진다.
   특히 번식 행위와 자손 보호로 이어지는 모든 것이 번식률의 차이의 결과로서
   진화의 방향을 결정하는 방식에 따라 달라진다.(Nichols 1974:264)

22 Ñāṇamoli(1995:537f.), *Maluṇkya-sutta*(MI 433).
   엎드려 누워 있는 연약한 어린 아기에게는 '인격(sakkāya, '자아-정체성')'이라는
   개념조차 없는데, 어떻게 그에게서 인격이라는 관점이 생겨날 수 있겠는가?
   그러나 인격이라는 관점의 근본 성향(anusaya)은 그의 내부에 있다. 엎드려
   누워 있는 연약한 어린 아기에게는 '가르침'이라는 개념조차 없는데 어떻게
   가르침을 의심할 수 있겠는가? 그러나 의심하는 근본 성향은 그의 내부에
   있다. 엎드려 누워 있는 어린 연약한 아기에게는 '규칙'이라는 개념조차 없는데,
   어떻게 규칙과 규율을 집착할 수 있겠는가? 그러나 규칙과 규율을 준수하려는
   근본 성향은 그의 내부에 있다. 엎드려 누워 있는 연약한 어린 아기에게는

서 순간순간 인지 및 정서 활동에 지속적으로 영향을 미치고, 발현될 때마다 행동에 부정적인 영향을 미친다. 마치 현대 심리학 교과서에서 가져온 것 같은 붓다의 설법은 3독의 잠재적 성향이 어떻게 일상의 지각 경험에 의해 유발되는지를 시각의 예로써 묘사한다.

> 눈(眼根)과 형상(色境)에 의존하여 안식眼識이 일어난다. 이 셋의 만남은 촉觸이다. 촉을 조건으로 즐겁거나 고통스럽거나 즐겁지도 고통스럽지도 않은 느낌이 일어난다. 즐거운 느낌에 접할 때 그것을 기뻐하고, 환영하고, 계속 붙잡고 있다면, 탐욕의 근본 성향은 그 사람에게 있다. 고통스러운 느낌에 접할 때 슬퍼하고 비통해하고 한탄하고 가슴을 치며 흐느껴 울면, 혐오의 근본 성향은 그 사람에게 있다. 즐겁지도 고통스럽지도 않은 느낌에 접할 때, 그 느낌의 발생·소멸·만족·위험·도피를 있는 그대로 이해하지 못한다면, 무지의 근본 성향은 그 사람에게 있다.(Ñāṇamoli 1995:1134, M III 285)[23]

'감각적 쾌락'이라는 욕구조차 없는데, 어떻게 감각적 욕망이 생길 수 있겠는가? 그러나 감각적 욕망의 근본 성향은 그의 내부에 있다. 엎드려 누워 있는 연약한 어린 아기에게는 존재라는 개념조차 없는데 어떻게 존재에 대한 악의가 생길 수 있겠는가? 그러나 악의의 근본 성향은 그의 내부에 있다.

이 성향들은 아래 주석 31)에 열거한 다섯 가지 하위 족쇄(오하분결五下分結)로 구성된다.

23 번뇌의 발생에 대한 후대 불교의 분석은 이 내용과 미묘한 차이가 있다. 예를 들어 아비달마 전통은 잠재적 성향과 그것을 촉발시키는 특정 대상 간의 관계에 있어 그 대상을 정신분석 개념인 '부과된' 또는 '집착된'(포착된, besetzen) 대상과 유사한 형태로 분석한다. 첫째, 번뇌의 각 유형은 특정 대상에 '묶여' 특정

집착·분노·무지의 3독(자기 존재의 관점도 포함)[24]은 지속적으로 거의 모든 인지적, 정서적 일상 경험에 의해 유발되거나 '활성화'된다. 활성화 과정은 특정 사물에 특정 방식으로 반응하는 유전 성향의 잠재력과 실제로 반응하는 방식 간의 중요한 연결고리를 구성한다. ('만약 즐거워한다면 … 슬퍼한다면 … 이해하지 못한다면'과 같은) 3독은 성향이기 때문에 절대적인 결정요인[25]이 아니며, 의도적 행위

조건에 따라 반응한다. 둘째, 적절한 대상이 각 감각 영역에 나타날 때마다 대상은 번뇌의 '폭발'을 불러일으킨다. 예를 들어 감각적 욕망은 '감각적 욕망의 폭발을 일으키는'(kāmarāgaparyavasthānīya-dharma) 대상(dharma)이 감각 영역에 나타날 때마다 일어나는데, 그 대상을 향한 잠재적 성향을 버리지 않았거나 대상을 올바르게 이해하지 못했을 때 일어난다(rāgānuśaya). 셋째, 이 후자의 조건은 무지가 모든 것의 근원이라고 하는 이유를 설명한다. (1) AKBh ad V 22; Shastri 801; Poussin 48. "Yasya pudgalasya yo'nuśayo yasmin ālambane 'nuśete sa tena tasmin samprayuktaḥ." AKBh ad V 18c-d; Shastri 793; Poussin 39. yena yahsamprayuktas tu sa tasmin samprayogataḥ// … te cānuśayāḥ samprayogato 'nuśayirannālambanataḥ; (2) AKBh ad V 34; Shastri 829; Poussin 72f.; "Tat yathā rāgānuśayo 'prahīṇo bhavati aparijñātaḥ kāmarāgaparya-vasthānīyaś ca dharmā ābhāsagatā bhavanti. tatra ca ayoniśo manaskāra evaṃkāmarāga utpadyate"; (3) AKBh ad V 36c-d; Shastri 831; Poussin 74; sarveṣāṃtesām mūlam avidyā.

24 우리는 자신의 육체적 느낌, 감각 대상, 심리적 과정 등을 모두 동일시하는 성향이 있다. "비구들이여, 이것이 인격(sakkāya, 또는 '자아-정체성')의 발생으로 이끄는 길이다. 사람들은 눈을 다음과 같이 여긴다. '이것은 나의 것이다, 이것은 나이다, 이것은 나의 자아이다.' 그리고 사람들은 [육체적] 형태 등을 [인간의 삶을 구성하는 모든 감각과 정신적 과정]으로 간주한다. '이것은 나의 것이다, 이것은 나이다, 이것은 나의 자아이다.'" Ñāṇamoli(1995:1133), M III 285.

25 단순히 특정 행동을 유발하는 것과 전적으로 행동하기를 결정하는 것 간의

(karma)²⁶를 일으키지 않는 한 그 자체로 결과를 수반하지 않는다.

구분이 매우 중요하다. 성향을 유발하는 요인과 그 성향이 특정 행동으로 이어지는 방식 사이에는 상대적으로 간접적인 인과의 영향이 존재한다. 즉, 성향은 어느 하나가 일방적으로 행동을 결정할 수 없는 더 크고 다면적인 상호 의존적 연결망 속에서 중요한 요소이다. Barkow(1989:74)는 이 중요한 차이점을 강조한다. "우리가 이기심과 기만 및 기타 유사한 행동을 할 수 있다는 사실에 아무도 놀라지 않을 것이다. 이러한 방식으로 행동할 수 있는 능력이 자연 선택의 산물이라는 것은 놀라운 일이 아니다. 그 행동을 줄이려고 하거나 심지어 안할지 여부는 그런 심리를 만들어낸 선택적 압력이 아니라 그 행동을 만들어내는 메커니즘의 본질, 즉 우리의 심리에 달려 있다. 사회적 심리, 인간의 본성과 같은 우리의 진화된 행동 메커니즘과 이를 만들어낸 선택적 압력 사이의 구분은 매우 중요하다. 인간의 심리가 자연 선택의 산물임에도 인간의 행동은 선택적 압력이라는 계산 방식으로 환원되기는 어렵다."

26 그렇지 않다면 카르마 이론은 편협한 결정론에 해당되므로 오히려 해탈의 가능성 자체가 부정될 것이다. 그러나 불교의 인과론은 결과의 절대적인 불가피성이나 엄격한 결정론을 말하지 않는다. 오히려 카르마적 행위는 그것을 유발한 동기와 일치하는 결과를 초래하는 에너지 패턴으로 움직이며, 이는 다시 다른 행위를 유발하는 경향을 갖는다. 그렇지 않으면 악순환의 고리에서 벗어날 길이 없으며 따라서 종교적 수행이 아무런 의미가 없을 것이라고 붓다는 경고했다. "누군가는 '행위하는 대로 그 결과를 경험하게 될 것이다.'라고 주장하는데 만약 이 말이 옳다면 순수한 삶은 없을 것이며 고통을 멈출 기회도 없을 것이다."(A I 249; "Yo … evaṃ vadeyya-yathā yathāyaṃ puriso kammaṃ karoti tathā tathā taṃ paṭṭisaṃvediyatīti-evaṃ santaṃ … brahmacariyavāso na hoti okāso na paññāyati sammā dukkhassa antakiriyāya") (Johansson 1979:146). 붓다는 이 잘못된 해석이 해탈을 위해 노력하라는 자신의 권고에 반대되는 잘못된 수동적 태도, 숙명론적인 패배주의적 태도로 이어질 수 있다고 경고한다. "이전의 행위를 [현재 행위의] 본질적 원인으로(sārato paccāgacchataṃ) 삼는 자에게는 하려고 하는 욕망도 노력도 없으며, 이 행위를 하거나 저 행위를 삼가야

그러나 불교에서는 3독이 거의 모든 활동에 강력한 영향을 미쳐 우리가 특정 방식으로만 행동하도록 만든다고 말한다. 이 중 특히 결정적인 것은 무지와 자아정체성의 성향, 즉 '나는 있다(asmīti anu-sayo)'라는 근본 감각 사이의 강한 연관성이다. "무지無智와의 접촉에서 일어난 감각에 감동을 받은, 훈련받지 않은 일반인에게 '나는 있다'라는 견해가 생겨나고, '나는 이것이다', '나는 될 것이다', '나는 되지 않을 것이다', '나는 몸을 가질 것이다'라는 견해가 생겨난다." (Johansson 1979:167, S III 46)

불교의 관점에서 인간은 선천적으로 3독 성향과 '내가 있다'는 감각을 타고났으며, 이는 일상 경험에 의해 활성화되고 새로운 행동을 유발할 준비가 된 잠재적 상태로 지속되어 또 다른 인과적 결과를 낳는 등의 순환을 일으킨다.[27] 불교에서는 번뇌를 중생을 영속시키는 피드백 순환의 핵심이자 '[순환하는] 존재의 근원'[28]으로 간주한다.

할 필요성조차 없다. 따라서 행위하거나 또는 행위하지 않을 필요성이 없다는 것이 진실로 밝혀지면, 당신은 자신의 능력과 무관한 혼란스런 상태에서 살아가게 될 것이다." A I 174(PTS 번역).

27 빠알리 경전(S II 65)에서 다음과 같이 설한다. "비구들이여, 의도하지 않고서도 [성향]이 잠재되어 있다면 이것은 의식의 지속을 위한 대상이 된다. 대상이 있으면 의식의 의지처가 생겨난다. 의식이 의지하고 성장하면서 명색名色이 나타난다. 명색을 조건으로 여섯 가지 감각(六入)이 일어난다 … 등등. 이것은 바로 모든 괴로움의 덩어리가 일어나는 것이다."

28 세친(Vasubandhu)은 순환적 인과관계(윤회)에 대한 이 고전적인 해석을 '마음의 흐름(心相續)'이라는 용어로 설명한다. 마음의 흐름(santāna)은 정신적 번뇌 (kleśa)와 행위(karma)에 의해 점차 증가하여 다시 다음 생으로 이어진다. 이런 식으로 존재의 순환은 시작이 없다.(AKBh III 19a-d; Poussin 57-59; Shastri

진화생물학에 비추어 볼 때 이 개념은 처음 상상했던 것보다 더 큰
타당성이 있다.

정체성 번뇌의 극복: 불교

우리는 3독과 잠재적 번뇌의 지속적인 영향에 강력하게 조건화된다.
번뇌는 행위(karma)를 만들고 가능하게 하는 선천적 능력, 민감성,
성향의 중심이며, 그 결과는 전체적으로 그리고 장기적으로 우리라는
존재를 만들었다. 번뇌는 우리의 지속적 활동에 깊숙이 관여하고
있기 때문에 그 해로운 영향력을 피하기가 거의 불가능하다. 그럼에도
번뇌가 지속되는 한 잘못된 행동에서 진정으로 자유로울 수 없다.
붓다는 그것이 '불가능하다'고 단언한다.

  우리는 즐거운 느낌을 갈망하는 근본 성향(anusaya)을 버리지
  않고, 고통스러운 느낌을 혐오하는 근본 성향을 제거하지 않고,
  고통스럽지도 즐겁지도 않은 느낌인 무지의 근본 성향을 근절하지
  않고, 무지를 버리고 참된 지식을 불러일으키지 않고, 지금 여기서
  괴로움을 끝내려고 한다.(Ñāṇamoli 1995:1134, M III 285f.)

그러나 붓다는 무지·집착·공격성·자아정체성 등[29]과 같은 잠재

433-434. "Yathākṣepaṃ kramādvṛddhaḥ santānaḥ kleśakarmabhiḥ / paralokaṃ
punaryāti. … ityanādibhavacakrakam.")

29 이들은 불교에서 해탈해야 할 필수요건이다. Ñāṇamoli(1995:133), M I 47.

성향(anusaya)을 완전히 근절함으로써 강박적 행동 패턴의 악순환
(saṃsāra)[30]을 완전히 끝낼 수 있다고 주장한다. 그러나 이 성향 중
어느 것도 근원적 자아정체성 보다 근절하기 어려운 것은 없으며,
뛰어난 불교 수행자에게도 마찬가지이다. 붓다는 경전(S III 131)에서
다음과 같이 설한다. "영적으로 진보한 수행자(아라한)가 다섯 단계의
낮은 족쇄를 제거했지만, 그는 여전히 '나'라는 자만, '나'에 대한
욕망, '내가 있다'(Asmīti māno asmīti chando asmīti anusayo)고 5온에
집착하는 잠재적 성향을 완전히 제거하지 못했다."[31] '내가 있다'라는
자아정체성은 완전히 근절되기는 어렵지만, 그럼에도 불구하고 초기
불교 전통에서는 근절의 가능성과 필요성, 바람직함에 대해 분명하게

성스러운 제자가 이와 같이 불선과 불선의 뿌리를 이해하면, 탐욕의 근본 성향을
완전히 버리고, 혐오의 근본 성향을 없애고, '나'라는 견해와 자만심의 근본
성향을 소멸시키고, 무지를 버리고 참된 지식을 일깨움으로써 지금 여기에서
괴로움을 종식시킨다. 이와 같이 성스러운 제자는 올바른 견해를 가진 사람이고,
그의 견해는 올바르고, 담마(Dhamma)를 완전히 확신하고 있으며, 참된 담마에
도달한 사람이다.

30 "비구들이여, 불선不善(3독)을 버려라. 비구들이여, 불선을 버릴 수 있다. 이것이
가능하지 않다면 나는 그렇게 하라고 말하지 않을 것이다." Nyanaponika(1986:
127), A II 19.

31 존재를 욕계에 묶는 5가지 하위 족쇄(오하분결五下分結)는 *Maluṇkya-sutta*에 언
급된다(Ñāṇamoli 1995:537f., M I 433). 1. 자아-정체성 또는 자기 존재에 대한
믿음(유신견결有身見結, sakkāyadiṭṭhi), 2. 회의적 의심(의결疑結, vicikicchā), 3.
계율과 의식에 대한 집착(계금취견결戒禁取見結, sīlabbataparāmāso), 4. 감각적
갈애(욕탐결欲貪結, kāma-rāga), 5. 악의(진에결瞋恚結, vyāpāda)이다. Nyanatiloka
(1977)를 참조하라. 오하분결은 후기 아비달마(Abhidharma) 문헌에서 10가지
번뇌(kleśa)로 전개된다.

긍정한다.[32]

정체성 번뇌의 극복: 진화론

우리는 불교사상과 진화생물학에서 3독 및 잠재적 번뇌 같은 행동 패턴이 오랜 기간 동안 인간에게 미치는 영향을 중요시한다는 점에서 양자의 공통점을 발견한다. 번뇌의 작동 패턴은 유전되는 정서적·인지적 능력으로 심리 과정에서 매순간 지속해서 작동하는 성향이 있으며 진화, 신체화, 행위화에서 중요한 역할을 한다. 불교 전통은 번뇌가 근절될 수 있다는 긍정적인 가능성을 증명하고 있지만, 인간의 생활과 역사를 보면 완강하고 끈질긴 번뇌를 확인할 수 있다. 번뇌의 활동은 본능적이면서 근원 역시 모호하며, 자아정체성이 너무나 분명해서 우리는 그 해로운 힘을 근절하기는커녕 그것의 긍정적 성격조차 거의 인정하기 어렵다. 번뇌의 구조 및 그 역동적 활동의 진화 혹은 발달사를 이성적으로 이해한다 해도, 그 잠재적 성향과 자아정체성은 깊이 뿌리내리고 있어 거의 모든 인지적·정서적 과정에 영향을 미친다.

이러한 불교적 관점과 일치하여 우리는 또한 우연적이고 구성된 본성과, 우리 행동의 배후에서 주로 작동하고 있는 성향에 내재된 '선천적 무지'에 대한 진화론적 이유도 발견할 수 있다. 진화 과정은

---

32 "올바른 가르침을 받은 성스러운 제자는 … 유신견(sakkāya-diṭṭhi)에 집착하거나 예속된 마음에 머물지 않는다. 실제로 발생한 유신견에서 벗어나는 것을 그대로 이해하면, 유신견은 근본 성향과 함께 그에게서 사라진다." Ñāṇamoli(1995:538), MI 434.

우리의 관심사와 인식 범위를 크게 제한하여 섹스·성공·생존에 대한 집착을 더 강화하는 한편 그 근본적인 목표를 모호하게 만들었다. 인류학자 바코(Barkow)는 다음과 같이 말한다.

> 우리는 생물학적 진화의 산물이기 때문에 우리의 의식적, 무의식 적 목표는 아마도 조상들의 건강(즉, 번식 성공)을 향상시키는 성향이었던 활동과 연결되어 있을 것이다. 지극히 간접적일 수 있는 이 연결은 (하위)목표/계획이 현재의 건강에 미치는 영향과 무관하게 존재해야 한다.(1989:112)

과거 우리 조상들의 성공적이었던 행동과 현재 상황의 필요와 조건 사이의 혼란스러운 불일치는 인간 두뇌의 생리학적 구조와 관련이 있다. 두뇌의 구조는 동물과 인간의 연속적인 진화 단계에서 서서히 진화했으며, 기능적으로는 분리할 수 없지만 상대적으로 구별되는 행동 방식과 관련이 있다. 자기 보존과 번식은 종종 파충류와 구舊포유류의 뇌로 불리는 구舊영역에서 주로 관리되는 한편, 언어·추론·장기계획 등과 같이 인간에게 고유한 능력은 가장 최근에 진화한 뇌의 구성요소인 신피질에서 주로 처리된다. 뇌의 최신 기능이 의도적이고 신중한 행동을 선호함에도 자기 보존 및 번식과 관련된 더 깊은 욕구는 종종 이성적인 계산을 무시한다. 바코는 "우리는 이러한 무시를 주관적인 감정으로 경험한다."고 하면서 이는 우리의 동물적 본능에 대한 오래된 예시를 상기시킨다고 주장한다. "변연계는 신피질에 우선하고, 오래된 포유류 뇌는 새로운 뇌에 우선한다. … 분노·공황·정욕과 같은 강한 감정이 모두 우선적이라는 것이다. 어떤 의미에서 그 번뇌들은 진화적 과거가 우리의 현재를 통제하는 지렛대이다."(121f.)

그러나 이 감정적 '우선순위'와 번뇌의 분출은 과거의 구조가 현재의 필요를 대체하는 유일한 방법이 아니다. 인간 지능의 진화 조건은 우리가 세계를 이해하는 범위와 내용에도 영향을 미쳤다. 이는 놀라운 일이 아니다. 트리버스(Trivers, 1976:vi)는 "자연 선택이 세계를 보다 정확한 이미지로 만드는 신경계를 선호한다고 보는 기존 견해는 정신 진화에 있어 매우 순진한 견해임에 틀림없다."고 비판한다. 오히려 세계에 대한 우리의 고도로 선별적인 관점은 우리 행동의 근본적인 목표와 동기에 대한 이해를 방해할 뿐 아니라 자기 이해 능력 역시 방해한다.

'자아'에 대한 내적 표상을 만드는 능력은 원시 인류가 물리적, 사회적 환경과 보다 성공적으로 교섭하여 번식에 성공을 거두는 데 큰 도움이 되었고, 그 후 진화적 인과관계의 긍정적 피드백을 통해 지속적으로 발전했다는 견해가 설득력 있게 주장되어 왔다. 자아는 '물리적, 사회적 우주를 만들고 그 안에서 자신의 위치를 설정하고 질서화'할 수 있는 지속적이고 예측 가능한 경험의 중심이다(Barkow 1989:110). 그러나 이 '자아의 표상'조차 세계를 정확하게 표현하는 일종의 축소 이미지는 아닐 것이다. 왜냐하면 우리의 "자아인식은 과거의 진화 과정에서 포괄적으로 매우 적합하고(즉, 생식의 성공) 직접적으로 영향을 미쳤던 자아의 측면으로만 한정되기 때문이다." (95)라고 바코는 경고한다.(103)[33] 즉, 우리는 의식적으로 선택하지 않았거나 우리가 완전히 이해 못하는 동기를 가진 목표에 많은 관심을 기울이는 성향이 있다. 따라서 진화생물학자들은 자아인식이 일반적으로 우리가 누구이며 무엇을 하는지 모르는 선천적 무지, 특히 "'자아'가 호문쿨루스처럼 '인격'을 통제하는 축소판이라는 착각과 관련하여 일정 정도의 맹목성이 뒤따른다고 결론 내린다."(94)

여기서 우리가 도출해야 하는 결론은 이에 동의하지는 않더라도 분명하다. 과거 번식에 성공하여 현재 우리의 행동에 때로는 부정적 영향을 미치는 것은 무엇인가. 그리고 그 근본적인 영향에 대해 우리가 여전히 무심코 잊고 있는 것은 무엇인가? 불교에서는 '나(I)'를, 주변 환경과 대비하여 독립적이고, 경험의 영속적이고 주관적인 중심이라고 보는 우리의 자아감각이야말로 비극적일만큼 부정확한 관점이자 번뇌 중에서도 가장 깊은 곳에 위치한 것이라고 주장한다. 우리는 제한된 인식과 맹목적인 감정을 가지고 '물리적, 사회적 우주를 만들고 그 안에서 자신의 위치를 설정하고 질서화'하기 위해 그 환영을 붙잡는다. 따라서 이와 같은 진화생물학의 주장은 불교의 자아정체성 비판에 대한 강력한 진화적 근거를 다음과 같이 제시한다.

①독립적인 '나' 또는 '자아'라는 감각은 중요한 생물학적 기능[34]을

---

33 이 점은 진화생물학의 원리로부터 자연스럽게 도출되며 모든 감각 기능에 적용된다. "시각 체계는 실제 세계의 정확한 사본을 나타내도록 만들어진 것이 아니라 그 기능을 극대화하는 신호에 의해 작동하도록 만들어졌다."(Gazzaniga 1998:87).

34 심리학자이자 불교학자인 Rune Johansson(1979:173)은 자아가 궁극적으로 환상일지라도 자아감각은 중요한 실제적 기능을 수행한다는 데 동의한다. "자아에 대한 환상은 인간을 특정 형태로 묶어주는 접착제 또는 구조적 응력이다. 자아감

수행하는 매우 실용적인 구성요소이므로 진화적 이점을 누렸을
것이다.

②그러나 이 감각은 논리적 또는 과학적 분석을 통해 증명하는
것보다 더 많은 기능적 통일성·영속성·독립성을 가정하는 한[35]

각은 일체감을 준다. 정체감 혹은 정체성을 유지하거나 확고히 할 의지가 없는
사람은 쉽게 비현실적이 되고 무너지는 느낌을 받게 될 것이다."

35 이것이 불교에서 고정적인 '자아'를 비판하는 주요 방식이다. 몸과 마음 관계의
궁극적 본질은 실제로 차이가 있지만, 뇌와 의식에 관한 많은 과학적 연구
등에서도 다음과 같은 이유로 '통일되고 자유롭게 행동하는 주체(agent)에 대한
우리의 감각이 환상이라고 주장한다. 1. 의식은 뇌에서 대부분 무의식적 과정을
수반하는 주체가 아니라 목격자일 뿐이다. 2. 따라서 이 과정을 통제하는 '자아'라
는 개념은 환상이다. 3. 이러한 환상이 진화한 이유는 생존에 중요한 필요성을
충족시켰기 때문이다.
예를 들어 뇌 과학자 Richard Restak(1994: xvi)은 다음과 같이 주장한다. "모듈
이론에서는 … 우리의 경험이 뇌 속의 한 마스터 부위에서 모든 개별 구성요소를
하나의 중앙 지각으로 결합하는 문제가 아니라고 주장한다. … 마스터 부위나
결합의 중심은 없다. … 즉, 어떤 '황제' 세포나 영역이 다른 모든 영역을 지배하지
않으며, 뇌의 전 영역이 전체 관리 센터에 '보고'하지 않는다는 것을 의미한다.
따라서 … 총 책임자는 가상의 인물이다." Restak은 다음과 같이 결론을 내린다
(111-121). "지난 20년 동안 수행된 의식에 대한 뇌 연구에서는 정신적 삶의
통일성과 불가분성을 논하는 전통적 개념(121)에, 특히 우리의 행동을 지시하는
통합되고 자유롭게 행동하는 주체로서의 자신이라는 개념에 중요한 의문을
제기한다."
신경생리학자인 Michael Gazzaniga는 고정된 '자아'가 없다(anātman)는 불교
개념과 매우 유사한 결론과 이로부터 도출되는 함의에 동의하면서 다음과
같이 주장한다.

환상인 것이다.[36]

_____

분할 뇌 연구에 따르면 … 좌뇌에 주위 환경을 인지적 또는 감정적 행동과
반응으로 해석하는 해석자 역할이 있는 것으로 밝혀졌다. 해석자는 끊임없이
내러티브 또는 우리의 행동, 감정, 생각, 꿈을 설정한다. 좌뇌는 우리의 이야기를
통합하여 우리가 전체적이고 이성적인 주체라는 느낌을 만들어내는 접착제이
다. 또한 개인의 본능에 우리가 자기 자신이 아니라 **다른 존재라는 환상**을 가져온
다. 좌뇌에서 자신의 삶에 대한 이론을 구축하고, 과거 행동을 살피는 이 내러티브
는 우리의 인식에 퍼져 있다. … 무수히 많은 사물이 어떻게 서로 연관되어
있는지 묻고 그 질문에 생산적 답변을 이끌어내는 해석자의 등장은 자아라는
개념을 만들 수밖에 없다. 확실히 이 장치가 묻는 질문 중 하나는 "누가 이
문제를 해결하고 있는가?"일 것이다. '나'라고 대답하면 문제가 해결된다. …
과거의 해석은 … 우리가 자신의 운명을 책임지고 있다는 놀라운 감각을 만들어
낸다. … 해석자는 … **우리가 모든 행동과 추론을 통제하고 있다는 착각을 불러일으
킨다.** … 이것이 진정한 인간의 본능이며, 번식 성공을 높이는 데 경쟁 우위를
제공하는 적응인가? 나는 그렇다고 생각하며, 우리가 환경의 변덕스러움을
극복하는 데 도움을 준 바로 그 장치가 우리가 하나의 種으로서 우리 자신에게
심리적으로도 흥미로워질 수 있게 만들어 준 것이라고 생각한다.(1998:174f.,
151; 굵은 글자는 필자의 강조)

[36] 심리학자 Henry Stack Sullivan은 Mitchell(1993:106)의 말을 빌려 "우리가 일반적
으로 생각하는, 단일하고, 독특하며, 자기 계시와 은폐를 통제하는 자아의 환상적
특성이 실제로 다른 사람들과 함께 행동하는 것과 엄청난 상충을 일으킨다는
점을 반복해서 강조했다. … Sullivan은 사람들이 독특한 개인적인 개성을 갖고
있다는 경험을 본질적으로 자기애적 환상('환상의 어머니')으로 간주하였다. 이는
우리가 실제로 다른 사람들과 행동하는 방식에서 불안을 해소하고 주의를
분산시키는 역할을 한다." Mitchell은 "환상으로 시작된 것이 우리가 필요로
하는 믿음으로 인해 실제 삶의 지침이 되는 경우가 많다."(111)고 하면서, 환상의
유용성을 설명한다.

③또한 환상이기 때문에 본질적으로 취약하고 불안정하며 심리적 조작, 사회적 강화, 문화적 관습을 통해 지속적 재구성이 필요하다.[37]

④더욱이 우리는 이 조건에 대해 거의 '맹목적'이기 때문에[38] 자아

---

37 사회학자들은 또한 '자아'가 내러티브 연속성의 기능이라는 개념이 현대에서 정체성을 이해하는 데 유용하다고 생각한다(Giddens 1991:53). "다시 말해, 자아정체성은 그냥 주어지는 것이 아니다. … 개인의 재귀적 활동에서 일상적으로 생성되고 유지되어야 하는 것이다. … 자아정체성은 … 개인이 자신의 전기를 통해 재귀적으로 이해하는 자아를 말한다. … 인격정체성은 행동에서가 아니라 … 특정 내러티브를 지속할 수 있는 능력에서 발견된다."(54) "자아의 재귀적 성찰 과제에서 자아정체성의 내러티브는 본질적으로 취약하다. 뚜렷한 정체성을 구축하는 작업은 … 분명히 부담스러운 일이다. 자아정체성은 일상생활의 변화하는 경험과 현대 제도의 파편화 경향을 배경으로 만들어지며 어느 정도 지속적으로 재편성되어야 한다."(185).

38 맹시(blind-sightedness)는 시야(맹점 blind spot)에 장애가 있는 사람이 사각지대에 제시된 물체의 위치를 의식하지 않고도 정확하게(80% 성공률) 추측할 수 있는 증상이다. 의학적인 이유로 뇌의 두 반구 사이의 연결 조직(뇌량)이 절단된 분할 뇌 환자도 실험환경에서 동일한 능력을 보여준다. "우반구는 중요한 구별을 의식하고 있다. … 그러나 그것이 무엇인지 물어보면 의식적으로 거부된다. 우뇌는 올바른 결정을 내리지만 환자는 그 결정이 어떻게 이루어졌는지 의식적으로 설명할 수 없다." 과학자들은 우리의 신경학적 구조가 우반구에서 일어나는 과정과 '전체적이고 이성적인 주체'라는 감각을 만들어내는 '해석자' 위치인 좌반구가 이 과정을 의식적으로, 담론적으로 소통하는 능력을 구분한다고 결론지었다. Restak(1994:129f.)은 "인식과 의식을 구별해야 한다."라고 하는 인지과학에서 널리 수용되는 결론을 도출한다. 여기서 의식은 인식을 의미하지만 그 관계는 상호적이지 않다. 우리는 무언가에 반응하여 어느 정도 수준의 인식을

정체성의 근간이 되는 구성적이고 상호 의존적인 과정 자체를 이해하기 힘들다.

이 근원이 되는 조건은 취약하고 구성적이며 기능적인 착각을 일으키는데, 이로 인해 광기가 만들어진다.[39] 이 분명하면서도 달갑지 않은 사실을 회피하려는 것이 역사가 만드는 광기이다.[40] 역사·사회·

나타낼 수 있지만, 무슨 일이 일어나고 있는지를 전혀 의식하지 못할 수도 있다." '인지적 무의식'에 대해서는 Kihlstrom(1987)을 참조하라.

[39] 이 글에서 살펴본 바와 같이 과학의 발전은 상황을 극도로 악화시켰다. 예를 들어 Minsky(1986:306f.)는 인지과학이 가져온 어려운 곤경에 대해 다음과 같이 말한다. "우리 각자는 에고, 자아 또는 최종 통제센터를 가지고 있다고 믿는다. … 우리는 그것이 거짓이라는 것을 알면서도 사실상 그 믿음을 유지하도록 강요받는다."

Gazzaniga(1998:172)는 이러한 곤경을 다양하게 표현한다.

"젠장, 나는 나이고 내가 통제하고 있어." 뇌과학자와 정신과학자들이 알아낸 것이 무엇이든 간에, 우리에게서 그 느낌을 없앨 방법은 없다. 물론 인생은 허구이지만 우리의 허구이고 살 만하며 우리 자신이 책임지고 있다. 이것이 바로 자동 뇌에 대한 이야기를 들을 때 우리 모두가 느끼는 감정이다. 우리는 좀비처럼 느끼지 않고, 책임감이 있으며, 의식이 있는 실체라고 느낀다. 이것이 뇌과학자들이 풀고 싶어 하는 퍼즐로서 … 우리의 뇌 이해와 의식적인 삶의 감각 사이의 간극이다.

이에 대해서는 『몸의 인지과학(The Embodied Mind)』(MIT, 1992; 한국어판 김영사, 2013)에서 불교의 기본 사상을 활용하여 다루고 있다.

[40] 인간 발달의 특정 단계에 이를 때 사회적·문화적 차원에서 이와 동일한 정체성 구성의 역학이 지배적이 되며, 그 자체로 자기 영속적인 진화의 힘을 갖게 되었다. Carrithers(1992:49)는 다음과 같이 주장한다.

진화의 톱니바퀴 개념은 유기체가 환경에 변화를 일으키고 그 변화가 반복되어 문화적 담론에서 이와 같은 역학 관계를 살펴보기 전에 불교와 진화생물학의 관점에서 번뇌와 인간의 '본성'과의 관계를 다시 평가해 보자.

번뇌와 인간의 조건화된 '본성'

진화생물학과 불교사상은 우리가 살아가는 세계가 과거 활동의 건설적 에너지에 의해 대부분 만들어지며, 태어날 때부터 해로운 방식으로 행동하게 하는 강한 성향을 타고난다는 사실에 동의한다. 그러나 이 번뇌의 성향은 말 그대로 우리가 그것들을 갖고 '태어난다'는 의미에서 '선천적'이긴 하지만 종이나 개인으로서 우리에게 '필수적'이거나 '고유한' 것은 아니다. 번뇌는 과거 행위의 총체적 결과로 인해 상호 의존적으로 일어나는 현상이며, 특정(비교적 일반적이긴 하지만) 조건에서 활성화되고, 이를 없애려는 공동의 노력을 통해, 그 정도와 어려움에 따라 통제되거나 근절된다. 종 전체가 그러하듯, 이 성향은 우발적인 현상으로 이를 뒷받침하는 조건이 있어야 발생하고 유지된다.

　나는 인간의 '본성'에는 선천적으로 근절할 수 없는 악한 면이 내재되

긍정적 피드백 순환을 일으킬 수 있다는 것을 의미하는 공진화(co-evolution) 개념과 일치한다. 인간 진화에 있어 유일한 특이점은 인간의 사회구조와 의도치 않은 결과가 그 자체로 선택적 힘이 되었다는 것이다. … 그리고 이 형태의 출현과 함께 생태적 인과관계뿐 아니라 그와 관련된 인과관계의 형태가 나타났다. 단지 생태학적인 인과관계뿐 아니라 … 이제는 분명하게 인간의 사회적, 정치적, 경제적인 인과관계가 나타났다. 말하자면 이 동물은 역사 속으로 들어왔다.

어 있다고 주장하는 결정론자와, 인간에게 선천적인 성향이 있다
해도 주변 환경의 산물이며 '사회'로부터 온갖 나쁜 영향을 받을 수
있는 진정한 빈 서판(blank slate)이라고 주장하는 행동주의자, 이
양극단 간의 중간점을 제시하려고 한다. 그러나 우리의 관점에서
볼 때, 이 '본성 대 양육' 논쟁은 잘못된 이분법에 기초한다.[41] 종의

---

41 상호 의존의 복잡한 패턴을 이해하는 데 있어, 시대에 뒤떨어진 비생산적인
  이분법 개념을 고수해 왔기 때문에 그 이해의 진전이 방해받아 왔다고 할
  수 있다. Barkow, Cosmides, Tooby(1992:36f.)는 다음과 같이 주장한다.
  따라서 인간의 삶에서 생물학의 역할을 다룬 논쟁은 인류의 더 나은 삶을
  계획하는 낙관적 환경주의자와, 침략 등을 개탄하면서 현상 유지를 불가피하고
  자연스러운 것으로 옹호하는 실재적 자연주의자들 사이에서 지속적으로 이루어
  졌다. 이 도덕성 놀이는 … 무수한 형태를 거쳤다. … (합리주의 대 경험주의,
  유전 대 환경, 본능 대 학습, 본성 대 양육, 인간 보편주의 대 문화적 상대주의,
  인간 본성 대 인간 문화, 선천적 행동 대 후천적 행동, 촘스키 대 피아제,
  생물학적 결정론 대 사회적 결정론, 본질주의 대 사회구성주의, 모듈 방식
  대 도메인 방식 등). 이러한 대치는 표준 사회과학 모델 자체에서 문제가 정의된
  방식 안에 내재되어 있으며 심지어 반대론자들이 반대론을 구성하는 방식까지
  지배하기 때문에 계속해서 일어날 수밖에 없다.
  많은 측면에서 이것은 주로 개념적인 명확성을 찾는 문제이다. Barkow, Co-
  smides, Tooby(83f.)는 다음과 같이 주장한다. "사회과학과 생물학 전반에 걸쳐
  수많은 연구자들이 이러한 이원론적 개념과 용어를 일상적으로 사용하고 있지
  만, 실재 세계에서 '유전적 결정'이나 '환경적 결정'과 같은 개념에 실제로 상응하
  는 것은 아무것도 없다. 형질을 유전적으로 결정된 것과 환경적으로 통제된
  것으로 나눌 수 있다는 개념을 정당화할 수 있는 발달 논리는 없다." 생물학자
  Susan Oyama도 이에 동의한다. "이 모든 것이 의미하는 바는 유전적이든 후천적
  이든 모든 특성에 유전자와 환경이 필요하다는 것이 아니라(일반 계몽주의적
  입장) 유전적(생물학적, 유전적 기반) 특성과 후천적(환경적으로 매개된) 특성

변치 않는 '본질'이라는 의미에서 '본성'은 조건화된 현상(samskāra)에 불과하며 이 조건화의 영향이 현재의 결과와 무관하다 할지라도, '양육', 즉 한 사람의 양육과 환경에 영향을 미치는 사회적 조건화는 우리의 성장과 학습 능력, 진화의 과거를 통해 구축된 고도로 발달된 능력이 없다면 일어날 수 없는 현상이다. 따라서 순수한 양육 역시 무조건적인 본성이 설명되지 않는 것만큼 일관성이 없다.

다른 한편으로 여기서 설명하는 관점은 무지, 자아에 대한 집착, 타인에 대한 공격성, 자기 존재에 대한 갈망 등 우리의 유전적 행동 능력이 모든 생명체를 탄생시키는 상호 의존적 진화 과정에서 강력하게 생산적인 영향을 미친다는 점에 동의하지만, (다른 종교 전통과 마찬가지로) 불교들에게 이 번뇌들이 제거되거나 근본적으로 변화되어야 할 매우 악한 요소라는 점을 강조해야 한다. 따라서 이 관점에서는 번뇌 성향의 자연적, 즉 생물학적 기반을 충분히 인정하면서도 '자연적'인 것은 무엇이든 선하다는 단순한 가정(자연주의적 오류)에 근거하여 이 성향을 지지하거나 인정하지 않는다. 오히려 붓다는 고통과

사이에 명료한 구별이 없다는 것이다."(1985:22), Varela, Thompson 및 Rosch(1991:199f)에서 인용.

진화생물학, 자기 조직화 이론, 불교에서 발견되는 복잡한 상호 의존적 인과관계 모델은 고정된 독립적 실체로서가 아닌 관계적 패턴으로 사고함으로써 이러한 비생산적 이분법으로 인해 발생하는 난제를 피하는 데 큰 도움이 된다. 이 모델은 기본이 되는 정의 내에 반대 극을 포함함으로써 이분화를 효과적으로 방지한다. 이 문제를 직접 소개한 내용은 Capra(1997)를 참고하고, 불교적 관점과의 대화를 통해 이 문제를 다루는 내용은 Waldron(2002), 'Beyond Nature/Nurture: Buddhist and Biology on Interdependence'를 참조하라.

그 원인을 설명하면서(고성제와 집성제) 우리가 고통으로부터의 해방 (멸성제와 도성제)을 위해 번뇌를 전환할 기회와 가능성을 가지고, 많은 노력을 기울여 번뇌의 고착된 본성을 지속적으로 조사할 것을 주장한다. 이것은 우리가 지금 많이 의존하는 사회과학의 개선 노력과 매우 일치하는 목표이다.

공통 원인: 정체성의 구성과 불만

나는 이 글의 마지막 절에서 서두에 언급했던 인간 고유의 악의 척도가 집단적 수준에서만 나타나기 때문에, 사회과학 용어를 통해 정체성의 구성과 악의 생성 사이의 관계를 간략하게나마 구체화하려고 한다. 문화·사회·정치 영역으로 넘어가기 전에 진화생물학과 발달심리학의 주제를 다시 한번 간략히 다룰 것이다. 또한 개인적·사회적·정치적 차원에서 정체성의 안정적 구축·유지·보호가 점점 더 복잡하고 취약해짐에 따라, 더욱 강력한 인위적인 지원이 필요하고, 이는 다시 더욱 복잡하고 취약한 상태로 이어진다는 공감대를 발견하게 될 것이다. 요컨대 우리는 점점 강도가 높아지는 악순환의 고리에 갇혀 있다. 이것은 글 서두에서 대략 설명했듯이 불교사상의 총체적인 추론에 해당된다. 즉, 혼란스럽고 변화무쌍하며 다원적인 세계에서 질서 있고 불변하고 단일한 정체성을 확보하려는 잘못된 노력이 '실재를 뒤집으려는' 헛된 시도를 나타낼 뿐만 아니라 '인간에 대한 인간의 비인간성'이라는 비극적인 인간악의 우세로 이어진다는 것이다.

따라서 다음은 위에서 설명한 세 가지 불교 기본 원리에 기초한

학제 간 사회악 이론의 서문이다. 그 세 가지는 ①모든 현상의 의존적
본질, ②'자아정체성'의 구성적 본질, ③인간의 악은 종종 '타인'을
희생시키면서까지 '자아'를 보호하려는 시도로 인해 발생한다는 우려
이다. 다양한 학문 분야에서 유사한 개념이 발견되지만, 이 불교적
틀은 다음 논의를 위한 포괄적이고 개념적인 기준을 제공한다. 분석을
위해 우리는 다시 한번 정체성의 구성에 초점을 맞춰 그 진화적 기원,
가족 단위에서의 기원, 사회화 및 문화 적응 과정에서의 의존성,
마지막으로 현대의 비극적인 정치 표현에 이르기까지 차례로 논의할
것이다. 그러나 그 설명에 있어 정체성을 구성하는 선천적 능력,
인간 두뇌의 진화, 인간의 사회성과 문화 사이의 중요하지만 종종
명시되지 않는 '공진화적'(즉, 상호 의존적) 관계를 간과해서는 안 된다.
이들 간의 관계는 분리할 수 없는 상호 강화 과정이었으며 지금도
그러하다.[42]

---

42 예를 들어 행동생물학자들은 공진화 과정에 필요한 복잡성을 오랫동안 인식해
왔다. "요점은 ⋯ 진화 과정이 동물 종의 행동 및 사회 조직과 불가분의 관계라는
것이다. ⋯ 동물행동학 이론에서는 유전적 진화와 행동 진화의 상호 의존성을
주장하는 신新다원주의적 관점을 거의 절대적으로 지지해 왔다. ⋯ 이 관점은
'본능적 결정론'을 주장하는 대신, 가장 단순하고 정형화된 종에서조차 유전적
성향, 비판적 학습, 그리고 사회적 환경이 모두 상호작용한다는 보다 복잡한
모델을 제시한다."(Nichols 1974:265f.)
이는 다양한 담론이 하나의 '주요한 내러티브', 특히 생물학적 담론으로 환원될
수 있거나 환원되어야 한다는 의미가 아니다. 인류학자 Carrithers(1992:41)는
다음과 같이 주장한다. "다원주의 이론은 사회학 및 사회인류학적 사고방식과
다르며, 인격체로서의 인간, 사회적 환경에서 실현되고 책임을 질 수 있는
주체로서의 인간에 관한 것이 아니라 오직 유기체로서의 인간에 관한 것일

상호 의존적 구성으로서 정체성

모든 중생은 미혹하다('Sabbe sattā ummattakā').
— 고타마 붓다

앞에서 자아와 비자아의 암묵적 구별에 기반한 혐오와 애착의 과정이 모든 생명체에 필수적이며, 고등 생명체에서 발견되는 보다 진화된 인지적, 정서적 구조에 정보를 제공하고 영향을 미쳤다고 언급한 바 있다. 따라서 '자아'의 명시적 감각은 인간에게서만 정점에 도달하지만 그럼에도 모든 유기체가 지니는 원초적 인지 능력의 진화를 나타낸다. 예를 들어 '타인과의 관계에서 자신'에게 예민한 자아인식은 이미 영장류 사촌에게서 고도로 진화되어 왔으며, 영장류와 초기 유인원의 진화에서 선택 요인으로 작용했음이 분명하다. 어떻게 생각하든 '자아'라는 자의식적 감각은 인간의 정체성을 구성하는 행위자·조직·질서라는 복잡한 그물망에서 없어서는 안 될 부분이다.[43] 그러나

뿐이다. 다시 말해, 진화론은 인간 삶의 모든 차원을 설명하는 것처럼 가장하지 않는다. 그리고 이 이론은 유기체로서의 인간에 대해서만 이야기하기 때문에 다양한 문화적, 사회적, 역사적 환경에서 형성된 인간의 다른 개념 및 관행과 공존할 수 있다."

[43] 우리는 서구의 '자아' 개념을 세계 문화에 무비판적으로 투영하는 것을 비판하는 Geertz(1979:59)의 충고와 그 타당성을 인정해야 한다. "서구에서는 인격을 경계가 있고 독특하며 다소 통합된 동기 및 인지적 우주, 인식, 감정, 판단, 행동의 역동적 중심, 독특한 전체로 조직되고 다른 전체와 사회적, 자연 배경과 대조적으로 설정된 것으로 본다. 이 개념은 우리가 수정할 수 없는 것처럼 보이며, 세계 문화적 맥락에서 다소 특이하다."

이 정체성 감각은 진화적 기원상 의존적 발달, 불안정한 지속성과 같은 여러 문제가 있어 취약하며 긴장과 갈등 속에 놓여 있다.

인간의 독특한 특징은 우리가 지닌 질서와 정체성 감각을 통해 타인과 상호작용하며 규칙성을 따르는 공통의 경험 세계가 있고, 그 세계를 표현하고 소통하고 전달하고 공유하는 상징적 수단인 문화에도 일정 정도 의존한다는 점이다.[44] 그러나 이 사회적 상호작용과

첫째, Geertz가 말하는 명시적인 자아 개념은 실제로 문화마다 근본적으로 다르지만, 진화생물학자와 인지과학자들이 주장하듯이 선천적으로 타고난 자아 감각과 정신 조직의 가능성을 배제하지는 않으며, 이는 정의상 보편적이고 종 전체에 걸친 능력이라고 할 수 있다. 생물학자들은 결국 인간을 사회적 또는 문화적으로 정의된 인격체가 아닌 유기체로 논의한다. 반면 일부 불교도들은 선천적(그리고 아마도 다른 동물들에게 공통적이라고 추정되는) 자아 존재에 대한 견해(sahajā satkāyadṛṣṭi)와 개념적이거나 숙고된 견해(vikalpita), 즉 인간 종에 고유한 자기 존재에 대한 견해를 구분한다(AKBh ad V 19; Shastri 794; Poussin 40. "Kāmadhātau satkāyāntagrāhadṛṣṭir tat samprayuktā ca avidyā avyā-kṛtāḥ. kim kāraṇam? ānādibhir aviruddhatvāt. aham pretya sukhī bhaviṣyāmi iti dānam dadāti śīlam rakṣati. ⋯ sahajā satkāyadṛṣṭir avyākṛtā. yā mṛga-pakṣinām api vartate. vikalpitā tu akuśala iti pūrvācāryāḥ"). 더욱이 불교의 역사를 통해 자아와 인격에 대한 '서구'의 개념이 실제로 다른 시대와 장소에서 발견된다고 유추할 수 있다. 예를 들어 인도 전통에서 불교도들이 Geertz가 말하는 '독특한 개념'과 매우 유사한 자아(atman) 개념을 명시적으로 반대할 때, 그들 역시 마찬가지로 명시적이고 잘 논증된 격렬한 방어에 종종 직면했다. 더구나 불교에서 자아를 반박했을 때 불교가 전파된 거의 모든 곳에서 당혹스러워하는 적대적인 반응에 마주쳤다. 따라서 우리는 문화적 보편성의 무비판적 가정만큼이나 문화적 상대주의의 관점에서 재구성된 예외주의에 대해서도 역시 경계해야 한다.

44 종교 사회학자인 Hans Mol(1976:8f.)은 이 중요한 점을 자세히 설명한다. "동물과

의사소통의 세계는 '자연적인' 것과 반대되는 단순히 '문화적인' 것이 아니다. 앞에서 언급했듯이 문화적 또는 사회적인 것이 우리의 생리를 결정적으로 구성해 왔기 때문이다. 대부분의 견해에 따르면 인간 고유의 뇌 구조는 문화 발전과 거의 동시에 진화했으며, 문화 자체는 이 진화하는 뇌가 촉진하는 사회적, 인지적 능력에 기초하여 발전할 수 있었다.[45] 따라서 문화와 인간 생물학은 분리할 수 없고 상호 의존적이며 공진화적인 현상이다. 따라서 문화와 이를 낳는 사회질서는 인간의 삶에 부가되거나 부수적인 것이 아니라 인간 존재 자체를 구성한다.[46] 그리고 문화 및 사회 세계는 우리의 생물학적 특성과

인간 모두에 있어 안전은 질서와 결부되어 있다. … 정체성 욕구(또는 생리학적, 심리적, 사회적 상호작용 패턴의 전체 복합체에서 안정적인 틈새 욕구)는 지속적인 규칙성과 매우 밀접한 관련이 있다. 질서는 생존을 의미하고 혼돈은 멸종을 의미한다. 정체성, 질서, 실재를 보는 관점은 모두 서로 얽혀 있다. 요점은 (어떤 해석이든) 실재를 해석하는 것이 개인과 사회의 온전함(및 건전함)을 위해 필요하다는 것이다."

[45] "뇌의 크기 증가와 문화 발전의 밀접한 연관성을 나타내는 설득력 있는 화석 증거가 존재한다. … 결과적으로 매우 빠르게 큰 뇌가 선택되었고 매우 정교하게 조직된 상호 의존적 시스템이 만들어졌다. 문화가 항상 우리 마음의 작용에 의해 생성된 것처럼 우리 마음은 문화적 맥락에 의해 진화했다."(Barash 1979:221)

[46] 문화와 무관한 인간은 존재하지 않는다. … 우리의 중추신경계, 특히 그 중추신경계의 가장 큰 저주이자 영광이기도 한 신피질은 상당 부분이 문화와 상호작용하면서 성장했기 때문에 중요한 상징체계의 안내 없이는 행동을 지시하거나 경험을 조직할 수 없다. … 따라서 그러한 상징은 우리의 생물학적, 심리적, 사회적 존재의 단순한 표현, 도구, 상관관계가 아니라 전제조건이다.(Geertz 1973:49)

분리될 수 없으며, 우리가 구성하는 '실재'의 맥락과 내용을 제공한
다.[47] 사회학자인 피터 버거(Peter Berger)는 다음과 같이 설명한다.

인간이 된다는 것은 세상에 사는 것, 즉 질서가 있고 삶에 의미를
부여하는 현실 속에서 살아간다는 것을 의미한다. … 이 삶의
세계는 그 기원 및 지속적 유지 모두에서 사회적이다. 인간의
삶에 주어진 의미 있는 질서는 집단적으로 확립되었으며 집단적
동의에 의해 지속적으로 유지된다.(Berger, Berger, and Kellner
1973:63)

물론 인간은 일반적인 사회 집단에서 진화하지 않았다. 어린 시절
우리는 항상 특정 문화에 속한 특정 그룹에서 살아 왔고, 그 특정
사회와 문화 패턴을 통해 현실을 명시적으로 이해하고, 암묵적이고
대개는 검토되지 않은 세계관을 가지고 성장했다. 사회생활이 제공하
는 질서정연한 현실의 큰 맥락 속에서만 우리는 개인적이면서 동시에
사회적인 정체성 감각을 갖게 된다.

이 정체성 감각은 무엇보다 가족이라는 제한된 사회관계망 안에서
지속적인 상호작용을 통해 유년기 동안 형성된다. 발달심리학자들에

---

47 이것은 지식사회학에서 중요한 가설이다(Berger and Luckmann 1966:183). "인간
은 생물학적으로 타인과 함께 세계를 구성하고 거주하도록 운명 지어져 있다.
이 세계는 인간에게 지배적이고 결정적인 실재가 된다. 그 한계는 자연에 의해
정해져 있지만 일단 건설된 세계는 자연에 다시 작용한다. 자연과 사회적으로
구성된 세계 간의 변증법에서 인간 유기체 자체가 변형된다. 이 변증법에서
인간은 현실을 만들고 이로써 자신을 만든다."

따르면, '나 자신(I-ness)'이라는 감각은 유아기 중 상당히 구체적인 단계에서 발달한다. 예를 들어 피아제(Piaget)는 유아가 일시적으로 시야에서 사라질 가능성이 있는 외부 대상에 대해 지속적 존재라는 개념('대상 영속성')을 발달시키는 동시에 이 대상을 경험하는 별개의 '자아'에 대한 개념을 발달시킨다고 생각한다. 최초의 공생 개념에서 출발하여, 자아와 대상의 복잡한 개념은 비유적인 유사 분열을 거친 후 평행 발달 단계에서 계속해서 서로를 결정한다.[48] 자기와 非자기의 구분과 상호 의존성은 논리적일 뿐 아니라 존재론적으로도 '자아' 정체성 개념에 처음부터 내재되어 있기 때문이다.[49]

가족은 더 큰 사회적, 문화적 맥락과 결코 분리될 수 없기 때문에 모든 자아감각은 개인적일 뿐만 아니라 사회적, 문화적으로 조건화된다. 우리 자신처럼 피할 수 없는 사회적 존재에게 자아정체성은 결코

---

[48] 정신과 의사 Hundert(1989:107)는 이 과정을 다음과 같이 설명한다. "여기서 중요한 것은 주관적 경험을 할 수 있는 능력과 영속적 대상을 경험하는 능력의 발달이 갖는 상호적인 성격이다. Piaget는 유아의 행동을 연구함으로써 정상적인 인간 발달에서 영속적 대상에 대한 개념과 그 대상을 경험하는 별도의 자아 개념이 함께 발달한다는 것을 보여주었다. 공생의 출발점에서 자아와 대상의 기원은 급속도로 진행된다."

[49] 이 구분은 이론심리학 용어로 표현되는 전통 종교와 철학의 근본 주제 중 하나이다. "칸트는 자아의식의 본질을 성찰함으로써 '자아'('나') 개념이 '대상'(외부 세계) 개념을 수반한다는 것을 보여주었다. 칸트는 '대상'은 반드시 (개념적으로) '주체'를 수반한다고 말했다. 피아제(Piaget)는 필연적으로 존재하는 것은 실제로 (인식론적으로) 존재한다는 것을 보여주었다. … '대상'은 항상 '주체'(자아)를 수반할 뿐만 아니라 대상을 '객관화'할 수 있도록 하는 것은 대상에 대한 우리의 경험이다."(Hundert 1989:108-109)

단순히 주어지는 것이 아니라 타인과의 상호작용이라는 도가니 속에서 형성된다. 따라서 정체성은 종 특유 행동의 진화적 발달의 산물일 뿐만 아니라 각 개인의 성장, 성숙, 사회화라는 발달 과정의 산물이기도 한다. 그러므로 정체성은 계통발생적일 뿐만 아니라 개체발생적이다. 우리 종처럼 개인의 정체성도 우연적이고 조건화된 구성물이며, 불교 용어로 삼스카라(saṃskāra)라고 한다. 따라서 일반시스템 이론의 창시자인 베르탈란피(Bertalanffy, 1968:211f.)는 다음과 같이 결론 내린다.

'나'와 '세계', '정신'과 '물질', 데카르트의 '인식하는 것(res cogitans)'과 '연장된 것(res extensa)'은 단순히 근본적인 대립이 아니다. 그것은 생물학적 진화, 아동의 정신 발달, 문화적·언어적 역사에서 오랜 과정에 걸친 최종 결과물이며, 지각하는 자는 자극을 받아들이는 수용자로서가 아니라 매우 실질적인 의미에서 자신의 세계를 창조한다. … '사물'과 '자아'는 게슈탈트 역학, 학습 과정, 사회적, 문화적, 언어적 결정 요인의 무수한 요소들이 서서히 축적되면서 나타난다. '공적인 사물'과 '사적인 자아' 사이의 완전한 구분은 명명命名과 언어, 즉 상징적 차원의 과정이 없이는 확실하게 이루어지지 않는다.

따라서 '타자'와 구별되는 '나'라는 감각은 진화해 온 선천적 자아정체성 능력뿐 아니라 문화적, 사회적으로 획득된[50] 정체성 개념에 따라

---

50 인류학자이자 영장류학자인 Tomasello는 특히 인간 인지 형태의 다차원성을

달라지며, 이 개념은 그 나름대로의 발전과 명료화 및 상충되는 표현의 역사를 거쳤으나, 여전히 더 많은 문제와 갈등을 불러일으키고 있다.

이것이 정체성이 가진 역설이다. 자아를 만들고, 문화를 창조하고, 상징을 처리하는 유기체로서 우리는 개인·사회·문화 등 다양한 수준에 걸쳐 의미와 질서를 필요로 한다. 의미와 질서가 통합되고 일관성을 갖는 것은 이 중첩된 정체성의 내부와 그 주변부에서이다. 따라서 정체성은 중요하고 필수불가결한 목적을 수행한다. 정체성은 우리가 '물리적, 사회적 우주를 만들고 그 안에서 자신의 위치를 설정하고 질서화'할 수 있는 지속적이고 예측 가능한 경험의 중심과 행위자 감각 및 유기체 조직을 제공한다(Barkow 1989:110). 그러나 우리의 가장 깊은 정체성이 의존하는 독립성·통일성·안정성이라는 가정이 거짓되었다는 사실은 바로 사회적 상호작용과 문화적 구성에 의존하기 때문이다. 정체성은 본질적으로 불안정하다. 이 불안정성은 그 기원을 사회적·문화적 특성에 두고 있는데, 모든 문화적 상징체계가 유사하게 필연적으로 연약하고 취약하기 때문이다. 우리는 항상 마음, 감정, 표현 방식, 확립된 상호작용의 패턴, 현실에 대한 복잡한 상징을 바꾸고 있다. 정체성과 의미, 공유된 상징은 고통스러울 정도로 규칙적으로 증식하고 소멸하며, 항상 분화되고 해체되며 쇠퇴하기가 쉽다.[51] 이러한 중첩된 정체성의 필요성과 모든 구조에 내재된

언급한다. "현대 인류에서 성인이 갖춘 인지는 진화적으로 수백만 년에 걸쳐 일어난 유전적 사건일 뿐 아니라, 역사적으로도 수만 년에 걸쳐 일어난 문화적 사건이며, 개체 발생 시간으로 수만 시간에 걸쳐 일어난 개인적 사건의 산물이다."(Tomasello 1999:216).

취약성 사이의 긴장이 바로 인류의 거대한 비인간성 뒤에 숨겨진 근본적인 강박을 불러일으키는 원동력이다. 불교에서 말하는 '정체성' 이란 무상하고 불안하며 정체성이 없는 사물의 본질에 대응하기 위해, 한마디로 현실을 전도顚倒하기 위해 고안된 구성물인 것이다.

악을 구성하여 정체성을 보호

인간은 이 불안정성에, 즉 우리가 구성한 정체성이 가진 피할 수 없는 일시적 성격에 어떻게 대응하는가? 변화무쌍한 모래 위에 구축된 개인적·사회적·문화적 차원의 질서와 정체성을 어떻게 만들고 유지할 수 있는가? 안정적이고 확립된 존재 방식을 유지하기 위해 기본 근거가 없는 정체성을 어떻게 '수정'할 수 있는가?

모든 형태의 정체성은 근본적으로 무상하고 상호 의존적 세계에서 질서와 안전을 확립함으로써 구성된다. 이 과정에는 개인적 수준에서 관찰한 것과 유사한 역학 관계, 즉 불안감, 영속성의 욕구, 의존성의 거부 등이 포함된다. 질서를 만들기 위해 사람들 간의 차이를 과장하고, '우리'와 '그들' 사이의 이분법을 만들며, 서로에 대해 극복할

---

51 Berger, Berger, Kellner(1973:78)는 이타심, 무상함, 불안정, 자아정체성에 대한 망상적 믿음이라는 주제를 엮어서 동일한 주장을 펼친다. "한편으로 현대인의 정체성은 조정 가능하고 일시적이며 지속적인 변화를 겪는다. 반면 주관적 정체성의 영역은 현실에서 개인의 주요 발판이다. 끊임없이 변화하는 것은 매우 현실적인 것(ens realissimum)이어야 한다. 따라서 현대인이 영속적인 정체성 위기에 시달린다는 것은 놀라운 일이 아니며, 이는 상당한 긴장을 일으키는 조건이다."

수 없는 본질적 차이가 있다고 고정하고 독립적인 실체로 재구성한다. 강렬하고 왜곡된 감정적 애착을 조장하는 이 고정관념을 통해 자기 집단을 강하게 동일시하고 다른 집단을 적대시하는 근거가 만들어 진다.[52]

우리가 자라난 사회적, 문화적 현실을 동일시하는 것은 너무나 강력하고 뿌리가 깊기 때문에, 뒤르켐(Durkheim)을 따르는 사회과학 자들은 이를 근본적인 종교 실재로 간주한다. 실재에 대한 문화적 정의는 혼란스러운 세상에서 의미와 질서가 일관성을 갖기 위해 필요 한 규칙성을 제공하고, 설득력 있고 지속적인 실재에 대한 감각, 객관적이고 영원한 진리의 아우라(aura), 우주에서 자신의 위치를 찾는 성스러운 현실,[53] 즉 우리의 궁극적 '정체성'을 나타내는 모든

---

52 정체성은 비교적 잘 정의된 경계를 포함하거나 필요로 하지만, 실제로 세계가 그렇게 깔끔하게 구분되는 경우는 드물다. 정체성은 오히려 공유된 특성을 추상화하고 그에 따라 인간을 분류함으로써 만들어져야 한다. 인류학자인 Mary Douglas(1966:4)는 다음과 같이 주장한다. "죄를 나누고, 정화하고, 구분하고, 처벌하는 관념은 본질적으로 정리가 안 되는 경험에 체계를 부여하는 주요한 기능이다. 내부와 외부, 위와 아래, 남성과 여성, 찬성과 반대 사이의 차이를 과장해야만 질서 같은 것이 만들어진다."
우리는 지극히 실용적인 이유로 분류, 범주화, 차별을 하지만 민족·집단·문화 등에 라벨을 붙이고 고정관념을 부여하여 경계를 구분하는 것은 결코 중립적이지 않다. Mol(1976:174, 11)은 "강력한 경계 상태를 유지하려면 특정 정체성에 초점을 맞추는 정서적 애착이 필요하다. 왜냐하면 바로 정서적 애착을 통해서 개인적, 사회적 통합이 일어나기 때문이다."라고 지적한다.

53 Mol(1976:5f.)은 신성화를 "상징체계 수준에서 특정 패턴이 … 당연하고 안정적이 고 영원하며 질적인 것을 획득하는 과정이다. … 신성화는 인격의 정서적 안정과

상징들을 제공한다. 따라서 문화적 상징은 '신성한' 의미, 질서, 영속성을 표현하며, 이 매개를 통해 우리는 단순한 인간이지만 초월적이거나 불멸하는 어떤 것에 상징적으로 참여할 수 있다.[54] 베커(Becker, 1975: 64)는 다음과 같이 설득력 있게 주장한다.

> 모든 문화의 형태는 개인의 영속과 구원을 추구하기 때문에 본질적으로 신성하다. … 문화는 초자연적인 것을 의미하며, 모든 문화는 육체를 영구적으로 초월해야 하는 기본적인 사명을 가지고 있다. 그러므로 모든 인간의 이데올로기는 그렇게 보이든 보이지 않든, 인정하든 안하든, 스스로 알든 모르든, 개인이나 집단생활의 신성함과 직접적으로 관련이 있는 문제이다.

그러나 문화가 제공하는 신성한 '실재'와 정체성은 이들이 단순한 구성물, 단순한 인간의 조작물로 인정되지 않는 범위 내에서만 설득력

부족 또는 공동체의 통합에 대한 [위협을 방지한다]. 신성화는 정체성, 의미체계, 실재에 대한 정의를 보호하고 한편으로 변화를 바꾸거나 방해하거나 (필요한 경우) 정당화한다."고 정의한다.

54 "인간 활동이 갖는 본질적으로 불안정하고 일시적인 구조는 따라서 궁극적인 안전과 영속성을 부여받는다. 제도는 이 인간적이고 역사적인 우연성 위로 마술처럼 들어올려진다. … 그것은 개인의 죽음과 전체 집단의 붕괴를 초월한다. … 어떤 의미에서 제도는 불멸의 존재가 된다. … [현대의 개인]은 우주적 진리 덕택에 사회가 그를 무엇으로 규정했던 간에 그대로이며, 그의 사회적 존재는 우주의 신성한 실재에 뿌리를 내리게 된다. 그러면 제도와 마찬가지로 그의 역할에 불멸의 특성이 부여된다."(Berger 1967:36f.).

있고 효과적이다. 버거(Berger, 1967:33)는 '제도적 질서'는 "가능한 한 그 구성된 성격을 숨길 수 있도록 해석되어야 한다."고 주장한다. 문화적으로 구성된 우리의 현실은 그 모호한 본질에도 불구하고, 아니 그 본질 때문에 '신성한' 것이며, 신비화를 필요로 한다.[55]

신비화 과정이 전적으로 악한 것은 결코 아니지만 부수적인 것도 아니다. 오히려 정체성 형성에 있어 필수 구성요소이다. 사실 이 과정은 개인의 '자아 형성'에서 발견되는 것과 동일한 특성을 가지고, 매우 기능적이며, 구조적 갈등과 은폐가 뒤따른다. 그러나 개인의

---

[55] 신비화는 실재화(reification) 개념과 관련해서 지식사회학의 기본 요소이다. Berger와 Luckmann(1966:89f.)은 자아정체성에 대한 불교의 분석과 유사하게 실재화를 두 가지 수준, 즉 암묵적이고 비非반성적인 수준과 명시적이고 계발된 수준으로 구별한다. 그들은 실재화를 다음과 같이 설명한다.

실재화란 인간 활동의 산물을 자연의 진실, 우주 법칙의 결과, 신성한 의지의 표현과 같이 인간 활동의 산물이 아닌 다른 것 같이 이해하는 것이다. 실재화는 의식의 전前이론적 수준과 이론적 수준 모두에서 가능하다. 실재화 개념을 지식인의 정신적 구성으로 제한하는 것은 오류라고 볼 수 있다. 실재화는 거리에 있는 사람의 의식 속에 존재하며 이런 경우가 실질적으로 더 중요하다. 실재화를 원래 실재화되지 않은 사회적 세계에 대한 이해, 일종의 인지적 왜곡으로 보는 것은 실수라고 볼 수 있다. 민족학적, 심리학적 증거는 오히려 그 반대로, 즉 **사회 세계에 대한 원래의 이해가 계통발생학적으로나 개체발생학적으로 고도로 실재화되어 있음을 나타내는 것으로 보인다.**(굵은 글자는 필자의 강조)

이 내용은 우리가 자신의 경험을 언어와 사회 및 문화생활의 범주로 실재화하는 진화된 능력을 통해 세상을 이해한다고 하는 주요 논제와 일치한다. 이는 근본적이긴 해도 아주 모호한 측면이 있다.

정체성 형성으로 인한 직접적인 결과는 비교적 단순하고 제한적이며 오래가지 않는 한편 사회적·문화적·정치적 정체성을 집단적으로 형성한 결과는 복잡하고 파괴적이며 비참할 정도로 오랫동안 지속된다.

현대 세계에서 우리의 '신성한 실재'는 국가 또는 민족국가로 대표되는 경우가 점점 더 많아지고 있다. 국가는 개인·사회·문화가 자기 또는 실체로 실재화되는 것과 동일한 과정을 통해 신성화되었다.[56] 이 과정은 세계를 자신과 남으로 이분화하는 경계를 만들고, 내부의 동질성을 강요하고 외부의 이질성을 배제하며, 이 모든 것에 영원한 진리와 선善이라는 감정적 아우라(aura)를 불어넣음으로써, 우연적이고 구성된 본성을 신성화시키고 동시에 모호하게 만든다. 그렇게 함으로써 우리는 복잡하고 상호 의존적인 인간 환경을 문화, 하위문화, 국가와 같은 상상 속의 실체로 채운다.[57] 울프(1982:3)는 다음과

---

56 인류학자 Eric Wolf는 다음과 같이 경고한다. "국가, 사회, 문화에 내부적으로 동질적이고, 외부적으로는 독특하고 경계가 뚜렷한 대상의 특성을 부여함으로써 우리는 세계를 단단하고 둥근 당구공처럼 회전하는 글로벌한 당구장 모델을 만들어낸다. 따라서 세계를 서로 다른 색깔의 공으로 쉽게 분류할 수 있다." Wolf(1982:6), Carrithers(1992:25)에서 인용.

57 "민족주의는 상황에 대한 특정한 사회적 정의, 즉 특정 국가로 알려진 집단적으로 합의된 실체에 의존한다. … 국가를 특정 집단의 구성으로 정의하는 것은 언제나 현실을 사회적으로 구성하는 행위이다. 즉, 그것은 항상 '인위적'이다."(Berger, Berger, and Kellner 1973:167) Carrithers(1992:19)는 이러한 실재화가 "문화나 사회를 경계가 있는 통합된 전체로 보는 개념과도 완전히 일치하며, 실제로 필요한 것이다. 일단 가변성과 역사의 변덕이 허용되면 문화와 사회의 완전성과 경계 개념이 흔들리고 녹아내리기 시작하기 때문이다."라고 주장한다. '상상된

같이 지적했다.

> 전체를 조각으로 분해한 다음 재조립하지 못하는 경우는 실재를
> 왜곡한다. '국가', '사회', '문화'와 같은 개념으로 분해하여 이름을
> 붙이고, 다시 이 이름을 사물로 바꾸려고 할 위험이 있다. 이
> 이름을 관계의 묶음으로 이해하고 추상화했던 분야에 되돌려
> 놓아야만 잘못된 추론을 피하고 우리가 이해하는 부분을 증가시킬
> 수 있다.(Carrithers 1992:26에서 인용)[58]

그리고 이 왜곡을 통해, 즉 집합된 개인들을 그들이 포함된 맥락에서
분리시켜 독립된 실체로 실재화함으로써 질서와 안전을 신성시하는
데 필요한 동일성의 중심을 만든다. 따라서 현대 국가는 모든 사회가
공유하는 동일한, 암묵적인 신성함으로 가득 찬, 사회적으로 구성된

공동체'로서 국가의 부상에 대한 역사적 접근은 Anderson(1983)을 참조하라.
[58] 이 글에 전반적으로 반복되는 주제인 과정(process)을 실체로서 실재화하는
것은 사회 이론에서도 문제가 되는데, 이는 Norbert Elias(1982〔1939〕:228)가
설명하는 바와 같다.

'개인'이나 '사회' 같은 개념은 별개로 존재하는 두 대상이 아니라 동일한 인간의
서로 다르지만 분리할 수 없는 측면과 관련이 있다. … 둘 다 과정의 성격을
지니고 있다. … 개인과 사회 구조 사이의 관계는 둘 다 변화하고 진화하는
실체로서 조사되는 경우에만 명확해질 수 있다. … 개념적으로 '개인'과 '사회'라
고 불리는 것 간의 관계는 이 개념들이 마치 두 개의 분리된 신체, 심지어는
평상시에는 서로 무관하다가 나중에야 서로 접촉하는 신체들을 나타내는 것처럼
사용되는 한 이해할 수 없는 채로 남아 있을 것이다.

'궁극적인 실재'이다. 또한 궁극적 의미와 목적, 자신의 삶을 바칠
수 있는 질서를 제공하는 우주 차원의 질서이기도 하다. 따라서 국가는
사회적, 정치적 수준에서 질서와 목적을 창출하는 동시에 개인적
수준에서는 성스러운 정체성과 소속감을 제공하는 현대의 신성한
질서 중 가장 탁월한 체제이다.[59] 이는 베커(Becker, 1975:113)가 다음
과 같이 설득력 있게 주장하였다.

　　이 관점에서 보지 않으면, 우리 시대의 강박적 민족주의의 극단적
　　인 발전, 즉 국가 간의 엄청난 반목, 의심할 여지없는 충성심,
　　조국이라는 이름으로 벌어지는 소모적인 전쟁 등을 이해할 수
　　없다. '우리나라'와 그 '동맹국'은 영원한 생존 자격을 갖춘 사람들
　　을 대표하고, 우리는 '선택된 국민'이다. … 하나의 깃발 아래
　　함께 모인 사람들은 모두 동일하기 때문에 불멸의 특권을 누릴
　　자격이 있다. 이 깃발 외부에 있는 다른 사람들은 영원한 축복에서
　　제외된다.

　　우리는 이제 민족적, 문화적, 국가적 갈등이 불러일으키는 적대감

---

[59] 민족주의의 이러한 측면은 고대 현상의 현대적 표현이다. "부족, 인종, 국가,
정치 국가는 그러한 집단적 정체성을 공유하는 사람들에 의해 항상 신성한
것으로 간주되어 왔다. 19세기 민족주의는 20세기 국가를 신성한 숭배의 대상으
로 만들었다. 조국이 신성하다는 히틀러의 선언은 의심의 여지가 없었다. 무솔리
니, 스탈린, 마오쩌둥도 그 뒤를 따랐다. 이제 국가는 도덕의 중재자가 되었다.
국가의 대의를 위한 것은 무엇이든 선이고, 그것을 방해하는 것은 무엇이든지
악이다."(Strivers 1982:26f.).

이 어떻게 정체성 형성의 가장 깊은 역학 관계에 영향을 미치는지 알 수 있다. '타자'는 '우리'를 정의하는 데 없어서는 안 될 역할을 하며, 우리가 누구인지를 구분할 수 있는 뚜렷한 경계와 신성한 세계에서 우리를 하나로 묶게 만드는 공통의 위협 모두를 제공한다.[60] 명백하고 실질적인 민족적, 국가적 정체성을 확립하고 보호하려는 이러한 시도는 단순히 악을 정의하는 것이 아니라 악을 필요로 한다.[61]

따라서 정체성은 비극적인 양날의 검이다. 정체성은 상징적 질서가 가진 취약함과 이에 대한 우리의 필요성이 함께 포함된 것이고, 합의된 더 큰 실재에 대한 우리의 깊은 의존성과 정체성의 구성된 본성, 그리고 신성한 상징체계에 대한 끝없는 폭력을 설명하는 데 도움이 되는 완전성과 타당성에 대한 위협도 함께 정체성에 포함된다. 신성한 상징체계는 경쟁적이고 양립할 수 없는 세계관이라는 넓은 시장에서 확산되고, 혼합되고, 변형된다. 이 어수선한 세계의 일부인 급진적 다원주의는 매우 혼란스럽고 불안정하다. 질서와 의미에 대한 우리의 감각은 특정 문화, 세계관, 민족 정체성, 종교 신념, 국가의 신성화된

---

60 Becker(1975:119)는 다음과 같이 주장한다. "각각의 영웅적 신격화는 기본적인 주제를 변형한 것이다. … 문명, 국가의 부상, 왕권, 보편 종교는 모두 죄책감과 구속의 필요성이라는 동일한 심리적 역학에 의거한다. 집단적 불멸의 공동체를 대표하는 것이 더 이상 씨족이 아니라면 나라, 국가, 혁명의 단위, 기업, 과학사회, 자신의 인종이 대표한다. 인간은 여전히 초월을 갈망한다. … 개인은 여전히 원시인처럼 겸손한 떨림으로 자신의 토템 조상에게 자신을 바친다."

61 Becker(1975:148): "그 결과 인간 존재의 가장 큰 비극 중 하나인 '악의 물신화', 즉 생명에 위협을 가하고 통제할 수 있는 특별한 장소에서 악을 찾으려는 욕구가 생겨났다."

상징체계와 매우 밀접하게 연결되어 있기 때문에, 신성한 상징체계를 위협하는 것은 우리의 존재 자체를 위협한다. 버거(Berger, 1967:39)는 "사회적으로 정의된 실재가 우주의 궁극적 실재와 동일시되면 그에 대한 부정은 광기뿐 아니라 악의 성격을 띠게 된다."고 경고한다. '사회적으로 정의된 실재'가 신성시될 때 다원주의가 끝없는 악과 광기를 낳는다는 말은 분명하면서도 불길하다. 우리는 이것이 무엇으로 이어질지 상상할 필요가 없다.

사실 이 과정은 놀랄만한 결과를 낳는 악순환을 가져왔다. 의미와 가치, 소속감을 주는 영원하고 신성한 질서 안에서 정체성의 신성화에 필수 제도였던 근대 민족국가는 근대 초기에 제도화된 종교의 영향력이 줄어들면서 생긴 공백을 채웠다.[62] 불멸에 참여하려는 욕구를 반영하듯, 이 문화적, 국가적 정체성은 개인의 생존보다 우선시되었다. 인간은 자신의 집단, 나아가 자신 역시 불멸의 생명을 얻기 위해 싸우고 죽는다.[63] 오토 랭크(Otto Rank)는 "인간은 자신의 생명보다

---

62 Anderson(1983:11)은 근대 초기 민족주의가 채우게 된 영적 공백을 설득력 있게 설명한다. "서유럽의 18세기는 민족주의 시대의 여명기일 뿐만 아니라 종교적 사고방식의 황혼기이기도 했다. 계몽주의, 합리주의적 세속주의의 세기는 근대의 암흑을 가져왔다. 종교적 믿음이 쇠퇴했어도 그 믿음이 부분적으로 만들어낸 고통은 사라지지 않았다. 낙원의 붕괴만큼, 죽음을 자의적으로 만드는 것은 없다. 구원의 부조리만큼, 다른 형태의 연속성을 더 필요로 하는 것은 없다. 당시 필요했던 것은 운명을 연속성으로, 우연을 의미로 바꾸는 세속적 전환이었다." 그 결과 근대 국가는 '세속적인' 불멸의 성스러운 장소로 변모했다. 덧붙이자면 전 세계의 근본주의자들이 이 말에 이의를 제기하지 않은 것은 아니다. Bruce Lawrence는 *Defenders of God: The Fundamentalist Revolt Against the Modern Age*(1989)에서 이 갈등을 잘 다루고 있다.

불멸성을 보존하려고 한다."고 말했다(Becker 1975:65). 현대의 세속
적인 대체 종교인 민족국가의 제단에서 무수한 피의 희생을 신성화한
것은 자신보다 더 큰 집단과의 강렬하고 '신성한' 동일시였다. 수백만
명이 깃발[64]과 같은 추상적 상징이나 파시즘·사회주의·민주주의라는
이데올로기를 수호하다 목숨을 잃었고, 수백만 명 이상이 '조국',
'인종적 순수성'이란 이름으로, 심지어 가장 아이러니하면서도 비극적
이게도 사랑하는 신의 이름으로 죽어 갔다. 던컨(Duncan, 1962:131)은
이데올로기 전쟁의 세기에 "모든 전쟁은 성전으로 수행된다."고 선언
한 바 있다.

　마침내 우리는 현대의 피비린내 나는 아이러니에 도달했다. 실재를
뒤집으려는 우리의 시도는 '악은 악에 대한 영웅적 승리를 향한 인간의
충동에서 비롯된다고 하는 … 역설'(Becker 1975:136)을 가져오는데,
이는 세상에 반대되는 '악'의 실체를 지속적으로 창조하고 정복함으로
써 신성한 정체성을 구성하려는 잘못된 선택 수단에서 비롯된 결과이
다. 인간은 다른 어떤 동물 종도 하지 않는 방식으로 전쟁을 일으키고
서로를 해치고 죽인다. 인간 외에 어떤 종도 자신의 삶을 이해하기
위해, 합의된 실재의 상징을 신성화하는 데 의존하지 않기 때문이다.[65]

---

63 "영웅은 자신의 행동으로 권력을 얻고, 자신의 희생으로 보이지 않는 힘을
　　평정하는 사람이다. 그는 자신의 집단을 위협하는 자들을 죽이고, 힘을 통합하여
　　자신의 집단을 더욱 보호하고, 다른 사람들을 희생하여 자신의 집단을 위한
　　면책을 얻는다. 한마디로 영웅은 피를 통해 구세주가 된다."(Becker 1975:150).
64 우리가 기억해야 할 것은, 많은 국가에서 신성 모독 또는 '탈신성화'가 범죄
　　행위라는 사실이다.
65 "이제 인간은 자신이 살고 있는 사회의 자기초월적 의미, 일종의 무한한 지속을

어떤 종도 자신의 운명이 무력하게 바람에 날리는 광활한 세계 속으로
자신의 정체성을 외부화할 능력이나 필요성을 갖추지 못했다.

상호 의존성, 정체성, 이해

생물학과 사회과학의 이러한 관찰을 종합해 보면 우리가 모든 현상의
근본적인 무상성과 상호 관련성에 직면하여 자기통제와 무지의 근원
으로서 정체성을 구성한다는 불교의 개념에 동의한다. 이 개념은
우리가 매일 서로에게 가하는 엄청난 악과 고통을 어느 정도 이해할
수 있도록 하는 포괄적인 틀을 제공한다.[66] 우리는 현상의 상호 의존성,

보장하는 불멸의 상징에 목숨을 걸고 있기 때문에 새로운 형태의 불안정과
불안이 생겨난다. 그리고 이 불안은 바로 인간의 일상으로까지 파급된다. 악을
피하기 위해 인간은 유기체가 소화관을 움직여 할 수 있는 것보다 더 많은
악을 세상에 가져온다."(Becker 1975:5)

66 여기에는 몇 가지 전제가 필요하다. 첫째, 나는 지배 엘리트들이 조직적인
폭력을 통해 개인적 권력과 물질적 이득을 얻고 축적한다는 부인할 수 없는
가장 명백한 측면을 간과했다. 그러나 인간 상호작용의 패턴과 구체적 세부
사항을 분석하는 것은 정치학이나 사회과학의 영역에 속하므로 여기서 다루려는
문제가 아니다. 오히려 이 글은 조직적 폭력이 가능하지 않으며, 개인적, 문화적,
정치적 정체성의 '신성화'와 국가를 둘러싼 신비화에 있어 필요조건이지만 충분
조건은 아닌 것처럼 보이는 대중의 자발적 참여를 이해하는 것에 관심이 있다.
그러나 이 과정의 역학 관계가 다른 국가에서나, 그 맥락상 유사하다고 해서
'도덕적 동등성'을 암시하거나 '대중을 속이려는' 악의적 의도를 수반한다는
것을 의미하지는 않는다. 분명히 어떤 것들은 다른 것보다 더 옹호할 가치가
있고 어떤 것은 보다 설득력 있는 사실이기도 하다. 그럼에도 이것들은 인간의
'일상 세계'에서 정의된 합의된 실재로 남아 있다.

정체성에 대한 조작, 타인의 희생에 기초하는 자기에 대한 애착이 생물학적, 개인적 차원은 물론 신성한 상징체계로 조직된 사회문화적 차원에도 똑같이 효과적으로 그리고 극악하게 작동하는 것을 볼 수 있다. 이 과정의 핵심은 3'독毒'과 같은 번뇌 외에도 인간 행동의 근저에 있는 동기부여 요인과, 우리 안에 깊이 뿌리내린 자아정체성 감각이다. 이것들은 우리의 정서적·인지적 행동방식, 특히 (인간 사회와 문화를 구성하는 복잡하고 상징적인 상호작용과 분리될 수 없는) 자기중심적 정체성과 그 근원적 조건에 대한 우리의 인식에 강력한 한계가 있다는 점에 기반을 두고 있다. 개인적 차원에서 이러한 능력, 특히 자기중심성과 무지는 삶의 다양한 대인관계 문제의 근원에 있는 것으로 인식되며, 대부분의 전통 종교 또는 도덕적 문화는 이 능력의 표현을 순화하거나 그 과도함을 개선하는 데 초점을 맞추고 있다. 그러나 이 과정은 악에 대한 인간 능력의 기초 단계, 즉 전제조건일 뿐이다.

이것들이 어떻게 우리 종 특유의 폭력과 증오의 수준으로 전환되는지 이해하기 위해서는, '정체성에 대한 신성화'(satkāyadrsti)와 그에 수반되는 폐해, 즉 우리의 사회적·문화적·정치적 현실 구성에 대한 과도한 감정적 애착과 비이성적인 믿음, 집단 내/외의 차별과 배타적 충성심이 가져오는 파괴적인 공격성을 고찰해야 한다. 그러나 인간 정체성의 상호 의존적 본성은 피로 물든 이 세기의 특징이기도 하며, 전례 없는 규모의 폭력을 불러일으키는 적대감의 투사와 함께 자기 및 집단 강화의 수단이 되도록 한다. 자기/타자 이분법에는 우리의 존재론적 상호 의존성, 즉 상호 조건화되고 우연적인 본성에 대한 비극적 맹목성이 내재되어 있기 때문이다. 이러한 무지가 개인이든 집단이든, 씨족이든 민족이든, 현대의 민족국가이든 간에, 소속감과 믿음이라는 명목 하에 자신들을 독립적이고 자율적인 실체라고 맹목적으로 믿도록 만들어 그토록 무의미한 고통을 선동하고, 너무나도 많은 죽음을 가져왔으며, 상상할 수 없는 악이 자행되도록 일조한 것이다.

이 끔찍한 역학 관계에 대해 어느 정도 이해한다 해도, 불교와 과학 사이의 비교문화적 대화가 이 병폐를 개선하고 악순환을 피하는 데 어떤 도움이 될 수 있는지 묻지 않을 수 없다. 인류학자 그레고리 베이트슨(Gregory Bateson, 1979:66)과 불교도들이 동의하듯이 "인과 체계가 순환적일 때 순환하는 어떤 한 부분의 변화가 나중에 어느 순환 변수의 원인으로 간주될 수 있다."는 점에서, 악순환의 행동 패턴을 끊을 수 있는 몇 가지 지점이 있다. 서두에서 말했듯이 이는 인간의 조건을 이해하는 것과 고통스러운 자기중심적 행위의 악영향을 극복하는 것으로 나눌 수 있다. 이러한 관점에서 볼 때 이 글에서 주장하는 추상적, 이론적 이해는 단순히 학문적 중요성뿐 아니라, 인간 정체성의 구성과 갈등의 본질에 내재된 뿌리 깊은 무지를 극복할 수 있게 하는 잠재적이면서 강력한 분석 도구가 될 수 있다. 이를 이해하지 못하면 이 문제에 포괄적이고 건설적인 방식으로 접근하기가 어렵다. 즉, 우리는 정체성의 신성화가 타락해 가는 파괴적인 역학 관계에 대해 질문하지 않고서는, 정체성의 구성에서 필연적으로 드러나는 의미부여 기능을 충분히 이해할 수 없다.[67] 인간 정체성이 갖는 야누스적 특성은 인간이 처한 조건을 진지하게 이해하려는 시도가 만들어낸 구성물임에 틀림없다. 베커(Becker, 1975:143)는 '무지, 환상에 대한 갈증, 두려움'이 모두 '인간 해방이라는 과학적 문제의 일부'라고 주장한다. 그는 계속해서(162) 과학이 "역사적 종교와 한 자리를 공유할 것이다. 과학은 잘못된 인식과 무가치한 영웅 시스템을 비판한다. 다시 말해 사회과학은 … 우상숭배에 대한 비판이 될 것이다."라고 주장한다. 불교 용어로 표현하자면, 과학은 무상한 것을 영속적인 것으로, 불만족스러운 것을 만족스러운 것으로, 무아를 자아로 오해하는, '현실을 뒤집으려는' 우리의 헛되고 결국 좌절되는 노력에 대한 비판이 될 것이다. 따라서 상호 의존성과, 잘못된 정체성 구성이 만들어낸 소외를 집단적으로 인식하는 것은 우리 자신과 세상에서 우리의 위치를 이해하는 새롭지만 매우 오래된 방식의 필수 요소이다.[68]

---

67 예를 들어 불교에서 그 정체성의 '소멸'을 목표로 하지 않는 이유 중 하나는 앞서 지적한 바와 같이 이러한 구성이 실용적이고 영적인 여러 유용한 목적에도 기여하기 때문이다. 오히려 불교 전통에서는 구성된 정체성의 본질을 무조건적이고 영속적이고 자기 실체로서 존재하는 것처럼 잘못 해석할 때 일어나는 문제점을 강조한다. 따라서 그들은 애초에 존재한 적이 없는 실체로서의 자아를 없앨 것을 옹호하는 대신 오히려 그 구성된 자아가 실질적으로 실재하거나 궁극적으로 신뢰할 수 있다는 환상을 꿰뚫어보고, 그 자아감과 관련된 집착과 욕망을 보다 만족스러운 형태, 즉 깨달음과 자비로운 활동으로 전환하기 위해 노력할 것을 주장한다.

68 각주에 광범위하게 인용한 내용 및 이 글에서도 간략히 논의했듯이, 다양한 분야에서 본질적 또는 실질적인 정체성이 없다고 하는 일치된 견해에 도달한 것은 놀랄만하다. 각기 다른 분야에서 정체성의 여러 형태는 구성되어 있고, 갈등적이고, 모호한 특징을 갖는다. 다양한 분야에서 최근 진전되고 있는 것은

그러나 우리의 이러한 이해는 행동으로 나타나야 한다. 이것은 쉬운 일이 아니며, 불교도나 어느 누구도 이 세상의 모든 병을 치료할 만병통치약이 있다고 말하지 않는다. 불교에서는 전통적으로 붓다가 8만 4천 가지의 번뇌를 경감시키기 위해 8만 4천 가지 수행법을 가르쳤다고 말한다. 이 숫자는 복잡한 세상의 여러 병폐를 치료하기 위해 이 세상의 모든 것을 이해해야 할 필요성을 표현한 것이다. 많은 사람들이 강조하듯이 우리가 지속적으로 '세계'를 구성하고 있다면, 이 세계에 대한 공동의 책임도 갖는다. 우리는 지성과 연민으로 우리의 '선과 악에 대한 지식'을 통해 막중한 책임을 다하고, 우리의 창조적 가능성을 충분히 인식하며, 입증된 위험을 확실하게 인식하는 것 외에 다른 선택의 여지가 없다. 우리는 최근 이 위험 중 가장 심각한 몇 가지의 근거와 원인에 대해 어느 정도의 합의에 도달했다. 힘들게 얻은 이 통찰이 학계나 연구소에만 머물러 있다면, 우리는 더 유망한 가능성을 발전시키지 못할 수도 있다.

이전의 '당구공' 생명 모델에서 계승된 잘못된 또는 낡은 이분법을 해체하고, 이를 순환적 인과관계나 자기조직화 이론처럼 보다 과정지향적인 모델로 대체하는 관점의 변화가 이루어지고 있다는 점이다. 이전 시대의 추론적 본질, 실체, 이분법을 단순한 체험적 발견으로 상대화하려는 관점의 변화는 때로는 유용하긴 해도, 더 깊은 이해를 방해하는 장애물로 작용하여 오해의 소지가 있으며, 최악의 상황에서 해를 끼치는 경우가 있다.

참고문헌

Abhidharmakośabhāṣya. Ed. S. D. Shastri. 1981. Repr. Varanasi: Bauddha
　　Bharati. Trans. de La Vallée Poussin. 1971. *L'Abhidharmakośa de*
　　Vasubandhu. Bruxelles: Institut Belge des Hautes Etudes Chinoises.

Anderson, B. 1983. *Imagined Communities.* London: Verso.

Barash, D. 1979. *The Whisperings Within: Evolution and the Origin of Human*
　　Nature. New York: Harper and Row.

Barkow, J. 1989. *Darwin, Sex, and Status.* Toronto: University of Toronto
　　Press.

Barkow, J., L. Cosmides, J. Tooby. 1992. *The Adapted Mind: Evolutionary*
　　Psychology and the Generation of Culture. New York: Oxford Uni-
　　versity.

Barlow, H. 1987. "The Biological Role of Consciousness." In C. Blakemore
　　and S. Greenfield, eds., *Mindwaves.* Oxford: Basil Blackwell.

Bateson, G. 1979. *Mind and Nature: A Necessary Unity.* New York: Bantam.

Becker, E. 1975. *Escape from Evil.* New York: Free Press.

Berger, P. 1967. *The Sacred Canopy: Elements of a Sociological Theory of*
　　Religion. New York: Doubleday.

Berger, P., B. Berger, and H. Kellner. 1973. *The Homeless Mind: Modernization*
　　and Consciousness. New York: Vintage.

Berger, P. and T. Luckmann. 1966. *The Social Construction of Reality: A Treatise*
　　in the Sociology of Knowledge. New York: Anchor.

Bodhi, Bhikkhu, trans. 2000. *The Connected Discourses of the Buddha.* (*Saṃ*
　　yutta nikāya). Somerville, Mass.: Wisdom.

Camus, A. 1971. *The Rebel.* London: Penguin.

Capra, F. 1997. *The Web of Life.* New York: Anchor.

Carrithers, M. 1992. *Why Humans Have Cultures.* New York: Oxford University Press.

Collins, S. 1993. "The Discourse on What Is Primary (*Aggañña Sutta*)," *Journal of Indian Philosophy* 21(4): 301-93.

Conze, E. 1973. *Buddhist Thought in India.* Ann Arbor: University of Michigan Press.

Douglas, M. 1966. *Purity and Danger: An Analysis of Concepts of Pollution and Taboo.* London: Routledge and Kegan Paul.

Duncan, H. D. 1962. *Communication and Social Order.* New York: Bedminster.

Elias, N. 1982 [1939]. *The Civilizing Process.* New York: Pantheon.

Gazzaniga, M. 1998. *The Mind's Past.* Berkeley: University of California Press.

Geertz, C. 1973. *The Interpretation of Cultures.* New York: Basic.

_____ 1979. *Local Knowledge.* New York: Basic.

Giddens, A. 1991. *Modernity and Self-Identity: Self and Society in the Late Modern Age.* Stanford: Stanford University Press.

Guenther, H. and L. Kawamura. 1975. *Mind in Buddhist Psychology.* Emeryville, Cal.: Dharma.

Hundert, E. 1989. *Philosophy, Psychiatry, and Neuroscience: Three Approaches to the Mind.* Oxford: Clarendon.

Johansson, R. 1979. *The Dynamic Psychology of Early Buddhism.* London: Curzon.

Kegan, R. 1982. *The Evolving Self.* Cambridge: Harvard University Press.

Kihlstrom, J. F. 1987. "The Cognitive Unconscious." *Science* 237:1445-1452.

Lackoff, G. and M. Johnson. 1980. *Metaphors We Live By.* Chicago: University of Chicago Press.

Lawrence, Bruce. 1989. *Defenders of God: The Fundamentalist Revolt Against the Modern Age.* San Francisco: Harper and Row.

Luckmann, T. 1967. *The Invisible Religion: The Problem of Religion in Modern Society.* New York: Macmillan.

Macy, J. 1991. *Mutual Causality in Buddhism and General Systems Theory.* Albany: State University of New York.

Mayr, E. 1988. *Toward a New Philosophy of Biology: Observations of an Evolutionist.* Cambridge: Harvard University Press.

Minsky, M. 1986. *Society of Mind.* New York: Simon and Schuster.

Mitchell, S. 1993. *Hope and Dread in Psychoanalysis.* New York: Basic.

Mol, H. 1976. *Identity and the Sacred: A Sketch for a New Social-Scientific Theory of Religion.* Oxford: Basil Blackwell.

Ñāṇamoli, Bh., trans. 1995. *The Middle Length Discourses of the Buddha: A New Translation of the "Majjhima Nikāya."* Boston: Wisdom.

Nichols, C. 1974. "Darwinism and the Social Sciences." *Philosophy of the Social Sciences* 4:255-257.

Nyanaponika, T. 1986. *The Vision of Dharma.* York Beach, Maine: Weiser.

Nyanatiloka. 1977. *Buddhist Dictionary: Manual of Buddhist Terms and Doctrines.* Colombo: Frewin; rpt. San Francisco: Chinese Materials Center, 1977.

Oyama, S. 1985. *The Ontogeny of Information.* Cambridge: Cambridge University Press.

Ogden, T. 1990. *The Matrix of the Mind.* Northvale, N.J.: Aronson.

Poussin, L. de, trans. 1971. *L'Abhidharmakośa de Vasubandhu.* Bruxelles: Institut Belge des Hautes Etudes Chinoises.

Restak, R. 1994. *The Modular Brain: How New Discoveries in Neuroscience Are Answering Age-old Questions About Memory, Free Will, Consciousness, and Personal Identity.* New York: Touchstone.

Richards, R. 1987. *The Emergence of Evolutionary Theories of Mind and Behavior.* Chicago: University of Chicago Press.

Saul, J. R. 1992. *Voltaire's Bastards: The Dictatorship of Reason in the West.* New York: Vintage.

Shastri, S. D., ed. 1981. *Abhidharmakośabhāṣya.* Varanasi: Bauddha Bharati.

Snellgrove, D. 1987. *Indo-Tibetan Buddhism: Indian Buddhists and Their Tibetan Successors*. Boston: Shambala.

Strivers, R. 1982. *Evil in Modern Myth and Ritual*. Athens: University of Georgia Press.

Tomasello, Michael. 1999. "The Cultural Origins of Human Cognition." Cambridge: Harvard University Press.

Trivers, R. 1976. Forward to R. Dawkins, *The Selfish Gene*. Oxford: Oxford University Press.

Varela, F., E. Thompson, and E. Rosch. 1991. *The Embodied Mind: Cognitive Science and Human Experience*. Cambridge: MIT Press.

von Bertalanffy, Ludwig. 1968. *General System Theory*. New York: Braziller.

Waldron, W. 2000. "Beyond Nature/Nurture: Buddhism and Biology on Interdependence." *Contemporary Buddhism* 1(2): 199-226.

Walshe, M., trans. 1987. *Thus Have I Heard: The Long Discourses of the Buddha*. Boston: Wisdom.

Wolf, E. 1982. *Europe and the People Without History*. London: University of California Press.

Wolf, E. 1991. "Discussion." *Psychoanalytic Dialogues* 1(2): 158-172.

지각과 상상의 관계는 고대 그리스에서부터 서양 철학자들이 논의해 왔으며, 또한 지난 2,500년간 불교 수행에서 탐구해 온 중심 주제이다. 플라톤은 지각과 상상의 차이를 강조했지만, 아리스토텔레스는 둘 사이의 연속성을 주장했다. 초기 불교 수행에서는 '순수한 주의력(bare attention)'을 기르는 데 중점을 두면서 지각할 때 떠오르는 개념이나 상상을 없애려고 했다(Nyanaponika Thera 1973). 반면 불교 중관철학의 관점에서는 모든 현상이 개념을 지칭하는 힘에 의해 자신의 경험 세계(loka)에서 일어난다고 하며(Lamrimpa 1999), 이는 우리가 지각할 때 개념적으로 중첩되어 떠오르는 내용이 세계에 대한 정상적인 지각 경험임을 시사한다.

프란시스코 바렐라와 나탈리 드프라즈는 현대 신경과학, 서양의 현상학, 티베트 불교의 관점에서 지각과 상상이라는 흥미로운 주제를 탐구한다. 필자들은 이 글에서 상상을 이용하여, 정신적 사건의 물질적 뇌 기반과 그 경험적 특성이 서로 불가분하고 비非이원적이라는 것을 보여주고자 한다. 현대 신경과학자들은 상상 속에서 대상을 만들어내고 조작하는 능력이 고차원적인 시각 및 인지와 동일한 신경 능력에서 비롯된다는 설에 일정 정도 공감하고 있다. 상상과 지각은 모두 인지 작업의 특성에 따라 기억·언어·예상·운동의 관여가 필요하다. 이는 흥미로운 질문을 제기한다. 상상과 지각의 경험에 필요 충분한 원인은 무엇인가? 이러한 정신적 과정의 신경상

관물(neural correlates)은 해당 정신적 사건의 생성에만 필요한 것인
가, 아니면 신체 및 물리적 환경의 상호작용과 함께할 때 인과적으로
만족되는가? 상상으로 인한 생생한 경험은 그 자체가 힘을 가지고
있지 않은가? 그 특수성은 무엇인가? 이와 관련된 가설은 지각이
감각운동의 제약을 받는 상상이며, 상상은 지각에 부가된 차원이
아니라 인간이 경험하는 인지적 삶의 핵심에 속한다는 것이다.

　　　서양의 현상학적 전통에서는, 상상은 인간 의식의 핵심에
속하고 전前반성적(선先인식적, 무의식) 수준의 의식에 기반을 두고
있으며 그 의식으로부터 빛을 발한다고 주장한다. 언뜻 보기에 현상
학의 개념은, 개념적 인식과 지각적 인식이 모두 심층식(bhavaṅga,
ālayavijñāna)에 근거를 두고 그로부터 빛을 발한다는 불교의 관점과
매우 유사해 보인다. 즉, 인식은 비물질적인 근원 의식에서 나오며,
신체 및 물리적 환경과의 상호작용에 의해 조절된다. 이 글에서
필자들은 현상학과 불교의 관점을 함께 대조하면서 흥미롭게 지각과
상상을 설명한다.

4. 상상: 신체화, 현상학, 변화

프란시스코 바렐라, 나탈리 드프라즈

상상은 인간 존재의 본질적인 특성 중 하나이다. 상상의 핵심 속성은 현재 지각되는 세계가 아니라, 현재 눈앞에 있지 않은 대상이 불러일으키는 생생한 정신적 내용의 표현이다. 실제로 상상은 정신 이미지·기억·환상·꿈과 같은 인간 능력의 집합을 상징한다고 말하는 것이 타당하다. 상상은 이 모든 차원에서 무한한 원천이며, 전 세계 인류문화가 탐구하고 칭송하며 그 중요성을 증명하고 있다.

이 글의 목적은 상상이 갖는 비이원적 특성을 탐구함으로써, 물질적 두뇌의 기반에서 경험이 가진 특징을 연속적으로 파악하고자 하는 것이다. 우리는 상상에 대한 과학적 관점과 인간의 변화를 목적으로 하는 불교적 관점 간에 '가교架橋'를 제안하지는 않을 것이다. 우리의 목적은 전체 현상이 지닌 복잡성을 포용하면서, 신체와 뇌에 대한

현상학적 고찰과 인간의 변화를 통한 실용적 수단을 통해 서로 필요로
하고 제약하는 여러 차원을 하나로 엮어내려는 것이다. 이 경우 현상학
적 기반에서 불교와 신경과학의 새로운 만남이 가능할 것이다.

1. 정신 이미지(心想): 신체화

1) 마음의 눈 찾기

먼저 상상의 신체화를 고찰하면서 경험적 측면에서 시작해 보자.
여기서는 주제를 보다 넓은 생물학적 틀로 확장하는 대신 현대 인지신
경과학의 결과물로부터 시작하고자 한다. 과학적 연구 주제로서의
상상은 현대 연구의 핵심 내용 중 하나인 시각적 정신 이미지, 즉
마음의 눈으로 이미지를 경험하고, 연상하고, 검토하는 능력에서
분명하게 나타난다. 정신 이미지는 그리스 시대까지 거슬러 올라가는
오랜 역사를 가지고 있으며, 쉽게 접근 가능한 매력적인 특성이 있다.
분명히 상상하는 것과 지각하는 것은 말 그대로 동일한 작용이 아닌
것처럼 보인다. 어떤 사람들은 자기 방을 상당히 선명하게 그릴 수
있는데, 지각만큼 생생하면서도 공간적 특성을 잘 묘사하고 있기
때문에 종종 직접 그림을 보는 것과 구분하기가 어렵다. 이 절에서
간략하게 살펴보겠지만, 현재의 연구 결과에 의하면 상상 속에서
물체를 만들고 조작하는 능력에는 이미지 작업의 성격에 따라 기억·언
어·예상·운동에 필요한 고차시각, 인지 관련 신경 능력이 내적으로
동원된다고 한다.

　지금까지 상상과 두뇌에 대한 연구에서는 세심하게 통제된 실험실

조건에서 저절로 일어나는 정신 이미지에 초점을 맞추는 검증 방식을 오랫동안 사용해 왔다. 이러한 조건에서만 두뇌 연구의 최신 기법인, 양전자 방출 단층촬영(PET)과 기능적 자기공명영상(fMRI)을 사용하는 비침습적 방법을 사용할 수 있다. 관련된 중요 결과와 의문점 몇 가지를 간략히 살펴보기로 한다(Kosslyn 1994 및 Mellet 등 1998 참조).

마음의 눈: 1차 시각 영역 논쟁 이 분야에서 가장 흥미로운 질문 중 하나는 시각을 지각할 때 소위 1차 시각 영역(Primary Visual Area, PVA)이 정신 이미지를 생성하는 데 반드시 관여하고 활성화되는지 여부이다. 현대 신경과학의 주요 성과로는 1차 시각 영역(특히 V1 영역)이 시야와 관련하여 지형적으로 조직화되어 있다는 발견을 들 수 있다. 즉, 시야와 대응되는 작은 영역에 자극을 줌으로써 구성된 뉴런을 동원할 수 있다. 정신 이미지의 특징이 뇌의 지형적 일치성이라는 점을 감안할 때, 이미지를 상상할 때와 이미지를 볼 때 PVA가 비슷한 정도로 활성화되는지 여부가 중심 질문이다. 이 문제는 과학계와 철학계 모두에서 골치 아픈 논쟁을 벌여온 주제이다.

최근 연구에서는 경두개 자기 자극(rTMS)을 통해 PVA를 가역적으로 차단한 결과 직접적인 반응이 나타났다(Kosslyn 1999). rTMS를 차단하면 피험자가 실제로 줄무늬 패턴을 시각화할 수 없게 되는데, 이는 적어도 이런 종류의 작업과 관련하여 V1이 필수적이라는 것을 강력하게 시사한다. 이런 의미에서 지각과 상상은 경험에 생생하게 나타나는 이미지의 출현과 동일한 주요 기반을 공유하기 때문에 공간적인 특성을 공유한다고 할 수 있다. 이 연구는 수렴되는 여러 증거 중 가장 최근 연구에 속한다. 예를 들어 비시아크(Bisiach), 루자티 (Luzzatti), 페라니(Perani, 1979)는 편측 무시 증상이 있는 피험자가 한쪽에 있는 물체를 지각하는 동안에는 물론 상상하는 도중에도 그쪽 에 있는 물체를 무시한다는 것을 발견했다.

그러나 정신 이미지 연구는 다양한 정신적 과제를 수행하는 피험자 를 연구하는 데서 한 걸음 더 나아갔다. 예를 들어 피실험자들에게 섬의 지도를 보여주고 같은 지도를 상상할 때와 비교했다. 비교 결과 PET에서 후두-측두(occipito-temporal) 영역은 상당한 활성화가 일어 났지만 PVA에서는 그렇지 않은 것으로 나타났다. 실제로 정신 이미지 연구의 약 절반은 PVA가 적극적으로 관여하지 않는 것으로 나타났다 (Roland and Gulvas 1994). 이것은 언뜻 역설적으로 보일 수 있다. 그러나 그 해답은 아마도 중요한 PVA 활성화 여부를 결정하는 것이 관련된 정신 이미지 유형이라는 사실에 있을 것이다. 간단히 말해, 시각 이미지는 구성되는 영역이 필요하지만, (마음의 눈으로 섬의 지도를 따라가는 것과 같이) 상상된 신체적 위치 변화를 포함하는 공간적 정신 이미지는 그렇지 않다.

그러나 아직 많은 연구가 진행 중이며 PVA의 정확한 역할이 무엇인 지는 아직 확실하지 않다. 예를 들어 정신분열증 환각은 V1의 활성화 를 유도하지는 않지만 시각 연합 영역이 매우 활성화되는 것으로 알려져 있다(Silberswieg 등 1995). 이 오래된 수수께끼에 대해 예/아니 오, 라는 답을 내놓는 대신 연구자들은 이제 다양한 작업에 관여하는 시각 이미지와 상상 작용의 종류를 좀 더 정확히 정의하는 데 집중하고 있다. 이것은 정신 이미지의 신경 기반이 신경 회로 네트워크가 아니라 다양한 인지 능력을 지원하는 여러 하위 영역 간의 역동적 상호작용 패턴이라는 사실을 좀 더 강조한다.

여러 영역의 관여 1차 시각 영역에 대한 열띤 논쟁과는 달리, 상상에는 연합 영역이 지속적으로 관여한다는 데 대부분의 의견이 일치한다. PVA 이후, 시각 활동은 잘 알려진 바와 같이 복측(ventral) 또는 후두-측두피질과 내측-측두피질이라는 두 가지 동시적 흐름으로 구조화된다. 이 피질은 형태 지각과 (얼굴 인식 같은) 표현 지각, 그리고 지각의 지향적 내용(보는 '무엇?'; Sergent, Ohta, MacDonald 1992)에 관여한다. 후두-두정엽 경로는 상부 두정엽 영역으로 올라간다. 이 하위 회로는 국소화, 공간 주의의 전환, 공간 작업 기억, 공간 위치('어디?'에서 보는지)에 관여하기 때문에 매우 다면적이다. 기존 연구에 따르면 시각적 대상을 제시하지 않고 상상할 때, 예를 들어 과거에 걸었던 길을 머리로만 탐색하는 경우 피험자의 배측(dorsal) 경로가 활성화된다는 것이 밝혀졌다. 대조적으로 복측(ventral) 경로는 글자나 특이한 물체처럼 시각적으로 기억되거나 이름이 붙여진 정신 이미지에서 쉽게 활성화된다. 요컨대, 이 결과를 종합하면 시각적 지각과 정신 이미지 사이의 유사성을 분명히 알 수 있다. 이는 PVA에서와 마찬가지로, 지각에 관여하는 여러 뇌의 영역이 이미지에 체계적으로 관여하지 않기 때문에 1차 영역이 아닌 곳에서는 그 유사성이 모호해진다.

이미지와 언어 흥미롭게도 정신 이미지는 이전의 지각에 대한 회상에서 뿐 아니라 언어적 설명에 의해서도 만들어질 수 있다.[1] 언어에서 만들어진 이미지는 감각에서 유발된 이미지와 상당히 유사하다. 특히 정신의 탐색, 거리의 비교의 경우는 이전에 제시된 것으로부터 회상된 이미지 효과와 비슷하다.

이는 시각 이미지가 시각 이외의 뇌 회로에 의해 동원될 수 있다는 중요한 아이디어를 다시 한번 강조한다. 예를 들어 청각적 지시에 따라 큐브를 조립하면 위에서 설명했듯이 배측 경로가 활성화된다. 따라서 시각적 활동과 언어적 활동은 별개의 인지적 실체이지만, 지각에서와 마찬가지로 이미지에서도 일관되게 교차 모드가 활성화되어 작동한다.

기억 일화 기억의 회상과 이미지가 서로를 밀접하게 보완하는 것은 당연한 일이다. 종종 회상을 통해 정신 이미지가 생성되기도 하고, 반대로 회상이 생생한 정신 이미지를 만드는 경우도 많이 있다. 이것은 일화 기억과 관련 있는 다양한 프로토콜에서 관찰되었으며, 특히 3절 후반부에 나오는 내용과 관련이 있다.

여기에는 사물 기억·공간 기억·이미지가 차별적으로 관여하고 있는 것으로 보인다. 실제로 적어도 두 유형의 기억은 동원 영역에 따라 구분될 수 있다는 것이 밝혀졌다. 첫 번째 회로는 정면에 위치하고

---

1 경험에서 비롯되는 이미지와 언어에서 비롯되는 이미지의 차이에 대한 불교의 설명은 Gen Lamrimpa(1999:32-38)을 참조하라. 이 구절은 또한 개념적 지칭의 근거와 지칭된 대상 간에 어떤 차이가 있는지 설명한다.

이미지가 동적일 때(즉, 이미지의 공간적 변형이 있을 때) 활성화되는 것으로 보인다. 두 번째 회로는 중간 이마 이랑(middle frontal gyrus)보다 더 복측에 위치하며 비유적 사고에 대한 작업 기억과 큰 관련이 있다. 이 구분은 정신 이미지에도 적용된다.

운동 이미지 마지막으로 여기서 단순하거나 복잡한 동작을 정신적으로 연습하는 것도 인간의 능력이라는 점을 언급해야 한다. 이 이미지는 시각 이미지와 얼마간 유사하지만, 행위로 나타나는 외부 시점 또는 3인칭 시점을 상상할 수 있도록 하는 운동 이미지와, 동작을 직접 실행하는 내부 시점 또는 운동감각적 1인칭 시점을 상상할 수 있도록 하는 운동 이미지로 구분할 수 있다.

흥미롭게도 이 분야에서는 운동 이미지가 실제적인 동작 준비와 실행을 위해 동일한 기반을 공유하는지 여부가 뜨거운 논쟁을 불러일으켰고(Jeannerod 1994), 여전히 진행 중에 있다(Berthoz 1998). 운동 이미지와 운동 준비 간의 기능적 동등성은, 실제 움직임에 관여하는 영역의 활성화와 밀접하게 관련되거나 심지어 다른 사람이 같은 동작을 하는 것을 보는 동안에도 활성화되는 운동 이미지의 신경생리적 상관물, 즉 유명한 '거울 뉴런'에 의해 뒷받침되었다(Decety 외 1989, 1994). 뇌 영상 연구를 통해 손가락 움직임이나 안구 운동(정상 시력에 수반되는 매우 빠른 안구 운동)과 같은 복수의 영역이 밝혀졌다. 그러나 때때로 모순되는 여러 연구에 따르면 손과 눈의 명백한 협력 작용 중 활성화되는 모든 영역이 정신 이미지에도 관여하는 것은 아니다.

결론적으로, 지각과 이미지가 공통 메커니즘을 공유한다는 생각은 아리스토텔레스 시대 이후 반복적으로 제기되어 왔지만, 방금 논의한 최근 증거는 이 질문이 갖는 새로운 관점을 제시한다. (기억·언어·동작을 포함한) 다양한 인지 능력의 협력 작용이 공통점이라고 명시함으로써 이들 간의 차이점도 강조된다. 코슬린(Kosslyn, 1994:74)은 세 가지 뚜렷한 차이점을 열거한다. ①정신 이미지는 빠르게 사라지는 반면 지각에 감각적 제시가 있으면 이미지를 유지하는 데 도움이 된다. ②정신 이미지는 기억과 연상으로부터 생성되므로 그 내용과 실제적인 관계가 없다. ③이미지는 지각과 달리 급격하게 변화할 수 있다.

따라서 유기체의 감각운동적 신체화(embodiment)에 의해 제약받지 않고 내부에서 일어나 작동하는 동일한 능력은 상상을 전면에 내세우며, 이때 지각은 제약된 상상으로 볼 수 있다. 이제 이 결론이 갖는 광범위한 의미를 더 자세히 살펴볼 필요가 있다.

2) 삶과 마음의 핵심인 상상

행위화를 통해 상상하는 존재인 유기체 최근 인지 신경과학에서 얻은 이러한 통찰 결과를 더 깊이 탐구하기 위해, 뇌와 마음의 자연사 및 생물학에 대한 광범위한 연구 차원에서 이 주제를 살펴보고자 한다. 사실 유기체의 인지 활동을 '표상을 통한' 처리로 간주하는 것이 여전히 일반적이지만, 지각은 일차적이며 모든 유효한 인지의 주요 원천이자 원동력이다. 따라서 잘못된 인식은 밧줄을 뱀으로 착각하듯이 잘못된 표상이다. 그러나 마음이 세상을 나타내는 정확한 혹은 '동등한' 표상이라고 보는 관점은 문제가 있으며, 인지를 어떻게 이해할 수 있는지 좀 더 폭넓게 살펴볼 필요가 있다.

바렐라가 인지에 접근하는 방식은 [어떤 상태에] 처해 있는, 신체화된 행위자(embodied agent)를 기본으로 한다. 그는 이 접근 방식을 보다 정확히 표현하기 위해 행위화(enactive)라는 말을 도입했다. 이 전체 틀을 더 확장할 수는 없지만(Varela 1992 [1989] ; Varela, Thompson 및 Rosch 1991 참조) 핵심 논제는 두 가지 상호 보완적 측면으로 표현할 수 있다.

① 인지 행위자가 한편으로는 감각운동 활동을 근본적인 매개체로 영속적으로 처리하면서 지속적으로 결합한다.
② 다른 한편으로는 행위자의 자율적 활동이 새롭게 생겨나는 신경활동의 내부 구성(또는 자기 조직화 패턴)에 기반한다.

행위화는 우리가 감각운동 결합을 통해 내부에서 지속적으로 일어나는 활동을 조절하긴 해도 결정하지는 않는다는 것을 의미한다. 이때 내생적 활동은 끊임없는 흐름 속에 있는 세계를 의미 있는 항목으로 구성하는 역할을 한다. 행위화는, 정보처리 모델 중 문법을 통해 적합한 표현을 찾는 인지주의 전통과는 대조적으로 동역학 시스템 도구로 구성된다. 신체화의 동역학 vs 추상적 계산에 대한 인지과학의 기초 논쟁은 아직도 매우 활발하게 진행 중이다(Port and van Gelder 1997).

행위화 관점에서 정신 작용은 기능적으로 구별되며, 지형적으로 분산된 뇌의 여러 영역과 신체화된 감각운동이 동시에 관여하는 것이 특징이다. 신경과학자의 관점에서 볼 때 시간성(temporality)의 근원은 서로 다른 구성요소를 연관시키고 통합하는 복잡한 작업이다. 예를 들어 고차 시각(high-level vision)의 경우 지각 능력뿐 아니라 자극·정서적 색조·주의력·기억·동작 등 필요한 모든 구성요소를 끌어와 대규모로 통합한다. 뇌의 지형학적 관점에서 보면 이 경우에도 정신 이미지를 다루는 뇌 이미지 연구에서처럼 광범위하게 분포된 영역 및 회로 세트를 포괄한다.

여기서 핵심 개념은 뇌의 여러 구성요소에 생생한 현재(lived present)의 지속에 해당하는 동시성의 프레임 또는 창(window)이 필요하다는 것이다. 이것은 중요한 의미를 갖는데, 왜냐하면 상상을 사실의 차원, 즉 순간적 특성을 갖는 이미지나 의식 속에 흐르는 내용으로 간주하기 때문이다. 이 관점에서 감각이 활성화되고 운동의 결과가 지속되면 내부의 동적 틀에 통합되어 깊이를 갖게 되고 축약할 수 없게 된다. 이 개념은 단순히 추상화된 이론이 아니라 방대한 실험 증거를 예측하고 이해하는 데 필수적인 것이다. 이렇게 구성된 내부의 통합 틀은 지각되는 시간을 선형 대신 불연속으로 여기며, 불연속성의 본질은 연속된 시간의 펄스가 아닌 통합된 지평으로 설명한다(Varela, Thompson, and Rosch 1991; Dennett and Kinsbourne 1991; Pöppel and Schill 1995; Varela 1999). 살아있는 현재의 기억이 과거와 연속성을 가져올 것으로 생각하는 이유는 우리가 선형성에 대한 인상을 부정확하게 갖고 있기 때문이다.

이 행위화의 틀 내에서 유기체의 자체적인 생성 활동은 세계가 어떤 종류의 '입력(input)'을 제공한다는 보다 전통적인 개념만큼이나 정신적/인지적 삶의 중심에 있다는 결론이 나온다. 간단히 말해 뇌는 대부분 유기체의 유지와 조절에 지속적으로 관여하는 자체 활동과 관련이 있다. 이 내생적이고 스스로 구성하는 활동은 광범위한 상호 연결성을 기반으로 하지만 유기체의 일부인 뇌가 자기 조절을 멈추지 않기 때문에 일어나기도 한다. 따라서 외부의 입력이 없는 상태에서도 끊임없이 역동적 패턴을 만들어내는 지속적인 활동이 이루어진다. 그리고 이 사실을 잘 나타내는 것 중 하나는 꿈꾸는 동안(또는 감각이 박탈된 상태에 놓였을 때는 부자연스럽게) 나타나는 다양한 상상이다. 일반적인 지각은 본질적으로 감각운동에 의해 제약을 받는 상상이다. 상상은 지각의 미미하거나 부수적인 부작용이 아니라 삶 자체의 중심이다.

3) 상상의 자기 창발

대규모 통합과 동기화 방금 설명한 내용만으로는 뇌에서 대규모 자기 조직화가 어떻게 일어나는지 명확하지 않다. 인지 신경과학은 관련된 영역이 다양하고 각 영역이 어떻게 기여하는지에 대해 많은 것을 설명할 수 있지만(Gazzaniga 1999 참조), 서로 간에 어떻게 협력하는지에 대해서는 잘 설명하지 못한다. 이와 관련하여 최근 연구에 나타난 두 가지 일반 원칙인 상호성과 동시성을 강조하고자 한다.

상호성은 정보처리에 기반한 고전적인 개념과는 달리, 인지 작용이 감각 입력에서 중간 처리, 행동 출력에 이르기까지 선형적 흐름으로 설명하기 어렵다는 사실을 의미한다. 해부학적으로나 생리학적으로 이른바 저수준 영역과 고수준 영역은 상호작용하는 방식으로 서로 연결되어 있다. 시각 이미지가 눈에 나타날 때 그 이미지는 PVA에서 뇌로 들어감에 따라(상향), PVA에 연결된 뇌의 여러 영역에 있는 고도로 구조화된 신경 다발을 만나게 된다(하향). 따라서 감각의 흐름은 조절할 수 있지만, 후속 인지 상태를 직접적으로 주도하지는 않는다. 지각은 동시에 일어나는 상위의 인지 기억, 기대, 행동 준비에 의해 분명하게 제약되고 형성된다. 여기서 내생적인 것(예를 들어 스스로 활성화된 기억과 성향)은 항상 지각의 일부이므로 상상 속에 나타나는 것은 항상 지각의 일부임을 의미한다. 반대로 상상은 다른 별도의 흐름이 아니라 정상적인 삶의 흐름을 구성한다. 따라서 상상을 일종의 인지 모듈이나 뇌 영역으로 보는 자연화된 설명은 가능하지 않다. 대신 상상은 정신 활동의 다음 순간을 위해 신체/뇌 활동을 대규모로 통합한 뒤 빠르게 사라지는 역동적인 전체 패턴에 해당한다.

동기화(synchrony)는 상호작용을 수행하는 실제 과정에서 뇌 전체의 신경 활동을 앞뒤로 미세 조정하면서 이루어지는데, 이에 관한 증거가 점점 더 많아지고 있다(Varela 1995; Neuron 1999 참조). 이를 통해 정신 작용 중에 단순히 서로 일치하지 않는 별개의 내용을 갖는 것이 아니라 통합된 경험의 기초를 제공하게 된다. 여기서 우리의 기본 가설은 모든 인지 작용에는 그 창발(emergence)과 작동의 기초가 되는 단일하고 특정한 세포군이 존재한다는 것이다. 앞서 말했듯이 인지 작용이 창발하기 위해서는 지각·기억·동기부여 등과 같은 다양한 능력을 가진 여러 영역 간의 조정이 필요하다. 지각과 행동의 맥락에 맞게 의미 있는 내용이 구성되기 위해서는 동물이 처한 현재 상황(따라서 일시적일 수밖에 없는)의 특성에 적합하도록 특정 그룹으로 묶여 있어야 한다.

이 세포군들은 어떻게 특정 작업에 맞게 일시적으로 스스로 선택되는가? 이 문제를 직관적으로 보면 특정 세포군은 시간적으로 공명되는 일종의 '접착제'를 통해 나타난다. 보다 구체적으로, 신경의 일관성이 생성되는 과정은 다음과 같이 이해할 수 있다. 특정 세포군(CA)이 선택되는 것은 임계값 이하의 경쟁 세포군에서 특정 뉴런이 빠르게 활성화된 후 순간적인 위상잠금(phase-lock)을 통해서이다. 여기서 핵심적인 개념은 신경 활동이 여러 영역에서 오는 위상잠금 신호의 일시적인 집합체를 형성하기 때문에 앙상블이 일어난다는 것이다. (위상결속을 통한) 동기화는 충분히 빠른 속도로 발생해야만, 전송 시간의 몇 분의 1초라는 인지 프레임의 한계 내에서 앙상블이 함께 '유지'될 만큼의 충분한 시간이 확보된다(최근의 예는 Rodriguez 외 1999 참조).

상향 인과관계 뇌 영상 기술을 통해 정신 이미지 작업을 하는 동안 뇌의 여러 부위에 불이 켜지는 모습이 드러나면 이제 이에 대한 더 넓은 의미를 도출할 수 있다. 첫째, 상상은 실제로 인간의 부가적인 세부 능력이 아니라 인지적/정신적 삶의 핵심이라는 사실이다. 둘째, 상상은 유기체의 자율적인 작업이 동시에 일어나는 여러 프로세스의 대규모 통합을 기반으로 작동한다는 것이다. 셋째, 이 비선형 창발 프로세스의 특성은 (비선형 동기화를 통해) 생생한 시간성의 리듬에서 발생하는 역동적이고 일시적인 과정이라는 것이다.

따라서 인지 신경과학의 관점에서 볼 때 정신 이미지는 (정신생활의 다른 기본 기능과 마찬가지로) 동시에 일어나는 여러 활동을 통합하는 글로벌한 역동적 패턴으로 나타난다. 이 비선형성과 다중성은 창의적이고 자발적인 상상의 원천이라고 추정할 수 있다. 우리는 그것을 창발적 또는 상향 인과 프로세스라고 부를 것이다. 나중에 설명하겠지만 그 반대인 하향 인과관계도 마찬가지로 중요한데, 이에 대해서는 2절과 3절에서 다룰 것이다.

2. 상상: 현상학적 고찰

1) 현상학적 전통에서의 상상

이 글에서 진행 중인 논의를 잠시 멈추고 원점으로 돌아가 보자. 우리는 자연 현상으로서의 상상을 뇌/신체를 기반으로 살펴보았으며, 지각과의 공통점과 차이점 그리고 그 창발의 신체화와 관련하여 여러 가지 중요한 관찰 결과를 발견했다. 그럼에도 상상이 가장 강력하고 직접적으로 생생한 경험이라는 사실은 변함이 없다. 모든 시대를 통틀어 사람들은 '실제로' 지각된 이미지와 유사하게, 마음의 눈이 선명한 색채로 만들어내는 것을 경험하고, 사용하고, 기뻐하고, 두려워해 왔다. 앞서 언급했듯이 이 관심은 플라톤과 아리스토텔레스와 함께 서양 전통의 뿌리로 거슬러 올라가며, 후설(Husserl)과 제임스(James)뿐 아니라 사르트르(Sartre)와 메를로 퐁티(Merleau-Ponty) 등이 마음에 대한 현상학적 접근에 기여했던 것까지 중단 없이 계속되었다.

　현상학적 연구는 상상의 기본적인 구성요소 중 몇 가지를 밝혀냈다.[2] 여기서 우리가 기억해야 할 두 가지 주요 사항이 있다. 첫째, 상식 및 경험주의 전통(흄 등)과 달리 상상은 인간 의식의 핵심에 속하며 기억·회상·환상·꿈·지각 자체와 긴밀한 관계를 맺고 있다. 둘째, 상상은 전前반성적 (선先인식적, 무의식) 의식 수준에 기반을 두고 있다. 이 두 가지 사항은 모두 중요하므로 좀 더 자세히 살펴볼 필요가 있다.

지각과 상상의 얽힘 19세기 말 현상학이 풀고자 했던 상상의 편재성이라는 고대의 난제는 다음과 같이 매우 직접적이다. 눈에 나타난 이미지에 대한 의식은 그 본질적 측면에서 시각화된 이미지나 혹은 기억으로 회상되는 이미지와 비교할 수 있는가? 후설은 이 문제를 다양한 형태로 상세하게 조사했다. 이미 1904~1905년에 후설은 이 둘이 서로 다른 종류의 의식을 나타낸다는 결론에 도달했다. 그는 서로 연관된 두 가지 이유로 결론을 내린 바 있다. ①지각의 구성을 설명하는 데 필요한 범주는 상상에 적용될 때 실패하고, ②상상이 내적 의식의 시간적 특성에 기초한다는 발견이다.

우리의 (상식이라고도 부를 수 있는) 자연적 태도 내에서 이 작용을

---

2 상상은 라틴어 imaginari(복사하다)에서 유래되었다. 따라서 이 용어에서 파생된 단어(이미지, 상상)에는 모방이라는 특성이 포함되어 있다. 그리스어 판타시아(phantasia)에서 유래한 몇몇 단어는 한정된 의미(fancy, fantasy)의 용례를 제외하고는 영어에서 사용되지 않고, 독일어에서는 Phantasie, 프랑스어에서는 fantasme로 쓰인다는 점이 유감스럽다. 이 마지막 그룹은 현상(phenomena)의 어근인 phainos에 가깝기 때문에 특히 흥미롭다.

이해하는 방식인, 1인칭 관점의 예부터 살펴보고자 한다.

정원에 있는 배나무가 이른 봄에 서서히 꽃을 피우는 것을 볼 때, 그 나무는 지금 여기 내 앞에 있다. 손을 뻗으면 만질 수 있고, 향기를 느낄 수 있고, 나뭇가지에서 바람 소리를 들을 수 있다. 나는 모든 상황을 직접적이고 구체적으로 몸을 통해 느끼고 있다. 반대로 눈을 감고 나무와 그 주변에 대한 정신 이미지를 얻고자 노력하고 그 상황에 세심한 주의를 기울였다면, 방금 전의 장면을 정확하게 묘사할 수 있을 것이다. 그러나 대부분의 경우 경험의 일부는 잊고 다른 것을 추가할 것이다.

요컨대, 우리는 현재의 장면에 즉시 주목하는 것과 몇 년이 지난 후 비슷한 장면을 회상하는 것이 얼마나 다른지 자연스럽게 느낀다. 더욱이 처음 경험한 일차적인 지각에 기반하여 장면을 상상하는 것과, 지각 경험의 여러 단편들로 구성되어 있지만 자신이 직접 체험하지 않은 장면들을 자유롭게 상상하는 것 간의 차이는 매우 중요하다.

다양한 정신 이미지 후설은 자신의 초기 저술에서 이러한 이질성에 대한 우리의 자연스러운 경험을 동기부여의 단서로 삼았다. 그는 다양한 종류의 의식 작용 사이의 생생한 현상학적 대비를 강조하고, 더 나아가 두 가지 주요한 상상 작용을 확실하게 구분하여 한쪽은 Bildbewusstsein(이미지 의식)으로, 다른 한쪽은 Phantasie(상상)로 불렀다. 우리는 이미지화(정신 이미지의 생성)와 상상(새로운 세계에 대한 상상), 이 둘을 언어적 구분이라는 측면에서 구별할 것이다. 따라서 후설은 지각과 상상을 순진한 상식보다는 좀 더 체계적이고 점진적으로 구분하려고 하지만, 그럼에도 (말하자면) 자연적 태도의 길을 따라간다.

이제 초기 후설(그리고 초기 메를로퐁티)에 있어 지각은 우리가 세계에 일차적으로 접근할 수 있는 기본적인 지향성(intentional) 작용이다.

> 정원에 있는 배나무를 지각할 때 나는 그 주요 특징을 자세하게 묘사할 수 있다. 그렇게 관찰하는 동안 배나무는 의미를 가질 뿐만 아니라 나에게 실제적이고 사실적으로 존재하는 것처럼 보인다.

후설은 지각을 일차적 '위치지정(positional) 작용'(Setzungsakt)이라고 부르는데, 그 이유는 지각이 지향된 대상을 효과적으로 내 앞에 주어지는(所與, givenness) 형태로 가져오기 때문이다.

이미지화에 관해서 후설은『순수현상학과 현상학적 철학의 이념들 1』(111-112)의 몇 단락에서 사실적 현실에 대한 참조와 관련하여 지각과 상상의 차이를 명확하게 설명한다. 지각이 위치지정 작용인 반면, 상상은 상상된 대상의 모든 사실적 존재를 모두 무효화키는 의식 작용으로 정의된다. 따라서 후설은 상상을 비위치지정(nonpositional) 작용이라고 부른다. 상상 속의 배나무는 나에게 실제로 존재하지 않는다. 나는 단지 그런 존재가 있는 것처럼 행동할 뿐이다. 이와 관련하여 후설은, 1차 시각 영역 조직에서 시작하여 시각 영역의 내부 활성화를 통해 (비위치지정) 이미지를 가질 수 있게 한다는 인지신경과학의 최근 연구와 동일한 결론에 도달했다. 시각 영역의 지형학적 연구가 제시되었으나 그다지 설득력이 있지는 않다(여기에는 경험적 분석과 현상적 분석 사이에 흥미로운 융합이 존재하며, 이에 대한 후속 연구가 필요하다).

  상상하기와 기억하기 이제 지각 작용과 상상 작용 간의 명백한 불일치는 기억 작용이 전면에 등장할 때 더욱 복잡해진다. 후설은 지각과 마찬가지로 기억을 위치지정 작용으로 이해한다. 기억된 대상은 사실적인 실재성을 부여받기 때문에 기억하기 위해서는 방금 전이든 몇 년 전이든 이전에 그것을 지각한 적이 있어야 한다. 기억은 매우 새롭거나 조금 산란된 것일 수 있지만, 일차 지각에 기반을 두고 있다. 지각과는 다르지만 기억은 (상상과 마찬가지로) 근거가 있는 작용이다. 그러나 상상과는 다르게 기억은 (지각에 기반한) 단일한 작용인 반면, 상상은 직접적으로 지각에 기반하였거나, (그 자체가 지각에 기반을 둔) 기억에 기초하였거나, 환상이나 백일몽처럼 새롭게 나타난 것일 수 있다. 처음 두 경우는 이미지화 작용과 관련이 있다. 즉, 우리는 지각된 대상이나 기억된 대상에 대한 정신 이미지를 만들어낸다. 세 번째 경우는 단순히 지각되거나 기억된 상황의 흔적을 따라가는 것이 아니라 다양한 지각 및 기억된 특징을 기반으로 새롭게 종합하여 상상 경험을 만들기 때문에 상대적으로 근거가 없는 작용이라고 말할 수 있다.[3]

  현상학적 전통의 다음 단계는 제2차 세계대전 중에 행해진 사르트

르(J.-P. Sartre)의 선구적 연구이다. 사르트르는 이 작용들 사이의
대립을 강화하였고, 그 결과 후설의 구분은 순전히 이원론이 되었다.
사르트르는 *L'imaginaire*(상상, 1948: 1936년 저술)에서 자연적 태도
및 심리학자와 철학자 모두가 정신 이미지와 의식 속의 대상을 동일시
한 결과 대상 자체와 대상 이미지를 혼동하는 공통된 경향을 비판한
다. 내적 내용(이미지)을 갖는 상상을 정적靜的으로 이해하는 것과
달리 사르트르는 후설의 지향성 분석과 마찬가지로, 자신이 상상
의식(conscience imageante)이라고 부르는 것을 일종의 역동적이고
개방적인 지향적 의식으로 파악하며, 이때 지향되는 대상은 지각된
대상이 아닌 이미지이다.

　사르트르는 이 타당한 비판을 바탕으로 자신의 전체 프로젝트에서
지각과 상상의 차이를 분명히 하려고 하였다. 지각 작용의 초월적
대상과 의식 속에 내재하는 이미지 사이의 혼동이 그의 주요 비판인
만큼, 사르트르는 지각과 상상이 중복되지 않도록 최선을 다하였다.
그는 후설의 위치지정과 상상의 무효성 간의 구분을 고려하면서 지각
과 상상, 두 작용 간의 간극을 확대한다. 그는 이미지가 일종의 무(無,
néant)를 감싸고 있는 것으로 묘사하는 동시에 상상 작용에 완전한

―――――――
3 이 기본이 되는 구분은 칸트의 세 번째 비판으로 거슬러 올라가며, 제임스(1890:
　44)에서 다음과 같이 언급한다. "상상은 복사본이 문자 그대로일 때 '재생산적'이
　라고 하고, 서로 다른 원본의 요소가 새로운 전체를 만들기 위해 재결합될 때
　'생산적'이라고 한다." 45쪽에는 "정신적 그림이 데이터를 자유롭게 결합하고
　과거의 결합을 정확하게 재현하지 않을 때, 우리는 이른바 상상 작용을 한다."고
　언급한다. 후설은 Hua XXIII의 여러 텍스트에서 Bildbewusstsein과 Phantasie의
　구별을 자세히 설명한다. 예를 들어 19, 20을 보라.

자유를 주고자 했기 때문에, 후설보다 한 걸음 더 나아간다. 대상의 실제 존재에 의존하는 지각과는 달리 상상은 완전히 자유롭다. 따라서 수동성(passivity)이 지각을 결정하는 반면, 상상은 의식에 완전한 자발적 활동을 부여한다.

　사르트르의 분석에 대해 어떤 결론을 내릴 수 있는가? 우리는 그의 (반자연화라고 할 수 있는) 비판적 관점이 정당하다고 말할 수 있다. 정신 이미지를 만들어내는 것은 의식 내부에 내재된 것을 정적으로 만들어내는 것과는 다르다. 상상은 추상적 능력이 아니라 역동적이고 지향적인 작용(후설)이며, 그 대상은 우리가 알아서 '마음 속'이라고 표현하는 정신 이미지이다. 물론 앞의 논의에 비추어 볼 때, 후설과 사르트르가 말하는 정신 이미지를 '의식 내부'로 보는 관점은 자연화를 통해 현실화할 필요가 있긴 해도(Petitot 외 1999), 그 표현은 더 이상 의미가 없다. 이미지는 '내부'에 있는 것이 아니라 다양한 인지적 차원으로 구성된 복잡한 기본 네트워크에서 나타난다.

　사르트르의 주장은 지각 의식과 이미지 의식은 완전히 다르고, 상상은 완전히 자유롭고 자발적인 의식인 반면 지각은 수동적 의식으로 규정되기 때문에 둘 간의 간극을 좁힐 수 없다는 것이다. 이 차이는 1940년대까지 현상학 연구의 초기 단계에서 지나치게 강조되었던 것 같다. 비록 『순수현상학과 현상학적 철학의 이념들 1』에서 두 작용을 구별하지만, 후설은 지각을 일차적인 작용으로 만드는 활동의 차원을 인정하면서도 순전히 수동적 경험으로 평가절하하지는 않는다. 요컨대, 사르트르의 (자연화되지 않은) 이원론은 두 신경 과정이 동일하다는(적어도 큰 공통점이 있는) 경험적 결과에 어떤 문제가 있는지 우리가 이해할 수 있는 가능성에 관해서 더욱 좌절하게 만든다(이 문제는 Casey 1976 참조).

지각과 상상이 얽혀 있는 특성 사르트르는 꿈꾸는 의식과 환각 의식을 상상 의식의 구체적인 사례로 정확하게 분석하지만, 그 분석이 지각과 상상 사이의 강력한 이중성에 의문을 제기하지는 않는다. 우리 모두는 적어도 시각적 환상을 경험한 적이 있다(약물로 인한 환각 경험도 포함).

> 카페에서 친구를 기다리고 있는데 매우 흡사한 사람이 나타나 순간적으로 착각한다. 당신은 인사를 하려다가 갑자기 그가 기다 리던 사람이 아니라는 것을 알게 된다.(더 자세한 현상학적 설명은 Depraz 2001a 참조)

이런 종류의 경험은 퍼키(Perky, 1910)가 연구를 시작한 이래 매우 상세하게 탐구되었다. 이 현상은 사람들이 여러 상황에서 경험하는 환각에서 더욱 두드러진다. 두 경우 모두 요점은 동일하다. 시각적 착각이나 환각은 생생하고 온전한 지각이며 우리는 그 상상을 실제로 지각하는 것으로 경험한다. 그럼에도 착각이나 환각은 적어도 위치지 정(positionality)이라는 강력한 요건과 관련하여 존재하지 않는 상상 속 대상으로 이어진다.

이를 통해 사르트르의 딜레마에서 벗어나는 한 가지 방법이란, 사르트르의 선험적이고 합리주의적인 설명 방식 대신 상상을 더 자세히 조사함으로써 가능하다는 것을 알 수 있다. 따라서 제임스의 『심리학의 원리』(2권 18장)에서 시각적 상상, 정신 이미지, 시각화에 관한 그의 실용적인 주장은 지각과 상상이 매우 밀접하게 얽혀 있으며 심지어 융합 가능성이 있다는 것을 알게 한다. 제임스는 정신 이미지에 접근할 수 있는 사람들을 (그에 의하면 과학자는 극소수) 설명하면서 지각과 이미지 간에는 큰 연속성이 있는 것처럼 보인다고 주장한다. 그의 분석에서 '시각적 상상(visual imagination)'과 '시각화(visualization)'라는 표현을 사용한 것은, 그가 이미지를 문자 그대로 받아들이지 않더라도 두 작용의 잠재적인 융합 가능성에 대해 말하고 있는 것이다. 대체로 제임스의 주장은 경험적인 심리학적 설명에 기반을 두고 있으며, 따라서 현상학적 접근 방식과 뇌의 상상에 대한 현대적 설명 사이에 이상적인 가교 역할을 한다.

그러나 위치지정과 비위치지정을 옹호하는 후설주의자조차 겉보기와는 달리 상상과 지각이 융합되지 않는다는 주장에 두 가지 다른 방식으로 대답할 수 있을 것이다. 역설적으로 시각은 지각 영역에 남아 있다. 그러나 대상에 대한 착각이 우리의 습관적인 대상 인식과 어긋난다고 해서 완전히 거짓된 것은 아니다. 외관으로서 그것은 존재하고, 실제적이며, 진실할 권리가 있다. 여기서 후설은 (플라톤, 데카르트 등) 고전적 상상 이론을 허구적 환상으로 간주하는 진리론에 의문을 제기하면서, 지각에 적합하지 않아도 그 자체가 지향적으로 주어짐(givenness)으로써 이미지로 나타나는, 이미지의 진실성을 주장한다. 불교 중관철학의 견해도 이 점에 동의한다.[4]

따라서 시각적 환상이 존재하기 위해서는 우리의 지각 개념을 확장해야 한다. 이 점에서 후설은 여러 저술(Hua XVI, Hua XXIII)에서 Wahrnehmung(좁은 의미의 지각)과 Perzeption(자체 변형을 포함하는 지각: 의심·확률·부정·정신적 착각)을 구분할 것을 제안한다. 후설은 확장된 지각 개념을 통해 지각과 상상을 융합함으로써, 『순수현상학과 현상학적 철학의 이념들 1』에서 언급했던 양자의 기본적 차이를 없애거나 줄이려고 했다.

이제 지각 작용과 상상 작용의 융합은 후설의 후기 연구(1920년대 후반 연구지만 최근까지 출판되지 않음)에 속한다. 대상의 실제적인 존재라는 위치성으로 환원되는 협소한 지각 작용이 아니라 내적 변형에 의해 확장되는 지각의 범위를 주장한다면, 지각은 위치지정보다 훨씬 더 다양한 실재를 나타낸다. 여기에는 우리의 의심, 혼란, 환상, 환각이 포함된다. 지각은 대상에 대한 단순한 기준적인 위치지정이 아니라 매우 일반적인 경험으로부터 극히 제한적인 경험까지 매우 다양한 경험을 포괄한다. 요컨대, 지각은 위치지정으로 환원될 수 없는 다원적 작용이며, 이는 또한 상상이 무효한 것으로 환원될 수 없음을 의미한다(주로 Husserl 1939:20b; Depraz 1996a 참조).

백일몽(daydreaming)에 대한 현상학적(Morley 2000), 심리학적 (Singer 1964, 1966) 연구가 다시 주목받고 있다는 점은 흥미롭다. 백일몽은 꿈과 일상 지각 사이의 중간 역할을 하는데, 이는 상상과 지각 사이의 느슨한 경계를 다시 보여준다. 백일몽의 독특한 특징은 이것이 상상된 정서적 의미로 나타난다는 것이다. 의식의 흐름에서

---

4 중관학파의 관점에서 쓰인 월리스(Wallace, 2000)의 논의를 참조하라.

인간 삶의 대부분은, 사실 프로이트가 주목했듯이 계속되는 백일몽이며(Bernet 1996), 이는 앞으로 논의할 불교의 마음챙김과 지(止, 사마타) 수행의 기초이기도 하다. 몰리(Morley, 2000)는 최근 백일몽에 대한 자기보고와 인터뷰가 1인칭 분석에 적합하고, 자기-세계 간의 복잡한 관계망을 드러내는 동시에 인간 의식 분석에 현상학적 방법을 적용하는 데 유용하다는 사례를 보여주었다.

　현상학적 탐구를 바탕으로 한 지각 작용의 확장과 이에 따른 이미지와의 융합은 두 작용이 근본적으로 다르지 않다는 것을 의미한다. 이제 위치지정과 무효성 간의 구분은 서로 다른 의식 작용의 계층화를 강조한 이른바 초기의 정적 현상학에 속한다. 후설은 후기 현상학에서 지각과 상상 간의 날카롭고 정적인 대립을 유지하는 대신, 양자의 관계가 얽힌 동적 구성을 설명한다. 그렇다면 문제는 지각과 상상을 구분하는 특징이 무엇인가가 아니라 지각이 어떻게 상상 작용이 되고 반대로 어떻게 상상이 지각 작용이 되는가이다. 여기서의 강조점은 한 작용이 다른 작용으로, 또는 그 반대로 상호 변환하는 것이다(Hua XXIII 참조; Depraz 1996b, 1998 참조). 이 점에서 메를로-퐁티는 『보이는 것과 보이지 않는 것(The Visible and the Invisible)』에서 지각과 상상의 융합을 매우 명확하게 지적했다. 이 모든 것이 불교와의 풍부한 공통점을 열어서, 양자 간의 대화가 확실히 생산적임을 증명할 것이다.

　환상과 환각을 통해 지각이 어떻게 확장되어 일종의 상상이 될 수 있는지 분석할 수 있는데, 이는 우리가 보통 지각이라고 부르는 것의 일반적인 한계를 넘어서는 것이기 때문이다. 꿈은 그 반대의 과정을 제공한다. 꿈꾸는 의식은 지각과 매우 유사하고 때로는 더 강렬한 이미지를 만들어내는 상상의 의식이다. 따라서 지각과 상상 간의 융합이 있고, 여기서 상상은 더 강렬한 지각이 된다(이 문제에 대해서는 Depraz 2001b, 3부 참조).

2) 상상과 생생한 현재

이제 상상과 지각 간의 융합은 경험하는 순간 창발하는 역동적 관계라는 관점에서 더 자세히 탐구될 수 있다. 후설은 비실재적 존재를 상상하는 것은 본질적으로 생생한 가상의 현재(specious present)가 구성되는 방식의 특성이라는 것을 깨달았다. 지금 이 순간은 지각되는 내용으로 가득 찬 당장의 현재가 분명히 있다. 그러나 현상학에서 현재를 나타내는 방법 중 하나로는 내적 시간의 지각 의식 또는 (앞으로 말하겠지만) 인상(impressional) 의식과 함께 상상·기억·환상에 적합한 또 다른 시간 의식이 있다는 것이며, 이를 재현(reproductive) 의식이라고 한다(후설 용어로는 이를 현재화된(presentificational)[5] 의식이라고 하지만 비전문가에게는 이 용어가 익숙하지 않다). 다시 말해, 시간성의 핵심은 이 둘의 불가분한 혼합물이다.

　두 가지 동시적인 의식이 혼재되어 있다는 것은 이것들이 전前반성적 또는 선先인식적 배경, 즉 무의식적 배경에서 끊임없이 (매 순간) 출현하고 있음을 의미한다. 끝없는 자기 구성은 이 배경에서 인상의식

---

5 이 용어는 현전 시간 의식 분석의 핵심 용어인 독일어 Vergegenwärtigung을 번역하기 위해 도입되었다(Hua X 참조). 이 용어의 의미는 마음의 내용을 유지하기 위해 즉각적인 현재(Gegenwärtigung), 현재, 과거 사이의 질적 도약, 즉 시간성 모드의 재생산적 성격에 초점을 맞추는 것이다.

과 재현의식이 공존하는 생생한 현재를 만들어낸다. 반복적으로 나타
나는 그 배경은 신경적 또는 기계적 과정이라기보다는 정서적 또는
감정적 특성이 반영되어 있다. 이는 습관이나 집중적인 학습을 통해
획득한 기억의 특성으로도 볼 수 있으며(Squire and Zola-Morgan 1996;
Squire and Kandel 1999), 앞서 살펴본 바와 같이 신경과학적 관점에서
이미지 생성에 내재된 특성이기도 하다.

그러나 생생한 현재의 출현을 다루는 이 역동적 관점은 (재현되는)
상상과 기억이 (현전하는) 지각과는 본질적으로 다른 방식임을 잊어
서는 안 된다. 대상은 기억 속에서 과거의 것이지만 지금 나타난다.
따라서 기억은 과거와 현재의 시간적 거리를 좁히지 않고 뒤섞는
내적 의식의 한 일면이다. 마치 의식이 자신을 두 배로 늘리는 것과
같으며, 이는 기억 또는 회상이 반성에 매우 가까운 이유이다. 상상과
시각화는 이전 지각의 재현으로서의 관계가 무효화된 것 혹은 중단된
것으로 나타나며, 마치 실제로 현재화가 전혀 일어나지 않은 것처럼
보인다. 상상이 지각으로 환원될 수 없는 이유와 마찬가지로 지각
역시 순수한 상상에서 파생될 수 없다. 그러나 모든 지각은 상상에
의해 수정될 가능성이 있으므로 함께 결정된다고 말하는 것이 타당
하다.

따라서 기억과 상상은 가까운 사촌이지만 내면 의식에서는 구별될
수 있다. 흥미로운 점은 둘 다 선先인식적 배경을 적극적인 방식으로
동일하게 표현한다는 것이다. 즉, 재현되는 의식은 무의식적이고
침전된 습관과 욕망이 발현되는 특권적인 장소이다. 이 관찰의 의미는
매우 중요하다(Bernet 1996 참조).

다시 한번, 현상학적 분석의 결론은 인지신경과학적 분석의 결론에 수렴되는데, 모두 동일성과 차이를 확인하려는 극단을 피하고 각자의 방식으로 다른 정신 능력과의 공통점을 발견하기 때문이다. 이 공통된 결론은 (지각과 상상 간의 연속성을 주장한) 아리스토텔레스와 (그 차이를 오히려 강조한) 플라톤 간의 대립에서부터, 칸트를 제외하고, 후설과 사르트르에 이르기까지 오랜 철학적 분석의 결과이다. 앞의 논의는 1920년대 후설이 시작한 연구와 현대 인지신경과학 간에 수렴되는 역사적 해결을 가리킨다. 캐시(Casey, 1976, 특히 130쪽)는 이 긴장의 역사를 아주 잘 요약하고 있다.

3) 자연화로 회귀: 하향 인과관계

글로벌에서 로컬로 이제 1.3에서 다룬 '상향 인과관계'에 대해 다시 한번 생각해 볼 필요가 있다. 앞에서 뇌/신체가 지금 순간의 연속된 시간에서 어떻게 의식 흐름의 대규모 동기화를 발생시킬 수 있는지를 살펴보았다. 또한 우리는 현재라는 통합된 순간이 유기체의 일시적인 일관된 생성 과정으로 어떻게 나타나는지에 대해 논의했다. 그러나 이 창발의 글로벌한 특성은 상호 감각으로도 표현할 수 있다. 즉, 지금이라는 순간을 뒷받침하는 대규모 통합 상태는 모든 로컬 신경 프로세스에 접근할 수 있다. 간단히 말해서 정신 상태는 그것을 발생시키는 바로 그 근간에 대해, 작용력과 인과력을 가지고 있다는 것을 의미한다. 단일한 창발은 본질적으로 글로벌과 로컬 두 수준 사이의 이중적 혹은 양방향 통로이다. 이것이 우리가 여기서 살펴보고 있는 비환원적 자연화 유형의 핵심이다. 글로벌에서 로컬로 작용하는 것은

동역학에서 순서(order) 매개변수로 나타나고 뇌와 유기체의 광범위
한 상호 연결성을 통해 매개되기 때문에 구성적이다. 이러한 상호적,
실질적 인과관계에는 추가적인 존재론적 요소가 필요하지 않다(이에
대한 자세한 내용은 Varela 2000 참조).

이런 의미에서 모든 인지 작용에 수반되는 신경 사건은 변연계와
기억 활성화, 신체 자세, 계획과 관련된 여타의 다른 신경 사건의
맥락에서 형성되고 수정되는 것이 분명하다. 이것은 우리가 '뉴런
해석'이라고 부르는 것으로, 외생적 또는 내생적으로 동시에 일어나는
다른 신경 활동을 일관된 세포군 구성에 통합 혹은 폐기함으로써
그에 상응하는 정신-인지 상태가 만들어진다. 즉, 동기화를 일으키는
접착제는 하나의 세포군이 일시적으로 안정화되어 행동으로 표현될
때까지 반드시 함께 존재하는 다수의 동시 잠재 세포군을 평가할
기준을 제공한다. 이것은 신경 해석학의 한 형태인데, 신경 활동은
일어나는 순간 지배적인 글로벌한 창발의 관점에서 '관찰'되거나 '평
가'되기 때문이다. 이 동적 프로세스 전체는 잡음이 많은 배경에서
분기되어 동기화를 통해 일시적으로 안정적이고 연결되는 분산 구조
를 만든다.

동기화를 통해 이 종합적인 해석 과정에 참여하는 신경 사건은
감각 결합 및 신경계 자체의 고유한 활동에서 파생된다. 이렇게 만들어
진 정신 상태가 무엇이든, 그것은 사실상 행동과 지각의 수준에서
신경학적 결과를 가져온다. 예를 들어 별로 좋지 않은 감정의 맥락에서
시각적 인식이 고통스러운 기억을 연상시키도록 해석되면, 특정 감각
영역으로 운동 및 주의가 옮겨지면서 동시에 의도적으로 회피 행동을

계획할 수 있다. 이는 우리가 제시하려는 것으로 정신 상태에 있어 관점의 중요성을 다시 한번 보여준다. 즉, 정신 상태는 (글로벌한 상호 의존적 패턴으로서) 신경 사건에 효과적으로 작용할 수 있다는 점에서 (문구대로 하향 인과관계를 가질 수 있다는 점에서) 여러 수준에 걸쳐 상호성이 있다. 이것이 단순한 이원론적 재해석 이상의 의미를 갖기 위해서는 지배적인 해석 자체가 반드시 창발적 신경 사건이어야 하며, 따라서 신경 사건이 다른 수준에서 나타나는 비동기적이고 덜 일관적인 신경 사건을 해석하는 또 다른 기초가 되어야 한다는 이론은 이상해 보인다.

하향 인과관계 정신 상태는 본질적으로 우리 자신의 경험(현상학적 설명이 필요)과 생물학적 구성(완전한 과학적인 설명이 필요) 모두를 참조한다. 이제 우리는 연구에 도움이 될 핵심 질문을 던질 수 있는 위치에 있다. 이 두 가지 설명은 서로 어떻게 관련되어 있는가? 그 순환의 구체적 성격은 무엇인가?

인지는 우리가 방금 묘사하려고 한 기술技術적 의미에서 행위화되어(enactively) 신체화될 뿐만 아니라 창발한다. 사람에 따라 이를 자기 조직화, 복잡성, 비선형 동역학 등 여러 이름으로 부를 수 있다. 핵심 원리는 동일하다. 로컬에서 글로벌로 전환되는 것이다. 신경 요소와 글로벌한 인지 주체의 공동 결정이다. 글로벌한 인지 주체는 창발적인 수준에 속하며 그러한 존재 형태를 갖는다.

이제 이 창발의 원리는 일반적으로 상향 인과관계만을 강조하는 다소 환원주의적인 것으로 잘못 해석된다(2.2절). 즉, 우리가 말하고자 하는 것은 많은 사람들이 자아가 신경/신체적 기반에서 발생하는 창발적 특성임을 받아들일 것이라는 점이다. 그러나 우리가 주장해 왔듯이, 그 반대의 진술은 보통 놓치고 있다. 신경 구성요소와 회로가 자아를 갑자기 창발시킬 수 있는 로컬 동인動因으로 작용한다면, 글로벌 수준인 자아가 로컬 구성요소에 직접적으로 효과적인 작업을 수행한다는 결론에 이른다. 즉, 로컬 구성요소가 마음을 창발하기도 하지만, 반대로 창발된 마음이 로컬 구성요소를 직접 제약하고 영향을 미치는 양방향의 관계이다.

이것이 단순히 설명에 불과하다고 생각하지 않도록 한 가지 예를 들어보겠다. 우리는 수술을 위해 뇌에 전극을 이식한 뇌전증 환자를 연구하고 있다. 따라서 우리는 깨어 있는 인간 뇌의 미세한 전기 신호에 접근할 수 있다. 이를 통해 위기가 발생하기 전의 순간을 분석하고 실제로 몇 분 전에 위기를 예측할 수도 있다(Martinerie 외 1998). 물론 이것은 로컬 특성(로컬 흐름)이 적절하게 글로벌 상태(위기)로 이어지는 좋은 예이다. 그러나 그 반대의 증거도 찾을 수 있다. 환자가 의도적인 (시각적 형태의 인식과 같은) 인지 활동을 할 경우, 로컬 뇌전증 역학의 세부 속성이 변화하는 것을 볼 수 있다. 이는 글로벌 상태가 매우 정밀한 방식으로 로컬 전기(electrical) 작용에 하향 영향을 미친다는 것을 의미한다(Le van Quyen 외 1997).

요컨대 인지는 행위화되어 창발하며 로컬 요소와 글로벌한 창발적 인지 주체의 공동 결정이다. 마음은 상상으로 가득 차 있으며 단순히 '외부 세계'를 표현하는 것이 아니다. 마음은 로컬-글로벌 전환의 역학을 통해 세계를 구성하는 일관된 현실을 지속적으로 만들어낸다.

상상이 지각에 기반하는 만큼 지각도 상상에 기반한다는 것은 이제
비선형 인과관계라는 동적 영역에서 찾을 수 있는 익숙한 주제이다.

3. 정신 이미지 훈련의 티베트 전통과 현상학적 상상을 통한 자기 전이

마지막으로 불교 전통에서의 상상에 대한 공헌은 무엇인지 다루고자
한다. 서양 전통에서는 생생한 현재, 상상의 신경생물학적 설명,
현상학적 발견이 상상 연구에 풍부한 배경이 되었다. 그러나 과학과
현상학 모두에서 누락된 것은 그 관찰의 실용적 결과로서, 인간의
이러한 능력이 어떻게 인간의 변화와 변형을 위한 수단이 되는지에
대한 탐구이다.

상상과 학습에 관한 중요한 문헌들이 다수 발간되어 스포츠 훈련과
같은 분야에서 사용되고 있으므로, 불교 전통 고유의 상상 관련 자료들
이 필요하지 않다고 말할 수 있다. 신경과학의 관점에서 기억은 상상에
필수적이기 때문에, 학습은 상상된 내용을 기억시키는 데 영향을
미치고 반복과 코칭을 통해 원하는 학습을 이끌어낼 수 있다. 또한
(변연계/내측 측두엽을 포함한) 많은 두뇌의 구조가 이른바 절차
(procedural) 기억에 관여한다는 사실도 잘 알려져 있다. 이는 서술
(declarative) 기억의 경우와는 달리 의식적인 회상이 아니라, 실행을
통해 나타나는 기억이다(Squire와 Zola-Morgan 1996; Squire와 Kandel
1999). 절차 기억은 후천적 습관과 침전된 삶의 방식의 중심에 있으며
특히 정서 영역과 관련 있다. 이러한 맥락에서 볼 때 의도했던 특정
결과를 얻고자 하는 대신, 이미지를 통한 학습을 위해 사회와 개인의

삶에서 인간의 변화를 시도하려는 불교 전통을 따르는 편이 바람직하다. 인간이 잠재력을 최대한 발휘하기 위해서는 자신을 변화시키려는 노력 없이 가능하지 않기 때문에 불교 전통을 통해 배울 수 있는 것은 바로 이러한 실천적이고 폭넓은 접근 방식이다. 우리는 수 세기 동안 불교가 실용적 노력에 뛰어났으며, 인간을 변화시키는 방법과 경험에 노하우를 가지고 있음을 알고 있다. 이 내용이 이 마지막 절의 주제이다.

　불교의 전통 수행 중 우리가 여기서 초점을 맞추려는 티베트의 정신 이미지 수행은 이미 잘 알려져 있다. 사실 상징화로서의 상상과 능동적 상상을 통한 시각화의 다양한 효과와 그 근원을 주의 깊게 분석하지 않는 한 전체적인 수행 전통을 이해하기 어렵다. 앞에서 논의한 내용을 상기해 보면 이 전통에서는 의식과 신체를 가진 생명체를 서로 영향을 미치는 글로벌과 로컬의 단일체로 나눔으로써, 하향식 변화를 매우 잘 활용하고 있다. 정교한 시각화와 기법이 처음에는 독특한 민속적인 것으로도 보일 수 있겠지만, 과학 및 현상학적 분석에 따르면 이는 매우 피상적 이해이다. 이 내용을 다루기 전에 정신 이미지를 시각화하는 수행과 방법에 대해 간략하게 설명하겠다.

다양한 시각화 방법 시각화 방법은 기본적으로 상좌부(Theravāda), 대승(Mahāyāna), 티베트 불교의 금강승(Vajrayāna)의 셋으로 구분하여 설명할 수 있다. 각각은 대략 다음의 기초 수행법에 해당된다.

　1. 인간의 근본 무지에 대한 해독제로서 마음챙김과 집중력을

수행(상좌부)

2. 상호 주관적 관계로서 타인을 관심 대상으로 하는 인식의 확장
(대승)

3a. 금강승을 위한 심신의 토대를 준비하고, 정화하여 체질을
재구성하기 위한 예비 수행(ngöndro)

3b. 급격한 심신의 변화를 다루는 금강승 전통의 '고급' 수행

여기서 우리는 자신과 타인의 입장을 교환하는 대승 수행에 집중할
것이지만, 맥락에 따라 상좌부와 금강승 학파의 이미지 수행에 대해서
도 간단히 언급하겠다.

사마타 좌선 명상 마음 수행의 기본은 무엇보다도 주의 집중을
기르는 데 있다. 사마타('샤마타'로 발음) 수행은[6] 적정(寂靜, Skt. sama-
tha; Tib. zhi gnas; Eng. 'quiescence') 수행으로 비유적으로 표현되며,
매 순간 세심한 주의를 기울여 마음의 본성과 습관적 패턴의 원인을
살펴보는 것이다. 즉, 마음의 활동을 이용하여 마음을 뛰어넘어 주어
진 경험을 신선하고 탐구적인 시선으로 바라보는 것을 말한다.

사마타 명상 세션은 고도로 구조화된 프로그램이다. 여기서는 일상

---

6 이 표현은 트룽빠(C. Trungpa)에 의해 처음 소개되었고(*Meditation in Action*
〔Boulder: Shambhala, 1972〕) 오늘날 널리 사용되고 있다. 그러나 고요, 평화,
주의집중, 기억과 같은 용어를 엄밀히 번역한 것은 아니다. 어떤 용어를 선택하느
냐에 따라 수행 방식이 달라지기 때문에 이 문제는 단순한 기술적 문제가 아니다.
사마타(samatha)를 다룬 최근의 연구는 월리스(1998)을 참조하라.

적인 사마타 수행에 초점을 맞추고자 한다. 사마타 수행은 보통 장기 세션으로 열리며 (최소 몇 년 이상) 장기간 동안 정기적으로 진행된다. 수행은 불교의 학파에 따라 방법이나 기법이 조금 다르게 진행되지만 여기서는 우리의 목적을 위해 공통이 되는 핵심사항을 최대한 다루고 자 한다. 좀 더 정확하게는 까규-닝마(Kagyü-Nyingma) 전통의 여러 수행법을 소개할 것이다. 고전적 내용에 대한 자세한 설명은 타시 남걀(Tashi Namgyal, 1984)을, 그리고 간결한 현대적 설명은 트룽빠 (Trungpa, 1995)를 참조하라. 이 수행은 고유한 내용이 있지만 다른 불교 전통과도 많은 공통점을 공유한다.

먼저 바닥이나 의자에 단정하게 앉은 후 아무것도 하려 하지 않는 다. 척추를 바르게 세우고, 목과 팔을 편안하게 한 후, 무릎 위에 양손을 가지런히 놓는다. 눈은 뜨거나 반쯤 뜨고 양쪽 코와 입으로 호흡한다. 기본자세가 익숙해지면 일어나는 일에 관여하지 않고 '그 냥' 따른다. 들이쉬고 내쉬는 호흡을 주의 집중을 위한 지침으로 삼는다(어떤 수행에서는 정신 이미지가 주의 집중을 위해 사용되기도 한다). 그렇다고 해서 감각, 생각, 감정이 모두 멈추지는 않지만, 멀리 관찰자 의 위치에서 호흡 시 전경과 배경에 구름 같은 것이 폐와 콧구멍으로 드나드는 것처럼 바라본다.

이 수행은 시각화를 하든 하지 않든 항상 호흡을 주의 깊게 따라가면 서 행한다. 일부 학파에서는 사마타를 위해 적극적인 시각화를 이용한 다. 겔룩빠의 창시자인 쫑카파(Tsongkhapa)는 *Great Treatise on the Stages of the Path to Enlightenment*에서 이 방법에 대해 자세하게 적었다.[7] 시각화를 위해 사용되는 대상은 ① 주의가 집중되는 정신 이미지로 분석이 필요하지 않는 것(가장 일반적으로 불상佛像), ② 주의 집중을 이용해 통찰력을 키우는 정신 이미지로 개념적인 분석이 필요한 것(Wallace 1998: 2장)이다. 쫑카파는 계속해서 개인의 능력 및 장애의 발생 여부에 따라 다른 정신 이미지를 사용하는 방법도 설명한다.

이것은 현재 일어나고 있는 일에 마음챙김과 호흡을 통해 집중하는 수행을 간략히 나타낸 것이다. 수행 시 주의 집중할 때는 어떤 일이 일어나더라도 그 내용을 검토하거나, 나타났다 사라지는 과정에 관여하지 않고, 주의를 확실하게 '내면으로' 돌린다.

호흡에 지속적으로 집중할 때 산만한 생각이나 감정, 신체적 느낌이 수시로 일어나는 경험을 통해, 우리가 집중하면서 얼마나 마음이 흔들리는지를 알 수 있다. 우리는 단순히 호흡을 따라가는 것이 아니라 생각·환상·공상이 연속적으로 일어나 방황하면서 왔다 갔다 하고 있음을 깨닫게 된다. 우리가 집중하지 못했다는 것을 깨닫자마자, 산만함을 떨쳐버리고 집중의 대상인 호흡으로 돌아오기만 하면 된다. 이를 위해서는 마음이 산만에 빠졌는지 확인할 때 사용하는 내성적

---

7 이 텍스트는 영어로 번역되어 Snow Lion Publications에서 세 권의 시리즈로 출간되었다. 또한 Tsongkhapa, *The Medium Treatise on the Stage of the Path of the Path to Enlightenment*(Wallace 1998 번역 및 주석)에서는 이 주제를 같은 권위를 가지면서도 더 간략하게 다룬다.

(역자주) 한글 번역본: 청전 역(2005), 『깨달음에 이르는 길』, 지영사. 이 책의 한역본漢譯本은 『보리도차제광론菩提道次第廣論』이라고도 한다. *The Medium Treatise on the Stage of the Path of the Path to Enlightenment*의 한역본은 『보리도차제약론菩提道次第略論』이라고 한다.

감시 기능이 필요하다. 인도의 불교학자 무착(無着, Asaṅga)은 다음과 같이 주장한다. "마음챙김이란 무엇인가? 마음이 대상을 놓치지 않도록 하는 것으로 산만하지 않게 하는 마음 능력이다."(1971:6)

사마타 수행은 호흡에 대한 알아차림을 능동적으로 살펴보고 감시를 한다. 이때의 알아차림은 주의집중의 대상일 뿐 아니라 실제로 호흡에 관여하고 있는지 여부와 그 질적 상태에 대한 평가를 포함한다. 마음챙김과 성찰이 함께함으로써 학습효과가 일어난다. 사실 그 참여의 질은 연습을 통해 끊임없이 변화한다. 일반적으로 매우 흥분하거나 (생각이 가득하거나) 매우 나른하거나 졸음이 쏟아질 수도 있다. 수행자로 하여금 흥분과 이완 사이에서 편안한 균형을 찾을 수 있도록 돕는 숙달된 방법과 장애의 종류 및 그 해결책에 관한 많은 문헌이 있다(Trungpa 1980; Wallace 1998). 사마타 수행은 시간이 지나면서 다른 사람들의 경험과 수행법 등의 도움을 받고, 지속적인 훈련을 거치면 안정된 상태에 이를 수 있다.

금강승 전통 티베트 불교의 탄트라(밀교) 전통인 금강승에서는 수행의 대상으로 정신 이미지를 활용하는데, 그 깊이와 풍부함에 있어 놀랄 정도로 정교하게 다듬어져 있다. 이 오랜 전통에는 깨달음을 가로막는 가장 어려운 난관을 없애는 데 유용한 시각화 방법이 축적되어 있다. 다시 말해, 금강승은 이 글의 서두에서 설명했듯이 마음과 상상의 역동적인 자기 조직화를 최대한 활용하여 특정한 뇌 기능의 국소적 변화뿐만 아니라 현상학적으로 통합된 뇌/신체에 대한 전반적 변화를 이끈다. 그 결실은 살아있는 존재의 열린 본성을 직접 경험할 수 있는 기회가 된다.

탄트라 시각화는 생생하지만 실재하지 않는 존재와의 결합을 구현한다. 시각화는 상상임에도 불구하고 이른바 실제 지각보다 우리의 기본적인 본성에 더 가깝다고 알려져 있다. 따라서 금강승은 자신의 상징적인 재구성을 다룬다. 정신 이미지는 임의로 선택하지 않으며, 전통적으로 개인의 변화를 유도하기 위한 세부 효능에 집중한다. 이 노하우는 인도의 마하싯다(mahāsiddha) 전통으로 거슬러 올라가는데, 상세한 출처를 역사적으로 정확하게 규명하기는 어렵다. 하지만 수행법으로서 마하싯다에 관심이 있는 사람이라면 누구나 검토해 볼 수 있다. 각각의 시각화는 특정한 형태로 변형할 수 있으며, 일반적으로 중심 인물 또는 이담(yidam, 守護尊)을 상상한다. 시각화는 일련의 사다나(sādhana, 수행) 단계에 맞게 정한다. 각 사다나의 핵심에는 시각화를 확립하는 초기 단계인 계발 단계(utpattikrama, 생기차제)가 있으며, 다음으로 이전 단계를 기반으로 '해체 단계'(sampannakrama, 구경차제)가 뒤따른다. 초기의 계발 단계는 태도·몸·말·행위 등 모든 것이 사다나에 포함된다는 점에서 중요한 단계이다. 개인은 이담의 특성에 맞게 구현됨으로써 전체가 된다(Kontrul 1999).

금강승 전통에 익숙한 독자라면, 이 장의 목적에 맞게 앞의 개요에서 언급된 보다 넓은 차원의 영역을 언급하고 있다는 것을 이해할 것이다. 상상과 금강승 전통 간의 자세한 관계에 대한 설명은 앞으로의 주요 과제이므로 여기서는 더 이상 다루지 않을 것이다. 그러나 상상에 대한 새로운 이해와 인간 변화에서 상상이 갖는 역할과 그 배경을 전반적으로 설명하는 것은 보다 야심찬 다음 연구를 위한 첫걸음이 될 수 있다. 다음 절에서는 보다 기본이 되는 시각화 수행을 자세히 살펴볼 것이다. 여기에는 마음 수행의 전통과 통렌(tonglen) 수행이 포함된다.

마음 수련과 통렌 여기서 살펴볼 시각화 훈련은 전통적으로 마음 수련(lojong)이라고 한다. 이 가르침의 기원은 티베트 불교 부흥기인 11세기에 인도의 위대한 스승 아티샤(Atīśa, 982~1054)가 티베트로 왔을 때로 거슬러 올라간다. 당시 그는 케둡 니덴(Khedrup Nyiden) 이라는 이름으로 알려졌는데 학문과 수행을 통해 깨달음을 성취한 인물이다. 그는 또한 구전으로 전승되는 법맥을 남긴 훌륭한 스승이기 도 했다. 아티샤의 가르침은 그의 추종자인 게셰 체까와 예셰 도르제 (Chekawa Yeshe Dorje, 1101~1175)가 편집한 『마음 수련의 일곱 가지 요점(The Seven Points of Mind Training)』이라는 제목의 간략한 텍스트 를 통해 널리 알려졌다. 이 책은 자동적 습관인 자기중심성을 내려놓 고 타인에 대한 연민과 감수성을 키워 깨어 있는 마음, 즉 보리심에 대한 열망을 계발하는 방법을 간결하게 요약한 것이다. 이 가르침은 '자상한' 조언형태를 취하고 있는데, 삶의 모든 순간에 적용되는 격언 과 공식 수행기간 동안 보리심을 수련하기 위한 보다 특별한 기술적 내용을 담고 있다(Trungpa 1993; Wallace 2001). 아티샤의 가르침은 티베트의 다른 여러 학파로 퍼져나가 까담빠(Kadampa) 전통으로 알려지게 되었다. 오늘날에는 특히 겔룩빠(Gelug)와 까규빠(Kagyü) 에서 그의 텍스트를 활발하게 가르치고 있다. 까규빠 전통은 19세 기 잠곤 꽁뚤(Jamgon Kontrul)이 쓴 *The Great Path of Awakening*

(*Changchup Shunglam*)(Kontrul 1987)이라는 주목할 만한 주석서에서 크게 영향을 받았다. 이러한 까담빠의 가르침은 11세기에 닥포 까규(Dakpo Kagyü)의 창시자인 감포빠(Gampopa)에 의해 전수되었고, 이 법맥은 여러 수행자들을 거쳐 현대에는 초걈 트룽빠(Chögyam Trungpa)로 전승되었다. 바렐라는 여기서 말하는 이미지 수행의 구두 가르침을 트룽빠로부터 받았다(Trungpa 1980; 드프라즈는 바렐라로부터 그 가르침을 받았다).

통렌 수행: "모든 사람들을 상상해 보라." 아티샤의 근본 텍스트는 매우 인상적인 내용으로 시작된다.

모든 현상을 꿈이라고 생각하라.
태어나지 않은 의식의 본성을 탐구하라.
스스로를 해독제로 삼아 자유로워져라.
근원 의식(ālaya, 알라야식)의 본성에서 쉬어라.
명상 후에는 모든 현상을 환상으로 생각하라.

보내고 받아들이는 것을 번갈아 연습해야 한다. 그 교환은 호흡을 매개로 이루어져야 한다.

마지막 줄은 통렌(Tib. gtong len) 수행에 대한 함축된 설명이다. 통(tong)은 내보내다, 놓아주다를 의미하고 렌(len)은 받아들이다를 뜻한다. 따라서 보내고 받아들이는 것이 이 보살 수행의 기초이다.

사마타(samatha) 및 이담(yidam) 시각화와 마찬가지로 통렌은 정기적으로 해야 하는 수행이며 집중 수행기간 동안 그 의미를 증득해야 한다. 수년에 걸쳐 익숙해진 후에야 그 결실을 알 수 있다. 스포츠나 음악 등 다른 훈련과 마찬가지로 피상적인 탐색이나 주말 수행만으로는 충분하지 않다.

연습은 약 30분 동안 진행되는 공식 세션에서 이루어진다. 수행법은 다음 3단계로 구성된다.(박스 참조)

통렌 수행

1단계: 시작하기
이 수행의 기반은 내려놓는 태도이다. 그것이 무엇이든 자신의 경험에 가볍게 접촉하면서 그 기반으로서 현상의 공성(emptiness)을 떠올린다.

2단계: 두 단계의 시각화

2A 단계
눈을 감고 자유롭게 고통스러웠던, 감정적으로 격앙되었던 기억을 떠올리며 수행을 시작하라. 지인의 질병이나 고통, 최근 자신의 고통스러운 사건과 같은 특정한 내용에 초점을 맞춘다. 이 고통이 반드시 육체적·신체적 고통일 필요는 없다. 우울증, 신경증적 장애 혹은 외적으로 관련된 도덕적·정신적 고통일 수도 있다.

어떤 형태로든 그 내용을 시각화하고 안정화하여 선명한 이미지를 만든다. 이 이미지는 '일반적인 감각'이 아니라 독특하고 정확한 것이다. 시각화는 경우에 따라 다를 수도 있지만 보통은 강력한 감정이 수반된다.

일단 그 상황이 시각화되면 선택한 장면의 고통, 어둠, 슬픔, 무거움을 들이마신 후, 열린 마음, 따뜻함, 해방감을 그 사람이나 처한 상황에 내뱉음으로써 통렌의 과정을 시작하라. 다시 말해, '교환'은 고통받는 사람의 입장이 되어 상대방에게 여지와 안도감을 주는 것을 의미한다. 잠시 동안 호흡과 함께 이 교환을 연습하면서 특정 상황이 떠오르는 것을 중요하게 느낄 수 있도록 한다.

2B 단계

앞의 2A단계에서 시각화가 어느 정도 가능해지면, 똑같은 교환과 느낌을 더 넓게 확장하여 곤경에 처한 다른 많은 사람(또는 중생)을 접한다. 알려지거나 알려지지 않은 수많은 존재를 시각화하여 마음속 눈앞의 공간을 채울 수 있도록 확장하라. 열린 마음에서 나오는 해방감과 편안함을 계속 보내면서 눈앞의 고통과 괴로움을 마음속으로 흡수하라.

너무 추상적이고 산만해지면 수행을 중단하고 2A 단계부터 다시 시작한다.

3단계: 종결

통렌 수행을 마칠 때는, 시각화된 것을 공성空性의 기반에 녹이고 마음챙김을 통해 자유롭게 마음을 휴식한다.

이 설명은 까규 법맥에서 전승되어 온 수행법 중 한 계통이므로 절대적인 것으로 받아들여서는 안 된다. 또한 이 설명은 상세한 구전 교육과 불가분의 관계이며, 각자의 상태에 맞게 수행을 해야 한다. 수행 시 개선 사항과 진전 상태를 알 수 없다면 수행에 참가하지 않는 것이 좋다.

상상을 이용한 통렌 수행 앞서 말했듯이 이 유명한 전통 수행은 수 세기 동안 많은 수행자들에 의해 발전되어 왔다. 축적된 수행 경험으로부터, 이 수행(반복 수행)이 우리의 인지적 에고, 즉 자아의 특징인 '자기 우선주의'라는 자동적 입장을 점차 약화시키거나 둔화시킨다는 수많은 증거가 있다. 자신의 이익을 중심에 두는 습관은 점차 자기 입장을 자동적으로 뒤집으면서 타인의 안녕이 자연스럽게 우선시된다. 말할 필요도 없이, 수행에서 시각화는 추론적이고 허구적인 성격을 가지고 있다. 그러나 핵심 수행은 상상하는 상황을 실제적, 효과적이라고 간주하는 것이며, 이를 통해 자신의 기질(신체적, 심리적)이 더 개방적으로 변화하게 된다. 2A-B 단계는 기억과 상상의 상호 의존을 분명하게 다루며, 둘 사이의 구분은 사라지지 않고 뚜렷이 대비된다. 앞서 요약한 인지신경과학과 현상학의 연구 결과를 고려해 보면, 통렌의 효과와 숙달은 훨씬 더 이해하기 쉬워진다. 보살의 마음 수행의 길은 분명히 어렵지만 중요한 것은 그 길을 갈 수 있으며, 수행을 통해 확실히 가능하다는 것이다. 따라서 통렌은 추상적인 도덕 훈련이 아니라 노하우에 바탕한 상상의 숙달, 정서적 훈련, 도덕적 변화의 모범을 보여준다.

통렌은 상호 주관적인 경험의 특성에 기반한 수행이라는 점을 상기할 필요가 있다. 이 교류는 인간이 이미 공감적 관계라는 네트워크의 일부분이기 때문에 가능한 것이다. 현대의 여러 연구에서 점점 더 명확해지고(Thompson 1999 참조), 현상학에서도 이를 매우 상세하게 탐구하고 있으므로 우리의 인지적 정체성은 이 토대와 분리될 수 없다(Depraz 1995 참조). 우리는 금강승에서처럼 개인적인 자기 몰입(self-absorption)이나 정교한 이담 상징과 유사한 시각화를 다루고 있지는 않다. 대신 통렌에서는 우리의 개별적 삶이란 유대감과 대인관계의 순환이 나타나는 사회생활의 홀로그램과 같다는 사실을 명시적으로 활용하는 것 같다. 처음에는 '자기 보존'이라는 인류의 계통적 유산의 강을 거스르고, '개인적인 것'에 반反하는 이 수행을 통해 경험의 진정한 본질이 전면에 드러난다. 이 점에서 통렌 수행은 후설이 말한 공감을 통해 상상적 자기 전환이 일어난다는 주장과 매우 일치한다(Hua I 1950a 및 Hua XV, 18번), 스피겔버그(Spiegelberg)는 그의 *Doing Phenomenology*에서 이를 더욱 구체적으로 발전시켰다(Depraz, Varela, Vermersch 2001; Depraz and Varela 2001 참조).

4. 새로운 지평 열기

결과의 도출 지금까지의 내용을 통해 몇 가지 결론을 도출하고자 한다. 우리가 여기서 강조하고 싶은 결론은 경험적인 것과 경험에 상응하는 상호 제약을 통합할 때 오래된 이원론이 사라진다는 것이다. 이때 마음과 물질이 분리됐다고 하는 이원론이 새로운 개념 공간으로 합쳐져 로컬이 글로벌에, 글로벌이 로컬에 적절한 역할을 부여하면, 마음과 경험은 신비한 것으로 남지 않고 효과적인 잠재력을 드러낸다. 마음은 몸의 물질적 기반에 여러 단계의 인과관계로 얽혀 있으며, 이 몸을 기반으로 해서 마음을 창발시키는 기질도 마찬가지이다. 경험의 능동적 차원을 부정하는 일방적인 창발 관점은 경험을 부수현상으로만 이해하도록 한다. 상상은 이 새로운 틀을 나타내는 특별하고 세부적인 예시이다. 상상은 우리가 이 중요한 전체 현상을 일방적으로 바라보는 것이 아니라, 그 안에 있는 모든 요소들을 (아직 미완성된 형태로) 제자리에 둘 수 있게끔 하는 독특한 사례 연구를 제시한다. 전적으로 순환적인 이 과정을 요약해 보겠다.

■ 정신 이미지의 뇌 영상 연구에 의해 다음과 같은 사실이 밝혀졌다.
■ 상상은 언어·기억·운동동작 등 다수의 서로 다른 정신 능력의 교차 영역에 있다.
■ 상상의 생리학적 기초는 여러 분산된 회로와 부위의 네트워크에서 찾을 수 있으며, 보통은 고차 시각활동 시 활성화되는 모든 회로와 부위에 있다. 활성화되는 특정 네트워크는 상상 작업과 개인의 상태에 따라 크게 달라진다.
■ 이 대규모 현상을 다룬 신경역학적 연구에 따르면 뇌/신체 부위의 대규모 통합은 경험의 순간 동기화를 통해 동적 신호나 또는 일시적인 창발로 나타난다(상향 인과관계).
■ 그러나 글로벌하게 창발되는 유기체의 구성은 세부적인 생리적

과정, 심지어 유전 과정을 로컬에 제약함으로써 반영될 수 있다(하향 인과관계). 상상의 현상학이 이를 밝히고 있다.

■ 상상은 지각과는 분명히 다르지만 밀접한 관련이 있는 것으로 보인다.

■ 상상은 기억·환상·공상·꿈을 포함하는 정신적 사건의 일부이다.

■ 지각과 상상은 현재를 살아가는 모든 순간에 상호 보완적이거나 또는 부호화된 의식 형태로 작용한다. 이들은 서로를 변경하고 조절한다.

■ 그러나 순수하게 객관적 관찰이 가능한 경험과 주관적 경험 사이의 전환점은 매우 중요하며, 〔1인칭적으로〕 경험적인 것과 3인칭적 관점에서 관찰한 것 간의 경로를 제공하는 적절한 수준의 동적 패턴을 분석해야 한다. 즉, 〔3인칭적〕 뉴런과 〔1인칭적〕 경험 사이의 간극은 영원히 남아 있다.

■ 상상은 전前반성적 또는 무의식적으로 침전된 습관을 배경으로 발생하며, 이는 주관적 상상이 스스로 전환할 수 있는 길을 열어준다. 불교 전통은 이 결론 대부분을 암묵적으로 공유하며, 인간의 변화를 위한 실용적 의미로 받아들인다.

■ 통렌은 타인과 세계에 대한 자신의 자발적 반응과 태도를 변화시키는 수행의 정확한 사례이다.

■ 변화는 자신의 연상과 정서적 반응의 변화를 유도하도록 고안된 신중하게 선택된 시각화에 의해 유도된다.

■ 이 변화는 우리의 시각화 경험에 나타나는 것(글로벌)과 그것의

기반(우리 몸/뇌) 간의 상호 연결에 의한 것으로 뇌 영상 연구를
통해 밝혀졌다.

■ 이러한 하향 인과관계의 효과는 오랜 역사 동안 수행자들과
그들의 변화에서 분명하게 드러난다(스포츠 훈련과 아동 정서발달
등 뇌 가소성(plasticity)에 대한 최근 연구에서도 확인된다).

이 반복되는 순환은 상상 차원 중 하나 또는 다른 차원이 아니라
상상 현상의 전체 범위와 일관성을 드러낸다. 객관적 경험, 주관적
경험의 설명, 실천의 세 차원은 모순된 관점이 아니라 일관된 전체를
형성한다. 이들은 서로를 배제하기보다 오히려 빛나게 한다. 여기서
우리는 물질적 측면에서 상상의 현상을 추적하면서도, 그것이 1인칭
적 경험으로 나타나서 글로벌한 차원으로 이어지는 방식을 탐구하고
자 했다. 역으로 불교의 시각화 수행에서 얻어지는 효과로부터 출발하
여 그 특수성을 벗어나지 않고 현상을 추적함으로써 경험의 세부적
차원을 열 수 있다. 바렐라가 다른 저술에서 설명했듯이 이는 신경현상
학적 분석이라고 할 수 있다(Varela 1999).

따라서 상상은 우리가 (Bruno Latour의 주장과 같이) '이음새(ridge)'
라는 개념이 무의미해지는 합금과 같은 혼합물이라고 부를 수 있는
완벽한 예이다. 오직 하나의 현상만이 존재하며, 휴식이나 도약 없이
그것의 한 특성에서 다른 특성으로, 경험적인 것에서 유기적인 것으로
이동할 수 있다. 이 글에서 살펴본 것처럼 가교를 놓을 만한 단절은
없고 따라야 할 흔적만 있을 뿐이다. 다시 말해 현상학적 영역에서
자연 물체의 구성이 적절히 이해되면 순수 경험 역시 심리적 의식에

속하게 되고 따라서 유기체에 속하는 것으로 간주될 수 있다. 이런 의미에서 생생한 직접 경험에 뿌리를 둔 데이터는 본질적으로 비환원적인 자연화(naturalization)에 열려 있다. 이것은 신경현상학 연구 프로젝트에 활기를 불어넣는 핵심적인 논제이며, 이는 신체화의 핵심 문제가 (행위화 접근법같이) 인지과학과 현상학, 그리고 인간의 변화를 다루는 (이에 탁월한 불교처럼) 1인칭 방법과 관련하여 핵심 관심사가 될 때만 가능하다. 사실 넓은 의미에서 볼 때 살아있는 몸(Leib)과 생물학적 몸(Körper; Depraz 1997 참조) 중에서 경험과 그 근거 사이의 '밀접한 관계'를 발견하는 것은 바로 살아있는 몸에서이다. 우리가 인지과학에 친숙한 구성적 자연 요소와 현상학에 필요한 데이터 모두에 접근할 수 있는 것은 바로 이러한 사건의 영역에서이다.

두뇌와 경험 사이의 상호 제약이라는 개념은 이제 혼합된 대상 자체의 본질을 탐구함으로써 더욱 정확히 제시될 수 있다. 이는 마음 연구에서 모든 현상이, 마치 실재가 두 가지 담론의 길 사이에서 미묘한 균형을 이루고 있는 것처럼 처음부터 혼합물로 이해된다. 한편으로 우리는 현상(즉, 상상)을 자연화하려는 접근법을 가지고 있으며, 이는 과학에서 얻을 수 있는 설명으로 바로 이어진다. 다른 한편으로는 우리에게 항상 이미 존재하는 (사회 역사와 언어를 포함) 전체 경험을 발견함으로써 경험(즉, 창발의 패턴)을 현상화하거나 경험적인 것으로 만드는 길이 있다. 자연화의 경로와 경험적 현상학의 경로를 가로지르는 이 균형 잡힌 행위는 가능하면서도 생산적인 일이다. 이를 위해서는 특정 영역의 잠재력을 정밀하고 통제력 있게 탐구하는 노력이 필요하다.

참고문헌

Asaṅga. 1971. "*Abhidharmasamuccaya*," *Le Compendium de la Super-doctrine d'Asanga*. Trans. W. Rahula. Paris: Publications de l'Ecole Francaise d'ExtrêmeOrient.

Bernet, R. 1996. "L'analyse husserlienne de l'imagination." *Alter: Revue de phénoménologie* no.5, pp.43-69. Berthoz, A. 1998. Le sens du mouvement. Paris: Jacob.

Bisiac, E., C. Luzzatti, and D. Perani. 1979. "Unilateral Neglect, Representational Scheme, and Consciousness." *Brain* 102:609-618.

Casey, E. 1976. *Imagining: A Phenomenological Study*. Indiana: Indiana Univ. Press.

Decety, J., M. Jeannerod, M. Germain, and J. Pastene. 1989. "The Timing of Mentally Represented Actions." *Behavioral Brain Research* 34:35-42.

Decety, J. et al. 1994. "Mapping Motor Representation with PET." *Nature* 371:600-602.

Dennett, D. and M. Kinsbourne. 1991. "Time and the Observer: The Where and When of Time in the Brain." *Behavioral Brain Sciences* 15:183-247.

Depraz, N. 1995. *Husserl: Transcendance et Incarnation. Le statut de l'inter-subjectivité comme altérité à soi chez Husserl*. Paris: Vrin.

_____ 1996a. "Puissance individuante de l'imagination et métamorphose du logique dans *Expérience et jugement*." *Phenomenologische Forschungen*, Sonderdruck, pp.163-180.

_____ 1996b. "Comment l'imagination 'réduit'-elle l'espace?" *Alter: Revue de phénoménologie* no.4, pp.179-211.

_____ 1997. "La traduction de Leib, une crux phaenomenologica." *Etudes phénoménologiques.* Louvain.

_____ 1998. "Imagination and Passivity: Husserl and Kant, a Cross-Relationship." In N. Depraz and D. Zahavi, eds., Alterity and Facticity: *New Perspectives on Husserl.* Phaenomenologica 148. Dordrecht: Kluwer.

_____ 2001a."A la source de l'hallucination: L'expérience du conflit." In G. Charbonneau, ed., *Phénoménologie des hallucinations.* Paris: L'art du comprendre.

_____ 2001b. *Lucidité du corps. De l'empirisme transcendantal en phénoménologie.* Dordrecht: Kluwer.

Depraz N. and F. J. Varela. 2003. "Empathy and Compassion: Confronting Experiential Praxis and Buddhist Teachings." In D. Carr and Chang-Fai eds., *Space, Time, Culture.* Dordrecht: Kluwer.

Depraz N., F. J. Varela, and P. Vermersch. 2001. *On Becoming Aware: An Experiential Pragmatics.* Amsterdam: Benjamins.

Gazzaniga, M. 1999. *Cognitive Neuroscience.* Cambridge: MIT Press.

Husserl, E. 1939. *Erfahrung und Urteil.* Prague: Govert and Claasen.

_____ 1950a. *Cartesianische Meditationen. Hua* I. The Hague: Nijhoff.

_____ 1950b. *Ideen zur einer reinen Phänomenologie* I. *Hua* II. The Hague: Nijhoff.

_____ 1966. *Phänomenologie des inneren Zeitbewusstseins. Hua* X. The Hague: Nijhoff.

_____ 1973. *Zur Intersubjektivität (1929-1935). Hua* XV. The Hague: Nijhoff.

_____ 1976. *Ding und Raum. Hua* XVI. The Hague: Nijhoff.

_____ 1980. *Phantasie, Bildbewusstein, Erinnerungen. Hua* XXIII. Dordrecht: Kluwer.

James, W. 1890. *Principles of Psychology.* London: Dover.

Jeannerod, M. 1994. "The Representing Brain: Neural Correlates of Motor Intention and Imagery." *Behavioral Brain Science* 17:187-245.

Kontrul, J. 1987. *The Great Path of Awakening.* Boston: Shambhala.

_____ 1999. *Creation and Completion.* Ithaca: Snow Lion.

Kosslyn, S. 1994. *Image and Brain: The Resolution of the Imagery Debate.* Cambridge: MIT Press. Kosslyn, S. et al. 1999. "The Role of Area 17 in Visual Imagery: Converging Evidence from PET and RTMS." *Science* 284:167-170.

Lamrimpa, G. 1999. *Realizing Emptiness: Madhyamaka Insight Meditation.* Trans. B. Alan Wallace. Ithaca: Snow Lion.

Le Van Quyen, M., J. Martinerie, C. Adam, H. Schuster, and F. Varela. 1997. "Unstable Periodic Orbits in Human Epileptic Activity." *Physica* E56: 3401-3411.

Martinerie, J. C. Adam, M. Le van Quyen, M. Baulac, B. Renault, and F. J. Varela. 1998. "Epileptic Crisis Can Be Anticipated by Non-linear Analysis." *Nature Medicine* 4:1173-1176.

Mellet, E., L. Petit, B. Mazoyer, M. Denis, and N. Tzorio. 1988. "Reopening the Mental Imagery Debate: Lessons from Functional Anatomy." *Neuroimage* 8:129-139.

Merleau-Ponty, M. 1966. *The Visible and the Invisible.* Paris: Gallimard.

Morley, J. M. 2000. "The Private Theater: A Phenomenological Investigation of Day Dreaming." *Journal of Phenomenological Psychology.*

Namgyal, T. 1984. *Mahāmudrā: The Quintessence of Mind and Meditation.* Boston: Shambhala.

Nyanaponika, T. 1973. *The Heart of Buddhist Meditation.* New York: Weiser.

Petitot J., F. J. Varela, B. Pachoud, and J.-M. Roy, eds. 1999. *Naturalizing Phenomenology: Contemporary Issues in Phenomenology and Cognitive Science.* Stanford: Stanford University Press.

Pöppel, E. and K. Schill. 1995. "Time Perception: Problems of Representation and Processing." In M. A. Arbib, ed., *Handbook of Brain Theory and Neural Networks*, pp.987-990. Cambridge: MIT Press.

Port, E. and T. van Gelder. 1997. *Mind in Motion*. Cambridge: MIT Press.

Rodriguez, E. N. George, J. P. Lachaux, J. Martinerie, B. Renault, and F. Varela. 1999. "Perception's Shadow: Long-Distance Synchronization in the Human Brain." *Nature* 397:340-343.

Roland, P. E. and B. Gulvas. 1994. "Visual Imagery and Visual Representation." *Trends in Neuroscience* 17:281-286.

Saraiva J. 1970. *L'imagination chez Sartre*. The Hague: Nijhoff.

Sartre, J.-P. 1948 [1936]. *L'imaginaire*. Paris: Gallimard.

Sergent, J., S. Ohta, B. MacDonald. 1992. "Functional Neuranatomy of Face and Object Processing." *Brain* 115:15-36.

Silberswieg, D. A. et al. 1995. "A Functional Neuroanatomy of Hallucinations in Schizophrenia." *Nature* 378:176-179.

Singer, J. L. 1964. "Daydreaming and the Stream of Thought." *American Scientist* 4:417-425.

_____ 1966. *Daydreaming: An Introduction to the Experimental Study of Inner Experience*. New York: Random House.

Spiegelberg H. 1972. *Doing Phenomenology*. The Hague: Nijhoff.

Squire, L. R. and S. Zola-Morgan. 1996. "The Medial Temporal Lobe Memory System." *Science* 253:1380-1386.

Squire, L. R. and E. R. Kandel. 1999. *Memory: From Molecules to Memory*. New York: Freeman.

Thompson, E. 1999. "Human Consciousness: From Intersubjectivity to Interbeing." A report to the Fetzer Institute.

Trungpa, C. 1980. *Hinayana-Mahayana Seminary 1979*. Boulder: Vajradhathu.

_____ 1993. *Training the Mind and Cultivating Loving-Kindness*. Boston: Shambhala.

_____ 1995. *The Path Is the Goal: A Handbook of Meditation*. Boston:

Shambhala.

Varela, F. 1992 [1989]. *Invitation aux Sciences Cognitive*. Paris: Seuil.

_____ 1995. "Resonant Cell Assemblies: A New Approach to Cognitive Functioning and Neuronal Synchrony." *Biological Research* 28:81–95. [Neuron 1999 for review.]

_____ 1999. "The Specious Present: The Neurophenomenology of Time Consciousness." In J. Petitot, F. J. Varela, B. Pachoud, and J. M. Roy, eds., *Naturalizing Phenomenology*, pp.266–314. Stanford: Stanford University Press.

_____ 2000. "Upwards and Downwards Causation in the Brain: Case Studies on the Emergence and Efficacy of Consciousness." In K. Yasue and M. Jibu, eds., *Towards a Science of Consciousness*. Amsterdam: Benjamin.

Varela, F., E. Thompson, and E. Rosch. 1991. *The Embodied Mind: Cognitive Science and Human Experience*. Cambridge: MIT Press.

Wallace, B. A. 1998. *The Bridge of Quiescence: Experiencing Tibetan Buddhist Meditation*. Chicago: Open Court.

_____ 2000. *The Taboo of Subjectivity: Toward a New Science of Consciousness*. New York: Oxford University Press.

_____ 2001. *Buddhism with an Attitude: The Tibetan Seven-Point Mind-Training*. Ithaca: Snow Lion.

이 글에서 스티븐 라베르지는 티베트 불교의 전통 수행법인 꿈 요가(dream yoga)와 현대 심리학의 자각몽(lucid dream)이라는 완전히 다른 두 세계관을 비교하여 고찰한다. 꿈 요가는 일반적으로 중관(Madhyamaka) 철학과 금강승(Vajrayāna)에 기반을 두고 수행되는 반면, 현대 인지과학은 데카르트의 이원론에 뿌리를 둔 과학적 유물론이 그 바탕이다. 과학적 유물론의 세계관은 마음과 물질, 주관적 현상과 객관적 현상 사이의 절대적 이분법을 만들어낸다. 서구의 물리학과 인지과학은 균형 있게 발전하지 못했기 때문에 자연 세계에서 주관적 경험을 소외시키고 모든 정신적 사건을 물질의 상태로 환원하는 데 큰 영향을 미쳤다.

주관적 경험을 의식에 대한 정보의 주요한 원천으로 간주하고 생리학적 데이터를 성찰을 검증하는 증거로 사용하는 라베르지의 정신생리학적 접근법의 경우는 다르다. 마음이 생리와 상호작용한다는 정신생리학의 기본 가정은 주관적 현상과 객관적 현상의 절대적인 이분법을 약화시킨다. 자각몽가로서 라베르지는, 경험의 '실재'가 '외부 세계'가 아니라 마음속에 있다는 것을 알고 있다. 또한 그는 어떤 정신 상태가 물질 상태(즉, 두뇌의 상태)라는 것이 사실이라면, 다른 모든 정신 상태 역시 마찬가지여야 한다고 가정하지 않는다.

꿈 요가와 현대의 자각몽 기법 사이의 근본적인 차이점은 전자는 수행자가 깨어 있는 모든 사건을 꿈으로 보도록 권장하는 반면, 후자는 낮 시간 동안 꿈을 꾸고 있는지의 여부를 확인하기 위해 '상태 확인'을 권한다는 점이다. 따라서 티베트 불교에서는 깨어 있는 현실이 꿈 상태보다 존재론적으로 더 현실적이지 않다는 것을 시사하면서 깨어 있는 현실의 상태에 의문을 제기한다. 자각몽 접근법은 꿈과 깨어 있는 경험을 모두 마음의 구성으로 간주하지만, 꿈과 깨어 있는 지각의 본질적 차이는 현실로 추정되는 감각 입력이 있는지 여부라고 가정한다.

　　티베트 꿈 요가 수행자가 꿈꾸는 동안 유체이탈 경험을 하면서 공동의 '실재' 세계에서 일어나는 사건을 목격했다고 주장할 때, 그는 과연 주관적 환상을 경험하고 있는 것인가 아니면 실제로 객관 세계 속에서 움직이고 있는 것인가? 이 질문은 데카르트 이원론의 틀 안에서는 완벽하게 이해되지만, 중관철학 관점에서는 근본적으로 결함이 있는 것으로 간주된다. 이러한 맥락에서, 정상적인 깨어 있는 상태에서 우리의 경험이 직접적이고 사실이라고 추정되는 이른바 객관적인 세계는 상호 주관적 환상에 불과하기 때문이다. 그럼에도 꿈속에서 요가 수행자는 착각에 빠질 수 있다. 그는 자신이 깨어 있는 상태에서 다른 사람들의 상호 주관적인 세계를 목격하면서 진정한 유체이탈을 경험하고 있다고 생각할 수 있다. 그러나 실제로 자신 외에는 다른 참여자가 없는 독특한 주관적 상태를 경험하고 있을 수 있다. 따라서 유체이탈 경험에 대한 주장은 순전히 객관 세계에 관해서가 아니라 과학자와 일반인의 상호 주관적 세계와 관련하여 과학적으로 연구될 수 있다.

　　이 글에서는 차크라와 '정신 에너지 채널'과 관련하여 주관적 실재와 객관적 실재의 문제를 다시 한번 제기한다. 이 차크라 등은 육체적 실재인가 혹은 정신적 실재인가, 객관적 실재인가 혹은 주관적 실재인가? 유물론적 관점에서는 이러한 데카르트 식 질문에 대한 답은 매우 분명해 보인다. 차크라 등은 아마도 환상적이고 비물리적이며 주관적인 구성물일 가능성이 높다. 그러나 불교의 관점에서 볼 때는, 이 질문이 갖는 결함으로 인해 차크라와 같은 가상적 현상의 실제적 상태가 모호해진다. 불교에는 두뇌 이론과 신경계에 대한 객관적인 3인칭 설명이 없는 것이 사실이지만, 불교의 정교한 차크라 이론에는 정신 지각의 미세한 수준에서 신경계 요소를 1인칭적 관점에서 관찰한 현상학적 설명이 풍부하다고 볼 수 있다. 이러한 관점에서 볼 때 차크라는 정신과 물질, 주관과 객관이라는 실재화된 범주에 들어맞지 않는다. 그럼에도 요가수행자는 명상 수행 시 관련된 불교 이론을 적용하기 때문에 차크라의 특성과 기능을 실용적으로 테스트할 수 있다. 이러한 방식으로 뇌와 신경계에 대한 과학의 3인칭적 설명은 차크라와 이를 관통하는 정신 에너지에 대한 1인칭적 설명과 상호 보완적인 것으로 밝혀질 수 있다. 꿈 요가와 자각몽은 학제 간, 문화 간 연구에 특히 적합한 분야이다.

5. 자각몽과 꿈 요가: 정신생리학적 관점

스티븐 라베르지

우리 모두는 꿈 속 캐러밴에 있다
캐러밴이지만 꿈이고, 꿈이지만 캐러밴이다
그리고 우리는 어느 것이 꿈인지 안다
거기에 희망이 있다
— 바하우딘(Bahaudin)

내가 이 꿈속에서 깨어날 수 있기를
그리고 꿈을 꾸고 있다는 사실을 깨닫기를
마찬가지로 모든 꿈같은 존재들도 깨어날 수 있기를
환상의 고통과 혼란의 악몽으로부터
— 수리야 다스(Surya Das)

최근까지 서양 과학은 자신이 꿈을 꾸고 있다는 것을 자각하면서 꿈을 꾸는 '자각몽(lucid dreaming)'을 호기심에 불과하다고 보고, 이를 신화적 은유인 유니콘(unicorn)이라든가 모순어법("어떻게 잠자는 동안 의식이 있을 수 있는가?") 등으로 간주해 왔다. 실제로 안구운동 신호 (LaBerge 외 1981, 자세한 내용은 LaBerge 1990 참조)의 연구를 통해 자각몽이 실재한다는 객관적 증거가 나오기 전까지는 자각몽의 주관적 보고를 인정했던 수면이나 꿈 연구자가 거의 없었다. 그 주된 이유는 아마도 수면 상태가 무의식 상태를 의미한다는 가설이 널리 퍼져 있었기 때문일 것이다. 따라서 꿈꾸고 있다는 사실을 포함해서 수면 중에 무엇이든 의식한다고 주장하는 것은 용어상의 모순처럼 보인다 (LaBerge 1985, 1990). 어떤 철학자는 누군가가 자신이 꿈꾸고 있다고 말하는 것에 대해 '이해할 수 없는, 말도 안 되는 … 본질적으로 불합리한 종류의 말'이라고 주장하기도 했다(Malcolm 1959:50).

이와는 대조적으로 티베트 불교도들은 천 년 이상을 수면 중에도, 완전히 깨어 있는 의식과 기능적으로 같은 상태를 유지할 수 있다고 믿어 왔다. 이 믿음은 이론적 근거가 적지 않으며, 이는 꿈 요가 또는 꿈 교리로 통칭되는 정교한 자각몽 기법의 직접적인 경험에 근거한 것이다(Evans-Wentz 1958; Norbu 1992). 아래에서 현재에도 참조할 만한 꿈 요가 문헌의 해설을 제시할 것이며, 따라서 이 글은 자각몽을 전반적으로 검토하기보다는 한정된 범위에서 다루고자 한다(LaBerge 1985, 1990; LaBerge 및 Rheingold 1990 참조).

서구에서는 최근 25여 년에 걸친 실험 및 경험적 연구가 진행되어 왔으며, 자각몽 상태의 정신생리학적 특성(LaBerge 1998), 유도 방법 (LaBerge and Rheingold 1990), 이론적 근거(LaBerge 1998)를 포함하여 광범위한 지식이 축적되었다. 반면에 티베트 꿈 요가 전통에서 1,200년 이상 축적된 집중적인 경험 관찰은 더 큰 의미를 갖는다. 결과적으로 이 주제에 대한 서양의 지식이 여러 기술적인 세부 사항에서 동양의 가르침을 능가할 수 있지만, 꿈 요가의 가장 중요한 측면, 즉 초월적 목적인 '깨달음'에 대해서는 서양 과학의 관점에서 이해하기 어렵다는 것을 밝히고자 한다.

붓다가 '깨어난 자'를 의미한다는 점을 감안할 때 불교에서 깨달음에 대한 은유로서, 또한 깨달음이라는 목표를 달성하는 방법으로서 자각몽을 거론하는 것은 매우 자연스러운 일이다.

꿈 교리의 진정한 목적은 요가 수행자가 미혹의 잠, 존재의 악몽에서 깨어나도록 자극하여 오랜 세월 동안 마야(maya)가 가두어 놓은 족쇄를 끊고, 완전히 깨어난 고타마 붓다처럼 영적 평화와 해탈의 기쁨을 얻도록 하는 것이다.(Evans-Wentz 1958:167)

티베트 불교에서는 깨어 있는 상태와 꿈꾸는 상태에 대한 평가 순서를 뒤바꾼다. 대부분 서양인들이 깨어 있는 상태가 유일한 현실이고 꿈은 비현실적이고 중요하지 않다고 생각하는 반면 동양에서는 꿈 상태가 깨어 있는 상태보다 이해력과 영적 진보의 잠재력이 더 크다고 생각하면서, 두 상태를 현실적 혹은 비현실적인 것으로 동등하게 간주한다. 이러한 관점에서 볼 때 이 상대주의적 형이상학은 설득력 있어 보인다.

꿈속이 진짜 현실이라고 믿고 있다가 깨어났을 때 그 느낌이 사라지면, 삶을 깨어날 수 있는 꿈이라고 상상하지 않을 이유가 없다. 이미 꿈속에서 꿈을 꾸고 꿈속에서 꿈에서 깨어날 수 있으므로 현실의 정도에 대한 형이상학이 필요하며 미래에는 이러한 접근방식을 피하기 어려울 것으로 보인다.(De Becker 1965 : 402-403)

꿈 요가 방법, 교리의 원 출처는 고대에 사라졌지만 일부 학자들에 따르면 이 가르침은 2,500년 전 붓다로까지 거슬러 올라간다(Mullin 1997). 마찬가지로 티베트에는 불교 이전에 샤머니즘적인 자각몽 전통이 존재했다는 주장도 있다(Norbu 1992; Tarab Tulku 1991). 티베트 꿈 요가에 대한 자세한 가르침이 등장하는 가장 확실하면서 오래된 출처는 나로빠(Naropa)의 여섯 가지 교리 또는 요가(Mullin 1997)로 알려진 저술이다. 여섯 가지 요가에는 ① 생명 열(gtum mo), ② 환신(sgyu lus), ③ 꿈(rmi lam), ④ 정광명('od gsal), ⑤ 사후 상태(bar do), ⑥ 의식 전이('pho ba)의 교리가 포함된다(Evans-Wentz 1958).

이 여섯 가지 요가의 편찬자는 나로빠의 스승인 틸로빠(Tilopa, 988~1069)로 알려져 있다(Mullin 1997). 틸로빠의 가르침은 대부분 구전으로 전해졌으며, 현존하는 유일한 진본 텍스트에서는 틸로빠가 꿈 요가의 가르침을 오디야나(Oddiyana)의 라와빠(Lawapa)로부터 특별히 전수받았다고 한다.

꿈을 꿈으로 알고, 끊임없이

그 심오한 의미를 명상하라.

빈두(bindu), 나다(nada) 등과 더불어

다섯 가지 성질인 종자음절(seed syllable)을 시각화하라.

붓다와 불국토를 인식한다.

잠자는 시간은 수행의 시간으로

지복至福을 실현하게 해준다.

이것이 라와빠의 가르침이다.(틸로빠 1997:28)

라와빠는 8세기 오디야나에서 왕자로 태어났지만 자신의 왕국을 버리고 방랑하는 승려가 된 후 영성의 길을 여행했다고 한다(Mullin 1997). 전승에 의하면 그는 한 지방의 왕궁 앞에서 12년 동안 담요를 뒤집어쓰고 잠을 자서 '담요의 스승'이라는 이름을 얻었다고 한다. 잠자는 그를 만진 사람들은 모두 기적적으로 병이 치유되었다고 한다. 라와빠는 나로빠의 스승인 크리슈나차르야(Krishnacharya)의 구루였던 잘란다라(Jalandhara)에게 가르침을 전수했다.

가장 초기의 꿈 요가 기록은 매우 간결하고 격언적이다. 그 내용의 대부분은 구루에서 제자로 구두로 전해지는 훨씬 더 광범위한 가르침을 상기시키는 것 같다. 방금 인용한 틸로빠(1997)의 일화가 대표적이다. 그러나 수 세기에 걸쳐 꿈 요가에 대한 자세한 내용이 출판되었다. 주요 출처는 17세기 파드마 까르뽀(Padma Karpo)의 편집본에서 비롯된 에반스-웬츠(Evans-Wentz, 1958)의 '꿈 상태의 교리(The Doctrine of the Dream-State)'이다.

'꿈 상태의 교리'는 4부분/단계로 구성된다.(Evans-Wentz 1958: 215)

①'꿈 상태의 본질 이해' (꿈이며 따라서 마음의 구성임)

②'꿈 내용의 변형' (꿈꾸는 의식의 모든 내용은 의지로 변화시킬 수 있으며, 꿈은 본질적으로 불안정하다는 것을 체험적으로 이해할 때까지 꿈 내용을 변형시키는 연습)

③'꿈 상태 또는 꿈 내용을 마야(Maya)라고 깨닫기' (꿈에 나타나는 모든 것이 마음의 구성임을 깨닫기)

④'꿈 상태의 존재에 대한 명상' (깨어 있는 의식의 감각적 경험은 꿈과 마찬가지로 환상이며 어떤 의미에서 '모든 것이 꿈'이라는 사실을 깨닫고 청명한 빛과 합일)

일반적으로 꿈 요가는 시작하기 전에 여러 준비 수행이 선행된다. 여기에는 불교 수행자들의 기본 수행만이 아니라 '마음을 정화'시키기 위해 고안된 특별한 준비 수행으로서 깨달음을 향한 순수한 열망과 의도를 갖게 하는 일련의 명상이 포함된다(Gyatrul 1993). 꿈 요가를 수행하는 데 필요한 마음가짐은 다음과 같다.

저녁에 잠자리에 들 때 "세상의 모든 중생을 위해 나는 환상과 같은 삼매를 수행하여 완전한 불성을 성취해야 한다. 이를 위해 나는 꿈 요가 수행을 할 것이다."라고 생각하면서 깨달음을 향한 열망을 키운다.(Padmasambhava 1998:151)

일부 불교학자들은 내부 열(뚬모, gtum mo) 요가를 꿈 요가의 전제조건으로 간주하기도 하지만(예: Gyatso 1997; Tsongkhapa 1997) 이에 대해 모두가 동의하지는 않는다.(예: Gyatrul 1993; Norbu 1992) 이는 꿈 요가의 가르침을 서양의 맥락에 적용하려는 사람이 다루어야 할 중요한 문제이다. 꿈 요가 수행에 필요한 최소한의 전제조건은 무엇인가? 최근 달라이 라마가 꿈 요가 수행에 대해 다음과 같이 말한 것은 주목할 만하다.

> 많은 준비 없이도 수행할 수 있다. 꿈 요가는 불교도뿐만 아니라 비불교도들도 수행할 수 있다. 불교도가 꿈 요가를 수행할 때는 특별한 동기와 목적을 갖는다. 불교적 맥락에서 이 수행은 공성空性에 대한 깨달음을 목표로 한다. 그러나 비불교도들도 동일한 수행을 할 수 있다.(Varela 1997:45)

꿈 상태의 본질 이해

꿈 상태의 교리에는 '꿈 상태 이해'(즉, 자각몽 생성)를 목표로 하는 세 가지 수행이 있으며, 각각은 결심의 힘, 호흡의 힘, 시각화의 힘이다(Evans-Wentz 1958).

결심의 힘

결심의 힘이란 깨어 있는 상태와 꿈 상태 모두에서 끊어지지 않는 의식의 연속성을 유지하기 위해 결심하는 것을 말한다.

낮 시간 동안 이 모든 것이 꿈의 실체(substance)이며 그 본질을
깨달아야 한다는 생각을 계속 갖는다. 밤에 잠들려고 할 때 구루에
게 꿈의 상태를 알 수 있게 해달라고 기도하고 그것을 이해하겠다
고 굳게 결심한다. 이렇게 명상하면 우리는 그것을 확실하게 이해
할 수 있다.(Evans-Wentz 1958:216)

낮 수행은 '낮 시간 동안 산만하지 않고 마음챙김을 유지하는 것'이
다. 이 방법은 꿈 상태에서 반복되는 습관을 들이기 위해 자신이
꿈꾸고 있는지 여부를 계속해서 묻는 서양의 자각몽 유도기법과는
반대이다(LaBerge 및 Rheingold 1990). 다음은 갸툴(Gyatrul) 린포체의
티베트 수행 설명이다.

낮 동안에는 산만하지 않고 마음챙김을 유지해야 한다. 이 마음챙
김은 낮에 보는 모든 것이 다름 아닌 꿈이라는 것을 끊임없이
자신에게 상기시키는 것이다. 낮 동안의 현실에서 여러 경험을
하면서 "이것은 꿈이다, 이것은 꿈이다, 나는 자고 있고 꿈꾸고
있다."는 자각을 마음챙김을 통해 계속 유지하면 습관이 형성될
것이다.(1993:104)

서양식 접근법처럼 깨어 있을 때와 꿈꿀 때의 차이에 초점을 맞추는
것이 나은지, 아니면 티베트 접근법처럼 유사함에 초점을 맞추는

것이 더 나은지 서로 다른 입장을 가지지만, 연관된 두 기법의 효과를 비교하는 실험이 반드시 행해져야 한다.

호흡의 힘

두 번째 수행인 호흡의 힘은 다음과 같다.

사자처럼 오른쪽으로 누워 잠을 잔다. 오른손 엄지와 약지로 인후 동맥의 맥을 누르고 [왼손] 손가락으로 콧구멍을 막고 목구멍에 침이 모이도록 한다.(Evans-Wentz 1958:216)

대부분 사람들에게는 이처럼 다소 애를 쓰는 수행을 하며 잠드는 것이 어려울 수 있다. 따라서 노르부(Norbu, 1992)는 쉽게 잠들 수 있는 사람들만 이를 행하라고 권장한다. 그러나 원하는 효과를 얻기 위해서는 잠들 때 어느 정도의 의식을 유지해야 하므로 더 잠들기 어렵지만 (불가능하지는 않음) 실제로 미묘한 균형이 필요하다. 에반스-웬츠(Evans-Wentz)가 말하는 이 내용은 일반적인 수행에서 벗어난 것이다. 위의 설명에서처럼 양쪽 콧구멍을 막는 대신 오른쪽 콧구멍만 막는 것이 좋다(Norbu 1992). 주석가 대부분은 오른쪽으로 누워 자는 것이 자각몽에 최적이라는 것에 동의하지만, 일부는 이것이 남성에게만 해당된다고 주장한다(예: Norbu 1992; Surya Das 2000; Wangyal 1998). 노르부는 "여성은 왼쪽으로 누워서 왼쪽 콧구멍을 막아야 한다. … 남성과 여성의 위치가 뒤바뀌는 이유는 태양과 달의 경로와 관련이 있다."(1992:52-53)고 주장한다. 완걀(Wangyal, 1998:

44)은 티베트 전통에 따라 '생명 에너지'가 흐르는 세 가지 주요 채널이 있다고 더 자세하게 설명한다. '파란색 중앙 채널 … 비이원성의 채널'에는 '원초적 자각 에너지'(Tib. rigpa)가 흐르고, '흰색 채널(남성은 오른쪽, 여성은 왼쪽)은 부정적 감정 에너지가 흐르는 채널'이고, '빨간색 채널(남성은 왼쪽, 여성은 오른쪽)은 긍정적 또는 지혜 에너지의 통로'라고 설명한다. 완걀은 다음과 같이 쓰고 있다.

> 꿈 수행에서 남성은 오른쪽으로 여성은 왼쪽으로 잠을 자면 빨간색 지혜 채널을 열고 흰색 채널에 압력을 가해 약간 닫게 된다. 이는 더 긍정적인 정서적 경험과 더 큰 선명도를 가져오므로 보다 나은 꿈 경험에 도움이 된다.(44)

위의 추론을 고려해 보면, 남성과 여성이 일반적으로 반대되는 신경심리 시스템 조직을 가졌다고 하는 것이 이 문헌이 처음은 아니지만, 여성이 실제 이 수행 경험을 하지는 않은 것으로 의심된다.

이런 수행은 서양 과학자들에게는 다소 이상하게 보일 수 있으며, 이에 관한 설명은 훨씬 더 그렇다. 그러나 대부분 또는 모든 수행 과정이 신경계에 특정한 영향을 미칠 수 있다. 예를 들어 인후 동맥을 누르면 바로 압력수용체를 자극하여 심박수를 낮추고 렘(REM) 수면을 빠르게 진행시켜 '각성 상태에서의 자각몽'(Wake-Initiated Lucid Dreams(WILD); LaBerge 1980)을 촉진할 수 있다. 또한 신생아는 입으로 숨을 쉴 수 없다는 사실을 감안할 때, 입 호흡은 코 호흡보다 더 높은 수준의 중추신경계 제어와 더 높은 수준의 의식을 필요로 하기 때문에 WILD를 시작하는 데 유리하게 작용할 수 있다. 오른쪽으로 자면 다섯 번째와 여섯 번째 늑간 공간 사이의 압력에 의해 유발되는 신경 반사를 자극하여 반대쪽(왼쪽) 혈관이 확장되고 대뇌 편측화의 변화를 유도할 가능성이 있다(Werntz 등, 1983). 이처럼 오른쪽으로 누워 자는 것이 자각몽을 촉진하는 메커니즘이라면, 자각몽은 왼쪽 콧구멍의 상대적 확장과 관련이 있다고 추정할 수 있다.

실제로 오른손잡이 남성 7명과 여성 8명을 대상으로 진행한 비강 확장 편측성, 수면 자세, 자각몽에 대한 파일럿 연구에서 라베르지와 레비탄(Levitan, 1991)은 여성의 경우 자각몽을 꿀 때 오른쪽 비강보다 왼쪽 비강 확장이 일어날 가능성이 3배 더 높다는 사실을 발견했다. 남성과 여성 모두 왼쪽보다 오른쪽으로 잘 때 3배 더 자주 자각몽을 꾸었다. 이 결과는 남성과 여성 모두 오른쪽으로 자는 것이 왼쪽으로 자는 것보다 자각몽을 꾸는 데 더 유리하다는 티베트 불교의 기본적인 주장을 확인시켜 준다. 이 연구에서는 몇 가지 성별의 차이가 발견되었지만(예를 들어 여성은 왼쪽 콧구멍을 연 상태가 꿈속에서 상대적으로 명확한 사고를 한 반면, 남성은 오른쪽 콧구멍을 연 상태에서 상대적으로 감정을 더 잘 느낀다고 보고함), 여성이 왼쪽으로 자야 한다는 주장은 확인되지 않았다. 현재 더 많은 수의 오른손잡이 및 왼손잡이 남성과 여성을 대상으로 한 반복적인 연구가 진행 중이다.

나는 경험적 연구 결과와 티베트의 방법 및 이론 간의 관계가 다른 연구들에서도 발견되는 패턴인, 즉 이론적 설명보다는 방법을 통해 증명될 가능성이 높은 패턴을 보여준다고 생각한다. 그 이유는 분명해 보인다. 전통적 방법은 주로 어떤 절차가 원하는 효과를 가져오는지에 대한 판단을 실제 경험을 통해 (경우에 따라서는 우연한 관찰을 통해) 도출했을 것이다. 즉, 방법은 경험에 기반을 두고 있다. 또한 비효율적인 방법은 상대적으로 쉽게 알 수 있다. 많은 수행자가 수행할 때 기대한 결과를 얻지 못하는 경우, 해당 수행 방법에 문제가 있다고 의심할 수밖에 없다. 대조적으로 수행 방법에 포함된 이론적 설명의 타당성은 그 효과의 관찰 결과에 따르며, 특히 수행이 효과가 있는 경우에는 의문을 제기하지 않을 가능성이 높다. 이론 자체에 대한 테스트는 인정된 패러다임 외부의 맥락에서 이루어진다(Kuhn 1970).

정신생리학적 기법이 효과가 있는지의 여부는 잘 훈련된 정신과 단련된 신체 이외에 다른 어떤 기술 없이도 의식의 내용을 주의 깊게 관찰함으로써 테스트할 수 있다. 반면, 해당 기법의 설명이 타당한지를 테스트하려면 신경활동을 시각화하고 측정하는 매우 정교한 기술이 필요할 수 있다. 결과적으로 티베트 불교 전통에는 지각·감정·인지·꿈 등의 정신 활동을 언급할 때 뇌가 수행하는 역할에 대한 개념은 거의 없다(Houshmand, Livingston, Wallace 1999). 그 결과 꿈의 유형과 꿈의 발생 방식에 대한 티베트 이론(예: Norbu 1992; Wangyal 1998)은 비교적 높은 수준의 불교적 사고와는 달리 비과학적인 내용과 소박함을 때때로 보여준다. 두뇌나 신경계의 역할에 대한 내용이 없다는 것은 전체 차크라 시스템과 '정신 에너지 채널'의 상태에 의문을 제기한다. 차크라 시스템은 신체에 있는가 아니면 뇌에 있는가? 채널이 비물리적이라는 주장(Wangyal 1998에 따르면 "이 매우 미묘한 에너지를 전달하는 채널은 물리적 차원은 없지만 우리는 이를 인식할 수 있다."; 44)은 특정한 신체 자세가 이를 압박한다는 주장(위에 인용된 Wangyal의

글)과 모순된다. 채널이 중추, 말초 신경계의 구조를 나타낸다는 것이 대안적인 해명이 될 수 있는데, 이를 통해 '우리가 그것을 인식할 수 있는 이유'가 설명된다고 한다.

시각화의 힘

세 번째 수행인 시각화의 힘은 다음과 같다.

> 자신이 바즈라-요기니(Vajra-Yogini)〔원초적 지혜의 여성적 측면〕의 화신이라고 생각하면서, 목구멍의 중심에서 붉은색으로 생생하게 빛나는 음절 AH를 시각화한다. 이 음절은 신성한 말의 실제 화신이다.
>
> AH의 광채에 마음을 집중하고 모든 현상이 거울에 비친 형태로 존재하지만 그 자체로는 존재하지 않는 것으로 인식함으로써 꿈을 이해한다.
>
> … 해질녘에 방금 설명한 시각화를 통해 꿈 상태의 본질을 이해하려고 〔노력〕하라. 새벽에는 '항아리 형태'의 호흡을 7번 실시한다. 꿈 상태의 본질을 이해하기 위해 11번 결심(시도)한다. 그런 다음 눈썹 사이에 위치한 흰색 뼈와 같은 한 점에 마음을 집중한다.
>
> (Evans-Wentz 1958:217-218)

텍스트에서는 너무 졸리면 점을 빨간색으로, 마음이 안정되지 않으면 파란색으로 시각화할 것을 권장한다. 이 방법으로도 명료함을 유지하기가 불충분한 경우, 꿈 상태의 특성을 이해하기 위해 아침 수행에서 항아리 모양의 호흡을 21번 하고 결심을 21번 하기로 늘리는 것이 좋다. "그 다음으로 생식기 아래 위치한 알약 크기의 검은 점에 마음을 집중하면 꿈 상태의 본질을 이해할 수 있다."(Evans-Wentz 1958:218)

시각화 대상과 시각화되는 위치에는 많은 변형이 있다. 다른 텍스트에서는 다음과 같이 권장한다.

꿈을 파악하겠다는 결심으로 잠자리에 든다. 서두르지 않고 차분하게 행동하라. 마음속으로 흰색의 깨끗한 AH가 다양한 색의 빛을 비춰서 삼사라와 열반이 AH로 스며드는 것을 상상하라. 마치 맑은 하늘에 달이 떠오른 것을 보듯 선명한 시각으로 잠들어 보라.(Gyatrul 1993:105)

다른 텍스트에서는 다음과 같이 권장한다.

목에 4개의 꽃잎을 가진 연꽃을 시각화하고 중앙에 Oṃ, 앞쪽에 Aḥ, 오른쪽에 Nu, 뒤쪽에 Ta, 왼쪽에 Ra가 있다고 상상한다…. 먼저 중앙의 Oṃ에 관심을 집중한 다음, 졸음이 오면 앞의 Aḥ에 의식을 집중한다. 잠이 들면 오른쪽 Nu에 주의를 기울인다. 좀 더 편안하게 잠들었을 때는 뒤쪽의 Ta에 집중한다. 깊은 잠에 빠졌을 때는 왼쪽의 Ra에 집중한다. 잠을 자는 동안 Oṃ에 관심을 집중하고 다른 생각에 방해받지 않고 꿈을 꾸리라는 기대감을 갖고 잠자면서 꿈 상태를 파악한다. … 종자 음절이 불분명하고 여전히 꿈 상태를 파악하지 못하면 목구멍에 있는 빛의 빈두 (bindu)에 명확하고 생생하게 주의를 집중한다. 꿈을 꿀 것이라는 기대를 하면서 잠이 든 후에 꿈 상태를 파악한다.(Padmasambhava 1998:153)

머리, 심장, 목, 그 아래 부분인가? 1부터 6개의 글자, 불꽃, 신성, 빛의 점(흰색, 빨간색, 파란색, 무지개 색)이 있는 네 꽃잎을 가진 연꽃인가? 분명히 여기에는 카마수트라(Kāmasūtra)보다 더 많은 변형이 있다. 신체의 특정 부위에 대응되는 특정한 이미지가 객관적 실체를 갖는지 궁금하다. 차크라 시스템에 대한 힌두교와 불교의 설명을 비교할 때도 동일한 문제가 발생한다. 두 체계는 일반적으로 정신적 에너지 센터 또는 차크라를 머리, 목, 심장, 배꼽 및 생식기 부위에 배치하는 데 동의하지만 차크라의 수와 색상, 음절, 꽃잎 수, 요소, 각각과 관련된 기능을 포함한 세부 사항은 대부분 일치하지 않는다 (Mann and Short 1990).

실천의 장애 극복

에반스 웬츠(Evans-Wentz)의 텍스트는 이어서 '꿈 내용이 희미해지는 것'(빠른 깨어남, 기억력 저하 등으로 인한 꿈 상태 또는 자각의 상실)을 방지하기 위한 지침을 제시한다. 가장 명확한 지침은 파드마삼바바 (Padmasambhava, 1998)의 수행법이다.

깨어남으로 인한 산란(DISPERSAL)

'깨어남으로 인한 산란'은 자각몽을 꾼 직후에 깨어나는 것을 말하며, 자각몽을 처음 꾸는 사람들에게 나타나는 전형적인 문제이다(LaBerge 1985).

> 이를 없애려면 심장과 그 아래에 주의를 집중하고 두 발바닥에 있는 '어둠의 음절'이라고 불리는 완두콩 크기의 검은색 빈두에 마음을 집중한다. 그러면 사라질 것이다.(Padmasambhava 1998: 157)

이 수행법의 기초는 분명히 너무 졸릴 때 시선을 올리고 너무 예민할 때 시선을 낮추는 명상 수행에서 파생된 것이다(Lamrimpa 1995:83). 다른 출처에서는 영양가 있는 음식을 먹고 피곤해질 때까지 신체활동이나 운동을 해서 더 깊은 수면을 취할 것을 권장한다(Evans-Wentz 1958). 위에서 설명한 시각화는 이미 서양에서 효과가 입증된 방법인 자각몽의 빠른 각성을 방지하는 기법('dream spinning', LaBerge 1980, 1985, 1993)과 실험적으로 비교되어야 한다.

라베르지(1980)는 꿈이 희미해지기 시작할 때 꿈속에서 몸을 돌리면 꿈 상태가 다시 안정적으로 돌아온다는 사실을 우연히 발견했다. 아마도 감각적으로 꿈에 관여하여 뇌가 꿈꾸는 상태에서 깨어나는 상태로 바뀌는 것을 막기 위한 것으로 추정된다. 연구(LaBerge 1993)에 따르면 다음과 같이 몸 회전의 효과가 입증되었다. 몸 회전 후 자각몽을 계속할 확률은 약 22:1, 손으로 문지르기(각성을 막기 위해

고안된 또 다른 기술) 후에는 13:1, '흐름 따라가기'(통제 작업) 이후에는
1:2였다. 즉, 몸 돌리기보다 흐름에 따르는 것이 48:1, 문지르기보다
흐름에 따르는 것이 27:1의 상대적인 확률을 나타냈다.

망각으로 인한 산란

'망각으로 인한 산란'은 처음에는 명료해지다가 꿈꾸고 있다는 사실을
잊고 평소처럼 계속 꿈을 꾸는 것을 말한다.

> 이를 없애려면 낮 동안 상상의 몸으로 수행하여 꿈 상태를 상상하
> 는 데 익숙해져야 한다. 그런 다음 잠들려고 할 때 "내가 꿈 상태를
> 꿈 상태로 알고 혼동하지 않게 되기를 바란다."라는 염원을 품고
> 잠자리에 든다. 또한 "내가 꿈 상태를 파악할 때 혼란스럽지 않기를
> 바란다."라고 생각하면서 마음챙김을 함양한다. 그러면 사라질
> 것이다.(Padmasambhava 1998:157)

망각이나 잘못된 각성으로 인해 명료함을 잃는 경향은 자각몽을
처음 시작하는 사람들에게 일반적인 일이다. 위의 방법과 달리 라베르
지(1985)는 꿈속에서 자신이 꿈꾸고 있다는 사실을 상기시킬 것을
권장한다. "이것은 꿈이다." 또는 "나는 꿈꾸고 있다."와 같은 문구를
충분히 반복하여 더 이상 명료함을 잃지 않도록 한다(LaBerge 및
DeGracia 2000).

혼란으로 인한 산란

'혼란으로 인한 산란'은 혼란스러운 마음 상태로 인해 자각이 분산되어 전혀 명료해지지 않는 것을 의미한다. 이 경우에는 다음과 같이 한다.

낮에는 꿈을 강력하게 상상하고 상상의 몸을 강하게 강조한다. 몽롱함을 정화하고, 성취와 고백을 실천하고, 가나차크라(gana-cakra) 공양을 수행하는 데 전념한다. 생명력을 가진 쁘라나야마 (prānāyāma)를 강력하게 연습한다. 이것들을 계속 실천하면 문제가 사라질 것이다.(Padmasambhava 1998:158)

불면증으로 인한 산란

'불면증으로 인한 산란'은 잠을 못 자서 정신이 맑아지지 않는 것을 말한다(당연한 전제임).

강한 기대감으로 인해 잠이 잘 오지 않고 의식이 잠들지 않아 정신이 산란해지는 경우, 마음 한가운데에 검은 빈두를 상상하면서 이에 대응한다. 강제적으로나 순간적으로 기대감을 불러일으키지 말고 잠에 대해 생각하지 않고 의식을 내려놓으면, 잠에 들게 되어 꿈 상태를 파악할 수 있다.(Padmasambhava 1998:158)

꿈 내용 변환

자각몽을 자주 안정적으로 유도하고 기억하는 능력을 키운 후, 다음 단계에서는 다양한 방법으로 '꿈 내용 변환'을 연습한다.

중생과 환경의 거칠고 세밀한 모습을 앞뒤로 움직이고, 하나에서
여럿으로 늘리고, 점차 여럿에서 하나로 줄이고, 기둥과 화분
등을 사람과 동물 등의 생명체로 바꾸고, 환경과 그 안에 사는
생명체를 기둥이나 화분 등으로 마음대로 바꾸고, 평화로운 것을
성난 것으로, 성난 것을 평화로운 것으로 바꾸는 등의 수행을
한다. 원하는 대로 다양한 방식으로 늘리고 변형한다. 밤에는
꿈을 꿈으로 인식하고, 이전의 상상과 사물을 가지고 원하는 만큼
늘리고 원하는 방식으로 변경한다. (Gyatrul 1993:82-83)

꿈속의 인물과 사물을 제어하는 데 숙달된 이후 꿈 요가 수행자는
원하는 꿈의 장면, 보통 불국토를 방문하는 '상상 여행'을 한다.

잠들기 전 목 안에 있는 붉은 점을 시각화하고, 그렇게 함으로써
보고 싶은 영역이 어느 것이든 그 특징과 함께 가장 생생하게
볼 수 있다고 굳게 믿는다. (Evans-Wentz 1958:220)

어떤 상황에서는 꿈에 그리던 장소를 실제로 방문한다고 주장하는
경우도 있다. 이것은 꿈에서 경험한 모든 것이 환상이라는 일반적인
원칙에도 불구하고 그렇다.

상상의 꿈 행위 기법을 통해 꿈 상태에서 자신을 불국토에 투영하

고 그곳에서 명상한다. 하지만 이것이 믿을 만한 경험인가? 진실로
불국토에 자신을 투영할 수 있는가? 〔아마도〕 예를 들어 라마
원톤 케르강와(Wonton Kyergangwa)는 구루 파드마삼바바의 면전
에 자신을 투영하여 하야그리바(Hayagriva) 탄트라 가르침을 직접
받았다. 그럼에도 이런 사례는 드물고 타당성을 확인하기가 어렵
다. 에너지 조절 기법을 적용한 결과 발생하는 꿈의 경험은 때로는
… 유효하고 때로는 그렇지 않은 것 같다. 의식적으로 결심하는
경우에 이 방법은 일반적으로 유효하지 않다.(Gyatso 1997:65)

H. H. 달라이 라마 자신도 유체이탈이 실재한다고 믿는 것으로
보인다.

하지만 '특별한 꿈 상태'와 같은 것이 있다고도 한다. 이 상태에서는
마음과 몸 안의 생명 에너지(산스크리트어로 prana)로부터 '특별한
꿈 신체(dream body)'가 만들어진다. 이 특별한 꿈 신체는 육체에서
분리되어 다른 곳으로 이동할 수 있다.(Varela 1997:38-39)

여기서도 다른 곳과 마찬가지로 어떤 신체를 언급하는지 명확하지
는 않다. 직접적으로 경험하는 신체인 현상적인 신체 또는 '신체
이미지'를 이론적 실체인 '신체 전체'와 어떻게 구별하는가? '다른
곳으로 이동'은 실제로 물리적 공간에서의 여행을 의미하는가 아니면
정신적 공간에서의 여행을 의미하는가? 위에서 언급했듯이 갸초
(Gyatso)는 유효한 투영과 유효하지 않은 투영을 어떻게 구분하는가?

이러한 종류의 질문은 독립적인 도구나 관찰자의 확증을 통해 답이 구해진다. 정의상 관찰할 수 있는 것이 후자뿐인데 어떻게 성찰만으로 외부 실재와 내부의 현상적 실재를 구분할 수 있는가?

어쨌든 나는 동료들(Levitan 외 1999)과 함께, '유체이탈 경험'은 육체와 분리된 꿈 신체라고 하는 입증되지 않은 불필요한 가설 대신 순전히 정신적 경험으로 이해하는 것이 가장 좋다고 주장한다.

우리가 꿈과 유체이탈(OBE)에서 창조하는 세계는 이 세계만큼이나 현실적이며, 더 나아가 물리적 우주의 제약으로부터 자유롭다. 꿈에서 우리는 적대적 환경에서 살아야 하는 '현실세계'의 제약 없이 마음의 진정한 힘을 탐구할 잠재력을 가지고 있다. 무력한 에테르 몸(ether body)으로 물리세계에 풀려 있는 것보다 유일한 한계가 상상뿐인 세계에서 '유체이탈'하는 것이 얼마나 더 짜릿한 일인가. 물리적 제약에서 벗어나고, 이전의 모든 한계를 초월한 지식에 의해 확장된다면, 우리가 무엇이 될 수 있을지 누가 알겠는 가?(194쪽)

꿈 상태를 환상이라고 깨닫기

꿈 제어의 다음 단계는 꿈속에서 일어나는 모든 일이 환상임을 깨달은 후 꿈속에서 두려움이 없어지는 것이다.

꿈속에서 물에 빠지거나 불에 타는 등 위협적이거나 충격적인

일이 발생할 때마다 꿈을 꿈으로 인식하고 "꿈속의 물이나 불이
어떻게 나에게 해를 끼칠 수 있겠는가?"라고 스스로에게 물어본
다. 꿈속에서 물이나 불 속으로 뛰어들거나 떨어져 본다. 물,
돌, 불을 살펴보고 그 현상이 마음에는 보이지만 그 현상의 본질은
존재하지 않는다는 것을 스스로 상기한다. 마찬가지로 모든 꿈
현상이 마음에 나타나지만 본질적으로 존재하는 자성은 공空하다.
이런 식으로 모든 꿈속 대상을 명상한다.(Tsongkhapa 1997:127)

자각몽에 관한 서양 문헌(LaBerge 1985; Tholey 1988)에는 매우 유사
한 내용이 설명되어 있는데, 기꺼이 꿈 신체를 '위험에 빠뜨림으로써'
자신의 자각몽을 신뢰할 것을 특별히 강조한다. 만약 누군가 실제로
꿈꾸고 있다면 어떤 해가 일어날 수 있는가? 꿈속에서 위협적인
것이 없다면, 꿈에서 발견한 대로 문제를 찾을 수 있고 또 그래야
한다는 라베르지(1985)의 제안은 티베트 전통에서도 찾아볼 수 있다.

꿈 상태를 파악하고 큰 강둑으로 간다. "나는 꿈속의 정신적 신체
(mental body)이므로 강물에 떠내려갈 것이 아무것도 없다."고
생각한다. 강으로 뛰어듦으로써, 당신은 행복과 공空의 흐름에
실려 떠내려 갈 것이다.(Padmasambhava 1998:156)

꿈 내용을 변형시키는 기법에 '완전히 능숙해진' 후, 수행자는 자신
의 꿈 신체로 주의를 돌린다. 이제 그는 자각몽의 다른 요소와 마찬가지
로 꿈 신체 역시 환상이라고 간주한다. 그는 이제 자신의 꿈 신체를

신성한 형태로 시각화하고 마찬가지로 꿈속의 다른 모든 신체도 신성한 형태로 보이게 된다(Evans-Wentz 1958:221).

> 꿈 상태를 파악하는 동안 "이제 꿈 신체이기 때문에 어떤 식으로든 바꿀 수 있다."고 생각한다. 악마의 유령, 원숭이, 사람, 개 등 꿈에서 떠오르는 것이 무엇이든 당신이 명상적으로 선택한 신神으로 변형시킨다. 이것을 더욱 확산시켜 당신이 좋아하는 것으로 바꾸는 수행을 한다.(파드마삼바바 1998:155)

꿈속에서 비금속을 금으로 바꾸는 과정은 꿈 요가 마지막 단계의 토대가 된다. 여기서 형태 없는 것과의 신비로운 결합을 통해 형태를 완전히 초월한다.

꿈 상태의 '그 무엇'에 대해 명상하기

꿈 요가 수행의 네 번째이자 마지막 단계는 꿈 상태의 '그 무엇'(공空, 원초적 인식, 초월적 존재의 근원)에 대해 명상하는 것이다. 텍스트에서는 이 명상을 통해 "꿈에서 신의 모습으로 보이는 모든 것이 꿈 상태를 정화한다."고 말한다(Evans-Wentz 1958:222). 수행자는 마음을 생각에서 벗어나도록 하면서, 자각몽 상태에 집중하고 이전에 시각화된 신성한 형태에 초점을 맞춘다. 이 방해받지 않는 마음의 고요 속에서 신성한 형상들은 "무념무상의 상태에 맞춰지고, 그로 인해 공空의 본질인 청정한 빛이 밝아진다."고 한다.

에반스 웬츠는 각주에서 깨달음 과정의 마지막 단계를 다음과 같이 요약한다.

〔꿈 요가 수행을 통해〕정신력이 효율적으로 계발되었을 때 〔형상이 나타나는 것은〕전적으로 자신의 의지에 달려 있음을 〔깨닫는다〕. 다시 말해, 요가 수행자는 정신 실험의 결과로 실제 경험을 통해 어떠한 꿈의 성격도 원하는 바에 따라 바뀌거나 변형될 수 있음을 배운다. 한 걸음 더 나아가 그는 꿈 상태에 나타나는 형상과 여러 내용은 단지 마음의 장난일 뿐이며 신기루처럼 불안정하다는 것을 배운다. 한 단계 더 나아가 깨어 있는 상태에서 감각을 통해 지각되는 형상과 모든 사물의 본질은 꿈 상태와 마찬가지로 비현실적이고, 두 상태 모두 순환적(sangsaric)이라는 것을 알게 된다. 마지막 단계는 윤회계 안에 있는 그 어떤 것도 꿈처럼 비현실적일 수밖에 없다는 위대한 깨달음으로 이어진다. 세계의 창조와 … 그 안에 있는 모든 현상들은 … 지고한 꿈속의 내용일 뿐이다. 이 신성한 지혜의 여명과 함께 대우주의 소우주적 측면이 완전히 깨어나고, 이슬방울은 열반의 행복감과 일체감 속에서 모든 것을 소유하고, 모든 지식을 알고, 모든 창조물의 창조자인 일심—心이자 실재 그 자체인 빛나는 바다로 되돌아간다.(Evans-Wentz 1958: 221-222)

모든 현상이 꿈과 같다고 하는 동양의 '위대한 깨달음'은 최근 서양의 심리학, 신경과학에서 의식을 세계라는 모델로 개념화한 것과 매우 유사하다. 이 개념에 의하면 의식의 본질적 특성은 의식 상태에 따라 달라지지 않는다. 깨어 있을 때나 잠들어 있을 때나 의식은 뇌가 최상의 정보를 통해 구성한 세계의 모델로서 기능한다. 이 모델은 깨어 있는 상태에서 주로 현재 상황의 가장 최신 정보를 제공하는 감각 입력을 통해 기능하며, 이차적으로는 상황 및 동기부여 정보를 가지고 작동한다. 수면 중에는 감각 입력이 거의 없으므로 우리가 경험하는 세계의 모델은 남아 있는 것으로부터, 즉 과거 경험에서 파생된 기대와 동기(프로이트가 관찰한 것처럼 소원, 두려움 등)로부터 얻어진 맥락 정보로 이루어진다. 결과적으로 꿈의 내용은 우리가 무엇을 두려워하고, 바라고, 기대하는지에 따라 크게 결정된다(LaBerge 1985, 1994, 1998; LaBerge와 Rheingold 1990).

이 관점에서 볼 때 꿈은 외부의 감각 입력에 제약을 받지 않는 지각의 특수한 경우라고 볼 수 있다. 반대로 지각은 감각 입력에 제약을 받는 꿈의 특수한 경우로 볼 수 있다(Llinas and Pare 1991). 이 모델에 따르면, 꿈꿀 때와 깨어 있을 때 의식의 내용을 직접 비교한 일련의 연구 결과에서 알 수 있듯이 꿈은 현상학적으로 깨어 있는 지각과 다른 것이 아니라 유사해야 한다(Kahan과 LaBerge 1994, 1996; Kahan 외 1997; LaBerge, Kahan, Levitan 1995).

꿈 요가의 관점에서 본 자각몽의 적용

이제 꿈 요가의 주 적용 분야가 깨달음 그 이상도 이하도 아니라는 것이 분명해졌다. 이것은 자각몽을 추구하는 데 충분한 이유가 되어야 한다. 하지만 꿈 요가의 관점에서 볼 때 티베트 전통에서 설명하는 자각몽의 추가적인 이점이 있다.

타르탕 툴쿠(Tarthang Tulku)는 자각몽의 유익한 효과 중 하나를 다음과 같이 설명한다.

꿈속에서 수행을 통해 얻은 경험은 낮의 경험으로 가져올 수 있다. 예를 들어 꿈에서 보는 무서운 이미지를 평화로운 형태로 바꾸는 법을 배울 수 있다. 같은 과정을 통해 낮 동안 느끼는 부정적 감정을 더 높은 인식으로 바꿀 수 있다. 따라서 우리는 꿈속 경험들을 활용하여 삶을 좀 더 유연하게 계발할 수 있다.(Tarthang 1978:77)

타르탕 툴쿠는 계속해서 다음과 같이 설명한다. '지속적인 수행을 통해',

깨어 있는 상태와 꿈 상태의 차이가 점점 줄어들게 된다. 깨어 있는 삶에서 경험은 우리의 인식이 더 가볍고 순수해진 결과 더욱 생생하고 다양해진다. 꿈 수행을 기반으로 한 인식은 내면의 균형을 만드는 데 도움이 될 수 있다. 인식은 생명체 전체를 키우는 방식으로 마음에 영양을 공급한다. 인식은 이전에는 보이지 않았던 마음의 일면을 밝히고, 우리가 현실의 새로운 차원을 탐구할 수 있도록 길을 밝혀준다.(90)

앞에서 살펴본 것처럼, 티베트 전통의 많은 권위자들은 꿈 제어 수행을 하면 상상할 수 있는 모든 것을 꿈꿀 능력을 갖게 된다고 생각한다. "고도의 수행자는 꿈속에서 거의 모든 것을 할 수 있다. 그들은 용이나 신화 속의 새가 될 수도 있고, 커지거나 작아지거나 사라질 수도 있고, 어린 시절로 돌아가서 경험을 되살리거나, 심지어 우주를 날아갈 수도 있다."(Tulku 1978:76) 이에 대해 매혹적인 몇 가지 질문을 제기할 수 있다. 어린 시절 경험을 어느 정도까지 재현할 수 있는가? 이 방법은 최면 연령 퇴행(hypnotic age regression)과 어떻게 비교되는가?

자각몽 제어에 대한 서양 연구에서는 지금까지 다소 겸손한 주장을 해왔다. 예를 들어 자각몽을 꾸는 사람이 자신의 손, 앞뒤 보기, 조명 켜고 끄기, 거울에 비친 자신의 모습 확인하기, 거울 속으로 들어가기(『이상한 나라의 앨리스』에서처럼 '거울 통과하기') 등 간단한 꿈 제어 작업의 수행 능력을 조사한 연구(Levitan and LaBerge 1993)가 있다. 이 모든 작업은 자각몽을 꾸는 일부 사람들이 때때로 경험할 수 있다. 아마도 전통 꿈 요가 수행자가 행하는 시각화 수행은 꿈 이미지를 조작하는 훨씬 더 높은 능력으로 이어질 것이다.

꿈 제어를 통해 소원을 성취하는 것은 매력적으로 보일 수 있지만, 자각몽을 응용하는 더 가치 있는 분야는 다른 데 있을 수 있다. "꿈은 지식과 경험의 저장소이지만 현실을 탐구하는 수단으로는 간과되는 경우가 많다."(Tulku 1978:74) 자각몽은 '현실을 탐구하는 수단'으로서 꿈 상태 및 깨어 있는 경험의 주관적 특성을 실험하고 파악할 수 있는 기회이다.

탐구할 만한 실재의 흥미로운 측면 중 하나는 신체화의 현상학과 '자기'와 '타자' 간의 다양한 주관적 관계이다. 윌리스(2001)가 논의한 바와 같이, 자각몽을 꿀 때 꿈속 인물과의 관계는 상호 주관적인 것으로, 마치 그들이 자기와 별개로 존재하는 것처럼 느껴진다. 그러나 자각몽에서는 자기와 타자가 하나의 마음 안에 마치 두 개의 구성물이라는 것을 이해함으로써 꿈속의 다른 인물과 주관적 관계를 맺을 수 있다. 톨리(Tholey, 1988, 1991)는 자각몽을 꾸는 사람이 이동 가능한 '에고 코어(ego-core)'를 통해 꿈속의 다른 인물의 몸으로 들어가는 여러 흥미로운 사례를 설명했다. 톨리는 에고 코어를 세상을 경험하는 현상적 필드(phenomenal field)의 위치라고 정의한다. 에고 코어는 일반적으로 현상적 신체 내로 국한되어 있으며, 시야視野를 경험하는 근원인 '사이클로페안(cyclopean) 눈'에 위치한다. 다양한 방법(불로 꿈속의 몸을 파괴하거나, 쪼개는 등)을 통해 에고 코어를 현상적 신체 안에서 자유롭게 한 다음 꿈속의 다른 인물의 몸으로 들어가서 그 사람의 몸을 '통제'하는 것이 가능하다.

이 방식으로 다른 사람의 존재 안으로 깊이 들어가면 잠재적으로 공감력을 향상시킬 것으로 예상할 수 있으며, 톨리는 정확히 예상 효과가 일어난 사례를 하나 이상 언급한다. 한 10대 여성이 친절하고 상냥하고 내성적인 청년과 사랑에 빠졌다. 어느 날 밤 그녀는 잠들기 전에 왜 그가 그렇게 내성적인지 궁금해 했다. 그날 밤 그녀는 그 청년과 이야기를 나누는 꿈을 꾸다가 갑자기 자신이 꿈을 꾸고 있다는 사실을 깨달았다. 왜 그가 그녀의 감정에 반응하지 않았는지 다시 자문했고 꿈에서 답을 얻고 싶었다. 그 순간 자신의 영혼이 몸에서 분리되어 방을 가로질러 떠다니다 그의 몸으로 들어가는 것을 알아차렸다. 그가 의식하지 못하는 사이에 그의 모든 신체 기능을 그녀가 장악한 것처럼 느껴졌다. 처음에는 마치 새 차를 운전하는 것처럼 매우 낯설고 어색했다. 하지만 곧 그녀는 그의 몸속에서 눈으로 보고, 손으로 느끼고, 목소리로 대화하는 것에 익숙해졌다. 그의 관점에서 앞에 서 있는 자신을 보았고, 무엇보다도 그가 그녀를 어떻게 인식하는지, 그에게 그녀가 미치는 영향, 그가 그녀에 대해 느끼는 감정을 보았다. 그녀는 그가 자신을 매우 좋아하고, 그녀의 감정을 알아차렸지만 그가 낭만적으로 관여하고 싶지 않았기 때문에 갈등하고 있음을 알았다. 그녀는 그가 무슨 생각을 하고 있는지, 왜 그렇게 그녀에게 내성적인지를 정확히 알게 되었다. 그녀는 그가 결코 자신에게 감정을 주지 않을 것임을 깨닫고 깨어났다. 이 경험을 통해 자신의 감정이 정리되면서 그녀는 그의 친구가 된 것에 만족했고, 그들 사이에 존재했던 긴장이 꿈 이후 완전히 사라졌기 때문에 안도감을 느꼈다(Tholey 1988).

우리의 현실 경험이 직접적이고 진실한 것이 아니라 주관적이라는 사실을 깨닫는 것은 실질적인 의미를 가질 수 있다. 타르탕 툴쿠에 따르면, 우리의 모든 경험을 주관적이라고 생각할 때, 그래서 꿈과 같다고 생각할 때, "우리를 가두었던 개념과 자아정체성이 떨어져 나가기 시작한다. 자아정체성이 덜 경직되면 자신의 문제도 가벼워진다. 동시에 훨씬 더 깊은 수준의 인식이 발달한다."(1978:78) 그 결과 "가장 어려운 일조차도 즐겁고 쉬워진다. 모든 것이 꿈과 같다는 것을 깨달으면 순수한 인식에 도달한다. 그리고 이 인식에 도달하는

방법은 모든 경험이 꿈과 같다는 것을 깨닫는 것이다."(86)

자각몽을 통해 탐구할 수 있는 현실의 다른 측면은 현재 초자연적 현상이라고 불리는 설명할 수 없는 것들이다. 꿈은 의도가 현실을 어떻게 변화시키는지 테스트하기에 이상적인 영역인 것 같다. 또한 위에 설명했듯이 시공간에서 먼 곳으로 투영할 수 있다는 주장이 사실로 확인된다면 세상을 이해하는 데 큰 영향을 미칠 것이다.

마지막으로 티베트 전승에 따르면, 꿈 요가를 수행하면 마치 꿈과 같은 사후 세계에 필요한 준비를 할 수 있으며, 요가 수행자는 죽음의 순간 깨달음을 얻거나 좋은 환생을 선택할 수 있다고 한다.

현실 자체와 윤회하는 존재의 과도기적 과정이 꿈 상태와 같으므로, 꿈의 과도기적 과정을 수행하면 그 과정을 파악할 수 있다. 또한 꿈 상태를 7번 파악하면 그 과도기적 과정이 인식될 것이다.(Padmasambhava 1998:160)

티베트 전통에서는 깨어 있다 수면에 드는 것은 죽음의 경험과 매우 유사하며, 꿈 상태는 사후 바르도(bardo) 상태와 가장 가까운 것으로 간주된다(Norbu 1992). 따라서 꿈 상태를 파악하는 수행을 통해 우리 모두에게 언젠가 가장 닥칠 중요한 바르도 상태를 인식할 수 있다. 이 수행은 적어도 자신의 죽음 과정을 다루는 실험적 현상학을 가능하게 할 수도 있다.

토론: 향후 전망

일부 학자들은 서양인이 꿈 요가의 수행을 이해할 수 있는지에 대해
비관적으로 보는 것 같다. 예를 들어 웬디 도니거(Wendy Doniger)는
"라베르지는 동양의 요가 수행자 및 샤먼(shaman)의 꿈 제어 기술을
개인의 삶이나, 심지어 생활 방식을 개선하려는 서양의 목표에 적용하
려고 시도한다. 그러나 이것은 불가능하다."(1996:172) 왜 그러한가?
독자는 이렇게 물을 수 있다. 불행히도 도니거는 우리에게 대답하지
않는다. 대신 그녀는 중세의 요가 수행자들이 서양식의 목표에 관심이
없을 것이라고 주장한다. 아무도 그렇게 해야 한다고 제안하지 않는다
는 점을 감안할 때 이것은 당연한 결과처럼 보인다. 문제는 21세기의
우리가 10세기 수행자들로부터 배울 점이 있느냐는 것이다. 나는
'그렇다'라고 대답한다. 왜냐하면 문화유산은 크게 다를지라도 우리는
모두 두뇌를 가진 비슷한 인간이며, 로제타 스톤(Rosetta stone)과
같은 경험이 있기 때문이다. 비슷한 문제를 라베르지와 드가르시아
(LaBerge와 DeGracia, 2000)가 논의하였는데, 유체이탈 경험과 자각몽
은 의미상 해석이 다르지만 '상태 참조(reference to state)'라는 공통
기준을 공유하는 것으로 간주된다.

　도니거의 지적을 다시 한번 살펴보면, 사람들은 보통 충분한 음식과
공기를 얻고, 가족을 부양하고, 사회에 기여하고, 어느 정도의 깨달음
을 얻는 등 인생에서 많은 목표를 가지고 살아간다. 영성에 대한
제한적 관점에서만 보면 일상생활의 목표는 영성 개발의 목표와 모순
된다.

세리니티 영(Serinity Young, 1999) 역시 이 중요한 점을 오해하고 있는 것 같다. 그녀는 불교의 꿈 전통에 대한 리뷰를 다루면서 부록에서 꿈 요가와 자각몽이 거의 '완전히 다르다'는 것을 (내 생각에는 설득력 없이) 보여주고자 한다. "그러나 이 두 수행(꿈 요가와 자각몽)의 맥락이나 내용, 방법, 목표는 완전히 다르다. 또한 확실히 매우 다른 역사를 가지고 있다."(167) 이어서 영은 서양의 자각몽에 대해 킬튼 스튜어트(Kilton Stewart)에서 시작하여 패트리샤 가필드(Patricia Garfield)에 이르기까지 제한적이고 다소 공상적인 역사를 소개한다. 그녀는 돔호프(Domhoff)의 『꿈의 신비(Mystique of Dreams)』(1985)를 독점적인 출처로 사용하였다. 다른 텍스트가 있는가? 그녀는 서양의 자각몽이 거짓말쟁이(영에 따르면 스튜어트)의 주장이며, 믿을 수 없고 자기 기만적인 인간 잠재 능력 회복 운동(Human Potential Movement)의 일환으로 받아들여진 결과물이라고 말한다.

맥락

꿈 요가: 영적 진보는 적어도 천년 간 수행의 역사를 가진 문화적, 종교적 지원 환경에서 이루어진다.
자각몽: 실천가들은 고립된 상태에서 또는 최근 만들어진 꿈 그룹에 속해 작업하며, 때로는 훈련된 심리학자의 감독 하에 작업하지만 종종 그렇지 않은 경우도 있다.(영 1999:169)

자각몽 실천에 대한 주장이 사실이라면 인류학 연구에서 나올만한 지식처럼 들린다. 그런 연구가 존재한다 해도 영은 참고문헌을 제시하지 않으므로 그 주장은 전적으로 뒷받침되기가 어렵다. 꿈 요가의 맥락을 주장하지만 천년 전 티베트의 맥락이 오늘날 서구의 티베트 불교도들의 맥락과 어떻게 동일할 수 있는지 궁금하다. 그럼에도 고전적 꿈 요가의 맥락은 자각몽 범주에 속하는 현대 서양의 여러 실천 방법보다 덜 가변적이라는 것이 사실일 가능성이 높다.

내용
꿈 요가: 수행자들은 매우 구체적 의미를 지닌 불교 이미지를 공유한다.
자각몽: 꿈의 내용과 의미는 종종 개별화된다.(영 1999:169)

확실히 10세기 또는 21세기 불교 승려의 세계는 서양의 자각몽 실천가의 세계와 여러 면에서 다를 수 있다. 하지만 자각몽을 경험적, 실험적으로 탐구하는 과학자의 세계와 자각몽이나 꿈 요가에 관한 고대 사본(번역본 또는 기타)을 연구하는 학자의 세계도 마찬가지로 다르다.

방법
꿈 요가: 수행자는 구루와 함께하면서 종교적 서원을 하고 깨달음 이라는 종교 목표를 달성하려는 의도를 가지고, 종종 수년간 다른 사람들과 떨어져 생활함으로써 자신의 생활방식을 근본적으로 바꾼다.
자각몽: 실천가는 숙련된 자각몽 전문가와 함께하거나 단순히

자각몽에 관한 책을 읽는다.(영 1999:169-170)

두 방법론의 마지막 차이점은 자각몽은 깨어 있을 때 시작될 수 있지만, 불교에서는 꿈꾸는 밤 시간이 중요하다는 것이다.(영 1999:170)

여기 언급된 '마지막 차이점'은 사실 유사점이다. 깨어 있는 자각몽(WILD)을 일으키는 '서양' 자각몽 기술(LaBerge 및 Rheingold 1990:3장 참조) 중 일부는 사실 꿈 요가 전통(예: Tarthang 1978)에서 유래되었다. 더구나 밤 시간은 자각몽의 빈도를 결정하는 요인이라는 점이 널리 입증되었다(LaBerge 1985; LaBerge 외. 1986). 어떤 이유에선지 영은 자각몽과 꿈 요가가 '완전히 다르다'는 것을 증명하기 위해 애쓰고 있다는 인상을 받는다(Young 1999:167).

목표

꿈 요가: 목표는 영적 진보, 세속적 쾌락에 대한 집착의 감소, 궁극적으로 영속적인 자아나 세계에 대한 개념의 해체이다.

자각몽: 목표는 세속적 쾌락을 즐기고 애착을 유지하거나(예: 성적 오르가즘 달성), 자아감을 향상시키는 심리적 또는 실용적 이점을 얻는 것이 목표이다. 자각몽은 영적 수행에 사용될 수 있지만 그것의 광범위한 사용과 실존적 기반에 있어서는 꿈 요가와 구별된다.(영 1999:170)

영은 서양에서 자각몽의 활용과 '실존적 기반'에 대한 연구를 인용하지 않았기 때문에 그녀의 주장을 진지하게 받아들이기 어렵다. 더구나 그녀는 일부 서구 문헌(예: Bogzaran 1990, Kelzer 1987, LaBerge 1985, LaBerge and Rheingold 1990, Sparrow 1976)에서 자각몽의 영적 차원이 자각몽 실천의 정점으로 받아들여진다는 사실을 가볍게 무시한다.

앞서 살펴본 바와 같이 동양 전통의 발견이 자각몽을 연구하는 서양 연구자들에게 큰 관심과 가치를 지니고 있다는 점은 분명하지만, 불교도들이 서양과학의 결과에도 관심과 가치를 표하고 있는지는 확실하지 않을 수도 있다. 티베트 불교를 대표하는 인물인 달라이 라마가 과학을 중시하는 사실은 다음 인용문에서 분명하게 드러난다.

예를 들어 과학적 조사를 통해 특정 주제가 가진 수많은 논리적 오류를 발견할 수도 있다. 그럼에도 우리가 그 주제를 계속 받아들 인다면 이는 이성과 모순되는 것이다. 만약 우리가 존재한다고 믿었지만 조사를 통해 발견되지 않은 것이 명확히 입증된다면, 불교적 관점에서 우리는 그것이 존재하지 않는다고 받아들여야 한다. 만약 이것이 경전에 포함된 불교 교리의 어떤 측면과 모순된 다면, 우리는 그 교리에 해석이 필요하다는 것을 받아들일 수밖에 없다. 따라서 단지 붓다의 가르침이라고 해서 문자 그대로 받아들 일 수는 없으며, 이치에 어긋나는지 아닌지를 검토해야 한다. 이성에 맞지 않는다면 그것을 문자 그대로 받아들일 수 없다. 우리는 그 가르침을 분석하여 그 뒤에 숨겨진 의도와 목적을 찾아 해석의 대상으로 삼아야 한다. 따라서 불교에서는 조사의 중요성을 매우 강조한다.(달라이 라마 1997:169)

그리고 이것은 과학에서도 마찬가지이다. 두 전통 모두 주의 깊은 관찰과 명료한 분별력을 높이 평가한다는 사실(글머리에 있는 Bahaudin 의 "우리는 어느 것이 꿈인지 안다." 참고)은 앞으로의 유익한 협력을 위한 전제조건이 된다. "거기에 희망이 있다."

Note

재정적 지원을 아끼지 않은 케니 펠더(Kenny Felder), 페처 연구소 (Fetzer Institute), 노에틱 과학 연구소(Institute of Noetic Sciences), 많은 유익한 토론을 진행하고 편집자로서 큰 인내심을 보여준 앨런 월리스(Alan Wallace), 평소에도 많은 도움을 준 무쉬킬 구샤(Mushkil Gusha)에게 감사를 표한다.

참고문헌

Bogzaran, F. 1990. "Experiencing the Divine in the Lucid Dream State." *Lucidity Letter* 9(1): 169-176.

De Becker, R. 1965. *The Understanding of Dreams*. New York: Bell.

Domhoff, W. 1985. *The Mystique of Dreams: A Search for Utopia Through Senoi Dream Theory*. Berkeley: University of California Press.

Doniger, W. 1996. "Western Dreams About Eastern Dreams." In K. Bulkeley, ed., *Among All These Dreamers: Essays on Dreaming and Modern Society*, pp.169-176. Albany: SUNY Press.

Evans-Wentz, W. Y. 1958. *Tibetan Yoga and Secret Doctrines*. London: Oxford University Press.

Gillespie, G. 1988. "Lucid Dreams in Tibetan Buddhism." In J. I. Gackenbach and S. LaBerge, eds., *Conscious Mind, Sleeping Brain*, pp.27-35. Ithaca: Plenum.

Gyatrul Rinpoche. 1993. *Ancient Wisdom: Nyingma Teachings on Dream Yoga, Meditation, and Transformation*. Trans. B. Alan Wallace and Sangye Khandro. Ithaca: Snow Lion.

Gyatso, Jey Sherab. 1997. "Notes on a Book of Three Inspirations." In G. H. Mullin, ed., *Readings on the Six Yogas of Naropa*, pp.43-70. Ithaca: Snow Lion.

H. H. the Dalai Lama. 1997. *The Joy of Living and Dying in Peace*. San Francisco: HarperCollins.

Houshmand, Z., R. Livingston, and B. A. Wallace, eds. 1999. *Consciousness at the Crossroads: Conversations with the Dalai Lama on Brain Sciences and Buddhism*. Ithaca: Snow Lion.

Kahan, T. L. and S. LaBerge. 1994. "Lucid Dreaming As Metacognition: Implications for Cognitive Science." *Consciousness and Cognition* 3:246-264.

_____ 1996. "Cognition and Metacognition in Dreaming and Waking: Comparisons of First-and Third-Person Ratings." *Dreaming* 6:235-249.

Kahan, T. L., S. LaBerge, L. Levitan, and P. Zimbardo. 1997. Similarities and Differences Between Dreaming and Waking: An Exploratory Study. *Consciousness and Cognition* 6:132-147.

Kelzer, K. 1987. *The Sun and the Shadow: My Experiment with Lucid Dreaming*. Virginia Beach: ARE.

Kuhn, T. S. 1970. *The Structure of Scientific Revolutions*. 2d ed. Chicago: University of Chicago Press.

LaBerge, S. 1980. *Lucid Dreaming: A Study of Consciousness During Sleep*. Ph.D. diss., Stanford University, 1980. University Microfilms no.80-24,691.

_____ 1985. *Lucid Dreaming*. Los Angeles: Tarcher.

_____ 1990. "Lucid Dreaming: Psychophysiological Studies of Consciousness During REM Sleep." In R. R. Bootsen, J. F. Kihlstrom, and D. L. Schacter, eds., *Sleep and Cognition*, pp. 109-126. Washington, D.C.: APA.

_____ 1993. "Prolonging Lucid Dreams." *Night Light* 7(3-4). http://www.lucidity.com/NL734SpinFlowRub.html

_____ 1994. "The Stuff of Dreams." *Anthropology of Consciousness*, 5: 28-30.

_____ 1998. "Dreaming and Consciousness." In S. R. Hameroff, A. W. Kaszniak, and A. C. Scott, eds., *Toward a Science of Consciousness* 2:495-504. Cambridge: MIT Press.

LaBerge, S. and D. J. DeGracia. 2000. "Varieties of Lucid Dreaming Experience. In R. G. Kunzendorf and B. Wallace, eds., *Individual Differences in Conscious Experience*, pp.269-307. Amsterdam: John Benjamins.

LaBerge, S., T. Kahan, and L. Levitan. 1995. "Cognition in Dreaming and

Waking." *Sleep Research* 24A:239.

LaBerge, S. and L. Levitan. 1991. "Sleep on the Right Side, As a Lion Doth ··· "Tibetan Dream Lore Still True After Ten Centuries." *Night Light* 3(3): 4-11.

LaBerge, S., L. Levitan, and W. Dement. 1986. "Lucid Dreaming: Physiological Correlates of Consciousness During REM Sleep." *Journal of Mind and Behavior* 7:251-258.

LaBerge, S., L. Nagel, W. Dement, and V. Zarcone. 1981. "Lucid Dreaming Verified by Volitional Communication During REM Sleep." *Perception and Motor Skills* 52:727-732.

LaBerge, S. and H. Rheingold. 1990. *Exploring the World of Lucid Dreaming.* New York: Ballantine.

Lamrimpa, Gen. 1995. *Calming the Mind: Tibetan Buddhist Teachings on the Cultivation of Meditative Quiescence*, p.83. Trans. B. Alan Wallace. Ithaca: Snow Lion.

Levitan, L. and S. LaBerge. 1993. "Testing the Limits of Dream Control: The Light and Mirror Experiment." Night Light 5(2). http://www.lucidity.com/NL52LightandMirror.html

Levitan, L., S. LaBerge, D. J. DeGracia, and P. G. Zimbardo. 1999. "Out-of-Body Experiences, Dreams, and REM Sleep." Sleep and Hypnosis 1(3): 186-196.

Llinas, R. and D. Pare. 1991. "Of Dreaming and Wakefulness." *Neuroscience* 44:521-535.

Malcolm, N. 1959. *Dreaming.* London: Routledge.

Mann, J. and L. Short. 1990. *The Body of Light.* Boston: Tuttle.

Mullin, G. H., ed. 1997. *Readings on the Six Yogas of Naropa.* Ithaca: Snow Lion.

Norbu, N. 1992. *Dream Yoga and the Practice of the Natural Light.* Ithaca: Snow Lion.

Padmasambhava. 1998. *Natural Liberation: Padmasambhava's Teachings on the Six Bardos.* Trans. B. Alan Wallace. Boston: Wisdom.

Puizillout, J. J. and A. S. Foutz. 1976. "Vago-aortic Nerve Stimulation and REM Sleep: Evidence for an REM-triggering and a REM-maintenance Factor. *Brain Research* 111:181-184.

Shah, I. 1968. *Caravan of Dreams.* London: Octagon.

Sparrow, G. S. 1976. *Lucid Dreaming: Dawning of the Clear Light.* Virginia Beach: ARE.

Surya Das, Lama. 2000. *Tibetan Dream Yoga.* Audio cassette. Boulder: Sounds -True.

Tarab Tulku. 1991. "A Buddhist Perspective on Lucid Dreaming." *Lucidity* 10(1/2): 143-152.

Tarthang Tulku. 1978. *Openness Mind.* Berkeley: Dharma.

Tholey, P. 1988. "A Model for Lucidity Training As a Means of Self-Healing and Psychological Growth. In J. I. Gackenbach and S. LaBerge, eds., *Conscious Mind, Sleeping Brain*, pp.263-287. Ithaca: Plenum.

_____ 1991. "Overview of the Development of Lucid Dream Research in Germany. *Lucidity Letter* 10(1, 2): 340-360.

Tilopa. 1997. "The Oral Instruction of the Six Yogas." In G. H. Mullin, ed., *Readings on the Six Yogas of Naropa*, pp.23-29. Ithaca: Snow Lion.

Tsongkhapa, Lama Jey. 1997. "A Practice Manual on the Six Yogas of Naropa: Tak ing the Practice in Hand." In G. H. Mullin, ed., *Readings on the Six Yogas of Naropa*, pp.93-135. Ithaca: Snow Lion.

Varela, F., ed. 1997. *Sleeping, Dreaming, and Dying: An Exploration of Consciousness with the Dalai Lama.* Boston: Wisdom.

Young, S. 1999. *Dreaming in the Lotus.* Boston: Wisdom.

Wallace, B. A. 1989. *Choosing Reality: A Buddhist View of Physics and the Mind.* Ithaca: Snow Lion.

_____ 2001. Intersubjectivity in Indo-Tibetan Buddhism. *Journal of*

Consciousness Studies 8:209-230.

Wangyal, T. 1998. *The Tibetan Yogas of Dream and Sleep*. Ithaca: Snow Lion.

Werntz, D., R. G. Bickford, F. E. Bloom, and D. S. Shannahoff-Khalsa. 1983. "Alternating Cerebral Hemisphere Activity and the Lateralization of Autonomic Nervous Function." *Human Neurobiology* 2:39-43.

　　최근 과학기술의 놀라운 발전에 힘입어 뇌 과학자들은 이전과는 전혀 다른 방식으로 살아있는 뇌를 연구할 수 있게 되었다. 매우 정교해진 측정기기 덕분에 뇌 과정을 구체적으로 연구할 수 있게 되면서 과학자들은 다양한 정신 과정의 신경학적 상관관계에 대한 새로운 통찰력을 얻을 수 있게 되었다. 그러나 마음과 뇌에 대한 상관관계 연구는 뇌에 대한 3인칭적 관찰뿐만 아니라 마음에 대한 1인칭적 관찰에도 크게 의존한다. 3인칭 방식과 1인칭 방식을 비교해 보면 눈에 띌 만한 불균형이 발견된다. 3인칭 관찰 및 실험 방식은 매우 전문적이고 엄격하며 점점 더 정교해지는 반면, 1인칭 관찰 및 실험에는 마치 실험동물보다 더 전문성이 부족할 것 같은 아마추어, 즉 훈련받지 않은 '피험자'가 참여하고 있다.

　　이 글에서 마티유 리카르는 지속적인 명상 훈련을 통해 마음을 직접 탐구하고 변화시키는 정교한 수단을 도입함으로써 이 문제를 바로잡을 수 있는 명상과학의 개요를 제시한다. 그는 명상과학이 불교의 명상 전통을 모델로 하여, 직접경험을 통한 마음의 이해를 그 근본적인 목표로 삼아야 한다고 지적한다. 이를 통해 얻어지는 지식으로 갈망·증오·무지와 같이 자기중심적인 마음의 '번뇌'를 정화하여 진정한 행복의 상태를 발견하게 된다. 그러한 행복은 자극적 쾌락이나 지적, 심미적 기쁨이 아니라 인간의 가장 깊은 본성에서 비롯되는 것이다. 불교에 의하면 그 본성은 '순수한 인식'이며, 이 경험을 통해 자기중심성을 뛰어넘어 이타심에 눈뜰 수 있게 된다.

리카르는 의식의 기원, 자유의지, 정신적 번뇌와 진정한 행복의 관계, 정신과 물질의 실재화 개념, 잘못된 이분법 등등 명상과학에서 탐구할 수 있는 광범위한 문제를 다루고 있다. 이 글의 중심 주제는 명상과학이 물리학과 생명과학만큼이나 엄밀할 수 있다는 것이며, 리카르는 실제로 티베트에서는 수세기 동안 그렇게 탐구해 왔다고 주장한다. 특히 불교 전통은 여러 세대에 걸쳐 수행되어 반복 가능한 결과를 도출하는 정밀한 관찰 방식과 다양한 실험을 제시한다. 명상과학은 현대 인지과학의 대체물이 아니라, 물리학의 방법으로는 결코 가능하지 않았던 목표를 달성할 수 있게 하는 결정적인 대응책으로 제시된다.

6. 명상과학의 관련성

마티유 리카르

인간의 욕구를 가장 잘 충족시킬 수 있는 것은 무엇인가? 과학? 영성? 돈? 권력? 명성? 쾌락? 인류가 가장 깊이 갈망하는 것이 무엇인지, 삶의 목적이 무엇인지 자문하지 않고는 누구도 이 질문에 답할 수 없다. 불교의 대답은 우리 모두가 인생에서 추구하는 것이 결국 행복이라고 지적한다. 그러나 이 대답이 갖는 단순함을 오해하지 않는 것이 중요하다. 여기서 행복이란 단지 기분 좋은 느낌이 아니라 우리 존재의 가장 깊은 본성과 완전히 일치하는 방식으로 살아갈 때 느끼는 성취감이다. 행복은 우리 내면의 잠재력을 실현하는 삶을 영위하고 마음의 참되고 궁극적 본성을 이해하는 것에 있다. 삶에 의미를 부여하는 방법을 아는 사람에게는 매 순간이 과녁을 향해 날아가는 화살과 같다. 이 방법을 모르면 낙담과 허무감에 빠져 절망과 자살이라는 궁극적 실패로 이어질 수도 있다.

행복은 필연적으로 지혜를 수반한다. 지혜가 없다면 우리가 불행하다고 느끼는 주요 원인인 지속적인 불만을 없애는 것이 불가능하다. 이 불만은 자기중심적 세계관과 내면에 있는 강력한 자아에 대한 집착에서 비롯되는 증오·질투·애착·탐욕·자만이라는 정신적인 독毒을 극복하지 못하는 것에서 시작된다.

행복의 또 다른 필수 요소는 이타주의, 사랑, 연민이라는 세 단어로 요약된다. 한쪽에는 자기 자신을, 다른 쪽에 모든 생명체를 상상해 보면 그 비대칭이 분명해진다. 그래서 내가 경험하는 행복과 고통은 다른 사람의 행복과 고통에 비하면 미미하기만 하다. 어쨌든 나 자신의 행복은 어떠한 경우에도 다른 사람의 행복과 밀접하게 연결되어 있다.

명상과학은 어디에 필요한가? 모든 문제를 물질적으로 해결하려고 노력하는 것만으로는 충분하지 않은가? 행복감·편안함·건강·장수, 심지어 우리의 삶 자체에서도 외부 세계가 제공하는 조건은 매우 중요할 수 있다. 물질적 외부 환경에 의거한 기술과 해결책은 우리에게 특정 부류의 행복을 가져오므로 중요하다. 하지만 이들 중 어느 것도 우리에게 진정한 내면의 행복을 가져오지는 못한다. 만족과 불만족, 행복과 고통, 성취와 실패에서 핵심적인 역할을 하는 것이 바로 마음이기 때문이다. 마음은 인생의 모든 경험의 배후에 있다. 또한 우리가 세상을 보는 방식도 결정한다. 마음은 우리가 '자신'의 세상을 바라보는 창이다. 사람과 사물을 인식하는 방식에 약간의 변화만 생겨도 세상이 완전히 바뀔 수 있다.

엄청난 증오심에 사로잡힌 사람은 온 세상을 적대적으로 바라본다.

하지만 증오가 사라지면 세상을 바라보는 관점이 완전히 뒤바뀌게
된다. 유명한 불교 논서인 『보살의 길(The Way of the Bodhisattva)』에는
"온 세상을 덮을 만큼이나 넓은 가죽이 어디 있겠는가? 하지만 가죽신
하나면 어디를 가든 충분히 덮을 수 있다."라는 구절이 있다.[1] 우리가
적대감이라는 가시를 사방에 뿌려대도 자신의 최후의 적을 결코 볼
수 없을 것이다. 그러나 마음을 증오심에 빠지지 않도록 하는 방법을
알면 적이라는 인식은 저절로 사라질 것이다. 명상과학이 목표로
삼는 것은 결핍과 갈등의 내적 원인을 파악하는 것이다.

실재의 본질, 우주, 생명의 기원, 신체와 뇌의 작동 방식을 탐구하는
것은 분명 합리적이다. 그러나 우리의 지각, 의식, 개념과 무관하게
우주에 접근하는 것은 불가능하다. 불교에 따르면 사실 의식과 완전히
독립된 '평행' 세계는 존재하지 않는다. 그러한 세계가 존재한다고
가정해도 검증될 수 없으며 따라서 무의미하다. 상호 의존성이란
모든 것이 생물과 무생물을 포함하는 글로벌한 상호 인과적인 관계로
서로 연결되어 있음을 의미한다.

하이젠베르크(Heisenberg)는 '우리가 관찰하는 것은 자연 그 자체가
아니라 우리의 질문 방식에 노출된 자연'이라고 말했다.[2] 우리는 감각
과 생각을 통해서만 세상을 인식할 수 있다. 따라서 마음의 본성이
무엇인지 탐구하는 것은 자연스런 일이다. 따라서 지난 1~2세기

---

1 Shantideva, *The Way of the Bodhisattva* (Boston: Shambhala, 1996), chapter 4, verse 13.
2 Werner Heisenberg, *Physics and Philosophy: The Revolution of Modern Science* (New York: Harper and Row, 1962), 58쪽.

동안 발전한 서구 인지과학에서 최종적으로 마음만이 스스로를 알 수 있는 유일한 존재임을 받아들이기가 매우 어렵다는 사실을 알게 된 것은 흥미로운 일이다. 그들은 마음을 믿지 않았기 때문에, 마음만 으로 파악하고 평가한 정보는 과학의 기초가 될 수 없다는 결론을 내렸다.[3] 미국의 행동주의자 J. B. 왓슨(Watson)은 1913년 다음과 같이 선언했다. "심리학에서 의식을 일체 언급하지 말아야 할 때가 왔다. … 심리학의 유일한 임무는 행동을 예측하고 통제하는 것이며, 이 방법에서 내성內省은 전혀 관여할 수 없다."[4]

문제는 사용되는 방법에 있다. 명상과학을 실천하기 위한 첫 번째 요건은 이 작업에 적절한 도구가 있어야 한다는 것이다. 불안정한 마음, 끊임없이 움직이는 마음, 혼돈에 짓눌린 마음은 이 작업에 거의 소용이 없다. 정신적 안정과 명료함을 얻는 것이 필수적이다. 그러한 자질이 없으면 자신의 본성을 탐구하는 도구로서 마음은 매우 부적절하기 때문이다. 이것이 19세기 후반 내성을 통해 마음을 연구하 려고 했던 소수의 심리학자들이 혼란스러워 했던 장애물이다. 그들에 게는 마음을 마스터하는 데 반드시 필요한 전제조건인, 오랜 시간 지속적인 노력을 통해서만 얻어지는 성취가 부족했다. 현대 심리학의 창시자 중 한 명인 윌리엄 제임스(William James)는 우리가 개인적 경험에 너무 적은 시간을 할애하기 때문에 산만한 사고를 멈추는

---

3 B. Alan Wallace, *The Taboo of Subjectivity: Toward a New Science of Consciousness*(New York: Oxford University Press, 2000).

4 Cited in Arthur Koestler, *The Ghost in the Machine*(New York: MacMillan, 1967), 5쪽.

것이 불가능하다고 주장했다.

우리의 마음을 관찰해 보면 아침부터 밤까지 생각이 결코 멈추지 않고 흘러가는 것을 알 수 있다. 이 혼돈을 진정시키는 데는 시간이 걸린다. 어떤 명상가도 며칠 만에 자신의 마음을 다스릴 수 있다고 기대하지 않으며, 추론적 사고만으로 마음의 본성을 경험할 것이라고 기대하지도 않는다.

이 사실은 명상가가 몇 달, 몇 년이라는 긴 시간 동안 인내심 있게 수행해야 할 필요가 있다는 것을 나타낸다. 떠오르는 모든 생각을 차단하거나 마음을 마비시키는 문제가 아니라 끊임없는 산만한 생각의 끝없는 연쇄작용으로부터 점진적으로 마음을 해방시키는 문제이다. 내면의 고요함은 그 자체가 목표는 아니지만 마음의 본성을 깊이 탐구하게 해주며, 이 탐구만이 에고와 무지의 멍에에서 벗어나 우리 자신을 자유롭게 할 수 있는 유일한 방법이다.

그렇다면 어떻게 해야 하는가? 마음의 궁극적 본성을 직접 경험하려면 마음을 '관찰'할 수 있어야 한다. 막대기로 연못을 휘저으면 물속의 미세한 입자들로 인해 투명도가 떨어져 바닥을 보기가 매우 어려워지는 것과 마찬가지로, 마음을 보려고 할 때는 끊임없이 일어나는 생각들이 방해를 한다. 따라서 첫 번째 단계는 생각의 흐름을 진정시키는 것이다.

처음에 마음에서 일어나는 일을 통제하려고 할 때 먼저 알게 되는 것은 마음이 진정되기는커녕 더 동요한다는 것이다. 생각은 폭포수의 물처럼 보이고 평소보다 수량이 더 많은 것 같이 보인다. 사실 이전보다 더 많은 생각이 떠오르는 것이 아니라 단지 얼마나 많은지 알게 되었을 뿐이다. 보통 생각이 떠오를 때 다른 생각이 이어지고 또 다른 생각이 따라오는 식으로 생각은 연속해서 이어진다. 예를 들어 "저 사람이 나에게 그렇게 한 짓은 잘못된 거야."라고 스스로 말할 때 이 생각은 몇 배로 증식하여 마음을 장악하고 결국에는 상대에게 상처를 주는 말을 하거나 폭력적인 행동을 하게 된다. 구름이 빠르게 생겨나 어둡고 거대한 위협적인 구름 덩어리가 되듯이, 작은 생각들이 점점 모여 결국에는 우리를 둘러싼 세상이 때로는 적대적이거나, 때로는 즐겁거나, 때로는 중립적이라는 생각에 이르게 된다.

이런 생각들을 부채질하는 대신 그냥 내버려두면 폭포는 급류가 되어 흐르기도 하고, 때로는 고요하게 흐르기도 한다. 급류는 여기저기에서 폭포나 소용돌이에 의해 흐름이 방해받기도 하면서 평화롭게 흐르는 강이 된다. 이것은 외부 사건에 의해 자극을 받지 않는 한, 마음의 평온함이 유지되는 상태이다. 마침내 마음은 잔잔한 날씨의 바다와 같은 상태가 된다. 때때로 산만한 생각의 잔물결이 수면 위로 넘실대지만, 깊은 곳에서는 결코 방해받지 않는다. 이런 식으로 마음은 생각의 노리개가 되지 않고 완벽하게 또렷한 '명료한 의식'이라는 의식 상태에 도달할 수 있다.

몇 달 또는 몇 년의 인내를 통해 성취한 의식 상태는 이후에도 자기가 원하는 만큼 자주 도달할 수 있고 습관이 될 수 있다. 그러면 그 어떤 정신 활동도 없는 의식을 직접 관찰할 수 있게 된다. 이것은 우리가 만든 새로운 의식 상태가 아니다. 우리는 단지 마음의 가장 근본적인 구성요소인 '순수 인식'을 직접 관조할 가능성을 알게 되었을 뿐이다. 명료한 의식은 상상, 기억, 외부 세계의 지각에서 비롯된 정신 이미지에 의해 대부분 항상 사라지기 때문에 우리가 도달하기 어려운 것이다. 그러나 숙련된 명상가는 대상과 분리되어 있는 의식을 관찰할 수 있고 내면의 고요한 상태에 머물 수 있다. 수행의 결과 자연스럽게 지속적인 평온함이 동반되고 타인을 향한 관용이 더욱 커진다.

수행을 통해 의식이 '자아'나 '영혼', 즉 '인격'에 해당하는 독자적 존재를 부여받은 별개의 실체가 아니라는 것을 이해할 수 있게 된다. 이 발견은 세계에 대한 우리의 인식에 깊은 영향을 미친다. 의식은 끊임없이 변화하는 흐름으로 간주되고, 그 궁극적 본성인 깨달음은 모든 개념적인 활동을 초월한다.

분명히 우리 안의 모든 것은 변한다. 젊음은 노년으로 향하고, 우리가 겪는 경험에 따라 마음도 변화하고 발전한다. 그럼에도 불구하고 우리는 자신의 내부에 우리를 인간으로 특징짓고 죽을 때까지 지속되는 어떤 불변의 것이 있다는 인상을 갖는다. 이 인상은 독립적인 자아라는 뿌리 깊은 느낌을 불러일으켜 자신과 타인 사이에 간극을 만든다. 우리에게는 '나'를 만족시키고 보호하려는 본능적인 경향이 있는 반면, 다른 사람의 유사한 태도는 위협적인 것으로 인식하거나 기껏해야 자신의 욕구를 충족시키기 위한 도구로 인식한다. 견고한 '나'라는 인식은 내면의 평화를 깨뜨리는 수많은 정신적 사건을 일으킨다. 우리는 욕망·분노·자존심·질투 및 분별력 부족을 일으키는 끌림과 혐오의 게임에 휩싸인다. 이 정신적 독毒은 우리의 평온을 파괴하고 다른 사람에게 우리 자신을 개방하지 못하게 하여 스스로를 자기중심이라는 감옥에 가둔다.

그러므로 명상가는 자아에 대한 이 개념을 분석해야 한다. 자아는 뇌·심장·신체의 다른 기관, 심지어 신체를 구성하는 원자에도 존재하지 않기 때문에 신체와 동일시될 수 없다는 것이 분명해진다. '나'라는 개념은 몸과 마음을 하나의 전체로 인식함으로써 생겨날 수 있는가? 그렇다면 이 '나'는 끊임없이 변화하는 흐름에 적용되는 단순한 표식에 불과할 것이다. 마음이나 몸 어디에서도, 혹은 둘 모두에서도, 혹은 둘과 구분되는 다른 어떤 것에서도 진정한 자아를 찾을 수 없다는 점을 생각해 보면, 자아는 존재하지 않는다고 결론내리는 것이 논리적이다. 앨런 월리스는 *Choosing Reality*에서 다음과 같이 말한다.

경험적 통찰은 개인의 정체성을 느끼는 직관적 감각에 영향을 미칠 수 있다. 이는 결국 자신의 감정, 타인을 대하는 방식과 그들에게 반응하는 방식에 큰 영향을 미친다. … 자아와 타인 사이에는 여전히 차이가 있지만, 그 차이는 절대적이지 않고 관습적이다. … 세계로부터 절대적으로 고립되었다는 느낌은 사라진다. 기쁨과 슬픔도 의존적으로 일어나는 사건으로 볼 수 있으며, 이 통찰은 이기적인 갈애와 공격성을 멈추게 한다. 이러한 정신적 왜곡이 없다면 실재와 상충되는 대신 실재와 일치하는 삶의 방식을 탐구할 수 있다. 본질적인 존재에 대해 집착하는 것을 마음의 근본번뇌라고 한다면, 공성空性을 깨닫는 것이 근본적인 치유책이다.[5]

5 B. Alan Wallace, *Choosing Reality: A Buddhist View of Physics and the Mind* (Ithaca: Snow Lion, 1996), 191, 160쪽. (역자주: 홍동선 역(1991), 『과학과 불교의

그러나 존재하지 않는 자아와의 잘못된 동일시는 우리의 오랜 습관화의 결과이며, 몇 분의 명상만으로는 결코 영원히 없앨 수 없다. 우리는 이 새로운 이해가 자신에게 필수적인 것이 될 때까지 인내심을 가지고 분석해야 한다.

다시 돌아가 의식의 본성에 대해 고찰해 보자. 불교에서 의식은 본질적인 실재가 없는 '단순한 외관'뿐인 기능으로 실체가 아니다. 그러나 상대적인 차원에서, 실재하지 않으면서 의식이 있는 것(의식의 순간적 흐름으로 간주되는 마음)과 실재하지 않으면서 의식이 없는 것(의식이 파악하는 무생물 세계)에는 차이가 있다.

불교에서는 또한 거친 의식, 미세한 의식, 극히 미세한 의식 등의 단계로 의식을 구분한다. 첫 번째는 뇌의 작용에 해당하고 두 번째는 경험의 관점에서 직관적으로 의식이라고 부르는 것, 즉 마음이 자기 본성을 탐구하고 자유의지를 행사할 수 있는 능력이 이에 해당한다. 여기에는 과거에 축적된 성향이 나타나는 것도 포함된다. 세 번째는 가장 본질적 수준으로 '마음의 근본적인 광명'이라고 한다. 이것은 주체와 객체의 이원적 수준에서 작동하지 않으며, 추론적 사고를 포함하지 않는 순수한 인식이다.

의식은 단순히 물질이 점점 더 정교하게 변하는 문제가 아니다. 본질적으로 물리적인 것은 인지 현상으로 변할 수 없다. 이 둘 사이에는 종류 상의 차이가 있으며, 작용하기 위해서는 원인과 결과에 공통된 성질이 있어야 한다. 근본적으로 성질이 다른 것에서 이와 다른 무언가

실재 인식』, 범양사)

가 생길 수 있다면, 그 어떤 것으로부터도 모든 것이 생겨날 수 있을 것이다.

과학은 물질의 관점에서 어떻게 더 복잡한 것이 세계에 나타나는지를 명확하게 설명한다. 가장 단순한 유기체는 이동 능력을 발전시켰고, 이를 통해 영양 공급원에 접근하거나 위험에서 벗어날 수 있었다. 이 단순한 향성向性은 외부 환경과의 상호작용을 위해 점점 더 복잡한 능력으로 진화하여 신경계의 발달로 이어졌고 지능의 진화로 정점에 이르렀다. 그러나 의식의 한 측면에 불과한 지능은 의식 자체의 문제를 해결하지 못한다.

신경생물학자들은 주변 세계와 상호작용하는 신체 내부에 뇌가 있기 때문에, 우리가 세계를 경험하며 만들어내는 의미는 주어진 환경에서 신체의 지속적 활동으로부터 나온다고 믿는다. 이들의 관점에서 보면 의식은 외부 세계와 끊임없는 상호작용을 통해 발생하며, 따라서 추가적 요소 없이 무생물에서도 나타날 수 있다.

프란시스코 바렐라(Francisco Varela)의 '신체화된 인지'[6] 개념처럼, 창발(emergence)에 상향 인과와 하향 인과 모두가 포함되었다고 간주한다면, 창발을 세계·신체·다양한 수준의 의식 간의 상호작용이라는 불교적 관점으로 해석할 수 있다. 상향 인과는 신체가 의식을 만드는 데 충분하지는 않지만 정신적인 사건에 영향을 줄 수 있다. 하향 인과는 의식이 신체에 영향을 미칠 수 있도록 한다.[7] 또한 하향 인과는

---

6 Francisco Varela, Evan Thompson, and Eleanor Rosch, *The Embodied Mind: Cognitive Science and Human Experience* (Cambridge: MIT Press, 1991).

7 예를 들어 어린 영장류의 경우 모성의 보살핌이 부족할 때 특정 유전자의 발현이

의식이 무수한 생애 동안 축적된 성향에 따라 '우리'의 세계(특정 유형의 생명체로서 인식하는 세계)를 구성할 수 있게 한다.

세계는 관념론자들의 주장처럼 존재하는 마음의 존재하지 않는 투영물(projection)이 아니다. 하지만 '우리 세계'는 도예가가 꽃병을 빚듯 마음에 의해 서서히 형성되어 왔다. 세계의 형성은 불교에서 '공업共業'이라고 부르는 것과 일치한다. 예를 들어 인간은 공업으로 인해 다소 유사한 방식으로 세계를 인식하며, 세계 내에서 우리 각자가 경험하는 다양한 내용은 개인 업에 해당한다.

그렇다면 의식 있는 존재의 행동을 완전히 모방하는 메커니즘과 의식 자체를 구별할 수 있도록 하는 것은 무엇인가? 불교에 따르면 의식의 가장 미세한 측면에만 비이원적 자기 인식이라는 고유한 능력이 있다. 이 능력은 자신과 외부 현상을 모두 '비추거나' 알 수 있기 때문에 마음의 빛나는 측면이라고 부른다.

컴퓨터와 생물학적 의식 간의 차이는 근본적인 것 같지는 않다. 계산만이 유일한 능력인 컴퓨터의 경우, 아무도 컴퓨터에게 의식을 부여하려고 하지 않을 것이다. 컴퓨터가 고철 더미나 중국에서 여전히 계산에 사용되는 주판보다 더 많은 의식을 갖지 않은 것은 분명하다. 인간을 신경생물학적 관점에서 보면, 환원주의적 생물학자들이 의식이라고 부르는 것도 뇌의 기계적인 기능에 지나지 않는다.

비활성화된다는 연구를 통해 이 사실이 입증된 바 있다. M. J. Meany et al., "Early Environmental Regulation of Forebrain Glucocorticoid Receptor Gene Expression: Implications for Adrenocortical Responses to Stress." *Developmental Neuroscience* 18(1996): 49-72.

컴퓨터 딥 블루(Deep Blue)가 카스파로프(Kasparov)를 이긴 체스 게임 사례에서도 알 수 있듯이, 인간과 기계의 대결에서 카스파로프가 패한 것은 지능이 모자라서가 아니라 계산 능력의 한계를 보여준 것이다. 사실 계산 능력이 인간 의식에서 그다지 중요치 않은 측면 중 하나라는 것은 그 어느 때보다 명백하다. 대회가 끝나고 한 미국 해설자는 "딥 블루가 딥 핑크(Deep Pink)와 함께 샴페인을 터뜨리며 승리를 축하할 수 있었으면 좋겠다."고 말하기도 했다.

의식이 뇌의 물리화학적 과정의 결과물에 지나지 않는다면, 의식은 자신의 본성에 의문을 제기할 수 있는가? 인지과학 전문가들은 뇌가 2진(binary) 시스템으로 작동하는 컴퓨터보다 훨씬 더 유연하고 복잡한 방식으로 작동한다고 말한다. 그들은 뇌의 다양한 생물학적 구성요소 간의 상호작용이, 의식과 동일시되는 글로벌한 상태의 창발을 일으킨다는 보다 역동적인 비전을 제시한다.

인공지능 시스템은 학습을 통해 자기 조직화 능력을 발휘할 수 있지만 미래에 대해 걱정하거나 현재 잘 작동하는 것에 기뻐할 것인가? 이 질문에 프란시스코 바렐라는 "삶이 그런 것과 같은 이유이다."[8] 라고 대답한다. '의미'는 어디에서 창발하는가? 바렐라에 따르면, 뇌의 뉴런 조직이 일정 수준의 복잡성에 도달하면 세계의 의미가 나타날 수 있고, 창발되는 원리의 정의는 구성요소의 합과는 다르며 그보다 우월한 특성을 나타낼 수 있다. 의미의 창발은 유기체가 특정 환경에 들어올 때만 가능하다. 따라서 생명체의 진화 과정에서 의미가

---

8 Franscico Varela, 개인 서신.

창발한 방식과 유사한 형태로 로봇 시스템이 환경과 상호작용하여 학습할 수 있다면 이러한 의미는 로봇 시스템에서도 나타날 수 있을 것이다. 이것이 바로 로드니 브룩스(Rodney Brooks) 등의 가설이다.[9]

그러나 인공지능은 놀이는 할 수 있어도, 놀이의 정신에 대해서는 아무것도 모르는 것 같다. 미래를 계산할 수 있어도 결코 걱정할 수는 없고, 과거를 기록할 수 있지만 기쁨이나 슬픔을 느끼지는 못한다. 웃거나 우는 법도 모르고, 아름다움이나 추함에 민감하거나, 우정이나 연민을 느낄 줄도 모른다. 무엇보다도 컴퓨터나 뉴런 네트워크와 같이 의식이 없는 메커니즘이 자신의 본성에 의문을 제기할 이유는 없다. 인공지능이나 신경망 지능시스템이 스스로가 무엇인지, 폐기되거나 배터리가 다 떨어지면 어떻게 될지 왜 궁금해 해야 하는가? 왜 '지능을 가진' 로봇이 자신의 궁극적인 본성이 무엇인지 알아내기 위해 몇 시간, 며칠, 몇 달을 단순히 의식을 성찰하는 데 시간을 보내야 하는가? 금속으로 만들어졌든 살과 피로 만들어졌든, 기계 시스템은 그런 질문에 답을 찾기는커녕 질문을 시작할 이유도 없다. 의식이 자기 존재에 대해 궁금해 한다는 사실 자체가 의식이 단지 정교한 메커니즘일 수만은 없다는 증거가 아닌가?

---

9 R. A. Brooks, "Intelligence Without Reason.", *Proceedings of the 1991 International Joint Conference on Artificial Intelligence*(San Mateo, Cal.: Morgan Kaufmann, 1991), 569–595쪽; R. A. Brooks, "Intelligence Without Representation." *Artificial Intelligence Journal* 47:139–160; R. A. Brooks, C. Breazeal, R. Irie, C. C. Kemp, M. Majanovic, B. Scassellati, and M. M. Williamson, "Alternative Essences of Intelligence." *Proceedings of American Association of Artificial Intelligence* (1998).

자유의지의 문제는 환원주의 접근법에서 가장 까다로운 지점 중 하나이다. 신경생물학적 모델에 따르면 의식은 결정권을 가질 수 없다. 결정하는 것처럼 보이는 것들은 뉴런 간의 복잡한 상호작용에 의한 것이며, 자유의지를 갖는다는 것은 단지 환상일 뿐이다. 우리가 의식적 결정이라고 여기는 것은 개인이나 종의 생존에 최대로 기여한다는 점에서 외부 상황에 가장 적절하게 반응하는 것을 신경계가 평가한 결과이다. 개인의 생존에 유리할 때는 '자기중심적' 반응일 수 있고, 종의 생존에 유리할 때는 '이타적' 반응이 되어 때로는 개인 스스로에게 해를 끼칠 수도 있다(이 모든 것이 아무런 의식 없이 일어난다는 사실을 잊지 말아야 한다).

이 이론에 따르면 우리는 행동한다는 환상을 갖고 있지만, 일반적으로 의식이라고 부르는 것은 실제로는 뇌의 작용에 적극적으로 참여하지 않으며 뉴런이 계산한 최종 결과에 영향을 미칠 수 없는 수동적 목격자이자 구경꾼에 불과하다. 요컨대 의식은 결정을 내릴 힘이 없다.

어떤 이들은 우리가 자유의지를 가지고 있다고 믿는 이유를 그것이 우리 종에게 진화적 이점을 준다고 착각하기 때문이라고 설명한다. 이러한 주장은 이 환상적 자유를 경험하는 주체가 누구인지, 또는 무엇일 수 있는지에 대한 해답을 내놓지 못한다. 하지만 노벨의학상 수상자인 크리스티앙 드 뒤브(Christian de Duve)는 『생명의 먼지(Vital Dust)』에서 "자유의지가 없다면 책임이 있을 수 없고 인간 사회의 구조도 바뀌어야 한다. 가장 비타협적인 유물론자일지라도 이 주장을 논리적인 결론으로 내리는 사람은 거의 없다."고 말한다. 그리고 그는 "우리는 인간의 마음에 대해 아직 아는 것이 너무 적기 때문에, 인간의 마음이 신경 활동의 단순한 소산일 뿐이라서 이 활동에 영향을 미칠 수 있는 힘이 없다고 단언하지는 못한다."[10]라는 의견으로 결론을 맺는다.

마지막으로, 나의 이전 상사이자 노벨상 수상자인 프랑수아 자콥(François Jacob)이 콜레주 드 프랑스(Collège de France)의 취임 강연에서 내린 결론을 소개하면 다음과 같다.

마음처럼 복잡한 과정을 그 구조에 대한 지식 및 관련 메커니즘에 대한 이해만으로 충분히 설명할 수 있는가? 언젠가는 생각, 느낌, 결정을 일으키는 모든 상호작용의 총합을 물리학과 화학의 관점에서 명확하게 설명할 수 있겠는가? 확실히 이에 대해서는 어느 정도 의심할 수밖에 없다.

의식이 결정에 관여하지 않는다면 도대체 무엇을 위해 있는 것인가? 왜 우리를 관찰하며, 관찰은 누가 하는가? 많은 [뉴런 같은] 로봇들이 알아서 잘 관리할 것이므로, 의식의 존재는 그저 쇼를 즐길 수 있도록 인간에게 주어진 보너스, 즉 완전히 공짜로 주어진 사치품에 불과할 것이다.

인간이 뉴런에 지나지 않는다면, 깊은 성찰과 내면의 진실 발견이라는 갑작스러운 사건이 어떻게 세상을 보는 우리의 방식을 완전히

---

10 Christian de Duve, *Vital Dust: Life As a Cosmic Imperative* (New York: Basic, 1995).

바꾸게 하거나 삶의 방향에 영향을 미칠 수 있는지 이해하기 어렵다. 삶이 증오의 지배하에 있고 감옥에서 서로를 죽이기까지 하는 범죄자들이 어느 날 갑자기 자기가 얼마나 괴물이 되었는지를 깨닫는다. 그들은 그 순간까지 자신이 처한 비정상적인 상태가 광기에 가까웠다고 말한다. 이런 큰 변화는 우리의 습관과 행동을 결정하는 복잡한 뉴런 회로에 똑같이 깊고 갑작스러운 대대적인 구조 조정이 있어야 한다. 반면 의식의 연속체에 비물질적 요소가 있다면, 느리고 복잡한 과정으로 만들어지는 물리적 연결망보다 훨씬 더 쉽고 유연하게 크나큰 변화가 일어나지 못할 이유가 없다.

다음 질문은 "마음은 스스로를 알 수 있는가?"이다. 이 질문은 이에 대해 성찰해 본 사람이라면 누구나 고민하는 문제이며, 특히 불교계에서 잦은 논쟁을 가져온 문제이다. 상식적으로 마음은 스스로를 알 수 있다. 우리는 자신의 정신 활동을 관찰할 수 있고, 현재 마음이 평온한지 불안한지 알 수 있으며, 마음에 떠오르는 생각을 알 수 있다. 그러나 논리적으로 보면 마음은 스스로를 알 수 없다. 자율적 실체로 간주되는 마음은 칼이 자신의 칼날을 자를 수 없고 눈이 자신을 볼 수 없듯이 스스로를 관찰할 수 없다. 따라서 자기 생각을 관찰하기 위해 두 번째 의식이 필요하고, 두 번째 의식을 관찰하기 위해 세 번째 의식이 필요하다는 식으로 무한히 소급된다. 이것이 바로 관찰자의 문제이지만, 신경생물학자들은 의식이 뇌와 신경계의 작용에 지나지 않는다는 결론에 도달했다. 마음이 실재하는 독립적인 실체로 간주된다면 이는 타당한 주장이다. 반면에 생각을 하나의 기능, 즉 지속적이고 상호 의존적인 과정으로 본다면 스스로를 아는 능력은 그 본성에 내재되어 있을 것이다. 외부 광원 없이도 스스로 빛을 발하는 등불의 불꽃처럼 주체-객체의 관계가 없는 비이원적인 방식으로 스스로를 인식한다. 만약 그렇다면, 한 개인에게 여러 의식의 흐름이 공존할 수 없기 때문에 자기 인식(self-awareness)은 다른 많은 의식 중 한 순간에 불과하다.

명상의 목적으로 다시 돌아가서, 자신의 마음을 관찰하고 그 본성을 파악하기 위해 며칠, 몇 년을 보내는 것은 무의미한 노력으로 보일 수 있다. 또한 이 접근 방식을 과학적이라고 부르는 것도 거짓으로 보일 수 있다. 하지만 그것은 모두 우리가 염두에 두고 있는 목표에 달려 있다. 우리의 목표가 내면의 평화를 파괴하는 부정적 감정을 해소하는 것이라면, 그리고 마음의 궁극적인 본성과 생각이 어떻게 발생하는지 인식할 때 그러한 감정을 해소할 수 있다는 것이 우리의 작업가설이라면, 또 이것이 실제로 일어날 수 있음을 경험적으로 보여준다면, 확실히 노력할 만한 가치는 있다. 아스피린이 두통을 치료하듯이 명상과학이 우리의 증오와 집착을 효과적으로 치료할 수 있다면 이는 분명 가치 있는 결과 그 이상일 것이다.

다시 말하지만, 명상은 지식이나 경험의 습득과 마찬가지로 장기 프로젝트이다. 마음은 빠져나오기 힘든 혼란 상태 속에서도 지속하는 것에 익숙해져 있다. 오랫동안 말아 놓은 종이를 펴려면 1, 2초 동안 평평하게 하는 것만으로는 충분하지 않다. 손을 떼자마자 다시 말려 올라가기 때문이다. 인내가 필요하다. 명상 수행은 무질서하거나 자의적이지 않으며 자체적인 가설, 법칙, 결과를 가지고 있다. 그리고 명상을 실천하는 사람에게는 외부 현상을 지배하는 물리법칙을 발견한 것만큼이나 설득력 있는 확신이 조금씩 생겨난다. 이러한 엄격한 내적 접근법으로 인해 명상과학이라는 용어가 정당화된다. 서양의 기독교 관상 전통에도 명상이 있지만 삶의 순위에서 우선시하지 않는다. 하지만 명상이 1,000년 이상 사회 전체에 영감을 준 티베트에서는 그렇지 않다. 1949년 중국 공산당이 침공하기 전까지 티베트 인구의 5분의 1이 사원, 수도원, 승원에 거주하면서 영적인 삶을 주 활동으로 삼았다. 이는 인류 역사상 유례없는 일이다. 따라서 수많은 사람 중 그 길을 따라 수행하여 깨달음에 도달한 주목할 만한 수행자들이 등장하는 것은 놀라운 일이 아니다. 이 현자들은 순수 인식 상태와 그 연속성을 직접 경험했으며, 죽음은 의식의 흐름이 끝나는 것이 아니라 한 존재 상태에서 다른 존재 상태로 전환하는 것이라는 확신에 도달했다. 그들의 확신은 교리를 완고하게 믿거나 부당한 가설을 통해서가 아니라 자신의 내적 경험에서 비롯된 것이다. 사물을 직접 눈으로 확인하려는 유물론적 성향의 상식적인 관점에서는 받아들이기 어려운 결론이다. 훈련된 운동선수가 장대높이뛰기를 6미터 이상 하는 경우, 일반인의 능력을 완전히 뛰어넘는 성과라는 것을 쉽게 받아들인다. 그러나 마음 수행은 눈에 보이지 않는 영역에서 일어나기 때문에, 멀리까지 나아가 놀라운 성취를 할 수 있다는 사실을 받아들이기가 훨씬 더 어렵다.

불교에서는 어떤 진술을 받아들일지 여부를 판단하는 기준을 세 가지로 제시한다. 첫 번째는 현상의 즉각적 관찰에 의한 직접 증거이다. 두 번째는 간접적이고 추론적인 증거로서 연기가 있으면 불이 난 것으로 추정할 수 있는 증거이다. 세 번째는 물리적 증거가 없는 경우 법정에서 판결을 내릴 때 참고하는 것처럼 유효한 증언이다.

명상과학의 경우, 직접적인 증거는 충분한 인내심을 가지고 수행하는 사람에게 일어나는 변화를 관찰하여 얻을 수 있다. 불교에서 추론적 증거는 외적 완전성이 내적 완전성을 반영하는 방식이다. 이 증거는 영적 스승들, 즉 인격과 행동의 모든 측면에서 신뢰할 수 있고 우리의 경험을 통해 비추어 봐도 수행을 성취한 것으로 밝혀진 스승들이 타당한 증거를 제시하는 경우이다. 조금 더 생각해 보면 이것이 믿음의 비약으로 인한 것이 아님을 알 수 있다. 우리는 종종 다음과 같은 형태의 추론에 접한다. 예를 들어 천문학자가 자신이 발견한 사실을 말하거나 물리학자가 소립자의 성질을 설명할 때, 그 진실성이 의심되지 않는 다수의 과학자들이 동일한 결론에 도달했기 때문에 우리는 그 주장에 확신을 느끼고 그들의 증언이 타당하다고 생각한다. 그렇지만 우리가 그들의 주장을 검증할 방법은 없다. 우리가 이해할 수 없는 추론이고, 우리가 접근하기 어려운 계산이라서 그렇다. 우리가 직접 자신의 경험을 통해 그들의 주장을 검증하려면 길고도 힘든 연구 프로그램을 수행해야 한다. 그러나 그들이 진실을 말하고 있을 가능성이 그렇지 않은 경우보다 훨씬 더 높아 보인다.

명상가들도 비슷한 과정을 따른다. 그들의 방법론은 엄격하고, 연구 결과는 다른 사람들의 성과를 확증하며, 수학적인 추론만큼이나 강력하다. 불교 명상과학의 텍스트는 정확하고 명확하며 일관성이 있다. 마지막으로, 인지 현상은 물리적 현상과 마찬가지로 실재한다. 명상하는 삶은 복잡한 방정식에 익숙해지는 문제가 아니라 인내와 일관성을 가지고 내적 경험의 여러 단계를 거치면서 마음의 본성을 명확히 알 수 있도록 발전하는 것이다. 올바른 태도를 가지고 바르게 노력하는 사람은 누구나 동일한 결론에 도달할 것이다. 그들은 또한 정직함·명료함·이타주의·평온·내면의 기쁨과 같이 흠잡을 데 없는 인간적인 자질을 외적으로 보여준다. 요컨대, 그들은 붓다와 같은 존재이며 어떤 흠도 보이지 않는 존재이다. 따라서 그들의 증언을 타당하다고 받아들이는 것은 당연해 보인다. 의식의 흐름을 단순한 신경 활동으로 환원시키지 않아야 하며, 의식이 뇌와 신경계에 작용할 수 있다는 말을 경시해서는 안 된다.

불교에 따르면 유물론과 관념론, 마음과 물질 사이의 갈등은 잘못된 문제이다. 사실 대부분의 철학자와 과학자들은 데카르트의 이원론처럼 '단단한' 물질과 '비물질적' 마음이 서로 대립하는 관점에서 사물을 보았다. 그러나 오늘날 과학자들 사이에서 지배적인 견해는 이원론에서는 비물질적인 것이 물질계에 영향을 미칠 수 있다고 가정하기 때문에 에너지 보존의 법칙에 위배된다는 것이다. 사물에 대한 이러한 관점은 실제로 해결할 수 없는 문제를 야기한다.

이 역설을 해결하는 방법에 여러 가지가 있다. 우선 의식을 물질의 특정한 속성일 뿐이라고 생각하는 것이다. 또한 의식이나 물질 현상세계 모두가 본질적인 실체가 없기 때문에 그 이중성이 존재하지 않는다고 볼 수도 있는데, 이것이 불교에서 채택하는 접근 방식이다.

그러므로 물질이 견고한 특성을 가진다는 생각을 먼저 살펴볼 필요가 있다. 왜냐하면 유물론이 마음의 본성을 이해하지 못하게 된 이유가 바로 물질을 실재화하여 생각했기 때문이다. 역사상 최초의 원자 이론은 데모크리토스에 의해 제기되었으며, 그는 '갈고리 달린

원자(hooked atoms)'를 우주의 구성요소로 간주했다. 그러나 사실 그보다 이전인 기원전 6세기 불교에서는 이미 더 우아한 형태로 원자 개념을 분석하여 제시했다. 불교의 분석은 물리학을 확립하려는 것이 아니라 실재의 본성을 탐구하는 데 목적이 있었다. 불교 논리학자들은 영속적이고 자율적이며 진정한 존재를 부여받는, 실재 세계의 본질이 될 수 있는 불가분의 입자(어원적 의미에서 '원자')가 있을 수 있는지 자문했다. 그들은 더 이상 분할할 수 없는 입자는 차원이 없는 수학적인 점과 동일해야 한다고 추론했다. 만약 입자에 차원이 있다면, 즉 면이나 방향이 있다면 더 이상 나눌 수 없는 것이 아니게 될 것이다. 분할할 수 없다는 정의에 부합하려면 한 입자가 다른 입자 전체와 동시에 접촉해야 하고, 이는 다른 입자와 완전히 합쳐지는 것을 의미하기 때문에 이 입자가 다른 입자와 병합하는 것 외에는 다른 입자와 접촉이 가능하지 않다. 따라서 입자군 전체를 하나의 입자로 용해할 수 있다. 이런 형태의 추론은 본질적으로 사물의 실체를 인정하는 완고한 믿음을 무너뜨리는 데 목적이 있다. 그래서 2,500년 전 불교에서는 소립자는 고체도 아니고 독립적인 존재도 아니며 상호 의존 관계 속에서만 존재한다는 가설을 세웠다. 현대 물리학과의 유사점을 너무 강조하지 않더라도, 하이젠베르크의 "원자와 기본입자 자체는 실재하지 않는다. 입자들은 사물이나 사실이라기보다는 잠재성 또는 가능성의 세계를 만든다."[11]는 주장을 떠올리지 않을 수 없다. 현대 물리학은 그 견고한 실체를 의심하게 하는 데이터도 산출했다.

---

11 Heisenberg, *Physics and Philosophy*, 181쪽.

예를 들어 우리는 이제 전자라고 부르는 현상이 입자이자 파동으로
나타날 수 있다는 사실을 인정한다. 이른바 전자가 입자뿐 아니라
파동의 성질도 가지고 있다는 사실을 부인할 수는 없지만, 그럼에도
두 가지 이율배반적인 가능성을 상상하기는 어려울 것이다. 입자와
파동은 완전히 다른 종류의 현상이다. 입자는 특정 질량을 가진 국소화
된 물체이지만 파동은 그 반대이다.

간섭 현상은 동일한 입자가 한 순간에 다른 두 구멍을 통과한다고
가정해야만 설명할 수 있다. 이는 입자를 국소적인 물질 존재로 간주하
는 우리의 상식을 거스르는 관찰이다. 하이젠베르크는 현상 세계의
구성요소가 갖는 부정확성으로 인해 "원자는 사물이 아니다."라고
말했다.[12] 미시적 수준에서 물리세계의 견고성에 의문을 제기한다면
거시적 수준에서도 그 실체에 대해 의문을 제기할 수 있어야 한다.

현상의 본질을 이와 같이 이해하면 이른바 비물질적인 의식과
물질적인 물리세계 간의 환원할 수 없는 간극을 메워준다. 의식과
현상은 끊임없이 변화하는 흐름이며, 상호 의존적이고 진정한 존재가
없으며, 어느 쪽도 다른 쪽보다 더 실재적이지 않다. 물리적 현상과
정신적 현상이라는 데카르트적 이원성이 사라지는 것이 바로 이 지점
이다. 그렇다고 해서 앞서 지적한 바와 같이 관습적이고 상대적인
관점에서 볼 때 생물과 무생물 사이에는 명확한 질적 차이가 없으며,
의식이 물질로 환원될 수 없다는 것을 의미하지는 않는다. 예를 들어

---

12 Werner Heisenberg, "On the History of the Physical Interpretation of Nature,"
   Philosophical Problems of Quantum Physics (Woodbridge, Conn.: Ox Bow,
   1979 〔1932〕).

꿈속에서는 아무것도 실제로 존재하지 않지만 생물과 무생물 간에 차이가 있다. 우리의 꿈속에서조차 무생물인 돌이 생각한다고 보지 않는다.

환원 불가능한 데카르트적 이원론은 의식과 세계 간에 인터페이스가 있음을 인정하지 않을 것이다. 이 둘은 공통점이 없기 때문이다. 의식은 세계를 파악할 수 없을 것이다. 왜냐하면 세계에 영향을 미치거나 받으려면 둘 사이에 역동적 관계가 있어야 하기 때문이다. 간단히 말해, 마음과 물질의 이원성은 둘 다 독립적인 실체가 아니고 현상의 상호 의존적인 전체성에 속해 있기 때문에 환원 불가능하지 않다.

물질세계에서 질량 에너지는 결코 완전히 사라지지 않는다는 것, 즉 "사라지는 것도 없고 생성되는 것도 없다."는 것이 현대 물리학의 원리이다. 존재하는 것은 완전히 사라질 수 없으며, 존재하지 않는 것은 무수히 많은 원인이 작용한다 해도 바뀌지 않는다. 이 마지막 이유로 인해 불교에서 세계는 시작이 없으며, 현재 우주의 빅뱅과 같은 시작은 더 광대한 과정의 에피소드 중의 하나일 뿐이라고 생각한다. 불교에서는 의식에도 비슷한 추론을 적용한다. 불교 수행자에 의하면, 인간이든 어떤 다른 존재이든 중생의 의식의 흐름은 단순히 무에서 유가 나타나거나 무로 사라질 수 없다. 물질의 변화가 항상 물질 구성요소와 그것을 지배하는 힘에서 비롯되는 원인과 조건을 통해 일어나듯이 의식 흐름의 변화도 그 본성을 공유하는 원인, 즉 의식의 원인에 의해 일어난다. 따라서 의식의 흐름은 스스로 영속하는 기능이기 때문에 시작도 끝도 없는 것으로 보아야 한다.

이러한 내용은 우주의 역사에서 지능이 점진적으로 진화해 왔다는 설과 모순되는 것처럼 보일 수도 있다. 그러나 이는 의식의 의미, 또는 무생물의 반대 개념으로서 생명이 의미하는 바에 따라 달라진다. 의식에 물리적 기반이 있고(불교에서는 이와 무관한 의식 상태를 상정하기도 함) 그 기반으로 인간 신경계와 같은 복잡한 구조가 구성될 때, 의식은 우리가 지능이라고 부르는 형태로 표현될 수 있다. 그 구조가 덜 발달된 경우에 의식은 훨씬 덜 정교한 형태로 나타난다.

의식은 전체적 측면에서 뇌의 화학반응과 상호 연관되어 있다. 따라서 의식이 신체에 작용하여 물리적 과정을 일으키지 못하거나, 역으로 그 물리적 과정이 의식에 영향을 미치지 못할 이유는 없다. 의식이 신체와 연관되어 있는 한 상호작용은 계속된다. 이를 부인하는 신경학자들은 과학적 측면에서 말하는 것이 아니라 형이상학적 견해를 표명하고 있는 것이다. 앨런 월리스는 '엄밀한(hard)' 과학에 대해 다음과 같이 설명한다.

모든 실재는 본질적으로 무심하고 불변하는 자연법칙을 따르는 물질과 에너지로 귀결된다. 생명은 화학물질의 복잡한 구성이 만들어내는 우발적인 부산물로 환원되고, 마음은 신경계 조직에서 함께 발생된 창발적인 특성을 갖는다. 이러한 물리적 환원주의는 단순히 과학적 연구에 근거한 결론이 아니다. 오히려 그 연구와 이론화가 수행되는 형이상학적 맥락을 제공한다.[13]

---

13 Wallace, *Choosing Reality*, 12쪽.

갈릴레오는 측정 불가능하거나 정량화할 만한 특성(형태, 수, 운동)이 없는 물체에 대한 연구를 과학이라고 생각하지 않았다. 의식의 가장 미묘한 차원은 본질적으로 물리학에서 정의하고 사용하는 조사 방법으로는 직접 감지할 수 없다. 기계적이고 정량적인 기술은 실체가 없는 현상에도 적용 가능하도록 설계되지 않았다. 그러나 물리적 측정 변수를 사용하여 무언가를 찾을 수 없다고 해서 그것이 존재하지 않는다는 증거는 아니다. 우리는 아인슈타인의 말을 잊지 말아야 한다. "관찰 가능한 크기만으로 이론을 만드는 것은 원칙적으로 매우 잘못된 일이다. 실제로는 그 반대의 일이 일어난다. 우리가 무엇을 관찰할지를 결정하는 것은 이론이다."[14] 즉, 미묘한 의식이나 비물질적인 의식은 실체가 없긴 해도 비존재가 아니며 기능을 수행할 수 있다. 의식에는 신체와 상호작용할 수 있는 능력이 내재되어 있다. 따라서 미묘한 의식과 신체의 상호작용을 연구하지 못할 이유는 없다.

불교경전에는 색이 무엇인지 알고 싶은 두 장님의 이야기가 나온다. 한 명은 흰색이 눈(雪)의 색이라고 들었다. 그는 흰색이 차갑다는 결론을 내렸다. 다른 장님은 흰색이 백조의 색이라고 들었다. 그는 흰색이 날개를 펄럭이는 것이라는 결론을 내렸다. 이 이야기는 우리가 외부 세계를 어떻게 인식하는지를 잘 보여준다. 빛은 열이나 색의 근원으로 인식될 수 있으며, 파동으로 측정될 수 있고 입자로도 감지될 수 있다. 그러나 그 특성 중 하나를 빛의 진정한 본질이라고 말할 수 있는 근거는 무엇인가? 이런 식으로 성찰하는 것은 독립적인

---

14 Werner Heisenberg, *Physics and Beyond: Encounters and Conversations* (New York: Harper and Row, 1971), 63쪽에서 인용.

실재, 다시 말해 다른 현상과 그것을 관찰하는 의식과는 무관한 현상의 가능성에 의문을 제기한다. 불교에서 세상을 이해하는 열쇠는 무생물이든 생물이든 막론하고, 모든 현상의 상호 의존성 개념에 있다. 지각과 전혀 관계없는 실재는 없으며, 실재론을 믿는 사람들이 주장하듯이 자기 스스로를 정의하는 실재는 존재하지 않는다. 관념론자들이 생각하는 것처럼 현상은 마음의 투영도 아니다. 불교에서는 생명이 진화할 수 있도록 우주가 만들어졌다는 인간 중심적 입장을 취하지 않는다.[15] 불교는 세계와 그것을 지각하는 의식 사이에 상호 의존성이 있음을 관찰한다. 이것을 유물론이나 허무주의에 빠지지 않는 '중도(middle way)'라고 부른다.

  의식의 영역이든 물질의 영역이든 모든 현상이 서로 관련되어 있다는 사실은 자연스럽게 그들 사이에 일정한 조화가 있음을 나타낸다. 따라서 우주의 물리 상수(플랑크 상수, 중력 상수 등)가 생명과 의식의 존재를 가능하게 하는 조건과 양립할 수 있음을 이해할 수 있다. 이 관점에서 보면 우주와 우주의 아름다움을 관찰하기 위해 의식이 나타나야만 했다거나, 우주가 생명과 인류를 최고로 만들어야 했기 때문에 존재한다고 말할 수는 없다(매우 인간 중심적인 생각이다). 또한 생명이 물리 상수에 의해 정의된 물리적 조건 내에서 자동적으로 발생해야 했다는 의미도 아니다. 오히려 우주와 의식은 두 '동시적인 창발'의 연속체라는 것을 의미한다. 두 연속체는 상호 의존적이고 전체성의 일부이지만 물질은 의식의 근원을 만들 수 없기 때문에

---

15 이것을 '강한' 인간 중심 원리라고 한다.

두 연속체 모두가 필요하다.

과학이 인간의 욕구를 충족시킬 수 있는가? 자연과학은 인간 존재에 의미를 부여하지 않으며 부여할 수도 없고 앞으로도 부여하지 않을 것이다. 이런 의미는 순전히 내적 발견의 문제이기 때문에 잘못된 것이 아니다. 사실 과학은 모든 것을 설명할 수 있는 포괄적인 지식 분야가 되려는 시도를 멈춘 후에야 엄청난 성공을 거두었다. 대신 자연현상의 연구에 초점을 맞추었고 그 현상을 발견하고, 측정하고, 설명하고, 행동하는 데 매우 효율적인 학문이 되었다. 이러한 노력으로 얻은 지식의 양이 너무 방대하다. 그리고 사람들은 과학이 우리 존재의 의미가 가진 근본적인 질문에 답하기 위한 것이 아니라는 생각을 하게 되었다. 이것은 현대과학의 실패가 아니다. 행복과 내면의 평화를 찾도록 돕는 것은 결코 현대과학의 목적이 아니기 때문이다.

의사의 처방만으로는 아픈 사람을 치료할 수 없듯이, 순전히 이론적인 접근만으로 우리를 더 나은 인간으로 만들지는 못할 것이다. 우리가 영적으로 행동할 때는 자신을 완전하게 하고 다른 사람에게 기여하는 두 가지 목적이 있어야 한다. 전통에 따라 영적 삶의 방식이 크게 다르지만 이 두 기준이 모두 충족되어야 한다. 삶의 목적인 행복에 대한 정의로 돌아가서, 행복은 우리 모두가 내면에 가지고 있는 완벽함의 가능성과 지혜, 개인의 성취감, 이타주의의 잠재력을 완전히 실현했다는 느낌에서 비롯된다고 말하고 싶다. 이것이 바로 불교의 본질인 지혜와 자비의 합일을 가져올 수 있는 방법이다.

과학 지식과 명상 지식은 서로 적대적이지 않다. 그러나 간과해서는 안 될 체계가 있다. 과학은 외부 현상을 이해하고 세계에서 행동하는 것에 우선순위를 두는 반면, 명상 전통에서는 내면의 평화를 추구하고, 정신적 괴로움을 제거하며, 마음을 명료하고 고요하게 하고, 이타적이 되는 것을 강조한다. 하나는 사물을 경험하는 것이고 다른 하나는 의식을 경험하는 것이다.

일단 우리가 영적인 길에 헌신한 후에는, 몇 달 몇 년에 걸쳐 실제로 자신이 미움·집착·교만·질투, 그리고 무엇보다도 무지에서 벗어나고 있는지 확인하는 것이 필수적이다. 이것이 수행의 중요한 결과물이다. 이 결과를 가져오는 수행은 쓸모없는 것이 아니라 지식의 한 형태이며, 진정한 지혜를 구성한다는 의미에서 과학이라고 부를 만하다.

제3부

· · ·

불교와 물리학

　　윌리엄 에임스는 이 글에서 아비달마 철학의 실재론에서부터 중관철학의 존재론적 상대주의까지, 뉴턴과 맥스웰의 고전 물리학에서 상대성 이론과 양자역학의 획기적인 발전에 이르기까지 불교와 물리학을 비교 분석하고 있다. 초기의 불교사상과 고전 물리학의 철학적 전제는 어떤 면에서 놀라울 정도로 유사하지만 결정적으로 다른 측면도 있다. 아마도 가장 중요한 차이는 불교가 고통의 근원을 없애고 깨달음을 얻기 위한 수단으로 마음과 물질 현상이 모두 포함된 경험 세계(loka)를 질적으로 이해하는 데 관심이 있다는 점이다. 반면 물리학은 주관적 경험과는 별개로 순수하게 객관 세계에 존재하는 물리 현상의 본질을 정량적으로 탐구하며, 이 지식은 기술을 활용하고 외부 세계를 지배하는 데 사용된다. 또한 불교는 정신 현상을 탐구하는 데 주로 관심을 두지만, 물리학은 오로지 물리 현상에만 관심이 있다. 현대과학 전체가 물리학의 패러다임에 기초하고 있는 한, 우주에 대한 과학적 관점에서 주관적인 정신 현상은 과소평가되어 객관적인 물질 구성에서 일어나는 우연한 현상이라는 지위로 격하된다.

　　초기불교와 고전 물리학의 근원에는 주체와 객체, 측정 시스템과 측정되는 현상 간의 근본적인 이중성이 가정되어 있다. 둘 다 물리적 세계가 관찰이나 측정과는 무관하게 고유한 특성을 가진 기본 구성요소로 이루어져 있다고 가정한다. 그러나 많은 불교도들이 불교철학의 정점으로 간주하는 중관철학은 주관적 현상과 객관적 현상이 독립적으로 존재한다는 것에 의문을 제기한다. 모든 현상은 그 자체의 고유한 정체성(identity)이 '공空'하며, 의존적으로 연관된 사건처럼 존재하는 것으로 파악된다. 이 관점에서 주관적 현상과 객관적 현상은 모두, 그 현상을 지각하거나 생각하는 마음과 관련하여 관습적으로만 존재할 뿐이다. 모든 인지체계에서 유일한 불변의 진리는 모든 현상의 고유한 특성이 공하고, 심지어 공 자체의 고유한 특성도 공하다는 것이다. 이런 이유로 모든 현상의 본질적 특성(Tib: ngo bo)은 본질적 특성이 없는 것이라고 말할 수 있다.

중관철학의 견해와 비교되는 양자역학의 실험적 증거에 의하면 물리적 우주의 기본 구성요소인 물질과 에너지 양자量子는 본질적으로 입자나 파동의 특성을 갖지 않는다. 오히려 양자가 나타내는 특성은 그것을 감지하는 측정 시스템에 따라 달라진다. 더욱이 측정 이전의 양자는 확률함수로 표현되는 매우 추상적인 존재이다. 양자현상은 측정이 이루어질 때 비로소 '실재'하는 존재로 드러나는데, 이는 객관적인 물리세계가 단순히 발견되기를 기다리고 있다는 가정에 근본적으로 도전하는 것이다. 물리적 우주의 기본 입자를 불연속적이고 독립적인 국소적(local) 실체로 보기보다는, 입자를 감지하는 측정 시스템에 관련해서 일어나는 비국소적이고 의존적인 사건으로 특징짓는 것이 더 나을 수 있다.

1. 공과 양자 이론

윌리엄 에임스

공(空, śūnyatā)은 불교, 특히 대승불교의 핵심 개념이고 양자 이론은 현대 물리학의 핵심 이론이다. 공은 '무無'를 의미하는 것이 아니라 우리 자신을 포함한 모든 존재 자체에 있다고 생각하기 쉬운 독립적인 정체성이 없다는 것을 의미한다. 양자 이론은 소박한 실재론을 거의 부정하는 관점으로 19세기 물리학의 기계론적 세계관을 대체했다. 먼저 불교에 대해 살펴본 후 두 사상의 공통점에 대해 알아보기로 한다.

불교의 기본 가르침

붓다(기원전 560~480년경)는 사회적, 정치적 격변의 시기에 인도 북부

에서 활동했다. 사람들이 철을 사용하게 되면서 철제 도끼와 쟁기로
더 많은 숲과 땅을 개간하여 경작했고 이는 곧 인구와 부의 증가로
이어졌다. 도시가 성장하면서 초기의 작은 왕국과 귀족 국가는 거대한
왕국으로 대체되었다. 도시화 및 사회 변화로 인해 소외와 불만이
증가하였고 오래된 종교에 대해 의문이 생겨났다. 이러한 사회적
분위기 속에서 새로운 종교적, 철학적 가르침이 확산되었다. 우파니
샤드의 교리는 오늘날 힌두교라고 부르는 종교를 크게 변화시켰다.
당시 생겨난 다양한 종파 중에서 불교는 세계의 대표적인 종교가
되었다.

붓다의 가르침의 주요 내용은 삶에 만연한 고통을 분석하고 고통의
종식으로 이끄는 길을 제시한다. 4성제四聖諦 중 고성제苦聖諦는 우리
의 삶이 분명히 고통스럽다는 의미로 잘못 해석되어 왔는데, 이는
일반적인 경험과 모순되는 주장이다. 실제로 붓다는 모든 조건화된
현상이 무상하므로 우리가 경험하는 쾌락이나 행복조차도 변화하고
사라진다는 점에서 불만족스럽다고 주장하였다. 고통(不善)이나 즐
거움(善)이 아닌 중립적인(無記) 경험조차도 우리가 행동할 때 원인과
조건의 복잡한 그물망에 스스로를 포함시키는 조건화로 인해 불만족
을 가져온다.

불교의 또 다른 유명한 가르침으로 모든 현상은 '자아가 아니다'
또는 '자아가 없다'(無我, anātman)는 내용이 있다. 몸이나 마음은
자아가 아니며 자아의 지배를 받지 않는다는 뜻이다. 사실 자아라는
개념은 다소 모호하다. 우리는 때때로 자신을 몸(色)·생각(思)·감정
(受)·정신(識) 현상과 동일시하지만, 보통 '나의' 몸·생각·감정 등을

말할 때 자아가 이것들과 분리된 어떤 것 혹은 이것들을 소유하는 어떤 것임을 암시한다. 우리는 이 정신 현상 중 일부가 일어나지 않는 자아를 상상할 수 있지만, 아무것도 일어나지 않는 경우는 상상할 수 없다.

불교에서 몸과 마음은 무상한 육체적, 정신적 사건의 흐름으로 간주된다. 몸은 끊임없이 변화하여 노화가 일어나고, 마음은 지각·생각·감정 등으로 매 순간 변화한다. 몸과 마음은 강과 같다. 흐름은 지속되지만 우리가 지목할 만한 지속적인 실체는 없다. 흐름 자체는 고정된 것이 아니라 끊임없이 변화해 간다.

몸과 마음은 무상하고 다양한 원인과 조건에 따라 변화하며 그중 대부분이 자신이 원하는 바와 무관하기 때문에 자아가 통제할 수 없다. 또한 많은 불교도들은 몸이나 마음을 통제할 수 있는 자아가 따로 존재하지 않는다고 믿는다. 우리가 자신을 관찰해 보면 단지 몸과 마음이라고 부르는 육체적, 정신적 현상만을 발견할 수 있다. 따라서 몸이나 마음과 다른 별개의 자아가 있다는 증거가 없으며, 또한 몸이나 마음이 없는 자아는 의미가 없다.

연기緣起

불교에서는 우리의 몸과 마음, 그리고 외부 세계가 모두 무상하고 변화하는 현상으로 이루어져 있다고 말한다. 이 개념은 불교에서 강조하는 인과관계와 밀접한 관련이 있다. 한편으로 사물이 원인과 조건에 의존한다는 사실은 변화의 과정을 주도해 간다. 인과의 요인 자체가 끊임없이 변화하기 때문이다. 다른 한편으로 인과관계는, 무상함으로 인해 자의적이고 혼란스럽게 되는 것을 방지하는 질서의 근원을 이끈다. 예를 들어 토양·물·온기와 같은 필수조건이 충족될 때 볍씨에서 벼의 싹이 트지만 보리의 싹이 트는 법은 절대 없다.

불교의 인과관계는 연기법(pratityasamutpāda)으로 표현된다. 이 원리는 무지無智에서 시작하여 욕망과 늙음, 죽음, 괴로움으로 이어지는 연속된 12가지 요소로 구성된다. 연기의 일반 개념은 다음과 같이 설명될 수 있다. "이것이 있으면 저것이 있고, 이것이 생기기 때문에 저것이 생긴다. 이것이 없으면 저것이 없으며, 이것이 멸하기 때문에 저것이 멸한다."

다시 말해, A가 B의 필요조건 중 하나일 때 B의 발생은 A의 발생에 의존하거나 조건화된다. A가 없으면 B도 있을 수 없다.(불교에서는 어떤 결과가 발생하기 위해서 항상 여러 가지의 인과 요인이 필요하다는 점에 유의해야 한다.) 벼의 싹 예로 돌아가서, 볍씨는 싹의 원인(hetu)이고 토양·물·온기 등과 같은 다른 필수 요소는 인과의 조건(緣, pra-tyaya)이다. 존재에 필요한 모든 인과적 요인이 일어날 때만 비로소 볍씨에서 싹이 나며, 이를 유지하는 데 필요한 조건이 모두 갖춰지지 않으면 더 이상 존재하지 않는다.

연기는 무아無我 개념과 연관이 있다. 세계는 무상한 현상들로 구성되어 있고, 과거와 현재에 일어나는 현상은 연기법과 관련되어 있다. 과거와 현재 사이의 인과관계는 어느 정도의 연속성과 상대적 영속성을 가능하게 한다. 즉, 일상생활을 할 때 사소한 변화가 일어나도 인과적 규칙성으로 인해 동일한 상황이 한동안 지속될 수 있다.

따라서 무상함은 연기법으로 인해 일상 경험에서 관찰되는 사물의 규칙성, 지속성과도 조화를 이룰 수 있다. 불교도들은 보통 경험의 연속성을 설명하기 위해 자아나 본질을 가정할 필요가 없다고 생각한다. 그들은 사물이 마치 영속적 본질을 갖고 있는 것처럼 우리가 집착하고, 자기 자신을 실재하는 영속적인 실체로 여기는 경향이 고통의 근원이라고 강조한다.

연기 또한 비인격적 과정이다. 누군가의 행동이나 경험이라고 생각되는 육체적, 정신적 현상이 있을 수 있지만, 현상은 행동의 주체나 결과를 경험하는 자 없이도 다른 현상들을 조건화한다. 따라서 불교도들은 영속적인 자아 없이도 행위(業은 '행위(action)'를 의미)가 윤회와 같은 결과를 가져올 수 있다고 주장해 왔다. 우리가 자아라고 부르는 것은 무상한 현상의 흐름이며, 정신적 혹은 육체적 사건은 인과적으로 상호 연관된 다른 사건에 의존하여 발생한다.

아비달마

불교의 기본 가르침을 다룬 앞의 내용은 매우 불완전하다. 예를 들면 나는 앞에서 해탈과 해탈로 이끄는 길에 대해서는 다루지 않았다. 그럼에도 지금까지 언급한 개념은 공과 양자 이론을 비교하는 데 충분한 기초가 될 것이다.

붓다 입멸 후 몇 세기 동안 여러 초기 불교학파에서는 아비달마(Abhidharma)라고 불리는 마음과 세계에 대한 정교한 설명을 발전시켰다. 아비달마는 세계에 대해 분석적인 접근 방식을 취한다. 생명체

(有情)와 물리적 사물(色)은 단일한 실체로 간주되지 않는다. 대신 다르마(dharma, 法)라고 하는 보다 근본적인 단위로 구성된다. 산스크리트어인 dharma는 '법法', '붓다의 가르침' 등 여러 의미를 갖는다. 나는 이 글에서 다르마를 '정신적 또는 물질적 현상'이라는 의미로 사용할 것이다. 다르마는 정신적 혹은 물질적일 수 있는 비인격적인 현상이다.[1]

다르마라는 용어는 아비달마 이전 시대부터 쓰였다. 붓다가 경전(sūtra)에서 다르마를 언급한 이유는 아마 무아 교리로 인해 자아 개념을 다루지 않으면서 인간의 경험을 설명할 필요가 있었기 때문일 것이다. 이후 시간이 지나면서 붓다의 설법에 담긴 가르침을 다르마 관점에서 설명하려는 자연스러운 경향이 있었고, 이를 위해 다르마 관점에서 사물을 설명하고 분류를 확장하려 했을 것이다. 더 야심차게는, 모든 것을 다르마와 다르마 간의 관계로 설명하려는 생각도 있었을 것이다. 불교의 세계관을 완전하고 체계적으로 만들고자 하는 이러한 욕구는 이후 아비달마의 등장을 설명할 수 있을 것이다.

따라서 아비달마는 붓다의 가르침을 (인과론이 포함된) 일관되고 완전한 다르마 관점에서 체계화하려는 시도라고 볼 수 있다. 아비달마는 다르마를 더 이상 분석할 수 없다는 의미에서 궁극적인 것으로 간주한다. 또한 후대 불교에서와 마찬가지로 아비달마에서 다르마는

1 일부 아비달마 학파에서는 물질[色]도 아니고 마음[心]도 아닌 것처럼 보이는 현상에 대해 '물질 혹은 마음이 아닌 심소(心不相應行法)'라는 또 다른 범주의 다르마를 인정했다. 또한 모든 불교학파에서는 조건에 의존하지 않는 다르마[無爲法] 중 하나로 열반을 들고 있다.

단순히 '영속적이지 않다'는 의미뿐 아니라 엄밀히 말해 일시적이라는 의미에서도 무상하다. 다르마는 한순간 이상 지속되지 않는데, 사물이 시간이 지나도 지속되는 것처럼 보이는 이유는 유사한 다르마가 연속적으로 빠르게 지나가면서 일종의 '영화'와 같은 착각을 주기 때문이다.

여기에서 아비달마의 복잡한 내용을 자세히 설명할 수는 없지만 몇 가지 언급해야 할 사항이 더 있다. 하나는 아비달마에 열거된 다르마의 대부분이 정신적인 것이라는 점이다. 불교에서는 괴로움으로부터의 해탈을 최우선 관심사로 보기 때문에 아비달마에서도 물리적 세계의 경험보다는 심리적 경험을 분석하는 데 중점을 둔다. 심리학에서는 도덕적 요인, 명상심리학, 영적 단계의 내용에 중점을 둔다. 한편 아비달마는 소리(聲)와 형태(色) 등 많은 다르마가 물리적임에도, 물리적 세계의 실재성에 대해서 별다른 의문을 제기하지는 않는다.

'두 가지 진리(二諦)' 개념은 아비달마에 처음 등장했다. 일상 언어에서는 세계를 항아리와 같은 사물로 설명하지만, 아비달마에서는 이를 다르마로 분석한다. 따라서 색·모양·질감 등과 같은 다르마의 구성요소가 없이 항아리는 존재하지 않는다. 항아리처럼 분석을 통해 사라지는 것은 무엇이든 관습적이거나 피상적인 진리이다. 반대로 다르마자체는 더 기본적인 구성요소로 분석할 수 없으며, 만약 분석이 가능하다면 다르마로 간주되지 않는다. 더 이상 분석할 수 없는 것(즉, 다르마)은 무엇이든 궁극적 진리로 간주된다.

항아리와 같은 사물뿐 아니라 에임스 같은 사람도 다르마로 분석될 수 있으므로 관습적 진리에 불과하다. 붓다는 가르침을 펼 때 종종 사람과 사물에 대해 설법했지만, 어떤 때는 다르마의 관점에서 설법하기도 하였다. 아비달마 문헌에 의하면, 붓다는 설법할 때 청중이 이해할 수 있도록 관습적 진리의 관점에서 설법하였다고 한다. 반면 아비달마는 항상 궁극적 진리, 즉 다르마의 관점에서만 설한다. 이 두 가지 진리 개념은 이후 불교의 전개 과정에서 다시 등장하지만 그 내용은 상당히 다르다.

고전 물리학

후대 불교인 대승불교로 넘어가기 전에 고전 물리학에 대해 논의하려고 한다. 왜냐하면 고전 물리학은 아비달마와 흥미로운 유사점이 있기 때문이다. 먼저 물리학에 있어 '고전'이란 무엇인가? 17세기 갈릴레오(Galileo) 등의 연구로부터 시작되어 19세기 말까지 이어진 실험과 이론을 말한다. 1905년 알버트 아인슈타인(Albert Einstein)이 특수 상대성 이론에 관한 논문을 발표하면서 현대 물리학이 시작되었고, 20세기 후반 들어 양자 이론의 발전과 함께 고전 물리학은 현대 물리학과 급속도로 멀어지게 되었다.[2]

고대 및 중세 물리학에 비해 고전 물리학에서는 물리세계의 작동방

---

2 양자 이론의 시작은 1900년에 출판된 막스 플랑크(Max Planck)의 논문으로 거슬러 올라간다. 그러나 양자 이론으로 발전하는 데는 시간이 걸렸고, 1920년대 후반에 이르러서야 (비상대론적) 양자 이론이 완성되었다. 심지어 양자 이론이 갖는 급진적인 의미를 이해하는 데는 더욱 오랜 시간이 걸렸다.

식을 설명할 때 수학을 훨씬 더 많이 사용한다. 예를 들어 뉴턴(Newton)의 제2 운동법칙은 F=ma라는 방정식으로 표현된다. 이 방정식은 물체에 작용하는 힘(force) F가 물체의 질량 m에 가속도 a를 곱한 값과 같다는 것이다. 여기서 가속도는 속도가 변하는 비율이다. 따라서 이 방정식은 물체의 질량이 일정하면 물체에 가해지는 힘이 클수록 속도가 더 빠르게 변한다는 것을 의미한다.

한 가지 흥미로운 점은 힘이 0이면 가속도도 0이 되어 물체의 속도가 일정하게 유지된다는 것이다.(사실 이것이 뉴턴의 제1 운동법칙이다.) 이 원리는 우리가 일상생활에서 느끼는 일종의 '직관적인' 물리학과 대조되는데, 보통은 물체가 계속 움직이도록 힘을 가하지 않으면 속도가 느려져서 결국 멈춘다고 가정한다. 실제 환경에서는 마찰이 작용하기 때문이다. 그러나 뉴턴은 갈릴레오의 아이디어를 일반화하여, 물체는 어떤 힘이 가해지지 않는 한 일정 속도로 직선 운동을 계속할 것이라고 하는 또 다른 가정을 통해 좀 더 적합한 물체와 운동 이론을 만들 수 있음을 깨달았다. 마찰은 가해지는 힘으로 간주된다. 마찰은 항상 존재하기 때문에 사물을 이렇게 바라보는 것은 다소 작위적일 수 있다. 하지만 뉴턴의 운동법칙은 마찰이 거의 없는 우주 공간에서 천체의 운동을 설명하는 데는 매우 탁월하다. 뉴턴 물리학에서는 마찰을 무시할 수 없는 경우에도, 마찰을 고려한 일관되고 정량적인 방법을 제공한다.

따라서 고전 물리학은 우리가 일상적으로 생각하는 세계관에서 한걸음 떨어져 있긴 하지만, 그 차이는 비교적 적어서 약간의 수정만으로도 '상식적'으로 이해할 수 있는 정도이다. 고전 물리학의 또 다른 특징은 'F=ma'에서와 같이 세계를 수학적으로 설명할 수 있으므로 가해진 힘이 있을 때 물체의 운동을 정량적으로 계산하는 것이 가능하다는 점이다. 원칙적으로 고전 물리학에서 사용되는 방정식을 통해 모든 물체의 향후 전개를 정확하게 예측하고 계산할 수 있다. 그러므로 고전 물리학은 결정론적이다.

그러나 실제로는 가장 단순한 경우에만 정확한 계산이 가능하다. 따라서 과학 이론의 예측은 계산할 때 발생하는 근사치로 인해 약간 모호해진다. 마찬가지로 실험 측정에서도 항상 실험 오차가 일부 포함되므로 오차의 범위를 정확하게 추산하는 것이 중요하다. 고전 물리학뿐 아니라 과학에서도 대략적인 측정값과 계산 결과를 비교하는 것이 일반적이다. 따라서 과학 이론의 예측은 '실험 오차 범위 내'에 있는 것으로만 인정될 수 있다. 두 이론이 경쟁하는 경우, 그 예측들이 모두 실험 오차 범위 내에 있다면 실험을 통해서는 양자를 구별할 수 없다.

뉴턴의 법칙은 고전 물리학의 한 분야에 속하며, 힘의 영향을 받아 움직이는 물체를 연구하는 역학이다. 다른 분야는 이후에 점차적으로 발전했다. 19세기에 전기와 자기가 밀접한 관련이 있다는 사실이 밝혀졌는데, 제임스 클러크 맥스웰(James Clerk Maxwell)은 전기와 자기를 통합적으로 설명하는 전자기학의 수학적 이론을 발전시켰다. 뉴턴 역학과 마찬가지로 맥스웰의 이론도 결정론적이었고, 뉴턴처럼 맥스웰도 자신의 이론을 사용하여 광범위한 현상을 설명할 수 있었다. 맥스웰 이론이 가져온 가장 큰 성과는 빛이 전자기 복사의 한 형태라는 통찰이다. 따라서 그의 이론은 전기와 자기의 통합뿐 아니라 빛을 연구하는 광학과도 통합할 수 있었다.

고전 역학과 전자기 이론 외에도 고전 물리학의 다른 중요한 분야로는 열역학(열 연구)과 통계역학이 있다. 열역학은 에너지와 엔트로피의 중요 개념을 발전시켰고, 통계역학은 열과 온도와 같은 열역학적 현상을 수많은 입자의 운동이라는 측면에서 설명했다.

19세기 말까지 고전 물리학의 성공은 실로 인상적이었다. 물리세계에 대한 이론적 이해가 이루어지고 현상이 새롭게 예측되고 발견되었을 뿐만 아니라, 과학 지식을 적용하여 강력한 기술적 성과를 이루었다. 힘을 결정론적 수학법칙으로 표현함으로써 상호작용하는 불변의 물질 입자는 물론 물리적 우주와 모든 실재를 설명할 수 있다는 생각이 널리 퍼지게 되었다.

고전 물리학과 아비달마

아비달마와 고전 물리학은 몇몇 중요한 차이점이 있지만 대체로 유사하다고 볼 수 있다. 둘 다 세계를 비인격적이고, 인과적으로 관련된 비교적 단순한 분석 단위로 환원한다. 분석 단위가 입자와 힘이건 다르마이건, 물리적 사물과 생명체는 단순한 단위의 복잡한 조합으로 간주된다.[3] 고전 물리학에서 입자와 힘은 보통 방정식으로 표현되는 물리법칙과 관련이 있다. 아비달마에서 다르마는 연기로 표현되는 다양한 종류의 원인과 조건에 의해 서로 관련을 맺는다.

---

3 엄밀히 말해 물리학은 무생물에만 관심이 있지만, 과학자들 중에는 생명체를 물리 용어를 통해 설명할 수 있다는 견해가 널리 퍼져 있다.

예를 들어 일상에서 우리는 '탁자 위에 책이 있다.'라고 말할 수 있다. 불교와 물리학 모두에서 이 말은 관습적으로만 사실이다. 고전 물리학에서 책과 탁자는 힘을 통해 근본적으로 상호작용하는 원자들의 집합체이다. 아비달마에서 책과 탁자는 다양한 원인과 조건에 따라 서로 영향을 미치는 다르마로 구성된다.

고전 물리학이나 아비달마에서는 분석의 단위가 궁극적으로 실재한다고 간주한다. 고전 물리학의 입자와 힘은 객관적 실재로 간주되며, 아비달마의 다르마 관점도 마찬가지이다. 한편으로 다르마, 입자와 힘은 모두 명확하면서 알 수 있는 특성을 갖는다. 실험 오차와 같이 몇몇 실질적인 문제가 있을 수 있지만, 다르마와 입자/힘의 특성은 원칙적으로 잘 정의되어 있으며 내적으로 불명확하지도 않다.

물론 몇 가지 중요한 차이점도 존재한다. 다르마는 수학적으로 설명되는 고전 물리학의 입자와 힘보다 우리의 직접적인 경험에 더 가깝다. 다르마는 경험을 통해 알 수 있다. 각각의 다르마는 그것임을 알 수 있는 '고유의 표식'이 있다. 입자와 장(field)은 실험과 일치하는 것으로 밝혀진 이론의 일부가 됨으로써 우리가 알 수 있다. 이론이 수학 용어로 공식화되어 있기 때문에 정량적 실험 결과와 비교할 수 있는 정량적 예측을 도출하는 것이 가능하다.

또 다른 중요한 점은 다르마 대부분이 물질적인 것보다 정신적인 면에 초점을 맞추지만, 물리학은 물리적 세계만을 다룬다는 것이다. (생명과 의식이 궁극적으로 물리 용어로 설명될 수 있는지 여부는 별개의 문제이다.) 아비달마와 고전 물리학의 또 다른 차이점은 고전 물리학의 원자는 변하지 않지만, 다르마는 일시적이라는 점이다. 고전 역학에서 변화는 원자의 운동과 운동의 변화를 일으키는 힘에 의해 발생한다. 마지막으로 아비달마는 불교의 구원론적(해탈) 프로젝트의 일부이다. 아비달마는 사물이 실제로 어떻게 존재하는지에 대한 통찰력을 얻는 데 도움을 주며, 따라서 해탈로 가는 길의 일부이다. 많은 사람들은 과학이 인류의 발전에 기여한다고 생각하지만, 엄밀히 말하면 이러한 생각이 물리학의 한 부분은 아니다.

양자 이론

고전 물리학에서는 세계가 결정론적 법칙에 따라 상호작용하는 특성을 갖는 입자로 구성되어 있다고 보았지만, 20세기 초 일부 현상을 설명하는 데 있어 고전 물리학의 한계가 분명히 드러났다. 이 고전 물리학의 한계로 인해 아인슈타인은 특수 상대성 이론과 일반 상대성 이론을 고안하게 되었다. 또한 닐스 보어(Niels Bohr)와 베르너 하이젠베르크(Werner Heisenberg) 등 다수의 물리학자들은 고전 물리학으로는 설명할 수 없는 현상, 특히 원자와 분자 수준의 현상을 설명하기 위해 양자 이론을 내놓았다.

양자 이론의 예측 중 일부는 물리학에서 수행된 가장 정확한 실험을 통해 검증되었으며, 물리학자들은 실험 결과를 계산하는 보편적인 수학적 틀로 양자 이론을 받아들이고 있다. 한편 세계가 존재하는 방식에 대한 양자론적 해석에는 다양한 견해차가 있다. 대부분의 물리학자들은 아마도 해석의 문제를 무시한 채 단순히 이론만을 사용한다. 여기에서는 해석상의 선택과는 무관하게 이론이 갖는 특징만을

논의하고자 한다.[4]

양자 이론의 가장 큰 특징은 무엇인가? 대표적으로 양자화(quantization), 파동-입자 이중성(duality), 상보성(complementarity), 불확실성(uncertainty) 또는 불확정성(indeterminacy), 확률적 예측, 양자측정 문제, 비국소성(nonlocality) 등을 들 수 있다.

양자화는 에너지, 운동량 등의 물리량이 상황에 따라 특정한 이산적(discrete) 또는 불연속적(discontinuous)인 값만 가질 수 있다는 것을 의미한다. 예를 들어 원자에 속박된 전자, 즉 원자핵 궤도를 도는 전자의 경우 특정한 이산적 에너지만 가질 수 있다. 특정 궤도만 가능하고 다른 궤도는 불가능하다. 대조적으로 고전 역학에서는 행성이 태양으로부터 어떤 거리에 있든 궤도를 돌 수 있다.

고전 물리학에서는 어떤 물체가 동시에 파동과 입자의 두 형태로 나타날 수 없다. 양자 이론에서 전자와 같은 입자는 어떤 상황에서는 파동처럼 행동하기도 하고, 전자기파 역시 입자의 특성을 나타내기도 한다. 원자에 속박된 전자의 에너지 양자화가 관찰되는 때는 전자가 닫힌 공간에서 정상파처럼 행동할 때이다. 이 경우는 특정 파장에서만 가능하다. 양자 이론에서는 '입자'의 파장과 운동량 사이에 일대일의 관계가 있다. 따라서 파동으로서 속박된 전자는 특정 파장만 가질 수 있기 때문에, 동일한 전자가 입자일 때는 특정 궤도에만 있을

---

4 양자역학의 중요한 발견과 해결되지 않은 문제의 자세한 내용은 다음을 참고하라. George Greenstein and Arthur G. Zajonc, *The Quantum Challenge: Modern Research on the Foundations of Quantum Mechanics*(Boston: Jones and Bartlett, 1997).

수 있다. 마찬가지로 전자기파는 어떤 상황에서는 광자라는 입자처럼 행동하며, 이때 광자의 운동량은 전자기파의 파장에 해당한다.

양자 이론에서도 어떤 물체가 동시에 파동이자 입자로 나타나는 것을 결코 볼 수는 없다. 이 사실을 상보성이라고 한다. 연구를 진행하면서 파동 특성이나 입자 특성 중 하나를 이끌어내는 실험을 선택할 수는 있지만, 한 번의 측정에서 두 가지 모두를 관찰할 수는 없다. 예를 들어 어떤 실험에서는 전자가 파동처럼 나타나고 다른 실험에서는 입자처럼 나타나지만, 한 번의 실험에서 파동과 입자가 동시에 나타나지는 않는다. 상식적으로 이해하기 어려운 것은 한 시점에 일어나는 파동과 다른 시점에 일어나는 입자를 조화시키려고 할 때 발생한다.

파동-입자의 이중성을 바라보는 또 다른 방법은 전자를 파동이나 입자 중 어느 하나로만 정의할 수 없다고 하는 것이다. 전자는 주어진 실험 상황과 관련해서만 파동 성질이나 입자 성질을 갖는다고 볼 수 있다. 따라서 전자의 특성 중 적어도 일부는 전자 자체만큼이나 전자가 처해 있는 맥락에 속한다.

고전 물리학에서는 입자의 모든 특성이 잘 정의된다. 예를 들어 전자의 위치와 운동량은 외부 힘의 영향을 받지만, 전자는 의심할 여지없이 매 순간 확실한 위치와 일정한 운동량을 지니고 있다. 양자 이론에 따르면 입자의 위치와 운동량을 동시에 결정하는 것은 불가능하다.(하이젠베르크의 유명한 불확정성 원리 중 한 예이다.) 우리는 무언가를 측정할 때 불가피한 방해를 받는다는 식의 설명을 종종 듣는다. 자세히 분석해 보면 양자 이론은 전자의 위치와 운동량이 불확정적임을 시사한다.[5] 즉, 전자가 확실한 위치와 운동량을 실제 갖고 있지만 그것이 무엇인지 알 수 없다는 것이 아니라, 전자의 위치와 운동량에는 환원할 수 없는 '불분명함(fuzziness)'이 있다는 의미이다.

불확정성 원리는 파동-입자 이중성과 밀접한 관계가 있다. 전자를 파동으로 간주하는 한, 파동이 공간에 넓게 퍼져 있기 때문에 전자가 명확한 위치에 있지 않다는 것은 놀라운 일은 아니다.

고전 물리학에서는 물리 시스템의 현재 상태를 정확히 측정하고 작용하는 힘을 알면 앞으로 시스템에서 전개될 미래에 대한 정확한 계산이 가능하다.(이때 측정과 계산의 어려움은 간과된다.) 따라서 시스템의 향후 측정 결과가 어떻게 될지 정확하게 알 수 있다. 반면 양자 이론은 보통 측정 결과에 대한 확률만 제공한다. 예를 들어 방사성 원소의 샘플에서 불안정한 특정 원자핵이 언제 붕괴될지 예측하는 것은 불가능하다.

고전 물리학은 결정론적이지만 양자 이론은 확률론적이다. 그럼에도 반복 측정이나 동일 유형의 양자 이벤트가 많은 경우, 각 이벤트를 정확하게 예측할 수는 없어도 정확한 백분율로 그 확률이 표시되므로 이벤트 패턴을 정확하게 산출할 수 있다. 방사성 물질의 경우, 핵 중 어떤 것이 붕괴될지는 모르더라도 주어진 시간 내에 특정 핵의 일부가 붕괴하리라는 것을 매우 확실하게 예측할 수 있다. 따라서 양자 이론은 그 확률적인 특성에도 불구하고 특정 상황을 명확하게 예측할 여지가 여전히 존재한다.

---

5 운동량이 불확정이면 위치가 정확할 수 있고 그 반대의 경우도 마찬가지이다.

양자 이론의 확률적 특성은 수학 공식으로 표현할 수 있다. 따라서 양자 이론에서 물리 시스템의 상태는 수학의 '파동함수'로 설명된다. 예를 들어 전자와 관련된 파동함수는 전자의 위치, 운동량 등 여러 가능한 값에 대한 확률을 보여주지만 대부분은 명확한 한 값을 내놓지는 않는다. 따라서 파동함수는 전자의 파동 특성을 나타내기보다는 전자와 관련된 일종의 확률 파동이라는 좀 더 추상적인 값을 나타낸다.

측정이 행해지지 않을 때 파동함수는 슈뢰딩거 방정식에 따라 시간에 맞춰 변화한다.[6] (에르빈 슈뢰딩거는 양자 이론의 창시자 중 한 명이다.) 흥미롭게도 슈뢰딩거 방정식 자체는 고전 물리학 방정식처럼 완전히 결정론적인 방정식이다. 측정이 행해질 때 비로소 확률적인 요소가 나타난다. 예를 들어 전자가 동시에 파동과 입자로 관찰되지 않듯이, 전자의 위치나 운동량이 동시에 하나 이상의 값을 갖는 것으로 측정되지 않는다. 오히려 파동함수의 허용 가능치 중 하나를 갖는 것으로 측정되지만, 하나 이상의 값이 가능한 경우 그 측정치가 무엇인지는 확실하게 미리 예측할 수 없다. 예측할 수 있는 것은 파동함수에 의해 주어진 여러 가능한 값들의 확률이다. 동일한 양자 시스템에서 같은 측정을 여러 번 반복할 경우, 확률은 각각 가능한 값을 표시하는 측정의 백분율을 나타낸다.

양자 시스템에서 측정이 행해지면 에너지나 운동량 등 확실한 물리량의 값을 얻을 수 있다. 측정 도중에 시스템의 파동함수는 특정 량에 대해 여러 개의 가능한 값을 보여준다. 표준 양자 이론에 의하면,

---

6 슈뢰딩거(Schrödinger) 방정식은 특수 상대성 이론의 효과가 무시될 수 있는 상황, 즉 상대 속도가 빛의 속도에 비해 작은 경우에 적용된다.

파동함수는 양자 시스템에 대해 알 수 있는 모든 것을 보여준다. 따라서 측정 도중에 시스템을 특징짓는 물리량은 대부분의 경우 불확실한 것으로 간주해야 한다. 이는 양자 측정 문제를 야기한다. 측정이 이루어지면 어떻게, 왜 불확실한 상태가 확실한 측정치로 바뀌게 되는가?(이것은 양자 이론 해석상의 문제라는 점에 유의해야 한다. 양자 측정의 문제를 무시하더라도 측정 결과의 확률은 여전히 계산 가능하다.)

양자 측정 문제를 좀 더 살펴보면 다음과 같다. 측정과 측정 사이의 파동함수는 보통 어떤 물리량에 대한 여러 개의 가능한 값에 대응된다. 측정 직후 파동함수는 측정된 양이 측정치만을 가지도록 바뀐다. 그 다음 파동함수는 다음 측정 때까지 슈뢰딩거 방정식에 의해 계속해서 시간적으로 전개되어 측정된 양이 하나 이상의 가능한 값을 갖는 상태로 돌아간다.

측정 시 파동함수의 급격한 변화를 파동함수의 '붕괴' 또는 '감소'라고 한다. 파동함수는 여러 값이 가능한 상태에서 한 값만 가능한 상태로 붕괴된다. 따라서 양자 측정 문제는 측정이 이루어질 때 파동함수가 어떻게, 왜 붕괴되는가이다. 어떤 의미에서 이는 측정하는 시간 간격에서 파동함수의 결정론적 전개와 파동함수 붕괴의 확률적 특성을 조정하는 문제이다.

내가 마지막으로 논의하려는 양자 이론의 특성은 비국소성(nonlocality)이다. 고전 물리학에서는 물리세계가 상호작용하는 별개의 물체로 구성되어 있다고 간주한다. 고전 물리학에 특수 상대성 이론과 일반 상대성 이론을 추가하면, 물체가 상호작용할 때 그 어떤 것도 광속光速보다 빠르게 이동할 수 없다는 사실이 분명해진다. 이 사실을

'국소성(locality)'이라고 하는데, 이는 멀리 떨어진 물체가 물리 시스템에 즉각적으로 또는 빛이 두 물체 간의 거리를 이동하는 데 걸리는 시간보다 짧은 시간 안에 영향을 미칠 수 없다는 의미이다.

양자 이론에서 상황은 더 복잡해진다. 상호작용하는 두 물체가 서로 다른 방향으로 이동하다가 멀리 떨어진다고 가정해 보자. 양자 이론에 의하면 이 두 물체는 이상하게 얽힌(intertwined) 채 남아 있으며 서로에게 미묘한 영향을 즉각적으로 미친다. 양자 이론의 확률적 특성으로 인해 이 '영향'은 제어할 수 없으며 빛보다 빠르게 메시지를 전송하는 데 사용할 수도 없다. 또한 이 '영향'이 빛보다 빠르게 이동하는 것처럼 보이지만 물질이나 에너지가 이동하는 것은 아니므로 상대성 이론에서 말하는 광속보다도 빠른 속도가 불가능하다는 원칙에 위반되지 않는다. 사실 멀리 떨어져 있는 두 물체 간에 빛보다 빠르게 이동하는 무엇이 있다는 것이 아니라, 두 물체가 공간적으로는 분리되어 있지만 근본적으로 분리되지 않고 연결되어 있다고 볼 수 있다.

비국소성을 멀리 떨어진 물체 간의 즉각적인 영향으로 생각하든 멀리 떨어진 물체의 분리 불가능성으로 생각하든, 이는 양자 이론의 특성만은 아닌 것 같다. 1964년 물리학자 존 벨(John Bell)은 실험을 통해 모든 국소 이론이 특정 제한을 따르는 결과를 예측해야 한다는 것을 보여주는 정리를 증명했다. 이와 관련된 실험이 수행되었고, 그 결과 벨의 정리가 국소 이론 예측에 적용한 제한을 위반한 것으로 밝혀졌다. 따라서 국소 이론으로는 실험 결과를 설명할 수 없으므로 비국소 이론이 필요하게 된다. 그 결과는 양자 이론(특정 비국소 이론)의 예측과 일치했지만, 이는 양자 이론이 결국 틀린 것으로 밝혀진다

해도 실험과 일치하기를 바라는 물리 이론이 모두 비국소성을 포함해
야 한다는 사실보다 덜 중요하다.[7]

대승불교

앞에서 아비달마에 대해 소개하면서 하나 이상의 초기 불교학파가
존재했다는 것을 암시한 바 있다. 전통적으로 불교 교리와 계율 간에
이견을 보였던 서로 다른 18개의 학파가 있었다고 전해진다.(설일체유
부(Sarvāstivāda)의 아비달마는 75법을 인정하지만, 상좌부(Theravāda)는
82법을 인정한다.) 초기 불교학파 중 오늘날까지 현존하는 유일한 학파
로 스리랑카와 동남아시아의 상좌부가 있다.

　초기불교 이후 불교사상이 다양해졌다 해도 학파 간의 차이는
비교적 미미했다고 볼 수 있다. 대승불교의 흥기와 함께 교리의 다양성
이 증대했다.(현존하는 가장 오래된 대승경전은 기원전 2세기 또는 1세기경
에 제작된 것으로 추정된다.) 초기불교에 확고한 뿌리를 둔 대승불교에서
도 모든 중생을 고통에서 해방하는 것을 목표로 하는 자비심과 모든
현상의 공空을 깨닫는 지혜(prajñā)를 강조하는 것이 특징이다. 대승불
교에서는 모든 존재의 이익을 위해 완전한 깨달음을 달성하고자 하며,
이를 위해 자비심을 동기로 삼아 완벽한 지혜와 숙련된 방편을 추구하
는 보살을 이상으로 삼는다. 여기서는 공을 강조하는 대승불교의
중관철학에 초점을 맞출 것이다.

---

7 일부 물리학자들은 '사실과 반대되는 확실성'과 같은 중요한 가정을 폐기함으로써
　국소성을 보존하려고 했다.

중관철학

앞에서 고전 물리학이 상식에서 매우 벗어난 양자 이론으로 어떻게 대체되었는지 살펴보았다. 불교에서도 아비달마 세계관은 급진적인 사상에 의해 도전을 받았다. 중관사상은 기원전 150년 또는 200년경 인물인 용수(Nāgārjuna)가 창안했다. 중관사상은 반야경(prajñāpāramitā sūtra)에 기초한 철학으로 볼 수 있는데, 반야부 경전 중 일부는 초기 대승경전에 속한다. 경전에서는 공을 여러 형태로 설명하지만 중관학파[8]는 체계적인 논증을 사용한다.

　중관철학은 중생과 사물이 관습적 존재라고 하는 아비달마의 주장에 동의한다. 나아가 다르마(dharma) 자체도 관습적으로만 존재한다고 주장한다. 중관철학은 불교의 근본사상인 연기법에 근거하여 주장을 펼친다. 모든 조건화된 다르마는 원인과 조건에 의존하여 일어난다. 따라서 중관철학에 의하면 다르마는 독립적이거나 자립적인 것이 아니며 그 자체로 자성自性이 없다. '공空'이라는 말은 '본래의 자성이 없다'는 뜻이다.

　공이 무無를 의미하지 않는다는 사실을 이해하는 것이 중요하다. 아무것도 없다고 하는 무無란 말은 허무주의에 해당하며, 이는 불교에서 영속적 실체의 존재와 함께 부정되는 주장이다. 우리가 어떤 것을 경험한 후 그 경험이 진짜인지 아닌지 생각하는 것은 부인할 수 없는 사실이다. 문제는 현상이 관습적으로 또는 절대적으로 어떻게 존재하

---

8 일반적으로 중관(Madhyamaka)이란 학파의 이름이자 철학이며, 이 학파의 추종자를 중관학파(Mādhyamika)라고 부른다.

는가 하는 것이다. 중관철학은 공이라는 용어를 사용하여 현상이 절대적으로 또는 궁극적으로 있다는 것을 부정하지만, 관습적으로 있는 것을 부정하지는 않는다.

아비달마와 마찬가지로 중관철학도 두 가지 진리(二諦)에 대해 말하지만 내용이 동일하지는 않다. 중관철학에서는 관습적 진리나 표면적인 진리 역시 원인과 조건에 의존하는 다르마이다. 궁극적 진리는 공이며, 곧 자성自性이 없다는 것이다.

공이 자성이 없다는 것을 의미한다면, 공을 이해하는 좋은 방법은 중관철학에서 말하는 자성의 의미를 살펴보는 것이다.('자성'은 문자 그대로 '자기 본성' 또는 '자기 존재'를 뜻하는 svabhāva를 번역한 것이다.) 용수는『근본중송』에서 "자성은 만들어지는 것도 아니고 다른 것에 의존하는 것도 아니다."(MMK 15-2ab) "자성이 다른 상태로 변화하는 것은 결코 있을 수 없다."(MMK 15-8cd)라고 주장한다. 따라서 사물의 자성은 어떤 원인과 조건과 관계없이 그 사물이 본래 가지고 있는 것이다. 자성은 어떠한 외부 상황과도 무관하기 때문에 변화될 수 없는 것이다.

그렇다면 중관철학에서는 왜 사물에 자성이 없다고 말하는가? 좋은 예로 불(火)의 열熱이 있다. 아비달마에서는 불이 항상 뜨겁기 때문에 열을 불의 자성이라고 말한다. 열은 다른 원인이나 조건과 무관하게 불에 항상 존재한다. 이와 대조적으로 물(水)은 무관한 원인에 의해 뜨거울 수도 있고 그렇지 않을 수도 있다. 따라서 열은 물의 자성이 아니다.

중관철학은 자성이라는 용어를 전통적 의미로 사용하는 것을 부정하진 않지만, 궁극적인 의미에서 불의 자성이 열이라는 것은 부정한다. 불의 열은 불 자체를 있게 하는 원인과 조건에 정확히 의존한다. 따라서 중관철학에서는 불의 열은 우연적이고 의존적이기 때문에 불이나 다른 어떤 것의 자성이 될 수 없다. 마찬가지로 불이 가진 다른 어떤 특성도 궁극적으로 실재하는 자성으로 인정될 수 없다. 불은 궁극적으로 자성이 없으며, 불을 불 자체로 만드는 독립적이고 변하지 않는 본질 역시 없다.

중관철학은 불과 마찬가지 이유로 모든 현상, 모든 다르마에도 자성이 없다고 주장한다. 조건화된 다르마와 다른 모든 특성은 원인과 조건에 의존하여 발생한다. 따라서 다르마와 그 특성은 의존적이고 우연적이다. 각각의 다르마는 자신 이외의 다른 다르마에 의해 유지된다. 따라서 다르마는 스스로를 충족하지 못한다.

이를 다른 말로 표현하면 다음과 같다. 다르마는 자신 이외의 다르마에 의존하기 때문에, 다른 모든 것과 분리해서 생각해 보면 그 자체로는 아무것도 아니다. 특정 다르마에 초점을 맞추어 그 다르마의 자성을 다른 다르마와 구별하려고 하면 그 다르마가 사라지는 것을 발견하게 된다. 어떤 다르마 이외의 모든 것을 고려 대상에서 제외하면 그 다르마가 의존하는 바로 그 조건을 제거하는 것이다. 따라서 우리는 그 안에서 어떤 고유한 정체성, 즉 자신을 다른 모든 것과 독립적인 것으로 만드는 자성을 발견할 수 없다.

또한 다르마의 본질은 독립적인 것이 아니라 관계적인 것으로 볼 수 있다. 그리고 이와 관련된 다른 다르마들도 관계적으로만 존재하기 때문에, 어디에도 '고정固定된 점'이나 스스로 확립하는 실체는 없다. 연기·공·무자성無自性조차 궁극적 실체가 아닌 관습적이고 관계적인 사실일 뿐이다. 공은 그 자체로 자성이 공하다.

앞에서 살펴본 바와 같이, 중관철학은 사물이 자성에 의해 존재한다는 것을 부정하지만, 사물이 존재한다는 사실을 어떤 의미로든 부정하지는 않는다. 용수는 사물이 존재하는 방식을 신기루와 마법적 환상이 나타나는 방식과 비교한다. 환상처럼 사물은 원인과 조건에 의존하여 나타나지만 본래 존재하는 실체적 모습은 없다. 그렇다고 해서 물리적 사물과 착시 현상을 일반적인 수준에서 구분할 수 없다는 것은 아니다. 요는 둘 다 의존적으로 발생하고 독립적인 본질이 없다는 것이다.

따라서 공, 즉 자성이 없다는 것은 불교에서 연기의 원리로 표현되는 인과의 규칙성을 결코 배제하지 않는다. 사실 중관철학이 공의 개념을 뒷받침하기 위해 제시하는 대부분의 논증은 인과관계라는 사실에 기반을 두고 있다. 다른 관점에서 볼 때 사물에 자성이 있다면 그것이 다른 모든 것과는 독립적이어야 하기 때문에 인과관계가 성립하지 않는다고 볼 수 있다. 이런 의미에서 인과관계를 가능하게 만드는 것은 공이다.

양자 이론과의 비교

중관철학에 대해 더 상세히 다루고 싶은 내용이 많지만, 양자 이론과 비교할 목적으로는 이 정도만으로도 충분할 것이다. 양자 이론에서 전자電子의 여러 특성이 전자 자체에 내재되어 있지 않다는 내용을 기억할 수 있을 것이다. 이러한 특성은 전자뿐만 아니라 수행되는 실험의 유형에 따라 달라진다.

중관철학에서도 특성은 관계적인 것이지 본질적인 것이 아니다. 전자를 그 자체로 파동 또는 입자라고 할 수 없듯이, 다르마는 그 자체로 본질이 없다. 가장 큰 차이점은 중관철학은 자성을 부정함에 있어 좀 더 완전하다는 것이다. 양자 이론에서 정지 질량과 같은 전자의 일부 특성은 전자에 내재되어 있다고 한다. 물론 물리학은 물리적 세계만을 다룬다. 중관철학에 있어 모든 현상은 예외 없이 자성이 공하다.

양자 이론의 또 다른 측면은 중관철학과 비교할 만하다. 양자 이론에서 관찰자는 순전히 수동적 역할만을 하지 않는다. 전자가 파동으로 행동할지 입자로 행동할지는 수행되는 실험의 유형에 따라 달라지며, 어떤 종류의 실험을 수행할지는 관찰자가 결정한다. 따라서 양자 이론은 물리학자 존 휠러(John Wheeler)의 '참여 우주(participatory universe)' 개념과 유사하다.[9] 관찰자는 단순히 객관적으로 존재하는 전자에 대해 기록하는 것이 아니다. 대신 관찰자는 전자가 무엇인지를 결정하는 데 부분적인 책임이 있다. 휠러의 말처럼, "현상으로 기록되기 전까지는 어떤 기본적인 현상도 현상이 아니다."[10]

---

[9] John Archibald Wheeler, "The 'Past' and the 'Delayed-Choice' Double-Slit Experiment," in A. R. Marlow, ed., *Mathematical Foundations of Quantum Theory* (New York: Academic, 1978), 41쪽.

[10] John Archibald Wheeler, "Beyond the Black Hole," in Harry Woolf, ed., *Some Strangeness in the Proportion: A Centennial Symposium to Celebrate the Achievements of Albert Einstein* (Reading, Mass.: Addison-Wesley, 1980), 356쪽

중관철학은 '참여 우주'에 대한 고유의 견해가 있다. 연기의 일반 원리에 따라 주체와 객체, 아는 자와 알려진 자, 관찰자와 관찰 대상은 상호 관계 속에서만 존재한다. 어느 것도 '객관적'으로 독립된 존재가 아니다. 이것들은 모두 자성이 공하다. 다시 말해, 중관철학은 양자 이론보다 더 철저한 측면이 있다. 양자 이론에서 전자電子의 모든 특성이 관찰 조건에 의해 영향 받지는 않지만, 중관철학에서는 주체와 객체가 완전히 상대적이다.

마지막으로 중관철학은 모든 불교와 마찬가지로 해탈을 위한 수단 이지만,[11] 물리학은 보다 일반적인 목표를 가진다는 것을 상기해야 한다. 불교와 서양물리학은 서로 다른 문화권에서 등장했으며 출발 점, 방법과 목표가 다르다. 그럼에도 매우 유사한 개념이 만들어졌다 는 사실은 놀랄 만하다.

---

11 이런 이유로 불교의 궁극적 진리를 단지 지적으로 이해하기보다는 개인적으로 체험하는 것이 필요하다고 생각한다. 지적인 이해는 해탈로 가는 길에 도움이 될 수 있긴 해도 해탈에 이르게 할 수는 없다.

　　불교와 심리학의 접점을 찾고자 할 때 두 분야의 특정 이론과 방법을 비교하는 것은 매우 유용할 수 있다. 불교와 심리학 모두 공통 문제에 관심이 있기 때문이다. 또한 불교의 내성內省적인 1인칭적 방법론은 인지과학의 경험적인 3인칭적 탐구 방식을 보완하므로 양자의 통찰력을 향상시킬 수 있다. 그러나 빅터 맨스필드가 이 글에서 지적하듯이, 불교와 물리학을 대화의 장으로 초대할 때는 철학적 문제에 초점을 맞추는 것이 더 효과적이다. 그 이유는 물리학과 관련이 있다. 물리학의 이론적, 경험적 연구는 제기되는 질문에 큰 영향을 미치는 철학적 맥락 내에서 항상 이루어지기 때문이다.

　　맨스필드는 이 글에서 중관철학의 인간관을 통해, 자신과 타인이 포함된 현상의 본성에 집착하는 성향이 욕망과 혐오 및 그로 인한 고통의 근원에 어떻게 자리잡고 있는지를 설명한다. 귀류논증(Prāsaṅgika) 중관학파는, 서양철학 전통의 플라톤과 데카르트의 '본질(essence)' 개념을 부정하면서, 실재를 모든 현상의 상대적 차원으로 볼 것을 강조한다. 아인슈타인의 특수 상대성 이론은 (질량 및 공간적 차원뿐만 아니라) 시간의 비본질적 특성을 보여주는 경험적, 과학적 증거를 제공한다. 그러나 상대성 이론의 증거가 객관적인 관성 좌표계에 국한되는 반면, 중관철학은 모든 현상의 본성이 개념적 구별, 지칭, 현상에 상대적이라고 주장한다. 다시 말해 우리가 생각하는 모든 현상은 그 현상의 개념적 틀과 관련하여 존재한다는 것이다. 이것이 바로 '관습적 존재'에 내포된 뜻이지만, 그렇다고 해서 현상의 존재가 단순히 개인적 또는 문화적 차원의 문제임을 의미하지는 않는다. 모든 조건화된 현상은 그 자체의 인과적 요인에 따라 의존적 사건으로 일어나기 때문이다. 불교와 과학의 주요 관심사는, 과학에서 흔히 '자연법칙'이라고 부르는 인과적인 상호작용 규칙의 패턴을 발견하는 것이다.

산스크리트어 다르마(dharma)의 뜻 중 하나는 '법法'이며, 불교에서는 인간의 행동과 경험에 관한 인과법칙을 탐구할 것을 강조한다. 맨스필드는 이 글에서 자비심과 이타적 봉사를 함양하기 위해 중관사상의 관점을 실제로 어떻게 적용할지를 다루고 있다. 자신과 타인이 본래 다르지 않다면, 또한 우리 모두가 상호 의존적으로 살아간다면, 모든 존재를 향한 자비로운 관심이야말로 타인과 관계를 맺고 의미 있는 삶을 영위할 수 있는 진정한 방법이다. 따라서 맨스필드는 이 글의 결론에서 "과학 분야에서 더욱 강력한 이론이 등장하는 지금, 과학은 물론 도덕적 행동의 지침이 될 수 있는 일관된 세계관을 찾는 것이 그 어느 때보다 시급하다."고 지적한다.

2. 중관불교와 현대 물리학의 시간과 무상

빅터 맨스필드

시간은 나를 이루고 있는 본질이다
시간은 나를 휩쓸고 가는
강이지만, 내가 그 강이다
나를 삼키는 호랑이지만
내가 호랑이다
나를 태우는 불이지만
내가 불이다
— 호르헤 루이스 보르헤스(Jorge Luis Borges)

이 글을 작성하는 동안, 친구의 9개월 된 아들이 악성 근이영양증(muscular dystrophy) 변종에 걸렸다는 사실을 알게 되었다. 유전적 시한폭탄을 안고 있는 이 아이는 성인이 되기 전 점차 쇠약해져 거동이 어렵게 되고, 마침내 죽음을 맞게 될 것이다.

우리는 이 어린 소년의 신체에서 질병의 영향과 변화를 쉽게 볼 수 있으며, 시간이 지나면서 어떻게 진행될지도 알 수 있다. 시간은 '그를 휩쓸고 가는 강'이라는 필연성이 확실히 느껴진다. 우리 자신도 마찬가지겠지만, 소년에게서 시간이란 그를 삼키는 호랑이이자 태우는 불이라는 것을 쉽게 알 수 있다.

나는 불교와 현대 물리학의 시간관을 이해하면, 어떻게 '시간이 나를 이루고 있는 본질'이란 사실을 더 깊게 인식하게 되는지 보여주고자 한다. 또한 그 이해는 우리 스스로가 바로 삼키는 호랑이이자 태우는 불이라는 것을 인정하는 데도 도움이 된다. 시간에는 필연성과 파괴성 외에도 다른 중요한 특징이 있다.

우리는 과거의 사건을 되돌아보고 그로부터 교훈을 얻을 수 있지만 영향을 미칠 수는 없다. 우리가 선택하고 사건에 영향을 미칠 수 있는 미래와 대조적으로, 과거는 고정성을 가지고 있다. 따라서 은유적 화살표로 표시되는 시간의 방향성이 과거에서 현재를 거쳐 무한한 미래를 가리키는 것을 우리는 경험한다.

이와 대조적으로 물리학의 기본 방정식은 모두 시간 대칭이므로 시간에 방향성이 없다. 기본적인 상호작용은 모두 물리법칙을 위반하지 않고도 반대 방향으로 진행될 수 있다. 간단한 예로 공을 바닥에 튕기는 동영상을 찍는다고 가정해 보자. 동영상을 거꾸로 돌리면 시간이 거꾸로 가는 경우에도 물리법칙을 위반하지 않기 때문에 이상하게 보이지 않는다. 멀리 떨어진 별에서 우리 태양계를 촬영한 동영상을 거꾸로 재생해 보아도 태양과 행성의 모든 공전과 자전이 거꾸로 보이지만 물리법칙에 위반되지 않고 이상하게 보이지도 않는다. 양자 역학의 경우에도 마찬가지이다. 여기勵起된 원자가 붕괴하여 광자를 방출한다고 가정해 보자. 이 과정을 거꾸로 실행하면 원자가 빛을 흡수하여 여기된 상태로 끝나는 것을 볼 수 있다.

그러나 여러 복잡한 과정에는 분명한 시간의 방향성이 있다. 아이가 눈물을 흘리며 손에 쥐고 있는 터진 풍선은 결코 저절로 다시 부풀어 오르지 않는다. 음식이나 치아가 썩는 것 같은 비가역적 과정은 시간적 으로 가역적인 물리법칙과 극명한 대조를 이룬다. 어린 병든 친구가 우리와 함께 피할 수 없는 시간의 강을 따라가는 여정은 돌이킬 수 없는 변화로 가득 차 있으며, 결국 가장 두려워하는 죽음으로 이어진 다. 따라서 기본적인 상호작용의 대칭성에도 불구하고 자연에는 분명 히 비대칭적이고 돌이킬 수 없는 과정이 무수히 많다. 아래에서 보겠지 만, 대칭적인 기본 법칙 내에서 비대칭에 대한 물리학자의 설명은 중관中觀불교의 심오한 교훈을 이해하는 데 도움이 될 수 있다.

이 어린 소년이 겪게 될 20년은 지금으로서는 매우 짧아 보이지만, 그의 마지막 날에는 시간이 참기 어려울 만큼 천천히 흘러가는 것처럼 느낄 수도 있다. 하지만 디지털 시대를 사는 대부분의 사람들은 자신의 주관적 경험에도 불구하고 시간이 절대적이라고 믿는다. 20년이라는 시간은 주관적 편견이 있을 수는 있어도 모든 관찰자가 동의하는 잘 정의된 시간 간격이다. 다시 말하지만 물리학이 어떻게 이 명백한 절대성을 파괴하는지를 알게 되면 중관불교에 대한 우리의 이해가 깊어질 수 있다.

나는 우리가 현대 물리학의 시간관을 조금만 알아도 심오한 불교사상을 더 깊이 이해하는 데 도움이 된다는 것을 보여주고 싶다. 또한 역으로 우리가 중관불교를 이해할 때 물리학 발전에도 도움이 될 수 있다고 제안하고자 한다. 따라서 매우 다른 두 분야 간의 적지 않은 시너지 효과를 통해, 우리는 양자를 더 폭넓게 이해하게 되고 더욱 자비로운 행동이 가능해진다. 시간은 우리를 삼키는 호랑이일 수 있지만 우리가 이 개념을 이해하고 나면 평정심을 얻는 데 도움이 되며, 서로와 지구를 위해 더 자비롭게 행동하도록 격려하는 데도 도움이 될 수 있다.

당근과 중관불교의 공空

중관불교 귀류논증파(Prāsaṅgika Madhyamaka, 약칭 중관)에서 말하는 공의 원리를 내가 겪은 짧은 일화를 통해 살펴보도록 하자. 거의 30여 년 전 존경하는 분이 나에게 신선한 당근 주스를 마시라고 준 적이 있다. 정말로 맛있는 주스였다. 나는 내 소유의 작은 농장에서 신선한 당근을 직접 재배하기로 결심하고 집으로 돌아왔다. 하지만 내가 사는 지역의 토양은 진창에다 돌이 많아서, 첫 해 수확한 당근은 울퉁불퉁하고 기형적으로 생겼다. 나는 "정원용 경운기만 있으면 이 거친 흙을 아름다운 당근 밭으로 만들 수 있을 텐데…"라고 생각했다. 어린 소녀가 한 손으로 쉽게 움직일만한 멋진 경운기를 살 수는 없었다. 내 경운기는 작동시키는 데 힘과 체력이 필요한 야생마처럼, 나의 남자다움을 시험하는 기계였다. 사람과 장비가 시간이 흐르면서 낡아지듯이, 경운기는 곧 여러 문제를 일으켰다. 시동을 걸기 위해서는 보살의 인내심이 필요했고, 가장 강력한 세팅 수준에서만 작동했으며, 후진 기능이 말을 안 들었고, 시동을 걸 때 볼트를 앞으로 당겨야 했다. 하지만 일 년에 몇 시간밖에 사용하지 않았기 때문에, 나는 고생하면서도 그냥 마음대로 안 되는 일이라고만 생각했다.

수년 전 어느 화창한 봄날, 푸른 매연을 뿜어대는 경운기를 타고 일하러 가던 중이었다. 나는 당근과 경운기에 대해 생각하다 갑자기 작은 깨달음을 얻었다. 붓다의 사성제四聖諦 중 두 번째 진리는 고통이 욕망에서 비롯된다는 것이다. 맛있는 당근 주스를 먹고자 한 욕망이 나를 25년간 이 경운기에 묶어 두었던 것이었다. 신선하고 달콤한 당근 주스를 향한 욕망은 처음에는 건강이 수행에 도움이 되기 때문에 순수하고 '영적으로 옳은' 것처럼 보였지만, 그 결과가 어땠는지를 보라. 욕망은 고통을 낳는다. 시꺼먼 머플러에서 내뿜는 푸른 연기와 귀청이 떨어질 것 같은 소음과 진동은 나에게 깊은 성찰을 촉구했다. 이 당근에 대한 욕망은 어디에서 일어난 것인가?

중관에서는 욕망과 혐오가 일어나는 이유에 대해 독립적인 존재가 있다는 잘못된 믿음에서 비롯된다고 분명하게 답한다. 즉, 당근에 대한 나의 개인적 연상, 관계, 그리고 당근이라는 이름 배후에 본래부터 존재하는 실체로서의 당근이 있다는 생각으로 인한 것이다. 이 실질적으로 존재한다고 생각하는 대상, 즉 '자신의 관점에서 존재한다고 생각하는' 실체는 우리가 투사하는 모든 욕망과 혐오, 대상에 대한 갈망과 도피의 근거가 된다.

고유한 독립적인 존재가 있다고 여기는 선천적이고 무비판적인 믿음은 두 가지로 나눌 수 있다. 첫째로, 현상은 마음이나 지식과 무관하게 독립적으로 존재한다는 것이다. 당근이나 경운기 같은 사물에 대한 심리적인 연상, 이름, 언어적 관습의 '바탕' 또는 '이면'에는, 객관적이고 실체적인 무언가가 그 자체로 완전하게 독립적으로 존재한다고 무비판적으로 믿는다. 이 독립적인 사물들은 우리가 공유하는 이 세계에 객관적 기반을 제공하는 것처럼 보인다. 둘째로, 우리는 이 사물들을 독립적이고 독자적인 존재라고 잘못 이해하고 있다. 이 잘못된 견해에서 사물들은 근본적으로 비관계적이기 때문에 다른 사물이나 현상에 의존하지 않고 독자적으로 존재한다. 다시 말해, 사물의 본질적 특성에는 그 자체로 비관계적인 통일성과 완전성이 있다는 것이다.

고유한 독립적인 존재가 무엇인지를 주의 깊게 확인하는 것이 매우 중요하기 때문에 다른 말로 표현해 보겠다. 일반적으로 생각하는 당근에서, 당근이 가진 감각적 특성·역사·위치·주변 환경과의 관계를 뺀 당근을 상상해 보자. 중관의 상급 수행자를 제외한 모든 사람들은 이 당근에, 당근이라고 하는 것의 근본적인 특성을 부여하는 어떤 고유한 본질, 즉 구체적인 존재가 있다고 믿는다. 중관은 존재의 핵심이라고 여기는 독립적인 고유한 존재를 부정한다. 당근은 분명 관습적 존재이므로 설치류를 유인하거나 맛있는 주스를 만들 수 있다. 당근은 음식으로서의 역할을 한다. 그러나 당근에는 우리가 존재의 핵심이라고 잘못 믿고 있는 독립적이거나 고유한 것이 결코 없다. 다시 말해, 우리가 독립적으로 존재한다고 잘못 믿고 있는 대상이나 주체는 실제로 '분석을 통해 찾을 수 있는' 것이 아니다. 우리가 본래 존재한다고 믿는 실체는 아무리 열심히 찾아도 어디에서도 찾을 수 없다. 독립적으로 존재한다고 해서 그 존재가 더 명확하고 확실하게 드러나는 것도 아니다. 대신 현상은 고유한 존재가 아니라 관습적 존재이기 때문에 중도中道적으로 존재한다.

우리는 당근을 실제 존재한다고 실체화하는 동시에 당근을 필요로 하는 사람도 실체화하여 본래부터 존재한다고 생각한다. 끝없는 경험의 흐름 속에서 우리는 욕망의 주체와 대상 모두를 고유한 존재라고 잘못 전가하거나 귀속시킴으로써 윤회(saṃsāra)의 수레바퀴를 돌린다. 이런 식으로 지각은 주체와 대상, 즉 농부와 당근이 본질적으로 존재한다는 잘못된 믿음을 동시에 만들어내는 이중적인 작용을 한다. 이어 우리는 자신의 자아를 소중히 여기고, 이에 대한 욕망을 다른 무엇보다 우선시하고, 욕망을 충족하기 위해 다른 사람들을 제쳐두며, 본래부터 존재한다고 잘못 믿고 있는 대상을 좇는 데 시간을 허비한다. 이런 대상들이 우리를 행복하게 해줄 것이라 생각하지만 사실 우리는 결코 만족을 모른다. 어쩌면 시간은 "나를 태우는 불일지도 모르지만, 내가 불이다." 이것이 불에 대해 붓다가 설법한 요점이 아니겠는가?[1]

중관에 의하면 모든 주체와 대상, 즉 모든 현상에 고유한 존재가 없다고 하는 공의 교리를 깊이 이해함으로써 불을 끄는 것이 가능하다. 이를 위해서는 여기 제시된 것처럼 지적 설명에 대한 이해뿐 아니라 여러 수준에서 우리 존재 전체에 걸쳐 심오한 변화가 필요하며 이런 과정은 보통 여러 생애가 걸리는 일이다.

---

[1] Walpola Rahula, *What the Buddha Taught* (New York: Grove Weidenfeld, 1974), 95-97쪽 참조.

　지금까지 설명한 공은 부정적인 측면으로 우리가 존재의 핵심이라
고 잘못 믿고 있는 것을 철저하게 부정한다. 이제 현상을 좀 더 긍정적
으로 설명해 보자. 현상이 독립적으로 존재하지 않는다면 어떻게
우리에게 나타날 수 있을까? 중관에서는 현상이 세 가지 방식으로
의존적으로 존재한다고 한다. 첫째로, 현상은 원인과 조건에 의존하
여 존재한다. 예컨대 당근은 토양·햇빛·수분·설치류의 존재 여부
등에 의존한다. 둘째, 현상은 그 부분과 특성에 따라 달라진다. 당근은
녹색·줄기·근모根毛 등에 의존한다. 셋째, 가장 심오한 것으로 현상
은 정신적 전가轉嫁, 귀속, 명칭에 따라 달라진다. 나는 다양한 경험을
바탕으로 당근에 대한 감각적 특성, 개인적인 연상, 심리적 반응을
한데 모아 '당근'이라는 명칭을 붙이거나 당근으로 지정한다. 마음의
적절한 기능은 우리가 알 수 있는 유일한 세계인 자신의 세계를 구성하
는 것이다. 그러나 이름을 붙일 때 고유한 존재가 있다고 생각하는
잘못된 귀속이 일어나기 때문에 오류가 발생하며, 이는 욕망과 혐오의
기초가 된다.

　중관에서는 공空을 설명할 때 의존적 발생(緣起)을 통해 보완한다.
우리는 이 둘을 동일한 진리에 대한 두 가지 다른 관점으로 이해할
수 있다. 따라서 우리가 잘못 알고 있는 믿음과는 달리 현상의 궁극적
본질은 고유한 존재와 독립성이 아니라, 의존성과 관련성으로 설명
된다.

　공을 이해할 때의 어려움 중 하나는, 우리가 관계의 중요성에 쉽게
동의할 수 있지만 관계가 독립적으로 존재하는 항들 위에 덧씌워진
것이라는 무의식적인 가정에 빠지기 쉽다는 것이다. 사실 사물이나

주체는, 다른 사물이나 주체와의 연결에 불과하기 때문에 실재하는 것은 관계, 즉 상호 의존성뿐이다.

현상이 사실상 본질적으로 혹은 독립적으로 존재한다면 어떤 모습일지 궁금할 것이다. 중관에서는, 본질적으로 존재하는 사물이 다른 현상과 독립적이기 때문에 어떤 상호작용에서도 영향을 받지 않으므로 불변일 것이라고 설명한다. 역으로 독립적으로 존재하는 사물은 완전하고 독립적이어야 하므로 다른 현상에 영향을 미칠 수 없다. 요컨대, 독립적으로 존재하는 사물은 변화하지 않고 심지어 무력할 것이다. 물론 경험적으로 이는 부정되는데 세계는 태양, 비, 흙 속 영양분에 의한 당근의 성장부터, 설치류에 의한 당근의 파괴에 이르기까지 끊임없이 상호작용하는 현상들로 구성되어 있기 때문이다. 주관적인 측면에서 볼 때, 우리가 독립적인 존재가 아니라는 사실은 무한한 지혜와 자비의 본보기인 붓다로 우리 역시 변화할 수 있다는 것을 의미한다.

중관을 비판하는 이들은 종종 사물이 본질적으로 존재하지 않으면 다른 것에 도움이나 피해를 줄 수 없다고 말한다. 당근이 독립적인 존재가 아니라면, 달콤한 주스나 수프를 만들 수 없다. 중관에서는 이를 180도 뒤집어 사물과 주체가 독립적 존재가 아니기 때문에 그럴 수 있다고 답한다. 따라서 우리가 현상의 핵심이라고 잘못 믿고 있는 독립적인 특성이 정말 존재한다면 현상이 실제로 작용하는 것을 방해할 수 있다.

이제 이 모든 것들은 중관의 시간 개념과 어떠한 관련이 있는가? 위에 언급했듯이 만약 현상이 본질적으로 존재한다면 필연적으로 불변하고 무력할 것이므로, 우리에게 작용할 수 없거나 혹은 반대로 우리가 현상에 작용을 가할 수 없을 것이다. 사실 현상은 근본적으로 변화하는 의존적 관계의 집합이기 때문에 가장 근원적인 수준에서 무상함과 변화가 내재되어 있다. 당근이 원인과 조건, 부분과 특성, 우리의 귀속이나 명명에 의존하여 존재한다는 사실로 인해 우리는 당근을 먹을 수 있고, 당근을 경험할 수 있으며, 그로부터 영양을 공급받을 수 있다. 무상에 있어서 더욱 중요한 것은 이러한 관계에 대한 정의와 상호 의존성, 그리고 지속적으로 변화하는 상호 연결로 인해 모든 대상과 주체가 무상하고, 끊임없이 진화하며, 성숙하고 쇠퇴하는 것이 보장된다는 점이다. 요컨대, 공空과 무상함은 모든 존재가 처한 동전의 양면성과 같아서, 변화는 주관적이든 객관적이든 모든 실체의 핵심에 내재되어 있다. 이런 식으로 무상에 대한 교리는 공空/의존적 발생(緣起)을 직접적으로 표현한다. 나는 본질적 존재가 아니며 근본적으로 영원한 영혼이 없는, 변화하는 경험의 운동 집합체이기 때문에 '시간은 나를 이루고 있는 본질'이다. 보르헤스의 이 간결한 문장은 중관의 격언처럼 보이기도 한다. 실질적으로 시간이 존재하기 때문에 나의 지속적인 변화와 죽음이 확실해진다. 실제로 시간은 "나를 태우는 불이지만, 내가 불이다." 공과 무상이라는 철학적 진리는 불교 수행의 핵심이며, 이에 대해서는 뒷부분에서 다시 다룰 것이다. 다음으로 물리학과 그 시간관에 대해 살펴보겠다.

현대 물리학의 시간

시간의 상대성

이 글 서두에서 언급했듯이, 우리 모두는 시간의 절대성에 대한 자연스러운 믿음을 갖고 있다. 예를 들면, 1분은 모든 관찰자에게 동일하다는 사실이다. 예를 들어 설명하겠다.

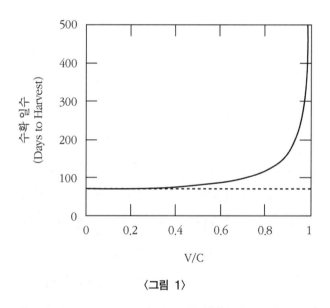

〈그림 1〉

당근을 수확하는 데는 70일이 걸린다. 시간이 절대적 또는 독립적인 존재라는 믿음은 이 시간이 당근에 내재된 것이라는 관점으로 나타난다. 정상적인 성장 환경에서는 누가 어떻게 시간을 측정하든 무관하다. 시간에 독립적 또는 절대적인 성격이 있기 때문이다. 그러나 우주비행사가 같은 씨앗을 가져다가 지구를 기준으로 광속의 90%로 이동하는 우주선 안에서 재배한다고 가정해 보자. 상대성 이론에 따르면 (지구에 있는 관찰자가 측정한) 수확까지의 남은 일수는 161일이다.[2] 〈그림 1〉은 지구에서 관찰한 수확 일수를 지구 기준 우주선 속도에 대해 빛의 속도 c로 나눈 값이다. 예를 들어 $v/c=0.9$이면 가로축의 해당 지점에서 직선으로 위로 이동하면 161일에서 곡선과 교차한다. 관찰자를 기준으로 정지한 기준 프레임(정지 프레임)에서 수확 일수는 70일이다.

상대성 이론에서는 수확까지 걸리는 70일이 절대 일수가 아니라고 강조한다. 우주비행사가 우주선에서 내 정원을 관찰한다면 수확까지 걸리는 시간은 정확히 161일로 측정될 것이다. 시간 간격은 대상과 관찰자 간의 관계에 직접 의존하기 때문에 실제로 관계적이다. 특정 기준 프레임과 무관한 독립적인 시간은 생각할 수 없다. 중관에서의 표현으로 시간은 독립적인 존재가 아니다. 종자를 공급하는 업체가 상대성 이론의 신봉자라면 포장에 "수확까지 걸리는 시간은 정지 프레임에서만 70일이다. 다른 프레임은 〈그림 1〉을 참조하시오."라고 명시할 것이다. 인간이 빛의 속도만큼 빠른 속도로 이동할 수 없으므로 우리는 이것이 단지 학문적 고려사항일 뿐이라고 말하면서 시간의 관계적 특성을 외면하려고 할 수도 있다. 하지만 이 주장은 상대성 이론의 시간관이 가진 중요성과 이에 의존하여 매일 전 세계에서 수행되는 수천 건의 실험을 부정하는 것이다.

현재 순간에 대한 개념을 명확히 하면, 수십 년이든 마이크로초(μs)

---

2 시간 간격 $\Delta t = \Delta t_0 / \sqrt{1-(v/c)^2}$, 여기서 Δt_0는 정지 프레임 값(여기서는 70일)이고, v/c는 시스템과 관측자 간의 상대 속도를 광속 c로 나눈 값이다.

이든 시간 간격의 관계적 특성은 상대성 이론에 의해 보완된다. 관찰자에게 동시에 일어나는 사건이 현재의 순간을 의미한다는 합리적 정의에 대해 생각해 보자. 어느 날 나는 오전 9시에 당근을 심었고, 그 순간 뉴델리에 있는 친구가 비행기에 탑승하고, 내 아들은 멀리 떨어진 도시의 학교 교실에 들어갔다고 가정해 보자. 상대성 이론에서는 당근을 심는 순간을 정의하는 이 동시적 사건들은 내 정원의 기준 프레임에서만 동시에 일어난다고 설명한다. 광속의 90퍼센트로 움직이는 첫 번째 우주비행사가 오전 9시에 내 정원 위를 바로 지나간다면 그는 다른 동시적 사건들을 관찰하므로 그의 현재 순간은 나와 다르고, 오전 9시에 내 정원 위를 다른 속도로 이동하는 두 번째 우주비행사는 또 다른 세 번째의 동시 사건에 있으므로 나 또는 첫 번째 우주비행사와는 다른 현재에 있게 된다.

따라서 상대성 이론은 시간 간격과 개별적 순간 모두를 주어진 기준 프레임에 대해 상대적인 것으로 만들어 기존의 절대시간 개념을 뛰어넘는다. 물체의 다른 기본 특성에 관해서도 유사한 내용이 있지만, 시간의 상대성에 대한 설명은 이것만으로도 충분하다. 더 흥미롭고 심오한 시간의 본질은 시간에 화살표가 있는 방식을 이해함으로써 알 수 있다.

시간의 화살표

보통 당근은 온도를 균일하게 유지하는 서늘한 지하실에 보관한다. 그러나 그곳에서도 당근은 4~6개월이 지나면 썩게 된다. 일단 썩은 음식은 다시 신선한 상태로 되돌아가지 않는다. 채소든, 치아든,

우리 몸이든 썩는 것은 되돌릴 수 없는 과정이다. 썩는 것 같은 화학 변화를 지배하는 양자역학 법칙이 시간 대칭적이라는 점을 고려하면 이는 불가사의하다. 오스트리아의 위대한 물리학자 루드비히 볼츠만 (Ludwig Boltzmann)은 이 수수께끼의 해결에 처음으로 중요한 진전을 이루었다. 그는 시스템에 많은 수의 입자가 있을 때만 비가역성이 가역적인 기본 법칙에서 비롯된다는 사실을 깨달았다.

볼츠만은 뉴턴의 법칙이 적용되는 다수의 기체 입자가 들어 있는 단순한 상자를 고려하는 것에서 시작했다. 그는 이 시스템을 분석하면 서 상자가 우주의 나머지 부분과 완전히 고립되어 있다고 가정했다. 이 경우 우주는 상자와 그 내용물에 영향을 미칠 수 없으며 그 반대의 경우도 마찬가지이다. 여기서 시스템이 독립적으로 존재한다고 가정 하기 때문에, 중관불교에 익숙한 사람은 불편함을 느낄 수도 있다. 이에 대해서는 나중에 설명하고자 한다.

볼츠만은 상자 한가운데를 칸막이로 막고 상자의 절반에만 모든 입자가 들어 있고 나머지 절반은 완전히 비어 있다고 가정했다. 여기서 더 나아가려면 엔트로피(entropy) 또는 무질서 척도 개념을 이해해야 한다. 무질서도가 증가할수록, 시스템의 세부 사항에 대한 지식이 적을수록 엔트로피는 높아진다. 칸막이를 제거하면 새로운 평형 상태 에 도달하는데 가장 가능성이 높은 경우는 가스가 상자 전체에 고르게 퍼지게 되는 것이다. 원칙적으로 가스는 상자의 1/4에만 모일 수 있다. 그러나 가스가 상자 전체로 확산되어 평형 상태에 새롭게 도달할 확률이 압도적으로 높다. 이때의 평형 상태는 최대 엔트로피를 갖는 다. 볼츠만은 이러한 추론을 통해 고립된 시스템의 엔트로피가 동일하게 유지 혹은 증가되어야 한다는 유명한 열역학 제2법칙을 증명하였다. 따라서 칸막이를 없애면 기체는 더 큰 엔트로피 상태로 갈 가능성이 압도적으로 높다. 또한 엔트로피의 증가는 시간의 화살표 방향을 정의한다. 시간은 엔트로피가 증가하는 것과 같은 방향, 즉 우리가 미래라고 부르는 방향으로 진행한다. 이것은 아이가 성장하는 것처럼 엔트로피가 부분적으로 감소할 수도 있다는 사실을 부정하지는 않지만, 전체 엔트로피는 시간이 지남에 따라 계속 증가한다.

나는 몇 년간 통계 물리학을 중·고등부 과정에서 가르쳤다. 우리는 교과서에 나오는 적절한 수준의 수학 지식을 사용하여 볼츠만의 열역학 제2법칙을 유도했다. 지난 몇 년 동안 나는 볼츠만이 크게 틀렸음을 보여주는 논쟁이 1877년까지 있었다는 사실을 발견했다. 나는 이 문제 중 일부를 다른 논문에서 비기술적(nontechnical) 언어로 검토한 바 있다.[3] 여기서는 다른 접근 방식으로, 데이비스(P. C. W. Davies)가 제시한 우아하고 간단한 주장으로 이를 설명할 것이다.[4] 곧 알게 되겠지만 엔트로피는 증가하지만 볼츠만이 생각했던 방식으로가 아니다. 이 유명한 텍스트의 개정판에 왜 오류가 계속 남아 있는지는 미스터리이다.

---

3 Victor Mansfield, "Time in Madhyamika Buddhism and Modern Physics," *Pacific World Journal of the Institute of Buddhist Studies* 11/12 (1995, 1996): 10-27. http://lightlink.com/vic/time.html 참조.

4 P. C. W. Davies, "Stirring Up Trouble," *Physical Origins of Time Asymmetry* (Cambridge: Cambridge University Press, 1994), 119-130쪽.

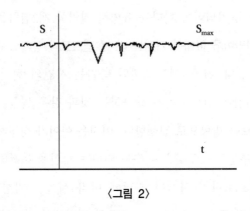

〈그림 2〉

별개의 여러 실험에서 제기되는 기본적인 어려움은 기체 상자와 같이 완전히 고립된 시스템에서는, 시스템을 지배하는 시간-대칭 법칙 때문에 시간의 방향성을 만들 수 없다는 것이다. 〈그림 2〉는 고립된 기체 상자의 엔트로피(s)를 시간(t) 축으로 나타낸 것이다. 우리는 무작위 기체 운동이 때때로 최대값 이하의 편차를 보이는 것을 알 수 있다. 가능성이 낮기는 하지만, 무작위 운동은 자발적으로 더 큰 질서 또는 더 낮은 엔트로피의 상태를 만든 다음 동일한 무작위화를 통해 무질서 상태의 최대치로 되돌아간다. 이 상황은 마치 카드를 섞을 때 간혹 질서 있는 상태로 되는 경우가 있지만 계속 섞을수록 무질서 상태로 되는 것과 같다.

이제 〈그림 3〉에 설명되는 실험을 상상해 보자. 엔트로피가 시간 t_1에서 S_1 이하로 자연적으로 떨어질 때까지 인내심을 가지고 시스템을 모니터링한다. S_1을 충분히 낮게 선택하면 시간이 더 오래 걸릴 수 있다. 충분히 낮은 S_1 값을 선택할 때의 장점은 일단 엔트로피 곡선이 하락할 때 중간이 아니라 그 곡선의 바닥에 가까워질 가능성이 매우 높다는 것이다. 이는 더 큰 하락이 일어날 가능성이 훨씬 적기 때문이다. t_1에서 낮은 엔트로피 S_1이 발생하면 최소치에 있을 가능성이 매우 높기 때문에 시간이 지남에 따라 엔트로피의 증가가 어느 방향으로든 발생한다. 시간 $t_1 + \varepsilon$에서(여기서 ε는 최소 시간 간격) 엔트로피가 증가한다. 우리는 이것을 미래라고 생각한다. 그러나 엔트로피는 $t_1 - \varepsilon$인 과거에서도 증가한다. 따라서 기본 물리법칙의 대칭성으로 인해 엔트로피 증가나 또는 시간에 방향성이 생기지 않는다.

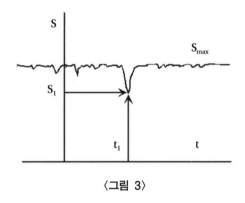

〈그림 3〉

내가 25년 전 경운기 사건을 통해 가르침을 받기 이전에도 시간의 화살표 문제는 기술적인 미묘함이 남기는 했지만 대부분 해결되었다. 중관의 입장에서 볼 때 가장 큰 문제점은 환경과 상호작용이 없는 완전히 고립된 시스템이 있다고 가정하는 것에 있다.

이제 우리는 볼츠만 상자에서 어떻게 절반에만 모든 입자의 엔트로피가 낮은 상태가 되었는지 가정한 이유를 이해한다. 이는 오랜 시간 동안 무작위 운동의 결과 가스가 한쪽 절반으로 몰릴 때까지 기다린 것이 아니라, 볼츠만이 반쪽을 비우고 다른 쪽에 가스를 넣었기 때문에 일어난 결과이다. 낮은 엔트로피 상태의 상자를 준비하려면 우주의 다른 곳에서 더 많은 엔트로피를 생성해야 한다. 예를 들어 볼츠만은 점심 식사에서 칼로리를 소비하고 자신과 자기의 장비에서 에너지를 방출하여 결국 깊은 우주로 향했다. 다시 말해, 상자는 외부의 프로세스를 통해 엔트로피가 낮은 상태로 되었지만, 그 대가로 우주의 다른 곳에서는 엔트로피가 훨씬 더 많이 증가했다.

가까운 예로 정원을 들어보자. 나는 쥐가 당근을 파먹었는지 확인하기 위해 정원을 걸어 다닌다. 흙에 부드러운 발자국이 남으면 더 많은 질서와 구조가 생겨 엔트로피가 낮아진다. 그러나 흙의 낮은 엔트로피는 내 신진대사 과정 중 엔트로피를 증가시키고 결국 우주로 방출되는 열로 분해된다.

우리가 오랫동안 알고 있듯이, 우리의 활동을 통해 방출하는 에너지는 우주가 팽창하고 있기 때문에 깊은 우주로만 방출될 수 있다. 만약 우주가 팽창하지 않는다면, 우주가 너무 크기 때문에 이 에너지는 지구에서 충분히 멀리 떨어진 곳인 뜨거운 별 표면에 닿을 것이다. 그러면 깊은 우주의 유효(effective) 온도는 실제 온도인 3K가 아니라 일반적인 별 표면 온도인 6,000K가 될 것이다. 그러나 우주가 팽창하고 있기 때문에 멀리 떨어진 별에서 나오는 복사(radiation)는 매우 낮은 온도가 된다. 엔트로피는 에너지가 고온 영역에서 저온 영역으로 이동할 때만 증가할 수 있기 때문에, 우리 몸의 에너지를 우주로 방출하는 단순한 과정은 정적인(static) 우주에서는 차단될 것이다. 따라서 볼츠만의 가정처럼 우주의 다른 곳에서 더 많은 엔트로피를 생성함으로써 상자 안에서 국소적으로 엔트로피를 감소시키는 일은 가능하지 않다.

당근이 자라건, 눈송이가 자라건, 아이가 성장하건 간에, 스스로를 조직화하거나 엔트로피를 감소시키는 모든 시스템은 한 위치에서 엔트로피가 감소되면 다른 위치에서 더 큰 엔트로피 생성이 수반되어야 한다. 볼츠만의 장비에서 나오는 에너지는 결국 태양으로 거슬러 올라간 것이며, 태양의 낮은 엔트로피는 매우 중요하다. 음식물의 소화이든 원자력 발전소의 작동이든, 에너지의 생성 과정은 태양계의 낮은 엔트로피 상태에 전적으로 의존한다. 태양과 다른 별들이 낮은 엔트로피 상태에 있게 된 원인은 무엇인가? 빅뱅의 첫 3분 동안 우주의 팽창 속도가 핵의 생성 속도보다 빨랐기 때문에 발생한 것이다. 그 후 거의 모든 헬륨(우주 전체 질량의 약 25%)이 만들어졌을 때 우주는 너무 빠르게 팽창하여 3분 후에 핵반응이 일어나기에는 너무 차가워졌다. 팽창과 그에 따른 냉각이 훨씬 더 느렸다면 우주의 모든 물질은 매우 안정된 철(iron)의 동위원소인 철-56으로 형성되었을 것이고, 비활성이고 엔트로피가 높은 상태가 되었을 것이다. 그러면 별들은 빛나지 않았을 것이고, 우주에 엔트로피 기울기 차이도 크지 않았을 것이고, 시간 비대칭도 없었을 것이며, 당연히 생명체도 존재하지 않게 되었을 것이다.

당근에서 우리 몸에 이르기까지 모든 생물학적 시스템의 붕괴와 같은 국소적 시간의 비대칭성은 우주의 팽창과 초기 진화와 연결하여 설명되어야 한다. 이 놀랍도록 아름다운 결과에는 기술적인 문제들이 많이 있지만, 엔트로피와 시간의 비대칭성의 증가가 우주의 초기 과정과 지속적 팽창에 기인한다고 하는 중심 아이디어는 분명하다. 이것은 중관에서 부정하는 고립되고 상호작용하지 않는 시스템 개념과는 거리가 멀다. 차가운 우유를 커피에 넣으면 넣기 전보다 엔트로피가 더 높아지는데, 이는 철-56이 형성되기 전 우주가 팽창하고 냉각되는 과정과 유사한 것이다. 마찬가지로, 우리 모두가 엄청난 엔트로피 증가가 함께 진행되는 되돌릴 수 없는 죽음의 과정에 직면해야 한다는 사실은 우주에서 가장 초기이자 최대의 과정을 통해 추적할 수 있다. 다시 말해, 우리 주변에서 발견되는 무상성과 부패는 우주의 최초기의 가장 머나 먼 과정으로 인한 것이자 우주의 지속적 팽창 때문인 것이다.

좀 더 긍정적으로 생각해 보면, 비가역적인 과정은 생명에 필수적이다. 내 몸의 신진대사가 방금 먹은 점심을 되돌릴 수 없는 형태로 변화시키지 않는다면 나는 소화불량에 걸릴 뿐만 아니라 살 수도 없을 것이다. 나를 지탱하는 것이 나를 파괴하기도 한다. 실제로 시간은 '나를 태우는 불이지만, 내가 바로 불'인 것이다.

비교 및 연결

물리학과 불교의 관계를 다룬 최근의 글에서 언급했듯이,[5] 불교의 원리를 물리학의 특정 현상과 너무 밀접하게 연결 짓는 것에는 문제가 있다. 물리 이론은 무상을 보여주는 대표적인 예이다. 어떤 물리 효과가 불교의 위대한 원리를 증명한다고 주장한 이후에 그 물리학이

---

5 Victor Mansfield, *Synchronicity, Science, and Soul-Making* (Chicago: Open Court, 1995); Mansfield, "Time in Madhyamika Buddhism and Modern Physics."

다른 이론으로 대체되면 어떻게 될 것인가? 그렇게 되면 불교에 해를 끼치는가? 과학혁명이 일어날 때마다 불교의 근간이 흔들려야 하는가?

불교와 과학 사이의 보다 유익한 대화는 좀 더 철학적 차원에서 비교하고 연관시킬 때 잘 이루어질 수 있다. 예를 들어 이 글에서 나는 불교의 철학적 핵심인 공空에 초점을 맞추고 물리학에서 비슷한 철학적 의미를 지닌 질문과 연결시키려고 노력했다. 어느 한쪽을 다른 쪽에 환원시키지 않고 물리학과 불교를 상호 조명한다면 두 학문을 더 깊게 이해할 수 있게 된다. 앞의 예에서 열역학 시스템이 모든 형태의 외부 상호작용과 완전히 격리되어 있다는 잘못된 가정은 그 이론이 가진 치명적 오류였다. 과학계에서 공의 철학적 원리가 더 널리 이해되고 인정되었다면 이러한 오류는 피할 수 있었을 것이다.

물리학은 항상 철학적 맥락에서 행해진다. 고전 통계물리학이나 열역학은 데카르트의 이원론이 그 배경에 있다. 데카르트의 비전은 물리학과 서양철학에 도움이 되었지만, 여러 측면에 걸쳐 무수히 많은 걸림돌로 작용하기도 했다. 나는 공의 원리가 과학계에서 충분히 이해된다면 과학을 실질적으로 발전시킬 수 있을 것이라고 제안한다.

여기서 시도하고 있듯이 불교는 과학과의 연결 및 비교를 통해 무엇을 얻을 수 있는가? 나는 적어도 두 가지 장점이 있다고 본다. 첫째, 시간의 상대성(수확까지 70일이라는 예)과 현재 순간의 상대성을 이해하면 시간이 본질적으로 없다고 하는 중관의 유사한 주장을 이해하는 데 도움이 된다. 용수의 『근본중송』에서 시간을 분석하는 게송은 어렵지만 많이 알려져 있으며, 이 내용은 시간의 현대적 해석에도 적용할 수 있다. "따라서 시간 자체는 실체가 아니라 의존적 관계의 집합일 뿐이며, 그 자체로 존재하는 것처럼 보이는 본질적인 존재의 그릇도 분명히 아니다."[6] 『근본중송』에 소개된 어려우면서도 중요한 이 게송은 아인슈타인이 발견한 시간의 상대성을 이해할 때 제대로 파악할 수 있다. 요컨대, 과학은 고대 불교의 철학적 측면을 이해하는 데 도움을 줄 수 있을 것이다.

둘째, 불교는 싯다르타의 고향에서 멀리 떨어진 지역에서도 수용된 유연한 종교이다. 중국, 일본, 캄보디아 등 세계의 여러 지역으로 전파될 때마다 불교는 본래의 영적 추진력을 잃지 않으면서도 현지 문화의 색채를 띠게 된다. 과학은 서양에서 지배적인 문화이다. 불교가 최상의 모습으로 서양에 전파되어 잘 정착되기 위해서는 과학과의 상호작용이 불가피하다. 불교와 과학의 공통점과 시너지 효과를 이해하려는 현재의 노력은 서양인이 이해하기 쉬운 용어로 불교를 번역하려는 노력의 일환일 수 있다.

시간의 상대성과 내 어린 친구의 돌이킬 수 없는 질병이 우주의 처음 몇 분과 지속적 팽창에 어떻게 연결되는지 생각해 보면 약간의 위안을 받는다. 이 지적인 아이디어는 공이란 단어를 말하고 있는 나는 물론이고, 어린 소년과 그 어머니 모두 독립적 존재가 아니라는 공의 원리를 강력하게 뒷받침한다. 우리 모두는 상호 의존적 관계의 시스템이라서 무상의 법칙이 적용된다. 그럼에도 마음의 상처는 남는다. 이 어린 소년은 내 두 아들의 나이가 되기도 전에 '시간의 불'에

6 Jay Garfield, *The Fundamental Wisdom of the Middle Way*(New York: Oxford University Press, 1995), 257쪽.

의해 소멸될 것이다.

중관에 따르면, 독립적 존재라는 잘못된 특성에 대한 우리의 뿌리 깊은 투사는 집착과 그에 따르는 고통의 원천이다. 이 모든 것은 이 개념을 완전히 실천하지 못하는 자신의 무능력으로 귀결된다. 이는 개념을 표현할 수는 있어도 충분하게 실천하지 못하는 사람들이 겪는 어려움이다. 아니면 나 자신에게 좀 더 친절하게 말하자면, 어머니의 슬픔에 깊이 공감할 만큼 공의 원리를 이해했을 수는 있지만, 모든 경험이 고통으로 가득하다는 4성제의 첫 번째 진리를 충분히 체화했다고 볼 수 없다. 그렇다면 무엇을 해야 하는가?

중관 불교에서는 완전히 깨달은 분인 붓다(佛), 붓다의 가르침(法), 깨달음을 추구하는 수행 공동체(僧)인 3보三寶에 귀의하라고 조언한다. 붓다는 우리가 할 수 있다는 사실을 보여준다. 고통받는 인간은 시간에 의해 양육되고 파괴되지만, 지혜와 자비의 완전한 화신이 될 수 있다. 우리도 시간의 속박에서, 죽음과 환생을 반복하는 끝없는 고통인 윤회(samsāra)에서 벗어날 수 있다. 공空과 그 심오한 의미를 담고 있는 붓다의 가르침을 깨닫는 것은 어머니와 아픈 아이를 포함하여, 이 위대한 진리를 실현하려는 우리의 노력을 지지하는 사람들이 당면한 과제이다.

만약 내가 이 아이에게 주어진 20년이라는 시간의 상대성을 충분히 깊게 성찰할 수 있다면, 그리고 아이와 나의 상태가 불가역적이라는 사실이 우주론적 연결 때문이라는 것을 충분히 성찰할 수 있다면, 아마도 나 자신이 타인과 우주에 연결되어 있다는 느낌은 더욱 커질 수 있을 것이다. 나와 타인의 자아가 본래 존재하는 것이 아니라 근본적으로 상호 의존적 관계라는 것을 좀 더 깊이 깨달을 수 있을까? 듣는 사람 없이는 말하는 사람도 없고, 의존적으로 연관된 슬픔의 대상 없이는 슬퍼하는 사람도 없다는 사실을 충분히 인식할 수 있을까? 그럴 수 있다면 자신의 에고 중심성과 자기애는 분명히 줄어들 것이다. 자아의 공空과 상호 의존성에 대한 깨달음은 이 어린 소년과 어머니뿐 아니라 모든 중생을 향한 연민으로 이어져야 한다. 이 위대한 진리를 받아들이고 자신의 에고 중심성에서 벗어나는 것은 분명 쉽지 않은 일이지만, 이해력과 연민이 증가한다는 믿음은 우리를 계속 노력하게 만들 것이다.

만약 내가 당근이 썩는 것이든 내 몸이 썩는 것이든 이 비가역적 과정이 우주의 가장 초기 구조와 연결되어 있기 때문이라는 것을 깊이 이해할 수 있다면 이웃이 겪는 손실이나 이득이 나와 별개가 아님을 좀 더 쉽게 알게 될 것이다. 그렇다면 인류라는 몸에서 세포 하나가 겪는 고통은 진정 모두의 고통일 것이다. 아마도 우리는 연민이 실제로 우리 스스로 알게 된 자신의 이기심에 있으며, 지구의 생존을 위해서는 상호 의존성을 더 깊이 이해할 필요가 있다는 사실을 깨달을 수도 있다.

반대로 우리가 독립적인 존재라는 잘못된 개념을 철학적으로 받아들일 때 어떤 일이 일어날지를 생각해 볼 수 있다. 물리학과 철학에 걸쳐 심오하기로 유명한 데이비드 봄(David Bohm)은 자신의 저서에서 이렇게 쓰고 있다.

인류가 공동의 이익을 위해, 심지어 생존을 위해 협력하는 것조차

방해하는 사람들(인종, 국가, 가족, 직업 등)에게 만연된 차별의식
은, 사물을 본래 분열되고 단절된 것으로 취급하고 더 작은 부분으
로 '분해'하는 사고방식에서 비롯되었다고 볼 수 있다. 그들은
각 부분을 본래 독립적이고 스스로 존재하는 것으로 간주한다.[7]

봄에 의하면 현대 세계의 많은 악은 '각 부분을 본래 독립적이고
스스로 존재한다고 간주하는' 관점에서 기인한다. 다시 말해, 사물이
본질적으로 존재한다는 관점이다. 나는 앞에서 볼츠만 상자와 같은
시스템이 주변 환경으로부터 독립되어 있다고 단순히 가정하는 것이
일반적임에도, 이 관점이 우리를 오도한다는 것을 보여주고자 했다.
이는 물리학에서도 충분히 문제가 되지만, 인종·국가·개인이 자신을
본래 독립적인 존재로 여긴다면 매일 뉴스 헤드라인을 장식하는 재난
의 무대가 펼쳐지게 될 것이다.

과학 분야에서 더욱 강력한 이론이 등장하는 지금, 과학은 물론
도덕적 행동의 지침이 될 수 있는 일관된 세계관을 찾는 것이 그
어느 때보다 시급하다. 양자역학과 상대성 이론의 출현이 정보화
시대의 경이로움과 더불어 끔찍한 대량 살상무기를 어떻게 가져왔는
지 생각해 보라. 오늘날 물리학계의 최고 석학들이 주목하는 대통일
이론(grand unified theory) 또는 '만물의 이론(theory of everything)'이
앞으로 어떤 경이로움과 공포를 불러올지 상상해 보라. 유전자 암호를
완전히 이해하기 위해 이미 진행 중인 혁명에서 어떤 이점과 공포를

---

[7] David Bohm, *Wholeness and the Implicate Order* (London: Routledge and
Kegan Paul, 1983), xi쪽.

기대할 수 있을까?

한 가지 작은 예를 들면서 마무리하겠다. '영적으로 올바르지' 않지만, 나는 TV에서 프로 축구를 보는 것을 즐긴다. 그리고 보통 박진감 넘치는 경기가 펼쳐지기를 바란다. 때로는 한 팀을 응원할 때 그 팀의 승리를 기원하면서 TV를 통해 정신적인 영향력을 미치려고 노력하기도 한다. 그러다 문득 내가 무엇을 하고 있는지 자문한다. "이봐, 이 선수들은 이기기 위해 수백만 달러를 받고 있는데 누가 이기든 내가 무슨 상관인가?" 잠시 생각해 보면 나와 '나의 팀'이 연관된 이유는 그들이 뉴욕 주 출신이거나, 경기장으로 이동할 때 피츠버그 공항을 이용하기 때문임을 깨달았다. 이런 어설픈 연결고리 덕분에 선수들에게 애정과 관심이 생기는 것이다.

중관에 내포된 심오한 상호 의존성을 더 깊이 이해하면 어떤 일이 일어날까? 빅뱅의 처음 몇 분과 우주의 지속적 팽창이 우리와 연결될 때, 삶을 유지하고 파괴하는 비가역적 과정이 일어나는 방식에 대해 물리학 이상으로 더 깊이 이해할 수 있다면 어떤 일이 일어날까? 그렇다면 나의 충성심은 얼마나 확장될 수 있을까? 시간의 상대성이 내 주관성에까지 논리적으로 확장된다는 것을 모두 인식할 수 있다면, 과연 나의 이기심과 자기애를 이성적으로 지지할 수 있을까?

내 충성심을 가족과 친구라는 작은 범위에서 우주로까지 확장한다고 생각하면 압도적인 느낌이 든다. 태양계 안보다 태양계 밖에 더 많은 행성이 있다는 것을 알게 된 지금, 모든 중생의 해탈을 위해 노력하겠다는 보살의 서원은 태양계 밖의 행성까지 포함할 수 있을까? 분명 더 많은 부모와 불치병에 걸린 자식들의 슬픔을 느낀다면 더욱 힘들어질 것이다. 그렇다면 어떻게 우주적 규모의 연민을 키울 수 있을까?

아마도 생태 운동가들이 지침을 제공할 수 있을 것이다. 그들은 전 지구적 생태 문제에 직면한 우리에게 "전 지구적으로 생각하고 지역적으로 행동하라."고 조언한다. 이 조언에 따라 나는 우주적 그림을 염두에 두면서 동시에 지금 눈앞에 있는 사람과 함께 행동하려고 노력한다. 자비로운 행동의 작은 물결이 가족과 친한 친구와 같은 작은 울타리를 넘어 서서히 넓게 퍼져나갈 것이다. 우리의 관심을 점점 더 넓게 확장하여 고통받는 인류 전체를 포함하는 것이 이상적이다. 사실 내가 본질적 존재가 아니라면 현재의 한계는 영원히 고정된 것이 아니므로 이 이상을 향해 노력할 수 있다. 내 팀과 친구라는 좁은 울타리를 넘어 관심의 범위를 넓혀 보자. 돌이킬 수 없는 우리의 마지막 과정을 냉혹하게 삼켜버리는 시간의 호랑이와 함께 과연 어떻게 살아갈 것인가?

Notes

이 글을 발표하도록 초대해 주신 앨런 월리스 교수께 감사드린다. 항상 그랬듯이 이 글의 초고를 꼼꼼히 읽어주고 개선점을 제안해 준 내 배우자이자 가장 친한 친구인 일레인 맨스필드(Elaine Mansfield)에게 특별한 감사를 표한다. 또한 초고를 읽고 여러 가지 유용한 의견과 격려를 보내준 캘리포니아 카멜(Carmel)의 데본 코트릴(Devon Cottrell)과 앤드류 홈스(Andrew Holmes)에게 진심으로 감사를 전한다. 불교와 과학의 대화를 격려하고 지혜와 자비의 힘을 행동으로 보여주시는 달라이 라마 성하께도 깊은 감사를 드린다. 마지막으로, Wisdom's Goldenrod의 창시자이자 다르마의 대가였던 고 앤서니 다미아니(Anthony Damiani)에게 깊은 감사를 드린다. 그는 지혜와 자비를 실천하려는 우리의 열망에 불을 지폈다. 이 글 서두에 실린 시는 다음 책에서 발췌했다.

Jorge Luis Borges, "*A New Refutation of Time*", in D. A. Yates and J. E. Irby, eds., Labyrinths: Selected Stories and Other Writings, 234쪽 (New York: New Directions, 1964).

앞의 글에서 빅터 맨스필드는 현대 사회에서 우리의 도덕적 행동뿐 아니라 과학의 지침이 될 수 있는 일관된 세계관을 찾는 것이 중요하다고 강조했는데, 미셸 비트볼은 다음 글에서 이 문제를 엄밀하게 탐구한다. 그는 칸트와 용수의 철학 및 양자역학의 발견에 근거하여, 다양한 문화적 상대주의에 명시되어 있으며, 과학적 유물론에 내포되어 있는 허무주의에 대한 대안을 제시한다.

비트볼은 중관철학자인 쟈끄 메의 뒤를 이어 칸트의 본체(noumenon) 개념을 중관사상의 공空 이론과 비교하면서 공을 현상의 근본적인 근거로 해석할 수 없다고 주장하는데, 그 이유는 공을 실재하는 것(reification)으로 여길 수 있기 때문이다. 그리고 이러한 경향은 중관철학 문헌에서 체계적으로 피하려고 했던 것이다. 또다른 주요 차이점은 칸트에게 있어서 현상의 본체적 근거(물자체)는 영원히 알 수 없는 반면, 대승불교 수행에서는 공의 체험적 깨달음이 중심 목표가 된다는 점이다. 실제로 이 수행적 통찰은 현상의 본질적인 존재에 집착한 결과 일어나는 갈애·적개심·망상과 같은 마음의 모든 번뇌를 치유하는 데 있어 매우 중요하다.

비개념적인 공空에 대한 통찰을 얻으면 마음에 무엇이 일어나는가? 제이 가필드(Jay Garfield)가 주장하듯이, 다른 사람들이 경험하는 것과 똑같은 세계를 보지만 깨달음 이후에는 그것을 공하고, 의존적이며, 무상하고, 실체가 없는 것으로 인식하는가? 월칭과 귀류논증 중관학파의 여러 논사들이 주장했듯이, 모든 현상이 개념적 지칭의 힘에 의해 존재한다면, (적어도 일시적으로) 개념 지칭이 중단된 마음에 존재하는 것은 무엇인가? 일부 중관학파 수행자들은 현상 세계가 사라진다고 말한다.

　　중관학파의 철학은 존재의 초월적 근거에 대한 개념과 근본적으로 모순되는가? 이 책의 마지막 글에서 피에트 헛이 언급하는 족첸(Dzogchen)에 의하면 윤회와 열반의 모든 궁극적인 근거가 존재한다고 하며, 이 견해를 지지하는 달라이 라마를 비롯한 다수의 수행자들은 중관철학의 견해와 완전하게 일치한다고 한다. 족첸 문헌에서는 그 궁극적 근거를 '원초적 인식(primordial awareness)'이나 현상의 절대공간(dharmadhātu, 法界) 등으로 다양하게 언급한다. 공과 원초적 인식의 관계는 다음의 비유를 통해 이해할 수 있다. 꿈속의 모든 주관적, 객관적 현상에 본질적 특성이 없다고 깨닫게 해주는 중관학파의 스승을 꿈꾸는 동안 만날 수 있다. 수행자는 공성空性과 '꿈과 같은' 존재를 인식하는데, 이 현상들이 실재하는 것처럼 보여도 사실 실재하지 않기 때문이다. 이후 수행자는 경험하는 세계가 단순히 꿈과 같은 것이 아니라 실제로 꿈이라는 것을 깨닫게 해주는 족첸 스승을 만나게 된다. 이 통찰은 수행자를 완전한 명료함(lucidity)의 상태에 이르게 한다. 꿈꾸는 동안 수행자는 깨어 있는 지혜를 통해 자신이 꿈꾸고 있다는 것을 인식한다. 그리고 수행자는 꿈속의 모든 현상이 실제로 원초적 인식과 유사한 깨어 있는 의식의 발현이라는 것을 깨닫게 된다.

　　한편 비트볼은 양자역학의 수많은 증거에도 불구하고, 다수의 과학자들이 과학 이론에 대한 실재주의적 해석에 의문을 제기하기를 꺼려하는 것에 관해서도 언급한다. 이들이 그렇게 하는 이유 중 하나는 우주의 실재적 본질이 무엇인지를 주장하는 막강한 권위자가 사회에서 거대한 권력과 영향력 및 재정적 자원을 쥐고 있기 때문이다. 중세 유럽에서 비슷한 역할을 수행했던 로마 가톨릭교회는 성경에 대해서는 실재주의적 해석을 했지만, 코페르니쿠스의 지동설 같은 이론에 대해서는 도구주의적인 해석을 고집했다. 이제 권력의 소유자는 과학 기관이며, 이들이 과학적 유물론이라는 신조를 수호하는 요새가 되었다. 아래 글에서 비트볼은 이러한 독단적 입장의 지적 기반을 약화시키는 한편, 오늘날 과학적, 철학적, 영적 이해의 여러 지층을 통합하는 방법에 대한 실마리를 제시하고자 한다.

3. 형이상학적 환상의 치료: 칸트, 양자역학, 중관철학

미셸 비트볼

이 글의 목적은 칸트가 처음 공식화한 이후 여러 세대의 신칸트주의 학자와 현상학자들에 의해 정교화 된 초월적(transcendental) 접근법이 불교가 이룩한 최고의 지적 성취에 자연과학 철학을 제공할 수 있음을 보여주기 위한 것이다. 나는 그 최고의 성취 중 하나로 기원전 2세기부터 기원전 7세기까지 인도에서 용수(龍樹, Nāgārjuna), 제바(提婆, Āryadeva), 월칭(月稱, Candrakīrti)과 같은 대가들이 발전시킨 중관철학의 변증법과 구원론(해탈론)을 들고자 한다.[1]

그러나 나는 과학(특히 현대 물리학), 초월철학, 중관철학 간의 3중 관계를 정립하려 할 때 난관에 부딪힐 가능성이 높다고 생각한다.

---

1 구원론은 구원에 관한 교리이다. soteria는 고대 그리스어로 구원을 의미한다.

이 세 가지 용어 간에 가능한 상호 관계가 최근까지 연구되어 왔으며, 각각의 용어는 심각한 의구심을 불러일으켰다. 따라서 나는 1, 2, 3절에서 예비 작업을 통해 그 문제점을 찾고자 한다. 4절에서는 이 문제점을 극복할 수 있는 방법을 제안하고자 한다. 5, 6, 7절에서는 4절에서 발전시킨 개념을 이용하여 신칸트주의 과학철학과 중관철학의 시너지 효과에 대한 세 가지 사례를 제시할 것이다. 첫째는 입자 물리학의 실체화에 관한 것이고, 둘째는 여러 양자 이론의 다양한 해석 중 결정론과 비결정론의 변증법을 발전시키는 것이며, 셋째로 양자역학에서의 관계 개념을 분명하게 다룰 것이다.

1. 칸트, 현대 물리학, 중관철학: 비교의 세 가지 어려움

우선 장애물은 무엇인가?

첫째, 현대 물리학에 대한 칸트철학의 타당성은 20세기 새로운 이론의 창시자들에 의해 지속적으로 도전받았다. 칸트에 의하면 공간·시간·인과관계 등은 우리의 감성(sensibility)과 오성(understanding)이 감각이라는 '질료(matter)'에 미리 부과한 '규범(norm)'이다. 이 형식은 '모든 시대와 모든 이성적 존재에게' 적용되는 것으로 간주된다.[2] 그러나 현대 물리학은 이 불변성 조항을 약화시켰다. 아인슈타인 (Einstein)의 일반 상대성 이론은 칸트의 선험적 감성 형식(공간과 시간)의 중요한 측면을 위태롭게 했고, 하이젠베르크(Heisenberg)의

---

2 S. Körner, Introduction to E. Cassirer, *Kant's Life and Thought*(New Haven: Yale University Press, 1981), xi쪽.

양자역학은 칸트가 주장한 선험적 사고 형식(실체와 인과의 범주)의 보편성이 결여되어 있음을 보여주었다. 현재 대다수 과학철학자들은 이 주장을 받아들이고 있다. 1920년대에 모리츠 슐릭(Moritz Schlick), 에밀 마이어슨(Emile Meyerson), 한스 라이헨바흐(Hans Reichenbach)의 선구적인 작업 이후, 그들은 칸트의 선험적 형식이 지닌 특성이 대부분 시대에 뒤떨어졌거나 적어도 그 타당성이 인류의 국소적인 중규모(mesoscopic)[3] 환경에서의 인식적 질서화로 한정된다는 점에 동의한다. 더욱이 이 철학자들은 원래 칸트가 시도했던 물리학에 대한 철학적 고찰의 실패가 현대 물리학에 대한 어떠한 새로운 초월적 접근 방식도 어렵게 한다고 암묵적으로 간주한다.

둘째, 현대 물리학의 특징과 중관철학을 비롯한 동양사상 간의 유사점을 도출하기 위해 수많은 작업이 수행되었다. 그러나 이들 작업(예: 프리초프 카프라(Fritjof Capra), 마이클 탤보트(Michael Talbot), 데이비드 봄(David Bohm)의 연구)의 상당 부분이 대중적 관심을 불러일으키던 그 시기에 오히려 학계에서는 폄하되었다. 의심할 바 없이 이 학문적 불신의 일부는 과학을 유일한 진실의 원천으로 과대평가했기 때문이다. 또 다른 부분은 다수의 동양철학 학파(특히 중관학파)의 높은 이성적 기준에 대한 오해에서 비롯된 것으로, '모호주의(obscurantism)'에 대한 잘못된 두려움을 불러일으켰다. 그러나 과학과 동양철학 사이의 대중적인 유사점을 불신할 만한 타당한 이유가 있었다. 그 이유 중 하나는 시도되었던 비교 방법이 부실했기 때문이다.

---

3 중규모는 사실상 (우주론적) 거시적 규모와 (원자 및 아원자) 미시적 규모의 중간에 해당된다.

예를 들어 비교할 두 용어 간의 차이를 체계적으로 평가하지 않았고, 물리학과 동양의 영성 간의 대립이 의미가 있는지 없는지 여부를 구분하지 않았으며, 비교 시에 무엇을 기대할 수 있는지 없는지를 분명하게 개념화하지 않았다. 최근 몇몇 주목할 만한 예외를 제외하고,[4] 이러한 종류의 성찰은 분명한 변증 목적을 가진 두 담론을 모호한 수준에서 단순 유추한 것에 불과했다.

셋째, 무르티(T. R. V. Murti)는 이미 수년 전에 중관철학을 칸트식으로 독해할 것을 제안한 바 있다.[5] 그러나 쟈끄 메(Jacques May)[6]와 다른 학자들은 이 독해에 대한 반론을 연달아 분명하게 제기한 바 있다.[7] 나는 앞의 두 문제보다 이 세 번째 문제의 연구가 덜 진척되었으

---

[4] B. A. Wallace, *Choosing Reality: A Buddhist View of Physics and the Mind* (Ithaca: Snow Lion, 1996) (역자주: 홍동선 역(1991), 『과학과 불교의 실재 인식』, 범양사)

[5] T. R. V. Murti, *The Central Philosophy of Buddhism* (London: Allen and Unwin, 1955) (역자주: 김성철 역(1999), 『불교의 중심철학』, 경서원); M. Sprung, "The Madhyamaka Doctrine of Two Realities As a Metaphysic," in M. Sprung, ed., *The Problem of Two Truths in Buddhism and Vedanta* (Dordrecht: Reidel, 1973). 칸트와 다르마키르티 논리학 간의 유사점(중관철학을 일부 언급)은 다음에서 찾을 수 있다. T. Stcherbatsky, *Buddhist Logic* (Leningrad: Office of the Academy of Science of the USSR, 1927; repr. Delhi: Motilal Banarsidass, 1994). (역자주: 임옥균, 진현종 역(1992), 『불교논리학』, 경서원)

[6] J. May, "Kant et le Madhyamaka, A propos d'un livre récent," *Indo-Iranian Journal* 3(1959): 102-111.

[7] J. Garfield, *The Fundamental Wisdom of the Middle Way* (New York: Oxford University Press, 1995), 305-306쪽, n. 119.

므로 이어지는 두 절에서 자세히 설명할 것이다. 그러나 문제보다 해결책에 더욱 관심이 있는 독자는 2절과 3절을 건너뛰어도 된다. 결국 이 글의 목적은 우리의 신념 체계에 얽힌 개념적 매듭을 풀기 위한 것이지 철학적인 세부 내용을 다루기 위한 것이 아니다.

2. 칸트와 중관철학: 몇 가지 유사점

칸트의 비판철학과 중관철학의 명백한 유사점은 적어도 네 가지 측면으로 정리할 수 있다.

① 중관은 어원적으로도 절대주의와 허무주의 사이의 중간, 즉 독립적이고 절대적인 실재가 있다는 견해와 실재가 없다는 견해 사이의 중도를 의미한다. 실재에 대해 아무런 견해를 갖지 않는다고 했기 때문에,[8] 무無실재론을 주장한다고 오해받기까지 했다.

마찬가지로 칸트의 초월철학은 처음부터 독단적 합리주의(이성의 관념을 절대적 실재와 동일시하는 경향)와 회의적 경험주의(객관적 지식을 얻을 수 있다고 하는 이성의 주장에 근본적으로 도전하는 경향) 사이의 중간으로 해석되었다. 칸트는 독단적인 초월적 실재론을 강하게 비판하였기 때문에 주관적 관념론을 옹호한다는 오해를 받기도 했다.

② 중관철학과 칸트철학은 모두 이성의 변증법에 대한 분석을 포함한다. 한편으로, 용수는 귀류논증(reductio ad absurdum) 형식을 통하거나 경험적 증거가 없음을 지적함으로써 대립하는 모든 형이상학적

8 K. Bhattacharya, *The Dialectical Method of Nāgārjuna* (Delhi: Motilal Banarsidass, 1998), a translation and commentary on Nāgārjuna's Vigrahavyavartani.

견해를 체계적으로 거부한다.[9] 다른 한편, 칸트는 순수이성의 내적 갈등에 대한 분석을 전개하는데, 이는 이른바 이율배반(antinomies)을 통해 완결된다.

보다 세부 수준에서 보면, (ⅰ) 칸트의 첫 번째 우주론적 이율배반과 (ⅱ) 용수가 세계는 유한하거나 무한하다는 견해 모두를 거부한 것 간에는 뚜렷한 동일성이 발견된다.[10] 전체적으로 볼 때 세계에 대한 어떤 주장의 이율배반적 성격을 설명하는 방식조차 놀라울 정도로 유사하다. 칸트는 우주론적 질문이 이상적인 절대의 전체성, 즉 '우주' 라고 하는 폐쇄적이고 정적인 실체에 관한 것이기 때문에 인간 경험의 한계를 넘어선다고 주장한다. 실제로 인간에게 의미 있는 질문은 일련의 열린 현상과 종합을 향한 지식의 끝없는 진보에만 관련될 수 있다.[11] 유사하게 용수 역시 세계 전체의 유한성이나 무한성에 관한 주장이 의미가 없는 이유에 대해, 세계가 무언가 의미 있는 것으로 예측될 수 있는 단일한 절대적인 실체로 해석되어서는 안 되기 때문이라고 말한다. 오히려 세계는 버터램프의 불꽃에 비유하여 무한히 '깜빡이는 사건의 연속'[12]으로 해석되어야 한다.

---

9 G. Bugault, "Logique et dialectique chez Aristote et chez Nāgārjuna," in G. Bugault, *L'Inde pense-t-elle?*(Paris: Presses Universitaires de France, 1994), 260쪽.

10 Nāgārjuna, *Mūlamadhyamakakārikā*, XXVII, 21, in Garfield, *The Fundamental Wisdom of the Middle Way*, 350쪽; D. J. Kalupahana, *Mūlamadhyamakakārikā of Nāgārjuna* (Delhi: Motilal Banarsidass, 1986), 387쪽.

11 I. Kant, *Critique of Pure Reason*, A479-B507.

12 Comments on Nāgārjuna, *Mūlamadhyamakakārikā*, XXVII, 22, Garfield, *The*

③칸트는 실체나 인과관계의 범주같이 우리가 순수하게 이해하는 개념의 타당성을 경험적 내용의 형식적 질서로 제한한다. 그는 또한 이성적 관념의 타당성을 '규제적' 용도로, 즉 현상의 끝없는 질서화 과정에 동기를 부여하는 도달할 수 없는 목표(focus imaginarius, 상상의 초점)를 우리에게 제공하는 것으로 제한한다. 이 제한을 인식하지 못하면, 우리는 지적 능력이 현상에 부여한 형식을 사물 자체의 형식으로 쉽게 오인할 수 있다. 우리는 인식 주체의 선험적 구조를 세계에 투사하는데 오히려 그것을 미리 주어진 세계 구조라고 착각할 위험을 감수한다. 이 혼동은 칸트가 '초월적 환상(transcendental illusion)'이라고 부르는 것으로, 일반적인 경험적 착각과는 달리 널리 퍼져 있으며 이를 인식하고 보완하기가 매우 어렵다.

반면에 주관적 관념론자와는 달리 칸트는 우리의 감각이 절대적 실재로 간주되는 '외부' 사물 자체의 영향을 받는다는 사실을 인정한다. 그는 종종 현상의 근거를 현상의 내재성 너머에 존재하는 '초월적 대상'에서 찾아야 한다고 주장한다.[13] 그러나 이 영향을 미치는 사물 자체, 즉 현상의 근거는 정의상 인식 가능성을 넘어서는 것으로, 우리에게는 형식적으로 현상에 대립되는 인식론적 기능을 지닌 순수하게 이해 가능한 실재, 즉 본체(noumenon)일 수밖에 없다.

무르티는 중관철학 체계가 가진 몇 가지 유사한 특징을 보여준다. 그는 칸트철학과 마찬가지로 중관철학에서도 '인과관계는 경험적 타당성만을 가지며',[14] 인과관계는 어떤 본질적(intrinsic) 존재가 다른

Fundamental Wisdom of the Middle Way, 350-351쪽.

[13] Kant, *Critique of Pure Reason*, A379-380, A539-B567.

본질적 존재를 낳는 실질적인 생산과정이 아니며, 또 그럴 수도 없다고 주장한다. 또한 중관철학은 우리에게 신체를 경험되는 실재의 일부로 받아들이도록 요청하지만, 동시에 궁극적이지도 절대적이지도 않다는 이유로 인정하지 않는다.[15]

따라서 칸트철학에서와 마찬가지로, 중관철학에서 말하는 기본적인 환상은 자동적인 지각 작용, 기본 전제, 개념, 관습에 의해 형성된 경험적 실재를 본질적 실재라고 받아들이는 것과 같다. 무르티는 이 환상을 폭로한다는 것은 '마음을 그 전제로부터 깨어나게 하는 것'이지만, 먼저 이 전제를 있는 그대로 인정하는 것을 의미한다고 말한다. 그러나 경험적 세계 요소의 절대화를 비판한다고 해서 절대적 실재의 존재를 부정하는 것은 아니다. 사실 무르티에 의하면 중관철학의 체계는 다양한 절대주의이다.[16] 그러나 중관철학이 묘사하는 절대는 "완전한 불확정성 및 이성에 대한 접근 불가능성이다. … 심지어 존재·통일성·자아·선善조차도 긍정될 수 없다."[17] 무르티는 용수의 두 가지 진리인, saṃvṛti(보통 '관습적'이라고 번역)[18]와 paramārtha('궁극적' 또는 '절대적'이라고 번역)를 칸트가 현상(phenomenon)과 본체(noumenon)로 구분한 것과 대담하게 동일시함으로써 결론짓는다.[19]

---

14 Murti, *The Central Philosophy of Buddhism*, 167쪽.

15 앞의 책, 251쪽.

16 T. R. V. Murti, "saṃvṛti and Paramārtha in Madhyamaka and Advaita Vedānta," in Sprung, *The Problem of Two Truths in Buddhism and Vedanta*.

17 Murti, *The Central Philosophy of Buddhism*, 229쪽.

18 saṃvṛti는 문자 그대로 '덮다' 또는 '은폐하다'라는 뜻이다. saṃvṛti-satya는 세속적 진리(世俗諦)를 의미한다.

④칸트철학과 중관철학의 체계에서 잘못된 절대성에 대한 비난은 관계, 구성적 상대성, 상대적 존재를 매우 강조하는 것과 관련이 있다.

칸트는 '횡단적(transversal)'과 '측면적(lateral)'이라고 하는 두 종류의 관계를 설명한다. 첫째, 사물 자체와 인식 주체 사이에는 '횡단적' 관계가 있다.[20] 둘째, 인간 주체가 사물 자체에 의해 '횡단적'으로 영향을 받아 지각이 발생한다 해도, 연속된 지각 사이에는 직접적인 '측면적' 관계가 있다.

칸트에 의하면 우리는 경험 세계에서 현상들 사이의 관계만을 알 수 있다.[21] 그는 질료(matter)가 나타나는 유일한 특성은 (끌리거나 반발하는) 힘에 의한 것이기 때문에 그 자체를 관계의 묶음으로 해석한다. 칸트는 『순수이성비판』의 초월적 분석에서 이 개념을 체계적으로 발전시켜, 본질에 대한 모든 진술(실체 또는 생산적 인과관계에 대한 진술)을 현상의 연속에 상응하는 선험적(a priori) 법칙으로 대체한다. 우리의 오성에 의해 현상에 부과된 이 법칙은 객관성을 구성한다. 실제로 칸트는 어떤 주체에 대해서도, 객관성을 본질적 존재라기보다는 현상에 대한 관계적인 구성 방식의 보편타당성으로 이해한다.

당연히 현상에 법칙을 부여하는 범주 중 가장 중요한 것은 지시

19 앞의 책, 294쪽.

20 칸트는 이러한 유형의 관계를 언급하면서 "절대적인 것은 경험 세계에 대해 외부적인 것으로 간주되어야 하며, 경험 세계는 우리의 감각 관계로만 구성된다." 고 썼다. I. Kant, Reflections 5968, *Kants Nachlass*, AK XVIII.

21 Kant, *Critique of Pure Reason*, B321, B341.

(rubric) 관계에 속하는 범주이다. 이 관계는 술어와 주어 사이의 관계, 전제와 결과 사이의 관계, 또는 논리 조건(the terms of a disjunction) 간의 관계를 나타내는 판단 유형에서 파생된다. 경험적 상호 관계망에서 절대적인 것으로 간주될 수 있는 유일한 요소는 현상들 간의 관계를 지배하는 바로 이 원리들인데, 이는 현상에 대한 경험이 존재할 수 있는 가능성의 조건이기 때문이다. 요약하면, 칸트에 따르면 우리는 기본적인 인식론적 관계에 의해 구성되는 현상적인 관계에만 접근 가능하다고 말할 수 있다.

중관철학에서도 매우 유사한 패턴이 발견된다. 다음 장에서 논하겠지만 칸트와의 몇몇 분명한 차이점에도 불구하고, 구성이라는 인식론적 관계 개념은 용수의 다음 글에서 알 수 있다. "누군가는 어떤 것에 의해 드러난다. 어떤 것은 누군가에 의해 드러난다. 어떤 것 없이 어떻게 누군가가 존재할 수 있는가? 누군가 없이 어떻게 어떤 것이 존재할 수 있겠는가?"[22] 이 글이 실린 장章이나 관련된 다른 텍스트의 글을 보면[23] '주체와 객체의 상호 상대성과 상호 의존성'을 강조하고 있다는 것을 쉽게 알 수 있다.[24] 일반적으로 잘 알려진 것처럼, 용수는 보편적 상호 상대성('연기(緣起, dependent coarising)')으로 이해

22 Nāgārjuna, *Mūlamadhyamakakārikā*, IX, 5, Garfield, *The Fundamental Wisdom of the Middle Way*, 184-185쪽.

23 Nāgārjuna, *Lokātitastava* 6, 7, 10 (*Hymn to the Buddha transcending the world*), in C. Lindtner, *Nagarjuniana* (Delhi: Motilal Banarsidass, 1987), 131, 133쪽. "[지식의 대상은] 그것이 알려지지 않는 한 지식의 대상이 아니다. … 그러므로 지식과 지식의 대상은 자기 자신에 의해 존재하지 않는다고 표현한다."

24 Garfield, *The Fundamental Wisdom of the Middle Way*, 185쪽.

되는 공호을 경험적('관습적') 실재의 존재 조건 자체라고 간주한다. 여기서 실재의 본성을 밝힌다는 것은 실재를 공한 것으로, 또는 연기의 상호 관계에 의해 구성된 것으로만 지각함을 의미한다. 이를 통해, 존재는 오직 본질적이어야만 한다고 생각하는 절대주의자는 물론이고 본질적 존재를 부정하는 것이 마치 법정에서 존재를 부정당하는 것과 마찬가지라고 생각하는 허무주의자 역시 반박 당하게 된다. 이들은 인과관계를 형이상학적 생산 과정으로 해석함으로써 광범위하게 비판을 받았으며, 중관철학 체계에서는 초기불교에서처럼 연속적인 형태의 상호 의존 법칙으로 대체된다.[25]

3. 칸트철학과 중관철학: 차이점

쟈끄 메와 몇몇 저자들은 칸트철학과 중관철학이 거의 유사하긴 해도 조금 다르다고 보는 몇 가지 이유를 제시했다. 이들은 목표와 중요성이 완전히 다른 이 두 사상체계 간에는 피상적인 유사점만 있을 수 있다고 결론을 내린다.

우선, 용수와 칸트의 변증법 간에는 눈에 띄는 차이점이 많이 있다.

확실히 용수의 변증법은 칸트보다 훨씬 더 급진적이다. 칸트가 이율배반을 주의 깊게 분석하고, 이를 이성의 기능이 가진 피할 수 없는(그러나 반갑지 않은) 결과라고 생각한 반면, 가필드(Garfield)에 의하면 용수는 이를 '무의미한 언어 표현'의 쌍에 불과한 것으로 취급

---

25 Bugault, *L'Inde pense-t-elle?* 186, 292쪽.

했다.[26]

변증법의 구조조차 중관철학 체계가 칸트철학보다 훨씬 더 강력하다.

칸트는 (우주론적) 이율배반에 대한 연구에서 이성의 상반된 이해관계에 따라 선택된 원리로부터 상호 모순되는 두 가지 결론을 도출할 수 있음을 보여준다. 다음으로 그는 이 모순된 결론을 두 유형으로 나눈다. 첫 번째 유형에서는 두 가지 결론(세계가 유한하다는 것과 무한하다는 것) 모두 가능한 경험을 넘어서는 이상적인 총체성에 적용되기 때문에 반드시 둘 다 거짓이다.[27] 두 번째 유형에서는 두 모순된 결론(자유의지가 있다는 것과 모든 것이 자연법칙에 의해 지배된다는 것)이 모두 참인데, 그 이유는 각각 부분적이지만 중요한 상황의 단면을 나타내기 때문이다. 요약하면 칸트는 부정적이거나 긍정적인 딜레마를 보여준다.

이와 대조적으로 용수는 4구부정(四句否定, negative tetralemma)을 가장 자주 사용한다. 4구부정을 통해 그는 논리적 일관성[na yujyate (타당하지 않음), nopapadyate(성립하지 않음)] 또는 사실적 관련성[na vidyate(존재하지 않음)]에 이의를 제기함으로써 P, ¬P, P&¬P, ¬P& ¬¬P와 같은 네 가지 논제 형식을 부정한다.[28] 더욱이 칸트가 두

26 Garfield, *The Fundamental Wisdom of the Middle Way*, 198쪽.

27 Immanuel Kant, *Prolegomena to Any Future Metaphysics That Will Be Able to Present Itself As Science*(Manchester: Manchester University Press, 1971), 52c.

28 T. J. F. Tillemans, "La logique bouddhique est-elle une logique non-classique

번째 유형의 이율배반에 대해 논의한 것과는 달리, 용수는 네 가지 논제 중 어느 것도 지지하지 않으려고 조심했다. 실제로 어떤 논제가 중요한 상황의 단면을 보여준다 하더라도 이는 그 진실성이 특정 관점에서 상대적이라는 의미이며, 따라서 단지 '관습적'임을 뜻한다.

또 다른 차이는 두 체계의 변증법에 관한 것이다. 변증법은 용수의 『근본중송』 텍스트 도처에 나타나며, 인과관계에 대한 기본적인 4구부정은 『근본중송』 첫 품品의 첫 구절(송頌)에 가장 먼저 나타난다. 반면 칸트의 『순수이성비판』에서 초월적 변증법은 미학과 분석학 다음으로 상당히 늦게 등장한다. 변증법이 칸트의 출발점이 될 수 있다는 무르티의 견해에 동의한다 해도,[29] 그 순서와 강조의 차이는 무시될 수 없다. 칸트의 우선순위가 용수와 정반대라는 점이 매우 분명하게 드러난다. 칸트가 이성의 한계를 표현할 때 그의 목적은 이 한계 내에서 수학과 (뉴턴식) 자연과학을 확고히 하려는 것이다. 이성의 적절한 적용 범위 밖으로 환상을 몰아내어 과학에 환상이 없는 새로운 기초를 만들려는 것이다. 이에 대해서도 용수와 같은 전형적인 중관학파 사상가는 훨씬 더 급진적이다. 그에게 있어 환상은 개념이 경험 영역을 넘어 확장될 때뿐 아니라 경험 영역에 적용할 때도 일어난다. 실제로 그 개념이 해당 범위 내에서 성공적으로 사용된다는 사실 자체가 이 개념이 단지 관습적인 실용적 가치에 불과하다는 사실을 망각하게 만든다. 쟈끄 메가 지적하듯이, 중관철학은 개념의

---

ou déviante? Remarques sur le tetralemme," *Les cahiers de philosophie (Lille)*, no. 14 (1992): 183-198.

29 Murti, *The Central Philosophy of Buddhism*, 295쪽.

경험적 타당성을 입증하려는 것이 아니라 궁극적인 수준에서 개념이 타당하지 않다는 것을 전달하고자 한다.

요약하자면, 칸트의 주된 의도는 (존재론적이지 않은) 확고한 근거를 갖춘 객관적인 과학 지식을 제공하는 것이었다. 그러나 용수의 유일한 사명은 모든 사람이 실재로 여기는 관습적 진리라는 마법에서 해방시키는 것이었다. 이 실용주의적-관습적 진리에는 예외적으로 효율적인 것으로 이해되는 (그러나 예외적으로 실재라고 생각되기 쉬운) 과학도 포함된다.

마지막으로, 궁극적인 것과 그것의 지위가 갖는 차이를 최소화해서는 안 된다. 칸트의 초월적 미학에는 영향을 미치는 것(궁극적이거나 절대적인 것) 자체와 영향을 받는 인간 주체 사이에 초월적 관계가 있는 것처럼 보인다. 이 이중적 관계는 (감각적) 물질과 (지적) 형식의 지식이라는 미리 전제된 이중성에 의해 뒷받침된다. 실제로 칸트의 '코페르니쿠스적 전환' 이후 경험된 세계의 형식은 일반적으로 대상이 아닌 주체에 귀속되는 데 반해서 이른바 지식의 문제는 사물 자체로부터 영향을 받은 주체 감각의 부산물로 간주된다. 따라서 순수이성의 오류 추리에서 실체적 자아(영혼) 개념에 대한 비판과 같은 다수의 반대 경향에도 불구하고 『순수이성비판』에는 강력한 이원론적 구조가 지속된다. 이런 점에서 칸트의 철학은 인식론이라고 볼 수 있다. 존재론은 윤리가 위태로운 경우에만 등장한다. 후자의 맥락에서 칸트는 자유의지를 사물 그 자체로서의 주체에게, 자연법칙에 의한 결정을 현상으로서의 주체에게 귀속시킨다.[30]

이와 대조적으로 쟈끄 메는 중관철학이 결코 인식론으로 해석될 수 없다고 말한다. 말하자면 중관철학은 (i) 존재론에 대한 설명이 독단적이라기보다는 부정적이며,[31] (ii) 존재에 대한 담론이 아니라 존재를 변형시키는 요소로서의 지위를 가지고 있다는 사실에도 불구하고, 처음부터 존재론적이다. 중관철학에서 태도와 지식의 변화는 존재의 내적 변화(약간 덜 부적절한 표현으로는 존재의 방향 전환)이기도 하다. 따라서 무르티가 칸트와의 유사점을 강조하기 위해 주장했듯이, 반야(prajñā)의 기능이 '존재론적(객관적) 변화가 아닌 인식론적(주관적)'[32] 변화를 유도한다고 볼 수 없으며, 반야가 실재가 아닌 우리의 태도 변화를 촉구한다고는 더더욱 말할 수 없다. 중관철학에서 주체와 객체의 이원성은 공空이며, '관습적' 진리의 핵심적인 부분이다(심지어 가장 중요한 출발점 중 하나이다). 그것은 칸트의 형식과 질료 또는 주체와 사물 자체의 이원성처럼 비대칭적이고 위계적인 것이 아니라, 오히려 대칭적이고 상호 구성적이다. 반야의 핵심 기능 중 하나는 우리가 참여하고 있는 내재적인 존재의 흐름에서 후자(주체와 사물)의 이원성을 완화하는 것이다. 따라서 반야가 순전히 주관적인 수준에서 작동한다고 보는 것은 명백한 오류이다.

이 점이 인정되면 칸트가 현상과 본체(noumenon) 사이에 초월적

---

30 자유의지는 행위자의 입장에서 적용하고, 자연법칙의 보편적 적용은 방관자의 입장에서 적용한다는 식으로 이 두 경우를 구분할 수는 있다. L. W. Beck, *A Commentary on Kant's Critique of Practical Reason* (Chicago: University of Chicago Press, 1963).

31 'Apophatic'은 '부정'을 의미하는 그리스어 apophasis에서 유래했다. 여기서는 존재가 아닌 기능을 부정한다.

32 Murti, *The Central Philosophy of Buddhism*, 273-274쪽.

관계가 있다고 일부 표현했지만, 중관철학 체계에서는 그 초월적
관계도 있을 수 없음이 분명하다. 심지어 그런 관계는 saṃvṛti(관습적)
와 paramārtha(궁극적) 간에도, 윤회(saṃsāra)와 열반(nirvāna) 사이
에도 없다. 예를 들어 칸트가 사물 자체를 경험되는 실재의 근거라고
언급한 것과 유사하게 궁극적 진리가 관습적 진리의 근본적인 바탕을
가리킨다고 말할 수 없다. 중관철학에서 이 초월적 관계가 없다는
것은 용수의 다음 글에서 명확하게 드러난다. "윤회와 열반 사이에는
조금의 차이도 없다."[33] 열반을 포함하여 모든 것은 동일한 내적 수준,
동일한 상호연기의 망에 포함되어 있다. 가필드에 의하면 열반의
상태에 있다는 것은 윤회의 미혹한 의식에 나타나는 것과 동일한
것을 보지만, '있는 그대로, 즉 단지 공하고 의존적이며 무상하고
실체 없는 것으로 보는 것'을 의미한다. 이는 "다른 곳에 있는 것이나
다른 것을 본다."는 뜻이 아니다.[34] 여전히 인식론적인 의미를 담고
있는 '보는 것'이라는 표현을 피하면서, '사는 것' 또는 '존재하는 것'으
로 대체하면 훨씬 덜 부적절한 표현이 될 것이다. 이렇게 하면 초월이라
는 잔상을 해소하는 데 도움이 될 것이다.

4. 유추 대신 기능: 방법론적 전환

이 시점에서 우리는 양자의 비교를 방해하는 어려움 중 일부가 담론과

---

33 Nāgārjuna, *Mūlamadhyamakakārikā*, XXV, 19, Garfield, *The Fundamental Wisdom of the Middle Way*, 331쪽.

34 앞의 책, 332쪽.

교리를 고정적이고 실재화하려는 개념에서 비롯된다는 것을 알 수 있다. 처음부터 교리를 불변하는 진리 주장으로 간주한다면 교리의 진보는 있을 수 없다. 또한 두 닫힌 사고체계를 유추하는 데 있어서도 그 내용, 전제, 범위 등과 관련된 동일 요소를 폭넓게 보여주지 않으면 설득력을 갖지 못한다. 두 체계 사이에는 유사성과 비非유사성 외에 다른 어떠한 관계도 생각할 수 없다.

또 다른 어려움은 지식 개념을 지배적으로 표현하는 데서 비롯된다. 이전의 유추에서 두 이론을 비교할 때는 이 둘이 세계를 동일한 그림으로 표현하는 것을 의미한다고 암묵적으로 받아들였다. 따라서 현대 물리학과 중관철학의 그림이 표면적으로만 유사할 뿐이지 매우 다른 증거에 기초하고 있다는 것을 보여줌으로써 이 유추를 비판하기가 쉬웠다.

그러나 정적이고(static) 표상적인 관점을 포기하면 현대 물리학, 초월철학, 중관철학의 세 가지 관계에 대한 우리의 개념을 완전히 새롭게 할 수 있을 것이다. 그런 다음 과학 이론이나 사고체계를 닫힌 진리 집합이나 미리 주어진 실재에 대한 (다소) 충실한 표현으로 보는 대신 개방된 실천 네트워크 내의 오퍼레이터(operator)로 생각해 보자. 과학 이론을 세계 내에서 우리의 행동을 구조화하고 그 결과를 예측하는 오퍼레이터로 해석해 보자. 철학 이론을 (과학 이론에 의해 명시된) 우리의 행동 가능성과 문화를 정의하는 가치, 범위, 표현들 사이의 상호 조정 오퍼레이터로 해석해 보자. 그리고 중관철학의 변증법을 (i) 현상의 무상함과 공성空性에 대한 인내심을 일깨워주는 도구로, (ii) 자기 변화의 보편적인 오퍼레이터로 해석해 보자.

이 경우 현대 물리학, 칸트철학, 중관철학 간의 관계 설정은 단지
이들의 유사성을 나타내는 것이 아니라, 보다 높은 수준에서 오퍼레이
터로서 광범위하게 연계될 만큼 충분히 적합하다는 것을 보여준다.
여기서 유추 자체는 별로 중요하지 않은데, 이는 오퍼레이터 간에
최적의 연계 지점을 나타내는 표시일 뿐이다. 또한 관련된 이 세
용어는 도구(오퍼레이터)에 불과한 만큼 유연하고 진화적으로 받아들
여야 한다. 각 용어를 닫혀 있는 독단적 체계로 다루기보다는 각각의
역사, 잠재적 발전 가능성, 다른 용어에 대한 상호 적응가능성이라는
맥락에서 보아야 한다.

사실 19세기 말에는 과학, 철학, 종교의 영역을 엄격하게 분리하려
는 경향이 절정에 달했기 때문에, 이 고차의 통합 오퍼레이터 개념이
이상하게 보일 수 있다. 하지만 실제로 부분적인 통합은 과학, 철학,
그리고 더 넓은 삶의 전망(또는 '형태')을 만들면서 매일 진행된다.
과학은 외재적 가치·목표·동기·인식론적 개념·형이상학적 묘사에
의해 추진되지만 이들을 소급해서 수정한다.[35] 따라서 과학 이론이
단지 행동을 인도하는 오퍼레이터에 불과하다는 말은 과학의 특징을
너무 협소하게 보는 것이다. 반면에 철학은 과학자들에게 일반적인
연구 방향을 제시하는 동시에 과학이 진보함에 따라 (과소결정된)
제약을 받기도 한다. 종교 교리와 삶의 형태는 과학과 관련된 가치,
행동, 표현이 변화하면서 흔들리기도 했고, 공동체의 폐쇄성에 의해

---

35 L. Laudan, *Science and Values* (Berkeley: University of California Press, 1984);
   G. Boniolo, *Metodo e rappresentazioni del mondo* (Milan: Bruno Mondadori,
   1999).

서 그리고 일부 과학 이론에 대한 노골적인 부정에 의해 스스로를
보호해야 했다.

또한 오늘날에는 서구 과학이 중세 말부터 18세기 전반까지 기독교
신학은 물론 간접적으로 유대교와 이슬람교의 형이상학적 사변으로
부터 자극을 받았다는 것이 널리 인정된다.[36] 신의 구조를 밝히려는
시도는 과학이 태동하는 데 적지 않은 동기부여가 되었다. 자연법칙이
나 절대공간 같은 개념은 전지전능하고 편재하는 신에 대한 믿음에서
직접적으로 파생되었다. 그리고 당시 지배적인 실재론적 표상주의라
는 과학철학은 신학적 근본주의와 관련된 창조론에 의해 선호되었다.
이 표상주의와 신학적 근본주의 간의 계보적 연결은, 갈릴레오 당시
카톨릭 교회가 자신의 교리를 위해 실재주의가 갖는 이점을 없애고
과학에 순전히 도구주의적 지위만을 부여했음에도 불구하고 여전히
유효하다.

역사적으로 많은 형태의 조직이 있었던 상황에서, 돌이켜보면 19세
기 후반부터 만연했던 분리에 대한 요청은 실패가 되었다고 볼 수
있다. 이는 표상주의적인 과학철학과 기독교 신학 사이의 원래 있었던
타협이 무너졌음을 보여준다. 사실 분리와 그에 따른 실패감은 몇
가지 긍정적인 결과를 가져왔다. 전문화된 작업에 대한 집중도가
높아지고, 각각의 영역을 더 잘 정의할 수 있게 되었다. 반대로 다음과
같이 매우 부정적 결과도 나타났다. (i) 인간 삶의 분리 불가능한
측면을 정신분열증적으로 평가하고, (ii) 프란시스코 바렐라가 정의

---

36 A. Funkenstein, *Theology and the Scientific Imagination* (Princeton: Princeton
   University Press, 1986).

했듯이[37] 다양한 허무주의, 즉 우리의 가치와 신념 체계가 일관성이 없다는 것을 잘 알고 있음에도 그것 없이는 아무것도 할 수 없는 마음 상태가 등장한 것이다.

이 허무주의의 현대적 사례는 잘 기록되어 있다. 종교에 대한 깊은 회의감에도 불구하고 윤리적 보장을 위해 이를 찾는 과학자라든가, 이미 인정된 현대 물리학 이론이 있음에도 불구하고 무슨 대가를 치르더라도 실재주의를 지키기 위해 노력하는 과학철학자라든가, 과학 연구가 갖는 의미를 포기하고 씁쓸하게 경험주의를 채택하는 과학자라든가, 종교의 독단적이고 신화적인 요소가 (단지 우화적이라서) 더 이상 지지될 수 없음을 잘 알면서도 이것이 진정한 종교적 입장(도덕, 명상적 삶, 자기 변화를 향한 노력)의 전제조건이라고 믿기 때문에 이를 유지하는 것 외에는 별다른 방법이 없다고 생각하는 성직자 또는 수도사도 있었다.

이러한 실패를 극복하고 허무주의를 넘어서기 위해서는 현대과학, 대안적 과학철학, 비독단적 구원론 등과 같이 현대를 살아가는 인간 삶의 본질적 측면에 전全 지구적으로 부합하는 새로운 고차 오퍼레이터를 찾아내는 경우에만 가능하다. 앞서 논의한 여러 유추는 이 고차 오퍼레이터를 향한 일부 단계라고 볼 수 있다. 그러나 이미 지적했듯이 대부분의 유추는 도전하고자 하는 교리와 지식에 대한 (정적이고 표상주의적인) 가정에 의존하기 때문에 확실히 어설픈 측면이 있다. 따라서 이제 우리의 과제는 다단계에 걸친 연계가 어떻게 가능한지를

---

[37] F. Varela, E. Thomson, and E. Rosch, *The Embodied Mind* (Cambridge: MIT Press, 1991), chapter 6.

좀 더 자세히 보여주는 것이다. 그 단계는 세 가지로서, (i) 교리와 이론의 원 텍스트보다는 이들이 가진 역동적 잠재력에 의존하고, (ii) 교리와 이론의 기능적 작동 상태를 완전하게 인식하며, (iii) 과학 및 철학 이론의 무의식적 표현에서는 거의 잊혀졌지만 여전히 효율적인 과거의 다양한 고차 오퍼레이터의 수준에 포함된 구성요소를 풀어내는 것이다.

현대 물리학, 칸트철학, 중관철학 사이의 관계를 정립하려는 시도를 방해했던 어려움은 다음과 같이 극복할 수 있다. 앞의 2절과 같은 순서로 살펴보겠다.

첫째, 칸트의 선험적 형식과 현대 물리학의 일부 측면 간에 명백한 불일치가 있다고 해서 과학을 초월적으로 독해하려는 아이디어 자체가 실패했다는 의미는 아니다. 이를 파악하기 위해서는 초월철학의 중심 사상으로(칸트가 주장한 특정한 형식) 돌아가 19세기와 20세기 신칸트주의 철학자들이 전개했던 내용을 참작해야 한다.

그렇다면 초월철학의 중심 사상은 무엇인가? 그것은 과학의 각 대상을 사물 그 자체로서가 아닌 현상의 종합으로 해석하는 것이다. 그리고 그 대상의 가능성은 연구 활동에 사용되는 절차에 의해 사전에 제공된 연결 구조에 달려 있음을 받아들이는 것이다. 따라서 어떤 것이 현상의 보편적이고 필연적인 연결 방식에서 비롯되었다면 객관적이라고 보아야 한다. 즉, 자율적 실체의 본질적 속성과 관련이 있는 것이 아니라 활동 주체(인간)에 적용되는 경우에는 객관적인 것이다.

여기서 과학은 선재先在하는 절대적 실재를 밝혀내는 것이 아니고,

효율적인 방법들을 무작위로 모아 놓은 것도 아니다. 과학은 오히려
실재 전체와 그 특별한 부분 간의 역동적 상호 관계가 만들어낸 안정화
된 부산물이다.[38] 실재의 이 특별한 부분을 주체로 정의하는 것은
대상과 같이 불변하는 현상들을 적극적으로 끌어내는 것과 반대되는
측면이 있다.

이 철학적 태도를 공유하는 사람은 형이상학적으로는 경험주의자
만큼 불가지론자이지만, 과학 이론의 구조가 매우 중요하다는 사실을
실재론자만큼이나 확신한다. 왜냐하면 초월적 관점에서 볼 때 과학
이론의 구조는 다름 아닌 특정 연구의 실천을 뒷받침하는 절차적
합리성의 틀이기 때문이다(반대로 이 실천으로 인해 일어나는 저항에
제약을 받기도 한다).

이러한 중심 아이디어에 기초한 과학 개념은, 칸트 체계의 잔재인
정적이고 근본주의적인 측면을 없앤다면 오늘날에도 완벽하게 발전
시킬 수 있다. 칸트가 주장한 직관과 사유 형식의 유일성과 불변성을
받아들이는 대신, 헤르만 코헨(Hermann Cohen)[39]과 에른스트 캐시러
(Ernst Cassirer)[40]가 그랬던 것처럼 이른바 선험적 형식의 변화 가능성과

---

38 이 내용은 바렐라의 인지 이론과 매우 유사해 보인다. 실제로 그의 자기조직화
   (autopoietic) 인지 이론은 신칸트 지식 이론의 자연화된 버전으로 쉽게 해석될
   수 있다. M. Bitbol, "Physique quantique et cognition," *Revue Internationale
   de Philosophie* (2000), 212, 299-328쪽.

39 헤르만 코헨(Hermann Cohen, 1842~1918)은 신칸트 철학의 Marburg 학파를
   창시한 인물이다. 각주 46)을 참조하라.

40 에른스트 캐시러(Ernst Cassirer, 1874-1945)는 Marburg 학파의 가장 저명한
   철학자이다. 그의 저술로는 *Substance and Function* (1910)과 *Philosophy of*

그 다원성을 인정해야 한다. 최근 초월철학에 대한 유연하고 다원적인 개념에는 퍼트넘(Putnam)과 힌티카(Hintikka)의 초월적 실용주의가 포함된다. 예를 들어 힐러리 퍼트넘에 의하면, 각각의 선험적 형식은 순전히 기능적인 것으로 간주되어야 한다(또한 그는 이를 준準선험적 형식이라고도 부른다). 각각의 준선험적 형식은 특정 활동 방식과 관련이 있으며, 이는 이 활동 방식의 기본 전제로 구성되므로 활동을 포기하거나 재정의되는 즉시 변경되어야 한다.[41] 야코 힌티카의 경우 초월철학을 신(neo)프래그머티즘 스타일로 특징지으면서, 우리의 주의를 대상으로부터 우리가 추구하고 발견하는 게임으로 돌리는 과정이라고 주장한다.[42] 뒤의 8절에서 이 노선을 따라 발전된 신초월적 (neotranscendental) 과학철학이 과학적 실재론이나 경험주의보다 훨씬 더 광범위하게 양자역학을 설명할 수 있음을 살펴볼 것이다.

둘째, 과학과 중관철학의 간극은 그 방법과 범위의 차이로 인해 세 번째 용어인 [신초월적 철학]에 의해서만 메워질 수 있다. 이것이 내가 신초월적 과학철학에 부여하는 연결 기능이다(아래의 세 번째 항 참조).

그러나 이 연결에 대한 정확한 평가를 시도하기 전에 과학 이론과 변증법적-구원론 체계 간의 연계가 간접적으로 어느 수준에서 가능한지를 확인해야 한다. 우선 대중적인 동양 신화와의 피상적인 유사점을

---

symbolic forms(1920년대 출간)등 3권이 있다.

41 H. Putnam, *Pragmatism* (Oxford: Blackwell, 1995).

42 J. Hintikka and I. Kulas, *The Game of Language* (Dordrecht: Reidel, 1983), 33쪽.

보여주기 위해 현대과학으로부터 획일적인 신화 같은 것을 끌어내려
는 유혹을 피해야 한다. 그 대신 실험에 의한 과학 이론과 모델의
명백한 과소결정(underdetermination)을 주장해야 하며, 과학의 역사
에서 이러한 과소결정은 경험 외적인 제약에 의해 사실상 제거되었다
는 사실을 강조해야 한다. 이 추가적인 제약은 새로운 이론과 (부분적
으로 종교적인) 서구적 삶의 형태에 깊이 뿌리박혀 있는 오래된 철학적
배경[43] 사이에 일관성을 맞출 필요에 따라 만들어졌다.

문제는 고전 물리학에서 쉽게 대처해 왔던 전통적인 (철학적)
제약이 현대 (상대론 및 양자) 물리학에서는 긴장, 어려움, 역설
등을 야기하기 시작했다는 것이다. 세계가 고유한 특성을 가진 별개의
물체로 이루어졌다는 전통적인 개념은 완전히 포기되지 않았지만,
몇 가지 거의 알아보기 힘든 형태로 살아남았다. 봄(Bohm)이 1952년
발표한 내용에 기초한 비국소적 숨은 변수 이론(nonlocal hidden varia-
ble theory)이 가장 그 대표적 이론이다. 그러나 이른바 코펜하겐
해석(Copenhagen interpetation)을 강력하게 지지하는 물리학자들조차
도 여전히 새로운 비기계론적 전망의 단편과 함께 오래된 기계론적
전망의 잔재를 사용하고 있다. 그들은 다양하고 유려한 언어를 사용하
여, 때로는 입자가 개별적 실체인 것처럼, 때로는 입자가 필드에
여기된(excitation) 양자(quanta)인 것처럼, 때로는 물체가 불가분
(monadic)의 속성을 가진 것처럼, 때로는 관계적인 관찰 대상인 것처
럼, 때로는 입자군으로 구성된 '물리 시스템'에 상태를 귀속시키는

---

43 Boniolo, *Metodo e rappresentazioni del mondo*, 123쪽.

것이 가능한 것처럼, 때로는 입자 자체가 진공 상태로 환원될 수 있는 것처럼 주장한다(자세한 내용은 6절 참조).

이러한 어려움과 개념상의 통일성 부족을 바로잡는 빠른 해결책은 (숨은 과정의 비경험적 세계에 의존하지 않고) 세계에 대한 기계론적 개념과 이원론적 인식론 모두를 버리는 것이다. 안타깝게도 이 극단적 해결 방식에는 뿌리 깊은 저항이 있다. 최근의 급진적인 초월적 과학철학(앞서 살펴본 바와 같이 실용적, 역동적, 관계주의적, 비이원론적 과학철학)에 대한 문화적 친숙함조차도 우리가 집단적으로 이 단계를 밟을 만큼 충분히 강하지는 않다.

하지만 이런 저항은 우리의 기본적인 신념과 삶의 형태와 관련이 있지 않을까? 우리가 미리 주어진 구조화된 실재에 대한 믿음을 갖지 못한 채 방치된다면, 그 저항은 근거의 상실에 대한 괴로움 때문은 아닐까? 말하자면 우리 앞에 놓인 실재를 밝히려는 목표가 없다면 우리가 과학을 만들려는 가장 강력한 동기 역시 사라지는 것은 아닐까? 이 지점에서 중관철학이 등장한다. 중관철학은 또 다른 신화, 세계 표현, 철학적 논리의 제공자가 아니라 (i) 우리가 그토록 포기하기 어려운 실체론적 견해와 이원론적 인식론에 대한 변증법적 해체이며, (ii) 구원론, 즉 근거의 상실이 비극이 아니라 (심지어 깨달음을 촉진할 수 있는 실용적이고 통합적이며 이타적인) 대안으로서 과학에 강력한 동기를 부여할 수 있는 삶의 형태에 대한 소개로 해석된다.

요약하자면, 과학과 중관철학의 접점은 공통되는 세계관에 있지 않다. 그 접점은 오히려 전통적인 세계관과 최근 과학의 발전 사이에 놓인 긴장이며, 이는 초월철학에 의해 형식적으로 피할 수 있고 중관철학의 변증법과 구원론에 의해 가장 깊은 수준에서 완화될 수 있다.

셋째, 칸트철학과 중관철학 간에 지적되는 불일치 중 몇 가지는 생각만큼 극복할 수 없는 것이 아니다. 이를 극복하기 위해서는 칸트 사상과 신칸트 사상의 진화를 잘 참고해야 한다.

예를 들어 궁극적 상태를 바라보는 칸트와 중관철학의 차이점을 생각해 보자. 우리가 알고 있듯이, 칸트의 입장은 외관상으로는 (사물 자체와 이로부터 영향을 받는 주체로서) 실질적인 이원론의 잔재를 포함하는 것 같다. 그 결과 일종의 초월성이 사물 자체에 귀속되는 것처럼 보인다. 이와 대조적으로, 용수는 순전히 기능적-관계적 이원론 이외에 다른 형태의 인식론적 이원론을 고려하지 않는다. 주체와 객체, 지각과 인식의 이원성은 부정되지 않지만, 그것은 공空한 것으로 상호 의존이라는 대칭 관계에서 발생하는 것으로 나타난다. 따라서 용수의 비판적 분석은 전체적으로 엄격한 수준의 내재성을 유지한다.

그러나 이 점에 대한 칸트의 입장은 특정 텍스트(『순수이성비판』의 초월적 미학)를 선별적으로 읽고 추론할 수 있는 것보다 훨씬 덜 초보적이다. 초월적 분석의 마지막 부분에서 본체(noumenon)라는 개념이 단지 제한적인 개념일 뿐이고, 우리 감성의 유한성을 간접적으로 가리킬 뿐이며, 따라서 그 사용이 부정적일 뿐이라는 것을 발견한다.[44] 일부 칸트 주석가들은 칸트의 사물 자체가 표상을 넘어서는 것이 아니며, 이 표상은 (주어진다는 것, 우리 의지의 의도적 행위에 의해

---

[44] Kant, *Critique of Pure Reason*, A255/B311.

자의적으로 생성되지 않았다는) 주어졌다는 사실 이외에 아무것도 아니라고 설명한다.[45] 따라서 이원론의 마지막 그림자는 사라진다.

이후 신칸트 철학의 마르부르크 학파(Marburg school)[46]는 훨씬 더 명백하게 내재론적 입장을 발전시켰다. 실질적인 이원론에 반대하면서 캐시러(Cassirer)는 주체와 객체를 존재론적으로 닫힌 한 쌍의 실체로 해석하지 말 것을 권고했다. 그는 오히려 인식 과정에서 주관화 기능과 객관화 기능을 순전히 방법론적으로 구분해야 한다고 주장했다.[47] 그는 코헨(Cohen)에 이어 주체와 객체의 '상호 공동소속(reciprocal cobelonging)' 개념을 주장했다. 폴 나토프(Paul Natorp)는 초월성을 반대하면서 사물 자체와 우리 감각 사이에 인과관계를 설정할 만한 외부 관점은 존재하지 않는다고 주장하기도 했다. 따라서 우리는 초월철학이 발전하는 과정에서 어떻게 중관철학의 주요 특징에 점점 더 가까워졌는지 알 수 있다.

물론 이 둘 사이에는 상당한 수준에서 차이가 있다. 우리가 알고 있듯이, 신칸트 철학은 특정 영역에서 객관적인 과학 지식의 타당성을

---

45 다음을 참조하라. L. Ferry, in the preface to Kant, *Critique de la raison pure* (Paris: Garnier-Flammarion, 1987), xix쪽.

46 마르부르크(Marburg)는 독일 서부(Hesse주)에 있는 작은 마을이다. 16세기에 중요한 개신교 대학이 설립되었다. H. 코헨(Cohen)은 1912년까지 이 대학에서 가르쳤는데 그중에는 캐시러(E. Cassirer)와 나토프(P. Natorp) 등 뛰어난 학생들이 있었다. 코헨(H. Cohen)의 추종자들로 구성된 독일에서 가장 유명한 신칸트 철학 학파를 마르부르크 학파라고 한다.

47 E. Cassirer, H. Cohen, and P. Natorp, *L'école de Marbourg* (Paris: Cerf, 1998), 247쪽.

확보하는 것을 목표로 한다. 그러나 중관철학에는 이와 다른 우선순위가 있다. 그 우선순위는 과학을 관습적 진리의 필수적인 부분으로 파악하고, 관습적 진리의 일부를 절대적 진리로 받아들이려는 유혹에서 벗어나는 것이다. 이 차이는 단순한 유추나 직접적인 동일시를 무효화하지만, 두 체계 간의 상호 보완적 관계와 작동 상의 연계를 모두 부정하지는 못한다.

상호 보완성

중관철학처럼 과학 지식이 관습적 타당성만을 갖는다고 말하는 것은 과학 지식이 갖는 타당성을 부정하는 것과는 다르다.[48] 따라서 초월철학이 주장하듯이 이 (관습적으로 인정할 만한) 타당성의 범위와 한계를 탐구하는 것은 중관철학의 맥락에서도 노력할 만한 가치가 있다. 이에 대해서는 용수가 "관습적 진리에 기반하지 않고서는 궁극적 진리를 얻을 수 없다."고 지적하지 않았는가?[49] 이런 점에서 중관철학

---

[48] 의심할 여지없이, saṃvṛti의 번역어인 관습적이라는 단어에는 잘못된 의미가 포함되어 있다. 관습은 사람들 간의 분명한 합의이다. 그러나 saṃvṛti-satya(世俗諦)는 인간 사회의 구성원 간의 명시적 토론에서 비롯된 것이 아니다. 모든 (인간) 존재는 언어 사용이 포함된 실천적 형태의 삶을 가진다는 사실로 인해 관습적으로 묶여 있다. 이 질문을 제기한 크리스티안 슈미츠(Christiane Schmitz)와 소중한 의견을 주신 분들께도 감사드린다.

[49] Nāgārjuna, *Mūlamadhyamakakārikā*, XXIV, 10, J. Garfield, *The Fundamental Wisdom of the Middle Way*, 298쪽. 찬드라끼르띠(Candrakīrti)는 피상적 진리가 열반(nirvāna)에 도달하는 수단이기 때문에 처음에는 이를 수용(분석)해야 한다고 설명한다. Candrakīrti, *Prasannapadā Madhyamakavṛtti*, trans. 〔French〕 J. May (Paris: Adrien Maisonneuve, 1959).

체계와 초월철학은 상호 보완적이다.

연계

초월철학은 과학 지식의 신뢰성이 어떤 불변의 절대적 실재와의 일치에 근거하는 것이 아니라, 불변성을 정의하는 과정(객관화)과 불변하지 않고 남아 있는 것을 구분하는 과정(주관화) 간의 일관된 상호관계에 기초한다는 것을 자세히 보여준다. 이것은 중관철학의 대가들이 실재화에 대한 환상을 없애려는 노력에 도움이 될 수 있다. 왜냐하면 우리 문화에서 과학은 이 환상을 낳는 가장 강력한 원천이기 때문이다. 과학 영역에서 실재화에 대해 탐구하게 되면, 실재화의 연쇄적인 경향을 바로잡아 조금이나마 바르게 볼 수 있도록 할 것이다.

역으로 중관철학에서 제시하는 방향으로 나아가는 경우, 자기 변화의 가능성이 높은 삶과 사고의 체계에서 신칸트주의와 같은 반反근거주의, 내재주의, 관계주의의 과학철학이 즉시 수용될 수 있다. 이를 받아들임으로써 혹시 자신의 목표와 동기를 잃을까 봐 두려워하는 과학자들의 광범위한 저항의 실존적 뿌리는 실제로 사라질 것이다.

이 점에서 중관철학 체계와 초월철학은 잠재적으로 시너지 효과를 발휘할 수 있으므로 양자 간의 연계가 쉬울 것이다.

5. 현대 물리학의 존재론적 환상

요약하면, 신칸트 철학은 과학에서 환상을 실재화하는 세부 메커니즘을 밝히는 데 관심이 있는 반면, 중관철학에서는 처음부터 환상을 없애려고 한다. 이 절에서 살펴보겠지만, 신칸트주의의 순수한 지적 입장은 고전 물리학 맥락에서는 표면적으로 충분했을 수 있지만, 양자 물리학의 맥락에서는 중관철학의 실존적 입장과 연관시켜 시너지 효과를 높여야 할 필요성이 분명해진다.

환상을 실재화하는 본질적인 메커니즘으로 돌아가 보자. 그 메커니즘은 인간이 환경과 관계를 맺고 그 안에서 살아갈 수 있도록 하는 인간의 실천을 자연에 투영하는 것으로 구성된다. 일반적으로 인간은 자신의 행동과 담론의 대상에 전념하는데, 아서 파인(Arthur Fine)[50]은 이를 자연스런 존재론적 태도(NOA, Natural Ontological Attitude)라고 했다. 과학자의 경우, 자신이 가정하는 실험 실습의 가상 대상뿐 아니라 이 실습의 경험적 지침에도 전념한다. 후자인 경험적 전념은 종종 기본적인 특징을 추론하기 때문에 전자의 전념과 독립적이지 않다. 그 결과 어떤 대가를 치르더라도 저항하려는 경향이 있는 NOA의 과학적 버전이 등장해 자리를 잡았다. NOA의 과학적 버전은 특히 현대 물리학에 무리하게 적용되면서 발생하는 긴장과 역설의 증가에 저항한다.

이 환상을 극복하기 위해 무엇을 할 수 있는가? 칸트와 그 추종자들은 환상을 극복하려고 하지 않았다. 이들은 단순히 초월적 환상에 대한 지적인 인식 외에는 아무것도 할 수 없다고 믿었다. 이들에 의하면 우리는 특정한 주관적 규칙이 사물 자체에 대한 객관적 결정으로 오인된다는 것을 지적知的으로 알 수 있지만, 세계가 본질적으로

---

50 A. Fine, *The Shaky Game* (Chicago: University of Chicago Press, 1986).

이 결정을 내리고 있는 것처럼 생각하지 않을 수 없다.[51] 마치 천문학자가 착시 메커니즘을 알지만 달이 중천에 있을 때보다 지평선에 가까울 때 더 크다고 생각하는 것과 마찬가지이다.

이 다소 비관적인 견해는 『순수이성비판』의 마지막 부분에 명확하게 표현된다. 그러나 이 내용은 이미 『순수이성비판』 첫 장에서 감성과 오성의 형식에 의한 타당하고 객관적 지식의 '구성(constitution)'이 문제가 되고 있음을 암시한다. 칸트가 일반인과 과학자들에게 자신의 철학이 미치는 영향을 최소화하려는 방식에서도 이를 확인할 수 있다. 한편 칸트는 『초월적 감성론(Transcendental Aesthetic)』에서 공간이 우리의 외부 경험에서 추상화된 개념이 아니라 오히려 우리가 외부적인 것으로 받아들이는 신체적 대상에 대한 모든 직관의 선험적 형식이라고 말한다. 칸트는 공간의 이 주관적인 상태를 받아들여야만 기하학의 필수 명제에 대한 지식을 얻는 것이 어떻게 가능한지 이해하게 된다고 주장한다. 왜냐하면 진리에 대한 선험적 지식은 우리 자신이 만들어낸 것에 대해서만 가능하기 때문이다. 다른 한편 칸트는 인간이 어떠한 경험을 한다 해도 마치(as if, als ob) 공간이 세계의 본질적인 특징인 것처럼 모든 것이 정확하게 남아 있다고 설명한다.[52] 따라서 비판적 태도는 철학자의 메타 관점에 의한 것으로, 일반인이나 과학자의 평범한 관점과는 거의 무관한 것으로 드러난다. 철학자는 as if 절을 알고 있는 반면, 일반인과 과학자는 무의식적으로 이를 사용할 뿐이다.

---

51 Kant, *Critique of Pure Reason*, A298-B354.

52 Kant, *Prolegomena to Any Future Metaphysics*, 13.

이러한 이중 분석이 정신분열적이지는 않더라도, as if가 큰 불일치 없이 작동하는 한 (고전 물리학에서처럼) 받아들여질 수 있었을 것이다. 실제로 고전 물리학자들은 일관성 있게 존재론적 담론을 전개했기에 as if 절을 쉽게 잊을 수 있었다. 그러나 양자 물리학에서는 그 불일치가 너무 눈에 띄기 때문에 자연스런 존재론적 태도(NOA), 특히 이들이 선호하는 물체에 대한 존재론적 태도를 보존하기 위해서는 복잡한 (따라서 눈에 잘 띄는) 전략이 필요하다.

앞의 4절에서 언급했듯이 이 전략에는 다음과 같은 내용이 포함된다. (i) 입자 물리학에서 실체(substantive)와 속성(predicate)의 유연한 사용, (ii) 새로운 논리 또는 새로운 준(quasi) 집합 이론의 구현, (iii) 양자역학의 역설에 대한 해결 능력을 미리 갖춘 미래 이론의 필요성, (iv) 고전 역학 물질점(material point)의 기본 특성을 이어받은 숨은 변수 이론(hidden variables theory)이 그것이다.

사용 가능한 전략 중 두 가지를 간략하게 살펴보겠다. 하나는 예측에 관한 것이고 다른 하나는 참조에 관한 것이다. 첫 번째는 양자 논리이고 다른 하나는 입자 라벨 접근법이다. 둘 다 실험에 의한 이론의 과소결정이 우세한 상황에서 철학적, 문화적 편향이 강하게 드러난다.

여기서 말하는 예측은 양자역학이 등장하던 시기에 이미 문제점으로 인식되었다. 처음에는 이 문제에 대한 공식화가 상당히 어설프게 이루어졌다. 1927년 하이젠베르크(Heisenberg)와 보어(Bohr)는 작용 양자(quantum of action)의 불가분성으로 인해 양자를 크게 교란하지 않고는 어떠한 현상도 관찰할 수 없다고 주장했다.[53] 따라서 어떠한 현상에 대해 미시(micro) 물체가 가진 속성을 단순히 반영한다고 말하는 것은 상당히 모호한 표현이다. 그러나 몇 년 후(특히 1935년 이후 유명해진 Einstein-Podolsky-Rosen 논문 이후) 보어는 교란 개념을 더욱 의심하게 되었다. 1954년 그는 "사람들은 때때로 '관측에 의한 현상의 교란' 또는 '측정에 의해 원자 물체의 물리적 속성이 생성되는 것'에 대해 말한다."고 하였다. 그러나 이 문구는 혼란을 일으키기 쉽다.[54]

　보어는 특히 교란 개념을 사용하는 방식에 일관성이 부족하다는 것을 알고 있었다. 실제로 (코펜하겐 그룹의 일부 구성원같이) 교란에 대해 말하는 것은, 자연에 미시 물체의 속성 따위가 존재하고 관찰자가 '교란'할 준비가 되어 있다는 것을 전제로 한다. 물체의 본질적 속성에 대한 언급을 막기 위해 교란을 말하는 것은 어려운 일이다. 더 나쁜 것은, 속성이 이미 존재하지만 교란 때문에 알 수 없다고 가정하는 것이다. 이는 가상(hypothetical)의 속성에 대한 우리의 지식이 불완전 하다는 것을 받아들이고 일부 물리학자들로 하여금 숨은 변수를 찾도록 부추기는 것과 마찬가지이다. 따라서 보어는 교란된 (또는 생성된) 속성에 대한 암호-이원론적 이미지를 점점 적게 주장하면서, 물체를 가상적이라고 보는 것이 측정 장치의 구조 및 비가역적 기능과 분리될

53 다음을 참조하라. N. Bohr, *Atomic Theory and the Description of Nature, The Philosophical Writings of Niels Bohr*, 2 vols. (Woodbridge, Conn.: Ox Bow, 1987), 1:53.

54 N. Bohr, *Essays 1933-1957 on Atomic Physics and Human Knowledge, The Philosophical Writings of Niels Bohr*, 2 vols. (Woodbridge, Conn.: Ox Bow, 1987), 2:73.

수 없는 현상에 대한 전체적인(holistic) 정의를 더욱 강조했다.[55]

양자논리학은 처음부터 보어의 견해에 맞서 양자물리학에서 실재론을 회복하는 것을 목표로 삼았다. 보어가 '현상'이나 '관찰'을 중시한 반면, 양자논리학은 이러한 속성의 대수(algebra, 결합과 분리에 의한 조합)를 변경하는 대가로 '물리적 특성'[56]이나 또는 시스템 속성에 대해 말할 수 있는 가능성을 회복시켰다. 불 대수(Boolean algebra) 대신에 비非불(nonBoolean) '직교보완 비분산 격자(orthocomplemented non-distributive lattice)'[57]를 받아들이면 되었다.[58] 결국 후대의 양자논리학자들은 역사적 관점을 완전히 뒤집어 버렸다. 역사적으로 볼 때 비非불(nonBoolean) 논리학은, 대상과 관찰 주체 사이의 완전한 분리라는 이상을 비판했던 보어를 향한 실재론자의 응답이지만, 일부 양자논리학자는 "'분리된 관찰자라는 이상'을 거부하는 것이 비불(nonBoolean)에 대한 코펜하겐의 답변"이라고 주장하기도 했다.[59] 따라서 이들은 세계가 본질적으로 비불(nonBoolean)적이라고

---

55 이 사실이 인정되는 이상 상보성은 더 이상 모순되는 속성을 수용하기 위한 속임수로 나타나지 않는다. 상보성은 (i) 현상에서 물체와 실험 장치의 분리 불가능성, (ii) 특정 부류의 현상이 발생하는 맥락에서 장치의 비호환성을 나타낼 뿐이다.

56 G. Birkhoff and J. Von Neumann, "The Logic of Quantum Mechanics," *Annals of Mathematics* 37(1936): 823-843쪽.

57 대수학은 G. 불(Boole, 1815~1864)이 발명한 것으로 고전논리학의 기초가 되었다. 여기에는 결합과 분리로 명제(또는 속성)를 결합하는 규칙, 즉 교집합·연관성·분포·상보성 등이 포함된다.

58 R. I. G. Hughes, *The Structure and Interpretation of Quantum Mechanics* (Cambridge: Harvard University Press, 1989), 188쪽.

보면서, 보어의 전체론(holism)이 이 존재론적 특징을 인식론적으로
잘못 해석하였다고 주장한다.

그러나 이들에게는 유감이겠지만, 보어의 원래 입장에는 찬성할
만한 근거가 많다. 나는 개인적으로 다음과 같은 단순성(simplicity)
에 대한 주장을 지지하는 편이다. 현상은 외관상 (때로 양립할 수
없는) 실험적 맥락에 상대적이라는 기본 가정으로부터 다음을 쉽게
도출할 수 있다. (i) 양자논리의 전체적인 비불(nonBoolean) 구조,[60]
(ii) (켤레(conjugate) 변수 간의 교환 관계를 통한) 양자화 자체,
(iii) 이산(discrete) 현상의 특정 분포가 갖는 파동적인 측면,[61] (iv)
속성 자체를 넘어 가상의 속성 보유자와 연관된 특징[62]이 그것이다.

---

59 J. Bub, *Interpreting the Quantum World*(Cambridge: Cambridge University
Press, 1997), 12쪽.

60 P. Heelan, "Complementarity, Context-Dependence, and Quantum Logic,"
Foundations of Physics 1(1970): 95-110; P. Heelan, "Quantum and Classical
Logic: Their Classical Role," *Synthese* 21(1970): 2-33; see also S. Watanabe,
"The Algebra of Observation," *Supplement to Progress of Theoretical Physics*
37 and 38: 350-367, 1966.

61 J. L. Destouches, *Corpuscules et systèmes de corpuscules*(Paris: Gauthier
-Villars, 1941); P. Destouches-Février, *La structure des théories physiques*
(Paris: Presses Universitaires de France, 1951); P. Destouches, *L'interprétation
physique de la mécanique ondulatoire et des théories quantiques*(Paris:
Gauthier-Villars, 1956). 자세한 정보는 이 논문의 8절을 보라. M. Bitbol, "Some
Steps Towards a Transcendental Deduction of Quantum Mechanics," *Philo-
sophia Naturalis* 35(1998): 253-280; M. Bitbol, *Mécanique quantique, une
introduction philosophique*(Paris: Flammarion, 1996), chapter 2를 참조하라.
62 이 절의 끝 부분을 참조하라.

이 추론에는 세계의 구조에 대한 잘 정의된 가정은 (플랑크 상수가 0이 아닌 값을 제외) 필요하지 않다.

그에 반해 세계를 구성하는 시스템 속성에 대한 대수학의 상세한 비불(nonBoolean) 구조에서 시작하면 그 전제에 많은 임의성이 도입된다. 따라서 이런 종류의 전제로부터 결과를 도출하는 것은 거의 설득력이 없다.[63]

요약하자면, 전체론-관계론과 내재적 비불(nonBoolean)이라는 두 출발점은 실험적으로 해결될 수 없음에도 불구하고, 전자를 선택해야 할 타당한 이유(특히 경제성, 일원성, 설명력)가 많이 있다. 후자가 매력적으로 보이는 유일한 이유는 물리 이론을 실재론적으로 해석하는 것이 서구적 세계관의 틀에서 의심의 여지없이 바람직해 보이므로, 다른 해석을 선호하는 확충(ampliative)[64] 논증이 힘을 잃기 때문이다. 현대 물리학의 철학적 논쟁은 항상 다음의 격언처럼 진행된다. "물리 이론에 대한 실재론적 해석이 나오면 무조건 그것을 채택해야 한다."[65]

---

63 만족할 만한 설명은 소수의 단순하고 덜 자의적인 가정으로부터 다수의 복잡하고 명백히 자의적인 관찰 결과를 도출하는 것이다

64 L. 로단(Laudan)의 정의에 따르면, 확충 논증은 과학 이론을 채택하는 합리적이면서도 비경험적인 동기를 말한다. 확충 논증은 순전히 경험적 논증의 확장으로 구성된다.

65 대부분의 과학자들은 (1927~1952년의 경우처럼) 이 실재론적 해석이 불가능해 보이는 경우에만 대안을 고려한다. 그러나 다음으로 그들은 포기라고 하는 순전히 도구주의적 태도로 되돌아가고, 이런 해석이 극도로 인위적으로 들릴 수 있지만, 실재론적 해석이 다시 받아들여질 때 대개 기뻐한다. 실재론-도구주의에 대한 비판은 윌리스의 *Choosing Reality*(『과학과 불교의 실재 인식』)를 참조하라.

철학적 편향성으로 인한 과소결정의 또 다른 중요 사례로는 전통적으로 속성의 전달자로 간주되는 입자에 대한 두 관점과 관련이 있다. 첫 번째 관점에 따르면, 세계는 운동량 교환이 장(field)의 경험적 효과를 모방하는 레이블이 붙은 준(quasi)-개별 입자로 이루어져 있다. 반면 두 번째 관점에서는, 세계는 비개별적인 여기勵起 양자가 입자의 경험적 효과를 모방하는 장으로 구성된다. 이 두 견해는 거의 모든 면에서 경험적으로 동등할 수 있지만,[66] 여기에서도 경제성, 통일성, 설득력이라는 기준이 동일하게 충족되지는 않는다. 이 두 관점의 중요한 차이점을 몇 가지 언급하겠다.

① 양자量子 통계(Bose-Einstein 및 Fermi-Dirac)를 설명할 때, 준-개별 입자 관점에서는 레이블이 붙은 대칭/반대칭 형태로 상태를 제한하는 일련의 조건이 부과된다. 그러나 양자장의 관점에서는 레이블이나 접근 가능한 상태 집합에 대한 제한이 필요하지 않다(양자 이론을 뒷받침하는 교환 대수(algebra of commutator)의 일반화된 버전만 필요). 텔러(P. Teller)는 준-개별 입자 관점이 '잉여 형식 구조'(레이블)를 가지고 있고 (접근 가능한 상태의 선택에서) 특정 자의성을 수용하는 결함이 있다고 지적한다.[67] 따라서 경제성의 측면에서는 양자장 관점

---

66 W. De Muynck, "Distinguishable and Indistinguishable-Particle Descriptions of Systems of Identical Particles," *International Journal of Theoretical Physics* 14(1975): 327-346. 경험의 동등성에 대한 의심은 다음과 같이 표현된다. J. Butterfield, "Interpretation and Identity in Quantum Theory," *Studies in the History and Philosophy of Science* 24(1993): 443-476.

67 P. Teller, *An Interpretive Introduction to Quantum Field Theory* (Princeton: Princeton University Press, 1995), 25쪽.

이 선호된다.

②입자 관점에서 '생성' 또는 '소멸'이라고 부르는 것은 존재론적 양자 도약을 연상시키는 반면, 양자장 관점에서는 실험에서만 불연속적으로 드러나는 상태의 연속적인 변화로 해석된다.[68] 따라서 양자장 개념은 입자 개념보다 양자 이론 처리의 일반 규칙에 더 부합된다. 그런 이유로 개념적, 형식적 동질성 측면에서는 양자장 관점이 선호된다.

③두 관점 모두 미시 물체의 수가 갖는 불확정성을 수용해야 한다. 그러나 그 설명은 동일하지는 않다. 입자 관점에서는 불확정성이 부여되지만, 양자장 관점에서는 모든 양자 상태에 적용되는 중첩 원리에서 매우 자연스럽게 발생한다. 또한 입자 관점에서는 그 수(존재)가 불명확한 개별 물체의 복잡한 상태에 대처해야 하지만, 양자장 상태의 중첩은 주어진 실험 맥락에서 다양한 수의 이산(discrete) 관계 사건이 일어날 경향을 설명하는 것으로 쉽게 이해할 수 있다.[69] 따라서

---

68 앞의 책, 138쪽.

69 앞의 책, 105쪽. 초끈 이론은 그 측면에서 거의 변화를 가져오지 않는다. 하지만 이를 이해하려면 파인만(Feynman)의 경로-적분 공식(path-integral formalism)으로 되돌아가야 한다. 표준 양자장 이론에서는 선형 경로의 (무한대의) 적분으로 경향성 구조를 설명한다. 여기서 한 경로의 단면이 한 점이다. 따라서 점 입자를 다루는 일반적인 이야기가 된다. 문제는 최종적인 실험 사건의 확률을 계산하는 데 필요한 전체 합이 필요한 여러 경로 중 하나의 단면으로 '존재하는 것'으로 환원할 수 없기 때문에 이 표현을 진지하게 받아들이는 것은 부적절하다. 초끈 이론에서는 확률을 구하기 위해 더해야 하는 각 튜브의 단면이 하나의 끈이다. 그러나 여기에서도 표준 양자장 이론과 같은 이유로, 끈 입자를 다룬 일반적인 이야기를 진지하게(즉, 존재론적으로) 받아들이는 것은 적절하지 않다.

표현의 일관성과 더불어 사고의 경제성 측면에서도 양자장 관점이 선호된다.

④입자 관점과 양자장 관점에 대한 설명상의 차이는 이른바 린들러 (Rindler) 입자(또는 양자) 문제가 제기될 때 더 두드러진다. 린들러 입자(또는 양자)는 비가속 검출기로는 입자가 전혀 관찰되지 않는 상황('진공 상태')에서 가속 검출기를 사용하여 관찰된다. 입자는 검출기의 운동 상태와 관계없이 존재하거나 (존재하지 않는 것으로) 가정되기 때문에 절대론적 입자 관점에서는 이 현상을 이해하기가 매우 어렵다. 그러나 린들러 현상은 텔러가 해석한 양자장 이론의 틀에서는 아무 문제도 일어나지 않는다.[70] 왜냐하면 여기서 각각의 검출 사건은 환경과 (가속 또는 관성) 검출기 간의 역동적 관계를 나타내는 것으로 가정되기 때문이다. 따라서 양자장 관점은 특정 상황에서는 거의 다루기 어려운 존재론적 질문에서 벗어날 수 있게 한다.

그렇다면 왜 우리는 텔러가 제안하는 훨씬 더 자연스러운 관계 성향적(relational-propensionist)[71] 양자장 이론을 채택하는 대신 인위적인 입자 관점을 계속 고수하는가?

입자 관점을 지지하는 대부분의 주장은 표상과 개념의 역사적 연속성에 대한 요청에 의한 것이다. 이 관점은 고전 물리학의 역사적 연속성뿐만 아니라 일상생활의 자연스런 존재론적 태도(NOA)에도

---

70 앞의 책, 110쪽.

71 K. 포퍼(Popper)에 따르면 성향(propension)은 특정 상황을 실현하려는 경향이다. 관계 성향주의 관점은 특정 현상을 만드는 주어진 관계들(예: 장치와 나머지 세계 사이)의 경향을 말한다.

의존한다. 보른(M. Born)은 이미 슈뢰딩거(E. Schrödinger)와의 토론에
서 입자 개념과 물체 개념 간의 역사적 연속성이 중요하다고 주장했
다.[72] 1952년 발표한 봄(Bohm)의 숨은 변수 이론(hidden variable theory)
은 다수의 물질 점(material point)으로 구성된 세계의 기계론적 이미지
를 발전시키고 변형시킨 것으로, 새로운 이론과 고전 물리학 사이에
방법론적 연속성뿐 아니라 개념적 측면에서도 역사적 연속성이 있다
는 이상에 의해 확실히 동기부여된 결과이다.[73]

사실, 대다수가 실재론자인 과학철학자들은 현재 과학 발전의 두
단계 사이에 정확한 존재론적 유사성이 있을 수 없다는 것을 인정한다.
그러나 그들은 여전히 하레(R. Harré)[74]가 존재론적 유형-계층이라고
부르는 것을 암묵적으로 사용한다. 일반적으로 역사에 걸쳐 단일한
존재론적 유형-계층을 개발하는 이 선택은 표상에 대한 경험적 과소결
정을 없애고 효과적인 결정으로 대체한다. 예를 들면 다음과 같다.
소립자는 미시 물리학에서 물체로 오인되지 않지만, 소립자 개념의

[72] M. Born, "Physical Reality," *Philosophical Quarterly* 3(1953): 139-149; M. Born, "The Interpretation of Quantum Mechanics," *British Journal for the Philosophy of Science* 4(1953): 95-106. 두 논문은 M. Born, *Physics in My Generation*(Oxford: Pergamon, 1956)에 재수록됨. M. Bitbol, *Schrödinger's Philosophy of Quantum Mechanics*(Dordrecht: Kluwer, 1996)을 보라.

[73] D. Bohm and B. Hiley, *The Undivided Universe*(New York: Routlege and Kegan Paul, 1993), 4, 160쪽.

[74] R. Harré, *Varieties of Realism*(Oxford: Basil Blackwell, 1986); A. A. Derksen, *The Scientific Realism of Rom Harré*(Tilburg: Tilburg University Press, 1994), 7-8쪽.

역사적 전개와 물리학자들이 사용하는 표현의 표준 문법을 보면 이들이 일상생활의 물체를 원형으로 하는 특성화된 유형-계층에 속한다는 것을 보여준다. 입자 개념과 물체가 비슷하다고 보는 경향은 우리에게 친숙한 표상을 주로 사용하는 대중과학에서 가장 분명하게 나타난다.

이 지점에서 고전 물리학과 양자 물리학의 차이를 쉽게 알 수 있다. 고전 물리학에서 상호작용하는 물질 점 시스템과 일상생활의 '사물' 간의 유형-계층적 연속성에는 어떠한 걸림도 없었다. 앞서 살펴본 것처럼 칸트의 as if 절에 대한 인식은 철학자들과 철학적 사고를 하는 물리학자들의 소집단에만 국한되어 있었다. 평범한 물리학자와 (서구의) 일반인은 자신의 유물론적 세계관을 조용히 고수할 수 있었다. 그러나 양자 물리학에서는 물체의 유형-계층을 유지함으로써 발생하는 왜곡이 명백하게 드러난다. 이러한 보존의 관습적, 규범적 측면은 누구도 무시할 수 없으며, 미시 세계에서 실체(입자)/속성(상태)라는 표현 방식은 더욱 그럴듯해 보인다. 또한 양자장 이론에 대한 관계 성향적 해석과 같이 근본적으로 다른 물리 이론의 개념을 채택하는 것이 점점 더 매력적인 선택이 되고 있다.

세계가 본질적으로 존재하는 입자로 이루어져 있다고 주장하면서도 이것이 만족스러운 설명이 아님을 인정하고 다른 여러 조건을 추가하는 일반적 태도는 바렐라가 말하는 '허무주의적'인 태도임이 분명하다. 이 허무주의에서 벗어날 방법이 절실히 필요하다. 이제 앞의 분석에 따라, (개인적으로나 집단적으로) 탈출하기 위해서는 그 원형적 뿌리, 즉 물질적 신체에서 선호하는 존재론적 유형-계층을 잘라내고, 우리 삶에서 물질적 신체가 누리는 특권적 지위가 물질

환경에 만연한 실용적-관습적 이유 때문이라는 것을 (실존적 힘으로) 인식하는 것이다. 서구적 맥락에서는 이 조건이 충족되기는 어렵지만 (아마도 후설이 말한 자연적 태도의 '괄호치기(bracketing)'를 실천할 수 있는 소수의 현상학자를 제외하고), 대승불교의 맥락에서는 매우 사소한 것이다. 붓다 자신도 '물질에 대한 믿음을 거부하지' 않았는가?[75]

6. 결정론과 비결정론의 변증법

서구 문화의 관점에서 보면 칸트의 형이상학에 대한 변증법적 비판과 용수의 '견해(dṛṣṭi)'에 대한 대칭적 거부는 둘 다 부정적으로 들린다. 이는 고대 그리스인들로부터 물려받은 에피스테메(Episteme, 知)라는 거대한 프로젝트를 포기하는 것으로 느껴지기 때문이다. 반대로 이 절에서 나는 변증법적 추론이 중요한 긍정적 가르침을 전달하며 새로운 지식 개념으로 이끌 수 있다는 것을 보여주고자 한다.

내가 거론하는 변증법적 추론의 예는 결정론과 관련이 있다.

양자역학의 탄생은 비결정론의 승리로 받아들여지는 것이 일반적이다. 그러나 비결정론이라는 단어는 매우 모호하여 양자역학 법칙의 지위에 대해 여러 오해를 불러 일으켰다. 양자역학에서는 일반적으로 현상을 엄격하게 예측할 수 없고, 사실상 예측은 보통 확률론적일 뿐이라는 것이다. 또한 확률의 조합인 양자법칙[76]은 어떤 현상이 우리

---

75 Nāgārjuna, *Lokātitastava*, Lindtner, *Nagarjuniana*, 131쪽.

76 이 규칙은 기본적으로 복소수의 진폭을 더한 다음 합을 제곱하는 방식으로

가 무시하는 다른 현상에 의해 엄격하게 결정된다는 생각과 양립할 수 없다는 것도 사실이다. 양자 확률에 대한 '무지 해석(ignorance interpretation)'은 현상의 국면에 기초하고 있는 한 배제된다. 그러나 이것이 현상 수준 아래에 있는 가상의 '궁극적인 자연법칙'에 대해서는 아무것도 말해주지 않으며, 양자 비결정론이 인식론적인지 존재론적인지에 대해서도 아무것도 말해주지 않는다. 봄(Bohm)이 지적했듯이, "양자 현상의 단순한 통제 불가능성과 예측 불가능성이 반드시 그 자체로 결정적인 양자 세계가 존재할 수 없다는 것을 의미하지는 않는다."[77] 실제로 우리는 결정론적 법칙의 지배를 받으면서도 예측할 수 없는 혼란스러운 움직임을 겪는 일련의 과정이 있음을 알고 있다. 따라서 미시 물리학은 엄격하고 본질적인 비결정론을 가리키는 것이 아니라 오히려 '궁극적인 자연법칙'이 결정론적인지 비결정론적인지에 대해 과학에 의한 존재론적 명제의 결정 불가능성을 설명하는 것이다. 쟈끄 하통(Jacques Harthong)이 지적했듯이, 이러한 유형의 결정 불가능성은 칸트의 순수이성의 변증법을 모방하는 형태로 쉽게 표현할 수 있다. 확률론적 예측에 대한 이율배반은 다음과 같이 표현된다.

논제: "세상의 궁극적인 법칙은 우연이며, 그 안에서 찾을 수

구성된다.

77 Bohm and Hiley, *The Undivided Universe*, 25쪽. 결정론에 대한 아이디어는 다음 책 8장 참조. M. Bitbol, *L'aveuglante proximité du réel* (Paris: Flammarion, 1998).

있는 부분적인 결정론은 모두 다수의 법칙에서 비롯된다."
반론: "세상의 궁극적인 법칙은 전적으로 결정론적이며, 관찰할
수 있는 모든 무작위한 현상은 결정론적 혼돈에서 비롯된다."[78]

위의 내용이 인정된다면, 미시 물리학에서 비결정론(indeterminism)
을 지지하는 강력한 주장에 의해서는 결정론적 법칙에 대한 어떠한
탐구도 무의미하고, 라이프니츠(Leibniz)의 충족이유율(principle of
sufficient reason)을 적용하는 것이 성과가 없을 것이며, 이 연구를
통해 실험적으로 검증 가능한 결과 역시 나오지 않을 것이라는 점이
다.[79] 그러나 앞에서 살펴본 것처럼 이 주장은 설득력이 없다. 또한
미시물리적 현상의 수준에서 예측 불가능성이 가능한 이유를 철학적
으로 탐구하는 것을 막지 못한다.

이 시점에서 흥미로운 점은 양자역학적 해석에 대한 문헌의 많은
결과들이 불확정성(indetermination)에 대한 하나의 설명으로 수렴되
는 경향이 있다는 것이다.

우선 칼 포퍼(Karl Popper)[80]는 결정론적 법칙이 지배하는 세계에서
도 관찰자 자신이 그 현상의 생성 과정에 얽혀 있다면 현상을 예측할
수 없다는 점에 주목했다. 여기서 예측 불가능성은 자기 예측의 논리적

---

78 J. Harthong이 다음에서 인용. A. Dahan-Dalmedico, J.-L. Chabert, and K. Chemla, *Chaos et indéterminisme* (Paris: Seuil, 1992); J. Harthong, *Probabilités et statistiques* (Paris: Diderot, 1996)을 보라.
79 물론 이것은 봄(Bohm)의 숨은 변수 이론의 경우이다.
80 K. Popper, *The Postscript to the Logic of Scientific Discovery*, vol. 2: *The Open Universe* (London: Hutchinson, 1982), 22.

한계로 인해 발생한다. 즉, 관찰자가 자신이 무엇을 할 것인지 예측하자마자, 그 예측 내용 자체가 바로 자신의 미래 행동에 영향을 미칠 수 있다. 예측된 행동에 대한 예측의 이 허위 효과로 인해 예측이 잘못될 수 있다. 그리고 예측자와 예측해야 하는 현상이 얽혀 있기 때문에, 자기 예측의 논리적 한계는 현상을 예측하는 것의 한계로 이어진다.

이보다 훨씬 전에, 하이젠베르크(Heisenberg)와 함께 작업한 젊은 과학철학자 헤르만(G. Hermann)[81]은 양자 현상에 원인이 없다고 가정할 필요는 없으며, 단지 그 원인이 절대적으로 정의되지 않고 현상이 발생하는 바로 그 상황에 따라 상대적으로 정의되는 것일 뿐이라고 설명했다.

더 정확하게 말해서, 데스투슈-페브리어(P. Destouches-Février)는 양립할 수 없는 실험적 맥락과 관련하여 정의된 현상에 관한 모든 예측 이론은 '본질적으로 불확정론'이라는 것을 입증했다.[82] 여기서 불확정이란 예측 불가능성의 의미로서, 현상이 갖는 상대성(또는 맥락 의존성)의 직접적인 결과이다.

요약하면, 결정론과 비결정론의 변증법에 내포된 긍정적인 가르침

81 G. Hermann, "Die naturphilosophischen Grundlagen der Quantenmechanik," *Abhandlungen der Fries'schen Schule*, new series, vol. 6, 2 (1935). 프랑스어 번역과 방대한 주석은 다음을 참조. G. Hermann, *Les fondements philosophiques de la mécanique quantique*, ed. L. Soler, trans. A. Schnell and L. Soler (Paris: Vrin, 1996).

82 P. Destouches-Février, *La structure des théories physiques* (Paris: Presses Universitaires de France, 1951), 260-280쪽.

은 미시물리적 인식이 가장 깊은 수준에서 맥락적이고, 관계적이며, 참여적이라는 것이다. 어쨌든 이것은 하나의 논제에 대한 절대주의적 옹호와 어떤 논제의 증명 부족에 대한 허무주의적 반응을 모두 피하고자 할 때 이 변증법에서 도출할 수 있는 가르침이다.[83]

7. 관계적 지식

중관철학과 신칸트 과학철학이 관계나 관계적 지식에 초점을 맞춘다고 해서 유사한 것으로 보는 관점은 정확하지 않다. 그러나 둘은 관계에 대해서는 비슷하게 구체적이다. 둘 다 관계를 관계항(relata)보다 우선시하고 (또는 동등한 위치에 두고), 관계를 이분법적 극極으로 나누지 않으며, 무엇보다도 관계를 실재화하지 않는다.

용수가 상호 의존성을 공空[84] 또는 본질적(inherent) 존재가 없다는 내용과 동일시할 때, 관계에 앞선 관계항이 있다고 간주하지 않는 것이다. 그는 심지어 '원인에 의해 일어나고 원인이 없으면 존재하지 않는 것'은 '그림자',[85] '거품·포말·환영'[86]과 같다고 주장한다. 관계는

---

83 J. A. 휠러(Wheeler)가 제시한 참여우주 개념은 다음 저술의 불교적 맥락에서 옹호된다. B. A. Wallace, *Choosing Reality*, 앞의 책, chapters 14, 15. M. Ricard and Trinh Xuan Thuan, *The Quantum and the Lotus* (New York: Crown, 2001)를 보라.

84 Nāgārjuna, *Mūlamadhyamakakārikā*, XXIV, 18, Garfield, *The Fundamental Wisdom of the Middle Way*, 304쪽.

85 Nāgārjuna, *Lokātitastava*, Lindtner, *Nagarjuniana*, 앞의 책 129쪽.

86 Nāgārjuna, *Acintyastava*, 앞의 책, 147쪽.

(본질적으로 존재하지 않는 현상으로서의) 관계항이 나타나게 하는 것이고, 그 반대의 경우도 마찬가지다. 그러나 관계 자체가 존재한다고 주장하지는 않는다. "연결도 연결된 것도 연결자도 존재하지 않는다."[87] 실제로 관계항에 영향을 미치는 관계라는 존재가 있다고 주장하려면 대립(관계-관계항)을 이용하여 그 둘 중 하나를 확고히 해야하지만, 오히려 이 대립되는 두 용어(관계-관계항)는 의존적으로만 발생한다.

신칸트주의 철학자들은 (캐시러의 책 제목을 빌리자면) 실체(substance)보다 기능을, 관계항보다 관계를 우선시하는 데 많은 주의를 기울였다. 나토프(Natorp)에 의하면 플라톤이 『소피스트』에서 밝혔듯이 존재와 비존재에 대해 평생 논의한 끝에 발견한 가장 중요한 사실은 존재와 비존재가 어떤 식으로든 서로에게 근거를 둔다는 것이다.[88] 이 발견이 적용된 것은 훨씬 후대로서, 특히 칸트가 사고의 종합 능력을 개념화하면서 이루어졌다. 그러나 이 개념이 명확히 이해되자마자 급격한 발전이 이루어졌다.

저명한 신칸트주의 철학자들은 형이상학의 기본적인 문제점을 '지식 영역의 자체 내에서 상호 관계가 있는 관점을 분리시킨 후 논리적 상호 관계를 사물의 대립으로 변형시킨 것'이라고 지적했다.[89] 그들은 칸트를 이런 식으로 재해석하여 칸트의 초월적 연역

87 Nāgārjuna, *Mūlamadhyamakakārikā*, XIV, 8, Garfield, *The Fundamental Wisdom of the Middle Way*, 219쪽.

88 Cassirer, Cohen, and Natorp, *L'école de Marbourg*, 220쪽.

89 E. Cassirer, *Substance and Function* (New York: Dover, 1953), 271쪽. 내가

(transcendental deduction)[90]의 기본적인 방법이 바로 이러한 부당한 변형을 피하는 것에 목적이 있음을 보여주었다.

따라서 헤르만 코헨(Hermann Cohen)과 폴 나토프(Paul Natorp)는, 칸트가 원래 공식화한 내용과 다르게 초월적 연역이 어떤 절대적인 지식의 기초로 돌아가려는 시도로 해석되어서는 안 된다고 주장한다. 이들에 의하면, 인식적 근거(사고의 형태)와 근거가 되는 것(객관적 지식) 사이에는 고정적인 관계가 있을 수 없으며, 상호 조정의 역동적 과정이 수반된다.[91] 초월적 연역 각각의 특수한 사례에서 표현되는 것은 '전(prius)도 후(posterius)도 없는 제한적인 상호성'[92]일 뿐이다. 다시 말해 초월적 연역이 드러내는 것은 완벽하게 균형이 잡힌 공동의 생산관계이다. 그러나 여기서도 관계에 대한 균형 잡힌 존재론은 나타나지 않으며, 끊임없이 발전하는 관계적 인지 행위에 대한 지속적 연구만이 있을 뿐이다.

앞서 언급했듯이, 중관철학과 비교할 때 신칸트 철학의 특징은 과학, 특히 물리학의 정당화를 명시적인 목표로 삼는 것이다. 이들은 과학 지식의 본질을 명확히 하기 위해 관계적 통찰을 적용하는 경향이

강조하는 부분이다.

90 C. 테일러(Taylor)의 간단한 정의는, 초월적 연역은 우리 지식의 '의심할 수 없는 특징'에서 '그 가능성의 조건인 더 강력한 논제'로 회귀하는 것이다. C. Taylor, *Philosophical Arguments*(Cambridge: Harvard University Press, 1995).

91 다음을 참조하라. C. Schmitz, "Objectivité et temporalité," in M. Bitbol and S. Laugier, eds., *Physique et réalité, un débat avec Bernard d'Espagnat*(Paris: Frontières, 1997), 273쪽.

92 Cassirer, Cohen, and Natorp, *L'école de Marbourg*, 55쪽.

있으며, 따라서 이러한 통찰은 주로 실존적인 해탈을 추구하는 중관철학을 보완할 수 있다.[93]

예를 들어 이를 칸트의 (『자연과학의 형이상학적 기초원리』에서) 뉴턴역학 연역에 적용하면, 초월적 연역에 대한 신칸트주의적 해석은 중요한 인식론적 가르침을 산출한다. 뉴턴 물리 이론의 일부가 초월적으로 추론될 수 있다는 사실은, 그것이 외부 실재의 본질적 특징을 반영하는 것으로 해석되어서는 안 되며, 오히려 인식 관계에 있는 두 상호 의존적 조건 사이의 상호 제약의 표현으로 해석되어야 함을 보여준다.[94] 좀 더 구체적으로 말해서 대부분의 신칸트주의 학자들에 의하면, 고전 역학에서 미적분학을 광범위하게 사용하는 것은 오직 (무한소) 관계만이 접근 가능한 것으로, 이들 관계의 어떤 불가분한 (monadic) 기반이나 어떤 절대화된 관계항도 물리학으로는 파악될 수 없음을 보여준다.[95]

---

[93] 게다가 신칸트주의 철학자들은 대부분 그들의 통찰력을 안정된 경험보다 자유로운 아이디어의 유희를 통해 얻었다.

[94] 물론 실험 연구의 발전 과정에서 인지 관계는 물론 그 용어도 바뀔 수 있다. 이것은 과학의 발전 단계에서 과학의 구조를 초월적으로 추론할 가능성이 있음에도 불구하고 과학혁명이 가능하다는 것을 설명하기에 충분하다. 여기서 칸트의 비논리적인 선험적 영원론에 함축된 의미를 가져와서 뉴턴역학에 대한 그의 초월적 연역의 근본주의적 해석을 우리에게 강요해서는 안 된다. 이 점을 인정한다면, 양자역학에 대한 (마찬가지로 비토대론적) 초월적 연역의 발견을 막을 수 있는 것은 아무것도 없다. 이 연역의 개요는 아래에 나와 있다.

[95] Hermann, *Les fondements philosophiques de la mécanique quantique*, 116쪽; H. Cohen, *Le principe de la méthode infinitésimale et son histoire*, trans. M. de Launay (Paris: Vrin, 1999)도 보라.

양자역학에서는 지식의 관계적 구조가 강화될 뿐이다.

(양자역학은) 자연을 설명할 때 관계적 특성을 지나치게 강조한
다. 양자역학에서는 관계의 구조가 공간과 시간에서 사물의 특정
연결에 의해 일률적으로 결정된다고 표현하는 대신 관찰자가
시스템을 인식하는 방식에 의존한다는 것을 보여준다.[96]

이 내용은 2절-④에 언급한 표현을 사용하면 다음과 같이 이해할
수 있다. 양자역학에서 우리는 더 이상 시공간 물체 사이의 '측면적'
관계를 설명하는 것으로 만족할 수 없으며, 따라서 '횡단적' 인지
관계는 존재하지 않거나 무관한 것처럼 보인다. 우리는 미시물리적
영역과 측정 장치 사이의 다중 인지관계를 어떤 식으로든 고려해야
한다. 실제로 상보성(또는 교환 관계) 때문에 다중 미시 영역과 장치
간의 관계를 하나로 환원할 수 없으며 따라서 배경으로 밀어낼 수는
없다. 이에 대한 언급은 양자역학에 대한 현재의 신칸트주의 해석과
일부 다른 해석에서도 반복된다.[97]

---

[96] Hermann, *Les fondements philosophiques de la mécanique quantique* 119쪽.
또한 E. Cassirer, *Determinism and Indeterminism in Modern Physics* (New
Haven: Yale University Press, 1956), 131, 182쪽을 참조하라.

[97] V. Fock, quoted in M. Jammer, *The Philosophy of Quantum Mechanics* (New
York: Wiley, 1974), 202쪽; M. Davis, "Relativity Principle in Quantum Me
chanics," *International Journal of Theoretical Physics* 16(1977): 867-874; M.
Mugur-Schächter, "Space-Time Quantum Probabilities II: Relativized De-
scriptions and Popperian Propensities," *Foundations of Physics* 22(1992): 235-

또한 장 쁘띠또(Jean Petitot)는 횡단적 인지 관계가 양자역학의 형식주의에 의해 '주관적' 극極(또한 아마도 '객관적' 극)이 분명하게 드러나지 않는 형태로 표현된다고 주장했다.[98] 뉴턴 역학에 대한 칸트의 해석에서 시공간 구조가 거시물리학 지식의 관계적 성격을 암묵적으로 전했듯이, 신칸트주의의 양자역학 해석에서는 힐베르트 공간 (Hilbert space) 구조가 두 관계항에 대한 설명을 전혀 포함하지 않으면서도 미시물리적 지식의 관계적 성격을 암묵적으로 전한다. 이러한 관점에서 볼 때 (비국소적) 숨은 변수 이론은 표준 양자역학의 관계 네트워크 뒤에 있는 접근 불가능한 관계항의 세계를 가리키려는 필사적인 시도로 이해되어야 한다.

양자역학의 이 특징은 비종속적 관계, 즉 관계항이라는 가상의 불가분한 속성에 의존하지 않는 관계 개념에 흥미로운 발전을 가져왔다.[99] 그러나 이 특징은 측정 문제와 상태 벡터의 얽힘을 다룬 이전의 많은 논의에 이미 잠재되어 있었다. 우리가 상태 벡터의 순수한 관계적 상태, 즉 활성화된 조건 하에서 현상에 대한 성향의 표현이라는 것을 인식하면, 측정의 문제는 상대성으로부터 불가분한 속성으로의 전환 문제로 환원된다. 이는 시스템(물체+장치)의 얽힌 상태 벡터로 표현되는 연쇄적 관계를 끊고, 장치와 물체가 모두 무관하다는 결정으로

312.

[98] J. Petitot, "Objectivité faible et philosophie transcendantale," in Bitbol and Laugier, *Physique et réalité*, 207-208쪽.

[99] P. Teller, "Relational Holism and Quantum Mechanics," *British Journal for the Philosophy of Science* 37(1986): 71-81.

도약하는 문제이다. 이제 에버렛(Everett)은 이 문제를 해결하기 위해 원래의 '상대적 상태(relative state)' 해석의 틀에서 흥미로운 방안을 제시하였다.[100] 그 해결책은 만약 실험자 자신이 관계망에 참여하면, 측정의 상호작용에서 잘 정의된 비관계적 결정이 〔실험자와 관계망이 무관하다고 하는 결정〕 발생한 것처럼 보일 수 있다는 점을 인식하는 것이다. 요컨대, 실험자 관점에서는 자신과 관련된 상태가 잘 결정된 어떤 실체적인 특징처럼 보인다. 이는 환상이 어떻게 실재화(또는 '절대화')될 수 있는지를 잘 요약한 것이다.

또한 미시물리(microphysical) 과정의 관계적 특성을 고려하는 것만으로도 양자역학의 기본 구조를 도출하기에 충분하다는 것을 쉽게 알 수 있다.[101] 즉, 양자역학의 '초월적 연역'을 공식화할 수 있다는 것을 보여줄 수 있다. 물론 양자역학의 전체 구조를 도출하기 위해 사용해야 하는 초월적 연역의 유형은 칸트의 경우보다 훨씬 더 일반적이다. 이 일반적인 의미에서 초월적 연역은 칸트의 『순수이성비판』에서와 같이 객관적 지식에서 그 가능성의 조건으로 회귀하는 것이

100 H. Everett, "'Relative State' Formulation of Quantum Mechanics," in B. S. De Witt and N. Graham, *The Many-Worlds Interpretation of Quantum Mechanics* (Princeton: Princeton University Press, 1973). 여기서 에버렛(Everett)이 말하는 처음의 상대적 상태 공식과 나중의 다중 세계의 관점에서 바라본 내용을 혼동하지 않는 것이 특히 중요하다. 예를 들어 다음을 보라. Y. Ben-Dov, "Everett's Theory and the 'Many-Worlds' Interpretation," *American Journal of Physics* 58(1990): 829-832.

101 Bitbol, "Some Steps Towards a Transcendental Deduction." 이 글의 5절을 참조하라.

아니다. 이는 현상을 예측하는 과학적 과정에 대한 최소한의 요구
사항으로부터 이 요구 사항을 충족할 수 있는 가능성의 조건인 강력한
예측 구조로 회귀하는 것이다. 이제 (i) 예측이 맥락적 현상에 근거해
야 한다는 점과 (ii) 예측 도구는 준비라는 개념 하에 통합되어야
한다는 두 가지 요구 사항을 고려하면 양자역학의 기본적인 예측
구조가 발생한다. 장 루이 데스투슈(Jean-Louis Destouches)와 폴레트
데스투슈-페브리에(Paulette Destouches-Février)[102]가 설득력 있게 주
장했듯이, 힐베르트 공간에서 벡터 형식은 보른(Born)의 대응 규칙과
더불어 탈맥락화가 불가능한 상황에서 단일성의 제약을 따르는 형식
중 가장 단순한 예측 형식이다. 심지어 (슈뢰딩거 또는 디랙) 진화
방정식의 일반 형태조차도 일련의 직접적 또는 가교적(bridging) 초월
논증을 통해 이러한 방식으로 얻을 수 있다.[103]

이것이 인정되면, 양자 이론에 의해 예측되는 파동분포 및 양자화와
같은 미시물리 현상의 전형적인 특징들은 더 이상 자연의 우연적
측면으로 보이지 않는다. 이전의 추론에 비추어 볼 때, 이 현상들은

---

102 J. L. Destouches, *Corpuscules et systèmes de corpuscules*(Paris: Gauthier
-Villars, 1941); P. Destouches, *L'interprétation physique de la mécanique
ondulatoire et des théories quantiques*(Paris: Gauthier-Villars, 1956).

103 가교적 초월 논증이란 칸트가 사용한 개념으로, 인간의 직접적인 시공간적
환경 내에서 특정 형태의 초월적 연역과, 인간 세계(Umwelt)를 넘어서는 과학의
탐구 영역에 필요한 일반화된 초월적 연역 간에 가교를 놓는 역할을 한다.
또 다른 예로 일상생활과 고전 역학의 기본 사물 구성과 양자역학의 맥락적
구성 사이의 연결을 가능케 하는 보어의 대응 원리가 있다. 비트볼(Bitbol)의
'초월적 연역을 향한 몇 가지 단계'를 참조하라.

오히려 맥락적이고 상호 양립할 수 없는 현상들의 생산 활동에 필요한 특징으로 보이며, 재현성 수준은 그 결과가 확률적 예측의 통합 시스템에 포함될 수 있을 정도로 충분하다. 물론 이것은 양자역학이 단순한 탁상공론식의 철학을 통해 얻어질 수 있음을 의미하지 않으며, 양자역학의 구조가 철학적 탐구와 깊은 관련성이 있다는 것을 소급하여 드러냈음을 의미할 뿐이다. 칸트의 뉴턴역학 연역의 경우와 마찬가지로, 양자역학의 초월적 연역의 가능성 자체가 이 이론의 위상에 대해 중요한 것을 알려준다. 이는 양자역학이 미리 주어진 자연의 (완전하거나 불완전한) 일부 측면을 반영하는 것으로 해석되어서는 안 되며, 새로운 유형의 실험활동과 이를 제약하는 '사실적' 요소의 동시 출현에 대한 구조적 표현으로 해석되어야 함을 시사한다.[104]

이러한 결과물과 고찰들은 문헌에서 쉽게 찾아볼 수 있다. 이들은 과학철학의 신칸트주의 경향으로 인해 매우 고취된 바 있다. 그러나 이 내용이 널리 받아들여지고, 새롭고 일관된 참여적 세계관으로 표현되기 위해서는, 근원을 찾고자 하는 서구의 요청 및 일상생활의 실용적 범주를 실재화하려는 충동을 극복해야 할 것이다. 이것은 (대안적 삶의 형태 내에서는 말할 것도 없고) 중관철학의 변증법과 구원론(해탈론)이 핵심 요소가 될 가능성이 있는 고차원의 공리학 및 실존주의적 오퍼레이터 내에서의 통합을 통해서만 일어날 수 있다.

이 글은 철학적 내용 외에 어떤 용도로 쓰일 것인가? 이 글은 대승불교 불교 전통의 뛰어난 영적 저술들을 대신할 수 있는 것도

---

104 Varela, Thompson, and Rosch, *The Embodied Mind*에서도 인지과학의 일반적 틀 안에서 유사한 견해를 찾아볼 수 있다.

아니고, 거기에 조금이나마 기여할 수도 없다. 여기 있는 내용만으로는 인간의 자기 변화를 이끌어 낼 수 없다. 그러나 (과학주의가 쇠퇴했다고 주장한 지 약 1세기가 지난 후에도) 여전히 사람들이 과학을 후기 종교의 교리처럼 현대적 의미로 받아들일 때, 이에 대한 지적 근거를 약화시킬 수는 있을 것이다. 또한 더 중요한 것은 자기 변화를 원하는 사람들로 하여금 대다수의 물리학자들이 취하는 실체론적 입장에 지적으로 감명받지 않도록 도와줄 수 있다는 점이다. 무엇보다도 중관철학은 현대 문화 속에서 사람들이 자신의 삶과 사고의 다양한 지층을 통합하는 방법에 힌트를 줄 수 있을 것이다. 바라건대 이런 효과를 얻었다면 비트겐슈타인의 사다리(Wittgensteinian ladder) 비유처럼, 이 글 역시 보다 중요한 다음 단계를 위해 버려야 할 것이다.

Notes

이 글을 주의 깊게 읽고 더 많은 독자들이 이해할 수 있도록 도와준 레이첼 잔(Rachel Zahn)에게 감사의 말을 전한다.

앞의 글에서 미셸 비트볼은 과학 이론을 정립하는 데 있어 철학이 항상 중요한 역할을 해왔음을 지적하면서, 중관철학이 물리학의 발전에 도움이 될 수 있다고 제안하였다. 데이비드 리츠 핀켈스타인은 이러한 맥락에서 '보편 상대성 이론(universal relativity)'을 주장한다. 그는 자신의 이론에서 존재 상태라는 개념을 행동 방식이라는 개념으로 대체하고, 사건을 사물보다 우선시하며, 앎(상태 고정)과 행함(상태 변화)을 서로 상대화시킨다.

핀켈스타인의 논의에서 가장 흥미로운 내용 중 하나는 잘못된 절대성에 집착한 결과 비롯되는 우상에 대한 설명이다. 우상이 출현하는 징후 중 하나로는 공간과 시간, 또는 물질과 공간-시간 같은 두 실체 사이의 비상호적인 결합 또는 상호작용이 있다. 이 결합에서 영향을 받지 않는 쪽이 우상으로 간주된다. 이 주제를 심신 문제와 연관시키기 위해, 현대 인지과학자들은 일반적으로 뇌와 분리된 마음이 존재하지 않으며, 따라서 뇌 혹은 마음-뇌는 있지만 마음은 확실히 없다고 가정한다. 뇌(와 행동)를 절대적인 것으로 고착화함으로써 뇌는 우상의 역할을 맡게 된다. 앞의 글에서 바렐라와 드프라즈는 뇌가 마음에 영향을 미쳐도 마음은 뇌에 영향을 미치지 않는다는 가정에 이의를 제기한 바 있다. 바로 이런 가정이 핀켈스타인이 주장하는 상호성을 제대로 포착하지 못한 잘못된 유형에 속한다. 과학의 역사로부터 출발한 그의 주장은 이와 관련된 이론이 결함을 가지고 있고 잘못된 절대성에 빠져 있음을 시사한다.

특정 이론 내에서 암묵적으로 가정되는 절대성을 찾기 위해서는 인지과학이든 물리학이든 그 이론을 벗어나 과학자들의 말과 행동 및 그 연관성을 조사해야 한다. 불교는 인지과학과 물리학 모두에게 과학의 '종족의 우상(idols of the tribe)'을 밝히는 데 도움이 되는 중요한 외부 관점을 제공한다. 핀켈스타인은 불교와 과학을 포함한 모든 이론은 어떤 특정 입장으로부터 바라본 관점이고, 이 관점이 곧 그 이론의 우상이라고 지적한다. 이것은 이론을 만드는 과정에서 필연적으로 후대의 이론에 의해서만 오직 수정될 수 있는 우상을 도입한다는 것을 의미한다. 그리고 이 과정은 끝없이 계속된다.

여기서 중요한 질문이 제기된다. 이론을 정립하는 목적은 무엇인가? 대부분의 과학은 궁극적이고 모든 것을 포괄하는 고정된 우주 이론, 즉 최종 이론의 공식화로서 곧 '신의 관점'이라는 최후의 성취를 목표로 하는 것처럼 보인다. 그러나 핀켈슈타인의 보편 상대성 이론은 어떤 종류의 고정된 이론과도 양립할 수 없는 것처럼 보인다. 우리가 목표로 하는 최종 이론이 곧 또 다른 우상이 될 수 있기 때문이다. 이 관점은 중관철학을 포함하여 어떤 견해도 절대적인 것으로 집착하지 않도록 하는 불교의 주장과 유사하다. 이는 물리학이나 불교 모두에서 이론의 최적 역할에 의문을 제기한다. 과연 이론이 실제로 더 타당하고 포괄적인 경험으로 이어지는 것보다 더 높은 목적에 부합할 수 있을까? 만약 이론이 그러한 기능을 수행하지 못한다면 그 목적은 무엇일까?

이 글의 세부 내용은 이론 물리학에 대한 배경 지식이 탄탄한 독자들만이 이해할 수 있지만, 물리학에 정통하지 않은 사람들에게도 흥미를 불러일으킬 것이다.

4. 공과 상대성

데이비드 리츠 핀켈스타인

상대성과 상호작용

모든 것이 공空하다고 하는 불교 교리를, 어떤 사람들은 모든 것이 상대적이라는 원리로 이해하기도 한다(Thurman 1993). 내가 제안하는 '보편 상대성 이론'은, 여전히 절대성의 대부분을 인정하는 아인슈타인의 일반 상대성 이론보다 덜 체계적이긴 해도 더 포용적이다. 금세기 물리학의 주요 변화는 어떤 수준에서든 상대성 이론의 확장이었으며, 앞으로의 물리학은 이전보다 훨씬 더 깊은 차원에서 확장되리라 생각한다. 철학적 탐구는 과거 과학 이론의 확장을 도왔고 앞으로도 그럴 것이다. 보편 상대성 이론에 대한 철학적 논증은 미래의 물리학에 유용한 지침이 될 수 있다.

나는 보편 상대성 이론이 물리학에서 의미가 있으며 어쩌면 사실일 수도 있다고 생각한다.

그러나 물리학의 목적을 위해서는 상대성이라는 말에 함축되어 있지만 명시되지 않은 관계의 본질에 대해 좀 더 구체적으로 설명해야 한다. 예를 들어 특수 상대성 이론에서 다루는 사람 간의 관계는 보통 빛과 같은 신호를 교환하여 시스템 및 서로와 통신하며 상대 운동 중인 사람들 사이의 관계이다. 그러나 양자 이론에서 기본이 되는 관계는 상보적인 양을 관찰하는 관찰자들 간의 관계이며, 이 관계가 측정 중에 유지되는 실험자와 시스템 사이의 기본 상호작용에 미치는 영향을 연구한다. 모든 소통이 상호작용으로 구성되기 때문에 상호작용은 소통보다 하위 수준의 개념이다. 이후 나는 상대적(relative)이라는 용어를 상호작용적(interactive)으로, 상대성(relativity)을 상호작용(interactivity)이라고 지칭할 것이다.

양자역학은 물체가 아닌 상호작용에 기초한다는 개념으로서, '비물체적 물리학'으로 특징지을 수 있다. 모든 것이 상호작용한다는 것은 정말 가능한가? 우리는 이미 그 방향으로 얼마나 나아가고 있는가? 어떠한 절대성이 남아 있는가?

이 연구에서 내가 주로 사용하는 도구는 시걸(Segal, 1951)과 이노누(Inönü)·위그너(Wigner, 1952)의 분석으로, 잘못된 절대성을 발견하고 이를 상대화하는 방법을 규칙과 사례를 통해 보여준다.

오늘날 우리가 논의하는 물리학의 주요 절대법칙은 자연법칙이라고도 부르는 동역학 법칙으로, 시스템이 시간이 지남에 따라 어떻게 전개되는지를 동역학 과정으로 기술한다. 나는 아인슈타인이 일반 상대성 이론에서 기하학 법칙을 상대화했던 것처럼 동역학 법칙도 상대화해야 한다고 생각한다. 더 나아가 아인슈타인이 통일장 이론에 기하학 법칙을 제안했듯이 나는 동역학 과정을 연구의 유일한 변수로 삼는 것도 고려한다. 이렇게 상호작용하는 공간–시간–물질–동역학의 통합은 일반 상대성 이론과 표준 모형을 포함하며 그 이상으로까지 확장 가능하다.

우상

이 논의의 기본이 되는 세 가지 용어는 다음과 같이 사용된다.

상대성 이론은 물리 이론의 일부로서 현상의 양상이 관찰자에 따라 어떻게 달라지는지에 관한 것이다.

절대적(또는 함께 변화하는) 속성 또는 실체는 이름은 다르지만 모든 실험자가 그 존재여부에 대해 동의한다.

실재화는 존재하지 않는 절대적 실체를 상상하는 것이다.

프랜시스 베이컨(Francis Bacon, 1620)의 표현을 빌자면, 우상은 실재화에서 비롯된 거짓 절대자이다. 우상이 실재화하려는 우리의 타고난 성향에서 비롯되는 것처럼, '종족의 우상'은 공동체 전체에 공통적으로 존재하는 우상이다. '극장의 우상'은 특정 이론 내에서 세워진 우상이다. 우상은 그것을 깨뜨리는 이론의 형성 과정에서 만들어지는 필연적이고 유용한 산물이라고 생각하며, 따라서 나의 용법은 베이컨과는 다르다.

상대성 이론은 발사체와 행성을 다루는 기계적 물리 이론에서 중심이 되었는데, 여기서는 상대 운동 중인 관찰자를 연관시킨다.

예를 들어 요하네스 케플러(Johannes Kepler)는 달에 사는 사람과 지구에 사는 사람의 견해를 비교하면서 지구가 절대적 정지 상태라는 상식을 반박하기 위해 상대주의 공상과학 소설인『꿈(Somnium)』을 저술했다. 케플러의 상대주의적 원고가 증거가 되어, 그의 어머니는 주술 혐의로 기소되어 고문을 받았다. 브루노(Bruno)는 상대주의를 주장하여 화형을 당했고, 갈릴레오는 가택 연금에 처해졌으며, 아인슈타인은 노벨상을 수상했다. 시대가 흐르면서 지적 환경은 분명히 해빙되고 있다.

그럼에도 물리학은 또 다시 그 발전을 가로막는 우상과 마주친다.

시걸(Segal, 1951)과 이노누·위그너(Inönü and Wigner, 1952)가 고전 역학과 기타 물리 이론에 공식화하여 적용한 검출 시스템을 사용하면 우상을 발견할 수 있다. 먼저 이에 대해 설명한 후 현재의 물리 이론에 적용하고자 한다.

시걸과 이노누·위그너는 부분적이지만 불완전하게 결합된 구조를 찾았고 이를 비-반단일체(非半單一體, nonsemisimple)라고 하였는데 여기서는 복합체라고 부를 것이다. 나는 착시나 환각이 아닌 전자電子, 달, 시간 등 공동체의 모든 사람이 경험할 수 있는 것을 실체로 간주한다. 이 맥락에서 실체(일반 상수 제외)가 다른 실체를 제대로 포함하지 않는 경우를 단일체라고 한다. 단일하거나 별도의 단일체 집합과 동등한 경우를 반半단일체(semisimple)이라고 한다. 반단일체가 아닌 경우는 복합체라고 한다.

복합체는 하나의 단일 변수가 완전히 통합되지 않고 다른 변수에 종속되어 있을 때 일어난다.

복합체는 방금 돼지를 삼킨 뱀처럼 보인다. 강하게 결합되었지만 아직 통합이 완전하게 이루어지지 않은 상태이다. 복합체는 골칫거리이다.

이노누와 위그너는 이미 알려진 결과와 비교하여 분석 가능한 고전 역학에서만 시걸의 기준을 적용했다. 이 기준은 이론에만 그치지 않고 수많은 테스트를 거친 것이다. S-I-W(Segal-Inönü-Wigner)는 갈릴레오의 상대성 이론이 특수 상대성 이론으로 진화하는 것을 '예측'함으로써 테스트를 통과했다.

이들이 연구한 고전 역학의 복합체는 공간/시간이다.

'공간/시간'에서 /는 비율 표시가 아니다. 여기서는 합성 복합체를 나타내며 그 뒤에 우상이 뒤따른다. 하이픈(-)은 아인슈타인의 '공간-시간'과 같이 단순한 통합을 나타낸다.

갈릴레이의 복합 공간/시간은 아리스토텔레스의 단순 시간과 단순 공간에서 시간이 공간을 '삼킬' 때 형성된다. 즉, 갈릴레이식 사유에서는 시간과 분리된 공간은 존재하지 않는다. 같은 장소를 다른 시간에 인식할 수 없으며 이에 대해 말하는 것은 아무런 의미가 없다. 그러나 공간/시간 안에는 여전히 시간이 있고 각 시간마다 고유의 공간, 즉 시간의 나이테가 있다. 갈릴레오에게는 절대시간과 절대공간/시간이 있지만 절대공간은 없다.

따라서 공간/시간은 공간과 시간이라는 두 가지 단순 요소의 복합체가 아니다. 그러나 여기서는 단순 시간이 포함된다. 따라서 공간/시간은 복합체이고 시간은 그 우상이다.

달리 표현하면 이노누와 위그너는 실체 사이의 단방향 결합을 찾는다. 뱀이 돼지를 삼키는 것이지 돼지가 뱀을 삼키는 것이 아니다. 갈릴레오는 한 관찰자에서 다른 관찰자로 상대 운동을 변환할 때 시간을 공간에 결합시키지만, 그 역은 성립하지 않는다. 공간/시간을 복합체라고 말하는 또 다른 방식은 이러한 단방향 공간/시간 결합이 있다고 말하는 것이다.

공간/시간이 비상호적이라는 것은, 갈릴레오나 동시대인에게 시간과 공간을 결합하는 물리적 상수, 즉 속도 c가 빠졌을 가능성이 있다는 것을 암시했을 수 있다. 속도 c가 아주 커야 해서 공간과 시간 사이의 이 결합 효과($1/c$로 변해야 하는 효과)가 갈릴레오 시대에는 눈에 띄지 않았다. 그러나 c가 너무 크지 않다면 나중에 실험자가 더 큰 상대 속도를 얻거나 더 민감한 기기를 개발할 때 중요해질 수 있다. S-I-W 테스트에 의해 '예측된' 결합상수 c는 바로 빛의 속도이다.

단방향 결합은 복합체의 확실한 신호이며, 결합에서 응답하지 않는 상대가 우상, 즉 거짓 절대자라는 정황 증거가 된다. 지침이 될 만한 경험상의 원칙은 실제 결합이 항상 상호적이라는 것이다. 이것은 뉴턴 물리학의 작용과 반작용의 법칙은 아니지만 철학적 시조始祖일 수도 있다. 나는 이 상호성의 원리가 실험을 통해 그 의미를 탐구할 만큼 충분히 타당하다고 생각한다.

보다 진화된 구조인 아인슈타인과 민코프스키(Minkowski)의 시간-공간 관점은 단순하면서도 사소하지 않다. 이것은 S-I-W 테스트를 통해 '예측된' 갈릴레오의 공간/시간이 진화한 것이다. 갈릴레오는 공간이 실재화되기에 타당하지 않다는 것을 보여주었다. 아인슈타인이 발전시킨 것은 시간도 마찬가지임을 보여준 것이다. 아리스토텔레스의 결합되지 않은 두 절대적인 공간과 시간은 갈릴레오의 복합 공간/시간을 거쳐, 아인슈타인의 대칭적으로 결합된 하나의 절대공간-시간으로 진화했다.

S-I-W 테스트는 우리에게 가능한 우상을 보여줄 수 있고 실험적으로 찾아야 할 역방향 결합의 종류를 제시할 수 있지만, 지금까지 간과될 정도로 약할 것이라는 점을 제외하고는 이 결합이 얼마나 강할 수 있을지 알려 주는 지표는 없다. 새로운 결합 계수의 실제 크기는, 연구 중에 있는 우상을 포함하는 이론을 무효화하는 실험을 통해 알아내야 한다.

때때로 하나의 상대주의적 진화가 이전의 단일체를 복합체로 만들고, 이후의 또 다른 진화가 그 복합체를 단순화하지만 동시에 다른 우상을 만드는 경우가 있다. 갈릴레이 공간/시간은, 두 개의 분리된 공간과 시간의 반≠단일체 결합인 아리스토텔레스의 '공간과 시간'에서 아인슈타인 공간-시간 사이에 있는 과도기적 단계이다. 아인슈타인 공간-시간은 다른 우상들을 보존한다. 이에 대해서는 아래에서 다루겠다.

공간과 시간에서 공간/시간으로 바뀌는 데는 수천 년이 걸렸으나, 불과 2세기 만에 공간-시간으로 변화하였다. 각각의 상대화는 다음 상대화를 도우면서 속도가 빨라진다. 우상인지 여부를 다루는 기법을 더 확실히 하기 위해, 나는 20세기 초반의 30년 동안 일어난 세 가지 상대화를 살펴본 후 새 천년에 일어난 사례 중 하나를 다루겠다. 이 이야기에서 중요하지 않은 몇 가지 상대화는 생략할 것이다.

일반 상대성 이론

뉴턴 물리학에는 특수 상대성 이론이 물려받은 복합적 절대성이 있다. 특수 상대성 이론에서 물체는 정지하지 않고 절대 등속으로 움직이며 가속하지 않는다. 뉴턴은 정지의 기준은 없지만, 가속하지 않는 물체에는 기준이 있다고 믿었다. 예를 들어 물방울이 회전하지 않으면 구형이고 회전하면 타원형이다.(뉴턴은 이 실험을 위해 물통을 사용했지만 자유 낙하에서는 물방울이 더 적합하다.) 회전하는 물방울에서 각 부분은 물방울의 중심을 향해 가속한다. 회전하지 않는 물방울에서 각 부분은 측지선을 따른다.

어디에서나 비非가속의 기준을 제공하는 것은 오늘날 메트릭(field, 場)이라고 불리는 국소적(local) 구조이다. 이것은 공간-시간 구조의 일부로 간주된다.

메트릭을 통해 공간-시간은 회전하는 물방울 같은 물질에 작용하지만, 뉴턴 물리학 및 특수 상대성 이론에서는 물질이 태양처럼 크더라도 시공간에는 작용하지 않는다. 따라서 물질/공간-시간이 복합체로 존재한다. 마하(Mach)는 이 복합체의 단순화를 강조하였고 아인슈타인이 특수 상대성 이론의 후속 이론인 일반 상대성 이론에서 적용하여 물질-공간-시간의 통합에 더 가까워졌다.

일반 상대성 이론에서 동적 진화(dynamical evolution)는 메트릭에 물질을 결합할 뿐 아니라 물질에 메트릭을 결합하기도 한다.

그 결과 메트릭에서의 변화는 중력을 설명하며, 이는 관찰자가 가속하는 효과와 국소적으로 구별할 수 없다. 물리학 발전에서 c에 해당하는 결합 계수는 일반적으로 G(뉴턴 상수)로 간주되며, 이후 일반 상대성 이론의 특징이 된다. 이와 동일하게 G, h, c로 이루어진 작은 시간을 플랑크 시간 Tp라고 하는데, 그 값은 대략 10^{-43}초이다. 다시 한번 우상-테스트에서 '예측'한 내용은 우리가 미리 알고 있던 결과와 일치한다.

특수 상대성 이론에서 일반 상대성 이론으로의 상대화가 이전보다 더 극적이었던 이유는 고정 상수였던 것에 메트릭 장(metric field)이라는 새로운 물리적 실체를 도입했고, 두 상대성 이론이 모두 한 사람에 의해서 10년이라는 짧은 기간 내에 이루어졌기 때문이다. G 상대화는 엄청난 결과를 가져왔다. 현재 핵력의 표준 모형은 이를 모델로 삼았으며, 다른 여러 로컬 표준과 함께 등속 운동의 표준 역할을 한다.

양자 상대성 이론

양자 이론의 단순성은 상대화 및 우상파괴에 의한 고전 이론의 또 다른 우상화에서 비롯된다. 보어(Bohr)는 양자 도약을 개념화하기 위해서는 먼저 인식론을 바꿔야 한다고 강조했다. 이 변화 중 하나는 실체를 그 상태로('존재론적으로') 정의하는 것을 중단하고 우리의 행동으로('실천적으로') 정의하는 것이다(Finkelstein 1996). 행동 기반(또는 실천적) 의미론에서 시스템의 속성은 실험자가 시스템에서 수행하는 준비, 선택, 등록 작업에 의해 정의된다. 나는 이것이 실재를 현상으로 대체하는 것이라고 생각한다. 우리의 지식 개념이 자신의 행동에서 어떻게 발생하는지 더 잘 인식하게 되면 본질 개념을 없애는 데 도움이 된다.

먼저 나는 고전 인식론에서의 우상을 지적하고자 한다.

데카르트 이후 고전 물리학에서는 물리 시스템과 수학 모델 사이의 구분을 의도적으로 최소화했다. 어떤 이들은 이 둘을 동형이라고 주장하고 동일시했다. 관찰자가 바뀌는 것을 피상적으로 생각하였고, 변수의 수학적 변화는 한 언어에서 다른 언어로 옮기는 문자 그대로 단어 번역에 불과하였다. 이를 통해 동일 대상에 대해 서로 다르지만 완전한 관점을 연관시키는 것으로 생각하였다.

물리학자들은 실험자와 무관하게 시스템을 완전히 설명하는 (암묵적으로 존재하는) 상태라고 불리는 시스템의 특수 변수가 있다고 당연하게 생각했다. 따라서 상태는 다른 모든 변수를 결정한다는 점에서 그 자체로 완전한 변수이다. 고전 입자역학에서 상태는 한 순간에 모든 입자의 위치와 속도를 자세히 나타낸다. 이상적인 실험자가 고전 시스템을 결정하면 그 상태는 단순히 고정된다. 시스템 작업은 단순히 시스템을 한 상태에서 다른 상태로 옮기는 것이다. 따라서 고전적 사고에서는 앎(상태 고정)과 행함(상태 변화)을 절대적으로 구분한다. 고전 상대성 이론은 서로 다른 실험자가 동일한 행동을 어떻게 표현하는지 결정하기 위해 단지 이들이 동일한 절대 상태를 표현하는 방식을 그대로 지정하기만 하면 된다.

이상적인 실험자가 상태를 결정할 때, 상태는 무언가를 알려고 하는 실험자와 결합하지만 실험자는 고정된 상태와 결합하지 않는다. 여기서 상태는 갈릴레오의 시간이나 특수 상대성 이론의 공간-시간처

럼 절대적인 것이다. 따라서 이론 역학에서 진자(pendulum)와 같은
고전적 변수는 모두 복합 변수이다.

이 우상을 보다 명확하게 관찰하기 위해서는 변수를 정의하는
기본 작용을 살펴봐야 한다. 고전적 사고에서 이 작용은 한 상태에서
다른 상태로의 이동을 나타내는 화살표로 표시된다. 이 화살표 변환의
집합은 '닫혀 있다.' 순서대로 두 개의 화살표 변환을 수행하는 것이
정의되어 있다면 다시 화살표 변환이 된다. [정의되지 않는 경우에는
이상적인 값인 0을 할당한다.]

핵심은 이 화살표 변환의 집합 내에 선택 또는 인식 행위를 나타내는
동일한 상태에서 시작하고 끝나는 화살표로 구성된 또 다른 닫힌
집합이 있다는 것이다. 따라서 집합은 단일하지 않다.

그러나 전체 집합은 단순히 이 닫힌 하위 집합과 다른 하위 집합의
구성으로만 이루어진 것이 아니다. 따라서 집합은 복합적이다.

[이 괄호는 전문가를 위한 것으로, 설명의 배경이 되는 수학을
나타낸다. 수학자들이 쓰는 용어에서 고전적 객체의 화살표 준準집합
(semigroup)은 반半단일체가 아니라 객체들이 상태로 구성된 범주이
다. 양자量子 객체의 준집합은 범주가 아니라 단일체이며 벡터 공간에
투사된 준집합이다. 여기에는 객체가 없으므로 상태도 없다. 시걸
(Segal)의 분석을 양자 이론에 적용하려면 리 대수학(Lie algebra)에서
선형 대수학(linear algebra)으로 일반화해야 한다.]

이러한 실용적인 방식으로 상태보다 행위에 초점을 맞추면, 우리는
행위/지식이라는 고전적인 복합체를 식별할 수 있다. 그런 다음 양자
상대화는 이 둘을 하나의 단일한 연산 또는 작용 개념으로 통합한다.

모든 고전 이론에는 절대적 상태가 있지만, 양자 이론은 이를 상대화한다.

양자 물리학에서 완전 변수(complete variable)는 없다. (시스템에 대해 무언가를) 배우는 것과 (시스템에 무언가를) 행하는 것은 더 이상 근본적으로 다른 종류의 작용으로 간주되지 않는다. 속성을 결정하는 행위는 실험자와 시스템 간의 상호작용이며 양측에 중요한 결과를 가져온다. 이 상호작용은 광자 수준의 실험을 진행하기 훨씬 이전부터 철학적 근거에 기초하여 일부 과학자들이 예상했던 내용이다.

그러나 실제 실험이 진행되는 방식은 놀랍게도 예측할 수 없다. 원칙적으로 한 변수의 미래 값은 오래 전에 미리 예측될 수 있지만 두 변수의 미래 값은 그렇지 않다. 예를 들어 시스템이 입자인 경우 공간에서 입자의 미래 위치를 어느 시점에 결정할 수도 있고, 그 시점에 입자의 미래 운동량을 결정할 수도 있지만 두 가지를 한꺼번에 할 수는 없다. 이러한 속성 간의 상보성은 양자역학 이전에는 상상할 수 없었다. 이는 입자 이론만큼이나 파동 이론에서도 낯선 개념이다. 양자는 파동도 입자도 아닌 것처럼 행동한다.

일부 양자 물리학자들은 존재의 절대적인 상태라는 개념을 포기하는 대신, '작용 모드'에서처럼 '모드(mode)'라고 불려야 할 양자 개념을 가져와 '상태'라고 부른다. 이는 고전적 개념과 양자 개념을 서로 연관시켜 두 용어가 모두 적용되는 곳에서 상호 일관성을 유지하도록 하는 대응 원리에 위반되는 것이다.

〔예를 들어 양자 해밀토니언(Hamiltonian)은 고전적인 해밀토니언

에 해당한다. 그러나 양자 모드는 해밀턴-야코비(Hamilton-Jacobi) 방정식을 따르는 고전적 구조에 해당하고, 무한히 많은 가능한 시스템의 흐름을 특징지으며, 고전적 상태와 무관하고 단지 작용이라는 고전적 개념과 연관된다는 것은 잘 알려져 있다.]

때때로 우리는 코페르니쿠스, 아인슈타인, 하이젠베르크가 이에 대해 연구한 적이 없었던 것처럼, 여전히 '시초', '시점', '상태'에 대해 이야기한다. 상대주의적으로 받아들이면 이 어법은 여전히 유효하다. 실제로는 '나의 (또는 다른 특정한) 기준 프레임에 상대적인 시초(또는 시점 또는 상태)'를 의미한다. 현재의 보다 철학적인 맥락에서는 이 암묵적 합의를 당연한 것으로 받아들일 수 없으므로 여기서는 이를 피하고자 한다.

이제 실험적으로 속성을 고정하는 것은 시스템 작업에서 특수한 경우에 해당할 뿐이며, 속성을 변경하는 것도 같은 종류의 작업이다. 이제 우리는 더 이상 이 둘을 분리하지 않고, 객체 없는 작업이라는 하이젠베르크(Heisenberg)의 단순 개념으로 통합하기로 한다.

어떤 것을 완전하고 정확하게 시각화한다는 개념은 보어가 포기한 것으로 양자역학과는 거리가 멀다. 시스템에 빛을 비추면 예측하기 어려울 정도로 교란되기 때문에 어떤 것을 '있는 그대로' 완전히 시각화한다는 것은 자기모순이다. '있는 그대로'란 외부 개입이 없는 상태를 말하며, 이 경우 시스템은 인식되지 않고 어둠 속에 홀로 있다.

양자적 실체는 고전적 실체에 비해 단순하다. 왜냐하면 양자적 실체에 가하는 우리의 행위 중에는 변형 행위에 속하지 않는 특권적인 선택 행위가 없기 때문이다. 여기에 '있다'는 없고 '하다'만 있다.

이 상대화에서 1/c과 G에 해당하는 결합 계수는 양자 이론의 지표인 h(플랑크 상수)이다. 분석된 것이 미리 알려진 결과와 일치한다는 점에서 우상 테스트가 다시 작동하고 있다.

양자 이론은 이전의 이론보다 훨씬 더 단순하고 통합적이며 잘 작동하기 때문에 우리는 결코 고전적 사고로 돌아가지 않을 것이라고 확신한다. 따라서 우리는 앞으로 나아가야 한다.

지금까지의 물리 이론에는 항상 절대성, 존재의 흔적, 본질이 있었다. 실제로 어떤 사람들은 아인슈타인의 중력 이론을 상대성 이론이 아닌 불변성 이론으로 부르기도 한다. 이제 남아 있는 절대적인 것은 무엇인가? 다음에는 무엇을 비워야 하는가?

지금까지 살펴본 바와 같이, 우리는 이론 안에서 중요한 절대성을 항상 쉽게 발견할 수 없다. 어떤 우상은 움직이지 않음으로써 스스로를 보이지 않게 만들기도 한다. 우리는 이론에서 벗어나 물리학자들이 하는 말과 행동, 특히 그 둘 사이의 연관성, 즉 이론의 의미론을 살펴봄으로써 암묵적으로 가정된 절대성이 무엇인지 발견해야 한다.

우상 테스트를 현재의 물리학에 일부 적용하여 그 진화를 예측해 보자. 이것은 틀릴 수도 있는 순수한 예측이다.

대화형 논리

기존의 양자 이론은 여전히 술어와 부정이라는 절대적인 개념을 갖고 있다. 일부 불교 논리학자들은 이러한 개념의 경험적 근거에 큰 관심을 기울여 왔으며 일부 양자 논리학자들도 마찬가지이다. 불(Boole)과 양자 논리학자에게 술어 또는 클래스는 보다 일반적인 작용과 구별되는 사실 전후의 선택적 작용으로 정의된다. 그러나 두 가지 선택적 작용이 순차적으로 일어난 결과는 고전물리학에서와 마찬가지로 양자물리학에서도 더 이상 선택적인 작용이 아니다. 그리고 양자물리학에는 여전히 각각의 술어 P를 고유한 술어 NOT P와 연관시키는 절대 부정이 존재한다.

현재 양자 물리학의 절대 부정(NOT)은 여기서 말하는 우상의 전시장에서 없애버리기에는 매우 분명한 부분이다. 고전적 개념과 양자 개념의 경험적 내용에는 큰 차이가 있다. 고전적 인식은 지속적이고 국소적인 것으로 가정된다. 양자에 대한 우리의 인식은 일반적으로 양자의 입력 또는 출력이 이루어지는 짧은 순간에 한정되며, 실험을 시작할 때마다 양자가 새로 생성되고 끝날 때 소멸되는 등 완전히 비국소적이다.

육안으로 확인하는 경우는 보통 의식적 노력 없이도 대상에서 단서를 얻고 분석이 맞을 때까지 재조정할 시간이 있다. 이를 통해 우리는 대상을 분석하지 않고도 대상을 있는 그대로 본다는 환상을 갖는다.

양자의 경우 모든 검사의 프로토타입은 광자용 편광판이다. 우리는 편광판을 광자에 맞게 조정할 시간이 없으며, 광자가 주어진 테스트를 통과하는지 여부만 말할 수 있다. 각 테스트에서는 광자를 제어할 수 없는 수준으로 변경하므로 동일한 광자에 대한 테스트를 반복하는 것은 무의미하다.

이 경우, A 필터에서 나오는 광자 중 어떤 것도 다음 B 필터를 통과하지 못한다는 점에 주목하여 IF A THEN NOT B라는 판단을 확인한다. 이 측정은 보정되지 않은 널(null) 검출기로도 충분하다. A 필터를 통과하는 모든 광자가 B 필터도 통과한다는 점에 주목하여 IF A THEN B라는 판단을 확인한다. 이를 위해서는 단순한 널(null) 검출기가 아닌 보정된 측정기 또는 집계기가 필요하다. 양자量子의 경우 긍정적 판단은 부정적 판단보다 조금 더 복잡하다.

현재의 양자 이론에 따르면 일부 물리적 과정에서는 부정이 중요하다. 즉, 이 과정에서 술부가 전개될 때 한 술어의 변화 결과(evolute)의 부정은 그 술어가 부정된 것의 변화 결과와 같다는 것을 의미한다. 〔양자 이론에서는 이를 유니터리(unitary) 과정이라고 부른다.〕

거의 모든 양자 과정에서는 부정을 중요시하지 않으며, 이를 부정 위반〔비非유니터리(nonunitary)〕 과정이라고 부를 수 있다. 예를 들어 입력, 선택, 출력과 같은 양자 개입은 부정에 위배된다.

그러나 양자 이전의 고전 물리학에서는 모든 시스템 과정, 심지어 개입할 때조차 부정이 중요시된다.

〔다시 말해, 고전 이론에서는 두 개의 분리 집합과 세 번째 집합의 교집합은 여전히 분리되어 있으므로 선택 시에는 부정이 중요시되지만, 양자 이론에서는 직교(orthogonal) 모드 벡터를 제3의 벡터에 투사하면 보통 더 이상 직교가 아니므로 선택 시 부정이 중요시되지 않는다.〕

이런 의미에서 고전 물리학에서는 부정 규칙이 반드시 지켜지지만 양자 물리학에서는 그렇지 않다고 볼 수 있다. 그럼에도 양자 논리에는 고립된 시스템의 동역학적 전개가 관찰자의 개입 사이에서 중시되는 고정된 부정이 여전히 존재한다.

현재의 양자이론은 반드시 개입하지는 않지만 개별 양자의 생성과 소멸같이 부정이 중요시되지 않는 과정도 언급한다. 그러나 고립된 시스템에서 생성과 소멸은 개별적으로 일어나는 것이 아니라 중요한 역할을 하는 부정과 쌍으로만 일어나야 한다. 우리가 개입하는 사이에 닫힌 양자 시스템의 진화는 해당 시스템의 생성과 소멸의 연속으로 표현될 수 있으며, 이때 부정을 중요한 것으로 가정한다.

양자 이론의 부정과 특수 상대성 이론의 메트릭은 모두 수학적 직교 개념과 연관되어 있다. 일부 사람들은 형식적 유추와 특수 상대성 이론의 메트릭이 일반 상대성 이론에서 상대화되고 상호작용한다는 사실로 인해, 양자 논리의 부정도 상대화될 수 있다고 제안한다. 그러나 이 개념은 아직 유효하지 않다.

양자 부정의 이야기는 아직 끝나지 않았다. 예를 들어 양자가 블랙홀에 떨어지면 마치 양자가 소멸하는 것과 같은 부정 위반 과정이 일어날 수 있다. 우리는 아직 양자 이론에서 블랙홀을 체계적으로 다루는 방법을 알지 못한다.

상호작용하는 공간-시간

일반 상대성 이론은 물질-공간-시간을 단순화하지만, 동시에 새로운 우상과 새로운 단방향 결합을 만들어내기 때문에 우상이 나타날 가능성이 있다. 또 다른 상대화가 예정되어 있지만 좀 늦은 측면이 있다. 나는 다음과 같은 이유로 시간 차원을 갖는 또 다른 작은 물리상수가 도입될 것으로 예상한다.

지금 말하는 단방향 결합은 장(場, field)과 공간-시간 사이에 있다. 스토아학파, 데카르트(Descartes), 켈빈(Kelvin)이 주장하는 유체의 유속처럼 단방향 결합은 각 지점에서 벡터에 의해 장場이 정의되는 경우만을 고려하면 충분하다. 한 좌표계에서 상대 가속도가 있는 다른 좌표계로 변환하거나 곡선 좌표로 변환할 때 장場을 변환하려면 점을 알아야 하지만 그 반대의 경우는 아니다. 점의 시공간 좌표는 장場과 결합하지만 장場의 값은 해당 점과 결합하지는 않는다.

장/공간-시간 구성은 갈릴레오의 공간/시간 구성과 마찬가지로 상호성을 위반한다. 장場 이론에서 우상은 시공간이지만 갈릴레오에게는 시간이었다. 〔이 절댓값은 묶음 단위이다. 끈 이론에서 우상과 기저는 끈 다양체(string manifold)이고, 파이버(fiber)는 공간-시간 좌표 다양체이다.〕

17세기에는 시간이 공간에 상대적이었던 것만큼 오늘날 공간-시간은 장場에 대해 절대적이다. 이제 공간-시간은 당시 시간이 공간을 종속시켰듯이 장場을 종속시킨다. 파이버/기저(base) 복합체는 일반 상대성 이론, 표준 모형, 현대 끈(string) 이론, 막(membrane) 이론을 포함하여 기저 좌표와 파이버 좌표를 절대적으로 구분하는 모든 이론에서 발생한다.

자세히 살펴보면 이 우상이 어떻게 만들어졌는지 알 수 있다. 공간-시간 원자로 구성된 이산(discrete) 구조 또는 네트워크 모델에서는 장場 벡터가 공간-시간 원자의 기본 변위를 나타내는 점 자체의 쌍인 코드나 화살표로 축소되어 존재하지 않는다. 점은 단일하고,

고전적인 점의 쌍이나 화살표는 반#단일하다. 한 쌍의 두 점 사이의 결합은 단방향이 아니라 상호적이다.

벡터/공간-시간 복합체는 두 점을 연결하는 코드(絃)가 두 점 중 하나에 비대칭으로 할당된 접선(tangent) 벡터가 되는 소실현(消失絃, vanishing chord) 크기의 연속체의 극한에서만 이 다각형 구조로부터 나타난다. 이것이 미적분학이 작용하는 극한이다. 기존 물리학에서 무시되었지만 새 물리학의 지표가 될 물리상수는 이 예측이 맞는다면 소실되는 시간 간격의 극한 절단값(cut-off value)이므로 아마도 작은 시간일 것이다.

나는 미분방정식에 기초한 물리학이 현재 과도기적 단계이며, 순수한 대수 물리학으로 발전할 것이라고 추측한다. 아인슈타인(1936)은 이 가능성을 고려했지만 확신하지는 못했다.

나는 이 궁극적인 최소 시간을 마르게나우(Margenau)가 만든 단어인 크로논(chronon) χ라고 부른다.

어떤 사람들은 χ가 틀림없이 플랑크 시간이어야 한다고 제시했다. 그러나 χ의 크기는 고전 역학에서 플랑크 상수와 빛의 속도 값을 제시할 수 없듯이 χ가 0인 이론 내에서 그 크기를 설정할 수 없다. χ를 고정하려면 χ가 0인 겹침 이론(degenerate theory)과 호환되지 않는 물리 데이터가 필요하다. 플랑크 시간은 물질과 메트릭 사이의 결합 계수이며, χ는 셀 크기와 운동량에서 위치까지의 결합 계수이다. MKS 단위계[1]에서 두 계수의 크기가 같다고 해서 두 계수가 거의

1 (역자주) MKS 단위계는 길이의 단위인 미터(metre, m), 질량의 단위인 킬로그램(kilogram, kg), 시간의 단위인 초(second, s)를 기본 단위로 하는 단위계이다.

동일하다는 의미는 아니다. MKS 시스템에는 독립된 단위가 3개뿐이고 결합이 3개 이상 진행되므로 상당히 다른 내용을 갖는 일부 결합 계수는 반드시 비슷한 크기를 가질 수밖에 없다.

양자 이론과 중력 이론은 장場 이론에 블랙홀 형성의 결과인 적외선(장시간 극한)과 자외선(단시간 극한)이 있다는 것을 서로 대조적으로 보여준다. 단시간 한계 χ는, 장시간 한계가 χ보다 큰 만큼이나 플랑크 시간보다 몇 배 크다(Finkelstein 1999). 그 비율은 대략 10^{10} 이상일 수 있다.

단일한 양자 실체는 크로논이라고 하는데, 크기 χ를 가지며 동역학-공간-시간의 원자 단위인 복합 접선벡터를 대체한다. 크로논 연구는 한동안 계속되어 왔다. 예를 들어 아리스토텔레스(1984)는 동시대인이 제안한 확장된 '분할 불가 선(indivisible line)'이란 개념을 거부했고, 불교의 칼라차크라(Kālacakra) 전통에는 공간 원자(space atoms)가 포함되어 있다(H. H. the Dalai Lama 1997).

앞서 언급한 네트워크 모델에서 접선(tangent) 벡터는 현(chord), 즉 점의 쌍(point pair)으로 대체할 수 있다. 점의 쌍은 단일하지는 않지만 적어도 반半단일이다. 기본 단일체는 화살표의 한쪽 끝인 공간-시간의 한 점에 해당된다.

나는 그런 일이 일어나지 않는다고 생각한다. 앞서 살펴본 상대화의 예에서 우상은 상대화할 때 반단일 구조가 아닌 단일 구조로 합쳐졌다. 분석이 아니라 합성이 일어난다. 공간-시간의 점에는 자연적인 전개가 없지만 접선 벡터에는 전개가 있다. 따라서 크로논은 4개의 좌표를 가진 공간-시간의 점을 대체하는 것이 아니라 8개의 좌표를 가진 접선 벡터를 대체할 수 있다. 접선 벡터는 한 점을 무한히 가까운 점과 연결하는 연산자로 간주될 수 있기 때문에 크로논은 존재 상태를 행동 방식으로 대체하는 역사적 패턴에 더 잘 맞는다.

고전적 사고에서 접선 벡터는 복합체이기 때문에 그 가능성을 진지하게 받아들이는 데 시간이 좀 걸렸다. 그러나 양자 이론은 고적적인 두 구성요소 간에 상보성 관계를 도입하여 이를 단순화한다.

이제 물질-공간-시간 네트워크를 장場과 공간-시간, 거주자와 거주지로 분리하는 것은 공간-시간을 떼어 공간과 시간으로 나누는 것처럼 국소적이고 상대적인 것이 된다.

게다가 아인슈타인의 기본이 되는 국소성 원리는 양자 이론에서는 이질적이지만, 현재 뒤죽박죽인 상대론적 양자 물리학에서는 용인된다. 예를 들어 양자 이론을 지배하는 대수학적 관점에서 보면 위치와 운동량 사이에 절대적 차이는 없다. 중첩 원리를 적용한 고조파(또는 스펙트럼 또는 푸리에(Fourier)) 분석을 통해 위치 모드에서 운동량 모드로 변환할 수 있다.

그러나 국소성은 운동량이 아닌 위치를 의미한다. 물체 간에 국소적인 상호작용이 일어나려면 공간에서의 위치가 어느 시점에서 일치해야 하지만 운동량에서는 서로 멀리 떨어져 있을 수 있다.

따라서 양자 이론과 상대성 이론의 결합은 아마도 일반 상대성 이론의 국소성을 상대화하여, 절대적 국소성을 실험자가 수행하는 국소화 과정으로 대체할 것이다.

우리가 이 방향으로 별로 진전하지 못했다는 것을 지적하기 위해, 양자 중력, 초중력, 대통일 이론, 끈 이론, 초끈 이론, 표준 모형은 모두 국소성과 공간-시간의 절대적인 개념을 포함하고 있다는 점을 언급하고자 한다. 이 개념들을 상대화하는 이론 중 하나인 양자 상대성 이론(Finkelstein 1996)은 아직 수립 단계에 있다.

공간-시간의 점-사건(point-event)과 같은 상식적 절대 개념을 포기하면 공空이 남는데, 이는 아마도 공과 상대화에 대처했던 이전의 경험에 따라 자율과 해방감으로 느껴질 수도 있고 무기력감과 메스꺼움으로 느껴질 수도 있다.

상호작용 법칙

물리 이론의 또 다른 절대적 요소는 동역학 법칙으로, 여기서는 간단히 동역학이라고 할 것이다. [이것은 작용 기능을 부여함으로써 전달되는 정보이다.] 현재 물리학에서 동역학은 시스템에 영향을 미치지만 반대로 시스템은 동역학에 영향을 미치지 않는다. 따라서 메트릭처럼 동역학을 통해 직접 우상이 작동하는지 알 수 있다.

추론하자면 물질-공간-시간과 동역학 사이의 분리는 또 다른 일시적 분리이며 물리학의 진화 과정에서 해소될 것이다. 물질-공간-시간/동역학의 복합체는 물질-공간-시간-동역학이 통합된 반半단일체가 될 것이다.

이 과정은 이미 시작되었다. 동역학 법칙과 기하학의 관계는 단순한 유추 그 이상이다. 기하학적 법칙은 궁극적으로 빛을 사용한 실험에 기초하고 있는데, 이 실험은 빛 펄스가 실제 경로를 지나는 경로 시간이 무한히 가까운 모든 경로에서 근사 1차까지 같다는 고정경로 시간 원칙에 의해 지배된다. 동역학은 여러 이력을 가진 양자 위상을 제공함으로써 빛과 모든 신호가 실제로 어떻게 전파되는지 알려준다. 기하학 법칙은 빛 신호 또는 질량 입자의 특수한 경우로 제한하여 낮은 해상도에서 본 동역학 법칙일 뿐이다.

따라서 메트릭과 동역학은 서로 독립적으로 선택할 수 없다. 기하학 법칙에서 변화하지 않는 양은 실제로는 동역학의 양자 위상, 즉 차원이 없는 양이다. 양자 이론에 따라 플랑크상수 h를 이용해 이를 고전적 작용으로 변환하고, 일반 상대성 이론에 의거해서 신호의 질량과 빛의 속도를 사용하여 경로 시간으로 변환한다. 동역학이 기하학을 지배할 때는 그 자체의 한 측면만 지배한다.

이 성찰은 물리학자의 실제 작업에서 현재 그럴듯한 추론이지만, 아직 정립되지 않았고 적절한 수학적 공식화도 이루어지지 않았다. 이것은 중력 이외의 장場에 적용된다. 어떤 경우든 한 영역에서 장場을 결정하는 것은 그 영역에서 움직이는 시스템의 동역학 법칙을 결정하는 것과 작동 방식이 같다. 차이점은 우리가 연구대상의 시스템으로 무엇을 선택하느냐에 있다.

나는 초보 교사로서 학생들에게 "물리학은 자연법칙을 탐구하는 학문이다."라고 얘기하곤 한다. 아인슈타인을 더 많이 공부한 후에는 "물리학은 절대적인 자연법칙을 탐구하는 학문이다."라고 말하게 되었다. 이제 나는 그러한 절대적인 법칙이 어떤 것일지 궁금하다. 어디에 존재할 수 있는가? 우리가 그것을 바꿀 수 없다면 어떻게 인식할 수 있겠는가? 결국 어떤 실체를 인식한다는 것은 그 실체를 변화시키는 것과 불가분의 관계에 있다. 나는 이 점에 관해서 물리

이론에 대한 봄(Bohm)의 논의(1965, 부록)가 도움이 되었다고 생각한다.

그렇다면 자연은 무엇인가? 이 모든 것을 명확하게 보려면 어디에서 있어야 하는가?

이제 나는 공간과 시간 사이의 상식적 분리의 흔적만이 여전히 동역학을 자연에 의해 고정된 절대적인 것으로 생각하게 한다고 확신한다. 동역학은 우리가 밖에서 기다리는 동안 고립된 시스템 내부에서 일어나는 일을 나타낸다.

현재의 이론에서 운동학(시스템을 설명하는 이론)과 동역학은 분리되어 있으며, 둘 사이의 구분은 절대적이다. 그러나 물질-공간-시간/동역학 복합체에서 두 부분 사이의 결합 비대칭성은 물질-공간-시간-동역학으로의 추가적 통합이 곧 이루어질 것임을 의미한다.

빈 공간에서 숨쉬기

내가 소속된 조지아 공대의 소그룹에서는 여기서 논의한 물질-공간-시간-동역학 통합에 대해 보다 상대주의적인 이론화를 시도하고 있는데, 이는 각각 일반 상대성 이론과 양자 이론의 기초인 연결과 상보성을 기반으로 한다.

이제 유일한 변수는 과거와 미래를 연결하는 동역학 요소이다. 동역학 요소를 설명할 때 우리는 각 좌표계에 대해 상대적인, 점유된 공간-시간과 그 물질적 점유자를 지정한다. 어떤 사건의 주변은 그 사건과 동역학적으로 바로 연결된 다른 사건들로 구성된다.

완전한 양자 이론에서 설명하는 명확한 운동은 다른 모든 것에 확률 진폭을 주며, 이것이 바로 동역학 법칙이 해야 하는 일이다.

물질-공간-시간과 기하학 법칙인 메트릭 간의 결합 계수는 이미 일반 상대성 이론을 통해 알려져 있다. 내가 위에 제안한 플랑크 시간은 χ보다 몇 배나 작은 시간이다. 따라서 단위가 전혀 없는 경우 χ와 플랑크 시간의 비율인 약 10^{10}이라는 큰 숫자를 설명해야 한다.

이러한 물리학에는 여전히 몇 가지 절대적 요소가 남아 있으며, 적절한 결합을 실험할 수 있게 되면 이후의 진화 과정에서 상대화될 수도 있다. 하나는 우주이고, 다른 하나는 시스템이다. 또한 오늘날 우리가 만드는 각각의 이론은 그 자체로 절대적 의미를 갖는다. 내가 제안하는 보편 상대성 이론의 원리는 반半단일성 원리와 마찬가지로 어떤 종류의 고정된 이론과도 양립할 수 없는 것처럼 보인다. 최종 이론이라는 개념은 우리가 그 문을 넘어서기 전에 깨뜨려야 하는 또 다른 우상이다.

라이프니츠는 이론을 조합론(combinatoric), 특성론(characteristic), 비율론(ratiocinatoric)의 세 부분으로 구성되어 있다고 생각했는데, 오늘날에는 각각 구문론(syntax), 의미론(semantics), 논리론(logistic)으로 불린다. 그는 이 중 하나인 의미론이 생성적이고 개방적이어서 새로운 경험에 따라 의미를 새롭게 표현할 수 있다고 상상했다. 생성적이고 개방적인 이론만이 보편 상대성 이론을 통합할 수 있다.

어원에서 알 수 있듯이 모든 이론은 하나의 견해라고 생각할 수 있다. 견해란 어떤 입장에서 바라본 관점이며, 이 관점은 그 이론의 우상이다. 이론을 만드는 과정에서는 필연적으로 후대의 이론만이 깨뜨릴 수 있는 우상이 생겨나며, 따라서 이론의 과정은 결코 완성될 수 없는 것 같다.

물리학의 진화를 추론해 보면 고대 철학의 원리와 유사한 가설, 특히 데카르트 세계관에서 출발한 가설이 등장한다. 예를 들어 아인슈타인의 에너지-질량 방정식은 힌두교의 아트만-브라만(ātman-Brahman)을 떠올리게 하고, 보어의 상보성은 도덕경 서두에 표현된 언어에 대한 도교의 의구심을 더욱 분명하게 하는 것 같다.

수많은 철학적 관점들을 고려할 때 현대 물리학과의 일치점 중 일부는 우연에 의한 것이라고 생각되며, 이는 또한 아름다움을 만들어 낼 수 있다. 반면 다람쥐와 오징어가 서로 다른 신체 부위에서 비슷한 눈을 진화시킨 것처럼, 서로 다른 사람들이 실제로 일어나는 일을 다루는 방법을 독립적으로 학습한 결과 비슷한 아이디어를 내놓는 경우도 있다. 오늘날의 반직관적 물리학은 재현 가능한 외부 실험, 물리적 귀납, 수학적 공식화, 연역으로부터 추론을 도출하는 많은 물리 실험과 수학 이론에 의해 발전했다. 불교의 결론은 삶의 경험, 명상 수행, 학문적 논쟁에서 비롯된 것으로 보인다. 불교와 과학의 결론 사이에는 잘 알려진 몇 가지 일치점이 있는데(Stcherbatsky 1930), 특히 둘 다 데카르트 철학과 다른 부분이 존재한다. 예를 들어 그 둘은 다음 사항에 동의한다.

- 경험을 통한 논리의 수정 가능성
- 세계를 의존적 생성과 소멸 작용의 패턴으로 표현

■ 시간의 원자성

■ 세계의 불가분성

■ 세계를 표현하는 것의 불완전성

이러한 일치의 일부는 우연이라기보다는 두 사고체계가 데카르트적 합리주의가 잘 통하지 않는 내용과 관련되었기 때문일 수 있다. 우리가 생각을 관찰하면 생각이 사라지고 광자를 관찰하면 광자가 사라진다. 이 경험적 사실은 데카르트 형이상학에도 비슷한 문제를 일으키며, 비슷한 해결책이 도출되어야 하는 것이 합리적이다.

S-I-W 분석과 간결성을 위해 내가 생략한 다른 고려사항들이 물질-공간-시간-동역학이 하나의 통합이라는 극단적인 상대주의적 가설로 이어졌을 때, 나는 그 가설에 전적으로 동의하지 않고 한동안 망설였다. 나는 그러한 통합이 직관적이지 않다는 것을 알았지만, 그렇다고 해서 틀렸다는 의미는 아니다. 직관은 게으르고 유순한 황소와 같아서 우리를 가장 좋은 곳으로 인도하도록 훈련시켜야 하며, 그렇지 않으면 막다른 길과 함정 속을 헤매게 될 것이다. 가장 큰 문제는 가능성이 너무 많아 보인다는 것이다. 한 가지 잘못된 경로를 탐색하는 데 몇 년이 걸릴 수 있다. 뉴턴은 이미 동역학 법칙이 가변적이라고 주장했고 많은 사람들이 이에 동의했지만, 나는 시간이 공간을 갖는다는 것처럼 법칙이 자신을 삼킨 시스템을 소화한다는 이론은 말할 것도 없고, 이런 이론을 발전시킨 사례도 아직 본 적이 없다. 가장 가까운 선례는 행성의 동역학 법칙을 정의하는 메트릭이 통일장 이론의 유일한 변수라는 아인슈타인의 제안이다. 당시 아인슈타인은

메트릭의 진화를 조절하기 위해 별도의 상위 동역학 법칙을 작성하여
변수를 지배 법칙에서 다시 한 번 분리했다. 이 자율적인 동역학에
대한 수학 모델이 없기 때문에, 그러한 통일이 실험과 일치하는 것은
고사하고 자기 일관성이 있다고 가정될 이유도 없다.

공간의 원자, 시간, 변화하는 법칙과 같은 개념은 지난 천 년 동안
불교 문헌에서 상세히 논의되었다. 나는 이미 그 개념이 갖는 폭넓은
상대주의에 대해 언급했다. S-I-W 기준의 근간이 되는 기본적 경험의
원리인 상호성은 전혀 새로운 것이 아니다. 상대주의적 고찰은 오래전
지배 법칙과 피지배자의 유사한 통합으로 이어질 수 있었을 것이다.
나는 이 구체적인 상대화와 단순화가 이전에 탐구되었던 적이 있는지
궁금했다.

1997년 5일에 걸쳐 나를 포함해서 5명의 물리학자(Arthur Greenberg,
Piet Hut, Arthur Zajonc, Anton Zeilinger, 그리고 나)는 국가 및 종교의
지도자로서의 자격이 아니라 중관철학에 정통하고 과학에 관심이
많은 불교 승려로서, 제14대 달라이 라마와 전통불교의 물리학과
현대 물리학에 대해 논의한 적이 있다. 서구와 티베트 문화를 잘
알고 영어와 티베트어에 능통한 2명의 통역사(Thupten Jinpa, B. Alan
Wallace)가 언어적, 개념적 차이를 좁혀주었다. 그 토론 내용은 이
책의 다른 장에 소개되어 있다.

우리는 처음부터 공통된 몇 가지 기본 입장을 가지고 있다는 것을
알게 되었다. 예를 들어 우리 모두 신앙이나 신의 계시에 의존하지
않았다. 대부분의 물리학자들은 지식, 심지어 논리 규칙에 대한 지식
역시 경험에서 비롯되고 경험에 의해 수정된다는 달라이 라마의 의견

에 동의했다. 여기에도 내가 기대했듯이 상대주의를 체계적으로 표방하는 학파가 있었다.

무엇보다도 내가 이 장에서 제기하는 질문들을 다루었다. 달라이 라마는 우주 원자에 대해 생각했고, 배중률을 유예하는 현대의 직관주의적 논리를 알고 있었다. 그는 과학은 자비심에 뿌리를 두어야 한다는 신념을 설파했다. 이는 사하로프(Sakharov)의 방정식을 뒷받침하는 것으로 보인다.

Root(진리)＝사랑

진리의 뿌리는 사랑이다.

변화하는 물질-시공간-법칙의 통합과 같은 개념이 산스크리트어나 티베트 불교 문헌에 등장하는가 하는 질문에 대해, 용수의 『중도의 근본 지혜(Fundamental Wisdom of the Middle Way)』에 나오는 구절이 인용되었다. 영역본(Nāgārjuna 1995)을 보면, 이 구절은 공간, 시간, 물질, 인과관계가 영속적 본질 없이 상호작용하며, 이는 우리가 인식하는 바로 그 사실로부터 유추할 수 있다고 말한 것으로 이해될 수 있다.

물리학의 진화에서 중요한 일은 이전의 우상을 깨뜨리고 적절한 새 우상을 만드는 것이었다. 중관철학은 이 과정의 첫 부분인 개념의 공空에 초점을 맞추는 것으로 보이며, 가필드(Nāgārjuna 1995)의 번역에서 '관습(convention)'이라는 개념 중 하나인 새로운 우상 만들기에는 초점을 맞추지 않는다.

라플라스(Laplace)와 아인슈타인은 절대법칙의 존재를 믿었고 이를 물리학의 최고 목표로 삼았다. 그러나 뉴턴, 마하(Mach), 화이트헤드 (Whitehead)를 비롯한 다른 서양 과학자와 철학자들은 일부 불교 및 힌두 철학자들과 마찬가지로 자연에는 고정된 절대법칙이 없으며 가변적인 법칙을 말하는 것이 합리적이라고 주장했다. 특히 이에 대한 봄(Bohm, 1965)의 표현은 나에게 영향을 미쳤다. 그는 과학 이론을 일반적으로 인간이 행하는 담론의 특수한 확장으로 생각했다. 이론은 우리가 서로에게 말하는 것이다. 모든 것을 포함하는 최종 이론(final all-inclusive theory)은 모든 것을 포함하는 최종 이야기(final all-inclusive story)일 가능성이 높다.

다시, 스몰린(Smolin, 1997)은 자연법칙의 많은 세부 사항을 다윈주의적 진화론을 통해 설명하려고 시도한다.

우상에 대한 단순성 테스트에서는 동역학이 시스템과 단방향 결합을 가진다는 점에서 동역학 역시 복합 시스템/동역학 내의 우상임을 시사한다. 그렇다면 가변적 동역학과 가변적 시스템은 모두 더 난해한 양자 변수의 한 측면이며, 현재 물리학에서 암묵적으로 0으로 취급되는 작은 물리 계수를 통해 시스템과 동역학 간에 상호 결합이 있어야 한다. 이 융합은 우리가 논의한 다른 상대화와 결합되어 자연에서 일어나는 일이 단일한 양자-공간-시간-물질-동역학의 통합이라는 것을 의미한다. 아마도 이 진행 과정은 법칙의 변화로 표현될 수 있을 것이다. 우리가 물리학의 진화를 법칙의 지배가 끝났다고 해야 할지, 아니면 진정한 시작이라고 설명할 수 있을지는 논란의 여지가 있다.

나는 이전에 동역학의 상대성을 주장했지만(Finkelstein and Rodri-
guez 1984), 지금은 너무 순진해 보이는 하나의 고정된 절대 법칙을
찾으려는 전통적인 목표가 1996년 후반까지도 공간-시간과 양자
이론을 결합하려는 나의 노력을 방해했다(Finkelstein 1996: 16.8.3).
이제 나는 물질-공간-물질-동역학의 작동을 대수적으로 설정할 수
있도록 제시했고(Baugh 외, 2001), 따라서 절대적 동역학에 대한 탐색
을 물질-공간-물질-동역학의 상호작용과 그 평균 속성에 대한 연구
로 대체할 수 있게 되었다. 이 연구는 여전히 너무 사변적이고 실험과는
거리가 멀기 때문에 여기서 더 이상 언급하지는 않겠다.

아인슈타인(1936)은 하이젠베르크의 '순수 대수적 방법'을 공간-시
간에 적용하려고 고려했을 때 이를 '빈 공간에서 숨쉬기'로 비유했다.
공空은 나에게 또 다른 의미를 갖게 되었고, 이제 그의 비유가 더욱
적절해 보인다. 아인슈타인과 물리학의 공간-시간은 오늘날에도
여전히 절대적이며 본질로 가득 차 있다. 앞으로 물리학의 주요 진화가
충분히 가능할 만큼 공空에 도달하기 위해서는, 내 지도에 X로 표시된
상대주의의 다리를 적어도 하나 이상 건너야 할 것 같다.

참고문헌

Aristotle. 1984. "On Indivisible Lines." In J. Barnes, ed., *The Complete Works of Aristotle*. Vol. 2. Princeton: Princeton University Press.

Bacon, F. 1620. *Novum Organum*. Trans. and ed. P. Urbach and J. Gibson. Peru, Ill.: Open Court, 1994.

Baugh, J., D. R. Finkelstein, A. Galiautdinov, and H. Saller. 2001. "Clifford Algebra As Quantum Language." *Journal of Mathematical Physics* 42: 1489–1500.

Bohm, D. 1965. *Special Relativity*. New York: Benjamin.

Einstein, A. 1936. "Physics and Reality." *Journal of the Franklin Institute* 221: 313–347.

Finkelstein, D. R. 1996. *Quantum Relativity*. Berlin: Springer.

Finkelstein, D. and E. Rodriguez. 1984. "Relativity of Topology and Dynamics." *International Journal of Theoretical Physics* 23:1065–1098.

H. H. the Dalai Lama. 1997. Personal communication.

Inönü, E. and E. P. Wigner. 1952. *Nuovo Cimento* 9:705.

Kepler, J. 1965. Somnium, sive Astronomia lunaris Joannis Kepleri. In J. Lear, ed., *Kepler's Dream. Trans. P. F. Kirkwood.* Berkeley: University of California Press.

Nāgārjuna. 1995. *Mūlamadhyamakakārikā*. In J. L. Garfield, ed. and trans., *The Fundamental Wisdom of the Middle Way: Nāgārjuna's Mūlama-dhyamakakārikā*.

Segal, I. 1951. "A Class of Operator Algebras Which Are Determined by Groups." *Duke Mathematics Journal* 18:221.

Smolin, Lee. 1997. *The Life of the Cosmos*. Oxford: Oxford University Press.

Stcherbatsky, Th. 1930 [1970]. *Buddhist Logic*. St. Petersburg. Osnabrück: Biblio.

Thurman, R. 1993. Personal communication.

앞의 두 글에서 물리학자이자 철학자인 미셸 비트볼과 이론 물리학자 데이비드 핀켈스타인은 실험 데이터를 해석할 때 수반되는 철학적, 과학적 이론을 제시한 바 있다. 아래 글에서 실험 물리학자 안톤 자일링거는 자신과 물리학자 자이언스, 달라이 라마 성하와 두 명의 불교학자가 나눈 대화를 '원문 그대로' 소개한다. 그는 대화 내용을 해석하거나 편집하려는 유혹을 뿌리치고, 있는 그대로 제시하면서 독자들의 해석에 맡긴다.

1997년 10월 물리학과 불교에 관한 첫 번째 마음과생명 컨퍼런스가 열린 직후, 자일링거는 인스부르크에서 개최 예정인 '양자 물리학 및 동양 명상과학의 인식론적 질문에 관한 국제 심포지엄'에 달라이 라마를 초청했다. 자일링거는 이 글에서 해당 심포지엄에서 발표된 불교와 현대 물리학의 인식론에 관련된 주요 질문 중 일부를 설명했다. 이 모임에는 달라이 라마, 안톤 자일링거, 동료 실험 물리학자 아서 자이언스, 툽뗀 진빠, 앨런 월리스가 참여했다.

첫 번째로 제기된 문제는 분석이 갖는 한계성이다. 어떤 기준으로 무언가를 설명할 수 있는 만큼 설명했다고 결론을 내리고 단순히 "그것은 원래 그런 것이야."라고 말할 수 있는가? 다시 말해 어느 시점에서 더 이상 이유를 묻지 않고 추가적인 설명 없이 무언가를 있는 그대로 받아들일 수 있는가? 이 질문은 과학자와 불교도 모두에게 적절한 질문으로 전자는 자연법칙, 후자는 업의 법칙이 그에 해당된다.

　　다음은 원자, 광자, 양자量子에 대한 토론으로, 자일링거는 양자역학과 같은 과학 이론이 일상 경험 세계에 기반을 두고 있다고 지적한다. 양자의 본질을 조사해 보면, 양자의 특성은 어떤 의미에서 매우 비실재적인 것으로 관찰된다. 많은 물리학자들은 일상 경험의 세계와 양자역학의 세계 간의 부조화를 지적하면서, 양자역학의 세계가 우리가 주변 세계를 경험할 때와 너무 다르기 때문에 실제로 어떤 것인지 상상할 수조차 없다고 주장해 왔다. 불교에서도 고도의 수행적 통찰과 일상 경험 간의 부조화가 널리 알려져 있다.

　　이 글에 소개된 마지막 토론 주제는 빅뱅과 빅 크런치(Crunch)의 본질을 다루는 우주론이다. 초기 불교 문헌을 보면 붓다는 우주의 기원에 관한 물음에 대해 깨달음의 추구와는 관련이 없다고 하면서 언급하기를 거부했다는 내용이 나온다. 한편 다른 불교 문헌에서는 현재의 우주가 수십억 년 전 빅뱅에 필적할 만한 사건에서 시작되었으며, 이 우주는 시작 없이 연속되는 빅뱅의 한 에피소드에 불과하다고 주장한다. 따라서 불교의 표준 우주론에서는 하나의 우주뿐 아니라 무수한 우주가 생성(生), 유지(住), 궁극적 소멸(滅)의 연속적인 단계를 거친다. 그럼에도 많은 불교도들은 이 질문이 삶을 영위하는 방식과는 거의 관계없기 때문에, 우리와 무관한 질문 혹은 열린 질문으로 남겨두는 것에 만족한다.

　　모든 훌륭한 과학 토론이 그러하듯이 이 심포지엄에서도 제기된 질문에 딱 들어맞는 명쾌한 최종 답변을 듣지는 못했지만, 중요한 문제들과 씨름하는 지적 탐구의 새 길을 열었다고 볼 수 있다.

5. 불교와 양자 인식론의 만남

안톤 자일링거

1997년 내 동료이자 친구인 아서 자이언스가 다람살라에 계신 달라이 라마 성하(이하 성하)를 같이 방문해 현대 물리학에 대해 논의하자고 했을 때 나는 매우 기뻐했다. 양자역학의 기초를 연구하면서 심오한 인식론적 질문에 관심이 많았던 나는 티베트 불교의 수장인 성하와 이 질문들에 관해 논의하는 데 관심이 있었다. 회의는 다람살라에서 열렸는데 아담 엥글 회장이 이끄는 마음과생명연구소(Mind and Life Institute)에서 조직하고 준비했다.

1997년 10월 27일부터 31일까지 회의가 열렸다. 5일 동안 매일 오전 참가자들은 양자 물리학이나 우주론에 관한 자신의 견해를 발표했다. 오후에는 모두가 함께 참가하여 긴 토론과 논의를 했다. 회의의 참가자는 다음과 같다.

달라이 라마 성하, 텐진 갸쵸(His Holiness the Dalai Lama, Tenzin Gyatso)

데이비드 핀켈스타인(David Finkelstein)

천문학자 조지 그린스타인(George Greenstein)

피에트 헛(Piet Hut)

툽뗀 진빠(Thupten Jinpa)

철학자 투 웨이밍(Tu Weiming)

앨런 월리스(Alan Wallace)

아서 자이언스(Arthur Zajonc)

이 회의의 기록은 아서 자이언스(Arthur Zajonc)가 편집하여 추후 공개할 예정이다.[1]

내가 불교를 처음 접한 것은 1997년 10월 27일 아침 성하를 만나 양자역학의 기본 개념을 소개했을 때였다. 이전에 불교를 깊이 있게 연구한 적도, 불교철학을 가까이서 접한 적도 없었다. 성하와 토론하는 동안 가장 놀랐던 것은 불교가 단순한 영적 전통이 아니라 매우 간결하고 엄격한 논리적, 인식론적 체계를 가지고 있다는 것을 알게 되었을 때이다. 또한 성하와의 토론은 개인적 차원에서도 매우 보람 있는 시간이었다는 점을 말하고 싶다. 성하께서는 스승으로서 최고의 제자에게 대하듯 항상 적절한 질문을 찾아주셨다. 불교의 가르침에 대한 성하의 개방적인 태도 또한 매우 인상적이었다. 성하께서는 서구 과학에서 불교와 모순되는 것을 발견한다면 반드시 불교의 가르

---

1 (역자주) *The New Physics and Cosmology Dialogues with the Dalai Lama*, Edited by Arthur Zajonc, Oxford University Press, 2004. 출간 완료됨.

침이 수정되어야 한다고 여러 번 말씀하셨다.

나는 성하께서 기기에 관심이 많다는 이야기를 듣고 몇 가지 실험 장치를 다람살라에 가져갔다. 하나는 유명한 이중 슬릿 실험 장치이고 다른 하나는 빛의 편광을 시연하는 장치였다. 이중 슬릿 실험은 다람살라에서 수행된 최초의 양자 실험이라고 확신한다. 두 실험 모두 매우 유익한 실험이었고 성하의 관심을 불러일으킬 수 있었기 때문에, 당시 나는 감히 내가 머무는 인스부르크로 성하를 초대해 실험실을 보러 가자고 제안했다. 매우 기쁘게도 성하는 즉시 이 초대를 수락했다.

그래서 1998년 6월, 나는 인스부르크에서 '양자 물리학 및 동양 명상과학의 인식론적 질문에 관한 국제 심포지엄'이라는 제목의 컨퍼런스를 마음과생명연구소로부터 일부 재정 지원을 받아 개최했다. 성하와의 만남은 이틀 반에 걸쳐 진행되었다. 아서 자이언스, 툽뗀 진빠, 앨런 윌리스, 아담 엥글, 그리고 나는 이틀 전에 미리 만나 사전 논의를 통해 면담을 심도 있게 준비했다. 이후에도 하루에서 이틀 이상의 많은 논의가 필요하다는 것을 느꼈다.

성하께서 실험실을 방문하는 동안 나는 연구실에서 멤버들과 함께 준비했던 여러 기초 양자 실험을 중심으로 토론을 진행했다. 성하께서는 항상 심오한 인식론적 문제들을 직접 언급하시면서, 물리학자로서 우리가 발표한 여러 진술의 증거를 제시하도록 거듭 요구하시는 모습이 흥미로웠다. 감히 말씀드리자면, 성하께서는 티베트 민족의 정신적, 정치적 지도자로서의 의무가 없었다면 다른 세계에서 위대한 물리학자가 되셨을지도 모른다.

우리가 다람살라와 인스부르크에서 가졌던 토론의 깊이와 폭을 정확하게 표현하기는 매우 어렵다. 또한 자신의 관점에서 당시 교환되었던 개념과 아이디어를 분석할 때 실수를 피하는 것도 어려운 일이다. 따라서 나는 서구 과학의 양자론과 동양의 불교 인식론과 관련된 문제에 초점을 맞춰, 토론에서 흥미로웠던 부분만을 여기서 다시 언급하는 것이 좋다고 생각한다. 이것이 매우 제한된 인상만을 줄 수 있다고 생각하지만, 토론의 참뜻을 어느 정도 전달할 수 있을 것이라고 확신한다. 이 토론에 대해서는 1999년 1월 독일 월간지 GEO에 자세한 내용이 실렸다. 나는 이후 이 자료가 면밀히 분석되고 더 폭넓게 제시될 것이라고 확신한다.

분석의 한계

자일링거: 오늘은 어떤 주제를 논의할 수 있을까요? 우리는 다람살라에서 성하와 토론하면서 이미 제기되었던 몇 가지 철학적 또는 일반적인 질문들에 대해 토의할 생각입니다. 다음 사항을 논의하고 싶습니다. 다람살라 토론에서 성하께서는 어떤 추론은 때때로 당신이 최종적으로 "그럴 수밖에 없습니다. 그것이 상황의 본질입니다."라고 말할 수 있는 지점까지만 이어진다고 말씀하신 적이 있습니다. 우리가 정말로 알고 싶은 것은 언제 그렇게 말할 수 있는가 하는 것입니다. 더 이상 이유를 제시할 수 없다는 사실을 언제 알 수 있을까요? 이는 양자역학의 기초에 관한 논의에서 중요한데, 여기에도 비슷한 상황이 있기 때문입니다. 불교 전통에서 "그래, 그게 전부입니다."라

고 언제 말하는지를 알고 싶습니다.

......

달라이 라마와 앨런 월리스: 〔티베트어〕

앨런 월리스: 전통불교철학에서 사과가 왜 떨어지는지 묻는다면 사물이 원래 그런 것이라고 말하지 않을까요? 다시 말해 그게 전부입니다. 그런데 성하께서는 그렇지 않다고 말씀하십니다. 설명을 찾지 못했다고요? 설명할 수 없는 상황만으로는 원래 그런 것이라고 말할 수 있는 기준이 충족되지 않습니다. 그렇다면 태양의 색깔은 어떻습니까? 태양은 노란색입니다. 왜 노란색입니까? 불교도라면 원래 그런 것이라고 말하지 않겠냐구요? 성하께서는 아니라고 하십니다. 다시 말씀드리지만, 설명할 근거가 없다는 이유만으로는 그렇게 말할 수 없습니다. 그러나 성하께서 만족해하시는 다른 설명이 있는데, 그것은 당신이 긍정적인 행동을 하면 긍정적인 결과를 가져온다는 것입니다. 왜 그럴까요? 관용을 베풀고 받게 되는 풍요와 번영은 업의 결과입니다. 왜 그럴까요? 우리는 그것이 사물이 있는 방식이라고 말할 수 있습니다.

달라이 라마: 〔티베트어〕

앨런 월리스: 의식의 두드러진 특징도 마찬가지입니다. 그게 무엇일까요? 의식은 빛나거나 명료한 속성을 가지고 있습니다. 첫째, 인지적 속성을 가지고 있습니다. 둘째, 의식에 이 두 가지 두드러진 특성이 있는 이유는 무엇일까요? 그냥 있는 그대로의 모습입니다. 왜 광자가 방향(direction), 주파수(frequency), 편광(polarization)의 세 가지 속성을 가지고 있는지 물을 수 있습니다. 그냥 원래 그런

것이라고 말할 수 있을까요? 아니면 그것에 대해 상상할 수 있는 또 다른 설명이 있을까요? 그것에 대한 근본적 설명이 있을 수 있는지요, 아니면 그게 전부라고 확신하는지요? 더 이상 이야기할 게 없다는 것입니다.

자이언스: 좋은 예입니다.

앨런 월리스: 불교도들은 의식의 본성에 대해 확신을 가지고 있습니다. 여기에는 가려진 것이 없습니다. 그것은 우리의 무지가 아닙니다. 바로 그것(Tib. chos nyid, Skt. dharmatā)이 있는 그대로의 모습입니다.

자일링거: 그들이 확신하고 있는 것은 분석 때문인가요, 아니면 다른 이유 때문인가요?

달라이 라마, 앨런 월리스, 툽뗸 진빠: 〔티베트어〕

앨런 월리스: 성하께서는 우리가 더 이상의 설명을 알지 못할 뿐만 아니라 더 이상의 설명도 없다고 하십니다.

달라이 라마: 〔티베트어〕

앨런 월리스: 마찬가지로 양자역학에도 이런 상황이 있을 것입니다. 설명을 찾을 수 없을 뿐만 아니라 설명이 없다는 확신이 있어야 합니다.

달라이 라마: 〔티베트어〕

자이언스: 하지만 가끔은 우리가 확신할 수 없는 모호한 영역이 있습니다. 예를 들어 플랑크 상수나 전자의 전하와 같은 기본 단위가 있다고 말할 수 있습니다. 이것은 보편 상수입니다. 플랑크 상수는 왜 정확히 그 값일까요? 라고 질문할 수 있습니다. 여기에는 약간의 논의가 있는데, 아마도 이것이 실제로 사물이 있는 방식이 아니라,

우주 에너지나 다른 무언가가 분포되어 있기 때문이라는 우주론적 이유 때문일 수도 있습니다. 그래서 그런 것이 있다고 합니다. 또는 예를 들어 물체에 관성이 있는 이유는 무엇일까요? 왜 운동에 저항하는 걸까요? 글쎄요, 원래부터 그런 것이라고 말할 수도 있지만, 어떤 사람들은 물체가 우주의 모든 질량과 특정한 관계에 있기 때문에 관성이 있다고 말하기도 합니다. 이것이 저에게 모호한 영역입니다. 정말 경계가 있는지, 아니면 여전히 논의의 여지가 있는지 확실하지 않습니다. 따라서 적용할 수 있는 엄격한 기준이 있다면 좋을 것 같습니다.

　　……

자일링거: 다시 의식으로 돌아가서, 아서가 말한 식으로 분석해 보면 때때로 이것이 원래 그런 것인지 아니면 공개적으로 조사할 여지가 있는 것인지 명확하지 않을 수 있습니다.

앨런 월리스: 〔티베트어〕 방금 어떻게 구분하냐고 물었는데요, 기준이 무엇인가요?

툽뗀 진빠: 〔티베트어〕

앨런 월리스: 이에 대해 설명하지 않으셨고, 저 역시도 설명할 수 없습니다.

자일링거: 그렇군요. 그걸 어떻게 아시나요? 언제 아셨는지요?

앨런 월리스: 하나하나 따져봐야 합니다.

달라이 라마, 툽뗀 진빠, 앨런 월리스: 〔티베트어〕

툽뗀 진빠: 성하께서 불교적 관점에서 말씀하실 때, 모든 것을 다 알고 있는 붓다의 전지전능한 마음까지도 고려하고 계십니다.

따라서 불교의 관점에서도 "왜 의식에는 이 두 가지 두드러진 특징이
있는가?"라는 질문에 "그것은 원래 그런 것이다."라고만 대답할 수
있습니다.

달라이 라마: 〔티베트어〕

툽뗀 진빠: 마찬가지로 "왜 긍정적 행동은 긍정적인 결과를 낳고
부정적 행동은 부정적 결과를 낳는가?"라는 질문에도 마찬가지로
답할 수 있습니다.

　　……

자일링거: 아마 "그것은 원래 그런 것이다."의 가장 좋은 예는 물리학
에도 존재할 것입니다. 지금까지의 프로그램은 모든 것을 대칭 원리에
기반하고 있습니다. 좌우 대칭뿐만 아니라 다음과 같은 대칭, 예를
들어 자연법칙은 지금과 10분 후에도 동일해야 한다는 것과 같은
매우 일반적 의미의 대칭도 있습니다. 반드시 그럴 필요는 없지만
자연은 원래 그런 것 같습니다. 인스부르크와 다람살라에서도 마찬가
지입니다. 차이가 없는 것 같습니다. 이를 대칭성의 원리라고 하는데,
무언가 변경되더라도 법칙은 동일하게 유지된다는 것입니다. 이러한
대칭성의 원리에 대해 우리는 아마도 "그것은 원래 그런 것이다."라고
말해야 할 것입니다. 다른 이유는 없습니다.

달라이 라마: 〔티베트어〕

툽뗀 진빠: 그렇다면 자연법칙의 많은 부분에 대해서도 그것은
원래 그런 것이라고 말할 수 있을까요?

앨런 월리스: 자연법칙 같은 것이요? 중력이요?

자이언스: 이 중 일부는 사물을 보는 방식에서 비롯된 것일 수

있습니다.

앨런 월리스: 〔티베트어〕

자이언스: 그것들은 수반됩니다. 어떤 의미에서는 세상이 존재하기 위해서 원래 그런 식으로 있어야 하기 때문에 그렇게 될 수밖에 없다고 말할 수 있습니다. 그러나 물리학자는 매우 단순한 전제와 진술, 매우 일반적인 전제와 진술로 돌아가는 것이 더 우아하다고 생각합니다.

달라이 라마, 앨런 월리스, 툽뗀 진빠: 〔티베트어〕

앨런 월리스: 가능한 한 일반적이고 가능한 한 적게 말입니다.

툽뗀 진빠: 〔티베트어〕

자이언스: 그런 의미에서 "그것은 원래 그런 것이다."라고 말할 수 있겠죠. 그게 자연의 법칙이니까요.

툽뗀 진빠: 가장 근본적인 법칙이군요.

자이언스: 네, 가장 근본적인 법칙입니다. 중력 이론, 전자기 이론, 양자 이론 등등 특정 결과들을 도출할 수 있는 매우 아름답고 매우 간단한 원리들이 몇 가지 있습니다. 그렇다면 이 간단한 원리의 힘은 무엇일까요? 물리학자들은 이것을 일종의 형이상학적 방식으로 생각했습니다. 이 법칙은 너무 강력해서 우주에서 가능한 가장 큰 질서를 나타내는 것임에 틀림없습니다. 이 간단한 법칙이 사물이 존재하는 방식이라고 여러분은 말할 것입니다.

앨런 월리스: 불교에도 비슷한 점이 있습니다. 불교에서는 네 가지 업의 법칙을 이야기합니다. 그중 하나는 앞에서 성하께서 말씀하신 것으로, 해로운 행동을 하면 부정적인 결과가 되돌아온다는 것입니

다. 다른 세 가지가 있는데, 이 중 어느 것도 다른 것에서 파생될수 없습니다. 따라서 이들은 모두 같은 지위에 있습니다. 그러나 각각에 대해 여러분은 그것은 원래 그런 것이라고 말하리라 생각합니다. 그리고 그것들은 근본적이고 그 의미는 엄청납니다. 따라서 완전히 보편적으로 적용되고 수많은 파생 법칙을 가져오는 것은 극소수에 불과합니다.

자이언스: 특정 상황에서는 하나의 법칙이 있을 수 있지만, 깊은 수준에서 보면 더 기본적인 법칙의 조합으로 환원됩니다. 더 높은 수준, 더 부수적인 수준에서 반드시 그것은 원래 그런 것이라고 말할 수는 없을 것입니다. 당신은 그 기원을 찾으려고 할 것입니다.

원자, 광자, 양자

달라이 라마, 앨런 월리스, 툽뗀 진빠: 〔티베트어〕

툽뗀 진빠: 우리는 가장 미세한 입자까지 거슬러 올라갈 수 있지만, 중관철학은 원자와 같이 나눌 수 없는 기본적이고 절대적인 구성요소라는 개념을 거부할 것입니다. 중관철학에서는 이러한 개념이 일관성이 없다고 주장합니다.

자일링거: 존재론적 문제입니다. 적어도 물리학 내에서는 오랜 전통과의 단절이 있습니다. 20세기 초까지만 해도 물리학은 적어도 원칙적으로는 특정한 일이 일어나는 이유를 근본적으로 설명할 수 있다고 생각했습니다. 우주를 시계장치로 보는 오래된 그림이 있는데, 이 시계장치는 신이라는 기독교 창조주가 만들었고, 우주는 결정

론적으로 운행되고 있다는 그림입니다. 이 아이디어는 단순히 이 시계장치가 어떻게 작동하는지에 따라 어떤 법칙이 있는지를 설명하기 위한 것이었고, 이를 위해서는 물리학에서 말하는 초기 조건에서부터 시작해야 합니다. 우주가 초기에 어떻게 생겼는지 알면 나머지는 명확해집니다.

현대의 관점에서는 이 그림이 더 이상 가능하지 않다는 것을 알고 있습니다. 다시 말해, 5초 후 우주의 현실은 지금 우주의 현실에 의해 완전하게 결정되지는 않습니다. 이것은 우리가 세상을 바라보는 방식에 영향을 미친다고 생각합니다. 저는 이렇게 열린 우주관이 모든 것이 순리대로 흘러가는 닫힌 우주관보다 훨씬 더 개방적이라고 생각합니다. 어떤 의미에서 훨씬 더 낭만적입니다. 그렇게 지루하지도 않습니다.

......

자일링거: 제 친구인 아브너 시모니(Abner Shimony)는 물리학 교수이자 철학 교수를 겸임하고 있는 세계에서 몇 안 되는 사람 중 한 명입니다. 그는 현직 물리학자 대부분이 조현병 환자라고 말합니다. 그들의 뇌에는 두 부분이 있습니다. 뇌의 한 부분이란 실험실에서 있거나, 물건을 가지고 놀거나, 장난을 치고 무언가를 할 때이며, 이때 그들은 현실주의자입니다. 그들은 광자에 대해 언급하면서 광자가 여기저기서 움직인다고 이야기합니다. 하지만 그들에게 이제 양자역학의 기초에 대해 논의해 보자고 하면, 그들은 철학적 측면으로 바로 전환한 후 양자역학은 그것을 정의하는 장치 없이는 아무것도 존재하지 않는다고 말합니다.

......

툽뗀 진빠: 성하께서 질문하신 것은 이러한 모호성을 고려할 때 양자역학적 관점에서 현실에 대해 일반적으로 이야기하는 것이 이치에 맞느냐는 것입니다.

......

자일링거: 문제는 사물의 본질을 자세히 조사하면 모든 것을 해명할 수 있다는 것입니다.

따라서 양자역학의 문제에서 그 출구는 우리가 어딘가에서 시작해야 한다는 것입니다. 우리는 무언가를 기반으로 세계관을 확립해야 합니다. 우리가 구축하는 그 무언가를 때로는 고전적 세계라고 부르거나, 일상 경험의 세계라고 부를 수도 있습니다. 우리는 그것을 구축합니다. 우리는 이에 대해 의심하지 않습니다. 그리고 우리가 즉시 인식하는 사물의 특성을 바탕으로 나머지를 설명합니다. 그 다음 우리는 많은 것을 관찰합니다. 물체의 양자적 특징은 어떤 의미에서 매우 비현실적입니다. 따라서 현실에 대해 이야기할 때는 매우 신중해야 합니다. 순수한 관점에서 볼 때, 우리가 실제로 이야기할 수 있는 것은 일상 세계의 경험뿐이라고 말할 수 있습니다. 나머지는 항상 신중하게 접근해야 합니다.

달라이 라마, 앨런 월리스, 툽뗀 진빠: 〔티베트어〕

자일링거: 우리는 세상을 다르게 보는 진술에 개방적이어야 합니다. 완전히 틀릴 수도 있고 바뀔 수도 있다는 가능성을 열어두어야 하며, 그런 점에서 유연해야 합니다. 그렇다면 우리가 묻는 가장 중요한 질문 중 하나는 "우리가 일상 경험에서 출발하여 모델을 만들

때, 서구 과학에서 세상을 바라보는 방식으로 여러 모델 중 하나만 만들었을까?"입니다. 어쩌면 완전히 다른 물리학이 가능할지도 모릅니다. 그럴 수 있을까요? 다시 새롭게 시작해야 할까요? 갈릴레오와 뉴턴이 택한 길만이 유일한 길이 아닐지도 모릅니다. 이 질문은 저에게 가장 흥미로운 질문 중 하나입니다. 완전히 다르게 보이는 과학을 만들 수 있을까요? 저는 그런 질문에 어떻게 접근해야 할지 아이디어를 얻고 싶을 뿐입니다. 모르겠습니다.

......

앨런 월리스: 아서, 우리가 거시 세계와 관련된 얘기를 했을 때 나는 속성을 지닌 광자가 암호라고 주장했습니다. 완전히 불확정적이고 비국소적인 속성의 확률과는 별개로 실제 무언가를 가지고 있다고 생각하는 것은 암호일 뿐입니다. 그것은 단지 명목상의 암호일 뿐입니다. 그런데 성하와 툽뗀 진빠는 말합니다. 이른바 암호라고 하는 것들은 눈을 가늘게 뜨고 봐야 한다고 합니다. 그렇다면 양자 수준의 빛에 관한 주제에서 햇볕에 타게 하는 물질에 관한 주제로 어떻게 넘어갈 수 있을까요? 아니면 눈을 가늘게 뜨고 봐야 하는 것으로요? 즉, 양자 영역이 시스템 측정 시에만 존재한다는 존재론적 진술을 하려는 경우에 말입니다.

자이언스: 당신이 측정이나 일반적으로 관찰이라고 부르는 것을 정말 진지하게 수행했기 때문에 이것이 당신을 더 나은 위치에 있게 한다고 생각합니다. 여러분은 반대편에 속성이 없는 이 물체의 존재를 가정하지 않으므로 여러분이 눈을 가늘게 뜨고 보는 것은 반대편에 있는 물체가 아닙니다. 여러분이 눈을 가늘게 뜨고 보는 것은 빛으로

인한 밝기입니다. 밝기가 중요해지는 것이지, 속성이 없는 이 물체가 아닙니다. 햇볕에 타는 원인이 빛의 속성이라고 말할 수 있습니다. 햇볕에 타게 하는 것은 반대편에 있는 것이 아닙니다. 유물론자는 반대편에 존재하는 것이 없으면 이 견고한 세계를 설명할 수 없다고 생각합니다.

　앨런 월리스: 여기서 우리는 매우 깊은 존재론적 논의로 들어가고 있습니다. 광자를 측정 시스템과는 별개로 독립적으로 존재한다고 할 수는 없지만, 그렇다고 단순히 인공물이라고 할 수도 없다는 말씀이 마음에 듭니다. 중도를 찾아야 하는 고전적 상황을 설정하셨습니다. 주체와 객체가 떼려야 뗄 수 없이 원초적으로 연결되어 있는 경우입니다. 이것은 한편으로는 불교와 비슷합니다. 반면에 태양은 측정 시스템과 무관하게 모든 방향으로 빛을 보내는 것 같습니다. 당신은 태양이 방출하는 것을 어떻게 연관 짓고 있습니까?

　……

　자이언스: 그것은 어떤 식으로든 의인화되지 않습니다. 그것은 아니에요.

　앨런 월리스: 곳곳의 작은 측정 시스템이 "광자는 존재할 수 있다."라고 말해주기를 기다리는 중인 거죠. 광자는 분극을 가질 수 있습니다. 대부분의 과학자들이 빠지는 오류, 즉 모든 문제를 연구실 안으로 국한시키는 오류는 피해야 한다고 생각합니다. 오히려 문제를 거시 세계로 가져가야 합니다. 거시 세계에서는 어떤 의미가 있을까요? 그리고 존재론적 문제는 무엇이며, 존재론적 파급 효과가 있습니까?

　자이언스: 좋습니다.

앨런 월리스: 우리가 오늘 꼭 해야 한다고 생각합니다. 그렇지 않으면 이것은 너무 [국소적입니다.]

자이언스: 너무 힘들 겁니다. 하지만 좋습니다.

......

달라이 라마와 툽뗀 진빠: [티베트어]

앨런 월리스: 그래서 우리는 매우 흥미로운 존재론적 진술을 하고 있습니다. 하지만 성하께서 말씀하신 것처럼 빛은 매우 밝습니다. 태양은 모든 방향으로 빛을 발산하고 있습니다. 그렇다면 이 광자들은 태양에서 나오는 것입니까, 아니면 측정 시스템과 무관하게 존재하는 것입니까? 측정은 누가 하고 있습니까? 그리고 측정을 하지 않고 모든 인간이 사라진다면 태양이 더 이상 광자를 발산하지 않는다고 누가 믿겠습니까? 그렇다면 양자역학을 일상 세계, 태양, 별과 어떻게 연관시킬 수 있을까요?

......

자이언스: … 그 마지막 예는 모든 분자가 공유 결합이라고 불리는 방식으로 서로 결합하는 것입니다. 예컨대 수소 분자는 양자역학적 모호성에 의존하여 두 원자를 하나의 분자로 결합합니다. 따라서 이 양자의 모호성이 없다면 화학은 사라질 것입니다. 생명 자체가 불가능할 것입니다. 따라서 양자의 모호성은 돈이 많은 대학에서만 연구하는 광자의 추상적 속성이 아닙니다.

......

달라이 라마: [티베트어]

빅뱅에서 빅 크런치까지

툽뗀 진빠: 성하께서 말씀하시길 빅뱅이 단 한 번만 있었다고 가정해야 한다면….

달라이 라마: 왜 그 사건이 일어났습니까?

툽뗀 진빠: 왜 그 사건이 일어났느냐고요? 정말 큰 질문입니다.

달라이 라마: 빅뱅도 자연의 일부입니다. 그것이 늘 계속된다면 받아들이기가 훨씬 더 쉽습니다.

자일링거: 네, 성하의 말씀은 이해합니다만, 저는 이 문제를 정말 열어두고 싶습니다.

달라이 라마: 정말입니다. 〔웃음〕

앨런 월리스: 안전한 입장입니다. 존중할 만한 입장입니다.

자일링거: 다른 쪽 끝은 아시죠? 아직 열려 있습니다. 빅 크런치가 발생할지 여부는 아직 열려 있습니다. 미정이지요.

……

자일링거: 나는 그것이 일어날 것이라고 말하고 싶지는 않습니다. 공허한 질문입니다. 중세 시대에 바늘 끝에 얼마나 많은 천사가 앉을 수 있는지에 대해 논의했다는 이야기가 있는데, 이와 같은 맥락입니다. 바늘 끝에 몇 명의 천사가 앉을 수 있을까요? 쓸데없는 질문이죠. 〔웃음〕

……

달라이 라마: 〔티베트어〕

툽뗀 진빠: 일부 불교철학 문헌에는 물리적 대상(물질)과 관련하여

인과관계의 연속성에 시작이 없다는 주장이 있습니다. 그러나 연속체에는 끝이 있을 것입니다. 하지만 그 시점부터 ….

자일링거: 또 다른 질문은 빅 크런치가 있을지 여부입니다.

달라이 라마: 빅 크런치 ….

자일링거: 이 둘은 함께 가야 합니다. 이를 위해 필요한 것은 우주가 일정한 최소 질량을 가지고 중력이 우주를 다시 끌어당길 수 있을 만큼 충분히 강력해져야 한다는 것입니다. 그런데 우리가 관찰하는 우주, 별, 은하계의 질량은 빅 크런치에 필요한 임계 질량의 최대 10% 정도에 불과하다는 것이 밝혀졌습니다. 그래서 사람들은 누락된 질량 문제에 대해 이야기해 왔습니다. 우주 어딘가에 빅 크런치를 가능하게 하는 다른 질량이 존재할까요? 가능성 중 하나는 질량을 가진 입자가 아주 많이 있지만, 이는 관측하기가 매우 어렵고 거의 불가능한 경우입니다.

앨런 월리스: 전하가 없기 때문인가요?

자일링거: 전하가 없기 때문이기도 하고 쉽게 감지할 수 있는 다른 속성이 없기 때문입니다. 그들은 매우 약하게만 상호작용합니다. 오랫동안 이 종류의 입자 후보로 거론되어 온 것이 중성미자(neutrino)입니다. 중성미자는 매우 작은 입자입니다. 문제는 "중성미자는 정지 질량이 0인가?"였습니다. 중성미자를 정지시키면 광자처럼 정지 질량이 없을까요? 아니면 약간의 정지 질량이라도 가지고 있을까요? 기나 긴 논의입니다. 만약 중성미자가 아주 작은 정지 질량을 가지고 있고 그 수가 매우 많다면, 우리가 말하듯이 그것이 우주를 닫을 수 있기 때문입니다. 중성미자는 우주를 쉽게 다시 붕괴시킬 수 있습

니다. 불과 2주 전, 일본의 실험에서 태양에서 나오는 중성미자를 연구하여 중성미자가 정지 질량을 갖고 있다는 증거를 찾았다고 주장했습니다. 그리고 그들은 정지 질량의 증거를 약간 발견했다고 주장했습니다.

달라이 라마: 〔티베트어〕

자일링거: 그것이 사실이라면 우주가 닫힐 수 있겠군요.

달라이 라마: 우린 갇혀 있습니다.

자일링거: 우리 생전에는 아닙니다.

달라이 라마, 앨런 월리스, 툽뗀 진빠: 〔티베트어〕

툽뗀 진빠: 중성미자가 정지 질량을 가지고 있다면, 결론은 빅 크런치가 일어날 수 있다는 것입니까?

자일링거: 네. 맞습니다. 이것이 정말 사실이라면 빅 크런치가 다시 발생할 수 있습니다.

앨런 월리스: 그것은 아직 정점에 이르지도 않습니다. 정점을 넘어서면 그렇다고 할 수 있습니다.

자일링거: 정확한 숫자는 나오지 않았습니다. 질량이 얼마인지 등 정확한 수치는 나오지 않았습니다. 하지만 확실히 그 질문은 다시 열려 있습니다. 따라서 그것은 쉽게 가능합니다. 하지만 우리 생애 동안에는 일어나지 않을 것입니다.

달라이 라마: 10억 년 정도일 것 같습니다.

자일링거: 수십억 년 정도입니다.

자이언스: 환생이 좋은 이유입니다. 〔웃음〕

자일링거: 그래서 언젠가 우리는 빅 크런치를 볼 수 있겠군요.

〔웃음〕

앨런 윌리스: 지금 예약하시지요.

자이언스: 거기서 뵙겠습니다.

Note

이 만남을 가능하게 해준 모든 분들, 특히 아담 엥글(Adam Engle)과 마음과생명연구소, 그리고 도움을 주신 모든 분들께 감사의 말씀을 전하고 싶다. 안드레아 아글리벗(Andrea Aglibut)은 인스부르크에서 이 모든 일을 완벽하게 진행했다.

---

6. 결론: 삶은 실험실

피에트 헛

과연 불교와 과학이 대화할 수 있는 무대는 어디인가? 불교를 종교라고 부르는 것은 그다지 정확한 설명이 아니며, 과학이 세계관을 만들어낼 수 있다는 생각도 정확하지 않다. 과학적 설명에는 누락되는 부분이 너무 많기 때문이다. 여기에서는 앞으로의 자세한 논의를 염두에 두면서, 과학과 불교의 상호 존중과 영감을 중심으로 이야기를 하는 것이 더 현명할 수 있다. 이 둘 사이의 가능한 중간 지점을 나타내는 방법 중 하나는 특정 교리 혹은 학설보다는, 작업가설을 이용해서 삶을 우리 자신과 세계를 조사할 수 있는 실험실로 보는 것에서 시작하는 것이다.

1. 불교와 자연과학

'불교와 과학' 책에 글을 써달라는 요청을 받았을 때 나는 주저할 수밖에 없었다. 지난 수백 년간 과학이 확립한 지식체계를 나는 매우 높이 평가하며, 또한 지난 수천 년 동안 불교가 확립한 지식체계에 대해서도 매우 감사하게 생각한다. 그리고 두 분야의 지식체계가 모두 동일한 실재를 다루고 있고, 다양한 공통부분이 있어서 유익한 대화로 이어질 수 있다고 생각한다. 그럼에도 내가 주저했던 이유는 대화를 풀어나갈 만한 적절한 틀이 부족했기 때문이다.

지난 몇 년 동안 과학과 종교의 관계에 대한 논의는 점점 인기가 높아지고 있다. 수십 년 동안 과학자들은 종교라는 단어를 언급조차 하지 않았지만, 이제 흐름이 바뀌고 있는 것 같다. 나는 과학의 일반 주제에 대해 논문을 쓰고 회의에 참석하게 되면서 영성에 고개를 끄덕이고 인간의 경험에 대해 깊이 느끼게 되었다. 많은 동료들도 나처럼 '커밍아웃'하는 것을 보았다. 한편으로 나는 '과학과 종교'의 대화가 구성되는 방식에는 깊은 불안감을 느낀다.

종교와 영성이라는 용어 자체에 이미 심각한 문제가 있다고 생각하며, 솔직히 이 용어를 아예 사용하지 않았으면 좋겠다. 이에 대한 비판 대신 나는 머리와 마음, 그리고 끈기와 우리의 모든 능력을 완전히 통합하여, 인간의 조건을 깊이 존중하면서 온전한 삶을 산다는 것이 무엇을 의미하는지에 관심의 초점을 맞추고 싶다. 대부분 문화권에서는 온전하고 전인적인 인격 함양을 가장 중요한 과제로 삼았다. 예를 들어 중국에서 유교와 도교는 서로 다른 점이 있지만, 전자는 인간의 사회적 특성에 후자는 자연의 일부분인 인간의 모습에서 출발하여 완전한 인간성을 함양하는 데 중점을 두었다. 현대 서구 문화는 이상하게도 이런 점이 부족하기 때문에 과학과 종교의 관계에 대한 논의를 더욱 어렵게 만든다.

우선 종교라는 단어는 유럽에서 유래한 용어로 기독교를 유대교, 이슬람교, 힌두교, 불교, 도교 및 기타 삶의 방식과 비교하는 데 사용되는 범주이다. 실제로 '다른 종교'에 대해 언급하는 것은 기독교와의 즉각적인 비교를 의미한다. 여기서 '다른 종교'는 더 이상 이교도로 분류되지 않지만 기본적으로 기독교와 비슷한 역할을 하는 것으로 간주된다. 학계에서는 전통적으로 기독교를 신학으로 분류했으며, 지난 한 세기 정도는 비교종교학에 포함시켰다. 정의에 따라 이슬람, 불교, 기타 삶의 양식은 물리학, 심리학, 법학 등의 다른 학문 분야와는 달리 하나의 학문 분야에만 포함시켰다.

하지만 실제로 이 분류에는 많은 문제가 있다. 인류학자들이 알고 있듯이, 다른 문화에 자기의 문화적 분류 체계를 도입하고 강요하는 것은 공정한 문화 간 비교를 방해한다. 대화를 시작할 때 가장 기본 용어조차도 자기 방식대로 유리하게 왜곡하는 것은 상대방의 이해를 구하는 좋은 방법이 아니다. 무속(shaman) 치료사, 불교 수행자, 무슬림 학자(mula)를 각각 의학, 심리학, 법학이 아니라 종교라는 범주에 넣으면 의미 있는 비교의 가능성을 극도로 제한한다.

둘째, 과학과 종교보다 더 어울리는 용어를 찾으려는 의지가 있다 해도 더 좋은 대체 용어를 찾기가 어렵다. 과학과 비교할 때 나는 영성(spirituality), 신비주의(mysticism), 관상(contemplation)이란 용어를 종교라는 용어보다 선호한다. 그러나 이들 각각에도 고유한 문제가 있다. 영성에서 영(spirit)이라는 단어는 불교 용어와 명확하게 대응되지 않는다. 나는 개인적으로 신비주의라는 단어를 좋아하는데, 적어도 중세 신비주의 일파가 현대 기독교보다 불교와의 대화에서 더 나은 출발점이 되리라 생각하기 때문이다. 그러나 신비주의라는 단어는 종종 모호하고 의도적으로 명확하지 않은 것을 나타내는 데 사용되기 때문에 대화를 시작하는 데 도움이 되지 않는다. 마지막으로 기독교의 전통적 관상수행이 불교와의 대화에서 좋은 출발점이 될 수 있지만 세 용어 중 가장 순진하게 들리는 관상이라는 단어는 너무 수동적으로 여겨질 수 있다.

그렇다면 불교와 과학, 특히 불교와 자연과학의 대화는 어떻게 시작해야 하는가? 불교의 어떤 측면부터 시작해야 하며 어떻게 분류해야 하는가? 이 질문들은 그 자체로 자세한 연구가 필요하다. 앞으로 수년 이상 인내심을 가지고 아주 자세하게 다루어지기를 바란다. 내 생각에는 의미 있고 지속적인 대화를 위한 적절한 토대가 마련되기 위해서는 불교학자들이 과학자들과 수년 이상 매달려야 한다고 생각한다. 이 책은 이런 장기 프로젝트의 토대를 구축하기 위해 어느 방향이 좋은지 힌트를 제공할 뿐이다.

이 글에서 나는 훨씬 더 간단한 질문을 다루려고 노력할 것이다. 지난 30년 동안 내가 접했던 불교에서 어떤 영감을 받았는지 스스로 질문함으로써, 적어도 한 개인의 삶에서 불교와 과학이 어떻게 결합해 왔는지 그 사례를 보여주고자 한다. 정확히 말해 나는 스스로를 불교도로 부르지 않는다는 점을 강조하고 싶다. 나는 불교의 여러 측면에 크게 공감하지만 다른 삶의 방식에도, 특히 다양한 전통의 신비주의적/관상적 측면에 대해서도 비슷한 공감을 느끼고 있다. 만약 나에게 불교, 도교, 힌두교 중 하나를 선택하라고 하면 불교를 선뜻 선택하기는 어려울 것이다.

개인적으로 내 삶에서 불교와 과학이 겹쳐지는 부분을 '삶은 실험실'이라는 표현으로 요약하고 싶다. 이 글의 나머지 부분에서는 이 표현이 나에게 어떤 의미인지 전달하려고 노력할 것이다. 마지막 6절에서는 '삶은 실험실'이라는 개념을 분명하게 설명하겠다. 그 전에 2절과 3절에서 몇 가지 인식론적 방법론의 문제를 논의하고, 4절과 5절에서 불교와 과학에 관련된 심오한 존재론적 질문을 다루고자 한다.

2. 불교에서 받은 영감

나는 불교 전문가가 아니며 불교의 특정 분야를 철저하게 연구하려고 시도한 적이 없다. 그보다는 개인적 탐구의 실용적 지침을 찾기 위해 여러 문헌을 폭넓게 읽었다. 처음에는 일본의 선불교에 관심을 가졌고 나중에는 티베트 불교, 특히 닝마(Nyingma) 불교와 족첸(Dzogchen) 수행에 관심이 있었다. 고등학교 졸업 무렵부터 탐구를 시작하여 30년 이상을 계속하고 있다.

처음 내가 불교에서 받았던 영감은 실재의 구조에 대한 경험적 접근 방식이 과학의 실험적 접근 방식과 유사하다는 사실이었다. 내가 접한 불교 수행법은 비교적 단순하고 직관적이었으며, 신도들로 하여금 특정한 신조를 맹목적으로 믿고 받아들여 수행하는 과제라기보다는 탐구의 도구라고 생각하였다. 나는 수행이 표면상 악기를 잘 연주하거나 수학을 배우거나 스포츠를 익히는 데 필요한 단순한 훈련처럼 보았던 것이 곧 착각임을 알게 되었고, 경험을 통해 명상을 충분히 이해해야만 그 효과를 깊이 체험하게 된다는 것을 깨달았다.

이 글에서 내가 수행해 온 여러 명상법을 자세히 다루지는 않겠다. 그동안 특히 유용하다고 생각한 두 가지만 언급하겠다. 첫 번째는 어떤 종류의 판단을 하지 않은 채, 즐거운 생각이나 감정이나 이미지 등을 붙잡지 않고, 불쾌한 생각이나 감정을 피하지 않고, 마음에 떠오르는 모든 것을 그대로 바라보는 명상법이다. 이렇게 체계적으로 판단을 유보하는 수행은 나에게 큰 도움이 되었다. 수년에 걸쳐 비판단적 태도로 전환하는 능력이 커지면서 이 태도는 나에게 일종의 피난처가 되었고, 보호 갑옷이라기보다는 선택과 집중을 가능하게 하고, 불평하고 싶은 유혹이 일어날 때 현명하게 대처할 수 있도록 해주었다.

불교 수행에서 배운 두 번째 교훈은 무언가를 꽉 잡지 말고 손바닥 위에 올려놓듯이 가볍게 잡으라는 것이다. 이 가벼운 태도는 무언가에 시선을 고정하여 쳐다보는 대신 보다 비유적으로 주변 형태를 바라보는 것을 말한다. 마치 관심의 초점을 눈앞의 대상보다는 사물이나 개념의 주변에 맞추는 것과 같다. 나는 지금 내가 의미하는 바를 정확히 전달하기 위해 단어와 씨름하고 있는데 적절한 어휘가 있으면 좋겠다고 생각한다. 물리학이 즐거운 이유는 내가 운동량과 에너지가 무엇인지 알고, 속도에 각각 선형과 2차가 있다는 것을 알며, 다른 물리학자들도 이를 알고 있을 때이다. 명상할 때도 이렇게 명확한 용어가 있으면 얼마나 좋겠는가. 여기서 설명하려는 대상의 주변 특성 자체는 명확한 용어를 사용하는 데 아무런 장애물이 되지 않는다는 점에 유의해야 한다. 심지어 과학에서 혼돈과 비결정적 미분방정식, 불확실성 관계에 대해서도 매우 정확한 용어로 이야기하는 법을 배웠다. 황혼과 어둠을 이야기할 때도 분명하게 말할 수 있다

명상 수행 과정에서는 용어, 과정, 결과에 대해 현대적으로 논의할 수 있는 틀을 인내를 가지고 구축하는 것이 필요하다. 수천 년 동안 여러 문화권에서 불교를 탐구해 온 결과 현재의 우리에게 '실험 보고서'와 분석의 결과물을 남겼기 때문에 어느 정도 재구성할 수 있다. 그러나 여러 분야에 걸쳐 연속성이 부족하고 해당 문화와 우리 문화 간에 차이가 크기 때문에 직접적으로 재구성을 시도하는 것은 불가능하다. 재발견을 통해 현대적으로 재구성하는 것이 더 새롭고 유망한 접근 방식이 될 것이다.

내가 성장한 기독교와 이후 탐구한 불교 수행의 큰 차이점 중 하나는 경험에 관한 것이다. 불교에서 실재를 완전히 구체적이고 접근 가능한 것으로 보는 관점, 즉 맹목적 믿음을 가지고 좋은 삶을 살면 사후 세계에서 우연히 발견할 수 있는 것이 아니라 누구나 지금 여기에서 경험하고 깨달을 수 있다고 강조하는 것이 마음에 들었다. 요컨대 불교의 접근 방식이 전반적으로 더 매력적이게 다가왔던 이유는 어떤 지침이든 무조건 받아들여야 하는 교리가 아니라, 이를 하나의 작업가설로 받아들이는 과학과 유사했기 때문이다.

이렇게 주장하고 보니 내가 너무 심하게 표현한 것 같다는 생각이 든다. 과학자가 하나의 가설에 근거하여 연구를 열심히 하려면 단순한 호기심 이상이 필요하다. 가설이 옳다고 하는 강한 믿음이나 직관을

가지고 있지 않는 한, 그 가설을 증명하기 위해 수년 간 노력을 기울이는 것은 상상하기 어렵다. 그리고 기독교인의 경우, 실제로 믿음이 완전히 맹목적인 경우는 거의 없다. 하지만 기독교, 불교, 과학을 비교하기 위해서는 좀 더 구체적으로 내 삶의 경험에 근거해 비교해야할 것 같다. 이를 위해 이 절의 나머지 부분에서는 내가 가장 이끌린 불교의 특정 종파에 초점을 맞추겠다. 간단히 표현하여 이 종파를 깨달음을 지향하는 불교라고 부르겠다. 그리고 이 종파는 보편적이지 않다는 점을 분명히 말하고 싶다. 내 생각에 전 세계 불교도의 1% 정도가 이런 유형의 세계관과 수행에 초점을 맞추고 있다. 전통적으로 이 종파의 관점은 매우 비밀스럽고 일반인에게 전파되기 어렵다고 여겨져 왔지만, 최근에는 관련 내용이 점점 더 많이 소개되고 있다.

내가 말하고자 하는 불교 종파는 티베트의 족첸, 인도의 아드바이타 베단타(Advaita Vedānata), 선(Zen)불교(일본식 용어지만 중국 선禪불교에서 유래한 것)이다. 이 깨달음 지향의 불교는 대부분의 영적 수행과 그 강조점이 미묘하게 다르다. 일반적으로 우리는 특정 결과를 얻기 위해 수행에 참여한다. 그 결과가 무엇인지 잘 알거나 모르기도 하지만 적어도 노력을 통해 결과를 얻을 수 있다는 확신을 가지고 힘든 수행 프로그램에 참여한다. 프랑스어를 할 줄 모르거나 자전거를 탈 줄 모르면, 연습을 통해 프랑스어를 배우거나 자전거를 타는 법을 배운다. 적어도 이것은 대부분 기술을 배울 때 보편적으로 적용되는 일이다.

깨달음 지향의 불교는 그렇지 않다. 무지하고 미숙한 상태에서 시작하여 고된 수행의 길을 따라 천천히 목표에 다가가는 것이 아니다.

이 진보적인 모델은 단순하지 않다. 처음부터 시작하여 목표에 도달하는 대신 목표에서 시작하는 것으로 설명된다. 수행은 무언가를 얻기 위한 요령이 아니라 우리가 이미 가지고 있는, 그리고 온전히 가지고 있는 것을 기리고 함양하기 위한 방법으로 간주된다.

이러한 요약 방식은 아주 시시하지는 않더라도 역설적으로 보일 수 있다. 하지만 최소한 접근 방식이 가진 의미를 정확히 전달하고자 노력하겠다. 기독교에서는 복종을 강조한다. 연약하고 부족한 (그리고 죄 많은) 피조물인 우리에게는 자신을 넘어서는 능력이 없기 때문에 신(God)의 은총에 자신을 열지 않는 한 더 멀리까지 나아 갈 희망은 없다. 다행히도 신은 항상 은혜를 베풀 준비가 되어 있으므로, 우리가 할 일은 신에게로 향하여 그 은총을 받아들이는 것뿐이다. 그리스도는 이미 우리의 문을 두드리고 있으므로 마음의 문을 열기만 하면 된다. 따라서 기독교에서도 우리는 신성과 직접 친교를 나누고 그 근원으로부터 살아간다는 목표에서 크게 벗어나 있지 않으며, 사실 전혀 벗어나 있지 않다.

물론 기독교뿐 아니라 불교에서도 어떻게 마음의 문을 열 것인지(기독교 용어) 또는 어떻게 자신의 참된 본성을 깨달을 것인지(불교 용어)가 과제이다. 두 경우 모두 미묘한 점은, 모든 것이 이미 완벽하다거나 이미 신과 가까워졌다는 교리를 받아들이고 아무것도 하지 않으면 요점을 완전히 놓치는 것이고, 이미 있는 것을 '성취'하려고 열심히 노력하는 것도 요점을 완전히 놓친다는 것이다. 그렇게 해도 지옥에 떨어지고, 그렇게 하지 않아도 지옥에 떨어진다. 선불교에서는 이 딜레마를 수천 개의 공안公案으로 잘 요약하여, 불가능해 보이는 상황을 제시하고 답이 보이지 않는 상황에서도 답을 찾도록 요구한다.

따라서 나는 어릴 적 기독교 방식의 훈육을 통해, 수행이 시작이 아닌 끝에서 시작된다는 선종과 족첸 관점의 사고방식에 어느 정도 익숙해 있었다. 뿐만 아니라 다양한 불교 수행을 더 깊이 파고든 후, 정신적으로는 비슷한 접근 방식을 가진 것으로 보이는 여러 기독교 자료를 발견하게 되어 기뻐했다. 루스브룩(Ruusbroek)이나 *The Cloud of Unknowing*을 지은 익명의 저자, 마이스터 에크하르트(Meister Eckhart)와 같은 중세 신비주의자들은 무언가를 찾기보다는 이미 있는 것을 함양한다고 하는 역설적인 관점으로 살았던 것 같다. 다른 사례들은, 깨달음 지향의 유형에 직접 속하지는 않지만 나에게 유사한 영감을 준다. 넓게는 자연과 조화를 이루며 도교(Taoist)적 삶을 살았던 성 프란치스코(Saint Francis) 역시 나에게 깊은 영감을 준 인물이다. 그 역시 "이미 있다."고 하는 영적 관점을 가진 것 같다.

내가 여기서 간단히 다룬 내용은 다른 저술에서 자세히 설명할 계획이다. 지면상 오랜 세월 나에게 영감을 준 불교가 무엇인지에 대해 간략하게 설명할 수밖에 없다. 계속해서 같은 기간 나에게 엄청난 영감을 준 과학에 대해서도 비슷한 내용을 소개하겠다.

3. 과학에서 받은 영감

나는 과학자이자 이론 천체물리학자로서 일상의 업무가 세계관에 영향을 줄 수밖에 없다. 나는 직업상 문제해결을 위한 적절한 접근 방식을 배웠고, 현실을 보다 관조적(신비적, 영적) 차원에서 탐구할 때 이 접근 방식 중 일부에 당연히 의존해 왔다.

내가 업무에 활용하는 접근 방식 중 하나는 '테이블 위(on-the-table)'라는 방법이다. 한동안 여러 방법을 사용해도 해결되지 않는 문제에 마주치면, 잠시 물러나서 아무것도 해결하려고 하지 않는다. 오히려 퍼즐의 모든 조각을 테이블 위에 올려놓고 하나라도 놓치지 않도록 조심하는 동시에 관련이 없거나 성급한 추측에 근거하여 조각을 끼워 넣지 않도록 노력한다. '진실, 오직 진실, 전체의 진실'에 도달하기 위해서는 더도 말고, 덜도 말고 진실의 모든 조각을 가지고 있어야 한다.

관련 조각을 모두 모은 후 마음이 좀 편해지면, 테이블 위를 훑어보면서 조각을 처음 보는 것처럼 오랫동안 들여다본다. 모든 것을 테이블 위에 올려놓는 1단계를 완료하려면 서두르지 않고 공을 들여야 하지만, 2단계는 정말 여유롭게 각 조각을 '바라보는' 접근이 필요하다. 서두르면 각 조각에서 시작하여 전체적인 이해를 결정하는 미세한 감각이 깨질 수 있기 때문이다. 3단계에서는 편안히 앉아 모든 조각과 테이블 전체를 바라보며 전부 '가라앉기'를 기다린다. 3단계에서 새로운 통찰이 떠오르는 경우가 많다. 어떤 경우 순식간에 문제의 해결책이 떠오르기도 하고, 새롭고 유익한 접근법의 아이디어가 갑자기 떠오르기도 하며, 어떤 경우에는 지금 문제에 해결책이 없다는 것을 갑자기 혹은 서서히 깨닫기도 한다.

나는 일상생활에서도 너무 복잡하거나 혼란스러워 보이는 많은 상황에서 비슷한 접근 방식을 사용한다. 시간을 들여 상황을 정리하고 '바라본' 후에야 혼란으로 인해 너무 많은 것을 연관시켰고, 중요한 것을 간과했음을 알게 된다. 또한 이 방법은 나 자신, 타인, 세상과의 관계를 더 깊이 이해하려는 노력에도 유익한 경험인 것 같다. 관상이라는 용어는 다양한 '영적' 수행에서 이러한 측면을 설명하는 데 특히 적절한 표현이다. 물론 앞 절에서 불교 명상 수행의 비판단적 태도에 대해 설명한 것과도 분명한 연관성이 있다.

내가 과학적 문제해결을 다루는 접근 방식은 불교 (및 다른) 수행을 탐구하면서 만들어진 것인가? 아니면 내 과학적 호기심 때문에 불교적 탐구라는 렌즈를 통해 현실의 구조를 탐구하게 된 것일까? 아니면 과학과 불교를 모두 공부하게 된 것은 단순히 내 기질과 개인사가 반영된 것인가? 이 질문에 분명한 답을 내놓기는 불가능하다. 과학에서 불교로, 또는 그 반대의 경우도 그 연결이 일방적이라고 생각하지 않는다. 추측해 보면 점점 미묘하게 구분하는 법을 배우고, 더 명확하게 삶과 주변 세계를 살피면서 민감해지는 상호 과정이라고 말하고 싶다. 어린 시절로 되돌아가 과학만 공부하거나 불교에만 집중하는 삶을 경험할 수 없기 때문에 이런 추측은 검증되기 어려울 것이다.

수년간의 작업을 통해 우연히 발견한 또 다른 접근법은 삶의 다른 측면에도 이어지는 것 같다. 나는 이것을 '주변 공간(space around)' 방법이라고 부른다. 이는 내가 수학이나 물리학을 배우는 방식과 관련이 있는데, 항상 3단계로 진행되는 것 같다. 처음에는 방법이나 정리의 일부분을 공부하고 그것이 어떻게 작동하는지를, 수학의 경우는 공리를 바탕으로 왜 그것이 정확해야 하는지를 명확하게 알 수 있을 때까지 그 일부분에 점점 더 익숙해 간다. 시간이 지나면서 자연스럽게 방법이나 정리의 전체 구조가 보이는 지점에 도달하게 된다.

이 2단계는 마치 처음에는 사물의 각 면을 따로따로 살펴보다가 나중에야 전체적인 3차원의 입체감을 얻는 것과 같은 느낌이다. 형태가 보인 후 대상이 점차 또는 갑자기 완전하게 나타날 수 있으며, 갑작스럽게 나타나더라도 점차 더욱 정교해지고 심화될 수 있다. 또 다른 예로 언어 학습을 들 수 있다. 단어와 문법을 배운 후 처음으로 문장 전체를 자연스럽게 말한다거나, 문장 전체가 이해된다는 것을 깨닫는 기쁜 순간이 찾아온다.

개념, 방법, 유도 등이 복잡하면 1단계는 몇 시간에서 며칠, 몇 주, 몇 달까지 계속될 수 있다. 2단계는 보통 훨씬 더 오래 지속되지만 종종 문제가 끝날 수도 있다. 왜냐하면 해당 분야의 다른 문제나 심지어 다른 분야의 연구로 넘어갈 수 있기 때문이다. 하지만 어떤 이유인지 같은 문제로 돌아오는 경우가 많다. 또한 나는 특정 개념이나 방법을 여러 번 가르치거나, 응용 연구 분야에 동일한 방법을 사용하거나, 호기심에 끌려 특정 방법을 사용하지만 지적 매력을 느끼는 것 외에는 뚜렷한 동기가 없는 경우도 있다.

이 경우 그 방법이나 유도를 처음 배우고 수년이 지난 후에야 당면한 상황의 '주변 공간'에 대한 느낌을 갖게 되는 경우가 종종 있다. 2단계에서는 문제가 완전히 구체화되고 어느 정도는 밝혀져 대부분 조화롭게 어울리지만, 주변 문제와 접근 방식의 맥락이 부족해 전체 문제가 여전히 공중에 붕 떠 있기도 한다. 3단계에 이르러서야 가능한 접근 방식이 얼마나 다양한지, 수학적 비유를 사용하여 가능한 접근 방식이 얼마나 광범위한지 보이기 시작한다. 보다 넓은 차원이

펼쳐지게 되면서 내재되어 있던 문제가 '보인다.'

통찰을 통해 처음으로 누군가 이 정리를 어떻게 증명했는지, 어떻게 이 해법을 처음 발견했는지 명확하게 상상할 수 있다. 해법을 완전하고 분명하게 보는 것과 사전 지식 없이 어떻게 해법을 도출했는지를 아는 것은 완전히 다른 문제이다. 그리고 이 3단계가 드러나는 또 다른 방식은 더 실용적이다. 문제를 해결하는 데 필요한 창의력을 처음으로 활용했기 때문에 같은 문제나 다른 문제에 대해 완전히 새로운 접근 방식을 발견하는 경우가 종종 있다. 누군가 이미 발견한 것을 어떻게 발견했는지 '깊이 느끼는' 것, 즉 그 문제를 '둘러싼' 안개를 걷어내는 것은 쓸모없는 연습이 아니라 여러 응용 분야에서 나에게 항상 유익했던 일이다.

앞에서 예를 들었듯이, 나는 이 '주변 공간' 방법이 일상생활과 경험적 명상 탐구 모두에서 매우 유용하다는 것을 발견했다. 두 경우 모두 수년에 걸쳐 장기적으로 익숙해졌고, 문제를 파악하고 같은 지점을 다시 돌아보는 고집스러운 반복이 종종 새로운 지평을 여는 데 예상치 못한 이익을 가져다주었다. 이것은 앞 절에서 주변에 주의를 두는 것과 분명히 연관성이 있다. 나는 통찰력을 심화하고 성숙시키는 두 방법을 설명하기 위해 공간이라는 동일한 용어를 사용하기도 했다. 다시 말하지만 닭이냐 달걀이냐의 질문에 답하기가 어렵듯이, 명상과 과학이라는 두 접근 방식이 내 삶에서 어떻게 진화했는지는 자세하게 알지 못한다. 하지만 나는 이 두 가지가 상호 보완적으로 함께 잘 작용하고 있다는 것을 알기 때문에, 과학과 종교를 완전히 다른 영역으로 보려는 시도는 분명히 잘못된 방식이라고 생각한다.

방법상의 유사성이 적용 분야가 중복되는 점을 증명하지 못한다는 반론이 있을 수 있다. 나도 동의한다. 비슷한 수학 공식으로 실험실 플라즈마 속 전자와 이온의 현란한 움직임과 은하계에서 움직이는 별들의 장엄한 춤을 설명할 수 있다(정전기력과 중력은 모두 두 입자 간격의 역제곱에 비례해서 감소한다). 그렇다고 해서 전자와 별이 같은 무대에 있다는 의미가 아니다(실제로는 그렇지만 규모가 너무 커서 사실상 다른 세계에 있는 것처럼 보인다).

대조적으로 과학과 불교는 전자와 별처럼 전혀 다른 대상을 말하는 것이 아니다. 오히려 과학과 불교는 우리가 살아가는 같은 세계를 다루고 있으며, 이 세계에 있는 인간의 몸과 마음을 다루고 있다. 이렇게 탐구 방법이 상당한 유사성을 보인다면, "무엇이 무엇을 포함 하는가?"라는 질문을 피하기 어렵다. 과학은 불교가 다루는 더 넓은 실재의 특정한 측면을 탐구하고 설명하는가? 아니면 불교는 인간이 마음과 세계의 복잡성에 대처하는 법을 배우기 때문에, 신경과학과 물리학의 응용에 종속되어 있는가? 인식론적 유사성이 있다고 가정할 때, 둘 중 어느 것이 존재론적으로 우위에 있다고 볼 수 있는가?

이 글의 나머지 부분에서 나는 쉽지는 않겠지만 이 질문들을 다루려 고 노력할 것이다. 나는 이런 질문들을 포괄적으로 다루기에는 현재의 과학 지식이나, 불교와 서구 학문지식 간의 관계를 충분히 깊이 이해하 지 못한다고 생각한다. 따라서 아래에서는 이 문제를 다루기 위한 첫 번째 시도로만 한정할 것이다.

4. 과학에서 바라보는 관점

과학과 불교, 좀 더 일반적으로 과학과 다른 앎의 방식 간의 관계에 대한 질문으로 돌아가 보자. 불교는 과학적 연구 결과를 받아들이고 과학의 통찰을 불교적 세계관에 통합하는 데 거의 문제가 없는 것 같다. 예를 들어 불교는 기독교와 달리 다윈주의의 진화론을 거의 우려하지 않는다. 물리학에서 원인과 결과의 중심 역할을 강조하는 것은 불교도에게도 친숙한데, 이는 물리적 차원과 심리적 차원 모두에서 불교가 세계를 설명하는 데 중요한 역할을 한다.

과학적 세계관이 불교의 관점을 통해 세상을 바라볼 수 있을지 여부는 어려운 질문이다. 사실 과학적 세계관은 아직 존재하지 않으며 적어도 한 세기 동안 존재하지 않을 것으로 예상되기 때문에 이 질문 자체가 잘못된 것이다. 실재를 접근하는 방식이 세계관이라고 불릴 만큼 포괄적이기 위해서는 최소한 인간의 삶, 의미, 존엄성, 책임감 등 인간의 의미를 설명할 수 있어야 한다. 신화는 세계관을 제공할 수 있다. 종교 역시 세계관을 제공할 수 있다. 그러나 현재 과학에서 실재를 설명할 때 너무 많은 것을 생략하고 있으므로 세계관이라는 이름을 붙이기는 어렵다. 과학의 미래 발전에 관해서는 다음 절로 미루겠다.

하지만 과학자들도 세계관을 가지고 있으며, 때로는 자신의 견해를 강력하게 표명하기도 한다. 과학을 대변하는 이들의 주장을 들어보면, 과학이 원칙적으로 실재를 어느 정도로 포괄하는지에 대해 다양한 견해가 있음을 알 수 있다. 그리고 불교의 주장과 같은 다른 앎의 방식에도 다양한 의견을 가지고 있다. 과학적 견해와 불교적 견해가 공존할 수 있는지 물으면 일부 과학자들은 대체로 긍정적으로 대답하는 반면, 다른 과학자들은 단호하게 반대한다.

과학자들 간의 일상 대화를 조사해 보면, 과학과 불교 또는 다른 세계관 사이의 관계를 묻는 질문은 거의 나오지 않는다. 최근까지도 이런 질문은 적절하지 않았다. 이는 과학자들 사이에서 불문율 중 하나였다. 개인적 견해와 과학이 수행되는 객관적 분위기를 깨끗하게 분리하는 것이다.

다행히도 이런 부정적 분위기는 여러 이유로 이제 변화하기 시작했다. 냉전의 종식, 과학 지원금의 감소, 과학자들의 세대교체, 물리학에서 생물학으로의 중심 이동, 신경과학의 급속한 발전과 그로 인해 촉발된 의문 등 그 이유가 무엇이든 오랫동안 진정한 관심사를 억눌러 온 우리에게는 긍정적이고 해방감을 주는 경험임에 틀림없다.

영적이고 관상적인 가치에 대한 이 암묵적 억압의 아이러니한 측면은 세계관에 관한 한 과학이 결코 독자적으로 설 수 없었다는 사실이다. '과학적 세계관'에 가까운 것은 단 한 번도 존재한 적이 없다. 앞으로 그럴 수 있을지는 다른 문제이지만, 적어도 현재로서는 우리가 살고 있는 세계, 인간이 무엇인지, 가치와 의미, 아름다움과 책임을 다루는 완전한 이야기를 엮어내기에 과학은 아직 너무 어리다고 생각한다. 최근 사회생물학과 진화심리학에서 가치를 분석하고 '설명하기' 위해 내러티브를 만들려는 시도는 '스토리텔링'에 지나지 않는다. 물론 이들이 이야기하는 내용에는 진실의 요소가 있고, 흥미로운 이야깃거리도 많이 있다. 그러나 이런 이야기가 가까운 미래에 완전한 세계관을 대체할 수 있다고 제안하는 것은 터무니없는 생각에 지나지 않는다.

물론 현대의 눈으로 볼 때 다수의 전통적 세계관은 절망적으로 순진하고 시대에 뒤떨어진 것으로 간주된다. 이 비판적 태도가 구시대적 관점의 한계에 대해 더 말하는 것인지 아니면 현재 우리의 태도의 한계에 대해 더 말하는 것인지는 흥미로운 질문이지만, 그 질문까지 들어갈 필요는 없다. 구시대의 세계관이 인류를 위한 자리, 우주에서의 역할, 질서와 의미를 가진 세계를 만들었다는 사실은 분명하다. 이 세계관은 과학이 결코 열망하지 않았고, 따라서 당연히 결코 제공한 적도 없는 것이다.

이는 현대과학이 갖는 또 다른 아이러니한 측면이다. 과학자에게 과학이 가진 의미와 가치를 물으면 과학자는 처음부터 그 질문을 피하고 과학의 연구 분야에서 그것을 제외할 방법부터 해명할 가능성이 높다. 잠시 후 같은 과학자는 완전히 모순된 태도로 모든 종류의 비과학적 견해를 희망적 사고와 미신의 형태라고 폄하하며 말한다. 두 마리 토끼를 다 잡겠다는 이야기이다. 인간 삶의 모든 영역, 특히 가장 중요한 영역을 과학적 분석에서 배제하면서 그 영역의 비과학적 특성을 자기가 부여한 후 이를 진지하게 받아들이지 않을 이유로 삼는 것은 논리적 오류에 불과하다.

이와 같은 비이성적 행동의 배경을 추측하는 것은 그리 어렵지 않다. 첫째, 언젠가 과학이 인간 삶의 모든 측면을 다룰 만큼 충분히 성장하고, 둘째, 미래의 과학은 비과학적인 것은 무엇이든 실체가 없고 신뢰할 수 없으며 미신적인 세계관임을 보여줄 것이라는 믿음이 있기 때문이다. 내가 너무 과격하게 표현한 것일 수도 있지만, 비슷한 반응을 보인 동료들을 많이 만났기 때문에 이런 태도가 과학자들 사이에 꽤 널리 퍼져 있다고 증언할 수 있다. 먼 미래를 내다볼 가능성을 배제한다면, 이 태도는 단순히 믿음과 믿음을 대립시키는 것, 즉 우리가 알아야 할 모든 것을 알려주는 깨끗하고 명료한 환원주의적 형태의 미래 과학을 향한 믿음과 과학 이전의 지식 방식에 대한 믿음을 대립시키는 것에 불과하다. 과학 이전이라는 용어 자체에 내포된 폄하를 유의해야 한다. 마치 앎의 방식 자체를 유통기한이 지난 것으로 간주하여 자격을 박탈하는 것처럼 말이다.

진정으로 이성적이라면, 미래의 과학이 완전한 과학적 세계관을 증명할 방법을 찾을 수 있다는 장밋빛 이야기에 넘어가지는 않을 것이다. 그러나 그런 태도가 과학자와 일반인 모두에게 널리 퍼져 있다는 점을 감안하여 나는 그 대안을 제시하고자 한다. 내가 기대하는 과학의 발전 방향을 스케치해 보겠다.

5. 과학의 미래

갈릴레오가 관찰, 실험, 이론적 조사가 결합된 과학적 방법을 도입한 이후 지난 400년 동안 과학은 경험의 대상에만 초점을 맞추었다. 모든 과학적 설명에서, 설명하는 과학자는 카메라 뒤에 숨어 사진에서 벗어나기 위해 노력해 왔다. 모든 관찰에서 관찰하는 과학자는 관찰의 주체와 실제 관찰 행위를 체계적으로 숨기고 오직 관찰의 대상만을 잔여물로 남겨 둔다. 행위와 행위자가 묘사될 때, 이 둘은 일반적 행위자와 일반적 행위를 묘사하는 3인칭 형식의 서술로 표현된다. 1인칭 주체의 존재는 말할 것도 없고 1인칭 경험과 유사한 모든 것이 걸러졌다.

이 과정의 시작이 전혀 나쁜 선택은 아니었다. 물질의 구조와 행동의 복잡성을 여러 측면에서 들여다보기 위한 훌륭한 방법이었다. 주체, 대상, 경험적 행위라는 훨씬 더 복잡한 요소들을 모두 분석하고 이해하려는 시도는 성공하기에 너무 어려운 일이었을지도 모른다. 그리고 실제로 객관주의적 전환은 엄청난 성공을 거두었다. 그러나 성공은 오만함과 편협함으로 이어지기 마련이므로, 이제 우리가 처한 경험적 상황의 2/3 가량을 무시하는 이 영리한 조치의 한계에 직면해야 하는 시점에 도달했다.

과학 자체가 변화하도록 압력을 가할 필요는 없다. 다행히도 과학은 과학자와 달리 하나의 틀에 쉽게 갇히지 않는다. 과학의 놀라운 점은 엄청난 탄력성을 가지고 있다는 것이다. 과학자들은 종종 자신의 방식 안에 갇히기도 하지만, 이전 세대가 겪었던 난관에 부딪혀 새롭고 더 나은 방법을 제시하는 젊은 반항아들이 항상 존재해 왔다. 이론 구조가 아무리 파격적이더라도 관찰 데이터를 보다 간결한 방식으로 설명할 수 있는 새로운 아이디어에 대해 과학계가 가산점을 준다는 사실은 과학의 발전 가능성을 보여주는 조건이다.

과학을 이데올로기, 종교, 다양한 지식 형태 등 대부분의 세계관과 구분하는 것은 바로 이 한 가지 사실이다. 인간이 조직한 활동 중 성공적 혁신을 이처럼 존중하고 강조하는 경우는 거의 없다. 여기서 내가 평균 반세기 이상에 걸친 과학의 장기적 관점을 취한다는 점에

유의하라. 많은 혁신가들이 마침내 무죄를 받게 될 때까지 수십 년
이상을 무시당했다. 그러나 장기적으로 볼 때, 과학은 내가 익히
알고 있는 다른 어떤 지식보다 껍질을 벗고 더 큰 껍질로 새롭게
성장할 공간을 만들기 위해 반복해서 노력해 왔다.

그렇다면 미래에는 어떤 일이 일어날 것인가? 과학은 계속해서
일방적인 객관주의적 발전에 갇혀 있을 것인가? 나는 전혀 그렇게
생각하지 않는다. 그 반대의 징후는 너무도 명백하다. 물리학에서
양자역학은 관찰되고 있는 방식과 무관하게, 대상의 관점에서 세계를
직접 설명하는 것이 불가능하다는 것을 가르쳐주었다. 사람이든 기계
든, 관찰하는 주체는 대상이 어떻게 나타날 수 있는지 정의하는 데에도
필수적인 역할을 한다. 생물학과 의학 분야에서, 신경과학은 뇌에서
일어나는 전기화학적 현상을 객관적인 3인칭적 설명과 뇌를 연구하는
사람이 보고하는 주관적인 1인칭적 경험 간의 번역표를 만드는 단계로
접근하고 있다. 또한 컴퓨터 과학과 인공지능 분야에서 로봇을 제작하
는 것은, 전통적 도구와 같은 물체 형태가 아니라 어떻게 인공 주체를
구성할 것인가와 같은 과제를 내놓는다.

이 세 가지 주제의 연구는 과학이 어떻게 자연스럽게 성장하고
변화하는지를 보여주는 예이다. 경험의 대상에 대한 연구에 국한하는
것이 의미하는 바가 무엇인지 그 한계를 뛰어넘는 동안 자연스럽게
과학은 더 확장되고 자체 추진력에 의해 경험의 주체에 대한 연구로
이동하게 될 것이다. 이것이 처음에는 위에서 제시한 예처럼 주체의
세계로 확장하는 것이 불가피한 교차점에서 일어날 것이다. 그러나
얼마 후 주체 연구는 의심할 여지없이 과학의 정규 부분이 될 것이다.

얼마나 걸릴까? 내 추측으로는 대상에 대한 상세한 연구를 구축하는
데 필요한 시간과 비슷한 정도로 주체를 다루는 본격적인 연구가
등장할 것이라고 생각한다. 갈릴레오로부터 시작된 대상 연구는 400
년 이상 진행되었다. 지금은 더 빠르게 진행할 수도 있겠지만, 어쩌면
주체 연구는 본질적 측면에서 더 어려워질 수도 있다. 굳이 추측하자
면, 주체와 대상에 똑같이 초점을 맞춘 균형 잡힌 과학이 발달하려면
앞으로 300년은 더 걸릴 것이다.

6. 삶은 실험실

과학과 불교의 대화라는 질문으로 돌아가서, 나는 앞으로 다양한
가능성을 본다. 장기적으로 양자 간의 대화는 과학이 주체에 대한
연구를 하면 할수록 더 자연스럽고 정상적인 일이 될 것이다. 그러나
이것은 우리 생애에 일어나지 않을 수도 있다. 물론 단기적으로 과학자
개인이 불교에서 영감을 얻을 수 있고, 불교학자, 승려, 신도들이
과학에서 영감을 받을 수도 있다. 앞서 언급했듯이 나는 마음, 자아,
세계의 연구와 관련하여 불교에서 찾은 실험실 유형의 접근 방식에
깊은 영감을 받았다. 개인적으로 나는 앞으로도 내 삶을 자신과 타인을
탐구하는 무대, 즉 실험실로 여기고 더 나은 삶의 방식을 찾기 위해
다양한 시도를 해볼 생각이다.

성찰하지 않는 삶은 살 가치가 없다는 소크라테스의 판단은 여기서
도 유효하다. 소크라테스는 자신의 뒤를 이은 수백 세대의 구도자들에
게 영감을 주었으니, 이제 우리는 그의 명령을 현대 용어로 어떻게

풀어낼 수 있을지를 생각해 보자. 소크라테스는 정의定意에 대한 탐색을 통해 이성적 탐구를 시작했는데, 이는 이성적 접근 방식의 본질적 한계를 이성적 방법을 통해 보여줌으로써 합리성을 넘으려는 시도라고 볼 수 있다. 합리성의 실마리를 찾아 우리는 자연을 상세하게 연구하는 일에 착수했고, 그것은 이제 자연을 연구하고 인간으로서 온전한 삶을 사는 인간 주체로서의 우리 자신에 대한 상세한 연구로 이어지고 있다. 자신을 알고, 자신을 연구하라. 이 말은 현대적 의미에서 자신의 삶을 실험실로 여기고, 자신에게 다가오는 모든 것을 이해하는 기회로 삼아야 한다는 뜻이다. 우리의 모든 아이디어와 지금까지 배운 모든 것을 작업가설로 간주하면 자신의 편견에 얽매이지 않을 수 있다.

불교와 과학이 가진 미래의 공공 역할과 현대의 개인 역할에 더해, 우리는 물론 잠정적이고 탐색적인 방식으로 연관성을 논의할 수 있다. 이 책은 그러한 접근의 한 예이다. 나는 차세대 과학자들과 불교의 과학자들이 지금의 시작을 보다 확고한 교류로 확대할 수 있도록 적절한 체계와 어휘를 구축할 방법을 찾기를 희망한다. 이 목표를 향한 프로젝트 중 하나는 과학과 철학, 사회학, 과학사 등 과학 관련 전공 대학원생들이 모여 과학 및 경험에 관한 문제를 공개적으로 토론하는 정기 여름학교를 개최하는 것이다. 이 여름학교에 대한 자세한 정보는 이 행사를 후원하는 키라 인스티튜트(Kira Institute)의 홈페이지에서 확인할 수 있다(Kira website: http://kira.org 참조).

Note

원고를 검토해 준 Roger Shepard, Steven Tainer, Bas van Fraassen, B. Alan Wallace, Arthur Zajonc에게 감사의 말을 전한다.

부록: 마음과생명연구소 역사

달라이 라마 성하(이하 성하)와 서양 과학자들 간의 '마음과생명' 대화
는 북미주 사업가인 아담 엥글(R. Adam Engle)과 파리에서 활동 중인
칠레 출신 신경과학자 프란시스코 바렐라(Francisco J. Varela) 박사가
협력한 가운데 실현되었다. 두 사람은 1983년 독자적으로 성하와
서양 과학자들 사이에 다문화 간 만남을 주도했던 적이 있다.

　1974년부터 불교 수행을 해온 엥글은 성하의 과학에 대한 오랜
관심뿐 아니라 동양의 명상과학을 서양인들과 공유하고자 하는 열망
을 알게 되었다. 1983년부터 엥글은 프로젝트에 착수하여, 1984년
가을 마이클 소트만(Michael Sautman)과 함께 로스앤젤레스에서 성하
의 막냇동생인 텐진 최갤(Tendzin Choegyal, Ngari 린포체)을 만나 문화
와 과학 모임을 일주일 동안 개최하려는 계획이 있다고 전했다. 린포체
는 기꺼이 성하와 모임에 대해 상의하겠다고 말했다. 며칠 후 린포체는
성하께서 이 토론에 참여하고 싶다고 하면서 첫 번째 회의 계획이
진행되었으면 한다고 전했다.

　1974년부터 불교 수행을 해온 바렐라는 1983년 의식(Consciousness)
을 주제로 한 알프바흐(Alpbach) 심포지엄에서 성하와 만난 적이
있었다. 당시 두 사람의 대화는 즉각적으로 이루어졌다. 성하께서는
과학에 관심이 많으셨지만 티베트 불교를 어느 정도 이해하고 있는
뇌 과학자들과 토론할 기회가 거의 없었다. 이 만남은 이후 몇 년

동안 일련의 비공식 토론으로 이어졌고, 성하께서는 상호 토론과 탐구를 위한 더 폭넓은 모임을 만들고 싶다는 뜻을 표명하였다.

1985년 봄, 당시 오하이(Ojai) 재단의 이사이자 바렐라의 친구였던 조안 헬리팩스(Joan Halifax) 박사는 엥글과 소트만이 회의를 추진하려는 계획을 알게 되었다. 그녀는 바렐라를 대신해 두 사람에게 연락하여 첫 번째 회의를 공동으로 준비하자고 제안했다. 네 사람은 1985년 10월 오하이 재단에 모여 공동으로 사업을 진행하기로 합의했다. 이들은 마음과 생명을 다루는 과학 분야에 집중하기로 결정했는데, 불교 전통과의 가장 유익한 접점을 만들 수 있기 때문이었다. 이 통찰로부터 프로젝트의 이름을 지었고, 시간이 흐르면서 '마음과생명연구소'라는 이름으로 되었다.

성하의 개인 비서실과 소통한 후, 1987년 10월 인도 다람살라(Dharamsala)에서 첫 회의가 열리기까지 2년의 시간이 지났다. 이 기간 동안 주최 측은 회의의 적절한 형식을 찾기 위해 긴밀히 협력했다. 과학 코디네이터 역할을 맡은 바렐라는 주로 회의에서 다루게 될 과학적 내용을 담당했으며, 과학자들에게 초대장을 보내고 회의 녹취록을 편집하여 책으로 엮었다. 엥글은 총괄 코디네이터로서 기금 모금, 성하와 개인 비서실과의 관계, 프로젝트에 관련된 모든 측면을 담당했다. 총괄 코디네이터와 과학 코디네이터 간의 책임 분담은 이후 모든 회의에서 표본이 되었다. 바렐라 박사가 모든 회의에서 과학 코디네이터 역할을 맡지는 않았지만, 1990년 엥글을 회장으로 하여 공식적으로 설립된 마음과생명연구소에서 지도력을 발휘했다.

이 컨퍼런스가 가진 독특한 성격을 언급할 필요가 있다. 사실 전통불교사상과 현대 생명과학의 상호 접점을 도출하기는 쉽지 않다. 바렐라는 티베트 명상의 대가인 초갬 트룽빠(Chogyam Trungpa)가 서양 전통과 명상 연구에 대한 만남의 장으로 설립한 교양교육 기관인 나로빠 연구소에서 과학 프로그램 기획을 돕는 동안 이런 종류의 어려움을 먼저 경험한 바 있다. 바렐라는 1979년 슬로언 재단(Sloan Foundation)으로부터 보조금을 받아 '인지의 비교 접근: 서양과 불교'라는 제하의 컨퍼런스를 최초로 열었다. 컨퍼런스에는 북미의 저명한 기관에서 약 25명의 학자들이 모였다. 주류 철학, 인지과학(신경과학, 실험심리학, 언어학, 인공지능), 불교학 등 다양한 분야의 학자들이 참가했다. 이 컨퍼런스에서 경험한 어려움은 이후 성공적인 다문화 간 대화에 필요한 조직 관리와 기법을 찾는 데 있어 교훈으로 작용했다.

나로빠 연구소에서 겪었던 어려움들을 피하고자 1987년 몇 가지 운영 원칙이 채택되었고 이후 〈마음과생명〉 컨퍼런스 시리즈의 성공에 크게 기여하게 되었다. 그 원칙들은 다음과 같다.

불교에 어느 정도 친숙한 개방적이고 유능한 과학자를 선정하는 것이 바람직하다.
토론이 시작되기 전 성하와 함께 전원 참여 회의를 구성해서 객관적 관점에서 컨퍼런스의 과학적 배경을 브리핑한다.
티베트어와 영어 모두에서 과학적 어휘에 능통한 툽뗀 진빠(Thupten Jinpa) 박사, 앨런 월리스(Alan Wallace) 박사, 호세 카베존(José Cabezón) 박사와 같은 재능 있는 통역가들을 참여시킨다.
마지막으로 서구 언론의 감시에서 벗어나 편안하고 자발적인 토론이 진행될 수 있는 사적이고 보호된 공간을 마련한다.

〈마음과생명 1〉 컨퍼런스는 1987년 10월 다람살라에서 열렸으며, 이후 "*Gentle Bridges: Conversations with the Dalai Lama on the Sciences of Mind*"라는 이름으로 출판되었다. 이 컨퍼런스는 불교 전통과 현대과학의 대화를 위한 가장 자연스러운 출발점인 현대 인지 과학의 기본적 토대에 초점을 맞추었다. 첫 번째 컨퍼런스의 커리큘럼 은 과학의 방법론, 신경생물학, 인지심리학, 인공지능, 뇌 발달, 진화 등 인지과학의 광범위한 주제를 소개했다. 성하께서는 마지막 세션에 서 2년마다 컨퍼런스를 열어 대화를 이어가자고 요청했다.

〈마음과생명 2〉는 1989년 10월 캘리포니아 뉴포트 비치(Newport Beach)에서 로버트 리빙스턴(Robert Livingston)이 과학 코디네이터로 참여한 가운데 열렸다. 이 컨퍼런스는 신경과학과 마음/신체의 관계 에 초점을 맞추었다. 공교롭게도 성하의 노벨 평화상 수상 발표와 맞물려 이틀간 열린 이 회의는 서구에서 개최된 장소라는 점에서 〈마음과생명〉 컨퍼런스의 이례적인 행사였다. 이 대담은 "*Consci-ousness at the Crossroads: Conversations with the Dalai Lama on Brain Science and Buddhism*"이란 제목으로 출판되었다.[1]

〈마음과생명 3〉은 1990년 다람살라에서 다시 개최되었다. 이 컨퍼 런스는 감정과 건강의 관계에 초점을 맞췄고, 다니엘 골먼(Daniel Goleman)이 과학 코디네이터를 맡았다. 이 회의의 결과는 "*Healing*

---

1 (역자주) 한글 번역본: 남영호 역(2007), 『달라이 라마, 과학과 만나다: 뇌과학과 불교의 질문과 대답』, 알음.

Emotions: Conversations with the Dalai Lama on Mindfulness, Emotions, and Health"라는 제목으로 출판되었다.[2]

〈마음과생명 3〉에서는 새로운 형태의 연구 주제가 등장했는데, 참가자들은 장기간 명상하는 수행자에게 명상이 미치는 신경생물학적 영향을 조사하는 연구 프로젝트를 시작했다. 이 연구를 촉진하기 위해 동양의 명상 경험과 서양과학에 관심이 있는 여러 과학자들을 연결하는 마음과생명 네트워크가 만들어졌다. 허쉬 패밀리 재단(Hershey Family Foundation)의 후원금으로 마음과생명연구소가 탄생했다. 페처 연구소(Fetzer Institute)는 2년간 마음과생명 네트워크에 소요된 비용과 연구 프로젝트 초기에 사용된 자금을 지원했다. 주의력, 정서적 반응 등 다양한 주제에 걸쳐 연구가 진행되었다.

1992년 10월 다람살라에서 〈마음과생명 4〉 컨퍼런스가 열렸고 프란시스코 바렐라가 다시 과학 코디네이터로 참여했다. 이 대화는 수면, 꿈, 죽음의 과정에 초점을 맞추었으며 "*Sleeping, Dreaming, and Dying: An Exploration of Consciousness with the Dalai Lama*"라는 이름으로 출판되었다.[3]

〈마음과생명 5〉는 1995년 10월 다람살라에서 개최되었다. 주제는 이타주의, 윤리, 자비심이었으며 리처드 데이비슨(Richard Davidson)

---

2 (역자주) 한글 번역본: 김선희 옮김(2006), 『마음이란 무엇인가: 현대 신경과학과 동양 불교사상의 만남』, 씨앗을 뿌리는 사람(절판); 김선희 옮김(2017), 『힐링 이모션』, 판미동(재출간).

3 (역자주) 한글 번역본: 이강혁 번역(2000), 『달라이 라마와의 대화: 잠, 꿈 그리고 죽음에 대하여』, 예류.

이 과학 코디네이터로 참여했다. 이 대담은 2001년 11월 옥스퍼드 대학 출판부에서 리처드 데이비슨(Richard Davidson)과 앤 해링턴 (Anne Harrington)이 편집하여 "*Visions of Compassion: Western Scientists and Tibetan Buddhists Examine Human Nature*"라는 제목으로 출판되었다.

〈마음과생명 6〉은 생명과학에 초점을 맞추던 기존의 분야를 넘어 물리학 및 우주론으로 나아가는 새로운 연구의 장을 열었다. 이 회의는 1997년 10월 다람살라에서 열렸으며, 아서 자이언스가 과학 코디네이터로 참여했다. 이를 다룬 책이 발간될 예정이다.[4]

〈마음과생명 7〉은 〈마음과생명 6〉에 참여했던 안톤 자일링거 (Anton Zeilinger)의 초청으로 1998년 6월 오스트리아 인스브루크 (Innsbruck)의 실험 물리학연구소(nstitut für Experimentalphysik)에서 소규모 컨퍼런스로 개최되었다. 이 회의에서는 다람살라에서 시작된 양자 물리학을 주제로 대화가 계속되었다. 이 모임은 독일 GEO 잡지 1999년 1월호 커버스토리에 소개된 바 있다.

2000년 3월, 다람살라에서 〈마음과생명 8〉의 개최를 위해 성하를 다시 만났고 다니엘 골먼이 과학 코디네이터로, 앨런 월리스가 철학 코디네이터로 활동했다. 이 만남의 주제는 파괴적 감정이었으며, 이 만남을 다룬 책을 다니엘 골먼이 자라 호우쉬먼드(Zara Houshmand)의 도움을 받아 집필했고 2003년 1월 Bantam Books에서 출판될 예정이다.[5]

---

4 (역자주) *The New Physics and Cosmology Dialogues with the Dalai Lama*, Edited by Arthur Zajonc, Oxford University Press, 2004.

〈마음과생명 9〉는 건강감정연구소(HealthEmotions Research Institute) 및 심신 상호작용 연구센터(Mind-Body Interactions)와 협력하여 매디슨 위스콘신 대학(Wisconsin at Madison)에서 열렸다. 이 회의에는 성하, 리처드 데이비슨(Richard Davidson), 프란시스코 바렐라, 마티유 리카르(Matthieu Ricard), 폴 에크만(Paul Ekman), 마이클 메르제니히(Michael Merzenich)가 참석했다. 이틀간 진행된 이 회의에서는 명상, 지각, 감정, 인간의 신경 가소성과 명상 수행 사이의 관계를 연구하는 데 있어 fMRI와 EEG/MEG 기술을 가장 효과적으로 활용하는 방법에 대해 집중적으로 논의했다.

마음과생명연구소는 〈마음과생명〉 컨퍼런스를 지원하고 다문화 간 과학 연구와 이해를 증진하기 위해 1990년 501(c) 3 공익 자선단체로 설립되었다.

우편 주소: 2805 Lafayette Drive, Boulder, CO 80305
웹사이트: www.mindandlife.org
이메일: info@mindandlife.org

---

5 (역자주) *Destructive Emotions: How Can We Overcome Them?* — *A Scientific Dialogue with the Dalai Lama*, Daniel Goleman, Dalai Lama, Bantam Doubleday Dell, 2003.

찾아보기: 인명

찾아보기: 용어

역자 후기

본서는 앨런 월리스가 편집한 *Buddhism and Science: Breaking New Ground* (2003)의 번역서로, 서로 다른 전문분야의 16인의 저자들이 불교와 과학의 관계를 다각도로 조망하고 분석한 책이다.

이 책의 성격을 이해하기 위해서는 출간되기까지의 배경을 살펴볼 필요가 있다. 사실 '불교와 과학'이라는 상이한 두 영역의 학제 간 탐구는 제14대 달라이 라마 성하의 개인적 호기심과 헌신적인 노력으로부터 비롯된 것이다. 달라이 라마는 1987년부터 2년에 한 번씩 열린 '마음과 생명' 컨퍼런스를 통해 서양의 철학자 및 과학자들과 대화를 나누었고, 이 논의들은 '달라이 라마와의 대화(Conversations With the Dalai Lama)' 시리즈로 출간되었다. 컨퍼런스에서는 불교와 신경과학, 인지과학, 신경생물학, 생명과학, 현대 물리학과의 교류가 주요 주제로 다루어졌다. 이러한 시도는 불교의 지혜와 현대과학의 발견이 서로를 보완하며 새로운 통찰을 이끌어낼 수 있다는 가능성을 보여주었다.

2003년에 출간된 이 책은 10여 년에 걸친 광범위한 연구와 심도 있는 대화를 집대성한 결실이다. 본서의 가장 주목할 만한 특징은 기존의 '대화' 시리즈를 한층 발전시켰다는 점이다. 이는 달라이 라마와 과학자들 간의 논의를 정리하는 수준에 머무르지 않고, 각 분야의 전문가들이 자신의 전공 영역을 불교적 관점과 연결하여 깊이 있게 분석했기 때문이다. 저자들은 각자의 독자적 시각으로 불교와 과학의 접점을 탐구하고, 이를 창의적인 방식으로 서술하였다. 이로써 독자들은 서양 과학자와 철학자들의 불교에 대한 견해를 이해할 뿐 아니라, 그들이 인식하는 과학과 불교 사이의 공통점과 차이점을 더욱 명확하게 파악할 수 있을 것이다.

이 책의 원서가 출간된 지 20여 년이 지났지만, 불교와 과학 간 교류에 대한 논의의 필요성과 문제의식은 아직도 현재진행형이다. 불교를 비롯한 종교는 우리의 삶에 여전히 적지 않은 영향을 미치고 있지만, 과학기술의 급격한 발전, 스마트폰의 보급, 메타버스와 같은 가상현실의 확산, 소셜 미디어의 일상화로 종교의 영향력은 점차 감소하는 추세이다. 불교 역시 변화의 흐름 속에 놓여 있으며, 이런 현실적 상황에 맞춰 불교와 현대 사회의 접점, 더 나아가 불교와 현대 과학의 다양한 분야별 교류를 살펴보는 것은 유의미한 일이 될 것이다. 이러한 시도는 불교가 현대 사회에서 어떻게 새로운 의미를 가질 수 있는지 탐색하는 중요한 기초가 될 것이다.

불교는 종교적 요소뿐만 아니라 철학적이고 과학적인 요소까지 갖춘 독특한 종교이다. 구체적으로 내세와 윤회와 같은 믿음 차원의 종교적 요소를 포함하면서도, 과학적 방법론에 견줄 만한 실천적 요소와 자신과 세계의 본질을 탐구하는 철학적 측면을 동시에 지니고 있다. 이런 복합적 성격은 다른 학문 체계와의 교류에서 강점으로 작용한다. 하지만 불교와 과학을 직접적으로 비교하는 것은 쉽지 않다. 현대 과학이 복잡한 정리定理와 수식, 통계 처리된 데이터 및 그 해석에 기반하고 있는 반면, 불교는 이러한 영역에 접근하기 어렵기 때문이다. 그러므로 불교와 과학의 대화는 직접적인 교류보다는 철학적, 방법론적인 측면에서의 교류를 중심으로 이루어진다.

과학자들은 이론을 전개할 때 사고실험과 같은 모의실험을 적극 활용하며, 이는 현상에 대한 세밀한 관찰과 철학적 사유를 토대로 진행된다. 대표적인 예로, 양자물리학자는 원자 수준의 현상을 설명하기 위해 고도의 추상적 개념을 사용하여 이치를 탐구하는데, 여기서 적합한 모델의 선택은 개인의 철학적 세계관에서 비롯된다. 천체물리학자 역시 우주와 블랙홀 이론을 전개시킬 때 자신의 세계관이나 철학적 입장을 토대로 삼는다. 이러한 방식은 과학적 탐구가 단순한 데이터 수집이나 실험 결과에 그치지 않고, 철학적 사유와 개인의 세계관을 반영한다는 점에서 중요한 의미를 지닌다.

실제로 절대적 실체의 존재를 전제로 하는 플라톤적 세계관은 서양에서 2000년 이상 지배적인 영향력을 발휘해 왔으며, 이는 현대과학 탐구의 걸림돌이 되어 왔다. 특히 미시세계를 탐구하는 양자역학은 사물의 절대적 실체성이라는 개념으로 인해 수십 년간 발전이 정체되었고, 결국 이 실체성 개념의 포기 이후에야 비로소 이론적 체계를 확립할 수 있었다. 양자역학이 실체성 문제와 관찰자-대상 문제를 효과적으로 극복했듯이, 불교의 중관철학 또한 플라톤적 이데아 세계관을 넘어서는 과학적 사유에 새로운 방향을 제시할 수 있을 것이다.

이러한 맥락에서 편집자인 월리스는 불교와 과학의 직접적 비교보다 철학을 매개로 한 접근이 필요하다고 주장한다. 맨스필드 또한 불교의 중관철학이 과학에 더 풍부한 철학적 근거를 제공할 수 있다고 강조한다. 이들의 관점은 과학의 근본이 되는 철학을 통해 두 영역을 비교할 수 있음을 시사하며, 특히 절대적 실체성을 부정하는 세계관의 공유를 통해 과학과 불교의 교류가 더욱 깊은 의미를 지닐 수 있음을 보여준다.

불교와 과학의 교류는 두 분야의 철학과 방법론을 통해 존재의 본질을 탐구하고 이를 실천적 적용하는 데 기여할 수 있다. 대표적으로 불교 수행의 핵심 기제인 사띠(sati)가 마음챙김(mindfulness)으로 현대 심리치료에 도입되어 널리 활용되고 있다는 점을 들 수 있다. 두 영역의 교류는 여러 분야에 걸쳐 다양한 형태로 진행되는데, 명상수행을 통한 마음의 정서적 변화는 인지과학 및 불교심리학과 연결되고, 불교의 중심 철학인 연기법과 사성제는 인지행동치료, 시스템이론, 생태이론과 맞물린다. 중관철학과 공사상은 양자역학 및 천체물리학과도 깊은 연관성을 보인다. 불교와 과학은 단순한 일대일 대응이 아닌, 기본 철학과 방법론적 유사성을 토대로 할 때 각각의 장점이 드러나며 시너지를 만들어낸다. 특히 마음과 사물의 실재를 탐구하고 분석하는 방식에서 두 영역의 방법론은 놀라운 공통점을 보인다. 이러한 접점들은 불교와 과학의 대화를 더욱 심화시키고, 상호 간에 새로운 통찰을 제공하는 바탕이 된다.

불교와 과학의 교류가 지닌 의의와 접근방식에 대한 지금까지의 설명을 바탕으로, 본서의 전체적 구성을 간략히 소개하고자 한다. 이 책은 크게 세 부분으로 구성되어 있는데, I부에서는 불교와 과학의 교류가 가진 역사적 배경을 조명하고, II부는 불교와 인지과학 간의 관계를 탐구한다. 마지막으로 III부에서는 불교와 물리학이 만나는 접점을 다룬다.

이를 좀더 자세히 살펴보면, I부는 불교와 과학의 교류 가능성과 두 분야의 관계를 다룬다. 양자의 관계는 세 가지로 구분된다. 두 분야의 교류가 전혀 어울리지 않는다는 견해, 어느 한쪽이 더 우월하다는 견해, 그리고 두 분야가 상호 보완적이라는 견해가 그것이다. 대개 독자들은 이 세 입장 중 하나를 취할 것이다. 특히 보수적인 불교도들이나 유물론적 관점의 과학자들은 각자 자신의 분야가 우월하다고 주장해 왔다. 하지만 최근에는 상호보완적 관점을 지지하는 사람들이 늘어나고 있다. 이 입장은 불교와 과학의 유사성을 인정하면서도, 어느 한쪽의 우월성을 주장하는 입장에는 비판적이다. 달라이 라마를 비롯한 대부분의 대화 참여 과학자들도 이 관점을 지지한다. 이런 상호 존중의 태도가 두 영역의 발전적인 대화를 가능케 한다. 나아가 달라이 라마는 불교 교리에 재해석이 필요할 수 있다는 의견을 지속적으로 피력해 왔다.

만약 과학 이론과 경전에 포함된 불교 교리가 모순된다면, 우리는 그 교리에 해석이 필요하다는 것을 받아들일 수밖에 없다. 따라서 단지 붓다의 가르침이라고 해서 문자 그대로 받아들일 수는 없으며, 이치에 어긋나는지 아닌지를 검토해야 한다.

달라이 라마의 이러한 견해는 전통적인 종교 근본주의를 넘어선 불교의 '실증적 탐구 정신'을 잘 보여주는 예시이다. 불교에는 교조적 신념보다 경험과 검증을 중시하는 전통이 있으므로, 그의 주장은 불교 정신의 현대적 재해석으로 볼 수 있다. 이처럼 불교의 실증적이고 개방적인 특성이 과학과의 건설적인 대화를 가능케 하는 토대가 된다.

그렇다면 불교는 현대 과학과 어떤 방식으로 상호작용하면서 새로운 통찰을 도출할 수 있을까. II부와 III부에서는 이에 대해 상세히 다루고 있으며, 각 장의 핵심 내용은 다음과 같다.

'II부 불교와 인지과학'에서는 마음의 본성과 그 변화 가능성을 탐구한다. 불교는 의식의 주관적 상태뿐 아니라 객관적 현상과 그 관계를 탐구해 온 전통이 있다. 이는 인지과학의 마음에 대한 객관적 분석과 맥을 같이 한다(II. 1장). 또한 자아에 대한 다양한 개념을 통해 자아의 본성을 인지 신경심리학적 관점에서 다루고, 이를 불교와 비교하면서 무아의 의미를 탐색한다(II. 2장). 우리가 자신의 정체성을 구성하려는 경향은 자아의 비실체성을 보여주지만, 이는 여전히 관습적으로 중요한 실용적인 구조로 기능한다(II. 3장). 지각과 상상의 차이를 신경과학과 현상학으로 비교함으로써 불교 수행의 메커니즘을 고찰하고(II. 4장), 자각몽과 꿈요가를 정신생리학적으로 분석함으로써 과학의 3인칭적 관점과 수행의 1인칭적 관점을 연결한다(II. 5장). 다음으로 21세기의 명상과학은 불교의 명상 전통을 모델로 삼아, 마음에 대한 직접 경험을 통한 이해를 궁극적인 목표로 삼아야 함을 강조한다(II. 6장).

'III부 불교와 물리학'에서는 중관철학과 현대 물리학의 관점을 주로 비교한다. 우선 아비달마의 실재론을 고전 물리학과 대비하고, 중관철학을 양자역학과 비교하여 양측의 차이점과 유사점을 분석한다(III. 1장). 다음으로 엔트로피 개념으로 상대성이론과 중관철학의 시간론을 비교하며 무상無常의 의미를 고찰한다(Ⅲ. 2장). 양자역학과 중관철학은 칸트철학을 매개로 비교되며, 이는 과학적 실재론에 대한 비판적 고찰로 이어진다(Ⅲ. 3장). 세상의 모든 것을 설명하려는 최종이론과 같은 절대적 이론의 존재 가능성을 검토하고, 이를 중관철학의 공空 개념을 통해 비판적으로 살핀다(Ⅲ. 4장). 불교와 양자물리학의 인식론 및 우주론을 대담 형식으로 비교하고(Ⅲ. 5장), 끝으로 불교와 과학의 교류를 위해서는 삶 자체를 자신의 편견에서 벗어나 실험실로 삼아야 한다는 제언으로 마무리한다(Ⅲ. 6장).

이상의 세부 주제들이 보여주듯, 이 책은 불교와 과학 간의 대화 가능성과 그 구체적인 사례를 다루고 있어 다소 방대하고 전문적인 측면이 있다. 하지만 독자들이 차분히 읽어간다면, 불교에 대한 깊이 있는 이해와 함께 불교와 현대 과학의 만남이 제시하는 새로운 통찰을 경험할 수 있을 것이다.

본서의 집필진은 달라이 라마를 제외한 총 15인으로, 수행자, 철학자, 과학자들로 이루어져 있다. 구체적으로 인문학자 7인, 생물학자와 정신생리학자 각 1인, 그리고 양자물리학, 천체물리학, 물리철학 분야의 물리학자 6인이 참여했다. 저자들이 각기 다른 문화권과 직업군에 속해 있어 문체와 글의 어투가 다양하므로 번역에 어려움이 있었다. 번역 과정에서 느낀 점은 인문학자의 글이 만연체적인 데 비해, 물리학자들은 간결한 단문 형태로 논리를 전개하는 특징을 보인다는 것이다. 그럼에도 물리학자가 전달하고자 하는 내용이 쉽지 않은 이유는 자신의 전공인 최첨단 과학을 불교와 연결하려는 시도 때문이다. 번역 과정에서 전문 용어와 과학 용어 선정에 많은 고심이 있었다. 혹시 번역문 중 오류나 부자연스러운 부분이 있다면, 이는 전적으로 역자의 부족함 때문이니 독자들의 너그러운 이해를 구한다.

이 책을 번역하면서 가장 깊이 와 닿은 점은 불교와 과학의 만남을 이끈 달라이 라마의 선구자적 공헌이었다. 많은 과학자들이 달라이 라마의 영향으로 불교에 관심을 갖게 되었고, 이들은 사성제, 연기법, 중도, 중관철학 등 불교의 핵심 가르침을 깊이 있게 탐구해 왔다. 특히 인상적이었던 점은 현대 과학의 전공자들이 불교적 사고방식을 수용한 후 불교를 현대적 관점에서 재해석하고, 나아가 과학을 보완할 수 있는 불교적 사유 방식을 함께 연구하고 있다는 사실이다. 달라이 라마가 지핀 불교와 과학 간 교류의 불씨는 20여 년이 지난 현재도 여러 과학자들에게 이어지고 있다. 역자는 최근 우연히 접한 대중과학서에서도 그 불씨를 확인할 수 있었다. 이탈리아의 양자물리학자인 카를로 로벨리는 2020년 출간한 *Helgoland*(한국어판: 『나 없이는 존재하지 않는 세상』, 2023)에서 나가르주나를 언급하면서 그의 중관사상이 양자역학과 매우 유사하다는 견해를 제시한다. 그는 나가르주나의 핵심 사상을 인용하며 양자역학에서도 어떤 실재이든 독립적인 본질이 없으며 사물의 존재는 상호 의존성으로만 설명될 수 있다고 역설한다. 나아가 나가르주나의 사상이 현대 물리학의 문제를 넘어서는 의의를 지닌다고 평가하기에 이른다.

불교와 과학의 교류는 이처럼 의미 있는 사례들이 존재함에도 불구하고, 전반적으로 감소하는 추세를 보이고 있다. 이는 시대적 변화와 함께, 그간 이 분야의 대화를 주도해 온 달라이 라마와 여러 과학자들의 고령화에 따른 자연스러운 세대교체와 관련이 있다. 여기에 불교와 과학 간의 교류를 이끌어 온 '마음과 생명연구소(Mind and Life Institute)'의 영향력도 과거에 비해 약화된 상황이다.

하지만 불교와 과학의 교류는 새로운 국면을 맞고 있다. 특히 인공지능(AI)을 비롯한 첨단 기술의 급속한 발전은 두 분야 간 대화의 필요성을 한층 높이고 있다. 앞서 언급한 바와 같이 불교의 철학적, 과학적 요소가 현대 기술이 제기하는 윤리적, 철학적 문제들에 중요한 통찰을 제공할 수 있기 때문이다. 새로운 세대의 불교학자들과 과학자들은 달라이 라마와 선배 과학자들이 쌓아 온 토대 위에서, 현대 기술의 발전이 가져 온 도전과 기회를 불교적 관점에서 해석하고 대응책을 모색해야 한다. 예를 들어, AI의 급격한 발전이 제기하는 윤리적 문제들에 불교의 자비와 중도 사상이 어떤 지침을 제시할 수 있는지, 뇌과학의 발전이 불교의 명상수행의 이해를 어떻게 심화할 수 있는지 등의 탐구가 필요하다. 이를 통해 불교와 과학의 대화는 단순한 학문적 교류를 넘어, 인류가 직면한 윤리적 문제와 실천 과제에 새로운 해결책을 제시할 것으로 기대된다. 이는 본서가 다루고 있는 불교와 과학의 상호보완적 관계를 현대적 맥락에서 계승하고 발전시키는 일이 될 것이다. 이러한 맥락에서 본 번역서가 국내에서 불교와 과학 간 교류의 불씨를 이어가는 작은 디딤돌이 되기를 희망한다.

이 책이 나오기까지 많은 분들의 도움이 있었다. 우선 출판을 지원해 준 대한불교진흥원의 신진욱 사무국장님과 고영인 부장님, 도서출판 운주사 김시열 대표님과 편집진께 깊은 감사를 드린다. 귀중한 시간을

658

내어 어려운 내용을 기꺼이 검토해 준 장재현 선생과 천동학 선생께도 고마움을 표한다. 늘 든든하게 격려하고 후원해 주신 가족 모두에게도 진심 어린 감사를 전한다. 특히 방대한 번역 원고를 수차례 정독하며 수정과 윤문을 도와준 박혜숙 큰누님께 각별한 감사의 말씀을 드린다. 마지막으로 동국대 불교학술원의 영신 스님을 비롯하여 지금까지 역자를 이끌어 주시고 불교의 가르침을 일깨워 주신 많은 분들의 도움이 없었다면 이 책은 나오기 어려웠을 것이다. 인연된 모든 분들께 다시 한 번 깊은 감사를 드린다.

2024년 11월
박재용 씀

집필진

윌리엄 에임스(WILLIAM L. AMES)

윌리엄 에임스는 캘리포니아 공대에서 물리학 석사학위, 워싱턴 대학에서 불교학 박사학위를 받았다. 이후 캘리포니아 통합연구소에서 물리학과 불교학 과정을 가르치기도 했다. 블랙홀 관련 논문을 공동 저술했고 대승불교의 중관학파에 관한 논문을 여러 편 썼다. 캘리포니아주 오린다에 있는 존 F. 케네디 대학의 피셔도서관에서 사서로 재직했고, 청변(淸辨, Bhāvaviveka)이 저술한 인도 중관 문헌인 『반야등론(般若燈論, Prajñāpradīpa)』의 번역과 출판에 참여했다.

미셸 비트볼(MICHEL BITBOL)

미셸 비트볼은 파리 에콜폴리테크닉 소속 프랑스 국립과학연구원(CNRS) 산하에 있는 응용인식론연구센터(CREA)에서 연구책임자로 근무했다. 파리 대학에서 학생들을 가르쳤으며, 옥스퍼드 대학 리너커 칼리지의 종신 방문교수이다. 1954년생으로 파리에서 물리학 석사, 물리학 박사, 철학 석사를 연이어 취득했다. 1980년부터 1989년까지 생물물리학 연구원으로 일했고, 1990년 이후에는 물리철학을 전공했다. 주요 저서로는 *Schrödinger's philosophy of quantum mechanics* (Kluwer, 1996), *Mecanique quantique, une introduction philosophique* (Flammarion, 1996), *Physique et philosophie de l'esprit* (Flammarion, 2000) 등이 있다.

호세 이그나시오 카베존(JOSÉ IGNACIO CABEZÓN)

호세 이그나시오 카베존은 산타바바라 캘리포니아 대학의 '제14대 달라이 라마 티베트불교 문화학과' 교수이다. 칼텍에서 물리학을 전공하고 위스콘신-매디슨 대학에서 불교학으로 박사학위를 받았다. 10년 동안 불교 승려 생활을 했으며, 그중 6년은 인도 남부에 위치한 세라 사원에서 전통불교과정을 수학했다. 다양한 학술 서적과 논문의 저자, 편집자, 번역가로 활동하고 있다. 저서로는 *A Dose of Emptiness, Buddhism and Language, Buddhism, Sexuality, and Gender, and Tibetan Literature*(R. Jackson과 공저)와 *Scholasticism: Cross-Cultural and Comparative Perspectives*를 비롯하여 다수의 저서를 집필했다.

제14대 달라이 라마 성하(HIS HOLINESS THE FOURTEENTH DALAI LAMA)

제14대 달라이 라마 성하는 현재 티베트의 정신적 지도자로서 1989년 노벨 평화상을 수상했다. 현 시기 불교계 최고 지도자이며 비폭력 옹호자이기도 한 달라이 라마는 과학에 오랫동안 관심을 기울여 왔다. 데이비드 봄(David Bohm)과 존 벨(John Bell) 등을 비롯하여 수많은 과학자들과 지속적인 만남을 가져왔다. 1987년부터 불교와 과학의 연례행사인 '마음과생명' 컨퍼런스에 참가하고 있다. 컨퍼런스의 주제들은 다음과 같은 제목으로 편집되어 출판되었다. *Gentle Bridges: Conversations with the Dalai Lama on the Sciences of Mind*(Shambhala, 1992), 『달라이 라마와의 대화: 잠, 꿈 그리고 죽음에 대하여(Sleeping, Dreaming, and Dying: An Exploration of Consciousness with the Dalai Lama)』(Wisdom, 1997; 한국어판 예류, 2000), 『힐링 이모션: 달라이 라마 외 대담(Healing Emotions: Conversations with the Dalai Lama on Mindfulness, Emotions, and Health)』(Shambhala, 1997; 한국어판 판미동, 2017), 『달라이 라마, 과학과 만나다: 뇌과학과 불교의 질문과 대답(Consciousness at the Crossroads: Conversations with the Dalai Lama on Brainscience and Buddhism)』(한국어판 알음, 2007) 등이 있다.

나탈리 드프라즈(NATALIE DEPRAZ)

나탈리 드프라즈는 1993년 후설의 저작 및 상호 주관성에 대한 현상학적 연구로 철학 박사학위를 받았다. 1997년부터 파리 국제철학대학원에서 프로그램 디렉터로 일했으며, 2000년부터 소르본 대학(파리 4대학) 철학교수로 재직했다. 저서로는 *Transcendance et incarnation, Le statut de l'intersubjectivité comme altérité à soi chez Husserl* (Paris: Vrin, 1995), *Alterity and Facticity: New Perspectives on Husserl* (Dordrecht: Kluwer 1998)(D. Zahavi와 함께 편집), *Lucidité du corps. De l'empirisme transcendantal en phénoménologie* (Dordrecht: Kluwer, 2001), *On Becoming Aware: An Experiential Pragmatics* (Fr. Varela, P. Vermersch 공저)(Amsterdam: Benjamin, Amsterdam). *Alter, revue de phénoménologie* (파리, 1993년부터 현재까지) 등이 있다. 저널 *Phenomenology and the Cognitive Sciences* (S. Gallagher, F. Varela와 공저, 2002년 1월 Kluwer에서 창간호 발행)의 에디터로 활동하고 있다.

데이비드 리츠 핀켈스타인(DAVID RITZ FINKELSTEIN)

데이비드 리츠 핀켈스타인은 신경망을 통해 자연을 다루는 이론을 연구했다. 그의 이론은 양자 상대론적 두뇌 이론의 일종으로 자연적으로 소멸·생성되는 양자 패턴을 다룬다. 또한 양자 시공간, 양자 논리학, 양자 집합론, 소립자, 양자 중력 등도 함께 연구하고 있다. *Physical Review, Classical and Quantum Gravity, International Journal of Theoretical Physics* 등 여러 저널의 편집자로 활동했다. 대표 저서로 *Quantum Relativity*가 있다. 그는 뉴욕 스튜이브산트 고등학교와 뉴욕 시티칼리지를 졸업한 후 MIT에서 수학했다. 애틀랜타에서 아내 슐로밋(Shlomit), 딸 아리아(Aria)와 함께 거주했고, 조지아 공대에서 James Baugh, Sukanya Chakrabarti, Andrej Galiautdinov, J. Michael Gibbs, William Kallfelz, and Zhong Tang 등의 제자들과 함께 연구했다. 뮌헨 하이젠베르크 연구소에 근무하는 하인리히 살러(Heinrich Saller)와 과학 교신 저자로 활동했다.

데이비드 갈린(DAVID GALIN)

데이비드 갈린은 1961년 뉴욕 알버트 아인슈타인 의과대학에서 의학 학위를 취득했다. 정신의학과 부교수로 재직하면서 샌프란시스코 캘리포니아 대학 의과대학 랭글리 포터(Langley Porter) 신경정신연구소, 신경발달연구소의 소장을 역임했다. 40여 년간 동물과 인간의 신경 및 정신 생리학을 연구했으며, 두뇌 양 반구의 차이점과 통합을 주제로 논문을 저술했다. 또한 난독증을 포함한 정신의학의 신경심리학적 측면을 연구했다. 주요 관심 분야로는 신경심리학적 관점에서 종교 경험, 의식과 자아 이론, 비종교인과 과학적 사고를 가진 사람들을 위한 정신 개념 회복 등이 있다.

피에트 헛(PIET HUT)

피에트 헛은 프린스턴 고등연구소 자연과학부 교수이다. 그의 주요 연구 분야는 이론 천체물리학이지만 지질학, 고생물학, 인지과학에서부터 입자 물리학, 컴퓨터 과학에 이르기까지 학제 간 협업에 자주 참여했다. 항성 동역학 시뮬레이션을 위해 1페타플롭스(Petaflops) 속도를 가진 특수 컴퓨터를 개발하는 도쿄 프로젝트에 참여하기도 했다. 더글라스 헤기(Douglas Heggie)와 함께 *The Gravitational Million-Body Problem* (Cambridge University Press, 2002)이라는 교과서를 공동 집필했다. 후설 서클(Husserl Circle)의 회원이며, 앎의 방식이라는 여름학교를 기획한 키라 인스티튜트(Kira Institute)의 창립 멤버이기도 하다.

툽뗀 진빠(THUPTEN JINPA)

툽뗀 진빠는 전통 티베트 불교 학제에서 교육을 받았으며 인도 남부에 위치한 간덴 사원의 샤르체 대학에서 게셰 라람 학위(티베트의 박사학위에 해당)를 받았다. 간덴 사원에서 5년 동안 불교 인식론과 형이상학을 가르쳤다. 이후 케임브리지 대학에서 서양철학 학사학위와 종교학 박사학위를 받았다. 1985년부터 달라이 라마의 수석 영어 통역사를 맡고 있다. 그는 『선한 마음: 달라이 라마의 성경 강의(Good Heart: The Dalai Lama Explores the Heart of Christianity)』(Rider, 1996; 한국어판 불광출판사, 2017) 등 다수의 달라이 라마 책을 번역하고 편집했다. 저서로는 *Songs of Spiritual Experience: Tibetan Buddhist Poems of Insight and Awakening*(Shambhala, 2000)과 *Self, reality and reason in Tibetan philosophy: Tsongkhapa's quest for the Middle Way*(Curzon, 2002)가 있다. 1996년부터 1999년까지 캠브리지 대학 거튼 칼리지 소속 마가렛 스미스 동양종교 연구원으로 재직했다. 캐나다 몬트리올에 있는 티베트 고전 연구소 소장을 역임했고, 연구소에서 출판하는 '티베트 고전 시리즈' 편집장이다.

스티븐 라베르지(STEPHEN LABERGE)

스티븐 라베르지는 1980년 스탠퍼드 대학에서 정신생리학으로 박사학위를 받았다. 우드로 윌슨 및 딘스 펠로우십을 받았으며 스탠퍼드 대학에서 NIH 박사 후 연구원을 거쳤다. 스탠퍼드 대학 심리학과의 연구원과 루시디티 인스티튜트의 소장을 역임했다. *Dreaming, Sleep and Hypnosis, and Consciousness and Cognition* 편집위원이며 꿈과 의식에 관한 다수의 책과 기사를 썼다.

빅터 맨스필드(VICTOR MANSFIELD)

빅터 맨스필드는 콜게이트 대학 물리학과 및 천문학과 교수로 티베트 불교와 융(Jung) 심리학을 포함한 대중 강의를 진행했다. 코넬 대학에서 이론 천체물리학 박사학위를 취득한 후 동양사상과 심층심리학에 깊은 관심을 가졌다. 『동시성, 양자역학, 불교: 영혼 만들기(Synchronicity, Science, and Soul-Making)』(한국어판 달을긷는우물, 2021)을 비롯하여 이론 천체물리학 및 학제 간 연구 분야와 관련된 여러 저서를 출간했다. 그의 저서 목록을 보려면 http://lightlink.com/vic을 참조하라. 25년 넘게 불교를 공부한 그는 미국, 유럽, 인도에서 영적 지도자들과 함께 수행하고 공부했다.

마티유 리카르(MATTHIEU RICARD)

마티유 리카르는 네팔 셰첸 사원에서 20년 동안 불교 승려로 수행했고 달라이 라마의 프랑스어 통역사이다. 1946년 프랑스에서 태어난 노벨상 수상자 프랑수아 자콥(François Jacob)의 지도를 받아 파스퇴르 연구소에서 세포유전학 박사학위를 취득했다. 그는 *Animal Migrations*(Hill and Wang, 1969)라는 책을 저술하여 널리 호평을 받았다. 1967년 인도를 처음 방문한 이후 티베트 불교를 공부하고 수행했다. 1972년부터 히말라야 지역에서 거주하면서 달라이 라마 스승 중 한 명인 딜고 켄체(Dilgo Khyentse) 린포체로부터 개인 지도를 받으며 수년간 수행했다. 그의 부친은 프랑스 불가지론 철학자인 장 프랑수아 르벨(Jean-François Revel)로, 그는 아버지와 함께 『승려와 철학자(The Monk and the Philosopher)』(Schocken, 1999; 한국어판 이끌리오, 2011)라는 대담집을 펴냈으며 이 책은 21개 언어로 번역되었다. 또한 딜고 켄체 린포체의 삶을 담은 사진집 *Journey to Enlightenment*(Aperture, 1996)의 공동 저자이며, *Life of Shabkar*(State University of New York Press, 1994) 등을 포함 수많은 티베트어 텍스트 번역서를 집필하기도 했다. 천문학자 트린 쑤언 투안(Trinh Xuan Thuan)과 과학과 불교의 대화를 진행한 후 *The Quantum and the Lotus*(Crown, 2001)라는 제목으로 출간했다.

프란시스코 바렐라(FRANCISCO J. VARELA)

마음과생명연구소(Mind and Life Institute) 공동 설립자인 고故 프란시스코 J. 바렐라는 1970년 하버드 대학에서 생물학 박사학위를 받았다. 그는 인지와 의식의 생물학적 메커니즘 연구에 초점을 맞추었고 이에 관해 200편이 넘는 논문을 과학 저널에 기고했다. 또한 『몸의 인지과학(The Embodied Mind)』(MIT, 1992; 한국어판 김영사, 2013), *Naturalizing Phenomenology*(Stanford University Press, 1999), *The View from Within: First-person Methods in the Study of Consciousness*(London: Imprint Academic, 1999) 등 15권 이상의 책을 저술하거나

편집했다. 2001년 5월 갑작스럽게 사망할 때까지 그는 에콜 폴리테크니크 인지과학 및 인식론 교수, 프랑스 국립과학연구센터(CNRS) 연구책임자, 파리 살페트리에르병원 LENA(인지 신경과학 및 뇌 영상 연구소) 신경역학 연구책임자로 재직했다.

윌리엄 월드론(WILLIAM S. WALDRON)

윌리엄 월드론은 버몬트주 미들버리에 위치한 미들버리 대학에서 남아시아 종교를 가르쳤다. 인도, 네팔, 일본에서 수년간 공부한 후 위스콘신-매디슨 대학에서 남아시아학 학사학위와 불교학 박사학위를 받았다. 그의 연구 분야는 남아시아 불교이며, 비교 문화 및 교차 문화 간 마음의 철학에 큰 관심을 가지고 연구하고 있다. 유식불교의 무의식 이론인 알라야식에 관한 논문과 책을 집필했다.(『불교의 무의식(The Buddhist Unconscious)』(Routledge, 2003; 한국어판 운주사, 2022)

앨런 월리스(B. ALAN WALLACE)

앨런 월리스는 인도와 스위스 소재 불교 사원에서 수년간 승려로 수행했고, 1976년부터 유럽과 미국에서 불교 이론과 수행을 가르쳤다. 달라이 라마를 비롯한 수많은 티베트 학자와 수행자들의 통역사로 활동했다. 애머스트 대학에서 물리학 및 과학철학을 전공하여 우등으로 졸업한 후 스탠퍼드 대학에서 주의집중을 훈련하는 명상법 연구로 종교학 석사와 박사 학위를 받았다. 스위스 고등 티베트학 센터, 미국 불교학 연구소, UCLA, 캘리포니아 대학 산타바바라에서 강사로 재직했다. 학자이자 수행자로 활동하면서 유럽과 미국 전역에서 명상을 강의하고 가르침을 폈다. 티베트 불교, 의학, 언어, 문화, 과학과 종교의 접점 등 30권 이상의 책을 편집, 번역, 집필하고 기고했다. 저서로는 『과학과 불교의 실재 인식(Choosing Reality: A Buddhist View of Physics and the Mind)』(Snow Lion, 1996; 한국어판 범양사, 1991), *The Bridge of Quietness: Experiencing*

Buddhist Meditation (Open Court, 1998), *The Taboo of Subjectivity: Toward a New Science of Consciousness* (Oxford, 2000) 등이 있다.

안톤 자일링거(ANTON ZEILINGER)

안톤 자일링거는 고전 인본주의(고대 그리스와 라틴어) 전통에서 교육을 받은 후 비엔나 대학에서 물리학을 공부했다. 비엔나 공과대학, 매사추세츠 공과대학, 멜버른 대학, 뮌헨 공과대학, 칼리지 드 프랑스, 머튼 컬리지(Oxford) 등 전 세계의 여러 기관에서 재직하며 객원 교수를 역임했다. 비엔나 공과대학 실험 물리연구소에서 물리학 교수로 재직했다. 주요 연구 분야는 양자역학이며, 수년 동안 연구팀과 함께 양자 순간이동과 같은 핵심적인 기초 실험을 진행했다.

편집 앨런 월리스(Alan Wallace)

학제 간 의식 탐구 연구소(Institute for the Interdisciplinary Study of Consciousness)의 설립자 겸 소장이다.

애머스트(Amherst) 대학에서 물리학을 공부했고 스탠포드(Stanford) 대학에서 종교학 박사학위를 받았다. 인도와 스위스의 불교 사원에서 승려로 여러 해 동안 수행했으며, 1976년 이후 유럽과 미국에서 불교 이론과 수행을 가르쳤다. 달라이 라마를 비롯하여 수많은 티베트 학자와 수행자들의 통역사로도 활동했다.

저서로는 『과학과 불교의 실재 인식(Choosing Reality: A Buddhist View of Physics and the Mind)』, *The Bridge of Quiescence: Experiencing Buddhist Meditation*, *The Taboo of Subjectivity: Toward a New Science of Consciousness* 등이 있다.

옮긴이 박재용

연세대학교에서 전기공학, 동국대학교 불교학과에서 유식불교를 전공하여 박사학위를 취득하고 서울불교대학원에서 상담심리학을 전공했다. 동국대학교 불교대학원 겸임교수를 역임했고, 현재 동국대학교 불교학술원 전임연구원이다. 핵심 연구 분야는 유식불교이며, 불교와 심리치료 및 불교수행 현대화 관련 연구도 진행하고 있다.

저·역서로는 『몸과 마음을 편안하게: 명상 100문 100답』(공저), 『명상 어떻게 연구되었나』(공저), 『붓다 마인드: 욕망과 분노의 불교심리학』(공역), 『허응당 보우』(저서), 『자은대사 규기와 심식론의 변천』(저서) 외에 다수의 연구논문이 있다.

대원불교 학술총서 **21** 불교와 과학

초판 1쇄 인쇄 2024년 11월 14일 | 초판 1쇄 발행 2024년 11월 22일
편집 앨런 월리스 | 옮긴이 박재용 | 펴낸이 김시열
펴낸곳 도서출판 운주사

(02832) 서울시 성북구 동소문로 67-1 성심빌딩 3층

전화 (02) 926-8361 | 팩스 0505-115-8361

ISBN 978-89-5746-856-2 93220 값 38,000원

http://cafe.daum.net/unjubooks 〈다음카페: 도서출판 운주사〉